中国期货市场功能研究

Study of Functions of the Chinese Futures Market

Empirical research, questionnaire survey and cases from Dalian Commodity Exchange

大连商品交易所的实证、调查与例证

大连商品交易所课题组 著

中国财政经济出版社

图书在版编目（CIP）数据

中国期货市场功能研究：大连商品交易所的实证、调查与例证/大连商品交易所课题组著．—北京：中国财政经济出版社，2010.6

ISBN 978－7－5095－2186－1

Ⅰ．中…　Ⅱ．大…　Ⅲ．期货市场－研究－中国　Ⅳ．F832.5

中国版本图书馆 CIP 数据核字（2010）第 068197 号

责任编辑：刘瑞思　　　　责任校对：徐艳丽

封面设计：沈　洋　　　　版式设计：兰　波

中国财政经济出版社出版

URL：http：//www.cfeph.cn

E－mail：cfeph @ cfeph.cn

社址：北京市海淀区阜成路甲 28 号　邮政编码：100142

发行处电话：88190406　财经书店电话：64033436

涿州市新华印刷有限公司印刷　各地新华书店经销

787×1092 毫米　16 开　28.25 印张　462 000 字

2010 年 6 月第 1 版　2010 年 6 月涿州第 1 次印刷

定价：60.00 元

ISBN 978－7－5095－2186－1/F·1734

（图书出现印装问题，本社负责调换）

本社质量投诉电话：010－88190744

课 题 组 成 员

主　　　编　刘兴强

副　主　编　郭晓利

主要执笔人　王伟军　高　扬　刘　岩

参与调研和研究人员（按姓氏笔画排序）

王玉飞　王沈南　王　晨　王彩惠

冯　洁　刘　日　刘宇光　安　波

闫　琎　李　丽　时　岩　吴郑思

吴秋娟　何志良　张福龙　范适安

金　花　高严嵩　谌　琴

序　言

期货市场是伴随市场经济发展并依托于实体经济而产生的一种高级的市场形式，其本身所具有的价格发现和风险管理等经济功能，成为助推市场主体经营、服务经济运行的有效工具。在美国等经济发达国家，期货市场在市场经济体系中占有重要地位；在国内，期货市场对产业及经济的作用已经得到体现。因此，深入研究期货市场经济功能，对期货市场所发挥的作用进行客观、公正和科学的评价，进而总结经验教训，对于完善相关制度，进一步促进期货市场发展和功能发挥，有着重要的现实意义。

纵观国际期货市场实践，期货市场发展史也同时是一部市场功能发挥史。1848 年，正是为了化解谷物季节性价格波动风险，82 位谷物商集中在一起创立了芝加哥期货交易所，期货市场为规避初级商品市场价格波动风险提供了一个全新的工具。正是这一有力工具，使诸如嘉吉这样的企业通过全面风险管理系统，历经风雨，发展成为纵横驰骋于国际市场的“百年老店”。同时，期货市场形成的有效价格已经成为国际大宗商品贸易定价基准，在美国还是国家制定农业补贴政策的参照依据之一。

上世纪 90 年代初，期货市场开始在中华大地生根、发芽。历经十余载，凝聚了无数人的汗水与辛劳。从期货市场建立初期时任国务院总理李鹏提出“保护生产者和消费者双方利益，保持市场价格的基本稳定”的发展初衷，到温家宝总理“期货市场要立足于为产业服务，就是给生产者、销售者、消费者一个比较准确的预期，从而指导生产、引导消费”的要求，国家高层领导始终对期货市场发挥功能作用、服务经济寄予厚望。期货市场也终不负所望，在经历了初期的盲目扩张、之后的清理整顿，目前进入了积极稳妥发展的新时期，市场功能作用发挥也提升到新的水平。

至2009年底，我国期货市场已经上市交易23个期货品种，涉及金属、农产品、能源、化工等诸多商品领域，当年期货市场成交量和成交额分别达到22亿手和131万亿元；2009年大连商品交易所（以下简称大商所）期货交易量和交易额达到8.34亿手和37.64亿元，成为全球第二大农产品期货市场和最大塑料市场及油脂市场，市场功能发挥也提升到新的水平。

一直以来，在中国证监会的正确领导下，大连商品交易所坚持科学发展观，认真贯彻国务院"稳步发展期货市场"的重要指示精神，紧紧围绕促进产业和经济又好又快发展这一中心目标，一方面切实防范风险，保持市场安全稳定运行，实现稳步发展；另一方面加大产业拓展和品种、制度、服务创新力度，始终坚持服务产业、服务国民经济的经营理念，结合自身特点和优势，推行了一系列重要举措：2005年以来，交易所开展了"千村万户市场服务工程"，通过大规模培训农民市场知识、大范围送信息下乡和推动"公司+农户、订单+期货"，培育懂生产、会经营的新型农民；从2008年开始，大商所又在全国范围内开展"千厂万企市场服务工程"，鼓励、引导现货企业掌握现代市场经营手段，利用期货价格指导经营，参与期货市场套期保值规避价格风险，推动期、现结合，促进产业健康可持续发展；交易所通过举办玉米、合成树脂和油脂油料等各类产业大会，为产业界和期货界搭建起了畅通的交流合作平台，推动了期现结合。

通过以上各类产业拓展和服务工作，期货市场服务产业、服务经济的作用发挥明显。目前，大商所各交易品种逐步走向成熟，期现价格相关性显著提高，价格有效性明显增强。问卷调查结果显示，大豆、玉米等品种产业链条各类主体参考期货市场价格的程度分别为86%和37%，成熟品种的套期保值有效性已经接近发达国家水平；在油脂油料、玉米、塑料等很多行业，期货市场价格已经成为业内各类主体进行经营决策的重要参考；通过期货与现货经营的结合，很多企业成功规避市场经营风险、锁定利润，从而得以发展壮大；同时，期货市场还进一步促进了商品流通、提高了商品标准化程度、提升了产业信息化水平，进而促进了相关商品现货市场和产业发展。

当然，我们也应当看到，由于中国的期货市场发展历史较短，经济发展所处阶段不同，市场主体对现代市场适应能力不一，国内期货市场功能作用发挥程度与发达期货市场相比尚有一定差距。正是为了认清当前市场发展和功能发挥现状，查找问题和差距，总结经验，进一步发展完善市场，在比较分析发达国家有关期货市场功能研究的基础上，我们对大商所各品种运行及主体利用情况进行了梳理，通过实证、调查等研究方式，对大连期货市场功能发挥情况进行了总结，形成了本书。在此亦希望此书能为关注、研究国内期货市场发展的各界人士提供参考，通过分析、查找市场中的不足，为中国期货市场发展荐言献策。

期货市场服务于现货市场，其发展也依托于现货市场，因此在服务产业和国民经济发展的道路上，期货市场没有终点。2007 年以来，国家《东北地区振兴规划》、《辽宁沿海经济带发展规划》和《关于进一步实施东北地区等老工业基地振兴战略的若干意见》相继对大商所建设亚洲重要期货交易中心提出了要求，这体现了国家对大连期货市场发展和功能作用的肯定，为交易所的未来发展指明了方向。新的形势下，我们将以亚洲重要期货交易中心建设为目标，坚持服务产业、服务国民经济的指导思想，进一步推动市场健康稳定运行和功能发挥，服务于经济又好又快地发展。

刘兴强

2010 年 3 月

目　录

1

期货市场功能理论综述 …………………………… (1)
1.1　期货市场经济功能的历史演进 ………………… (1)
1.1.1　20 世纪上半期（1900—1940 年）对期货市场功能的认识 ……………………… (1)
1.1.2　20 世纪中期（1940—1960 年）对期货市场功能的认识 ……………………… (4)
1.1.3　20 世纪下半期（1960 年末至 1980 年左右）对期货市场功能的认识 ………………… (6)
1.1.4　20 世纪末期以来（1980 年至今）对期货市场功能的认识 ……………………… (8)
1.2　价格发现功能 …………………………………… (12)
1.2.1　价格发现理论概述 …………………… (12)
1.2.2　期货市场价格发现的制度优势及影响因素 …………………………………… (14)
1.2.3　国内外相关品种价格发现实证文献综述 …………………………………… (17)
1.3　风险管理功能 …………………………………… (24)
1.3.1　套期保值理论概述 …………………… (24)

1.3.2 主要品种国内外套期保值有效度实证研究综述 …… (27)
1.4 期货市场的派生功能 …… (30)
1.4.1 期货市场在宏观领域的派生功能 …… (30)
1.4.2 期货市场在微观领域的派生功能 …… (31)
本章总结 …… (33)

2

大连期货及相关现货市场发展状况 …… (35)
2.1 大连期货市场发展状况 …… (35)
2.1.1 总体情况 …… (35)
2.1.2 分品种情况 …… (37)
2.2 主要品种现货市场发展状况 …… (44)
2.2.1 大豆产业基本状况 …… (44)
2.2.2 玉米产业基本状况 …… (54)
本章总结 …… (65)

3

对大连期货市场功能的实证研究 …… (68)
3.1 价格发现功能实证分析 …… (69)
3.1.1 模型与方法 …… (69)
3.1.2 数据说明 …… (72)
3.1.3 分品种实证结果 …… (74)
3.1.4 价格发现实证检验结果比较分析 …… (114)
3.2 套期保值功能实证分析 …… (129)
3.2.1 连续合约套保有效度实证检验 …… (129)
3.2.2 分合约套保有效度实证检验 …… (156)
3.2.3 套期保值实证分析结果总结 …… (161)
3.3 分合约期、现价格趋同性及套利机会实证分析 …… (163)
3.3.1 相关理论综述 …… (163)
3.3.2 研究思路与方法 …… (164)
3.3.3 数据说明 …… (165)
3.3.4 检验结果分析 …… (167)

3.3.5 各品种套利及到期日趋同性分析总结 …………… (183)
3.3.6 原因分析与建议 …………… (185)
3.4 大连商品交易所期货品种的国内外期货价格关系实证分析 …………… (188)
3.4.1 国内外期货价格关系研究综述 …………… (188)
3.4.2 研究方法与数据说明 …………… (190)
3.4.3 分品种实证分析 …………… (191)
3.4.4 结论 …………… (207)
3.5 期货市场对现货价格波动性影响实证分析 …………… (213)
3.5.1 文献综述 …………… (213)
3.5.2 方法说明 …………… (215)
3.5.3 数据说明 …………… (216)
3.5.4 计量过程和结果 …………… (216)
3.5.5 总结 …………… (222)
本章总结 …………… (222)

4

大连期货市场功能发挥实际情况调查 …………… (226)
4.1 期货市场在产业层面发挥的作用 …………… (226)
4.1.1 大豆产业 …………… (226)
4.1.2 玉米产业 …………… (233)
4.2 现货市场各主体利用期货市场情况 …………… (242)
4.2.1 大豆产业 …………… (242)
4.2.2 玉米产业 …………… (253)
4.3 企业参与和利用期货市场的特征与模式 …………… (263)
4.3.1 典型企业参与和利用期货市场的不同特征 …………… (263)
4.3.2 企业利用期货市场的不同模式 …………… (266)
本章总结 …………… (287)

5

国外各类现货市场主体参与期货市场的情况 …………… (290)
5.1 农户 …………… (290)
5.1.1 农场主对期货市场的直接利用 …………… (291)

5.1.2 农场主对期货市场的间接利用 ………………………… (293)
5.2 企业 ……………………………………………………… (296)
5.2.1 金融衍生工具的国际使用 ………………………… (296)
5.2.2 美国非金融类企业对衍生工具的使用 ………… (301)
5.2.3 其他国家非金融类企业对衍生工具的使用 ……… (311)
本章总结 ……………………………………………………… (315)

6

影响我国农产品期货市场功能发挥的因素分析及建议 ………… (321)
6.1 影响我国农产品期货市场功能发挥的因素分析 ……… (321)
6.1.1 社会认知度不高制约对期货市场的利用程度 ……… (321)
6.1.2 现货市场存在的问题制约期货市场发展 ………… (322)
6.1.3 交易交割规则不完善影响期货市场运行效率的进一步发挥 ……………………………………………… (323)
6.1.4 上市品种结构不完善，限制期货市场功能的发挥 ……………………………………………………… (324)
6.1.5 市场参与者结构不合理，制约期货市场功能的发挥 ……………………………………………………… (325)
6.1.6 低开放度限制期货市场的国际影响力 ………… (326)
6.2 进一步发挥我国商品期货市场功能的建议 ………… (326)
6.2.1 明确期货市场在整个金融市场体系中的地位 …… (327)
6.2.2 进一步完善期货品种结构、交易制度和投资者结构 ……………………………………………………… (327)
6.2.3 培养正确的投资理念，推动期货市场外部环境的改善 ……………………………………………………… (328)
6.2.4 提高相关中介机构对企业参与期货交易的服务和支持水平 …………………………………………… (330)
6.2.5 政府应加大对期货市场的扶持力度和利用程度 …… (331)
6.2.6 稳步推进期货市场的对外开放进程 ……………… (332)
本章总结 ……………………………………………………… (332)

附录一 各品种分合约不同套保期限下套保有效度 ………… (334)

附录二　各品种不同合约期、现价格走势图和基差与无套利区间图 ………………………………………………………… (357)
附录三　各品种分合约套利机会与到期日收敛情况分析 ……… (420)

参考文献 ………………………………………………………… (428)

后　记 ………………………………………………………… (435)

1 期货市场功能理论综述

1.1 期货市场经济功能的历史演进

1848年美国芝加哥期货交易所诞生至今，期货市场发展历经160余年，随着其不断发展与成熟，期货市场的经济功能和作用也得到不断深化。回顾历史，世界期货市场历经诸多坎坷，对于期货市场功能的认识也是在不断争议中逐步被普遍接受。本部分以期货市场发展历史为背景，围绕期货市场中投机的作用、套期保值、期货价格的预期性、期货价格对现货价格波动的影响以及期货市场对相关主体的影响等问题，对期货市场经济功能的历史演进作一归纳。

1.1.1 20世纪上半期（1900—1940年）对期货市场功能的认识

经过19世纪后半期对期货市场的尝试和探索，在20世纪上半期，作为期货市场发源地的美国期货市场初步形成。交易、结算等制度上的创新，使期货交易开始有别于传统的远期现货交易。受第一次世界大战的影响，大宗商品价格飞涨，政府实行严格价格管制，小麦、糖、棉籽和棉籽油期货被暂停。战后价格管制被取消，谷物价格波动无常，助长人们对谷物投机的反感。1930年经济大萧条，但黄油和鸡蛋期货交易仍保持活跃。期货业在此期间被正式纳入政府监管。1922年，美国设立了谷物期货管理局，旨在对谷物期货交易进行监管。1936年美国以《商品交易所法》取代了《谷物期货法》，并成立了商品交易委员会，专门负责对期货市场的监管。

期货市场作为新生事物，吸引了经济学家们的关注，他们开始对期货的定位、本质及功能进行探讨。

（1）期货交易与赌博划清界限。1900 年 2 月，芝加哥期货交易所（CBOT）与一家公司展开了一场诉讼，诉讼的起因是 CBOT 拒绝向一家将期货报价用于非法目的的公司提供报价。在高等法院辩论案子的过程中，律师亨利·S. 罗宾逊提出了期货的套期保值交易和投机交易及它们与赌博的不同，这可能是最早区分以套期保值和投机为目的的期货交易与赌博的人之一。自此，CBOT 不仅获得了对使用其报价的法定控制权，而且也为那些指责期货交易活动为赌博的人提供了一条清晰地判别期货交易与赌博的界限。

（2）期货市场保险功能被提出。著名的英国经济学家 Marshall（1919）提出套期保值不是出于投机而是出于保险。持相似观点的还有 Hoffman（1932）、Keynes（1930）、Hicks（1939）、Kaldor（1940）和 Blau（1944）。Hoffman（1932）指出，套期保值意味着在期货市场充当卖方或买方的角色，它的实质是转嫁风险。套期保值作为一种保险手段，能让风险在不同的市场参与者之间转移。Keynes（1930）、Hicks（1939）和 Kaldor（1940）从风险规避及保险等角度研究了套期保值。Blau（1994）指出，初级商品期货市场就是为促进各种风险的转嫁而特别设立的市场组织，这些风险源自初级商品价格未来波动的不确定性，也就是说，这些风险的特性决定了其不能通过某一常规的保险措施来规避。

（3）套期保值在期货市场中的地位逐渐被重视。Working（1953）指出，在 1920 年之前的文献多持有这样的观点：即期货交易主要依赖于投机的推动，套期保值通常被视为期货交易的附属物。套期保值被比喻为一个搭便车者，当投机者提供机会时便搭车。但 Working 指出，越来越多的对期货市场的定量分析显示出，套期保值者逐渐像一个司机，而投机者则像搭便车者，由套保者给他提供机会。Working 引用 Hoffman（1941）曾提到的一个显著的证据，谷物期货管理局（Grain Futures Administration），即商品交易所委员会（Commodity Exchange Authority）的前身的报告显示，在每个品种上，期货合约持仓量每年的增减基本上与商业中经手的商品量以及参与套期保值的商品量大体相一致。投机者持仓量大的时间并不是在价格波动最大的作物的生长季节，而是在收获之后大量存货被移至仓库并被套期保值时。美国小麦持仓量每年在 9000 万蒲式耳，而玉米则在 5000 万蒲式耳，而后者产量几乎是前者的 3 倍，其主要原因是玉米进入商业性渠道的要少于小麦，农民很少或几乎不对他们持有的玉米存货进行套期保值。燕麦产量是玉米的一半，也主要是农民自己储存，因此其持仓量仅是玉米的一半。

虽然期货投机交易依赖于大量的套期保值，但它们之间还存在另一方向的联系。当同一商品在不同交易所同时上市时，套期保值者愿意选择投机性交易量较大的交易所。

从过去的历史看，期货交易发展得益于对套期保值的需求。19世纪中期，期货交易在芝加哥得以产生并发展，而更早出现类似交易的欧洲却没有发展起来，主要原因是芝加哥大规模的商业性谷物存货产生了套期保值的需求，而欧洲则是较小的存货商，套期保值需求小。

（4）期货市场具有提供持有合约的便利性功能。未平仓合约（open contract）的概念被创新性地提出来，使人们认识到，传统市场上的转移所有权的功能并不是期货市场的一个显著功能。这一概念最初被提出时并未引起人们的注意，直至被人们毫无争议地接受，以至于没有确切记录证明是谁最早提出的，但有据可查的出现的时间在1922年（Working，1962）。在期货市场建立和对冲合约，容易被误解为买卖行为，从而被认为与其他市场的主要功能没有区别。事实上，在期货市场，很少有基于所有权转移为目的的买卖行为。期货市场的存在主要是为持有合约提供便利。

（5）投机者对期货价格波动性影响的探讨。Paul Mehl（1934）对谷物期货价格特点进行分析时指出，公开的大规模的个人或团体交易者的过度投机会使价格波动增大，严重干扰市场，并且伤害谷物的生产者和加工商。小麦供给量越大，套期保值的数量越大。由于担心市场流动性受到限制，对于大量的投机操作没有施加限制，因而这种增加的套期保值是有缺陷的。通过对大规模和小规模投机者持有的多头头寸的研究表明，在多数时间，小麦套期保值的持仓多由小的投机者承担。在1925—1932年，大的投机者多数情况下持有空头头寸，这将增加小麦空头套期保值的负担，而不是有助于分担这些空头持仓。大投机者的净头寸被发现与小投机者的相反。大的投机者，由于头寸规模大且集中，往往会产生剧烈、大幅度波动。卖空交易可以在价格高涨时限制价格上涨，有稳定作用，但在价格下跌时，卖空则可能进一步增加价格波动。

Brace（1931）、Frederick（1937）则认为，期货投机者有稳定价格的作用。他们通过在几种商品上德国与美国期现货价格的比较，发现价格稳定的情形往往出现在投机者存在时，而非投机者缺少时。交易所的交易能够有效地为套保者提供便利性的服务，只有在期货市场准确反映供求状况的时间里，价格具有稳定功能。

传统理论对这一现象的解释是，投机者积极地获得影响价格的各种信息并根据信息行动，带来价格持续的变动，能够反映未来现货价格的变化。要减少不寻常的、不必要的价格波动，有赖于投机者对未来价格预期的能力。但事实上投机者并非专家，他们大多从事着与商品市场无关的事情，并且多数投机者账户小，并未将投机作为全职职业。投机者对价格稳定的影响可视为大交易者和小交易者作为独立集团的交易习惯特点的模型。分析表明，大的投机者往往追随而不是预期价格的变动，买涨卖跌。小投机者则与价格走势对抗，所以小投机者施加了稳定价格的影响，而大投机者的活动则趋于增加价格波动。从整体上看，价格稳定主要依赖于前者的大量交易，而非后者。

1.1.2 20 世纪中期（1940—1960 年）对期货市场功能的认识

20 世纪中期，期货市场进入快速发展时期。在经历了第二次世界大战的价格管制后，期货交易所管理体制于五六十年代日臻成熟，商品期货品种日渐丰富。

此时期也是投机开始盛行的时期，期货市场价格一度出现大幅波动，政府开始加大了对投机的抵制，较为典型的就是禁止洋葱期货的交易事件。1952—1955 年，几个大洋葱种植商囤积居奇，洋葱期货价格先是翻了一倍多，然后又跌到最高价的 1/30。为了缓和民众的不安情绪，美国国会召开了长时间的听证会，国会报告称，“炒家在期货市场的投机活动致使洋葱现货价格严重的、不可抑制的波动，政府为满足对外贸易中的洋葱进出口需要而禁止洋葱期货交易”。1958 年，不顾市场人士的极力反对，美国国会立法禁止了所有洋葱品种的期货交易，颁布了对洋葱期货市场的禁令——《洋葱期货法》。

尽管经济学家调查市场后发现，洋葱的价格及其波动性在禁止交易法令颁布后的那段时间比之前更高，但是这个禁令在民众心目中树立起了投机势力扰乱期市、增加市场波动的恶劣形象，至今依然影响甚深。理论经济学家们在深化原有理论的同时，也开始加大了对期货市场的投机现象的关注以及期货市场对现货市场的价格影响的研究。

（1）明确期货市场为套期保值和投机提供便利的本质。Holbrook Working（1953）指出，对于期货交易的功能的认识，即使在经济学家之间也难以达成一致，在大量观点上存在分歧。某种程度上，分歧的原因在于期货交易早期研究中概念的不完善。大多数对期货交易常见的质疑起因于对期货交易的陌生。期货交易是一个为自由竞争经济的效率作出贡献而发展的方式。

在芝加哥，基于对冲商业性风险的手段的需求，期货市场逐渐建立并发展强大，并且克服保守的反对意见，使这种非传统的交易形式在投机性的交易波动之中得以生存。期货市场经历了狂风暴雨的考验，逐渐奠定了坚实的根基。期货交易逐渐被其他市场采纳，并扩展到除了谷物之外的其他品种。

Working 将商品期货交易定义为："根据特殊的规则和协定而进行的，比在其他传统的商品交易形式所应用的更为严格，通过促进优越的便利性和交易的经济性，为套期保值和投机提供便利。"他指出，这一定义并不是全面的定义，它并没有说期货交易是为了延期的交割而进行买入和卖出，它只是划出了期货交易与现货交易的分界线，指出期货交易与其他类型的交易形式的区别主要在目的上，而不是用更为简单和客观的识别的标准。在期货交易最初从其他交易方式中演变时，是难以对期货交易作出区分的。

（2）投机者的风险承担者功能被普遍认同。Hoffman（1937）较早地指出投机者作为风险承担者的功能，但在 20 世纪 50 年代之后，该观点才得到普遍认同。其通过研究期货投机的经济功能指出，有组织的交易所提供了特殊的投机者这一类别，他们承担制造商和加工商的风险。通过这种设置，交易主体能够对冲价格风险，限定自己的利润边界，给消费者和生产者带来福利。投机者愿意承担风险，是因为准确预测能够带来利润。

CFTC Yale Law Journal（1951）对于在商品期货交易中投机的功能作出新的认识：商品有组织的交易所最初是为了购买和出售"期货"——在未来为交割特定商品的特定数量的合约。多数合约被对冲，只有不足 1% 的交易以交割实现。期货交易并非主要为了合约标的所有权的转移，主要是有投机者承担价格变动的风险，套保者转移这种风险。

CFTC Yale Law Journal（1951）在解读期货市场的套期保值功能时，认为套期保值是一种安排，商品交易商和加工商建立与现货市场相反而等量的头寸，以防范实物或现货市场价格风险。

套期保值对生产商、消费者、中间商有利。中间商只需使用比没有期货市场时的更较小资本来运作，因为套期保值提供对不利价格变化的保险以及得到改善的借贷条件。消费者和生产者从中受益，因为中间商的经营成本下降了，由此可以减少消费者支付的和生产者获得的之间的差额。而大量套保活动的可行，只能通过投机者参与。

Friedman（1953）认为，投机者通过将价格转移至均衡合理水平而受益，并减小了期货价格围绕着现货价格最优估计值的波动。

（3）套期保值套利说。Working（1953，1954）反对将期货市场视为防范风险的保险，他指出，这种行为是受利润动机驱使，而利润就来自于充分利用基差（即现货价格减去期货价格）的变动或其预期变动；也就是说，可以通过期货市场相对于现货市场的预期价格变动寻求利润。这种观点表明，套期保值首先应当是一种套利行为，即只有当套期保值者认为能够获利，他才会这么做。

需要指出的是，Working 在随后的研究中却改变了原来的立场。他认为，套期保值者在期货交易中常常让自己的钱白白流入投机者手里，即便当市场价格已经下跌时也如此。Working（1962）对此的解释是，套期保值者在购买或出售期货合约时面临价格有高有低的周期变动。因此，他认为，承担着交易成本的套期保值者会向投机者支付一个对价，来换取购买或销售订单的及早兑现。然而这种解释似乎又支持了前文提到的保险理论，套期保值者迅速执行其手中的订单意味着缩短了其商品敞口的时间，因而就可以规避价格变动的风险。

（4）期货价格预期功能。Holbook Working（1942）从价格预测的角度解析了期货市场功能。他认为，商品期货可作为价格预期的报价，期货价格代表了一致同意的可能的价格的市场表达，这一观点得到经济学家普遍认同。而现货价格在反映未来价格预期上，并没有像期货价格那样被普遍认可。

可信赖的预期价格理论（Working，1934，1949）认为，期货价格是基于当前和可能的供求条件下可利用信息的高度可靠的估计，其价格的改变主要是对市场供求状况的反映。期货市场中的纯粹的“随机漫步”是期货市场完美功能所体现出的价格行为。完美的期货市场被定义为：在任何时点上，期货价格都是利用当前所可能获得的信息，对期货合约到期日价格的最好估计。

1.1.3 20 世纪下半期（1960 年末至 1980 年左右）对期货市场功能的认识

20 世纪中后期，随着期货品种的日趋丰富，期货市场展示出旺盛的生命力。进入 70 年代，尽管经济总体表现欠佳，被通货膨胀所困扰，但对期货市场来说，却是重要的发展机遇。在这个 10 年里，期货交易量增加了 5 倍多。金融期货也在这一时期登场。布雷顿森林体系瓦解，芝加哥商业交易所（CME）抓住机遇，引入了外汇期货。黄金期货、利率期货陆续推出，使期货市场从商品领域跨至金融领域。70 年代，美国成立商品期货管理委员会（the Commodity Futures Trading Commission，CFTC），负责对美国期货市场的监管。

伴随期货市场品种多样化及影响力的增强，经济学家们对于期货市场功能的认识也趋于深入，在研究方法上开始大量引入计量手段进行实证分析。

（1）套期保值的风险组合理论。Markowitz（1952）、Johnson（1960）和Stein（1961）引入风险组合理论，来讨论期货市场的功能，这意味着在期货市场理论中，降低风险论的回归。Johnson（1960）和Stein（1961）指出，风险规避是期货交易的核心功能，直接影响了个人和公司的行为。风险组合理论认为，套期保值者运用了包含现货和期货交易的组合来实现预期效用最大化。基于此，套期保值者须明确衡量各种工具的风险和回报。在运用风险组合理论解释期货交易里市场参与者的活动时，风险被看做是为何使用期货合约这一问题的核心概念。

（2）风险转移与价格发现两大基本功能的提出。Working（1962）、Evans（1978）和Silber（1981）指出，风险转移与价格发现是期货市场对于经济活动组织的两大主要贡献。风险转移主要是指通过期货合约的套期保值功能，将价格风险转移给其他人，而价格发现主要是指利用期货价格为现货交易定价［Working（1948）、Wiese（1978）、Lake（1978）］。两种贡献的重要性程度将依赖于期货合约与现货商品价格的相近关系。

这一观点的提出受到了理论界的一致认同，对后续研究产生了深远的影响，以至于现今世界的人们普遍将风险转移与价格发现认同为期货市场的两大主要功能。

（3）期货市场具有远期定价功能，有助于生产决策。Just and Rausser（1971）对于计量模型的预测结果与期货市场的预测结果加以比较，结果表明，总体来看，期货市场在价格预测与计量模型的预测相比，具有令人惊讶的准确性，在豆粕和豆油品种上使用期货市场的价格预测更可取；另一方面，一些计量模型在畜产品上的预测更准确，在其他商品上两种预测的结果则是不明确的。

Tetteh A. Kofi（1973）指出，期货合约到期日的价格与距到期日前几个月的期货价格之间具有直接的相关性。研究表明，期货市场的远期定价功能发挥良好，对于特定商品而言，现货价格可以提前数月被预测；并且随着更多的准确的供求信息被获得，期货价格预测的可靠性得到改善。因此，在一个不确定性的世界中，市场的价格信息反映了对经济信息显著变化的专业的估计。

Anne E. Peck（1976）指出，在方便存货决策方面，期货市场有助于减缓价格波动。生产者在生产决策中使用期货价格，能够使供求因素带来的波动趋于收敛。这便是期货市场扮演的远期定价角色，它可以对生产者的决策提供即时的反馈。

Danthine（1978）、Feder、Just、Schmitz（1979）和 Holthausen（1979）都指出，如果期货市场是有效的，所有风险厌恶的公司应基于期货价格作出生产决策。

(4) 期货市场对现货市场、政府政策的影响。M. G. Pavaskar（1970）指出，政府以及远期市场组织经常认为期货市场投机行为加大了短期价格运动，但其研究发现，土豆现货价格在有期货交易时比没有时波动更小。尽管一种产品的情况并不能说明全部，但这个例子提醒我们对于传统期货的认识可能存在偏差。

Heifner（1972）研究发现，贷款者将通过套期保值减少贷款组合的风险。他指出，政策制定者、商品经纪人应该考虑到期货期权的风险降低动机以及套期保值所提供的流动性。

H. S. Houthakker 认为，稳定商品价格的计划可以通过政府管理达成，其核心就是期货市场的调节。但 Robert A. Richardson 和 Paul L. Farris（1973）通过研究 1953—1967 年大豆价格变动，检验了通过政府调控来稳定期货市场上农产品价格措施的效果。研究表明，通过该措施并不会使大豆价格稳定，因为该措施可能已经改变了买卖行为和现货价格的关系。

Mc－Kinnon（1967）和 Turnovsky（1979）指出，期货市场对于国内稳定规划、国际商品协议、现货市场信息效率和平滑政府存货可以产生重要影响。

1.1.4 20 世纪末期以来（1980 年至今）对期货市场功能的认识

自 20 世纪 80 年代以来，期货业全球化、股指期货的推出以及科技发展为全球期货市场的繁荣发展创造了良好条件。

这一时期，随着期货市场的全面发展，经济学家们更多地引入先进的经济分析方法进行期货功能的研究，计量经济学的使用使得期货理论研究有了更多的实证依据，期货理论研究在这一时期更呈现出理论与实证相结合的趋势，大大提高了人们对于现实期货市场的研究水平。

(1) 期货市场制度论学说。Telser（1981）对比了期货合约和远期交易合约的特征后，将风险管理引入套期保值理论，提出了期货市场制度论学说。他认为，期货市场制定出来的合约要优于非正式的远期交易合约。期货合约是根据有组织的期货市场制定的，列有详尽的书面规则、仲裁委员会和数目有限的市场成员等一系列内容。正是因为这种标准化的样式及规则，期货合约在保证流动性的同时，也避免了交易相对方违约的风险。相比之下，远期交易合同只能通过交易双方的相互信任来达成。他提到，降低风险是期货市场发展的动力，但他也意识到还有很多其他的因素在起作用。一个公司若想降低其价格风险不一定要通过一个有组织的期货市场来实现，在现货市场上签订远期交易合同也是可行的。从这个意义上来说，是否使用期货合约不仅主要取决于一个公司限制其风险的经营目标，而且还取决于期货市场作为一种制度体现出的特征。

（2）期货市场的隐性借贷市场功能。Jeffrey Williams 在 1986 年出版的《期货市场经济功能》（The Economic Function of Futures Markets）一书中试图转变关于期货市场的存在主要是作为风险转移（套期保值）需要的流行观点，尽管风险转移观点已被学者和实践者广泛接受，被视为期货市场的主要经济功能。

Williams 认为，期货市场的存在是为商品的隐性借贷市场服务的，期货市场能够促进商品存货效率。套期保值的真实用意是运用期货市场来借贷商品，套期保值的动机不是为了消除价格风险，而是来调整他的存货。Williams 理论的核心观点是公司持有存货与个人持有现金的原因相同，即最小化交易成本，因而这种交易需求与价格风险（或者说不稳定的商品价格）无关，因此公司介入期货交易调整存货作为存货管理的经济动机而非风险管理。

套期保值并不是普遍设想的那样用于减少现货头寸风险，而是为获取资本雇佣或其他商业活动利润计划的重要元素。Williams 指出，在套期保值交易时，期货交易与现货交易的结合包含了一种隐性的商品借贷关系，例如一个卖出套期保值操作，通过现货市场的买入和期货市场的卖出，相当于隐含了一笔商品的借入交易。一个买入套期保值操作，通过现货市场的卖出和期货市场的买入，相当于隐含了一笔商品的贷出交易。该理论是从期货市场的运行机制进行考察，从交易成本视角对期货市场的经济功能提出新的诠释。

（3）改善公司交易关系，提供市场渠道便利功能。Joost M. E. Pennings 和 Thorsten M. Egelkraut（2003）试图依据现货市场上公司的决策行为理论来分析套期保值。他们认为，通过套期保值能够改善公司交易关系、提供市场渠道便利，这一观点可以看做是对套期保值功能的补充。他们把研究的重点放在公司间的交易上，包括商品的交付和接受，并关注一个公司的核心活动，即能引起商品流动的交易，这种商品活动包括输入（进入公司）和输出（离开公司）。这种公司间交易的类型表现为他们之间的商业关系。由此种交易达成的协议至少需要明确交货地点，交货时间，所交货物的数量、质量以及价格。在交易关系中，公司力量被用来获得最有利的契约关系。然而，这种力量的使用可能引发贸易关系紧张甚至冲突，例如，农产品贸易中的市场渠道，上游渠道参与者过于集中导致力量发生转移，并且他们的合约侧重点也有极大不同。而期货市场恰恰能提供某些服务来缓解交易双方由于交易侧重点不同引起的关系紧张。期货市场的服务强化了交易中的价格因素，即便这种交易没有让双方都满意，价格却是交易双方都很关心的。期货市场中的套期保值服务似乎可定义为：它能够让一个公司在不必限制其现货交易的同时，以既定价格购买或出售产品。

他们指出，降低风险的动机驱使每个公司寻求彼此间最有利的交易关系，解释了期货市场如何影响风险管理，如果没有套期保值，公司间的某些交易关系可能就不存在了。因此，期货市场为市场渠道提供了便利。从这个意义上说，研究的观点是对现有理论的补充而不是替代。

Sergio H. Lence、Dermot J. Hayes、William H. Meyers（1992）指出，当产出品期货价格上升时，相应的生产数量也会上升，进一步强化了期货市场直接决定公司资源配置的观点，期货价格与现货价格的关系是生产决策的重要因素，期货、现货模型更适合分析市场公司行为特征。分析指出，基于现货价格波动的风险衡量可能是一种误导，这是因为期货市场的存在，一个公司的风险仅仅是通过套保不能消除的部分。

（4）期货市场价格预测功能的新认识。Richard E. Just 和 Gordon C. Rausser（1981）对一些期货价格的预测准确性进行了比较。期货价格预测信息是通过比较来评价的，比较发现商业预测的结果是不确定的，但是期货价格总体来说表现不错。这些结论对于风险管理有很重要的意义。

Mack N. Leath and Philip Garcia（1983）指出，近年来随着供给、需求和价格变动越来越大，期货市场的远期定价功能变得越来越重要。研究强调了在市场稳定或不稳定阶段期货交易的远期定价功能。研究同时发现，期货市场的相对绩效是为生产者和市场参与者在不同环境下提供有关市场行为的有用信息。因此，期货市场表现出两大重要功能：第一，他们在生产年份决定存货决策；第二，他们建立了远期价格。在有效的期货市场上，期货价格应该是基于当前和未来供求状况的对未来现货价格的最佳预测。该研究通过对比 1953—1966 和 1967—1980 年份多种期货合约得出结论，远期定价绩效在近年来得到极大促进，这得益于供求信息质量的改善，以及市场参与者解读市场价格信息水平的提高。

Pamela P. Brannen 和 Edwin F. Ulveling（1984）比较了在没有期货市场环境中，当前现货价格对于未来现货价格的预测程度以及建立期货交易后价格系统的预测效力，结果显示：在一些商品上（并非所有）通过将期货价格引入价格系统，交易者可能获得收益。

Christopher L. Gilbert（1985）的研究发现，期货交易为生产者提供价格变动和生产安排的双保险。完全价格的稳定将使得期货交易不复存在，在期货交易可能进行的情况下，生产者将会选择价格和产出保险的最佳组合。

（5）期货市场稳定现货价格功能的探讨。David M. Newbery（1987）曾指出期货市场对稳定现货市场价格的意义在于如果期货市场能够稳定现货价格，将会大大降低经济成本。相反，如果期货市场的发展增加了现货市场价格的不稳定性，那么期货市场的套期保值功能也将大打折扣。

20世纪五六十年代期货市场曾经历了过度投机，商品价格波动剧烈，由此引发期货市场究竟对现货价格波动扮演何种角色的争议。根据已有文献，诸多学者的研究结果是：期货市场在理论上具有稳定现货价格波动的作用。该理论依据主要围绕两方面：第一，对于可储存商品而言，通过存货的调整可以实现平稳现货价格波动的影响；第二，通过期货市场对价格的预期来平稳现货价格。

Working（1949）、Gray（1963）指出，期货市场可以提供关于增加存货回报的信息，从而降低存货商面临的风险，使其存货调整更加敏感，从而降低现货价格波动。Mark J. Powers（1970）指出，期货市场稳定现货价格对于可储存的、季节性生产的商品比较适用。Gilbert（1989）则指出，存货行为可以平滑供求，降低价格波动；但存货行为本身也会存在风险，而期货市场具有管理价格风险的功能，因此期货市场可以通过减少存货商所面临的风险来激励存货行为。

Chari 和 Jagannathan（1990）提出了期货市场影响现货市场的另一途径。引入期货后，生产者能够对预期需求的变化等新信息作出反应，从而影响当前的生产水平。Chari 和 Jagannathan（1990）指出这可能会影响次日的现货价格，不仅通过库存活动，而且通过短暂的时间上独立的生产函数，例如，假定企业没有库存货物，明年的边际成本函数是今年产量的增函数；并且假定今年的需求比较低，但通过对期货价格的观察，生产者认为明年的需求将会不同寻常地增加。生产者可能认为最好要压缩今年的产量，以降低明年的生产成本。在这一模型中，期货市场可能使现货稳定也有可能是相反的结果，当需求没有弹性而供给富有弹性时，更有可能使现货稳定。

Peck（1976）、Turnovsky（1979）、Masahiro Kawai（1983）、Kawai（1983）和 Sarris（1984）等人则通过建立理论模型，验证期货市场对稳定现货价格的机理和条件。

期货市场对平稳现货价格的分析多以理论模型方式进行推理，相比较而言，实证分析较少。Cox（1976）通过检验引入期货市场前后现货价格自相关程度来验证期货市场的影响，研究了洋葱、土豆、猪肉、猪、牛和橙汁合约。Cox发现引入期货市场以后，现货价格自相关程度降低并且价格预测误差下降，这表明期货市场提高了现货价格信息含量。他认为，期货市场并不会增加现货价格的不稳定性，相反有时还会减少现货价格的不稳定性。其理论依据是期货市场的存在使得交易者能够获取更加完全的信息，而这也是期货市场最重要的功能。

Antoniou、Foster（1992）在引入期货市场前后使用广义自回归条件异方差（GARCH）模型对原油价格进行分析，并且在检验GARCH模型参数时，使用了Chow检验，以验证结构是否发生变化。结果显示，原油期货市场对现货价格的波动无影响。印度的Jatinder Bir Singh通过引入期货是否推出“这个虚拟变量”得到了期货市场的存在降低了麻布现货价格波动性的结果。

从期货市场百余年的发展史来看，期货市场的功能是在不断的探索、争议甚至是偏见和误解中确立和深化的。期货市场对国民经济的积极作用，无论在理论上还是在实践中，都是不能被否认的，并且其功能已不仅限于价格发现和风险管理这两大基本功能。在现代的市场经济中，期货市场的角色不应该也不能被忽视。对我国而言，一方面需要评价十余年期货市场的发展，其功能究竟发挥得如何；另一方面，也需要了解与国际上的差异，从而使期货市场应有的功能在我国得到充分发挥，从而更好地服务于我国国民经济，提升期货市场在国民经济中的地位。

1.2 价格发现功能

1.2.1 价格发现理论概述

价格发现描述的是在特定交易的市场中价格形成的过程。期货市场的价格发现功能是在这一过程中体现的，即期货市场应该能够产生反映市场对随后的现货价格变化的预期，并且能够迅速地将信息传递至整个市场体系（Tomek，1979）。

期货市场的价格发现功能是市场有效性的体现。当影响价格变化的新信息出现时，期货价格能够迅速变化，并通过期货与现货间的套利机制，将信息传递至现货市场。从这一角度看，期货价格能够迅速地反映相关信息，是市场有效性的反映，通过其价格变化，能够反映随后的现货价格变动趋势，因而也具有一定的预期性。

对期货市场价格发现功能研究中，计量方法的改进对价格发现功能的认识提供了实证研究的有力手段。

Hanson & Hodrick（1980）指出，期货市场的价格发现功能可表述为期货价格是最后交易日现货价格的无偏估计，即 $S_t = a + bF_t + \varepsilon_t$，这为期货价格发现功能的实证检验提供了较早的模型基础。Bigman（1983）在此基础上，运用模型对芝加哥期货交易所（CBOT）的大豆、玉米和小麦3个品种期货价格的无偏性进行了实证检验。

Garbade、Silber（1983）则通过研究期、现价格之间的领先滞后（lead－lag）关系，从动态角度来判断期货市场是否在价格发现中扮演“领导”的角色，其方法被简称为GS模型。该模型通过考察前一期基差的变动对后一期期货价格与现货价格变动的影响，刻画了期货价格与现货价格在价格发现功能中作用的大小。

以上方法的研究均使用了回归分析法，但该方法引起了广泛的争议。在时间序列非平稳含有单位根时，用最小二乘法进行估计的F统计量是有偏的，统计检验不再有效；并且当时间序列非平稳时，利用最小二乘法进行回归估计可能产生伪回归现象。

Engle、Granger和Johansen、Juselius分别提出了EG两步法和Johansen协整分析法。协整分析方法的引入，为期货市场价格发现的实证分析提供了更为科学的手段。EG两步法有效地解决了价格序列中的非平稳问题，但却产生了参数难以确定的问题。而Johansen协整方法利用极大似然法推导出协整检验以及参数检验的统计推断工具来检验期货市场的价格发现功能及其市场效率，解决了EG两步法中参数推断的问题，为研究非平稳经济变量之间的均衡关系提供了全新的方法。这两种方法均在期货价格与现货价格之间的动态关系研究中得到广泛应用。

在实证模型基础上，Houthakker（1959）、Rockwell（1967）、Dusak（1973）、Bodie & Rosansky（1980）、Hazuka（1984）、Hartzmark（1987）、Joseph（2001）等使用协整方法，对美国的棉花、小麦、玉米、大豆期货市场等进行了实证检验，证明了期货市场发现价格功能的确存在。而Fortenbery & Zapata（1993）进一步运用Johansen协整和ECM模型进行检验，结

果显示：不同现货报价地点和不同时间长度，期、现货价格长期稳定性的关系的不同；进而得出结论：不同现货报价由于受到地域因素的影响，期货价格在对当地现货价格的发现上受到限制；而长期存在均衡关系的市场上，单个作物年度内可能因为短期因素的影响使协整关系存在偏差。Qinfeng 和 Wilson Liu（2005）运用 Perron 单位根检验和多变量自回归模型检验了生猪、玉米和大豆 3 个品种间的期货产品利润和美国农业部公布的现货利润间的协整关系，扩展了价格发现的范围。

在国内，对期货功能发挥的研究也逐步展开。其中，华仁海（2005）和康敏、乔娟（2005）等对大豆、小麦和天然橡胶等品种进行了实证检验，证明了随着我国期货市场的发展，期货市场的价格发现效率总体上不断提高。刘庆富和王海民（2006）运用信息共享模型和双变量 EGARCH 溢出效应模型对大豆和小麦期货合约的价格发现功能和运行效率进行检验。此外，温龙和杨森林（2007）及赵荣、乔娟和杨雪（2008）等对我国和美国铜、棉花期货价格的动态关系和价格发现功能进行了动态分析，比较了两个国家期货市场在功能发挥上的程度。

1.2.2 期货市场价格发现的制度优势及影响因素

（1）期货市场价格发现的制度优势。价格发现虽然不是期货市场特有的，但是期货市场在价格发现上有着特有的优势，使得人们普遍将期货市场与价格发现联系在一起，并将价格发现作为期货市场的基本功能之一。期货市场之所以具有价格发现的优势，是与期货交易特有的方式密不可分的，期货市场具有价格发现的制度优势。

第一，期货交易是公开集中竞价交易。公开集中竞价是期货交易的一个主要特点，通过这种制度，期货交易的所有买方和卖方将所有对供给和需求的判断都汇集在一起，当他们作出交易决策时，相关的供求信息将反映到价格中。这种交易制度最大程度保障了信息的集中以及信息快速传递与反馈，有利于价格发现。

第二，期货交易具有卖空特点。期货交易的另一个主要特点是卖空机制，即交易者不拥有现货商品，也可以在期货市场进行相应商品的卖出。这种机制有两个优点：一是卖空机制可以增加交易量和流动性，吸引交易者参与，有利于信息快速融入价格中。二是与买空形成对称的力量，便于交易者表达对未来价格下降的预测，因而对于利空信息在期货价格上的反映提供了制度上的便利。因此，在充分反映信息方面，具有卖空机制的期货市场可以使买卖双方在交易上处于平等地位。

第三，期货交易采取保证金制度。期货交易采取保证金交易制度，只需要缴纳合约价值的一定比例（一般在5%～10%）的保证金就可以进行买入或卖出的交易，这种保证金交易具有杠杆效应，可以以较小的资金量来进行较大价值量的期货交易，交易成本非常低。低交易成本可以吸引大量投资者加入，一方面可以汇集更多的供求变动信息，另一方面可以增加市场的流动性，一旦新的供求信息出现并可能影响未来的价格走势，交易者能够非常容易地找到交易对手，将新的信息反映到期货价格上。

第四，期货交易具有对冲机制。在期货合约到期之前，交易者可以通过对原来买入或者卖出的合约进行方向相反的交易来解除履约责任，而不必在合约到期时进行实物交割，大多数期货交易都是以对冲平仓了结的。期货交易这种特有的对冲机制，可以避免现货交易中需要进行实物交割的情况，对于投机者很有吸引力，他们可以利用所搜集的信息对价格的未来走势进行判断，通过买入或卖出将相关信息快速地反映到期货价格中，而不必担心由此买入或者卖出的期货合约在到期日时要买入现货或者要提供现货。对冲机制可以在一定程度上摆脱现货交易中实物交割环节的束缚，使相关的供求信息可以快速、全面地反映到期货价格中，从而形成对现货市场未来走势的有效预测。

第五，期货交易具有高度的组织化和专业化。期货交易是一种高度组织化的交易方式，期货交易所、期货经纪公司、结算所、信息咨询公司等各司其职、相互依存，形成高度组织化和专业化的期货市场组织体系。期货市场的这一特点有利于降低整个期货市场的运营成本，提高市场的运行效率，专业的期货从业人士也会在某种程度上增加参与期货交易的理性程度，从而促进相关信息在期货价格上的反应速度和程度，有利于期货市场的价格发现。

（2）影响期货市场价格发现功能的因素。期货市场具有价格发现优势，这是从期货交易机制的特点上来讲的，但这并不是说所有的期货市场一定能够发挥价格发现的功能，所有的期货市场都是有效的市场。在现实中，由于各个国家存在多方面差异，每个期货市场的价格发现效率存在差异，即便是同一个国家的期货市场在不同的发展阶段，价格发现效率也会存在差异。总结起来，影响价格发现的主要因素包括：

第一，现货市场的竞争程度及市场化程度影响期货市场价格发现效率。期货价格的形成从根本上由现货市场供求变化关系所决定。期货价格虽然要受期货市场中多空力量对比的影响，但这种力量对比与引起现货价格变动的信息变化直接相关。现货市场的竞争程度决定了现货市场供求信息变化的传递速度。

现货市场垄断程度越高，少数垄断者对现货商品定价权力就越大，在这种情形下，现货价格的变化主要依赖于垄断者的产量决策及垄断者之间的博弈结果。而这些信息的公开程度低，信息不确定强，不利于期货市场交易者对未来现货价格走势的预期，进而影响期货价格的价格发现功能。价格的变化可能直接通过垄断者在现货市场的生产销售而体现出来，现货市场在价格发现中居主导地位。

除了垄断因素外，现货市场的市场化程度也会对期货市场价格发现效率产生影响。当现货商品存在较高程度的价格管制时，意味着现货价格不是供求均衡的价格，无法正常反映供求信息变化；即使期货价格不受管制、供求变化引起期货价格变化，由于现货价格受到管制，期货价格变化也无法顺利地向现货市场传导，从而造成两个市场的脱节，令价格发现功能失效。

第二，交易成本的存在。交易成本是指交易者在参与交易过程中所发生的一系列成本，包括协商成本、佣金、手续费、税费、实物流转费用等等。

价格发现的过程一定程度上是信息在期货市场和现货市场之间进行传导的过程，这种传导是通过现货市场、期货市场的交易以及两个市场之间的套利交易来实现的。交易者或套利者只有在预期交易或套利的收益大于交易或套利的成本时才会选择入市交易，如果交易成本过高，交易者即便形成正确预期，在考虑交易成本后也可能不会入市交易，这会直接影响信息在价格上的传导。因此，交易成本高低对价格发现的效率影响较大。

第三，商品本身属性的差异。不同的期货品种在价格发现效率上也会存在差异。例如，相关研究文献发现不可储存的商品以及具有生产季节性的商品的价格发现效率相对较差。不可储存的商品和季节性的商品普遍存在的问题是：较低的存货水平使得对未来价格预测不能通过大量的库存进行调节，从而使期货价格的波动要大于有着较高库存水平的其他商品。

第四，参与期货交易的主体结构。期货市场参与主体的构成也是影响价格发现效率的因素之一。有关研究表明，该商品的相关现货生产商和加工商、经销商参与期货交易的越多，价格发现效率就越高。因为他们直接与现货市场相联系，能够产生真实供给与需求，价格中融入的信息的真实性较高，投机性较低。

第五，期货市场的交易规模和流动性。交易规模越大，流动性越高的市场，价格发现效率就越高。因为交易规模大、市场流动性好意味着众多交易者的参与，交易者可以比较容易地买入或者卖出期货合约，当交易者搜集到新的信息时，可以以较快的速度很容易地通过买卖期货合约将新的信息融入期货价格中。

第六，交易者在现货交易中的定价原则和理念。现货交易的定价方式在一定程度上会影响期货市场价格发现的效率。例如，在期货市场发达的国家存在一种以期货价格为基础然后加上升贴水来作为现货交易价格的定价方式，这种定价方式很好地将期货市场和现货市场紧密联系起来，从而保证期货价格的合理性。

1.2.3 国内外相关品种价格发现实证文献综述

（1）大豆期货品种价格发现实证研究文献。大豆期货是在国内外期货市场上推出较早、运作较成功的期货品种，因而对其功能发挥的实证研究文献较多。Bigman 等人（1983）利用期货市场简单有效性的检验模型，即利用交割日的现货价格对距离交割日某固定时间的期货价格进行回归，对 CBOT 大豆的期货价格发现功能进行了实证检验，证明了期货价格是未来现货价格的无偏估计量；不过由于期货价格和现货价格数据是非平稳的，利用最小二乘法进行回归估计可能产生伪回归现象，因此，Elam & Dixon（1988）指出该模型的检验结果是无效的。

Fortenbery & Zapata（1993）运用单位根检验和 Johansen 协整方法对 1980—1991 年间的 CBOT 大豆期货价格分别与北卡罗来纳 Greenville 和 Williamston 两个市场的现货大豆价格的相互关系进行了总体的和分作物年度的检验。其结果显示：整个样本区间，CBOT 的大豆期货与 Greenville、Williamston 两个市场的现货价格的长期均衡关系显著，但各作物年度内，期货价格与现货价格的协整关系存在差异，这表明协整关系是描述序列的长期变化趋势，如果检验的时间区间过短，会影响检验的结果；不同市场现货价格对期货价格的反应程度也存在差异；在进行协整检验中，通过调整同一置信水平下不同的滞后期证明了不同现货市场价格对期货价格变动的反应速度不同，其中，Greenville 市场平均在 1 个交易日内就能根据期货市场价格变动进行调整，而 Williaimston 市场的价格平均要在 3 个交易日后才能根据期货价格变动进行调整，在整个样本区间内，美国大豆现货市场价格对期货价格变动的调整时间为 5 个交易日。通过分作物年度分析与整个时期分析的对比，也证明了生产商根据每年期货市场的价格变动调整现货市场供给的规律，从而间接证明了期货价格对现货价格的引导作用。

Yang、Bessler & Leatham（2002）也运用 Johansen 协整检验对 1992 年 1

月 1 日到 1998 年 6 月 30 日 CBOT 市场的近月大豆期货价格和现货价格的年度走势变动关系进行了研究，并充分考虑了 1996 年修订后的《联邦农业促进和改革法案》（*Federal Agricultural Improvement and Reform Act*，Fair）对农产品期货市场功能发挥的影响。其研究发现：在法案颁布前，CBOT 市场的大豆期货与现货价格在 5% 的置信水平下存在稳定的长期均衡关系；在法案颁布后，CBOT 大豆期现货的均衡关系在同样的置信水平下就不存在了，可能的原因是：由于美国大豆在 1996 年以后大量出口，期货价格中不仅包含了国内现货的市场信息，也包含了国际市场的信息，因此，期货价格比现货价格更快地反映了大豆在国际交易中的供需状况。此外，在协整检验基础上，进一步运用似然比检验方法对法案颁布前后大豆期货价格的预测性和无偏性假设进行检验，其结论发现：大豆期货价格作为现货价格基本信息源的作用并不因为国际市场的需求增加而发生改变，这也就是说，可储存农产品期货价格先于现货价格反映市场信息，并且为现货价格变动提供市场信息。

国内对农产品期货价格发现的检验也大多选择大豆市场为检验对象。刘庆富和张金清（2006）用平稳性模型和 Johansen 协整关系模型检验了 1997 年 1 月到 2004 年 12 月大连商品交易所的大豆期货，其结果表明：当距离最后交易日的时间长度不超过 5 个月时，大豆的期货价格与最后交割日现货价格之间存在长期均衡关系。

王健、黄祖辉（2006）在平稳性和协整检验模型基础上，加入 Granger 因果检验定性分析，并证明了 1999 年 7 月至 2003 年 11 月的大豆期货价格与黑龙江大豆现货价格之间的均衡关系。其研究发现：大豆期货和现货价格序列均是非平稳的，但它们的一阶差分均是平稳的；通过对 $Z_t = F_t - S_t$（期货价格减去同时期现货价格，即基差）序列进行平稳性检验，得出在 5% 的置信水平下，零假设（即时间序列是非平稳的）被拒绝，也就是说价格序列 $\{Z_t\}$ 是平稳的，这说明研究区间内的大豆期货、现货价格序列具有长期均衡关系，且期货价格是现货价格的无偏估计量；Granger 检验的结果表明，零假设“现货不是期货的 Granger 原因”成立（P = 0.22681），而零假设“期货不是现货的 Granger 原因”不成立（P = 0.00206），这表明，从 1999 年 7 月到 2003 年 11 月间，我国大豆期货市场价格对大豆现货市场价格具有较强的单向引导关系，大豆期货市场价格对现货市场价格具有较强的预先引导作用是有根据的。

王晓慧和许水龙（2006）基于 VAR 模型和误差修正模型（ECM），运用协整方法对 2000 年 1 月 5 日至 2006 年 9 月 5 日大连商品交易所的大豆期货合约在不同预测水平下的期货价格与对应的现货价格之间的协整关系进行检验。其结论是：通过对大豆价格序列建立 VAR（2）模型，显示在 5% 的置信水平下，大连大豆期、现货价格存在着长期均衡关系；误差修正模型估计得出现货价格的误差修正项系数 $\lambda_s=-0.113<0$，$\lambda_f=0.0365>0$，说明当系统偏离均衡状态时，下一期现货价格调整对修复非均衡状态有直接的影响，$\lambda_f>0$ 说明误差修正项对期货价格的变动具有正向调整作用，即当系统偏离均衡状态时，如果误差修正项为正，说明现货价格相对于期货价格偏高，平均来说，下一期的现货价格将上升，而期货价格也将上升；同样，如果误差修正项为负，说明期货价格相对于现货价格偏高，则下一期的期货价格将上升，而现货价格也将上升；而由 Granger 因果检验得到的两个假设的 P 值分别为 0.01883 和 0.00023，这表明，大连大豆期、现货价格存在着相互引导关系。

王兵、王红英和陈桂宏（2008）在相关性分析和协整检验的基础上，进一步引入 GS 模型对 2005 年 9 月 30 日到 2008 年 4 月 3 日的大豆期货指数 3 日线的收盘价和黑龙江省哈尔滨市国产大豆厂采购价格相互关系进行了定量分析。实证结果充分表明：大豆期货价格和现货价格的变化趋势有高度一致性，期货价格的升降变化基本上先于现货价格的升降变化，两者的相关系数为 0.985；大豆期货价格与现货价格存在简单的线性回归关系，大豆现货价格以 0.849 的速度随大豆期价的变动而变动；在 5% 和 1% 的置信水平下，大豆期货价格与现货价格之间都存在长期均衡关系，期货价格是现货价格的无偏估计量；由 GS 模型得出 $\beta_p/(\beta_p+\beta_f)$ 的值为 0.944，说明大豆期货价格的影响力远远超过其现货价格的影响力，发现价格功能主要由期货价格决定。

（2）豆粕期货价格发现功能国内外实证文献。刘庆富和张金清（2006）用平稳性模型和 Johansen 协整关系模型检验了 2001 年 1 月到 2004 年 12 月我国豆粕期货市场的运行，其期货价格选取距离最后交易日 1～6 个月之前的收盘价格为代表，现货价格选取大连地区的现货价格。研究结果表明：当距离最后交易日的时间长度不超过 1 个月时，豆粕的期货价格与最后交割日现货价格之间存在长期均衡关系，期货价格对最后交割日的现货价格均具有预测作用，期货市场具有价格发现功能。

刘晓宇（2006）借助向量自回归模型、协整检验、误差修正模型、方差分解、脉冲响应函数等方法，研究了 2000 年 7 月至 2004 年 12 月 31 日的豆粕期货近交割月连续价格与中国饲料行业信息网的现货价格（周数据）之间的动态关系。研究结果显示：豆粕期货价格与现货价格存在相互引导关系，并且期货与现货价格之间存在长期均衡关系；其误差修正模型的 $\lambda_F = -0.033 < 0$，$\lambda_S = 0.126 > 0$。这说明当系统偏离均衡状态时，误差修正项对期货价格的变动具有负向调整作用；而 $\lambda_S > 0$，说明当系统偏离均衡状态时，下一期、现货价格调整对非均衡状态进行修正。方差分解的结果显示：随着滞后期的增加，现货价格变动的总方差中来自于现货市场的部分先呈上升趋势，然后呈下降趋势，则最终趋于 8.13%；而来自于期货市场的部分则呈上升趋势，从滞后 1 期的 13.65% 到最终趋于 91.87%，这说明豆粕期货市场在价格发现中的作用远远大于现货市场在价格发现中的作用。

（3）豆油期货价格发现实证研究文献。王骏和刘亚清（2007）利用单位根检验、VAR 模型、协整检验、误差修正模型、脉冲响应函数分析和方差分解的一体化方法对我国 2006 年 1 月 9 日到 2007 年 4 月 30 日的豆油期货主力合约收盘价格与大连和广州四级豆油现货价格的动态关系进行研究。研究结果表明：大连豆油、广州豆油现货价格和豆油期货价格均服从 I（1）过程；通过对大连和广州豆油的VAR（2）模型的协整检验证明，在 5% 的置信水平下，豆油现货和期货价格之间存在均衡关系，但两个市场相对独立和割裂；通过 ECM 模型估计得到：大连豆油现货的 $\lambda_S = -0.13 < 0$ 且显著，表明大连豆油现货价格下一期将回落并恢复到均衡水平，λ_F 不显著，说明当现货价格偏离均衡状态时，下一期现货价格调整对修复非均衡状态没有直接的影响；而广州豆油现货的 $\lambda_F = -0.08 < 0$ 且显著，表明广州豆油现货价格下一期将回落并恢复到均衡水平，λ_F 不显著，说明当现货价格偏离均衡状态时，下一期现货价格调整对修复非均衡状态没有直接的影响。通过误差修正模型说明了大连豆油期货价格对大连、广州豆油现货市场有着重要的修正调整作用，现货价格以期货价格为基准波动，而豆油现货价格对期货价格的修正调整没有直接的影响。最后，通过方差分解得出结论：大连和广州两地现货价格变动长期作用部分的方差，来源于期货市场的方差分别为 93.5866% 和 77.22%，均大于来自现货自身的 6.4134% 和 22.78%，这说明期货市场在价格发现中占据主导地位。

陈雨生、乔娟和赵荣（2008）运用协整检验、误差修正模型检验、脉冲响应函数检验和方差分解检验等方法，并通过基差分析、期货合约流动性分析，对中国豆油期货市场的价格发现功能和规避风险功能的发挥情况进行了实证分析。其实证数据分别选取了 2006 年 6 月 22 日到 2007 年 9 月 4 日豆油期货周价格和黑龙江省九三油脂有限责任公司豆油的周一出厂价。研究结果显示：豆油的期货价格和现货价格的相关系数为 0.98，相关性较高；

对其进行协整检验，得出在10%的显著性水平上，豆油期货和现货价格存在长期均衡关系，且期货价格是现货价格的无偏估计量；其误差修正模型得到期货价格和现货价格的误差修正项系数的估计结果分别为 -0.1003444 和 0.10451042，其中，期货价格的误差修正项系数没有通过统计显著性检验，表明当豆油期货市场价格偏离均衡价格时，难以在短期内恢复长期均衡，而现货价格的误差修正项系数虽在统计上显著，但系数较小，表明中国豆油现货市场在传递价格方面缺乏效率。方差分解的结果显示：在中国豆油市场价格的长期变化中，现货市场价格的信息份额为6.39%，期货市场价格的信息份额为93.61%，这表明中国豆油市场价格受期货市场价格的影响大于受现货市场价格的影响。

（4）玉米期货价格发现实证研究文献。Garbade 和 Silber（1983）建立了 GS 模型，并对 CBOT 市场玉米等7种商品的期货收盘价格和芝加哥二号黄玉米现货价格在价格发现中的作用，运用其模型进行了实证检验，其结论得出，玉米的 $\beta_p/(\beta_p+\beta_f)$ 值为0.76，这表明玉米期货价格发现的贡献占到76%，远远大于现货价格的作用。

Hasbrouck（1995）在协整分析的基础上，对长期作用部分的总方差进行分解，计算出每个因子的贡献。研究结果也显示；大多数期货价格与现货价格之间存在协整关系，且期货市场在现货价格发现中起主要作用。

Goldfmb 与 Schechtman（1983）运用线性回归方法检验了 CBOT 的小麦、玉米与大豆期货价格与其现货价格的长期关系问题。

Lai（1991）、Zapata（1995）和 Haigh（2000）等也利用不同的协整分析方法对期货价格与现货价格之间的相互关系进行了实证检验。

我国国内目前对于玉米期货价格发现功能的研究相对较少。童宛生、胡俞越和冯中越（1997）运用相关性法、因果分析法对期货市场整顿前的四个玉米期货合约的期货价格进行了实证分析，得出的结论是：玉米的现货价格和期货价格的相关性较高，两者变动的方向是相同的。

田彩云和郭心义（2006）运用相关性检验、协整检验和 GS 模型对玉米期货重新上市后一年内，即2004年9月22日到2005年9月28日的玉米期货周价格发现作用进行了实证分析，其现货价格选取的是辽宁大连港二等玉米平仓价格的周报价。其研究结果发现：在上市运行的一年里，玉米期货和现货周价格走势相关性高达0.971，表明期货价格与现货价格之间具有高度正相关性；Johansen 协整检验的结果也证实在5%和1%的置信水平下，大连玉米期货价格序列和国内玉米现货价格序列的迹统计量值均大于其临界值，这表明两个序列之间存在着长期均衡关系，且期货价格是现货价格的无偏估计量，这充分说明大连玉米期货市场的运行是有效的，大连玉米期货价格具有发现价格的功能；GS 模型的检验结果进一步证实了期货价格 Granger 引导现货价格的结论，同时，通过 GS 模型得出的参数显示，期货价格在价格发现中发挥了约 94% 的作用，这说明大连玉米期货价格的影响力远远超过其现货价格的影响力，发现价格功能主要由期货价格起作用。

夏天和冯利臣（2007）在协整检验基础上，运用向量误差修正模型（VECM）以及方差分解检验了 2004 年 9 月 22 日到 2006 年 8 月 21 日两年间大连玉米期货价格和当地玉米现货价格及其与 CBOT 玉米期货价格之间的引导作用和冲击关系，其研究结果发现：协整检验的迹统计量值显著大于 1% 和 5% 置信水平下的临界值，这说明在玉米上市两年中，玉米期货价格和当地现货价格存在较好的长期均衡关系；其 VAR 模型中获得的向量协整弹性系数同时表明了大连玉米期货价格上升（下降）1%，则玉米现货市场会上升（下降）2.69%；其方差分解得出的系数显示，玉米现货市场在第 100 期时来自于玉米期货市场的影响上升到 63.7%，这也从市场相互冲击的角度充分说明了玉米期货市场对玉米现货市场有较为良好的价格发现功能，对我国玉米产业的资源配置起到了十分重要的作用。

房瑞景、崔振东、周腰华和陈雨生（2007）运用相关性分析、单位根检验、协整检验、格兰杰因果检验、脉冲响应函数分析、GS 模型分析等方法及其相应指标，对中国玉米期货市场的价格发现功能进行实证研究，并与美国（CBOT）玉米期货市场进行比较。其期、现货数据分别选取 2004 年 9 月 22 日到 2006 年 12 月 30 日大连商品交易所玉米期货日收盘价和大连港玉米平仓价格。其研究结果发现：2005 年中国期、现货价格相关系数为 0.68，2006 年期、现货价格相关系数为 0.92，相关性较高，这表明玉米期、现货市场相关性逐渐改善，但逊于美国市场的相关走势表现；但其 Johansen 协整检验却拒绝了 5% 置信水平下不存在协整关系的价格，从而说明中国玉米市场期、现货价格时间序列在 1% 的显著性水平上存在着长期均衡关系，其期货价格是现货价格的无偏估计量；脉冲响应模型分析表明，期货价格对其自身的一个标准差信息的反应使价格立刻增长 8.7%，在第 40 个交易日时降至最低的 6.5%，然后又呈上升趋势，在第 100 个交易日上升至 7.9%；同时来自现货价格的新信息对期货价格的影响稳步上升，在第 100 期时达到最大的 4.5%。而对现货价格来说，期货价格的新信息对其的影响具有较强反映并持续上升，在 100 个交易日时价格增加了 8.4%，于此同时，现货自身对其价格的影响则先下降后上升，最大达到4.9%。综合这些数据可以发现，期货价格和现货价格之间的标准差信息有较强反应，期货价格的信息对现货价格的影响更大一些。但是，其运用GS模型得到的$\beta_p/(\beta_p+\beta_f)$的值仅为0.46，小于0.5，这表明其样本区间内的玉米期货价格和现货价格之间在价格发现上具有同等的影响力。

田旭红（2007）运用相关性方法、走势图法和GS模型套利等方法对2004年9月22日到2007年3月30日期间的17个玉米合约价格与同时期大连现货玉米价格的运行效率进行检验，其研究结果显示：不同年度玉米市场运行的效率不同。从相关系数变化的角度来说，2005年的6个玉米合约期货价格与现货价格的相关程度最高的不超过0.47，最低的仅有0.176，这说明我国玉米期货市场在一年之内期货价格与现货价格还不太相关；2006年合约的相关系数有所提高，尤其是C0605，其相关系数已经提高到0.66，说明我国期、现价格密切程度在提高；到2007年，玉米期货价格和现货价格的关系越来越紧密，尤其是C0705、C0707和C0709三个合约，其相关系数均大于0.80。从相关系数的变化趋势可以看出，随着时间的推移，我国玉米的期货价格与现货价格关系越来越紧密，期货市场越来越能发挥其应有的功能。从GS模型的分析来看，套利弹性δ值随着时间间隔越来越长，其值也越来越小，其中，2007年的合约比2006年的合约、2005年的合约，δ值的提前时间越来越短，2007年提前6～8周、2006年提前10～12周、2005年提前18～20周才能通过套利活动消除期、现价差，这说明我国玉米期货市场一年比一年更有效率。此外，其结论也发现表示前一期的期货价格对当期现货价格的影响力的β_p随着时间间隔的延长，其值也越来越小，其中，2007年的β_p值要明显高于2006年和2005年的。这说明了期货市场特殊的交易机制使得期货价格在反映当期和未来的信息上比现货价格更有优势，虽然在较短的时间间隔内，期货价格对未来现货价格的影响力较弱，但随着时间间隔的延长，期货价格对未来现货价格的影响力会逐渐增强。

（5）棕榈油期货价格发现实证研究文献。由于棕榈油用途不及大豆、玉米、豆粕等农产品用途广泛，且国际上市棕榈油期货品种的交易所并不多，因而在期货市场价格发现功能实证文献中较少对棕榈油进行分析。在现有文献中，Fatimah Mohd · Arshad & Zainalabidin Mohamed（1993）运用传统的均衡价格回归分析方法和Rausser & Carter（1983）的有效市场假设，实证分析了棕榈油期货市场的定价效率问题。其期货和现货价格分别选取了1983—1992年期间马来西亚吉隆坡商品交易所（KLCE）1月和5月毛棕榈油合约距离交割日期 1 ~5 个月的期货收盘价和棕榈油注册管理局（Palm Oil Registration and Licensing Authority，PORLA）相应的现货月价格。研究结论发现：传统的回归分析结论表明，距离交割月越近，线性回归模型对数据的拟合性越好。例如，1 月合约交割前 1 个月合约回归的拟合优度 R^2 为 0. 94，而前 5 个月合约回归的 R^2 仅为 0. 71。线性回归系数显示出：距离交割月时间长短的差异，尤其是系数标准差随着距离交割月日期的延长变大，对于 1 月毛棕榈油合约来说，距离交割月前 5 个月的回归系数（标准差）分别为 1. 06（89. 15）、1. 34（110. 37）、1. 50（150. 76）、1. 45（145. 79）、1. 60（220. 20）；5 月合约的回归系数为 1. 53、0. 36、1. 93、1. 75、1. 56。线性回归表明：期货价格是现货价格的无偏估计。Rausser & Carter 有效市场模型通过将期货价格预测未来价格的精确性与其他预测方式进行比较来验证期货市场的有效性，其实证结果发现：毛棕榈油提前一个月的期货价格对现货价格预测的 RMSE 值、RMPSE 值和 U 统计值分别为 109. 83、9. 95 和 0. 25，是时间间隔报价中最小的；而两个月移动平均现货价格的三个值分别为 64. 39、5. 79 和 0. 5，其 RMPSE 值和 U 统计值均大于提前一个月的棕榈油期货报价对应指标值，这清楚地表明：提前一个月的期货价格可以精确地预测现货未来价格。

1.3 风险管理功能

1. 3. 1 套期保值理论概述

传统的套期保值理论认为，套期保值是投资者在期货交易中建立一个与现货交易方向相反、数量相等的交易头寸。即在商品期货价格和现货价格波动完全一致的情况下，这种套保策略可实现完全的套期保值。

由于期货价格与现货价格的变动不完全一致，因此，此种套保交易存在基差风险。为了克服基差风险，Working（1960）提出了用基差逐利型套期保值来规避基差风险。Working 认为，套期保值的核心不在于能否消除价格风险，而在于能否通过寻找基差方面的变化或预期基差的变化来谋取利润；即套期保值是一种套期图利行为，是投机的一种，只是它不是投机于价格，而是投机于基差而已。

Markowitz（1952）、Johnson（1960）和 Stein（1961）引入风险组合理

论。这一理论的核心是：交易者在期货市场进行套期保值时，实质上是对期货市场与现货市场上的资产进行组合投资，其目的是在既定的风险条件下最大限度地去获得利润，或在预期收益一定的前提下把风险降到最低，而不仅仅是锁定交易者在现货市场部位的收益。在套期保值期间，组合投资的套期保值比率将随着时间的推移，根据交易风险偏好和对期货价格的预期而变化。

风险组合理论的思想可表示为：考虑投资者持有一个套期保值组合，在这个组合中，包括 1 单位的现货头寸和 h 单位的期货头寸，用 S_t、F_t 分别表示 t 时刻的现货价格和期货价格，则该组合的收益为：

$$R_t = \Delta S_t - h\Delta F_t \tag{1}$$

式中，$\Delta S_t = S_t - S_{t-1}$，$\Delta F_t = F_t - F_{t-1}$，$R_t$ 为 t 时刻组合投资的收益。

该套保组合收益的风险可用方差来表示：

$$VAR(R_t) = VAR(\Delta S_t) + h^2 VAR(\Delta F_t) - 2hCov(\Delta S_t, \Delta F_t) \tag{2}$$

式中，VAR 表示对括号中变量的方差；Cov 表示协方差。

当风险最小时（即收益方差最小，Minimum - VARiance，MV），通过对上式求极值，使其对 h 的一阶导为零，可得到最优套期保值比率 h 为：

$$h = \frac{Cov(\Delta S_t, \Delta F_t)}{VAR(\Delta F_t)} \tag{3}$$

确定了最优套期保值比率之后，可通过计算套保有效度来衡量该套期保值能够在多大程度上规避现货价格风险，即与不做套期保值相比，套期保值操作能够在多大程度上降低收益的波动风险。其具体表达式为：

$$E = \frac{VAR(\Delta S_t) - VAR(R_t)}{VAR(\Delta S_t)} \tag{4}$$

式中，$\frac{VAR(R_t)}{VAR(\Delta S_t)}$项度量的是在采取套保策略以后仍然存在的风险比率，公式 4 可表示为通过套期保值所能对冲掉的风险比率。因此，E 越趋近于 1，对冲掉的风险越大，套保越有效。

最优套期保值比率的确定是套保理论的核心所在。对最优套期保值比率估计的模型和方法不同，便会得出不同的最优套期保值比率，套保效果也存在差别。

对最优套期保值比率最早的估计方法是使用最小二乘法（OLS），即对期货价格的变化量和现货价格的变化量之间进行线性拟合，其具体模型为：

$$\Delta S_t = \alpha + \beta\Delta F_t + \varepsilon_t \tag{5}$$

式中，ε_t 表示回归方程残差；β 表示通过该方法估计得到的最优套期保

值比率 h，该值在整个套期保值过程中是一个常数，因此被称为静态套期保值，其操作上简单易行。

但是使用 OLS 方法进行回归所得到的残差并不满足经典线性回归模型（CLAM）的基本假设。Bell and Krasker（1986）证明，假如期货的期望价格变化依赖于新的信息集，那么 OLS 回归方法将会产生一个最优套期保值比率的有偏估计量。Lien & Luo（1993）、Ghosh（1993）与 Chou、Fan & Lee（1996）发现，期货价格序列与现货价格序列之间存在协整关系，而在计量分析中，若两个时间序列之间存在协整关系，那么传统的 OLS 的估计量将是有偏的。换句话说，在期货价格和现货价格序列之间存在协整关系的条件下得到的“最优”套期保值比率将不是最优的，而是存在一定的偏误。Ghosh（1993）通过实证发现：当不恰当地忽略协整关系时，所计算出的套期保值比率将小于最优值；Chou、Fan & Lee（1996）用类似的方法对日经指数的最优套期保值比率进行了估计，并与基于 OLS 的最优套期保值比率进行了比较，结果发现：考虑了协整关系的误差修正模型（ECM）比 OLS 方法更能有效地对冲现货头寸的风险。

此外，Park and Bera（1987）指出，因为模型中忽略了期货价格和现货价格序列中普遍存在的异方差性，用简单的线性回归模型来估计最优套期保值比率是不合适的；Myers and Thompson（1989）认为，回归方程中的解释变量和被解释变量之间的协方差及解释变量的方差均为条件矩，它们是由做套期保值时所拥有的信息集决定的，因此，也会因时间的推移而随着信息集的改变而改变，由它们所确定的最优套期保值比率也会随时间而变化。换句话说，最优套期保值比率不应该是常数，而应该是一变量，最优套期保值比率不应该是静态的，而应该是动态的。而 Engle（1982）提出的自回归条件异方差（ARCH）模型及随后在此基础上被发展的一般自回归条件异方差（GARCH）类模型，能很好地捕捉期货价格和现货价格序列中普遍存在的异方差性。基于此，Baillie & Myers（1991）用 GARCH 类模型估计了最优套期保值比率。Bollerslev（1990）、Kroner 和 Sultan（1991）及 Kroner 和 Sultan（1993）的实证表明：时变的套期保值比率在保值效率方面要优于静态的套期保值比率。这些研究虽然给出了动态最优套期保值比率，为套期保值实务提供了更为科学的理论依据，但是这些研究同时也忽视了期货价格序列与现货价格序列之间可能存在的协整关系。

Kroner and Sultan（1993）意识到了这一点并对此进行了改进，他将误差修正模型（ECM）与 GARCH 类模型结合起来，提出了 ECM—GARCH 模型，并用来估计英镑、日元、加元等世界主要货币期货的最优套期保值比率，取得了较好的套期保值效果，显示出既考虑协整又考虑异方差的模型在确定最优套期保值比率方面的优越性。在既考虑协整又考虑异方差的模型中，Lien 和 Tse（1999）更进一步提出，借助向量自回归 GARCH（VAR—GARCH）、误差修正 GARCH（EC—GARCH）和分数协整 GARCH（FIEC—GARCH）模型计算最佳动态套期比。Lien 和 Tse 的研究结论表明：EC 模型是所讨论的几个模型中最优的。国内方面，误差修正 GARCH 模型也多有应用，如王骏、张宗成（2005）利用最小二乘法（OLS）、双变量向量自回归模型（B—VAR）、误差修正模型（ECM）和误差修正广义自回归条件异方差模型（EC—GARCH）四个模型对中国硬麦和大豆期货的套期保值比率和绩效进行实证研究，并得出了 EC—GARCH 模型的套期保值比率和绩效是在四个模型中最优的结论等。

1.3.2 主要品种国内外套期保值有效度实证研究综述

（1）大豆套期保值有效度实证研究综述。Donald Lien，Keshab Shrestha（2008）使用 EC—GARCH 方法对 1979 年 1 月 2 日至 1997 年 12 月 31 日期间美国大豆期货的最优套期保值比率和套保组合标准差进行估计，其中，现货选取一号黄大豆。其研究结果显示：大豆的最优套期保值比率为 0.97212，套保组合的标准方差为 0.009255，未做套期保值的现货价格标准差为 0.028958，由此可推导出套期保值的有效性为 0.6804。如果对样本期间最后两年的数据进行分析，得到的结果是大豆套保组合的标准方差为 0.011723，未做套期保值的现货价格标准差为 0.029856，由此可推导出套期保值的有效性为 0.6073。

Baillie and Myers（1991）使用 BiVARiate GARCH 模型对大豆最优套期保值比率进行实证分析。期、现货数据来自 Columbia Center for the Study of Futures Markets data tape，大豆合约选取的是美国 1982 年和 1986 年 9 月份的期货合约。其研究结果表明：大豆 1982 年 9 月份合约使用固定套期保值比率的套保有效度为 0.184，使用 GARCH 套保有效度为 0.297；1986 年 9 月合约使用固定套期保值比率的套保有效度为 54.8%，使用 GARCH 套保有效度为 0.568。其结果显示：与 1982 年相比，1986 年大豆套期保值有效度显著提高；而从套期保值策略上，使用动态的 GARCH 方法套期保值有效度要高于固定套期保值比率的情形。

黄瑞庆、何晓彬（2005）使用线性回归模型（OLS）、向量自回归模型

(VAR)、误差修正模型（EC）、多元广义自回归条件异方差模型（M—GARCH）等套期保值比率的方法对大连商品交易所2003年6月2日至2004年3月15日之间的大豆一号合约的套期保值比率和套期保值有效度进行估计，其研究结果是：OLS方法，大豆一号套期保值比率为0.3153，套期保值有效度为0.1313；VAR方法，套期保值比率为0.3386，套期保值有效度为0.1306；EC方法，套期保值比率为0.3081，套期保值有效度是0.1312。在多种GARCH方法中，使用GRACH方法得到的最高套期保值比率为0.3412，套期保值有效度为0.1304。

王骏、张宗成（2005）使用传统的简单回归模型（OLS）、双变量向量自回归模型（B—VAR）、误差修正套期保值模型（ECHM）、广义自回归条件异方差模型（EC—GARCH）对大豆1998年1月至2004年8月的数据进行最优套期保值比率和套期保值有效度的估计，其中，现货数据来自中国郑州粮食批发市场的现货报价。其研究结果表明：OLS方法，套期保值比率为0.2325，在1998年1月至2003年12月的样本区间内的数据计算所得的套期保值有效度为4.8602%，2004年1月至2004年8月或12月的样本区间外数据计算所得的套期保值有效度为5.7310%；B—VAR方法，套期保值比率为0.1445，样本内数据计算的套期保值有效度为4.1678%，在样本外数据计算所得的套期保值有效度为4.6036%；ECHM方法，最优套期保值比率为0.2131，在样本内数据计算的套期保值有效度为4.8276%，在样本外数据计算所得的套期保值有效度为5.6701%；EC—GARCH方法，最优套期保值比率为0.2921，在样本内数据计算的套期保值有效度为4.5359%，在样本外数据计算所得的套期保值有效度为7.3924%。

（2）豆粕套期保值有效度实证研究综述。Donald Lien、Keshab Shrestha（2008）使用EC—GARCH方法，对1979年1月2日至1997年12月31日期间美国豆粕期货的最优套期保值比率和套保组合标准差进行估计，其中，现货选取的是44%蛋白质的豆粕。其研究结果显示：豆粕最优套期保值比率为1.020754，套保组合的标准方差为0.012952，未做套期保值的现货价格标准差为0.033259，由此可推导出套期保值的有效性为0.4131。如果对样本期间最后两年的数据进行分析，得到的结果是豆粕套保组合的标准方差为0.018849，未做套期保值的现货价格标准差为0.039891，由此可推导出套期保值的有效性为0.5275。

（3）豆油套期保值有效度实证研究综述。Donald Lien、Keshab Shrestha（2008）使用EC—GARCH方法对1979年1月2日至1997年12月31日期

间美国豆油期货的最优套期保值比率和套保组合标准差进行估计，其中现货选取的是 Crude Decatur 的豆油。研究结果显示：豆油最优套期保值比率为 0.961287，套保组合的标准方差为 0.012856，未做套期保值的现货价格标准差为 0.033968，由此可推导出套期保值的有效性为 0.6215。如果对样本期间最后两年的数据进行分析，得到的结果是豆油套保组合的标准方差为 0.00507，未做套期保值的现货价格标准差为 0.024884，由此可推导出套期保值的有效性为 0.7963。

（4）玉米套期保值有效度实证研究综述。Ederington（1979）使用 OLS 方法估计利率期货 GNMA 的套期保值最优比率和有效性，为了与传统商品期货品种比较，选择同时期（1976 年 1 月至 1977 年 12 月）的玉米和小麦期货品种进行套期保值分析。其中，对玉米的研究结果见表 1.3.1：

表 1.3.1　Ederington（1979）玉米套期保值实证检验结果

套保期限	合约选择	最优套期保值比率	套保有效度
2 周	近期合约	0.915	0.649
	2～6 个月到期的合约	0.905	0.605
	4～8 个月到期的合约	0.868	0.541
	6～10 个月到期的合约	0.764	0.450
4 周	近期合约	1.021	0.725
	2～6 个月到期的合约	1.011	0.666
	4～8 个月到期的合约	0.969	0.608
	6～10 个月到期的合约	0.887	0.560

通过对比显示的规律是：套保期限较长（4 周）的情形是套期保值的有效性要高于套保期限较短（2 周）的情形；但套保期限较长（4 周）时，套期保值最优比率要高于套保期限短（2 周）的情形。总体而言，将期货、现货作为组合，追求组合收益最小方差的套保操作时，所需的最优套期保值比率一般要低于传统套期保值比率 1。

Donald Lien、Keshab Shrestha（2008）使用 EC—GARCH 方法对 1979 年 1 月 2 日至 1997 年 12 月 31 日期间美国玉米期货的最优套期保值比率和套保组合标准差进行估计，其中，现货选取的是二号黄玉米。研究结果显示：玉米最优套期保值比率为 1.032007，套保组合的标准方差为 0.015742，未做套期保值的现货价格标准差为 0.030917，由此可推导出套期保值的有效性为 0.4908。如果对样本期间最后两年的数据进行分析，得到的结果是玉米套保组合的标准方差为 0.020544，未做套期保值的现货价格标准差为 0.041208，由此可推导出套期保值的有效性为 0.5015。

Baillie and Myers（1991）使用 Bivariate GARCH 模型对玉米最优套期保值比率进行实证分析。期、现货数据来自 Columbia Center for the Study of Futures Markets data tape，玉米合约选取的是美国 1982 年和 1986 年 9 月份的期货合约。研究结果表明：玉米期货 1982 年 9 月份合约，使用固定套期保值比率的套保有效度为 0.108，使用 GARCH 套保有效度为 0.179；1986 年 9 月合约，使用固定套期保值比率的套保有效度为 0.168，使用 GARCH 套保有效度为 0.204。结果显示：与 1982 年相比，1986 年玉米套期保值有效度略有提高；而从套期保值策略上，使用动态的 GARCH 方法套期保值有效度要高于固定套期保值比率的情形。

1.4 期货市场的派生功能

除了价格发现和风险管理两大基本功能之外，期货市场在实际发展中，在宏观和微观领域派生出更多的功能，使期货市场功能有了更丰富的内涵，体现了其服务实体经济的积极作用。

1.4.1 期货市场在宏观领域的派生功能

（1）稳定经济秩序，促进流通和资源合理配置。期货市场功能的有效发挥可促进市场良性运行，保障经济的稳健发展。以美国芝加哥期货交易所（CBOT）为代表的农产品期货市场就为美国农业提供了完整、发达、高效的风险管理体系，保证了美国农业长期在全球具有竞争力；美国芝加哥商业交易所（CME）和芝加哥期权交易所（CBOE）为国债和股市投资者提供了避险的工具，促进债市和股市的平稳运行。2000 年 3 月 17 日，美国财政部长劳伦斯·H. 萨默斯在第 25 届国际期货业年会（2000 年 3 月 17 日）的讲话中指出："期货业对美国经济的发展作出了重大贡献……美国期货业直接安排就业人员约 30 万人，并为美国经济的其他部门带来了巨大的后续利益，间接安排就业人员数十万人。期货业在美国金融服务的输出中占有很大比重，更重要的是，在美国经济过去 10 年的发展过程中，期货业发挥了关键作用。有效的资本市场和金融衍生品市场对经济发展至关重要，作为广义的资本市场的核心，金融衍生品市场在促进价格的有效发现和分散风险方面发挥着关键作用。金融衍生品市场是改革的一个重要标志，是促进美国金融体系达到目前健全水平的有力工具……”

（2）为规避通货膨胀提供有力工具。对于通货膨胀来说，虽然可以通过中长期债券等金融工具来规避波动所带来的风险，但是在经过20世纪70年代的大萧条以后，人们越来越发现金融避险工具作用的有限性，只有利用期货市场才能最有效地规避风险。Milton和Rose Friedman（1984）指出，期货市场价格指数能最大程度地减少通货膨胀的不确定性和不稳定性带来的风险，这为长期投资者提供了一个很好的避险工具，虽然存在通货膨胀的不确定性，但他们的资产仍能受到保护。

（3）稳定现货价格。期货市场提供的价格信息有利于经济主体理性决策，有利于现货价格的稳定。Cox（1976）的实证研究表明，期货市场能够降低现货价格的波动性，在需求发生大幅度变化时，期货市场降低了现货市场长期平均市场价格的29%，降低价格波动幅度5.8%。Danthine（1978）、Grossman（1976、1977）、Bray（1981）均提出相似的观点，即期货市场的价格发现功能能够为经济主体提供和传递有关的商品供求信息，生产者和经营者可根据这些信息作出正确的决策，从而避免生产和经营的不确定性，也防止了现货价格大的波动。

（4）促进产业发展，推动统一大市场的形成。期货市场的建立实现了商品交易的现代化、规范化、标准化、市场化，能快速地集中全国乃至全球商品的供求信息，集中竞价交易，形成公平合理的价格信息，冲破了地区、部门、行业的界限，打破了区域分割和行政分割，弱化了企业垄断、行业垄断和部门垄断，促进了物流、商流、信息流的大流通，有利于全国统一大市场的建立和完善。

1.4.2　期货市场在微观领域的派生功能

（1）提高资信水平，促进信贷扩充。通过对农产品期货市场的利用，能够有效地降低市场风险，提高套保参与者的资信水平，进而促进涉农信贷的发展。研究显示，大量使用杠杆作用的农场主比其他的生产者更愿意进行套期保值，因为他们预见到套期保值可以提高净收入，降低市场风险。随着债务水平的上升，套期保值的使用也会加大。使用期货与期权工具进行套期保值可以降低信贷风险，促进现金流动，降低潜在的农场主信用风险。与拥有高资产而低负债的生产者相比，银行更希望低资产高负债的生产者进行套期保值（Turvey and Baker，1990），在此过程中，放贷者通过使用风险管理战略，促使生产者进行套期保值，降低有价证券的风险，进而从生产者的套期保值中受益。通过在期货市场套期保值实现对价格风险的规避，进而实现涉农信贷的扩充。

（2）调整种植结构，提高生产效益。由于期货价格反映了市场未来的发展趋势，有助于农户参照期货价格对现货生产进行科学决策，利用期货市场价格信息，按照市场需求合理生产，科学安排种植面积，合理调整种植结构，避免由于价格大起大落带来的巨大风险，减少资源浪费，最大程度实现增收，长期保持农民的种粮积极性。

（3）规范生产环节，提高标准化水平。期货市场通过期货合约进行交易，利用标准化仓单实现商品的买卖，在此过程中，规范现货市场产销，提高整个产业链条的标准化水平，进而提高市场效率。期货市场中严格的期货交割标准能提升农产品现货质量，期货合约的一个重要特征是其对交割标的物有严格的质量标准，如果农产品生产者、加工商、贸易商广泛地参与期货交易，所交易的农产品就要求品种纯正、质量稳定，因此，期货合约的交割标准能引导农民种植高品质、高价格的农产品，迫使农民实行集约化、标准化生产经营，使土地和劳动力通过各种方式与资本结合进行集约化生产，同时对整个生产环节进行规范，提高农户在农产品生产、储存、流通等各阶段的技术水平，节约成本，增加收益。

（4）促进组织化程度的提高。期货合约通常规格较大，单一农户一般无法直接参与期货市场。实现对期货市场的有效利用，就需要农户大联合，发展代表农民自身利益的合作组织，利用期货市场规避风险，在此过程中，推动农户组织化程度不断提高。同时，期货市场能够为开展订单农业的龙头企业提供有效的风险出口，从而增强企业参与订单的积极性，推动订单农业的广泛实施，增强农业的产业化程度。通过这种“期货＋订单”的方式，分散、弱小的农民可以顺利地把市场风险转移到期货市场，以市场化的手段解决农民组织化程度低下的症结，保证农民持续增收。另外，期货市场可以通过权威的期货价格给农民准确的价格信号，帮助农民了解市场、统一认识，使农民从无组织的盲目生产转变为有组织的科学生产，这些都从不同角度提高了农户的组织化程度。

（5）提高合约履约率，稳定经济秩序。现货市场交易存在的最大问题之一就是合约兑现率不高，信用风险很大。农产品期货交易实行集中竞价，市场组织化和规范化程度很高，进场交易的必须是交易所的正式会员，这些会员都经过严格的信用审查，并缴纳一定的保证金；交易所也负有保证合约履行的责任，因而使合约的兑现率大大高于现货交易。同时，期货市场每日无负债制度能提升农产品交易的信用水平。农民、农业合作经济组织和其他涉农企业如果利用期货市场出售、采购农产品，将可以通过无负债结算制度每日结清盈亏，在交割月时直接凭仓单交货、提货，这一特点可以免去交易中“三角债”的困扰，提升农产品交易的信用水平。而且在期货市场进行套期保值，能够实现对风险的有效规避，进而保障现货市场订单的履约，促进经济健康协调发展。

本章总结

期货市场发展历经百余年，期货市场作为实物商品交易的衍生品，随着其不断发展与成熟，在经济中的功能和作用也不断深化。

划清期货与赌博交易的界限，使期货市场的经济功能研究开始被重视，之后对于期货市场并非转移商品所有权市场的认识，使人们开始关注它究竟与其他现货交易市场有何不同，将发挥什么作用。

套期保值和投机是期货市场的两大主体，两者之间的关系以及各自的作用一直是研究的重点。诸多研究显示，套期保值是推动期货市场建立和发展的根本动力，但其功能发挥也离不开投机者的参与，投机者是风险的承担者。期货市场被认为是为套期保值者和投机者提供便利的市场。

风险转移和价格发现是期货市场的两大基本功能。期货价格的远期预测功能逐渐得到认可，在企业生产决策、政策制定等方面发挥了积极作用。此外，已有的理论分析和实证检验文献显示，多数支持期货市场在减缓现货市场价格波动上的作用。

期货市场制度论、隐性借贷市场功能等新理论的发展，使对期货市场功能的认识进一步深化、扩展。此外，还有一些理论将研究的重点放在公司间交易上，指出期货市场的服务强化了交易中的价格因素，可以缓解交易双方由于交易侧重点不同引起的关系紧张，为市场渠道提供了便利。

价格发现是期货市场的基本功能之一。价格发现描述的是在特定交易的市场中价格形成的过程。期货市场的价格发现功能是在这一过程中体现的，即期货市场应该能够产生反映市场对随后的现货价格变化的预期，并能够迅速地将信息传递至整个市场体系。

期货市场具有公开、透明、双向交易、杠杆机制等特点，使之内在地在价格发现上扮演着“领导”的角色。期货价格能够迅速反映相关信息，是市场有效性的反映。通过其价格变化，能够反映随后的现货价格变动趋势，因而也具有一定的预期性。

现代计量手段的引入以及新的计量方法的发展，为期货市场价格发现的实证检验提供了便利。早期，期货市场价格发现功能通过期、现价格的领先与滞后（lead - lag）关系角度来检验，例如研究期、现货价格的动态引导关系的GS模型，之后引入Johansen协整方法，有效地解决了价格序列中的非平稳问题和参数确定问题，成为目前国内外普遍运用于价格发现实证分析的计量方法。

风险转移是期货市场另一个基本功能，通过套期保值来实现。对于套期保值本质的研究以及套期保值最有比率和有效性的实证检验，一直是期货理论研究的重点。

传统的套期保值理论认为套期保值是投资者在期货交易中建立一个与现货交易方向相反、数量相等的交易头寸。由于期货价格与现货价格变动不完全一致，套保交易存在基差风险，但由于基差风险一般小于现货价格风险，套期保值实质上是用较小的基差风险代替了现货价格风险。在此基础上，还发展出逐利型套期保值观点，认为套期保值的核心不在于能否消除价格风险，而在于能否通过寻找基差方面的变化或预期基差的变化来谋取利润。

将投资组合理论引入套期保值的分析是套期保值理论发展中的重要阶段。其观点的核心认为，套期保值实质上是对期货市场与现货市场上的资产进行组合投资，其目的是在既定的风险条件下，最大限度地去获得利润，或在预期收益一定的前提下把风险降到最低。基于投资组合观点，套期保值的研究重心转移到如何确定最有效的套期保值比率，以及相应的套期保值的有效性的大小上。根据套期保值者追求的目标不同（组合收益方差最小或效用最大化等）以及运用的计量方法不同（例如OLS、GARCH等），派生出多种套期保值策略。

除了价格发现和风险管理两大基本功能之外，期货市场在实际发展中，在宏观和微观领域派生出更多的功能，使期货市场功能有了更丰富的内涵，体现了其服务实体经济的积极作用。宏观领域的派生功能主要体现为：稳定经济秩序，促进流通和资源合理配置；为规避通货膨胀提供有力工具；稳定现货价格；促进产业发展，推动统一大市场的形成。微观领域的派生功能包括：提高资信水平，促进信贷扩充；调整种植结构，提高生产效益；规范生产环节，提高标准化水平；促进组织化程度的提高；提高合约履约率，稳定经济秩序等。

2 大连期货及相关现货市场发展状况

2.1 大连期货市场发展状况

2.1.1 总体情况

1993 年以来，大连商品交易所（简称大商所）的发展大体经历了三个阶段。第一阶段（1993—1996 年）为起步阶段，大商所成交量在全国所占份额从 1993 年的 0.88% 发展到 1996 年的 6.61%；第二阶段（1997—2004 年）是大豆期货快速成长阶段，在这一阶段中，大商所大豆品种的成交量迅速增加，2001 年成交量占据全国期货市场的半壁江山，成为中国期货市场调整时期的支柱品种；第三阶段（2004 年至今）为大商所整体快速发展阶段，随着国内期货市场的恢复发展，大商所的交易也迅速增长，2004 年以来成交量一直占据全国期货市场的大约 50% 以上。在这期间，大商所在品种创新方面取得了快速发展，2004 年上市了玉米期货，2006 年上市了豆油期货，2007 年上市了线型低密度聚乙烯（简称 LLDPE）期货和首个进口商品期货——棕榈油期货，实现了从单一农产品交易所向综合型交易所的转变。

截至 2008 年，大商所共上市 7 个期货品种：黄大豆一号、黄大豆二号、豆粕、豆油、玉米、聚乙烯和棕榈油。大商所 2008 年交易量占全国交易总量的 46.80%；2008 年底，持仓量占全国总持仓量的 37.70%，在全国期货市场占据重要位置（见表 2.1.1 至表 2.1.3）。

表 2.1.1 大商所历年成交量统计（1998—2008 年）

项目 年份	大连商品交易所		
	成交量（单位：万手，双边统计）	同比（%）	占全国份额（%）
1998	2 653.12	-22.14	25.40
1999	3 034.36	14.37	41.21
2000	3 496.04	15.22	64.02
2001	9 460.34	170.60	78.53
2002	9 681.48	2.34	69.43
2003	14 994.70	54.88	53.58
2004	17 606.83	17.42	57.60
2005	19 834.94	12.65	61.44
2006	24 070.00	21.35	53.55
2007	37 122.77	54.23	50.96
2008	63 831.94	71.95	46.80

表 2.1.2 大商所历年成交额统计（1998—2008 年）

项目 年份	大连商品交易所		
	成交额（单位：亿元）	同比（%）	占全国份额（%）
1998	6 691.98	-33.27	18.10
1999	6 421.72	-4.04	28.74
2000	7 817.22	21.73	48.61
2001	19 764.67	152.83	65.57
2002	20 836.28	5.42	52.76
2003	39 895.99	91.47	36.81
2004	50 968.53	27.75	34.69
2005	47 416.75	-6.97	35.27
2006	52 153.16	9.99	24.83
2007	119 245.39	128.64	29.10
2008	274 853.31	130.49	38.22

表 2.1.3　　大商所历年年末持仓量统计（2002—2008 年）

项目 年份	大连商品交易所		
	年末持仓量（单位：万手）	同比（%）	占全国份额（%）
2002	90.71	—	56.48
2003	48.47	-46.56	32.98
2004	71.92	48.37	48.91
2005	96.60	34.31	55.92
2006	231.00	139.14	73.80
2007	208.74	-9.64	56.59
2008	122.55	-41.29	37.70

2.1.2　分品种情况

（1）大豆期货。

第一，大豆期货是大连期货市场的重要交易品种。我国是大豆生产、消费大国，2007/2008 年度，我国大豆供给量达到 4 880 万吨，其中，国产大豆 1 280 万吨，进口大豆 3 600 万吨。国内大豆消费总量为 4 772 万吨，其中，大豆榨油消费量达到 3 780 万吨。大商所大豆期货品种上市以来，交易规模不断扩大，2003 年和 2004 年市场交易规模占据全国期货市场份额的大半，呈现“一豆独大”的局面，市场交投活跃。2007 年，大连大豆期、现比为 9，市场流动性较强。大豆期货 2001—2008 年成交额和成交量数据见图 2.1.1。

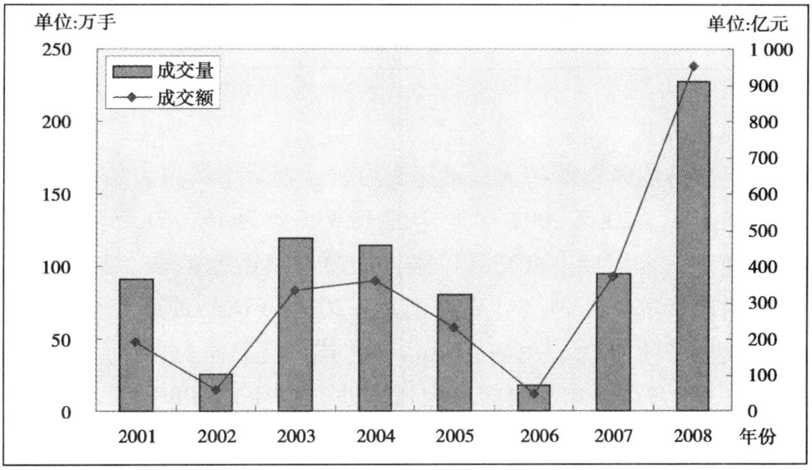

图 2.1.1　2001—2008 年大商所大豆期货成交量和成交额

第二，参与大豆期货交易的各类交易主体不断增多。伴随大连大豆期货市场的发展，越来越多的各类交易主体参与市场，尤其是大豆产业链上各环节的交易者，参与热情逐步高涨。其中，以各类贸易商最为典型，2007 年参与大连期货市场的贸易商等流通环节主体已经占据市场各类主体的 50.24%（见表 2.1.4）。

表 2.1.4　　大豆期货市场各参与交易主体情况

对大豆期货市场有所参与的各主体数	2005 年	2006 年	2007 年	2007 年占比（%）
生产环节（农场）	5	4	3	0.15
流通环节各主体	738	911	1 033	50.24
消费环节各主体	159	130	166	8.07
机　构	119	122	181	8.80
其　他	1 106	480	673	32.73
总　计	2 127	1 647	2 056	100.00

第三，交割情况。大商所黄大豆一号期货交割库共 15 处，均位于大连地区。2008 年大商所黄大豆一号期货交割总量为 37.46 万吨，成交金额为 18 亿元（见表 2.1.5）。

表 2.1.5　　2004—2008 年大豆期货交割量　　单位：吨

年份	2004	2005	2006	2007	2008
总计	480 460	745 580	564 410	1 049 550	374 610

（2）玉米期货。

第一，交易规模不断扩大，迅速成为大连期货市场主力品种之一。我国是玉米产销大国，2007/2008 年度全国玉米产量为 15 600 万吨，消费量为 14 270 万吨。玉米期货上市交易以来，交易规模迅速扩大，在 2006 年曾接连创下国内期货单个品种当日成交纪录，2006 年该品种成交量占据国内期货品种总成交量的 30%，位居各类品种之首，交易十分活跃。2007 年，大连玉米期、现比为 4，市场具有一定流动性。2004—2008 年玉米期货成交量和成交额见图 2.1.2。

第二，参与玉米期货交易的各类交易主体不断增多。玉米产业链较长，相关的现货企业种类繁多。伴随玉米期货品种的成熟和发展，越来越多的各

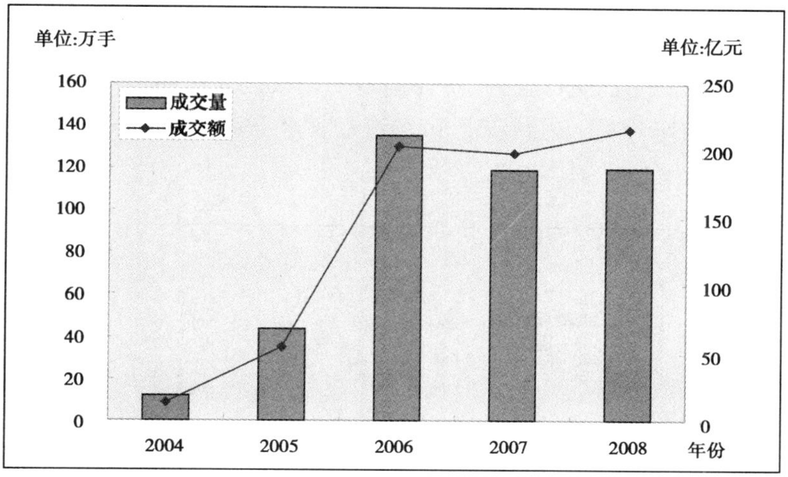

图 2.1.2　2004—2008 年大商所玉米期货成交量和成交额

类主体参与市场。以贸易商为主，包括粮库、饲料和养殖企业，酒精和淀粉等玉米深加工企业，都逐步表现出对期货市场浓厚的兴趣，各类主体对期货市场的参与不断增加（见表 2.1.6）。

表 2.1.6　　玉米期货市场各参与交易主体情况

对玉米期货市场有所参与的各主体数	2005 年	2006 年	2007 年	2007 年占比（%）
流通环节各主体	591	1 124	761	36.60
消费环节各主体	43	93	81	3.90
机　　构	83	144	74	3.56
其　　他	322	739	1 163	55.94
总　　计	1 039	2 100	2 079	100.00

第三，交割情况。大商所玉米期货交割库共 15 处，位于大连市、营口市、锦州市。2008 年大商所玉米期货交割总量为 77.19 万吨，成交金额为 12.79 亿元（见表 2.1.7）。

表 2.1.7　　2005—2008 年玉米期货交割量　　单位：吨

年份	2005	2006	2007	2008
总计	300	23 700	678 600	771 870

（3）豆粕期货。

第一，全球农产品期货期权交易量排名中拔得头筹。大连豆粕期货品种上市以来，交易规模不断扩大，2007 年交易量连创新高，在 2007 年 FIA 全球交易所农产品期货期权合约 20 强排名中，大连豆粕期货位列第一。2007 年，大连豆粕期、现比达到 20，市场流动性非常强。2001—2008 年豆粕期货成交量与成交额见图 2. 1. 3。

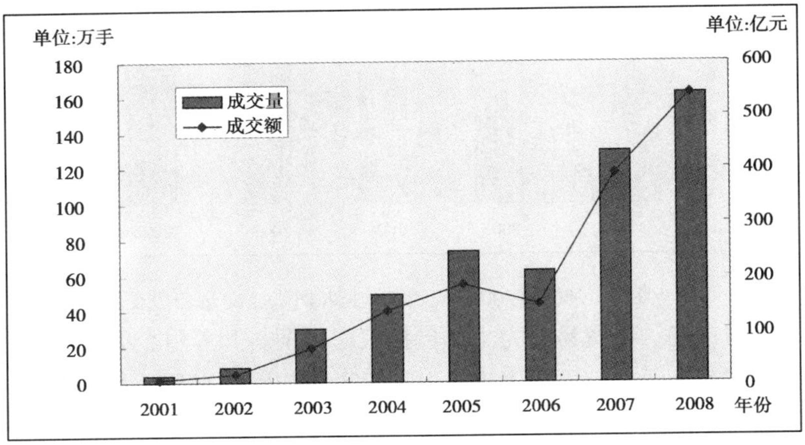

图 2. 1. 3　2001—2008 年大商所豆粕期货成交量和成交额

第二，参与豆粕期货交易的各类交易主体不断增多。伴随大连豆粕期货市场的发展，越来越多的各类交易主体参与市场，尤其是大豆产业链上各环节的交易者（见表 2. 1. 8）。

表 2. 1. 8　　豆粕期货市场各参与交易主体情况

对豆粕期货市场有所参与的各主体数	2005 年	2006 年	2007 年	2007 年占比（%）
生产环节各主体	80	91	97	5. 28
流通环节各主体	813	824	854	46. 49
消费环节各主体	117	105	96	5. 23
机　　构	121	127	201	10. 94
其　　他	493	656	589	32. 06
总　　计	1 624	1 803	1 837	100. 00

第三，交割情况。大商所豆粕期货交割库共 30 处，其中，仓库交割库 6 处，厂库交割库 24 处。2008 年大商所豆粕期货交割总量为 8. 56 万吨，成

交金额为3.02亿元（见表2.1.9）。

表2.1.9 2004—2008年豆粕期货交割量 单位：吨

年份	2004	2005	2006	2007	2008
总计	151 820	277 850	154 840	256 870	85 550

（4）豆油期货。

第一，上市以来交易规模稳步上升。大连豆油期货品种上市以来，交易规模不断扩大。2007年，大连豆油期、现比达到14，市场流动性很强。2006年1月至2008年12月豆油期货月度成交量和成交额见图2.1.4。

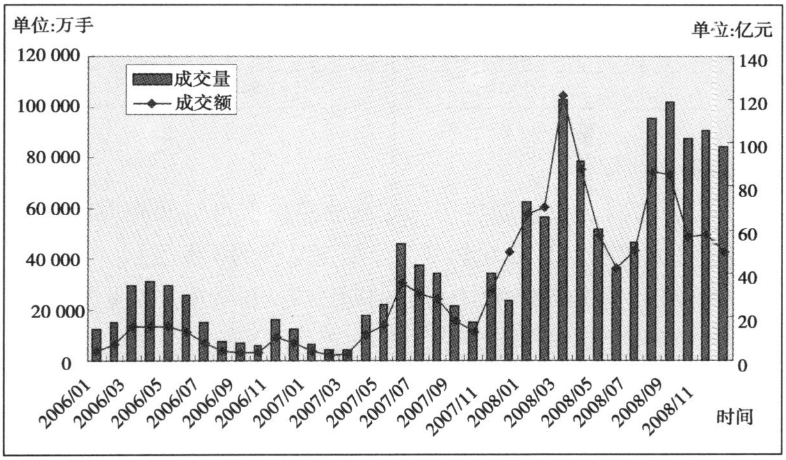

图2.1.4 2006—2008年大商所豆油期货月度成交量和成交额

第二，现货市场参与豆油期货交易最为充分。伴随大连豆油期货市场的发展，越来越多的各类交易主体参与市场。豆油期货市场参与程度最为典型，国内油厂基本全部参与期货市场进行套期保值（见表2.1.10）。

表2.1.10 豆油期货市场各参与交易主体情况

对豆油期货市场有所参与的各主体数	2006年	2007年	2007年占比（%）
生产环节各主体	53	105	7.97
流通环节各主体	279	365	27.71
消费环节各主体	19	42	3.19

续表

对豆油期货市场有所参与的各主体数	2006 年	2007 年	2007 年占比（%）
机　构	100	127	9.64
其　他	203	678	51.48
总　计	654	1 317	100.00

第三，交割情况。2007 年，大商所豆油期货交割库共 24 处，其中，仓库 6 处，厂库 18 处。2008 年大商所豆油期货交割总量为 14.59 万吨，成交金额为 15.72 亿元（见表 2.1.11）。

表 2.1.11　　2006—2008 年豆油期货交割量　　单位：吨

年份	2006	2007	2008
总计	19 810	87 840	145 920

（5）棕榈油期货。

第一，交易情况。大连期货市场棕榈油品种上市时间相对较短，市场参与各类主体逐步对其有所认知和尝试，伴随该品种的不断发展，功能也在逐步发挥。2007 年 10 月至 2008 年 12 月棕榈油期货成交量和成交额见图 2.1.5。

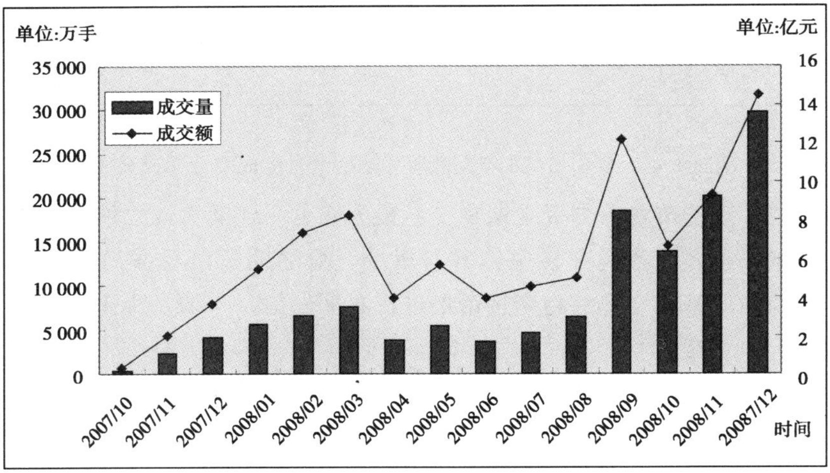

图 2.1.5　2007—2008 年大商所棕榈油期货月度成交量与成交额

第二，交割情况。棕榈油期货交割库共 19 家，其中，仓库 16 家，厂库 3 家，主要分布在江浙、广东及天津等地。2008 年大商所棕榈油期货交割总量为 28 930 吨，交割金额为 2.76 亿元。

（6）LLDPE 期货。

第一，交易情况。LLDPE 期货上市一年内，总计成交 476.09 万手，折合 2 380.45 万吨，总成交额 3 510.29 亿元，日均交易量 1.93 万手，折合 9.64 万吨。2007 年 7 月至 2008 年 12 月 LLDPE 期货月度成交量和成交额见图 2.1.6。

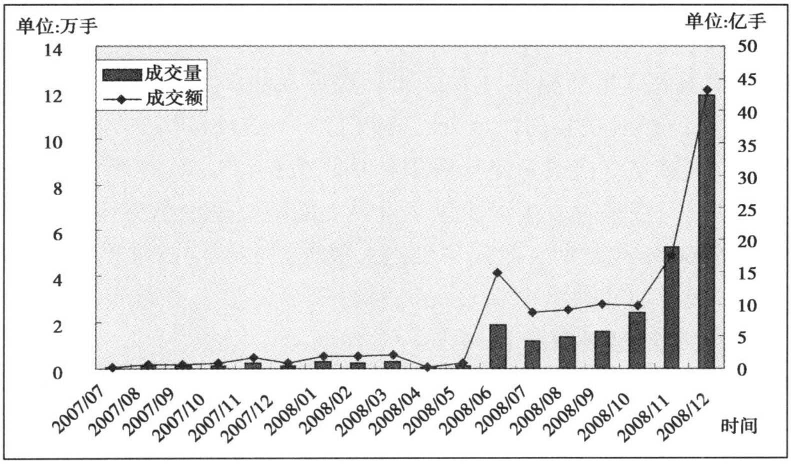

图 2.1.6 2007—2008 年大商所 LLDPE 期货月度成交量与成交额

第二，市场参与结构不断改善。从客户参与结构看，个人投资者为 LLDPE 期货交易的主角。上市以来至 6 月末，个人投资者参与数与法人客户参与数之比为 3∶1。个人投资者成交量为 277.18 万手，占总成交量 358.72 万手的 77%，法人客户的交易总量为 81.54 万手，所占比重为 23%；从持仓量看，6 月末个人投资者持仓量与法人户持仓量分别为 9 446 手和 3 294 手，分别占市场总持仓量的 74% 和 26%。LLDPE 法人户交易量占比高于大商所玉米、大豆 17% 和 11% 的占比，持仓量却小于玉米、大豆 69% 和 53% 的占比，说明现货企业短线进出比例较高，这反映出期货新品种培育期的特点。

第三，交割情况。LLDPE 期货上市以来，大商所根据现货流通现状，在天津、青州、上海、宁波、广州指定了 12 家期货交割库保障期货交割。2008 年大商所 LLDPE 期货交割总量为 7 335 吨，交割金额为 0.92 亿元（见表 2.1.12）。

表 2.1.12　　LLDPE 期货交割量　　单位：吨

期　　间	2007 年 7—12 月	2008 年
总　　计	1 565	7 335

2.2 主要品种现货市场发展状况

2.2.1 大豆产业基本状况

（1）我国大豆生产格局。大豆属于蝶形花科，大豆属，别名黄豆，古称为“菽”，原产地在我国，至今已有四五千年的种植历史。世界其他国家种植的大豆大多是直接或间接从我国传播出去的。从近50年来世界大豆种植实践的发展历程来看，中国大豆在世界上的地位呈现出持续快速下降的趋势。20世纪60年代时期，我国与美国大豆种植面积均占世界总种植面积的40%以上，而目前其种植面积仅占美国的35%左右，并且单产还不及美国的1/2，产量则不足美国的1/5。

第一，种植面积。从历年的大豆种植面积变化趋势来看，波动较为频繁，平均大致在800万~1 000万公顷之间。因为大豆和玉米生长周期基本同步，当年的种植效益将直接影响到次年的种植面积。

最近几年，种植大豆面积大体呈现下降趋势，主要是由于大豆种植效益没有玉米好，部分种植耕地转移到玉米上。如图2.1.7所示，预计2008/2009年度种植面积为913万公顷，比近5年平均水平下降8.1%。作为比较，据美国农业部预计，2008/2009年度美国大豆种植面积为3 064万公顷（7 570万英亩），相当于中国的3.4倍。

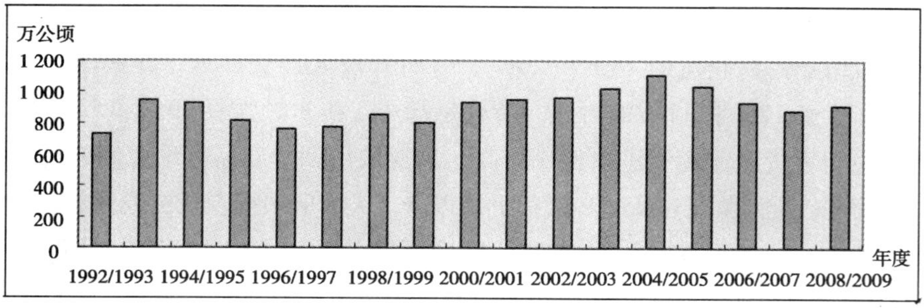

数据来源：2007年及以前的数据为国家统计局数据，之后的数据为国家粮油信息中心预估数据。

图2.2.1　1992/1993—2008/2009年度中国大豆种植面积变化

第二，单产。从历年的大豆单产变化趋势来看，如图 2.2.2 所示，近年来单产基本保持稳定，总体维持在 1.5 公吨/公顷以上，但仍处于历史较低水平，这可能与近年来自然灾害频发有关。2007 年入夏以来，由于黑龙江主产区遭遇罕见严重旱灾，导致大豆单产大幅下降，预估仅为 1.45 公吨/公顷。作为比较，据美国农业部监测，2007/2008 年度美国大豆单产为 2.80 公吨/公顷（41.7 蒲式耳/英亩），相当于中国的 1.9 倍。需要说明的是，单产数据悬殊大主要是由于美国将转基因技术应用于大豆遗传育种，而出于食品安全考虑，中国至今仍未采用这项技术。

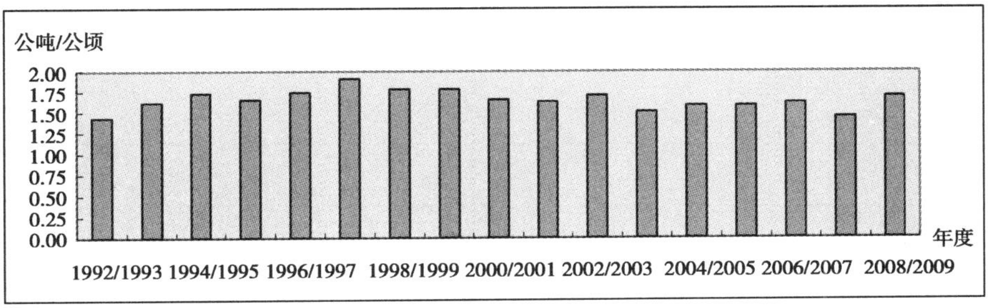

图 2.2.2　1992/1993—2008/2009 年度中国大豆单产变化

第三，产量。从历年的大豆产量变化趋势来看，自 20 世纪 90 年代中期开始，我国大豆产量整体呈上升趋势，但最近几年产量明显下滑（见图 2.2.3）。尤其是 2008 年，大豆种植面积和单产双双下降，导致产量跌至历史低位。预估 2007/2008 年度产量仅为 1 273 万吨，同比降幅高达 15.6%。作为比较，据美国农业部监测，2007/2008 年度美国大豆产量为 7 281 万吨（2 677 百万蒲式耳），相当于中国的 5.7 倍。

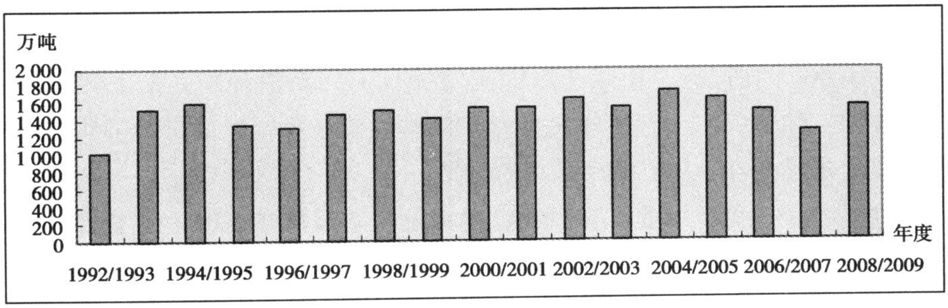

图 2.2.3　1992/1993—2008/2009 年度中国大豆产量变化

第四，生产布局。除青海省以外，中国大部分省、市、自治区都种植大豆。综合大豆生产的气候自然条件、耕作栽培制度、品种生态类型、发展的历史、分布和范围因素，可将大豆生产区域分为东北地区，包括黑龙江省、吉林省、辽宁省和内蒙古自治区；黄淮海流域区，包括河南省、河北省、山西省、山东省、陕西省、甘肃省；长江中下游区，包括江苏省、浙江省、安徽省、湖北省和湖南省；西南地区，包括四川省、云南省和广西自治区；将其余省份列为其他。从大豆生产布局来看，东北地区一直是大豆种植的优势产区，每年大豆种植面积占全国种植面积的一半以上，尤其是黑龙江省，每年的大豆产量都占总产量的30%～40%，居全国第一位。产量位居第二的吉林省，占总产量的7%～10%。由图2.2.4可以看出，东北地区的大豆产量远远大于其他地区。

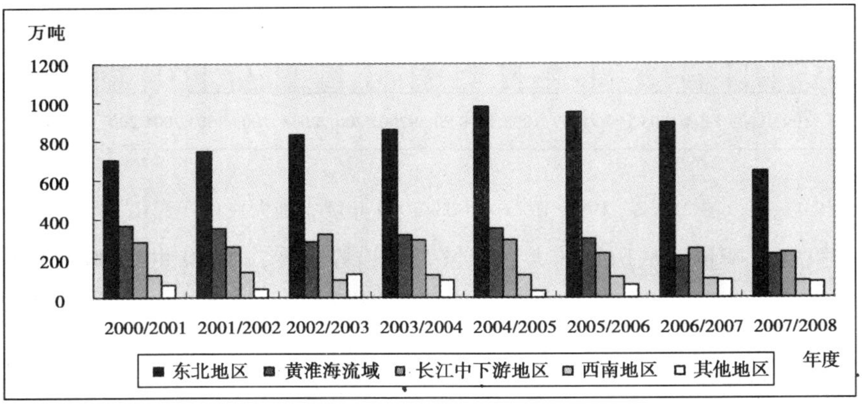

图2.2.4　2000/2001—2007/2008年度中国大豆各大产区产量变化

（2）我国大豆贸易格局。20世纪80年代中期到90年代初，我国是世界上为数不多的大豆出口国，每年出口大豆在110万吨以上，几乎不进口大豆。进入90年代以后，由于西方国家对大豆出口高额补贴，加上转基因技术的应用，使得国产大豆逐步丧失比较成本优势。我国大豆出口量从此大幅下降，常年维持在30万～40万吨的水平。

进入1995/1996年度，我国大豆进口量开始猛增并首次超过了出口，迅速由大豆净出口国转变为净进口国并一直延续至今。大豆进口量增长速度非常快，整体呈上升趋势。2001年、2004年进口量出现异常下降与我国采取的临时贸易政策有关。2007/2008年度我国大豆进口量为3 782万吨。近年来国内消费保持稳步增长，预计未来年度进口量有望达到并保持4 000万吨以上的水平。我国大豆 1992—2009 年进口情况如图 2. 2. 5 所示。

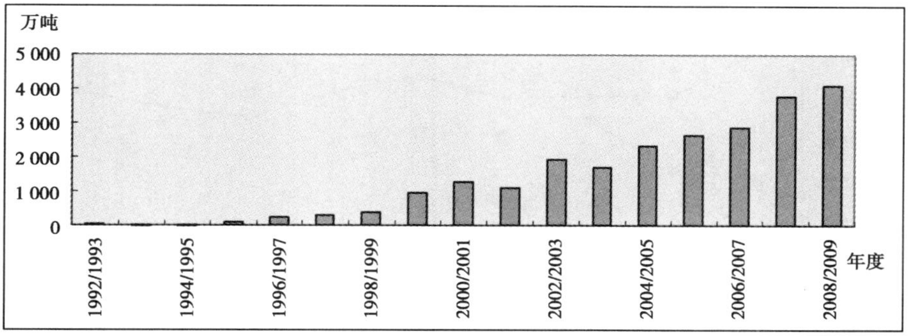

数据来源：中国海关。

图 2. 2. 5 1992/1993—2008/2009 年度中国大豆进口量变化

随着进口大豆数量急剧增长，国内对进口大豆的依赖也越来越强，大豆自给率逐年递减，已从 1994/1995 年的 122. 4% 降至 2007/2008 年的 26. 6%，预计未来大豆自给率仍将维持在 30% 以下的水平。我国大豆自给率变化情况如图 2. 2. 6 所示。大豆的进口量变化已成为影响我国大豆供给面的主要因素。

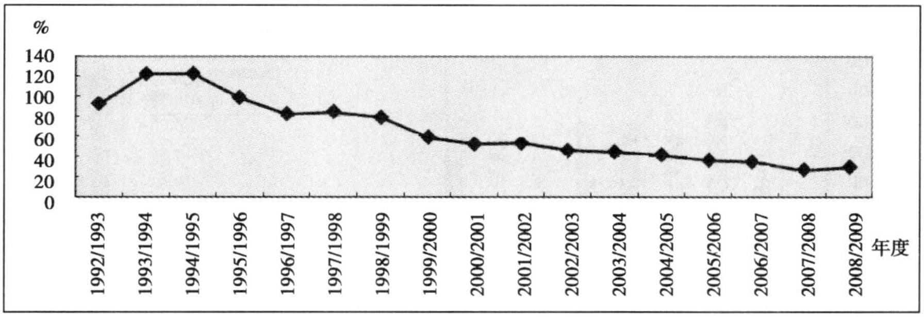

图 2. 2. 6 1992/1993—2008/2009 年度中国大豆自给率变化

从进口国别来看，美国、巴西和阿根廷依次为我国进口大豆最多的三个国家。目前从这三国进口的大豆数量已占到我国大豆进口量的 98% 以上。从图 2. 2. 7 可以看出，除 2006 年外，美国一直是我国进口大豆最多的国家；巴西紧随其次，近年来大豆出口增长较快，有望在未来成为我国大豆第一进口国。但由于南北半球大豆生长季节不同，美国和巴西都不可能完全取代对方成为我国唯一的大豆进口国。

我国大豆库存格局变化方面，这里主要采用年末库存量和库存/消费比率

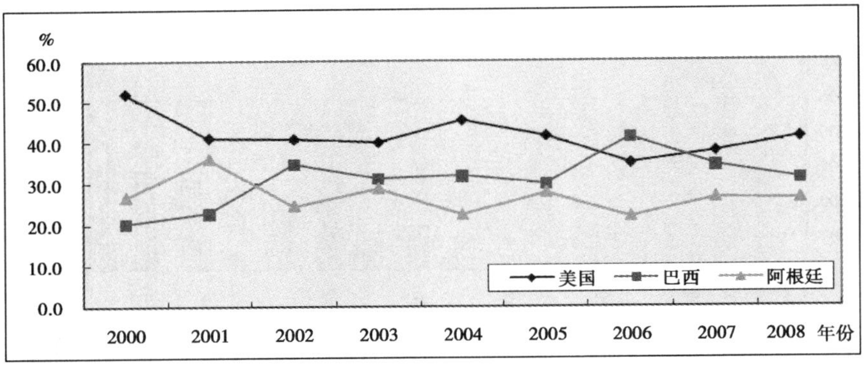

数据来源：中国海关。

图 2.2.7　2000—2008 年中国大豆进口（分国别）比例

进行考查。这两个指标都能反映大豆供给的稀缺程度。库存/消费比率降低表明未来大豆供应将趋紧。如图 2.2.8 所示，我国大豆库存水平波动很大，在经历了 2005/2006 年度拐点后，大致呈逐年上升趋势，目前库存/消费比率已超过 10%，预计 2008/2009 年度进口量的激增会使库存比上年水平继续攀升。

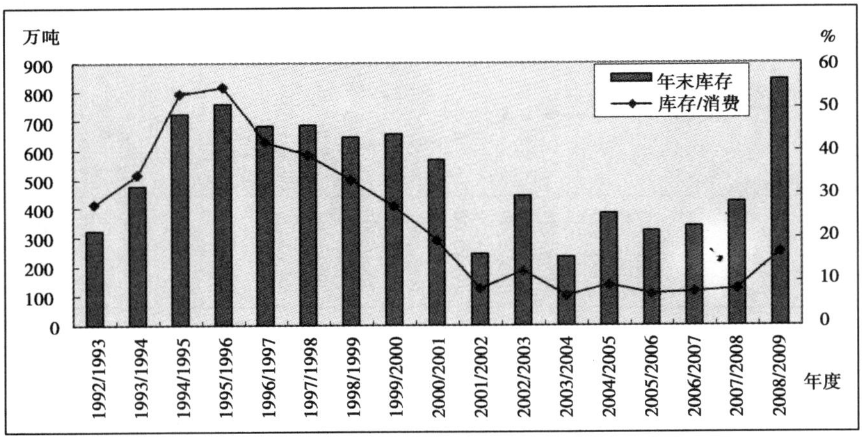

数据来源：2007 年及以前的数据为国家统计局数据，之后为上海汇易资讯预估数据。

图 2.2.8　1992/1993—2008/2009 年度中国大豆年末库存变化

作为参照，对比美国大豆的年末库存水平和库存/消费比率。如图 2.2.9 所示，美国大豆库存水平整体较高且波动相对较小，近几年库存水平呈持续减少态势，这与我国大豆库存水平逐年上升呈鲜明对比。库存水平的大幅波动不利于大豆市场价格的稳定，我国将会在今后适时扩充国家大豆储备，以更好地调控市场。

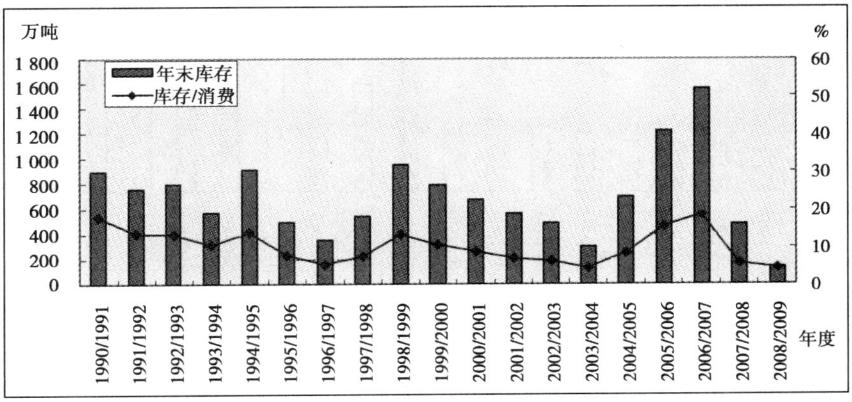

数据来源：美国农业部。

图 2. 2. 9　1990/1991—2008/2009 年度美国大豆年末库存变化

（3）我国大豆消费格局。

第一，我国大豆消费总体格局。我国大豆消费主要由四个部分构成：压榨量、食用量、种用量和出口量。其中，前三部分统称国内消费量。大豆的主要消费是压榨，大豆压榨后得到豆油和豆粕两种产品，因此压榨消费由豆油消费和豆粕消费两部分构成。

从我国大豆消费结构变化趋势来看，压榨量占我国大豆消费量的绝对比重，油用和饲料消费是大豆消费的重要组成部分，而且这部分消耗的主要是进口大豆。我国大豆消费结构变化情况如图 2. 2. 10 所示。近几年来我国对肉品（能量蛋白）、食用油（植物蛋白）（包括粮食）等基本生活资料的需求进入历史性的高速增长周期，导致进口大豆的数量急剧增长，一方面是由于压榨企业的刚性需求；另一方面是因为我国政府性的大豆和食用油战略储备采购已经陆续展开。

食用和种用消费所占比例较小，最近几年其增长基本保持稳定，并且这部分消耗的全部是国产大豆。每年国产大豆产量中有近 2/3 的数量被用做大豆食用以及食品加工。食品豆的需求是进口的转基因大豆所不能替代的。预计 2008/2009 年度我国大豆消费结构中，压榨占大豆消费比重的 82%，食用占 17%，种用仅占 1%（见图 2. 2. 10）。

第二，豆油消费格局。近十几年来，随着中国人均 GDP 以平均每年 8%

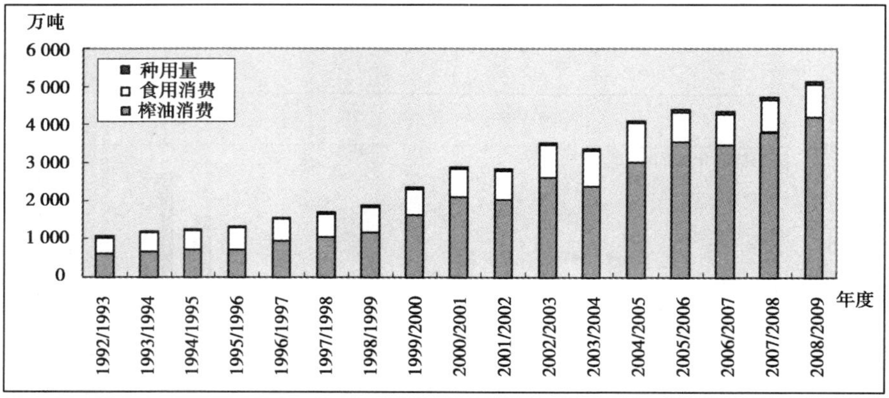

数据来源：2007 年及以前的数据为国家统计局数据，之后为国家粮油信息中心预估数据。

图 2.2.10 1992/1993—2008/2009 年度中国大豆消费结构变化

以上的幅度快速增长，居民的消费结构也升级转型，人均食品支出占总支出的比重不断下降，使得我国食用植物油消费总量快速增长。如图 2.2.11 所示，按照对我国植物油消费总量预期，2007 年城镇人口的人均植物油年消费量首次超过 18 公斤，这已经达到人体平衡膳食的健康标准，尽管略低于发达国家人均 20 公斤的植物油占有量，但我国人均植物油消费水平已经超过日本（17 公斤）和韩国（16 公斤）；与此同时，虽然 2006 年我国农村人均植物油年消费量超过 10 公斤，但目前农村人口的植物油消费水平与城镇人口相比，尚存在 6 公斤以上的增长差距。

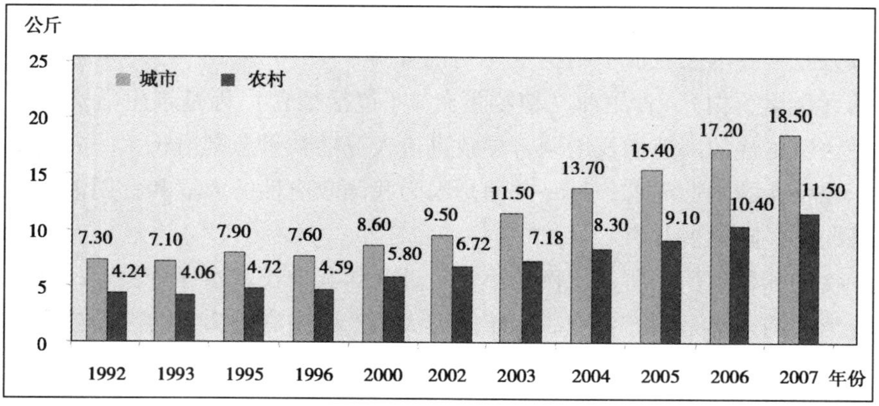

数据来源：上海汇易资讯。

图 2.2.11 中国农村与城镇人均植物油消费变化

随着城市常住流动人口总量的现实增长，中国城镇化程度趋于明显，农民工“入城潮”对国内食用油消费市场带来深刻的影响，农村人口的食用油消费习惯也在发生着改变。过去以食用传统的菜油、棉油和猪油为主，如今人们的油脂需求已正在向大豆油或者小包装食用油转移。值得一提的是，随着政府2005年启动“万村千乡”工程，城乡结合部、农村地区的超市连锁经营体系正在逐步完善，这意味着小包装豆油也开始延伸至广大的农村地区，未来农村豆油消费提升空间巨大。

如图2.2.12所示，近几年来豆油消费量逐年上升，已达到800万吨/年以上的水平，并且在整个油脂类消费的所占份额逐年上升，2003年以后取代菜油成为第一大油脂消费品种。按照目前所占消费市场的份额划分，2008/2009年度国内大宗食用油消费品种的排名依次为：豆油（43.0%）、棕榈油（25.1%）、菜籽油（22.2%）、花生油（9.7%）。作为比较，1999/2000年度相关食用油消费排名依次为：菜籽油（41.3%）、豆油（29.1%）、花生油（17.0%）、棕榈油（12.6%）。通过历史比较可以看出，近些年国内油脂消费市场结构发生显著的变化，过去传统地依赖国产供应为主的油脂品种已经快速地被新兴的对外依存度较集中或者完全依赖进口供应的“舶来品”所取代。

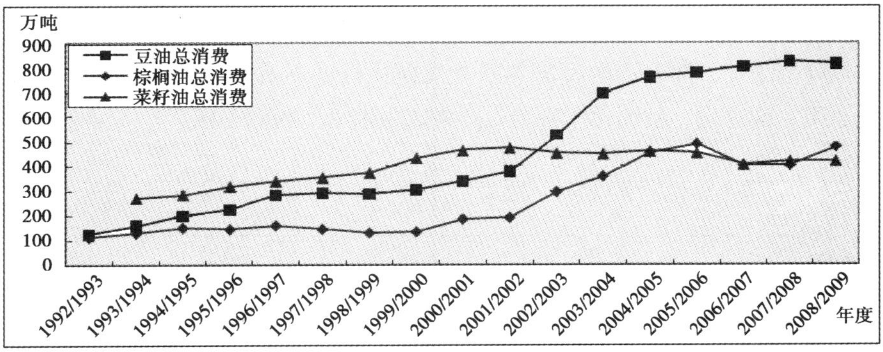

数据来源：2007年及以前的数据为国家统计局数据，之后为国家粮油信息中心预估数据。

图2.2.12 1992/1993—2008/2009年度中国主要油脂品种消费变化

第三，豆粕消费格局。豆粕是饲料植物蛋白的主要来源，主要用于配合饲料和浓缩饲料。从目前豆粕在饲料中的用途看，豆粕在家禽中的用量达到52%，其中，猪的用量达到29%，牛的用量达到13%，累计占到豆粕用量的94%。因此，饲料行业乃至养殖业效益的好坏对豆粕消费需求影响很大。如图2.2.13所示，经历了前期快速发展后，近两年来豆粕消费增长缓慢，预计2008/2009年度国内豆粕消费将达到3 145万吨，比上年度增长5.4%。

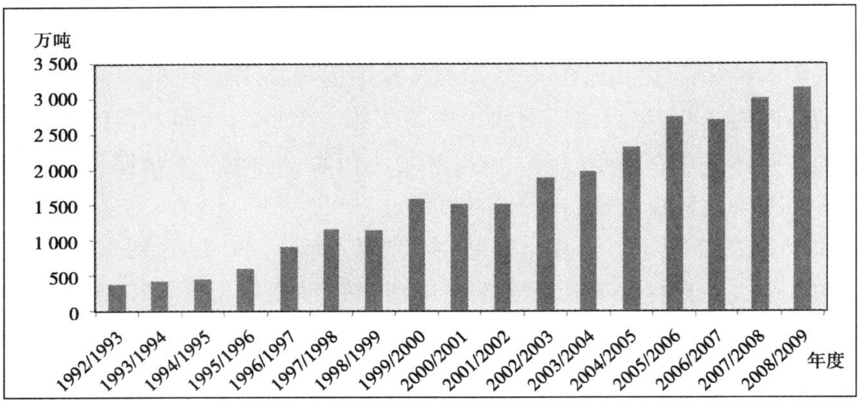

图2.2.13 1992/1993—2008/2009年度中国豆粕消费变化

如图2.2.14所示，近些年来我国饲料工业产量稳步增长，据全国饲料工业统计报表显示，2008年全国饲料工业总产量为1.37亿吨，比上年增长9.8%。近两年我国饲料工业在畜禽养殖业亏损周期、疫病以及主要饲料原料价格持续波动等多重因素制约下发展速度有所遏制，整个行业企业组成结构中的弊端也不断显现。由于多数企业规模较小，技术和管理水平偏低，抵御市场风险能力差，随着下游畜禽养殖业规模化程度不断提高，整个行业面临结构性重组，规模化、集团化饲料企业必将成为未来市场的主体。

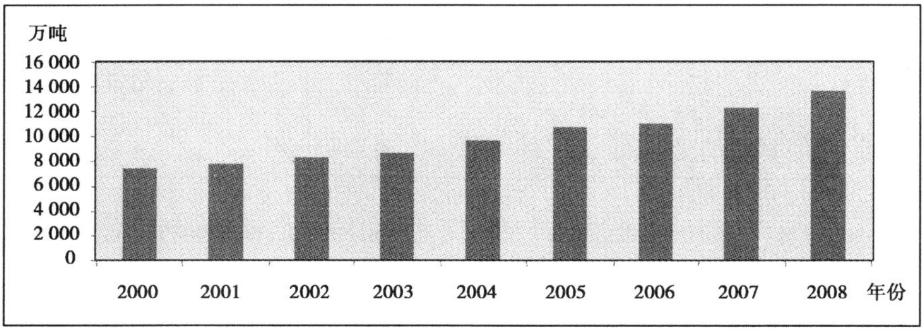

数据来源：2007年及以前的数据引自农业部饲料办，之后为国家粮油信息中心预估数据。

图2.2.14 2000—2008年中国饲料工业产量变化

随着我国国民经济的迅速发展、人口增长和人们生活水平的提高，对肉类食品的需求逐年增大，由此带动了畜牧业的长足进步，在农业产值中所占比重迅速增大，以标准化养殖小区和规模化养殖为特点的小群体、大规模的养殖方式在我国大部分地区已经基本形成，规模化生产模式初具形态。据上海汇易资讯了解，目前全国生猪养殖规模化程度接近40%，家禽规模化程度接近70%。由于受各种突发性疫情影响，近几年来养殖业发展受到重重阻碍。2003年4月“非典”疫情暴发，原本处于恢复性发展中的养殖业恢复进程变得更加艰难。2004年1月突发“禽流感”疫情，好在疫情在短期内得到控制和消除，但也使得养殖业的全面恢复至少延迟了一个月。2005年6月四川“猪链球菌”疫情暴发，养殖业形势大幅滑坡，同时生猪养殖业进入亏损期。经过持续9个多月的低迷期，养殖业全面好转，但2006年6月以来暴发高致病性“猪蓝耳”疫情，使得整个产业再度陷入低谷。总之，全球气候极端化趋势导致疫情频发，而规模化养殖在近几年因疫病等多重因素导致饲料原料波动剧烈的时期，其优势体现尤为明显。

（4）我国大豆价格走势。中国为全球大豆最大的消费国，在大豆的定价上却没有话语权。中国大豆市场价格从属于美国芝加哥大豆期货市场。具体而言，中国大豆市场价格运行具有如下三点特征：

第一，周期性。如图2.2.15所示，我国大豆市场价格在2003年5月至2008年12月期间的运行大致经历了以下几个阶段：

- 2003.08—2004.03，价格由缓慢攀升演变为加速拉升；
- 2004.04—2005.02，价格由快速下跌演变为缓慢回落；
- 2005.03—2006.08，价格总体呈现震荡走低趋势；
- 2006.09—2008.02，价格由缓慢攀升演变为加速拉升；
- 2008.03— 价格快速下跌……

由此可以推断，大豆的价格运行遵循“缓慢攀升—快速拉升—快速回落—震荡走低”的演变规律，而且变化周期大致是4~5年。究其原因，主要是由于大豆和其他作物之间的争地效应所导致。如果第一年市场价格达到一个历史的高位，那么随后的2~3年时间价格就有可能震荡走低。这是因为第一年的种植效益大幅提升会刺激豆农在未来将更多的土地用于播种大豆，造成大豆产量连年丰收，价格不断走低。在种植效益不断下滑的过程中，越来越多的土地从种植大豆上流走转而种植其他作物，如玉米、小麦，大豆连续的减产会使价格重新缓慢回升，而第五年因预期大幅减产会引发价格迅速拉升。大豆市场价格的运行轨迹就是在这样的供需平衡不断被打破又不断实现新的平衡的过程中周而复始。

第二，相似性。如图2.2.15所示，我国大豆现货、期货以及美国大豆

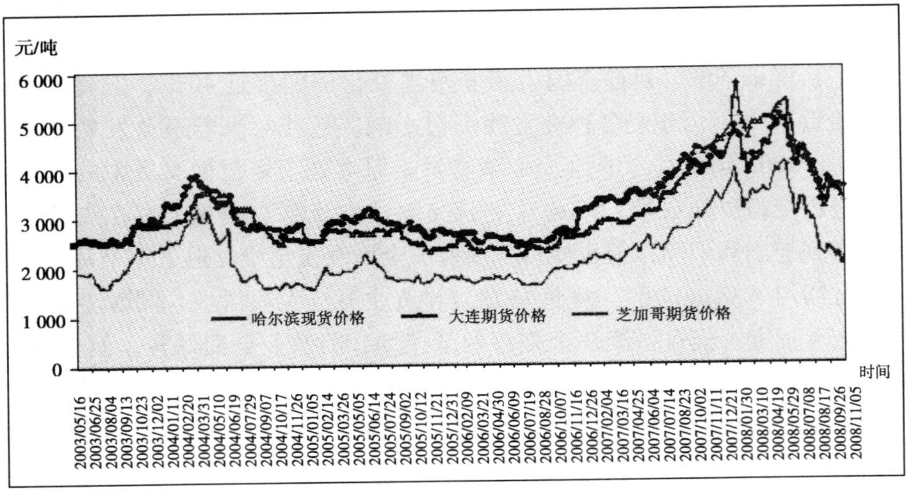

图 2. 2. 15　2003—2008 年中国大豆市场价格趋势

期货三个市场价格趋势非常相似。我国大连大豆期货价格一直高于美国芝加哥大豆期货价格，每吨价差在 500 ~ 1 500 元左右。这是因为美国大豆比国产大豆成本低，这价差主要来自进口美豆的海运成本。我国大豆期货价格和现货价格也存在着一定价差，通常情况下，大豆期价要略高于现价，价差在 580 元/吨以内。这价差主要来自交割仓库的仓储成本。但在特殊情况下，现货价格也可能高于期货价格，这主要是因为两种情况导致的：一是近期需求非常迫切，远大于近期产量及库存量，使现货价格大幅上涨，高于期货价格；二是预计未来供给会大幅增加，导致期货价格大幅度下降，低于现货价格。

第三，季节性。大豆是一年生植物，美国和中国的大豆生长期大致相同，从当年的 5 ~ 9 月，而当年的 10 月份到次年 3 月份为大豆集中销售期。通过观察可以发现，大豆价格由缓慢攀升演变为加速拉升通常发生在当年 8、9 月到次年 2、3 月期间，具有明显的季节性特点。

2. 2. 2　玉米产业基本状况

玉米是中国传统的三大粮食品种之一。我国的玉米种植面积和总产量仅次于美国，居世界第二位。我国不仅是世界玉米的主要生产国，也是玉米的主要消费国。

玉米是产业链最长的粮食品种，通过玉米可加工产品大约 3 000 多种，而我国只能生产 400 多种。我国的玉米主要用于生产淀粉、淀粉糖、变性淀粉、酒精、白酒、味精、柠檬酸和燃料乙醇等。

（1）我国玉米生产格局。玉米属禾本科一年生草本植物（又称玉蜀黍），株形高大，叶片宽长，雌雄花同株异位，雄花序长在植株的顶部，雌花序（穗）着生在中上部叶腋间，为异花（株）授粉的一年生作物；有苞米、棒子、玉茭、苞谷珍珠米等俗称，起源于南美洲。7000 年前美洲的印第安人就开始种植玉米。大约在 16 世纪中期，中国引进玉米，18 世纪传到印度。到目前为止，世界各大洲均有玉米种植，玉米成为最主要的饲料作物。在世界范围内，尽管还有大麦、燕麦、高粱等饲料作物，但其产量与玉米相比是冰山之一角。玉米占世界粗粮产量的 65% 以上，占我国粗粮产量的 90% 。玉米是制造复合饲料的最主要原料，一般占 60% 以上。

在世界谷类作物中，玉米的种植面积和总产量仅次于小麦、水稻而居第三位，平均单产居首位。从北纬 58°到南纬 42°，从低于海平面的中国新疆吐鲁番盆地到 3 600 米以上的高海拔地区都能栽种。以北美洲最多，其次为亚洲、拉丁美洲、欧洲等。中国的玉米栽培面积和总产量均居世界第二位。

第一，种植面积。玉米在我国种植范围很广，南自北纬 18°的海南岛，北至北纬 53°的黑龙江省黑河以北，东起台湾和沿海省份，西到新疆及青藏高原，近年来种植面积超过 2 600 万公顷，年产量 1.4 亿～1.54 亿吨，但在各地区的种植分布并不均衡，主要分布在我国东北和华北地区以及西南、西北的一部分地区，大致形成一个从东北经华北到西南的斜长形王米栽培带，其种植面积约占全国玉米种植总面积的 85% 。

我国玉米种植面积变化情况如图 2.2.16 所示。

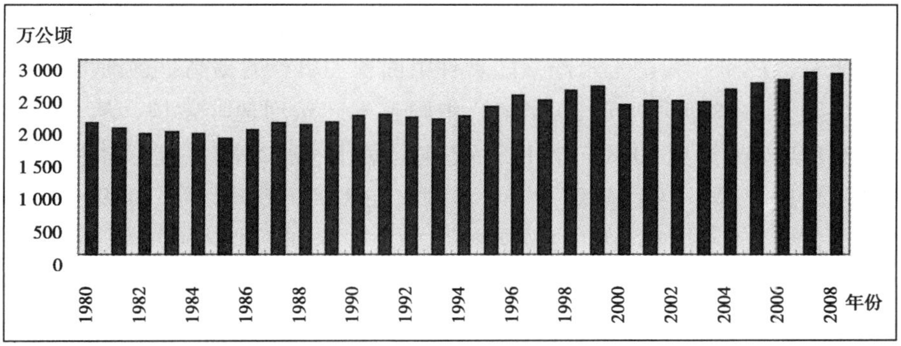

数据来源：2005 年以前的数据为国家统计局数据，其余为国家粮油信息中心预估数据。

图 2.2.16　我国玉米种植面积

我国的玉米种植面积在2004年以前主要是根据国家的计划和征购任务来确定的（少部分农民在计划外选择种植），2004年以后主要是由种植收益来决定的。由于近几年玉米价格处于上涨趋势中，同样的土地资源玉米的种植收益比其他品种更有利，所以种植面积不断加大，只有2008/2009年度由于大豆价格飙升，使得玉米出让了部分种植面积。

第二，单产。随着我国玉米在密植、种子改良、中低产田改造、农业新科技成果推广应用等方面的进步，玉米的单产呈现递增趋势，如图2.2.17所示。目前大的气候灾害是单产减少的最大因素。2007/2008年度的玉米单产下降就是因为主要产区干旱的原因。

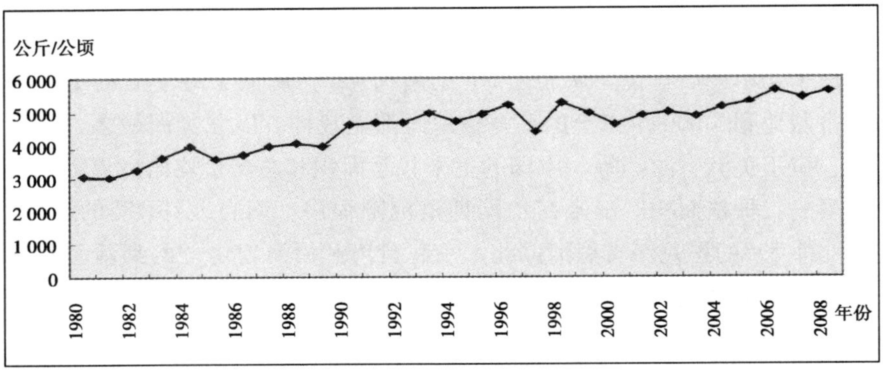

图2.2.17 我国玉米的单产变化情况

我国玉米平均单产在350公斤/亩，但是目前我国想要进一步提高单产比较困难，除非在种子方面有大的突破。我国虽然在2004年就在转基因玉米研究方面有突破，但是由于对于品种安全的考虑，一直没有用于实际生产。

第三，产量。我国玉米产量随着种植面积和单产的提高呈逐渐增长的趋势，如图2.2.18所示。近20年来，中国玉米产量增速非常快，从1983年的6 821万吨发展到2008年的1.56亿吨，累计增幅229%；但从本世纪前8年的平均增幅看，明显减缓。1989年以前在8 000万吨以下；1990年开始接近1亿吨，1996年突破1.2亿万吨；2005年达到1.4亿吨。

第四，生产布局。我国玉米种植划分为六个区，为北方春播玉米区、黄淮海平原夏播玉米区、西南山地玉米区、南方丘陵玉米区、西北灌溉玉米区、青藏高原玉米区。具体区域划分如下：

北方春播玉米区：以东北三省、内蒙古和宁夏为主，2007/2008年度种植面积占全国35.08%左右；总产占全国的36.25%左右。

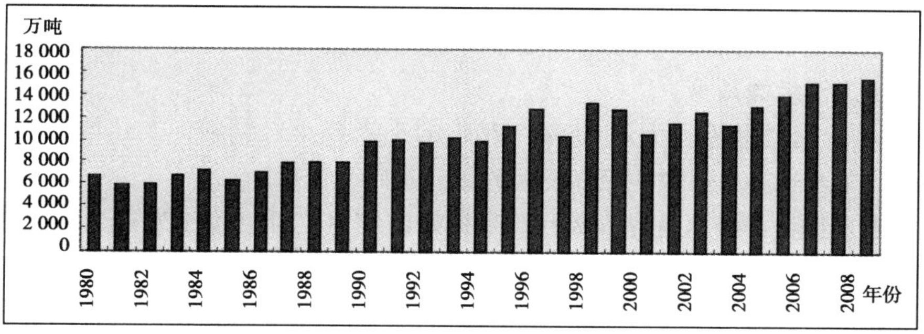

图 2.2.18　我国玉米的产量变化情况

黄淮海平原夏播玉米区：以山东和河南为主，种植面积占全国的39.05%左右，总产占全国的40.89%左右。

西南山地玉米区：以四川、云南和贵州为主，面积约占全国的16%，总产占全国的14%左右。

南方丘陵玉米区：以广东、福建、台湾、浙江和江西为主，种植面积为全国的6%，总产不足全国的5%。

西北灌溉玉米区：新疆维吾尔自治区和甘肃省一部分地区，种植面积约占全国的3.5%，总产约占全国的3%。

青藏高原玉米区：青海省和西藏自治区海拔高，种植面积及总产都不足全国的1%（见图2.2.19）。

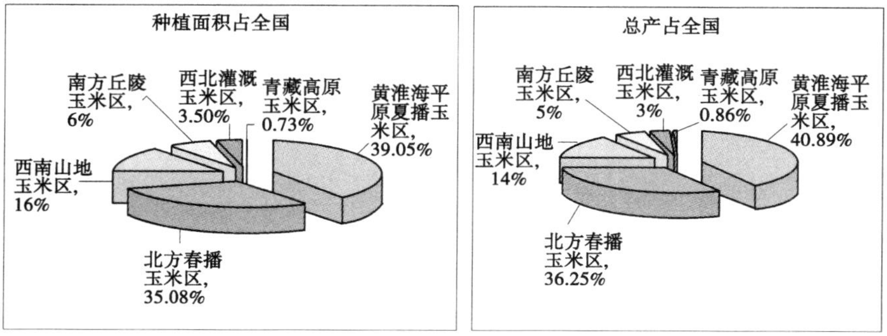

图 2.2.19　我国玉米种植区域及产量分布

（2）玉米的消费格局。

第一，玉米消费的总体格局。世界玉米消费的总体格局包括三大部分。

● 食用。玉米是世界上最重要的粮食品种之一，特别是一些非洲、拉丁美洲国家。随着玉米加工工业的发展，玉米的食用品质不断改善，形成种类多样的玉米食品，如特制玉米粉和胚粉、膨化食品、玉米片、甜玉米、玉米啤酒、玉米面条等。

● 饲用。世界上大约65%～70%的玉米都用做饲料，发达国家高达80%。玉米饲料是畜牧业赖以发展的重要基础，包括：

玉米籽粒：特别是黄玉米籽粒是良好的饲料，可直接作为猪、牛、马、鸡、鹅等畜禽饲料，特别适用于肥猪、肉牛、奶牛、肉鸡。随着饲料工业的发展，浓缩饲料和配合饲料广泛应用，单纯用玉米做饲料的量已大为减少。

玉米秸秆：也是良好的饲料，特别是用做牛的高能饲料，可以代替部分玉米籽粒。玉米秸秆的缺点是含蛋白质和钙少，因此需要加以补充。秸秆青贮不仅可以保持茎叶鲜嫩多汁，而且在青贮过程中经微生物作用产生乳酸等物质，增强了适口性。

玉米加工副产品的饲料应用：玉米湿磨、干磨、淀粉、啤酒、糊精、糖等加工过程中生产的胚、麸皮、浆液等副产品，也是重要的饲料资源，在美国占饲料加工原料的5%以上。

● 工业加工。玉米籽粒是重要的工业原料，初加工和深加工可生产二三百种产品。初加工产品和副产品可作为基础原料进一步加工利用，在食品、化工、发酵、医药、纺织、造纸等工业生产中制造出种类繁多的产品，穗轴可生产糠醛。另外，玉米秸秆和穗轴可以培养生产食用菌，苞叶可编织提篮、地毯、坐毯等手工艺品。

玉米是产业链最长的粮食品种，通过玉米可加工的产品有3 000多种，目前我国通过玉米加工的食品只有130多种。

我国不仅是世界玉米的主要生产国，也是玉米的主要消费国，消费量呈逐年增长的趋势，如图2.2.20所示。从消费结构来看，我国食用、饲用玉米总量稳定增长，但相对比例逐年下降，而工业用玉米的绝对量和相对比例都大幅上调，成为未来玉米消费的主要趋势。

当前我国玉米消费主要是由饲料、工业、食用、种用消费四部分组成。2007年、2008年度饲料消费所占比例为61.53%；工业消费所占比例为28.18%；食用消费所占比例为9.41%，种用消费所占比例为不到1%，如图2.2.21所示。

第二，玉米的饲料消费。玉米是良好的饲料，可直接作为猪、牛、鸡等畜禽饲料。玉米秸秆可替代部分玉米，作为反刍动物良好的饲料来源。此外，玉米加工后的副产品也是重要的饲料资源。世界上约65%的玉米用做

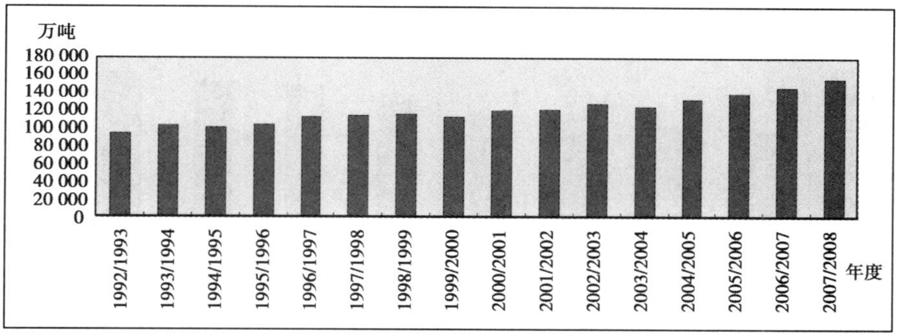

图 2. 2. 20　我国玉米的消费量变化情况

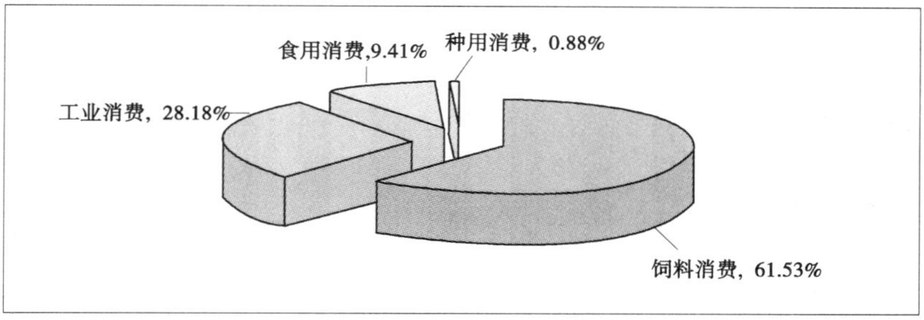

图 2. 2. 21　我国玉米消费构成

饲料，从我国的玉米消费结构来看，饲料消费是主体。目前玉米的饲料需求大约占总需求的 60% 以上；而在饲料原料中，玉米所占比例也达到 60% 以上。因此，饲料工业是整个玉米产业链中的重要环节。

饲料业已经成为中国的一个重要的工业部门。2007 年，中国饲料企业已达 15 500 多家，从业人员逾 50 多万人，总产量突破 1. 07 亿吨，成为世界第二大饲料生产国。中国饲料产量变化情况如图 2. 2. 22 所示。

饲料用玉米的消费量呈逐年增加态势，如图 2. 2. 23 所示。

第三，玉米的工业消费。玉米是三大粮食作物中最适合作为工业原料的品种，也是加工程度最高的粮食作物，在食品、医药、化工等领域有很广泛的应用。玉米加工业的特点是加工空间大，产业链长。我国玉米深加工起步较晚，20 世纪 80 年代以前不足玉米整个消费量的 1% ，而且加工产品档次也较低；80 年代以后，玉米加工转化速度明显加快，淀粉和酒精行业消费

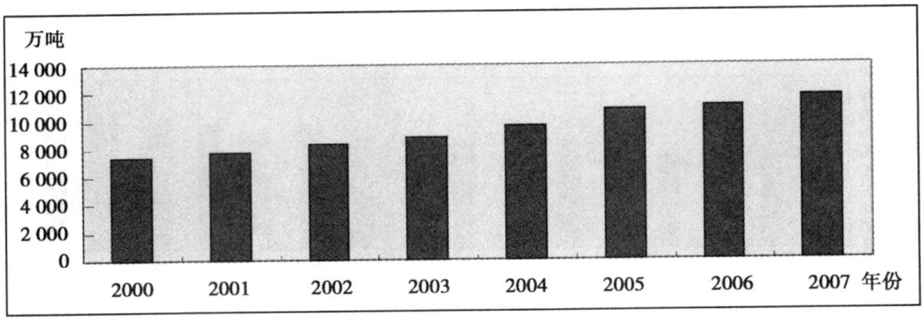

图 2.2.22　中国饲料产量

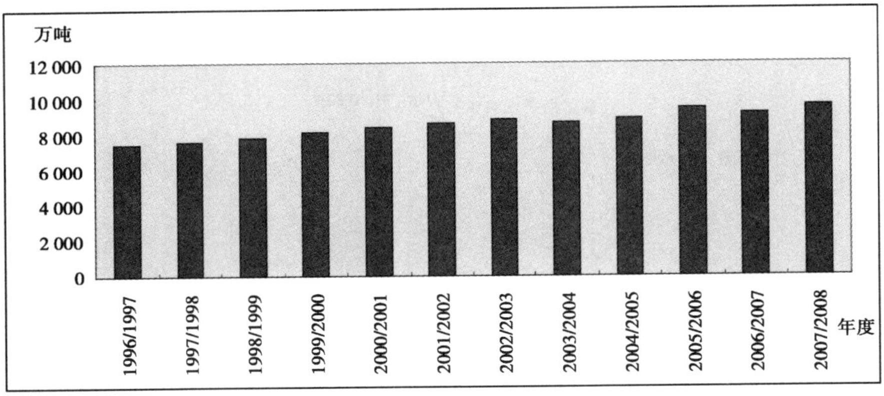

图 2.2.23　我国饲料用玉米的消费图

的玉米量最大。我国玉米加工产品包括淀粉、淀粉糖、变性淀粉、酒精、酶制剂、调味品、药用、化工等八大系列，但主要是淀粉及酒精，其他产品多是这两个产品更深层次的加工品或生产的副产品。

第四，淀粉消费。淀粉的用途十分广泛。以玉米淀粉为原料生产的工业制品达 500 多种，大约 2/3 用于食品、医疗、饮料等方面；约 1/3 用于造纸、包装、纺织、石油等方面。淀粉作为原料，可用于如粉丝、粉条方便面、火腿肠、冰淇淋等食品和可降解塑料制品；作为发酵原料，用于淀粉糖、氨基酸、酒精、抗菌素、味精等产品的生产。淀粉也可以加工成变性淀粉，广泛应用于造纸、纺织、食品、铸造、医药、建筑、石油钻井、选矿等领域。我国玉米淀粉产业 20 世纪 80 年代以后进入快速发展阶段。从生产分布来看，玉米淀粉的生产集中在原料主产地，东北三省加内蒙古、山东、河北、河南 7 个省份是中国玉米淀粉的主产区。2007 年山东、河北、吉林三省的玉米淀粉产量合计占全国总产量的64%。

2001年以来，我国淀粉年产量保持平均17%的增长速度，并在2005年突破了千万吨，居各国之首。2000—2007年淀粉产量变化如图2.2.24所示。淀粉生产技术已跻身世界强国行列，多项技术工艺达到国际先进水平。淀粉工业被誉为朝阳产业，可直接带动农业、食品、造纸、医药、化工、石油等诸多行业的发展。目前，我国淀粉工业虽已取得很大进步，但年人均消费只有8.5千克，为美国的9.4%，日本的36.6%，并低于泰国人均消费水平，因此仍有很大发展空间。

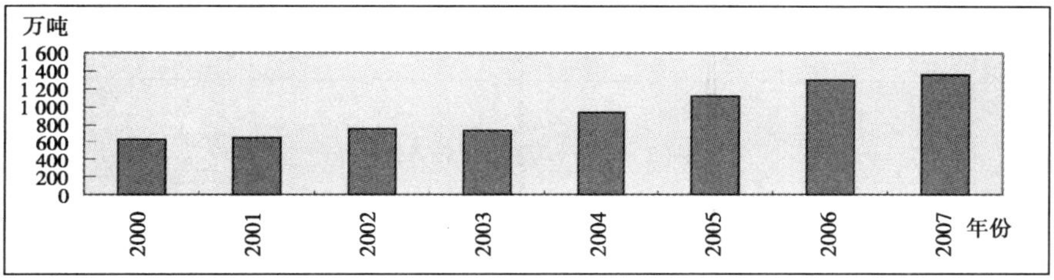

图2.2.24 我国淀粉产量

第五，酒精消费。酒精工业在我国有着悠久的生产历史。20世纪70年代以前，我国生产酒精的主要原料是糖蜜、薯干；80年代以后，由于我国玉米产量的迅速发展，而且使用玉米生产的酒精质量好，因此促进了以玉米为原料生产酒精的厂家迅速发展。近几年来，有原料优势地区如东北地区的酒精产量呈快速增长态势，大型酒精企业不断出现，到2007年，年产10万吨以上的酒精企业达15家，5家企业规模超30万吨。

近年来由于石油短缺威胁到了国家能源安全，全球兴起了生物能源的开发高潮。开发生物能源越演越烈引发农产品消费持续增加，对玉米的需求量处于高速增长状态。2000—2007年我国酒精产量如图2.2.25所示。2007年我国酒精企业产能区域分布情况如图2.2.26所示。

我国工业玉米消费量逐年增加。1996/1997—2007/2008各年度玉米工业消费量如图2.2.27所示。预计2008/2009年度玉米的工业消费量为4 270万吨，同比增长120万吨，增幅为2.9%。

(3) 玉米的贸易情况。

第一，国内贸易情况。我国玉米市场的一个特点就是生产和消费分布极不平衡。由于我国玉米产区在北方，销区在南方，因而形成了当前玉米“北粮南运”的流通格局。我国玉米主要产区主要集中在东北、华北和西

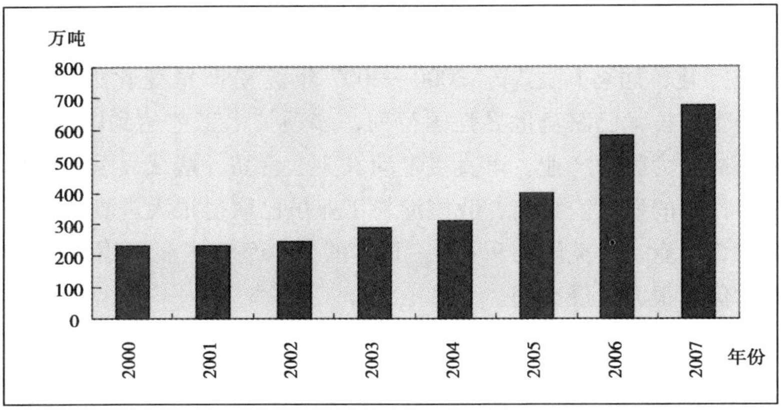

图 2. 2. 25　我国酒精产量

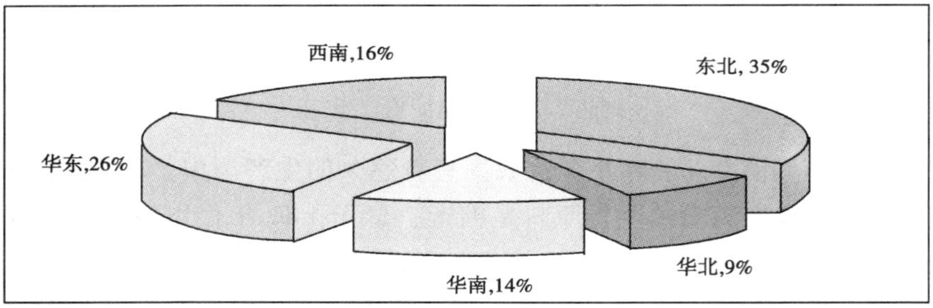

图 2. 2. 26　2007 年我国酒精企业产能区域分布

南、西北，其中辽、吉、黑、内蒙、晋、冀、鲁、豫 8 省区生产了全国 70% 以上的玉米，东北地区也是我国最大的商品玉米产地。我国玉米主要销区分布在华南、华东和西南地区。长江流域以南地区由于饲料工业和畜牧业发达，虽然玉米产量仅占全国的 20%，消费量却占全国总产量的 50% 以上。我国玉米流向详见图 2. 2. 28。

在我国玉米北粮南运的流通格局中，主要的玉米集散中心有五个：即产区的长春—四平—铁岭一带铁路沿线、大连—鲅鱼圈—锦州港口沿海一线、华北黄淮地区、销区的珠江三角洲地区和江浙沪地区。

但是现在玉米的商品属性已经由单纯的粮食作物变化为兼有工业生产原料的双重性，以前传统的贸易流向将发生巨大的变化。由于这种属性变化导致工业资本为了追求最大利润，加速在玉米主要产区新建大批的养殖、深加工企业，又导致玉米现货物流方向发生了变化。山东、河北等华北黄淮主要

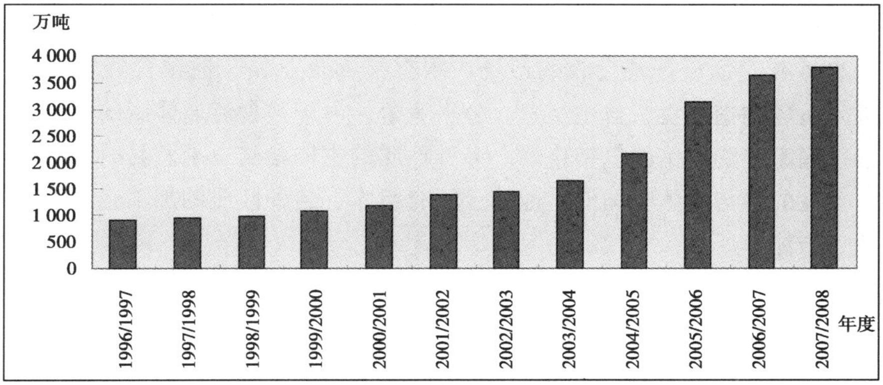

图 2. 2. 27 我国工业玉米消费图

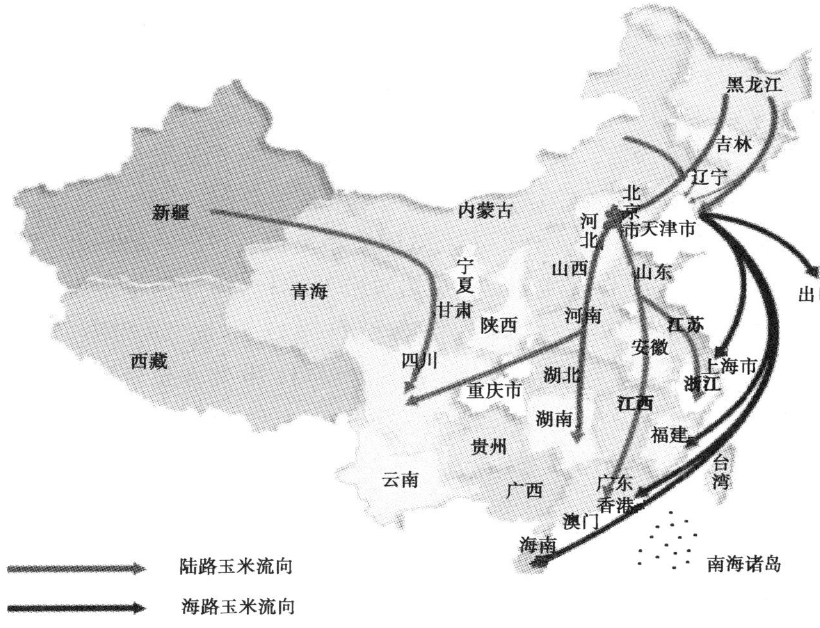

资料来源：中国玉米网，www. yumi. com. cn。

图 2. 2. 28 我国玉米流向图

产区已经出现供应缺口，正在逐渐由产区转变为销区，当地玉米流出数量大大减少，而且还要分流市场部分粮源。作为玉米主产区的东北三省一区将由以前大量的玉米向外输出变化为输出数量加速减少，大部分就地完成转化。

2004 年全面放开粮食收购市场，国有粮食企业和其他粮食经营者都可以进入市场购销粮食，自主经营，公平竞争。由于粮食流通体制的改革打破了以往国家统购统销的供销格局，多种性质的主体参与玉米贸易，激活了市场。现在的参与主体有国储、地储、国有粮库、各种性质的加工企业、贸易企业、个体等。

第二，中国玉米的进出口情况。从玉米的进口情况看，20 世纪 80 年代初我国玉米进口规模比较大，并且呈现净进口格局，1983 年进口达到 211 万吨。此后我国玉米进口迅速下降，有些年份已降至为零，但仍有极个别年份出现玉米进口急剧增加的现象。近年来，我国玉米进口已基本趋于停止，而出口量大增，呈显著的净出口格局。长期以来，我国主要以玉米出口为主。

自 20 世纪 80 年代中期后我国玉米出口开始迅速增加，到 90 年代初，我国玉米出口规模继续波动增长。90 年代中期我国玉米供应出现紧张，玉米出口又迅速下降。但 90 年代中后期，我国粮食生产能力进一步提高，农业进入一个新的阶段，农产品供给初步实现了由长期短缺到总量基本平衡、丰年有余的历史性转变，出口又呈现大幅增长的局面。

第三，玉米外贸的特点。玉米整体呈净出口。1978—2006 年 29 年间累计出口玉米 14 097. 8 万吨，累计进口玉米 1 823. 8 万吨，平均年出口量 486 万吨，年进口量 62. 9 万吨，平均每年净出口 423 万吨。29 年中有 21 年是净出口，8 年是净进口。最近 10 年全部为净出口，年均净出口量 778. 1 万吨。

玉米出口量占玉米总需求量较小。1996—2006 年 10 年间，平均净出口量占玉米总消费量的比重为 2. 7%，平均年净出口玉米 734 万吨。在净出口玉米最高的年份 2002/2003 年度，占玉米总需求量的 11. 5%，当时大量出口玉米是为了缓解大量积压的玉米库存。1996—2006 年我国玉米进出口变化详见图 2. 2. 29。

中国的玉米市场是一个完全自给自足的市场，我国以前玉米出口是为了缓解国内玉米库存压力、解决农民卖粮难等问题。国家通过玉米出口补贴和退税政策增加出口数量，实现了国内玉米总量平衡和结构平衡。最近，为了保证国家自身粮食安全减少了玉米出口配额的发放，目前出口量不到 100 万吨，对于一个 1. 56 亿吨产量的我国玉米市场影响不大。

（4）我国的玉米价格情况。由于玉米的商品属性已经由单纯的粮食作

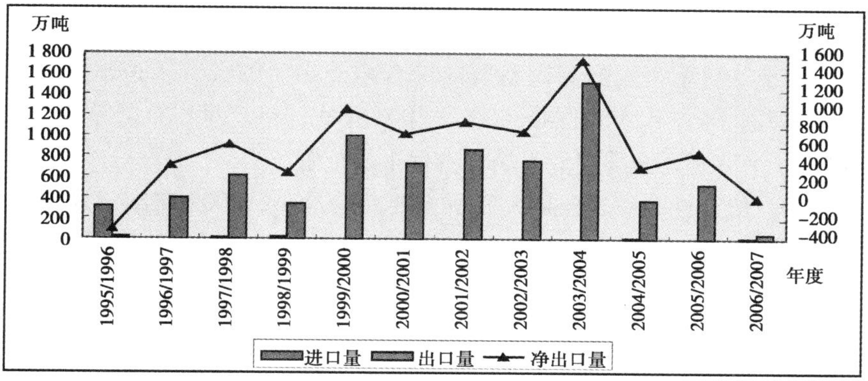

图 2.2.29 1995/1996—2006/2007 年度我国玉米进出口量变化

物变化为兼有工业生产原料的双重性，我国玉米的消费量不断增加，从 2005 年开始，我国玉米价格进入稳步上升的通道，价格底部被不断抬高。

价格区域整体上随贸易流向由北向南增加，如图 2.2.30 所示。

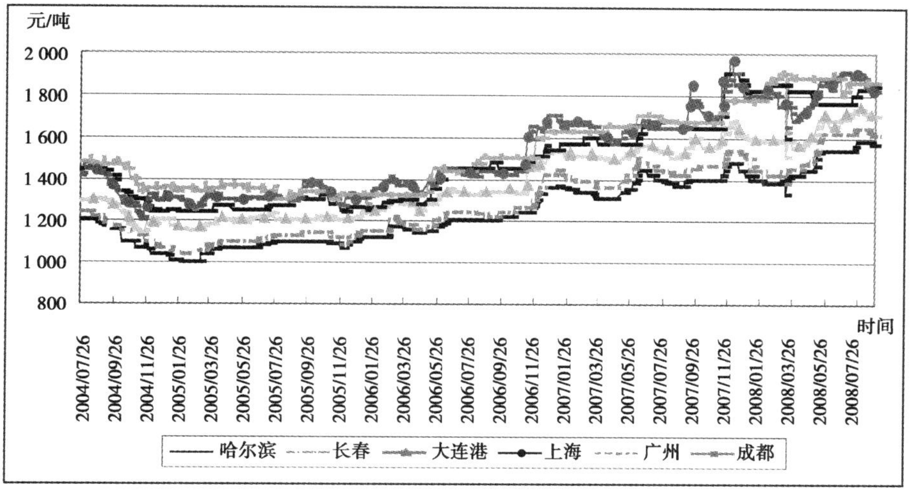

图 2.2.30 我国主要地区玉米价格情况

本章总结

本部分主要包括对大连商品交易所（以下简称大商所）上市品种概况的介绍，以及主要品种现货市场发展状况的总结。

截至2008年，大商所共上市七个期货品种：黄大豆一号、黄大豆二号、豆粕、豆油、玉米、聚乙烯和棕榈油。随着聚乙烯和棕榈油品种的推出，使大商所实现了从单一农产品交易所向综合型交易所的转变。2008年，大商所交易量占全国交易总量的46.80%；2008年底，持仓量占全国总持仓量的37.70%，大商所在全国期货市场中占据重要位置。

其中，黄大豆一号品种是大商所主要交易品种，2007年期、现比为9，市场流动性较强。大豆产业链各环节交易者参与期货交易的程度增强，尤其是贸易商最为典型，2007年贸易商等流通环节参与期货交易的主体数占总参与主体数的50.24%。2008年大商所黄大豆一号期货交割总量为37.46万吨，成交金额为18亿元。

玉米品种交易规模不断增加，2007年期、现比为4，有一定流动性。玉米产量链较长，各环节主体参与期货交易积极性增强，以流通环节为主。2007年流通环节参与期货交易的主体数占总参与主体数的36.60%。2008年大商所玉米期货交割总量为77.19万吨，成交金额为12.79亿元。

豆粕品种交易规模不断扩大，2007年居全球农产品期货期权合约20强首位，期、现比为20，市场流动性非常强。以流通环节为主的大豆产业链各环节参与期货交易积极性增强，其中，流通环节参与期货交易的主体数占总参与主体数的46.49%。2008年大商所豆粕期货交割总量为8.56万吨，成交金额为3.02亿元。

豆油品种上市虽晚，但交易规模不断扩大，2007年期、现比为14，市场流动性很强。国内油厂基本参与豆油期货市场的套期保值交易。流通环节参与期货交易的主体数占总参与主体数的27.71%。2008年大商所豆油期货交割总量为14.59万吨，成交金额为15.72亿元。

棕榈油、LLDPE品种上市较晚，但随着市场各类主体对其的认知和熟悉，交易规模也在逐渐增加。

大豆产业和玉米产业是大商所上市品种中相关的两个主要产业。

我国大豆主产区主要集中在东北地区，每年大豆种植面积占全国种植面积的一半以上。尤其是黑龙江省，每年的大豆产量都占到总产量的30%~40%，居全国第一位。产量位居第二的吉林省，占到总产量的7%~10%。

在贸易格局上，我国大豆进口量逐年增加，2007/2008年度大豆进口量突破3 000万吨，大豆自给率降至30%以下。美国、巴西和阿根廷是我国主要大豆进口国。

在大豆消费格局上，压榨占大豆消费比重的76%，食用占22%，种用占2%。豆油自2003年取代菜油成为第一大油脂消费品，2007年消费总量在800万吨以上。豆粕消费近两年消费增长缓慢，受饲料行业和养殖业影响较大，2007/2008年度消费量在2 580万吨左右。

在大豆价格上，我国虽是大豆的消费大国，但在大豆定价上影响力较弱，基本从属于美国芝加哥大豆期货市场。

我国玉米主产区集中在北方春播玉米区和黄淮海平原夏播玉米区，其中，北方春播玉米区以东北三省、内蒙古和宁夏为主，2007/2008年度种植面积占全国35.08%左右；总产占全国的36.25%左右；黄淮海平原夏播玉米区以山东和河南为主，种植面积占全国39.05%左右，总产占全国40.89%左右。我国玉米产量持续增加，2008年约达15 600万吨。

在我国玉米消费格局上，2007/2008年度饲料消费比例占61.53%；工业消费比例占28.18%；食用消费占9.41%，种用消费比例不到1%。2007年，中国饲料总产量突破1.07亿吨，成为世界第二大饲料生产国。

在国内贸易格局上，呈现“北粮南运”的流通格局。我国玉米主要销区分布在华南、华东和西南地区。长江流域以南地区由于饲料工业和畜牧业发达，虽然玉米产量仅占全国的20%，消费量却达全国总产量的50%以上。由于粮食流通体制改革打破以往国家统购统销的供销格局，多种性质的主体参与玉米贸易，从而激活了市场。

玉米整体呈净出口，且玉米出口量占玉米总需求量较小。总体看，玉米市场是一个完全自给自足的市场。

3 对大连期货市场功能的实证研究

期货市场价格发现和风险管理两个基本功能的有效发挥依赖于期货市场与现货市场的紧密联系和协调发展。期货、现货市场的相关数据是市场交易的结果，是各参与主体搜集信息、预测、交易决策结果的体现。因此，根据搜集的期货、现货相关数据，借助计量分析工具与方法，可以从数据现象背后发现各期货品种市场运行的特点和规律，从而对期货品种的运行状况、功能发挥情况进行客观评价，为如何为品种功能发挥创造条件提供参考依据。

本部分针对大商所七个上市品种（黄大豆一号、黄大豆二号、豆粕、豆油、玉米、棕榈油和 LLDPE）进行实证分析，主要内容包括以下五个方面：

第一，各品种价格发现功能的实证分析，目的是了解各品种上市以来期货价格是否在价格发现过程中起主导作用，能否预测未来现货价格走势。

第二，各品种套期保值功能的实证分析，运用期货、现货价格历史数据，分析在不同套期保值策略下套期保值的有效性，即检验通过套期保值可以在多大程度上规避现货价格波动风险，从而验证该品种是否具有规避风险的基本条件。

第三，大商所各品种在各合约上的套利充分性的实证研究，通过计算套利成本，确定各合约在每个交易日是否存在未被利用的套利机会，以及随着到期日的临近，期、现价格是否具有趋同性。期、现套利是联系期货市场与现货市场关系的纽带，有助于促进期货市场与现货市场形成合理的价格关系，促进价格发现。因此，存在未被利用的套利机会越少，反映期、现套利活动越有效、充分，期、现价格的关联性越紧密，价格发现效率越高。

第四，各品种国内外期货价格关系研究，目的是了解该品种国内期货价格与国外主要交易所期货价格的联动性如何，在各自价格形成过程中，另一个市场的期货价格对其影响及程度如何。

第五，期货价格对现货价格波动性的影响研究，以大商所的豆油和玉米品种为例，通过实证研究，评价我国期货市场在现货价格波动上究竟扮演什么样的角色，是降低了价格波动性，还是增加了价格波动性。

本部分主要是基于对期货、现货实际交易数据的计量分析，反映各品种功能发挥的情况，这并不完全等同于现实市场中各个主体对期货市场的实际运用情况，但两者存在一定的联系：

第一，只有当各个市场主体更大程度上利用期货市场时，期货、现货价格等数据才能真正反映密切的关系，功能发挥的实证检验效果才会显著。例如，当现货企业更多利用期货价格进行生产经营决策，期货价格的涨跌变化对其现货市场的供求才会产生实质性影响，期、现价格才能发生联动，根据数据所检验的期货市场的价格发现效果才会显著。

第二，根据数据的计量分析所带来的实证检验结果，可以为市场各主体利用期货市场提供客观依据。如果价格发现、套期保值实证效果显著，这表明历史数据就已经反映出运用期货价格或期货市场可以较好地指引现货市场决策，规避现货价格风险。

3.1 价格发现功能实证分析

3.1.1 模型与方法

本部分在参考已有实证分析方法基础上，对大商所上市的七个品种的期货价格与主要地区现货价格之间的关系进行实证分析，从而检验大商所的各品种价格发现功能发挥的状况。

本部分研究思路如图 3.1.1 所示。

（1）运用图示法和相关系数法，检验期、现价格变动趋势的一致性。

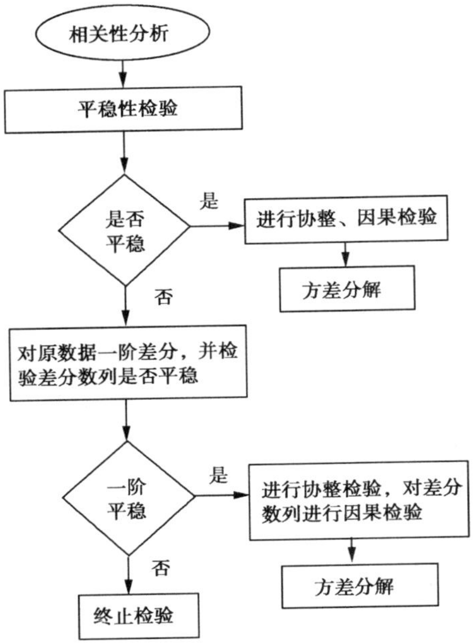

图 3.1.1 价格发现功能实证检验思路与方法示意图

通过检验时间序列间的相关系数，可判断期货价格和现货价格时间序列之间走势的相关性。如果相关系数大于 0，表明期、现价格之间具有正相关关系，反映期、现价格呈同方向变化关系，系数越接近 1，两者相关程度越高。

（2）借助协整理论检验期、现价格之间是否存在长期协整关系。协整检验是对一个非平稳时间序列的线性组合进行检验，若是平稳的，即不具有随机趋势，那么两变量之间就存在长期的均衡关系，本部分的协整检验采用 Johansen（1988）检验。具体步骤包括：

第一，单位根检验。对于金融时间序列，在进行协整分析时，首要问题是看协整向量的扰动项中是否含有单位根。单位根检验是协整分析的基础，它的目的是检验数据的平稳性。对时间序列进行平稳性检验通常采用 ADF 检验。ADF 检验中原假设为含有移位的单位根，为非平稳序列，备择假设是确定性的时间趋势平稳过程。本部分中采用的判定是否存在单位根的方法为：对于 ADF 值大于 5% 临界值的时间序列，不能拒绝原假设，即承认该序列为非平稳序列，并存在至少一个单位根。当存在单位根时，对原序列一阶差分后再进行 ADF 检验。若一阶差分序列的 ADF 值小于 5% 的临界值，则拒绝原假设，即原序列经过一阶差分后成为平稳序列，也即该序列服从一阶单整过程。

第二，建立向量自回归模型（VAR 模型）。向量自回归模型通常用于解决内生变量同时出现在方程左右两边的情况，用于相关时间序列系统的预测和随机扰动对变量系统的动态影响。

第三，协整检验。协整关系反映了两个变量之间的长期均衡关系。有些时间序列虽然它们自身非平稳，但其某种线性组合却平稳，这个线性组合反映了变量之间长期稳定的比例关系，称为协整关系。协整检验有两种常用的方法：第一种为 Engle - Granger 两步法，另一种是由 Johansen 和 Juselius（1990）所提出的极大似然估计法。前者虽然易于执行，但需要样本数较大，且容易产生估计误差等缺点。相比之下后者的优点较多，如能精确地确定出协整向量的数目，并可对实际协整关系进行假设检验等，因此本部分在进行长期均衡关系分析时采用 Johansen 协整检验法。Johansen 最大似然估计法检验，又分为迹统计量（Trace statistic）检定和最大特征根统计量（Maximum eigenvalue statastic）检定。本部分在进行协整关系判定中，主要参考迹统计量值。本部分中对 Johansen 检验是否拒绝原假设所采用的判断方法是：由两个相关变量构成的 VAR 模型在零假设时的迹统计量大于 5% 显著水平的临界值，并且在最多存在一个协整的假设时，两组变量的迹统计量小于 5% 显著水平的临界值时，认为两个变量存在协整关系。

此外，Johansen 协整检验涉及最优滞后期的选择。本部分所采用的方法是：对于 VAR（p）模型来说，在建立模型过程中首先要确定最佳滞后期 p，p 值的选择一方面不能太小，太小则模型不能够反映变量之间的相互影响；另一方面也不宜过大，否则会导致自由度大量减少，直接影响模型参数估计量的有效性。为了选择最为合适的 p 值，本部分依据了迹统计量（似然比统计量，Likelihood Ratio，LR）、最终预测误差（Final Prediction Error，FPE）、施瓦茨准则（Schwarz Criterion，SC 准则）、赤池信息准则（Akaike's Infomation Creterion，AIC 准则）与 HQ（Hannan - Quinn）信息准则五个指标来进行判断。当五个指标中的三个以上都显示在某一个滞后值时表现良好，即选择此值，若不出现上述结果，选取使 AIC 取得最小的值为最佳滞后期。在确定 VAR 模型的最后滞后期后，由于协整检验是对无约束 VAR 模型施以向量协整约束后的 VAR 模型，因此进行协整检验选择的滞后阶数应该等于无约束 VAR 模型的最优滞后阶数减 1。

（3）进行格兰杰（Granger）因果检验，检验期、现价格变动的引导关系。格兰杰因果检验反映了期货价格与现货价格之间的引导关系，可以揭示期货价格与现货价格两个变量间哪个是自变量、哪个是因变量的问题，以分析期货价格指导现货价格的功能。格兰杰因果检验的模型为：

$$P_t = \sum_{i=1}^{n} \alpha_{1i} p_{t-i} + \sum_{j=1}^{n} \beta_{1j} F_{t-j} + \varepsilon_{1t} \tag{6}$$

$$F_t = \sum_{i=1}^{n} \alpha_{2i} p_{t-i} + \sum_{j=1}^{n} \beta_{2j} F_{t-j} + \varepsilon_{2t} \tag{7}$$

式中，P_t、F_t 不为零，ε_{1t}和 ε_{2t}为白噪声，且不相关。如果存在某一 β_{1j} 不为零，则称期货价格引导现货价格，表明期货市场在发现价格中起主导作用；同样，如果存在某一 α_{2i}不为零，则称现货价格引导期货价格，表明现货市场在发现价格中起主导作用；如果同时存在某一 β_{1j} 和某一 α_{2i} 均不为零，则称期货价格与现货价格之间相互引导。

（4）建立 VAR 模型，对价格序列进行方差分解，确定期货价格与现货价格之间的影响程度。方差分解的目的在于研究一个系统中，当某一外生冲击发生时，整个系统随后的变动多大程度是受到该冲击的影响；其主要思想是把系统中每个内生变量的波动按其成因分解为与各方程冲击相关联的几个组成部分，从而了解各类冲击对模型内生变量的相对重要性。在本部分中，方差分解可以细化期货市场和现货市场在价格发现功能中的大小和相互关系。在此使用 Hasbrouck（1995）方差分解，其基本方法是基于 Cholesky 因子，对 VAR 模型进行方差分解，目的是把内生变量的变化分解成对 VAR 的分量冲击，从而求出现货市场和期货市场价格变动的方差来自期货市场和现货市场的百分比。

3.1.2 数据说明

实证研究涵盖大商所上市的七个品种，以各品种所选时间区间内的期、现货交易日连续报价为基础确定样本个数。其中，期货合约连续价格数据基本上由最近交割合约的下一合约月份的收盘价组成。由于期货合约本身的流动性问题及换月所带来的价格不连续的问题，在个别情况下选取较远期月份合约代替。比如，在 2006 年 11 月 15 日至 2007 年 1 月 18 日间，按照规则应该选取 3 月到期合约报价构建连续期货价格，但由于此期间该合约有交易的时间较少，仅有 8 个交易日有报价，故换为 5 月期货合约报价。若个别交易日期货或者现货市场只有一方有交易价格时，原则上以删除该单方价格来处理；若删除影响连续性，则以上一交易日报价填补。具体现货价格数据情况见表 3.1.1。

表 3.1.1　各品种价格发现分析起止时间及现货地点选取

品种	时间起止区间		样本数	现货报价地点
黄大豆一号	2003/10/27	2008/07/08	1 088	山东博兴
	2003/10/27	2008/07/08	1 088	大　连
	2003/10/27	2008/07/08	1 088	哈尔滨
黄大豆二号	2004/12/22	2008/07/08	771	连云港
豆　油	2006/01/09	2008/07/08	165	张家港
豆　粕	2003/10/27	2008/07/08	1 142	张家港
	2004/09/02	2008/07/08	933	西　安
玉　米	2004/09/22	2008/07/14	925	大　连
	2004/09/22	2008/07/14	925	白　城
棕榈油	2007/10/29	2008/08/10	200	张家港
LLDPE	2007/08/01	2008/08/22	258	扬子石化

说明：黄大豆一号是在2002年3月15日上市，豆粕是在2000年7月17日上市，但两品种自上市至2003年10月24日之间的现货数据报价频率是每周一报或每周两报，导致数据间隔过长无法与每日期货数据匹配，故在期间选取上均以2003年10月27日为起始日。西安豆粕现货统计报价从2004年9月2日才开始有，所以西安现货样本数比张家港少。

期货数据来源于世华财讯，大豆、豆粕、豆油、玉米和棕榈油现货数据来源于国家粮油信息中心，LLDPE现货价格选取扬子石化聚乙烯（DFDA－7042）出厂报价，数据来源于浙江塑料城网上交易市场。

为了克服异方差性，降低短期波动，更准确地把握长期走势，研究中除相关性分析外，均对价格数据进行了对数化处理。数据处理上，本部分采用Eviews5.0计量经济学软件。

对于大豆、豆粕和玉米这三个上市较早的品种，本部分除了对完整时间段的价格发现进行分析之外，还选取最近两年的数据进行分析，通过实证检验结果的对比，来判断该品种的价格发现功能的演变过程。具体数据情况见表3.1.2。

表 3.1.2　黄大豆一号、玉米和豆粕价格发现分析起止时间及现货地点选取（最近两年）

品种	时间起止区间		样本数	现货报价地点
黄大豆一号	2006/07/10	2008/07/08	480	山东博兴
	2006/07/10	2008/07/08	480	大　连
	2006/07/10	2008/07/08	480	哈尔滨

续表

品种	时间起止区间		样本数	现货报价地点
豆粕	2006/07/10	2008/07/08	489	张家港
	2006/07/10	2008/07/08	485	西安
玉米	2006/07/10	2008/07/14	488	大连
	2006/07/10	2008/07/14	488	白城

3.1.3 分品种实证结果

（1）黄大豆一号期货价格发现实证分析。

第一，相关性检验。黄大豆一号期货价格与博兴、大连和哈尔滨三地现货价格在完整时段的相关系数分别为0.9702、0.9714 和0.9733，表明大豆期货价格与三地现货价格为高度正相关关系，体现了期、现价格显著的相同方向变化的特征。图3.1.2 至图3.1.4 分别表示黄大豆一号期货价格与三地大豆现货价格的走势图。

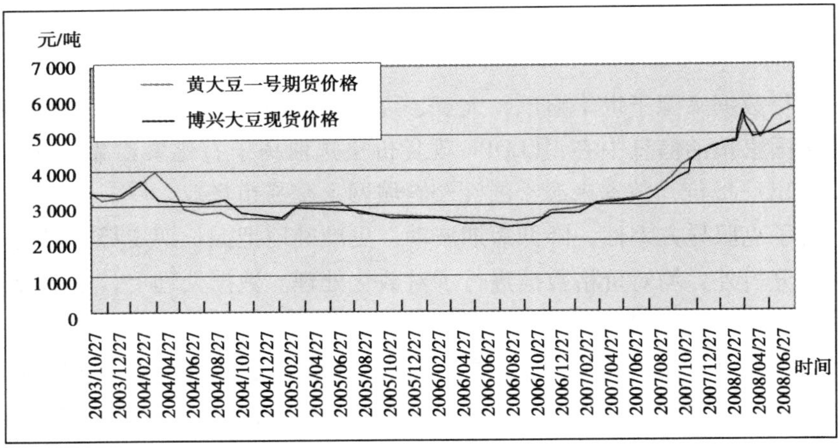

图3.1.2 黄大豆一号期货价格与博兴大豆现货价格走势图

最近两年的黄大豆一号合约与博兴、大连和哈尔滨的现货价格的相关系数分别为0.9924、0.9934 和0.9952，几乎接近于1，表明期、现价格趋于完全正相关。最近两年期、现价格的相关系数高于整个时间段的相关系数，体现了相关关系进一步增强的特点，期、现价格同方向变化特征更加显著。

2003/2004—2007/2008 年度各作物年度上三地现货价格与黄大豆一号期货价格的相关系数呈逐年递增趋势（除2007/2008 作物年度稍有下降外），表明期、现价格同趋势变化的特点日益显著（见表3.1.3）。

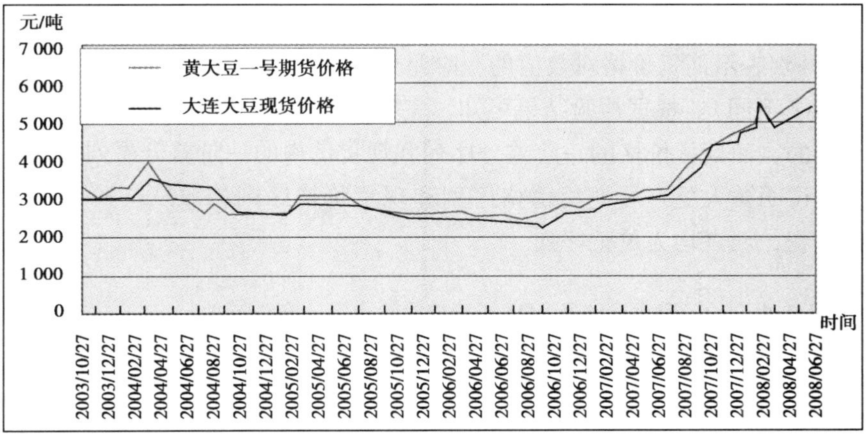

图 3. 1. 3　黄大豆一号期货价格与大连大豆现货价格走势图

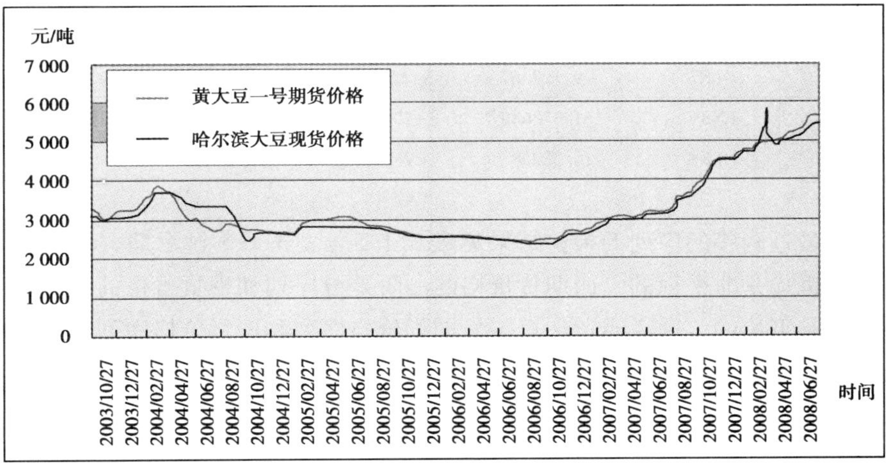

图 3. 1. 4　黄大豆一号期货价格与哈尔滨大豆现货价格走势图

表 3. 1. 3　2003 /2004—2007 /2008 年度黄大豆一号各作物年度期、现相关系数变化

作物年度	黑龙江	大连	博兴	样本数
2003/2004	0. 456	0. 3524	0. 407	184
2004/2005	0. 8179	0. 7298	0. 6188	234
2005/2006	0. 8313	0. 8257	0. 8171	241
2006/2007	0. 9598	0. 9713	0. 9686	235
2007/2008	0. 94	0. 9426	0. 9307	185

说明：黄大豆一号的作物年度为当年的 10 月 1 日到次年的 9 月 30 日。

第二，ADF平稳性检验。ADF检验结果见表3.1.4。其中，LNF、LNS分别表示黄大豆一号期货价格对数值序列和现货价格对数值序列，DLNF和DLNS分别表示期货价格对数值的一阶差分序列和现货价格对数值的一阶差分序列（下同）。根据检验结果可知，完整序列的期、现价格时间序列均是非平稳的，而期货价格的一阶差分序列和现货价格的一阶差分序列均是平稳的，这说明黄大豆一号期货价格序列和现货价格序列均服从一阶平稳，即I(1)过程，两者均为单整序列。

表3.1.4　　黄大豆一号ADF平稳性检验结果（完整序列）

	序列名称	t统计值	1%临界值	5%临界值	10%临界值
期　货	LNF	1.3027	-2.567091	-1.941115	-1.616503
	DLNF	-35.49931	-2.567093	-1.941115	-1.616503
博　兴	LNS	1.776173	-2.567095	-1.941115	-1.616503
	DLNS	-18.35756	-2.567095	-1.941115	-1.616503
大　连	LNS	1.476606	-2.567103	-1.941116	-1.616502
	DLNS	-9.122367	-2.567103	-1.941116	-1.616502
哈尔滨	LNS	1.373689	-2.567103	-1.941116	-1.616502
	DLNS	-10.30238	-2.567103	-1.941116	-1.616502

对最近两年的序列的检验结果见表3.1.5。表3.1.5显示期、现价格时间序列也均是非平稳的，而期货价格的一阶差分序列和现货价格的一阶差分序列均是平稳的，这说明黄大豆一号期货价格序列和现货价格序列均服从一阶平稳，即I(1)过程，两者均为单整序列。

表3.1.5　　黄大豆一号ADF平稳性检验结果（最近两年）

	序列名称	t统计值	1%临界值	5%临界值	10%临界值
期　货	LNF	0.535689	-3.44392	-2.86742	-2.56996
	DLNF	-11.6599	-3.44392	-2.86742	-2.56996
博　兴	LNS	0.074374	-3.44395	-2.86743	-2.56997
	DLNS	-9.78372	-3.44386	-2.86739	-2.56995
大　连	LNS	0.257347	-3.44422	-2.86755	-2.57003
	DLNS	-6.56335	-3.44422	-2.86755	-2.57003
哈尔滨	LNS	0.10815	-3.44398	-2.86744	-2.56998
	DLNS	-7.61404	-3.44398	-2.86744	-2.56998

第三，VAR 模型建立。对完整序列使用 Eviews 软件对 LNF 和 LNS 建立 VAR 模型，得到最优滞后期选择指标表（见表 3.1.6 至表 3.1.8）。

表 3.1.6　　博兴大豆 VAR 模型选择表（完整序列）

Lag	LogL	LR	FPE	AIC	SC	HQ
0	1 527.278	NA	0.000206	-2.814167	-2.804963	-2.810682
1	7 184.369	11 282.87	6.07e-09	-13.24422	-13.21661	-13.23377
2	7 205.239	41.54626	5.88e-09	-13.27535	-13.22933	-13.25793
3	7 219.677	28.69031	5.77e-09	-13.29461	-13.23018 *	-13.27022 *
4	7 226.212	12.96042 *	5.74e-09 *	-13.29928 *	-13.21645	-13.26792

表 3.1.7　　大连大豆 VAR 模型选择表（完整序列）

Lag	LogL	LR	FPE	AIC	SC	HQ
0	1 534.772	NA	2.03e-04	-2.827993	-2.81879	-2.824509
1	7 239.54	11 377.96	5.48e-09	-13.34601	-13.3184	-13.33556
2	7 255.796	32.36224	5.36e-09	-13.36863	-13.32261	-13.35121
3	7 271.462	31.12887 *	5.25e-09	-13.39015	-13.32572 *	-13.36576 *
4	7 275.982	8.96672	5.24e-09 *	-13.39111 *	-13.30828	-13.35975

表 3.1.8　　哈尔滨大豆 VAR 模型选择表（完整序列）

Lag	LogL	LR	FPE	AIC	SC	HQ
0	1 507.926	NA	0.000213	-2.778461	-2.769257	-2.774976
1	6 929.207	10 812.56	9.72e-09	-12.77345	-12.74583	-12.76299
2	6 946.087	33.60433	9.49e-09	-12.79721	-12.75119 *	-12.77979
3	6 958.942	25.54237 *	9.34e-09 *	-12.81355 *	-12.74912	-12.78916 *
4	6 960.998	4.079026	9.37e-09	-12.80996	-12.72713	-12.7786

对博兴、大连和哈尔滨的大豆现货价格分别建立 VAR(4)、VAR(3) 和 VAR(3)模型，由此确定最优滞后期为 3、2、2，这为协整检验、格兰杰因果检验和方差分解提供依据。

同样地，对最近两年的序列，使用 Eviews 软件对 LNF 和 LNS 建立 VAR 模型，并得到最优滞后期选择指标表（见表 3.1.9 至表 3.1.11）。

表 3.1.9　博兴大豆 VAR 模型最优滞后期选择指标表（最近两年）

Lag	LogL	LR	FPE	AIC	SC	HQ
0	921.8617	NA	7.19e-05	-3.86497	-3.84746	-3.85808
1	3 128.439	4 385.341	6.88e-09	-13.1195	-13.06699 *	-13.09885 *
2	3 133.159	9.339834	6.86e-09	-13.1225	-13.035	-13.0881
3	3 138.071	9.681031	6.83e-09	-13.1264	-13.0038	-13.0782
4	3 145.056	13.70608 *	6.74e-09 *	-13.13889 *	-12.9814	-13.077

表 3.1.10　大连大豆 VAR 模型最优滞后期选择指标表（最近两年）

Lag	LogL	LR	FPE	AIC	SC	HQ
0	949.3691	NA	6.40e-05	-3.98054	-3.96304	-3.97366
1	3 143.393	4 360.392	6.46e-09	-13.1823	-13.12982 *	-13.16168 *
2	3 149.261	11.61310 *	6.41e-09	-13.1902	-13.1027	-13.1558
3	3 153.436	8.227943	6.40e-09 *	-13.19091 *	-13.0684	-13.1427
4	3 156.517	6.043936	6.43e-09	-13.187	-13.0295	-13.1251

表 3.1.11　哈尔滨大豆 VAR 模型最优滞后期选择指标表（最近两年）

Lag	LogL	LR	FPE	AIC	SC	HQ
0	876.5089	NA	8.70e-05	-3.67441	-3.65691	-3.66753
1	3 030.06	4 279.956	1.04e-08	-12.7061	-12.65363 *	-12.6855
2	3 041.564	22.76661	1.01e-08	-12.7377	-12.6502	-12.70325 *
3	3 047.295	11.29343 *	1.00e-08 *	-12.74494 *	-12.6224	-12.6968
4	3 048.969	3.28406	1.01e-08	-12.7352	-12.5777	-12.6732

由此确定三地现货价格与期货价格对应最优滞后期分别为 3、2、2，这为协整检验、格兰杰因果检验和方差分解提供依据。

第四，Johansen 协整检验。确定最优滞后期，进一步确定常数项约束在协整空间内且协整方程有截距的模型作为最适合的协整检验模型。对不存在协整关系这个零假设开始检验，得到具体的 Johansen 协整检验结果（见表 3.1.12）。

表 3.1.12 黄大豆一号期货价格和各地现货价格

Johansen 协整结果（完整序列）

现货地点	零假设	迹统计量值	5%临界值	1%临界值
博　兴	r≤0	23.36816	15.41	20.04
	r≤1	0.255998	3.76	6.65
大　连	r≤0	33.67666	15.41	20.04
	r≤1	0.257577	3.76	6.65
哈尔滨	r≤0	27.70655	15.41	20.04
	r≤1	0.182682	3.76	6.65

由上述结果可知，在1%和5%的显著性水平下，迹统计量值都显著地大于相应的临界值，反映了LNF序列与博兴、大连和哈尔滨三地的LNS序列的协整关系成立，这说明黄大豆一号期货价格和博兴、大连和哈尔滨的大豆现货价格在1%和5%的显著水平下长期均衡关系是成立的。

对最近两年的数据进行协整分析，结果见表3.1.13。

表 3.1.13 黄大豆一号期货价格和各地现货价格

Johansen 协整结果（最近两年）

现货地点	零假设	迹统计量值	5%临界值	1%临界值
博　兴	r≤0	18.00614	15.41	20.04
	r≤1	0.09115	3.76	6.65
大　连	r≤0	24.61574	15.41	20.04
	r≤1	0.167668	3.76	6.65
哈尔滨	r≤0	18.81189	15.41	20.04
	r≤1	0.082415	3.76	6.65

由上述结果可知，在1%和5%的显著性水平下，大连的大豆现货价格和期货价格的VAR模型的迹统计量值都显著地大于相应的临界值，反映了大连现货大豆价格和期货价格序列存在显著的长期均衡关系。而博兴和哈尔滨的大豆现货价格与期货价格的VAR模型的迹统计量值在5%的显著性水平下大于对应的临界值，而在1%的显著性水平下迹统计量值小于对应的临界值，这表示只能以95%的置信度接受博兴和哈尔滨的大豆现货价格与期货价格存在长期均衡关系。总体来说，可以以95%的概率接受黄大豆一号期货价格和博兴、大连和哈尔滨的现货价格存在长期均衡关系。

第五，Granger因果检验。协整检验表明，大豆期、现价格存在长期均衡关系，在此基础上通过因果检验可进一步说明在均衡关系中，期货价格是否是现货价格变化的原因，即期货价格是否对现货价格起到引导的作用。

对完整序列的因果检验结果见表3.1.14。

表3.1.14　　大豆现货价格和黄大豆一号期货价格格兰杰检验结果（完整序列）

现货地点	原假设	F统计量	P值
博　兴	现货价格不引导期货价格	0.19198	0.90189
	期货价格不引导现货价格	21.022	3.10e－13
大　连	现货价格不引导期货价格	0.4155	0.66012
	期货价格不引导现货价格	25.4523	1.60e－11
哈尔滨	现货价格不引导期货价格	2.01924	0.13326
	期货价格不引导现货价格	21.8332	5.10e－10

由检验结果的P值可知，“期货价格不引导现货价格”的原假设都被显著地拒绝，即至少在99.9%的置信水平下，黄大豆一号期货价格引导三地的现货价格，大豆期货价格对现货价格存在Granger因果关系。而“现货价格不引导期货价格”的假设被显著地接受，即至少在99.9%的置信水平下，大豆现货价格不引导大豆期货价格。综上所述，可以发现，黄大豆一号期货价格对大豆现货价格存在单向Granger引导关系，表明在价格发现过程中，期货价格起到主导作用。

对最近两年的数据进行的因果检验结果见表3.1.15。

表3.1.15　　大豆现货价格和黄大豆一号期货价格Granger检验结果（最近两年）

现货地点	原假设	F统计量	P值
博　兴	现货价格不引导期货价格	0.21889	0.88329
	期货价格不引导现货价格	8.5201	1.60e－05
大　连	现货价格不引导期货价格	0.62494	0.53574
	期货价格不引导现货价格	13.5591	1.90e－06
哈尔滨	现货价格不引导期货价格	0.68609	0.50404
	期货价格不引导现货价格	12.6494	4.40e－06

由检验结果的P值可知，“期货价格不引导现货价格”的原假设都被显著地拒绝，即至少在99.9%的置信水平下，黄大豆一号期货价格引导三地的现货价格，大豆期货价格对现货价格存在Granger因果关系。而“现货价

格不引导期货价格”的假设被显著地接受，即至少在99.9%的置信水平下，大豆现货价格不引导大豆期货价格。综上所述，黄大豆一号期货价格对国产大豆现货价格存在单向的Granger引导关系。

第六，方差分解。

A. 完整序列下的方差分解结果。Granger因果检验定性地描述了期货价格对现货价格存在引导作用。在此基础上，进一步对价格序列方差分解，由此可以定量地反映期货价格对现货价格引导作用的大小。黄大豆一号期货价格与三地现货价格的方差分解结果见表3.1.16。

表3.1.16 黄大豆一号期货价格与三地现货价格方差分解结果（完整序列）

品种 / 滞后期	大连期货与博兴现货		大连期货与大连现货		大连期货与哈尔滨现货	
	博兴现货对大连期货的影响	大连期货对博兴现货的影响	大连现货对大连期货的影响	大连期货对大连现货的影响	哈尔滨现货对大连期货的影响	大连期货对哈尔滨现货的影响
1	0	4.0832	0	3.71981	0	3.83001
5	0.03615	18.67175	0.00827	14.17748	0.36817	13.45126
10	0.10133	27.66401	0.00644	22.00898	0.40335	20.64094
15	0.17103	34.06304	0.00452	28.94135	0.34451	27.14978
20	0.24768	39.84385	0.00591	35.65595	0.2813	33.55039
50	0.79248	67.13413	0.06646	67.19415	0.12241	64.77042
100	1.67565	87.21378	0.22036	87.91652	0.24697	86.26457
150	2.33961	92.94031	0.33554	93.88228	0.41493	92.6432
200	2.8066	94.69183	0.43515	96.10374	0.53919	95.09972

方差分解直观结果可参见图3.1.5至图3.1.7。图中横轴表示滞后期数，纵轴表示期货或现货价格受对方或自身变化的影响程度。在每个现货市场相关的方差分解中涉及两个图，左图是对期货价格变化的方差分解，显示期货价格变化分别受自身及现货价格变化的影响程度。例如，图3.1.5的左图，LFP线表示期货价格受自身变化的影响程度，LBX线表示期货价格受博兴现货价格变化的影响程度。右图是对现货价格变化的方差分解，显示现货价格变化分别受期货价格及其自身价格变化的影响程度。例如，图3.1.5的右图，LFP线表示博兴现货价格受期货价格变化的影响程度，LBX线表示博兴现货价格受自身价格变化的影响程度。LDL、LHLJ分别表示大连现货和黑龙江哈尔滨现货。其他品种的方差分解图示均类似。

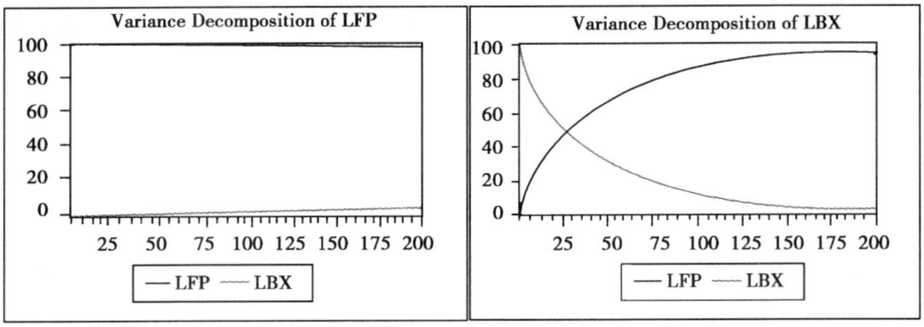

图 3. 1. 5　博兴大豆现货与黄大豆一号期货的方差分解图

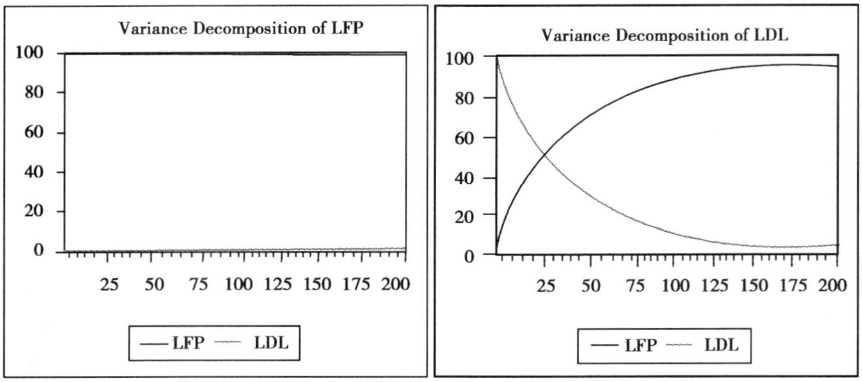

图 3. 1. 6　大连大豆现货与黄大豆一号期货的方差分解图

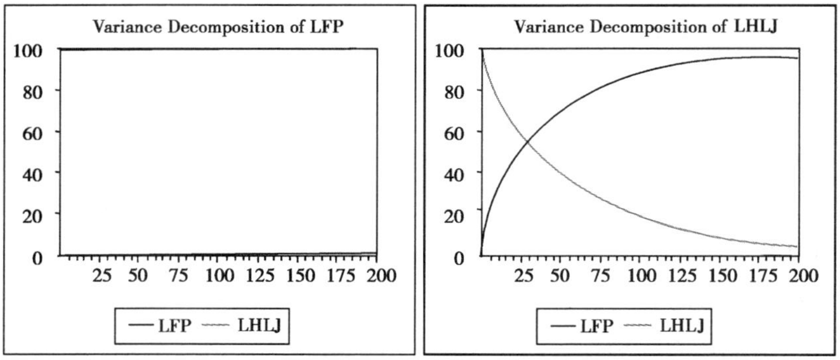

图 3. 1. 7　哈尔滨大豆现货与黄大豆一号期货的方差分解图

a. 博兴大豆现货与大连黄大豆一号期货方差分解结果。

当滞后期为 1 时，博兴现货价格变动仅有 4. 08% 是受期货市场的影响，其余95.92%的变动来自现货市场本身的影响；而黄大豆一号期货价格变动则不受博兴现货的影响，其变动均来自期货市场自身的影响。

滞后期为5（相当于1周），博兴现货价格变动有18.67%受期货市场的影响；而黄大豆一号期货价格变动有0.04%受博兴现货的影响。

滞后期为20（相当于1个月），博兴现货价格变动有39.84%受期货市场的影响；而黄大豆一号期货价格变动有0.25%受博兴现货的影响。

随着滞后期延长，博兴现货价格变动中受期货市场影响的程度逐渐增加，在滞后期为200（相当于10个月）时，影响程度趋于稳定，有94.69%受期货市场的影响；而黄大豆一号期货价格变动有2.81%受博兴现货的影响。

b. 大连大豆现货与黄大豆一号期货方差分解结果。

当滞后期为1时，大连现货价格变动仅有3.72%受期货价格的影响，其余96.28%的变动来自现货市场本身的影响；而黄大豆一号期货价格变动则不受大连现货的影响，其变动均来自期货市场自身的影响。

滞后期为5（相当于1周），大连现货价格变动有14.18%受期货价格的影响；而黄大豆一号期货价格变动有0.01%受大连现货的影响。

滞后期为20（相当于1个月），大连现货价格变动有35.66%受期货市场的影响；而黄大豆一号期货价格变动有0.01%受大连现货的影响。

随着滞后期延长，大连现货价格变动中受期货市场影响的程度逐渐增加，在滞后期为200（相当于10个月）时，影响程度趋于稳定，大连现货价格变动有96.10%受期货市场的影响；而黄大豆一号期货价格变动有0.44%受大连现货的影响。

c. 哈尔滨大豆现货与黄大豆一号期货方差分解结果。

当滞后期为1时，哈尔滨现货价格变动仅有3.83%受期货市场的影响，其余96.17%的变动来自现货市场本身的影响；而黄大豆一号期货价格变动则不受哈尔滨现货的影响，其变动均来自期货市场自身的影响。

滞后期为5（相当于1周），哈尔滨现货价格变动有13.45%受期货市场的影响；而黄大豆一号期货价格变动有0.37%受哈尔滨现货的影响。

滞后期为20（相当于1个月），哈尔滨现货价格变动有33.55%受期货市场的影响；而黄大豆一号期货价格变动有0.28%受哈尔滨现货的影响。

随着滞后期延长，哈尔滨现货价格变动中受期货价格影响的程度逐渐增加，在滞后期为200（相当于10个月）时，影响程度趋于稳定，哈尔滨现货价格变动有95.10%受期货市场的影响；而黄大豆一号期货价格变动有0.54%受哈尔滨现货的影响。

方差分解总体结果显示：黄大豆一号期货价格对三地现货价格变动的影响均要远远大于现货对期货价格变动的影响，滞后期为5（相当于1周），三地现货价格变动平均15.43%左右受期货市场的影响；滞后期为20（相当于1个月），三地现货价格变动平均36.35%左右受期货市场的影响；滞后期为200（相当于10个月），三地现货价格变动平均95.30%左右受期货市场的影响。而现货价格对期货价格的影响微弱，三地现货市场相比，博兴现货对期货影响略大，滞后期为200（相当于10个月）时，期货价格变动也仅有2.81%受博兴现货影响。

B. 最近两年方差分解结果。对最近两年的数据进行的方差分解过程见表3.1.17。

表3.1.17　　黄大豆一号期货与三地现货方差分解结果（最近两年）

品种 / 滞后期	大连期货与博兴现货		大连期货与大连现货		大连期货与哈尔滨现货	
	博兴现货对大连期货的影响	大连期货对博兴现货的影响	大连现货对大连期货的影响	大连期货对大连现货的影响	哈尔滨现货对大连期货的影响	大连期货对哈尔滨现货的影响
1	0	7.889499	0	7.339810	0	6.024809
5	0.014492	25.12270	0.031934	21.72820	0.655887	20.67574
10	0.072580	39.50192	0.205088	36.76479	1.215915	32.35061
15	0.254121	49.70739	0.459324	49.15673	1.583312	42.31215
20	0.496982	57.51153	0.723996	58.58988	1.865050	50.58649
50	1.717979	79.14548	1.773730	81.84940	2.744570	75.36219
100	2.479096	88.17928	2.342633	90.04681	3.181996	86.13401
150	2.755084	91.18902	2.545275	92.61689	3.335276	89.74173
200	2.894856	92.68058	2.648017	93.86542	3.412262	91.53175

方差分解总体结果显示：最近两年，黄大豆一号期货价格对三地现货价格变动的影响均远大于现货对期货价格变动的影响。滞后期为5（相当于1周），现货价格变动平均22.51%受期货市场的影响；滞后期为20（相当于1个月），现货价格变动平均55.56%受期货市场的影响，已经超过了现货自身对自身价格变动的影响比重；滞后期为200（相当于10个月），现货价格变动受期货市场的影响平均为92.69%。而现货对期货影响微弱。三地现货市场相比，哈尔滨现货价格对期货价格的影响略大，滞后期为200（相当于10个月）时，期货价格变动也仅有3.41%受哈尔滨现货的影响。

C. 最近两年与完整序列方差分解结果比较。通过最近两年与完整序列的方差分解结果比较（见表 3. 1. 18、表 3. 1. 19）可以看出，在滞后期为100 之前，最近两年大豆期货价格对三地现货的影响程度存在进一步增强的特点，滞后 100 期之后，这种影响程度略低于完整序列。这表明，最近两年，大豆期货近期价格的变化对大豆现货的变化影响程度进一步增强，体现出大豆期货价格在价格发现中的主导作用进一步提高。

表 3. 1. 18　黄大豆一号期货价格对三地现货价格影响方差分解结果比较

品种 滞后期	大连期货对博兴现货的影响		大连期货对大连现货的影响		大连期货对哈尔滨现货的影响	
	完整序列	最近两年	完整序列	最近两年	完整序列	最近两年
1	4. 0832	7. 889499	3. 71981	7. 339810	3. 83001	6. 024809
5	18. 67175	25. 12270	14. 17748	21. 72820	13. 45126	20. 67574
10	27. 66401	39. 50192	22. 00898	36. 76479	20. 64094	32. 35061
15	34. 06304	49. 70739	28. 94135	49. 15673	27. 14978	42. 31215
20	39. 84385	57. 51153	35. 65595	58. 58988	33. 55039	50. 58649
50	67. 13413	79. 14548	67. 19415	81. 84940	64. 77042	75. 36219
100	87. 21378	88. 17928	87. 91652	90. 04681	86. 26457	86. 13401
150	92. 94031	91. 18902	93. 88228	92. 61689	92. 6432	89. 74173
200	94. 69183	92. 68058	96. 10374	93. 86542	95. 09972	91. 53175

表 3. 1. 19　三地现货价格对黄大豆一号期货价格影响的方差分解结果比较

品种 滞后期	博兴现货对大连期货的影响		大连现货对大连期货的影响		哈尔滨现货对大连期货的影响	
	完整序列	最近两年	完整序列	最近两年	完整序列	最近两年
1	0	0. 000000	0	0. 000000	0	0. 000000
5	0. 03615	0. 014492	0. 00827	0. 031934	0. 36817	0. 655887
10	0. 10133	0. 072580	0. 00644	0. 205088	0. 40335	1. 215915
15	0. 17103	0. 254121	0. 00452	0. 459324	0. 34451	1. 583312
20	0. 24768	0. 496982	0. 00591	0. 723996	0. 2813	1. 865050
50	0. 79248	1. 717979	0. 06646	1. 773730	0. 12241	2. 744570
100	1. 67565	2. 479096	0. 22036	2. 342633	0. 24697	3. 181996
150	2. 33961	2. 755084	0. 33554	2. 545275	0. 41493	3. 335276
200	2. 8066	2. 894856	0. 43515	2. 648017	0. 53919	3. 412262

具体来说，最近两年中，在滞后期为 1 时（1 个交易日），大连期货价格对博兴、大连和哈尔滨三地现货价格的影响程度分别为 7. 89%、7. 34%和 6. 02%；而完整序列中，大连期货价格对三地现货价格的影响程度分别

为4.08%、3.72%和3.83%，显然这种影响程度在最近两年有所增强。

类似地，在滞后期为5时（相当于1周），大连期货价格对博兴、大连和哈尔滨三地现货价格的影响程度分别为25.12%、21.73%和20.68%，而完整序列中，大连期货价格对三地现货价格的影响程度分别为18.67%、14.18%和13.45%，显然这种影响程度在最近两年有所增强。

同样，在滞后期为20时（相当于1个月），大连期货价格对博兴、大连和哈尔滨三地现货价格的影响程度分别为57.51%、58.59%和50.59%，而完整序列中，大连期货价格对三地现货价格的影响程度分别为39.84%、35.66%和33.55%。数据表明，最近两年中，大连期货价格在过去1个月的价格变化对三地现货价格的影响程度均超过了50%，即超过了三地现货历史价格变化对自身价格的影响程度。

此外，在最近两年数据上，哈尔滨、大连两地现货对期货价格的影响程度较完整序列略有提高，博兴现货对期货价格影响程度与完整序列基本相当，在最近两年数据中，哈尔滨现货价格对期货价格的影响程度在三地中最高，而在完整序列上，博兴现货价格对期货价格影响程度在三地中最高。但从绝对数值上看，现货价格对期货价格的总体影响程度仍相对较小，在滞后期为200时，影响程度最高的哈尔滨现货价格对期货价格的影响程度也仅3.41%。

（2）黄大豆二号期货价格发现实证检验结果。

第一，相关性检验。连云港进口大豆现货价格与大商所黄大豆二号期货价格相关系数为0.9868，两者走势具有显著正相关性，表明期、现价格走势具有显著的同方向变化特点。期、现价格走势见图3.1.8。

2004/2005—2007/2008年度各作物年度，连云港进口大豆现货价格与黄大豆二号期货价格的相关系数呈逐渐递增趋势，表明期、现价格同趋势变化的特点日益显著（见表3.1.20）。

表3.1.20　　黄大豆二号各作物年度期、现相关系数变化

作物年度	相关系数	样本数
2004/2005	0.8243	136
2005/2006	0.8841	236
2006/2007	0.9021	170
2007/2008	0.9274	203

说明：黄大豆二号的作物年度为当年的9月1日到次年的8月31日。

第二，ADF平稳性检验。为了进行协整检验，首先对时间序列进行平稳性检验。运用ADF单位根检验，结果见表3.1.21。

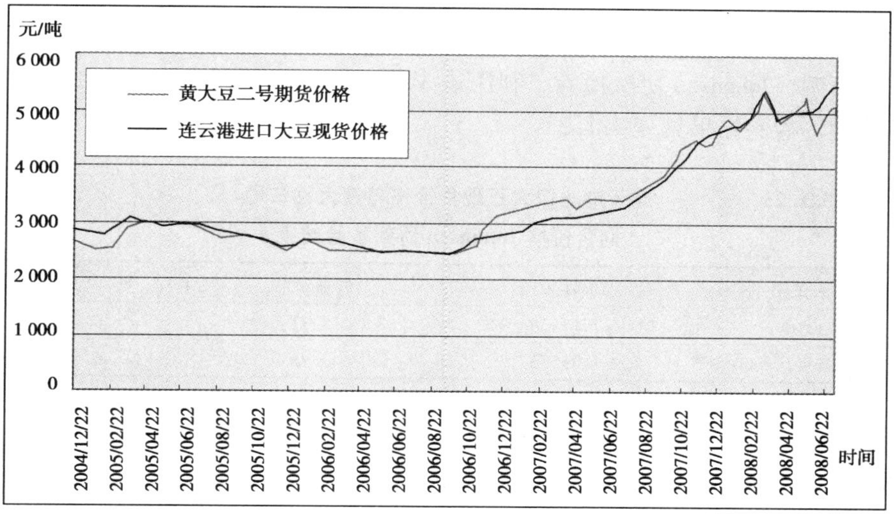

图 3. 1. 8 黄大豆二号期货价格与连云港进口大豆现货价格走势图

表 3. 1. 21 连云港进口大豆现货价格与黄大豆二号期货价格 ADF 检验

序列名称	t 统计值	1% 临界值	5% 临界值	10% 临界值
LNF	1. 299173	-3. 438672	-2. 865103	-2. 568722
DLNF	-10. 96038	-3. 438683	-2. 865108	-2. 568725
LNS	1. 688781	-3. 438785	-2. 865153	-2. 568749
DLNS	-8. 073494	-3. 438785	-2. 865153	-2. 568749

由 ADF 单位根检验结果可知，进口大豆现货和期货价格时间序列均为一阶差分平稳序列，即均符合单整I(1)过程。

第三，建立 VAR 模型。验证时间序列服从一阶单整后，即可对其进行协整关系检验。首先基于 LR、AIS 和 SC 标准确定进行协整检验的 VAR 模型。检验指标值见表 3. 1. 22。

表 3. 1. 22 黄大豆二号 VAR 模型最优滞后期选择指标表

Lag	LogL	LR	FPE	AIC	SC	HQ
0	1 272. 994	NA	0. 000125	-3. 314197	-3. 302091	-3. 309537
1	4 858. 642	7 143. 245	1. 10e-08	-12. 65356	-12. 61725	-12. 63958
2	4 885. 547	53. 45971	1. 03e-08	-12. 71329	-12. 65276 *	-12. 68999
3	4 894. 519	17. 78019	1. 02e-08	-12. 72626	-12. 64152	-12. 69364
4	4 905. 686	22. 07217 *	1. 00e-08 *	-12. 74494 *	-12. 63599	-12. 70301 *

由检验结果得出：除了SC指标外，其余指标均显示是VAR模型最优滞后期为4，因此建立VAR（4）模型，协整检验最优滞后期确定为3。

第四，Johansen协整检验。利用该VAR模型对该两组时间序列进行协整检验，检验结果见表3.1.23。

表3.1.23 连云港进口大豆现货价格与黄大豆二号期货价格Johansen协整检验结果

零假设	迹统计量值	5%临界值	1%临界值
r≤0	17.11438	15.41	20.04
r≤1	1.095737	3.76	6.65

结果显示，在95%的置信水平下，接受原序列存在协整检验的假设，即进口大豆现货价格和黄大豆二号期货价格存在长期均衡关系。但在1%的显著性水平下，存在协整关系的假设不能被接受。

第五，Granger因果检验。Granger因果检验结果见表3.1.24。

表3.1.24 连云港进口大豆现货价格与黄大豆二号期货价格Granger检验结果

现货地点	原假设	F统计量	P值
连云港	现货价格不引导期货价格	2.80953	0.09411
	期货价格不引导现货价格	21.8494	3.5e-06

检验结果显示，原假设“期货价格变动不是引起现货价格变动格兰杰原因”被拒绝，即黄大豆二号期货价格对连云港进口大豆现货价格具有单向Granger引导作用。

第六，方差分解。黄大豆二号期货价格与现货价格的方差分解结果见表3.1.25、图3.1.9。

表3.1.25 黄大豆二号期货价格与连云港进口大豆现货价格影响方差分解

滞后期	大连期货与连云港现货	
	连云港现货对大连期货的影响	大连期货对连云港现货的影响
1	0	9.41984
5	0.16905	32.18914
10	0.38265	41.82135

续表

滞后期	大连期货与连云港现货	
	连云港现货对大连期货的影响	大连期货对连云港现货的影响
15	0.65754	46.79083
20	0.97738	50.54851
50	3.24242	64.59934
100	6.40401	75.18312
150	8.33823	79.87764
200	9.50344	82.34799

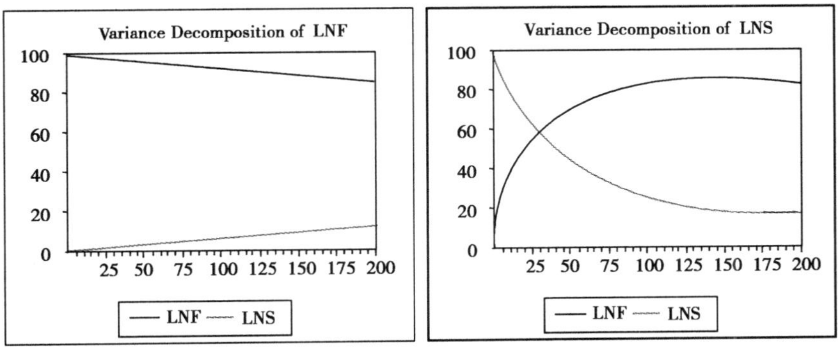

图 3.1.9 黄大豆二号期货价格与连云港进口大豆现货价格方差分解

结果显示，当滞后期为 1 时，连云港现货价格变动有 9.42% 受期货市场影响，其余 90.58% 的变动来自现货市场本身的影响；而黄大豆二号期货价格变动则不受连云港现货影响，其变动均来自期货市场自身的影响。

滞后期为 5（相当于 1 周），连云港现货价格变动有 32.19% 受期货市场的影响；而黄大豆二号期货价格变动有 0.17% 受连云港现货的影响。

滞后期为 20（相当于 1 个月），连云港现货价格变动有 50.55% 受期货市场的影响；而黄大豆二号期货价格变动有 0.98% 受连云港现货的影响。

随着滞后期延长，连云港现货价格变动中受期货市场影响的程度逐渐增加，在滞后期为 200（相当于 10 个月）时，影响程度趋于稳定，连云港现货价格变动有 82.35% 受期货市场的影响；而黄大豆二号期货价格变动有 9.50% 受连云港现货的影响。

（3）豆粕期货价格发现实证分析。

第一，相关性检验。完整序列的豆粕期货价格与张家港、西安两地的现货豆粕价格的相关系数分别为 0.9567 和 0.9645，表明豆粕期货价格与现货价格之间具有高度正相关关系。豆粕期货价格与两地现货价格走势见图 3.1.10、图 3.1.11。

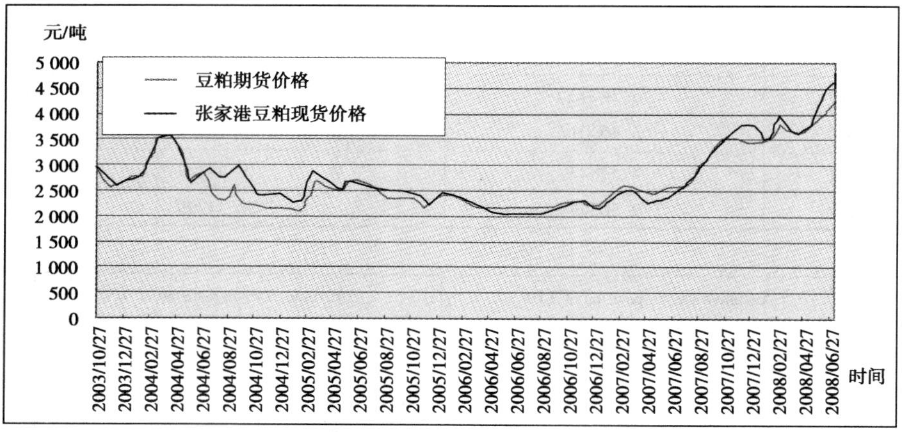

图 3.1.10 豆粕期货价格与张家港豆粕现货价格走势图

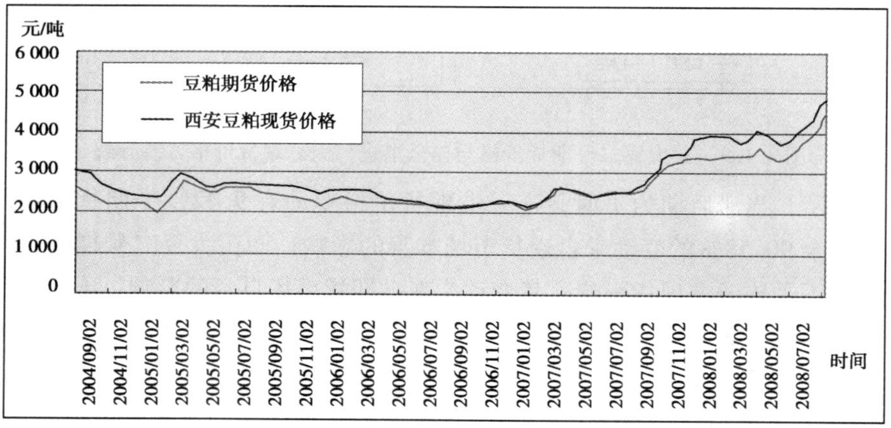

图 3.1.11 豆粕期货价格与西安豆粕现货价格走势图

近两年豆粕期货价格与张家港、西安两地现货豆粕价格的相关系数分别为 0.9662 和 0.9665，体现高度正相关关系。与完整序列的相关系数值相比，最近两年的豆粕期、现价格相关性更高，体现出豆粕期货价格与现货价格变化方向趋同性更为显著。

2003/2004—2007/2008 各年度，西安现货价格与豆粕期货价格的相关系数呈逐年递增（除 2007/2008 年度稍有下降外），表明西安现货价格与期货价格的同趋势变化的特点日益显著。2003/2004—2007/2008 各年度，张家港现货价格与豆粕期货价格的相关系数开始小幅下降之后逐年递增，表明期、现同趋势变化特点在近 3 年逐渐明显（见表 3.1.26）。

表 3.1.26　2003/2004—2007/2008 年度豆粕期、现相关系数变化

作物年度	西安	样本数	张家港	样本数
2003/2004	—	—	0.8136	230
2004/2005	0.6256	263	0.7889	243
2005/2006	0.7012	243	0.7785	243
2006/2007	0.9572	240	0.9519	240
2007/2008	0.9299	185	0.9533	186

说明：年度划分选取与大豆作物年度相同的时间段，即当年 10 月 1 日到次年 9 月 30 日。

第二，ADF 平稳性检验。将完整序列的张家港、西安豆粕现货价格与大商所豆粕期货价格进行单位根检验，结果见表 3.1.27。结果显示：豆粕的期货和现货价格时间序列均是非平稳的。进一步对期货价格序列的一阶差分和现货价格序列的一阶差分进行 ADF 检验，显示期货价格的一阶差分序列和现货价格的一阶差分序列均是平稳的，这说明豆粕期货价格序列和现货价格序列均服从一阶平稳，即I(1)过程，两者均为单整序列。

表 3.1.27　豆粕 ADF 平稳性检验结果（完整序列）

	序列名称	t 统计值	1% 临界值	5% 临界值	10% 临界值
张家港	LNF	-0.208031	-3.435881	-2.863870	-2.568061
	DLNF	-17.34755	-3.435881	-2.863870	-2.568061
	LNS	-0.168370	-3.435937	-2.863895	-2.568075
	DLNS	-11.78113	-3.435937	-2.863895	-2.568075
西　安	LNF	1.136459	-3.437198	-2.864452	-2.568373
	DLNF	-14.52546	-3.437198	-2.864452	-2.568373
	LNS	1.031084	-3.437183	-2.864445	-2.568370
	DLNS	-13.91205	-3.437183	-2.864445	-2.568370

通过上述比较，我们发现豆粕期货价格和张家港、西安的豆粕现货价格均是一阶平稳数列。

对最近两年的数据进行检验（见表 3.1.28），结果与完整序列相同，即期货价格的一阶差分序列和现货价格的一阶差分序列也均是平稳的，这说明豆粕期货价格序列和现货价格序列均服从一阶平稳，即I(1)过程，两者均为单整序列。通过上述比较发现，豆粕期货价格和张家港、西安的豆粕现货价格均是一阶平稳数列。

表 3.1.28　　豆粕 ADF 平稳性检验结果（最近两年）

	序列名称	t 统计值	1% 临界值	5% 临界值	10% 临界值
张家港	LNF	0.312681	-3.44428	-2.86758	-2.57005
	DLNF	-10.8894	-3.44428	-2.86758	-2.57005
	LNS	0.125242	-3.44392	-2.86742	-2.56996
	DLNS	-12.7675	-3.44392	-2.86742	-2.56996
西　安	LNF	0.472087	-3.44378	-2.86735	-2.56993
	DLNF	-11.1873	-3.44378	-2.86735	-2.56993
	LNS	0.428657	-3.44381	-2.86737	-2.56994
	DLNS	-12.4455	-3.44381	-2.86737	-2.56994

第三，建立 VAR 模型。对完整序列的 LNF 和 LNS 序列建立 VAR 模型，对于 VAR 模型滞后期的选择，参考前述方法（见表 3.1.29、表 3.1.30）。

表 3.1.29　　张家港豆粕 VAR 模型选择表（完整序列）

Lag	LogL	LR	FPE	AIC	SC	HQ
0	1 893.949	NA	0.000122	-3.339715	-3.330831	-3.336359
1	6 720.008	9 626.561	2.44e-08	-11.85174	-11.82508	-11.84167
2	6 778.201	115.8718	2.22e-08	-11.94740	-11.90298 *	-11.93062
3	6 790.948	25.33780 *	2.19e-08	-11.96284	-11.90065	-11.93935 *
4	6 795.144	8.323856	2.19e-08 *	-11.96318 *	-11.88323	-11.93298

表 3.1.30　　西安豆粕 VAR 模型选择表（完整序列）

Lag	LogL	LR	FPE	AIC	SC	HQ
0	1 569.892	NA	0.000116	-3.382723	-3.372298	-3.378746
1	5 648.146	8 130.113	1.77e-08	-12.17292	-12.14164	-12.16099
2	5 692.574	88.37613	1.62e-08	-12.26014	-12.20801	-12.24025
3	5 706.991	28.61512	1.59e-08	-12.28261	-12.20964 *	-12.25477 *
4	5 712.758	11.42314 *	1.58e-08 *	-12.28643 *	-12.19260	-12.25063

同样地，对最近两年的数据建立 VAR 模型，对于 VAR 模型滞后期的选择见表 3.1.31、表 3.1.32。

表 3.1.31 张家港豆粕 VAR 模型最优滞后期选择指标表（最近两年）

Lag	LogL	LR	FPE	AIC	SC	HQ
0	841.2836	NA	9.28e-05	-3.60982	-3.59201	-3.60281
1	2 144.114	2 588.85	3.48e-07	-9.19619	-9.14274	-9.17515
2	2 168.933	49.10472	3.18e-07	-9.28573	-9.196658 *	-9.25067
3	2 179.486	20.78843	3.09e-07	-9.31392	-9.18921	-9.264835 *
4	2 186.683	14.11491 *	3.05e-07 *	-9.327669 *	-9.16733	-9.26456

表 3.1.32 西安豆粕 VAR 模型最优滞后期选择指标表（最近两年）

Lag	LogL	LR	FPE	AIC	SC	HQ
0	878.7467	NA	8.95e-05	-3.64552	-3.62815	-3.63869
1	2 229.785	2 685.223	3.31e-07	-9.24651	-9.19442	-9.22603
2	2 262.683	65.1132	2.93e-07	-9.36667	-9.279851 *	-9.33254
3	2 273.409	21.13967	2.85e-07	-9.39463	-9.27309	-9.34686
4	2 283.263	19.33832 *	2.78e-07 *	-9.418972 *	-9.2627	-9.357552 *

对张家港、西安豆粕现货价格分别建立 VAR（4）和 VAR（4）模型，由此确定最后滞后期为 3、3。

第四，Johansen 协整检验。Johansen 协整检验结果见表 3.1.33。

表 3.1.33 豆粕期货和两地现货价格 Johansen 协整检验结果（完整序列）

现货地点	零假设	迹统计量值	5%临界值	1%临界值
张家港	r≤0	13.95828	15.41	20.04
	r≤1	0.470341	3.76	6.65
西　安	r≤0	13.72845	15.41	20.04
	r≤1	0.012583	3.76	6.65

由上述结果可知，在 1% 和 5% 的显著性水平下，迹统计量值都显著小于相应的临界值，反映豆粕期货价格和张家港、西安的现货价格在 1% 和 5% 的显著水平下，长期均衡关系不成立。

同样地，对最近两年的数据进行协整检验。Johansen 协整检验结果见表 3.1.34。

表 3.1.34　豆粕期货和两地现货价格 Johansen 协整检验结果（最近两年）

现货地点	零假设	迹统计量值	5% 临界值	1% 临界值
张家港	r≤0	28.39144	15.41	20.04
	r≤1	0.013142	3.76	6.65
西　安	r≤0	27.78667	15.41	20.04
	r≤1	0.008104	3.76	6.65

结果显示，在 1% 和 5% 的显著性水平下，迹统计量值都显著地大于相应的临界值，这表示豆粕期货价格和张家港、西安的现货价格在 99% 的置信度下存在长期均衡关系。

通过比较可以看出，最近两年的豆粕期货价格与张家港、西安的现货价格之间存在显著的协整关系，而在完整序列下，这种协整关系则不存在。这显示豆粕期货与现货的联系日渐密切，期、现价格逐步建立稳定均衡关系。

第五，Granger 因果检验。由于在完整序列下豆粕期、现货价格间不具有协整关系，因此不能进行因果检验。在此仅对最近两年数据进行因果检验。

对最近两年数据进行因果检验，结果见表 3.1.35。

表 3.1.35　豆粕现货价格和期货价格 Granger 检验结果（最近两年）

现货地点	原假设	F 统计量	P 值
张家港	现货价格不引导期货价格	3.23774	0.02206
	期货价格不引导现货价格	19.3898	7.40e－12
西　安	现货价格不引导期货价格	2.72723	0.04359
	期货价格不引导现货价格	22.248	1.70e－13

由检验结果的 P 值可知，“期货价格不引导现货价格”的原假设都被显著地拒绝，即至少在 99.9% 的置信水平下，豆粕期货价格引导两地的现货价格。而“现货价格不引导期货价格”的假设也被显著地拒绝，即可以认为至少在 99.9% 的置信水平下，豆粕现货价格会引导豆粕期货价格。

由此可见，豆粕期货价格对豆粕现货价格存在双向的 Granger 引导关系，但从 P 值的数值可以发现，期货价格对现货价格的引导作用更为明显。

第六，方差分解。由于在完整序列下豆粕期、现货价格间不具有协整关系，因此不能进行方差分解。在此仅对最近两年数据进行方差分解。

对最近两年的数据进行方差分解结果见表 3.1.36。

表 3.1.36 豆粕期现货价格影响方差分解（最近两年）

品种 滞后期	大连期货与西安现货		大连期货与张家港现货	
	西安现货对大连期货的影响	大连期货对西安现货的影响	张家港现货对大连期货的影响	大连期货对张家港现货的影响
1	0.000000	3.031635	0.000000	4.045962
5	0.195086	27.85949	0.344084	28.45940
10	0.168010	47.38989	0.961879	45.76225
15	0.275242	59.38634	1.773593	56.15856
20	0.401699	67.32280	2.480718	63.11674
50	0.839865	85.24536	4.460656	79.66550
100	1.033110	91.98675	5.248742	86.36174
150	1.098678	94.28732	5.513664	88.72007
200	1.131591	95.44709	5.646341	89.92353

方差分解总体结果显示：最近两年，豆粕期货价格对两地现货价格变动的影响均远大于现货对期货价格变动的影响。

滞后期为5（相当于1周），现货价格变动平均28.16%受期货价格变动的影响。

滞后期为20（相当于1个月），现货价格变动平均65.22%受期货市场的影响，超过现货自身对自身价格变动的影响。

滞后期为200（相当于10个月），现货价格变动平均92.69%受期货市场的影响。

而现货价格对期货影响微弱，两地市场相比，张家港现货价格对期货价格变动的影响显著地大于西安现货价格对期货价格变动的影响，即使如此，滞后期为200（相当于10个月）时，期货价格变动也仅有5.65%受张家港现货价格的影响。

（4）豆油期货价格发现实证分析。

第一，相关性检验。大商所豆油期货价格与张家港现货豆油价格相关程度达0.9880，与天津现货豆油价格相关程度达0.9885，体现高度正相关关系。豆油期、现价格走势分别见图3.1.12、图3.1.13。

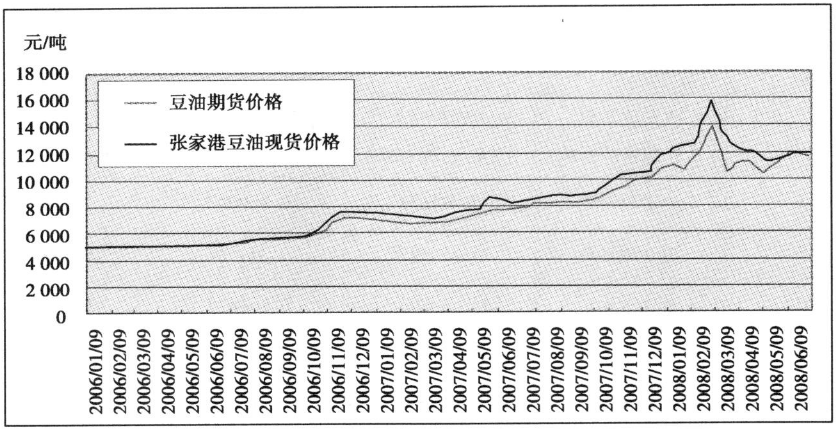

图 3.1.12　豆油期货价格与张家港现货价格走势图

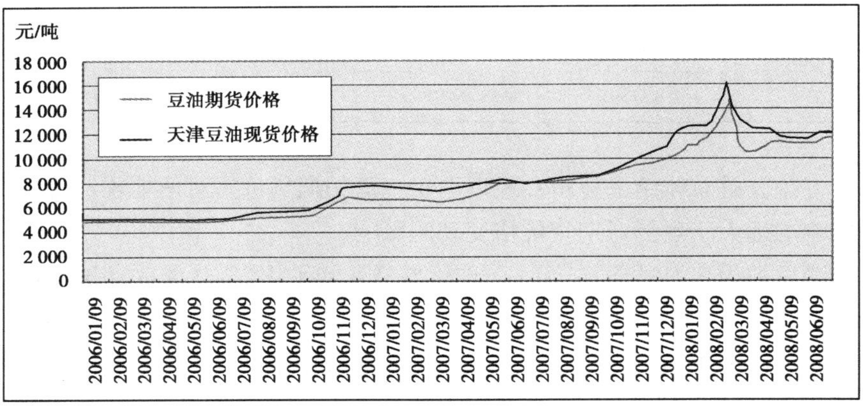

图 3.1.13　豆油期货价格与天津现货价格走势图

第二，ADF 平稳性检验。分别对张家港、天津两地现货豆油价格与豆油期货价格进行 ADF 单位根检验，检验结果见表 3.1.37。

表 3.1.37　　豆油期现货 ADF 检验表

	序列名称	t 统计值	1% 临界值	5% 临界值	10% 临界值
期　货	LNF	-0.335098	-3.441573	-2.866383	-2.569409
	DLNF	-7.475341	-3.44157	-2.866383	-2.569409
张家港	LNS	-0.815394	-3.441357	-2.866287	-2.56936
	DLNS	-8.850168	-3.44136	-2.86629	-2.56936
天　津	LNS	-0.833894	-3.44132	-2.86627	-2.56935
	DLNS	-18.48978	-3.44132	-2.86627	-2.56935

由表 3.1.37 检验结果可知，豆油期货和现货时间序列均为非平稳序列，而其一阶差分序列均服从平稳过程。因此，豆油期货价格和天津、张家港豆油现货价格均是一阶平稳数列，服从单整过程。

第三，建立 VAR 模型。对 LNF 和 LNS 序列建立 VAR 模型，对于 VAR 模型滞后期的选择，参考前述方法（见表 3.1.38、表 3.1.39）。

表 3.1.38　天津豆油 VAR 模型最优滞后期选择指标表

Lag	LogL	LR	FPE	AIC	SC	HQ
0	925.7815	NA	0.000142	-3.185453	-3.170408	-3.179588
1	3 363.999	4 851.212	3.21e-08	-11.57931	-11.53417	-11.56171
2	3 404.058	79.42735	2.83e-08 *	-11.70365 *	-11.62842 *	-11.67432 *
3	3 406.337	4.503172	2.85e-08	-11.69771	-11.59240	-11.65666
4	3 411.538	10.24034 *	2.84e-08	-11.70185	-11.56645	-11.64906

表 3.1.39　张家港豆油 VAR 模型最优滞后期选择指标表

Lag	LogL	LR	FPE	AIC	SC	HQ
0	928.4540	NA	0.000144	-3.167364	-3.152418	-3.161539
1	3 444.302	5 005.892	2.69e-08	-11.75488	-11.71004	-11.73740
2	3 499.114	108.6882	2.26e-08	-11.92860	-11.85387 *	-11.89947 *
3	3 501.519	4.752378	2.27e-08	-11.92314	-11.81852	-11.88237
4	3 507.261	11.30660 *	2.26e-08 *	-11.92910 *	-11.79459	-11.87667

对于天津现货，只有 LR 指标选择 4 为滞后期，其余四个指标都选择 2 作为滞后期，因此对于天津现货价格，选择 VAR（2）模型。同理，对于张家港现货选择 VAR（4）模型。对应协整检验最优滞后期分别确定为 1 和 3。

第四，Johansen 协整检验。确认天津、张家港豆油现货价格和豆油期货价格服从一阶单整序列后，进一步运用 Johansen 协整方法进行期货价格与现货价格的长期均衡关系检验。检验结果见表 3.1.40。

表 3.1.40　豆油期货价格与现货价格 Johansen 协整检验结果

现货地点	零假设	迹统计量值	5%临界值	1%临界值
天　津	r≤0	21.27544	15.41	20.04
	r≤1	0.583913	3.76	6.65
张家港	r≤0	17.80249	15.41	20.04
	r≤1	0.287342	3.76	6.65

由上述结果可知，在5%的显著性水平下，天津和张家港豆油现货价格迹统计量值都显著大于相应的临界值，反映了天津、张家港豆油现货和豆油期货序列的协整关系成立，即豆油期货价格对现货价格存在长期均衡关系。

第五，Granger因果检验。表3.1.41是天津豆油现货价格与豆油期货价格、张家港豆油现货价格与豆油期货价格进行格兰杰因果检验的结果。

表3.1.41　　豆油现货价格与大商所豆油期货价格Granger因果检验

现货地点	原假设	F统计量	P值
天津	现货价格不引导期货价格	0.20326	0.65227
	期货价格不引导现货价格	30.3258	5.5e-08
张家港	现货价格不引导期货价格	0.00158	0.96830
	期货价格不引导现货价格	34.6495	6.7e-09

由检验结果的P值可知，“期货价格不引导现货价格”的原假设都被显著拒绝，即至少在99.9%的置信水平下，豆油期货价格引导天津、张家港两地豆油的现货价格；而“现货价格不引导期货价格”的假设被显著地接受，即豆油期货价格对我国豆油现货价格存在单向的Granger引导关系。

第六，方差分解。按照不同滞后期对大连豆油期货分别与天津、张家港豆油现货之间进行方差分解，结果见表3.1.42，图3.1.14、图3.1.15。

表3.1.42　　豆油期、现货价格影响方差分解

品种 滞后期	大连期货与天津现货		大连期货与张家港现货	
	天津期货对大连期货的影响	大连期货对天津现货的影响	张家港期货对大连期货的影响	大连期货对张家港现货的影响
1	0	11.44786	0	13.43866
5	0.73423	36.50304	0.38991	48.29792
10	0.91252	47.94867	0.31152	59.92126
15	0.99126	56.53409	0.3587	65.88125
20	1.04153	63.22075	0.43534	70.18433
50	1.17464	82.01675	0.91238	83.20187
100	1.23696	89.83868	1.34001	89.8809
150	1.2586	92.38919	1.52335	92.25764
200	1.2693	93.6271	1.61772	93.43104

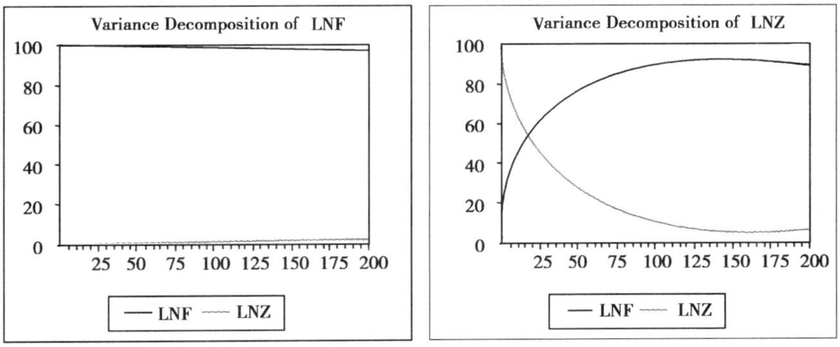

图 3. 1. 14 张家港豆油现货与大连豆油期货方差分解图

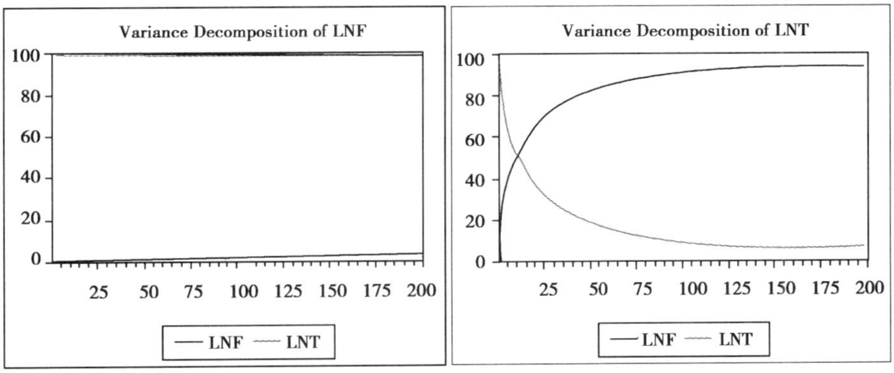

图 3. 1. 15 天津豆油现货与豆油期货价格方差分解图

A. 天津现货与豆油期货方差分解结果。

当滞后期为 1 时，天津现货价格变动有 11. 45% 受期货市场的影响，其余 88. 55% 的变动来自现货市场本身的影响；而豆油期货价格变动则不受天津现货的影响，其变动均来自期货市场自身的影响。

滞后期为 5（相当于 1 周），天津现货价格变动有 36. 50% 受期货市场的影响；而豆油期货价格变动有 0. 73% 受天津现货的影响。

滞后期为 20（相当于 1 个月），天津现货价格变动有 63. 22% 受期货市场的影响；而豆油期货价格变动有 1. 04% 受天津现货的影响。

随着滞后期延长，天津现货价格变动中受期货市场影响的程度逐渐增加，在滞后期为 200（相当于 10 个月）时，影响程度趋于稳定，天津现货价格变动有 93. 63% 受期货市场的影响；而豆油期货价格变动有 1. 27% 受天津现货的影响。

B. 张家港现货与豆油期货方差分解结果。

当滞后期为1时，张家港现货价格变动有13.44%受期货市场的影响，其余86.56%的变动来自现货市场本身的影响；相反，豆油期货价格变动则不受张家港现货的影响，其变动均来自期货市场自身的影响。

滞后期为5（相当于1周），张家港现货价格变动有48.30%受期货市场的影响；而豆油期货价格变动有0.39%受张家港现货的影响。

滞后期为20（相当于1个月），张家港现货价格变动有70.18%受期货市场的影响；而豆油期货价格变动有0.44%受张家港现货的影响。

随着滞后期延长，张家港现货价格变动中受期货市场影响的程度逐渐增加，在滞后期为200（相当于10个月）时，影响程度趋于稳定，张家港现货价格变动有93.43%受期货市场的影响；豆油期货价格变动有1.62%受张家港现货的影响。

方差分解总体结果显示，豆油期货价格对两地现货价格变动的影响均要远远大于现货对期货价格变动的影响，滞后期为5（相当于1周），现货价格变动平均有42.40%受期货市场的影响；滞后期为20（相当于1个月），现货价格变动平均有66.70%受期货市场的影响；滞后期为200（相当于10个月），现货价格变动平均有93.53%受期货市场的影响。现货对期货的影响微乎其微，两地现货市场相比，天津短期内对期货的影响略大，长期内张家港对期货的影响略大，滞后期为200（相当于10个月）时，期货价格变动有1.62%受张家港现货的影响。

（5）玉米期货价格发现实证分析。

第一，相关性检验。完整序列的玉米期货价格和白城、大连玉米现货价格的相关系数分别为0.9647和0.9721，表明期货价格与各地现货价格保持高度正相关性，期、现价格变动方向具有高度一致性。期、现价格走势见图3.1.16、图3.1.17。

对最近两年数据进行相关性分析，玉米期货价格和白城、大连玉米现货价格的相关系数分别为0.9113和0.9431。与完整序列相比，最近两年玉米期、现价格相关性略有降低，但相关程度仍属高度正相关。

2004/2005—2007/2008各作物年度，两地的现货价格与玉米期货价格的相关系数呈逐年递增，表明期、现价格同趋势变化的特点日益显著（见表3.1.43）。

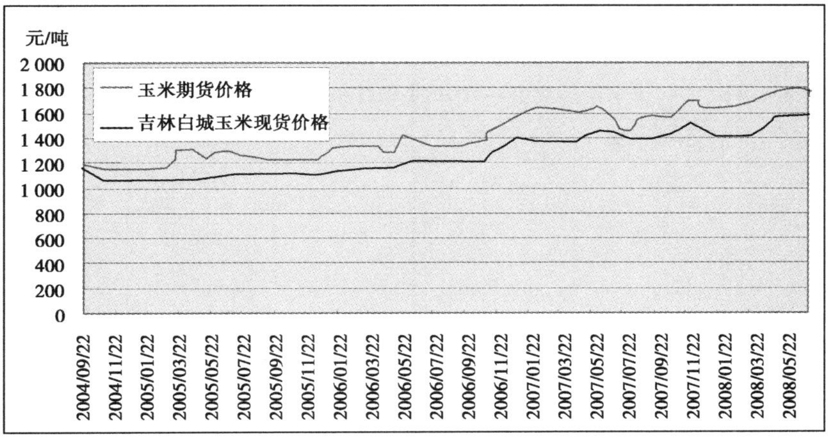

图 3.1.16　玉米期货价格与吉林白城玉米现货价格走势图

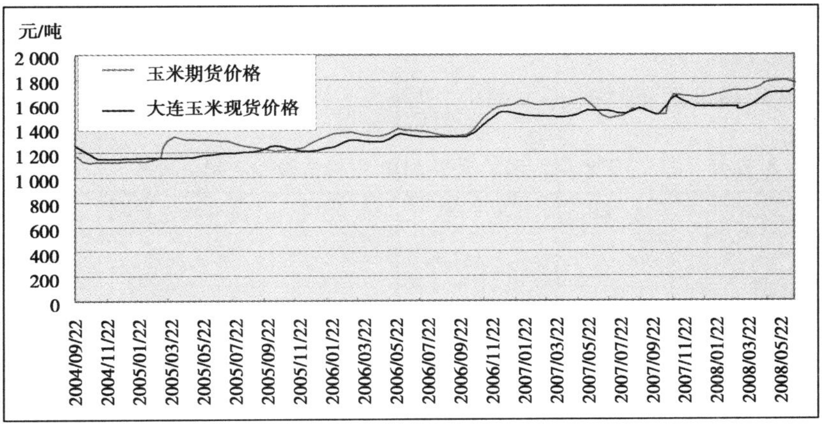

图 3.1.17　玉米期货价格与大连玉米现货价格走势图

表 3.1.43　2004/2005—2007/2008 玉米各作物年度期、现相关系数变化

作物年度	大连	白城	样本数
2004/2005	0.5268	0.5351	250
2005/2006	0.7322	0.7773	243
2006/2007	0.7536	0.7951	242
2007/2008	0.7836	0.8185	186

说明：玉米的作物年度为当年 10 月 1 日到次年 9 月 30 日。

第二，ADF平稳性检验。分别将完整序列的白城玉米现货价格、大连玉米现货价格与大商所玉米期货价格进行ADF单位根检验。检验结果见表3.1.44。

表3.1.44　玉米期现货价格ADF平稳性检验（完整序列）

	序列名称	t统计值	1%临界值	5%临界值	10%临界值
期　货	LNF	-0.55234	-3.43721	-2.86446	-2.56838
	DLNF	-34.4325	-3.43721	-2.86446	-2.56838
白　城	LNS	-0.55863	-3.43729	-2.86449	-2.5684
	DLNS	-6.35965	-3.43729	-2.86449	-2.5684
大　连	LNS	-0.45857	-3.43728	-2.86449	-2.56839
	DLNS	-7.12866	-3.43728	-2.86449	-2.56839

由检验结果可知，LNF、LNS均不是平稳序列，但其一阶差分构成平稳序列，这表明玉米期货、大连玉米现货和张家港玉米现货价格均服从一阶差分平稳过程，即I(1)过程。

使用最近两年数据进行ADF检验，结果见表3.1.45。

表3.1.45　玉米期、现货价格ADF平稳性检验（最近两年）

	序列名称	t统计值	1%临界值	5%临界值	10%临界值
期　货	LNF	-1.46438	-3.44358	-2.86727	-2.56988
	DLNF	-25.7936	-3.44358	-2.86727	-2.56988
大　连	LNS	-1.83489	-3.44389	-2.86741	-2.56996
	DLNS	-4.84681	-3.44389	-2.86741	-2.56996
白　城	LNS	-1.40569	-3.44369	-2.86732	-2.56991
	DLNS	-5.91202	-3.44369	-2.86732	-2.56991

由检验结果可知，LNF、LNS的原始数据都不是平稳序列，但其一阶差分构成平稳序列，这表明玉米期货、大连玉米现货和白城玉米现货价格均服从一阶差分平稳过程，即I(1)过程。

第三，建立VAR模型。使用完整序列对期货和现货价格序列建立VAR模型，并得到最优滞后期选择指标（见表3.1.46、表3.1.47）。

表 3.1.46 白城玉米现货 VAR 模型最优滞后期选择指标表（完整序列）

Lag	LogL	LR	FPE	AIC	SC	HQ
0	2 336.255	NA	2.16e-05	-5.068957	-5.058478	-5.064959
1	6 901.631	9 101.01	1.08e-09	-14.97423	-14.94279 *	-14.96223
2	6 910.63	17.89975	1.06e-09	-14.98508	-14.93269	-14.96509 *
3	6 914.679	8.03798	1.06e-09	-14.98519	-14.91184	-14.9572
4	6 922.159	14.81274 *	1.06e-09 *	-14.99274 *	-14.89844	-14.95676

表 3.1.47 大连玉米现货 VAR 模型最优滞后期选择指标表（完整序列）

Lag	LogL	LR	FPE	AIC	SC	HQ
0	2 459.543	NA	1.65e-05	-5.336683	-5.326204	-5.332685
1	6 849.87	8 752.053	1.20e-09	-14.86182	-14.83039	-14.84983
2	6 875.039	50.06416 *	1.15e-09 *	-14.90779 *	-14.85540 *	-14.88780 *
3	6 878.72	7.306508	1.15e-09	-14.9071	-14.83375	-14.87911
4	6 882.776	8.033804	1.15e-09	-14.90722	-14.81291	-14.87124

由以上结果可知，对于白城玉米现货，有三项指标选择 4 作为滞后期，因此对白城现货价格选择 VAR（4）模型，协整检验最优滞后期确定为 3。而对大连玉米现货，五项指标均选择 2 做最佳滞后期，因此对大连玉米现货建立 VAR（2）模型，对应协整检验最优滞后期为 1。

使用最近两年数据对期货和现货价格序列建立 VAR 模型，并得到最优滞后期选择指标（见表 3.1.48、表 3.1.49）。

表 3.1.48 大连玉米现货 VAR 模型最优滞后期选择指标表（最近两年）

Lag	LogL	LR	FPE	AIC	SC	HQ
0	1 667.515	NA	3.52e-06	-6.88229	-6.86501	-6.8755
1	3 548.21	3 738.076	1.51e-09	-14.6372	-14.5854	-14.6169
2	3 572.796	48.66427 *	1.38e-09 *	-14.72230 *	-14.63589 *	-14.68834 *
3	3 575.561	5.449695	1.39e-09	-14.7172	-14.5962	-14.6697
4	3 577.32	3.452216	1.40e-09	-14.7079	-14.5524	-14.6468

表 3.1.49　白城玉米现货 VAR 模型最优滞后期选择指标表（最近两年）

Lag	LogL	LR	FPE	AIC	SC	HQ
0	1 561.747	NA	5.44e－06	－6.44524	－6.42796	－6.438447
1	3 572.583	3 996.743	1.36e－09	－14.738	－14.68610 *	－14.71757
2	3 579.578	13.84602	1.35e－09	－14.7503	－14.6639	－14.71637
3	3 584.584	9.866689	1.34e－09	－14.7545	－14.6335	－14.70694
4	3 594.694	19.84393 *	1.31e－09 *	－14.77973 *	－14.6242	－14.71861 *

由表 3.1.50 和表 3.1.51 可知，对于大连玉米现货，五项指标均选择 2 作为滞后期，因此对于大连现货价格，选择 VAR（2）模型，对应协整检验最优滞后期为 1。而对于白城玉米现货，五项指标中有四项指向 4 作为最优滞后期，所以对于白城玉米进行协整检验需建立 VAR（4）模型，而检验最优滞后期为 3。

第四，Johansen 协整检验。从检验不存在协整关系这个零假设开始逐步展开，得到具体的 Johansen 协整检验结果（见表 3.1.50）。

表 3.1.50　玉米期、现货 Johansen 协整检验结果（完整序列）

现货地点	零假设	迹统计量值	5% 临界值	1% 临界值
白　城	r≤0	24.85807	15.41	20.04
	r≤1	0.140629	3.76	6.65
大　连	r≤0	22.44325	15.41	20.04
	r≤1	0.009217	3.76	6.65

根据检验结果可知，在 1% 和 5% 的显著性水平下，LNF 与 LNSB、LNSD 的协整关系均成立。这意味着大连玉米期货价格和大连当地玉米现货以及白城玉米现货价格长期均衡关系均成立，即玉米期货价格对现货价格存在良好的长期稳定关系。

之后使用最近两年数据进行协整检验，由于对白城和大连的玉米现货价格分别选择了 VAR（4）和 VAR（2）模型，所以协整检验的最优滞后期分别为 3 和 1，进一步确定常数项约束在协整空间内且协整方程有截距的模型作为最适合的协整检验模型。从检验不存在协整关系这个零假设开始逐步展开，得到具体的 Johansen 协整检验结果（见表 3. 1. 51）。

表 3. 1. 51　　玉米期现货 Johansen 协整检验结果（最近两年）

现货地点	零假设	迹统计量值	5% 临界值	1% 临界值
白　城	r≤0	9. 793926	15. 41	20. 04
	r≤1	2. 123491	3. 76	6. 65
大　连	r≤0	12. 8685	15. 41	20. 04
	r≤1	1. 377808	3. 76	6. 65

根据检验结果可知，在 1% 和 5% 的显著性水平下，LNF 与 LNBC、LNDL 的协整关系均不成立。

通过比较可以看出，从完整序列来看，玉米期货与现货价格之间保持长期均衡关系，但从最近两年数据来看，则不存在长期均衡关系。

第五，Granger 因果检验。对完整序列进行期、现价格间的格兰杰因果检验，结果见表 3. 1. 52。

表 3. 1. 52　　玉米期现货价格 Granger 检验结果（完整序列）

现货地点	原假设	F 统计量	P 值
白　城	现货价格不引导期货价格	1. 79757	0. 14601
	期货价格不引导现货价格	12. 7894	3. 40e－08
大　连	现货价格不引导期货价格	3. 43969	0. 06397
	期货价格不引导现货价格	22. 4153	2. 50e－06

由检验结果的 P 值可知，“期货价格不引导现货价格”的原假设都被显著地拒绝，即至少在 99. 9% 的置信水平下，玉米期货价格引导大连和白城两地玉米的现货价格；而“现货价格不引导期货价格”的假设被显著地接受。综上所述，可以发现，玉米期货价格对我国玉米现货价格存在单向的 Granger 引导关系。

第六，方差分解。对完整序列的期、现价格进行方差分解，结果见表 3. 1. 53、图 3. 1. 18、图 3. 1. 19。

表 3.1.53　　玉米期现货价格影响方差分解（完整序列）

滞后期＼品种	大连期货与白城现货		大连期货与大连现货	
	白城现货对大连期货的影响	大连期货对白城现货价格的影响	大连现货对大连期货的影响	大连期货对大连现货价格的影响
1	0	1. 9816	0	2. 56903
5	0. 02204	6. 60446	2. 21965	8. 38056
10	0. 04924	12. 18278	3. 94308	13. 19526
15	0. 08305	18. 5772	4. 80044	18. 63037
20	0. 1221	25. 31557	5. 40351	22. 18945
50	0. 40239	58. 14794	7. 68008	44. 273
100	0. 8173	79. 90673	9. 77198	62. 71631
150	1. 08904	87. 09493	10. 89659	70. 45894
200	1. 26097	90. 29595	11. 55504	74. 34434

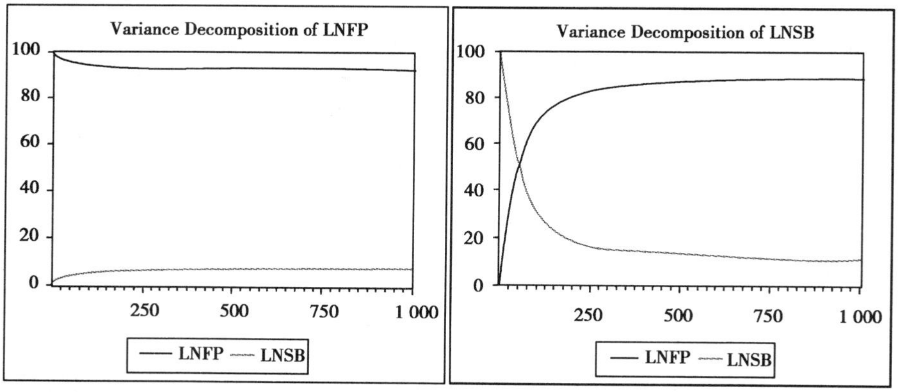

图 3.1.18　白城玉米现货与期货方差分解图

A. 白城现货与玉米期货方差分解结果。

当滞后期为 1 时，白城现货价格变动有 1.98% 受期货市场的影响，其余 98.02% 的变动来自现货市场本身的影响；而玉米期货价格变动则不受白城现货的影响，其变动均来自期货市场自身的影响。

滞后期为 5（相当于 1 周），白城现货价格变动有 6.60% 受期货市场的影响；而玉米期货价格变动有 0.02% 受白城现货的影响。

滞后期为 20（相当于 1 个月），白城现货价格变动有 25.32% 受期货市

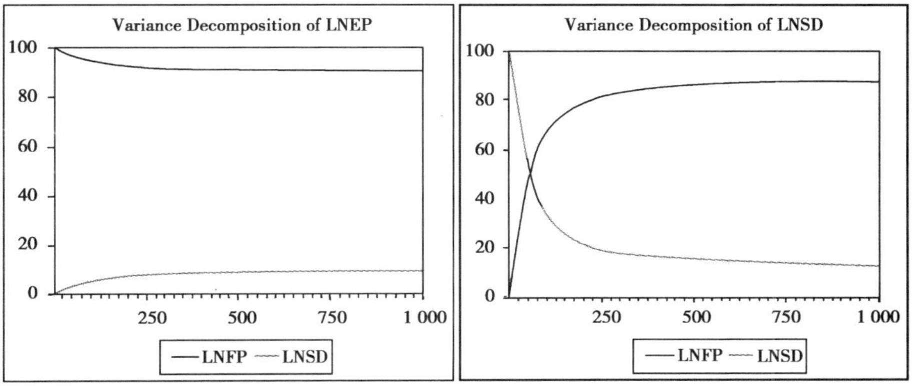

图 3.1.19　大连玉米现货与期货方差分解图

场的影响；而玉米期货价格变动有 0.12% 受白城现货的影响。

随着滞后期延长，白城现货价格变动受期货市场影响的程度逐渐增加，在滞后期为 200（相当于 10 个月）时，影响程度趋于稳定，白城现货价格变动有 90.30% 受期货市场的影响；而玉米期货价格变动有 1.26% 受白城现货的影响。

B. 大连现货与玉米期货方差分解结果。

当滞后期为 1 时，大连现货价格变动有 2.57% 受期货市场的影响，其余 97.43% 的变动来自现货市场本身的影响；而玉米期货价格变动则不受大连现货的影响，其变动均来自期货市场自身的影响。

滞后期为 5（相当于 1 周），大连现货价格变动有 8.38% 受期货市场的影响；而玉米期货价格变动有 2.22% 受大连现货的影响。

滞后期为 20（相当于 1 个月），大连现货价格变动有 22.19% 受期货市场的影响；而玉米期货价格变动有 5.40% 受大连现货的影响。

随着滞后期延长，大连现货价格变动受期货市场影响的程度逐渐增加，在滞后期为 200（相当于 10 个月）时，影响程度趋于稳定，大连现货价格变动有 74.34% 受期货市场的影响；而玉米期货价格变动有 11.56% 受大连现货的影响。

方差分解总体结果显示：玉米期货价格对两地现货价格变动的影响整体大于现货价格对期货价格变动的影响，但在短期内，期货对现货影响的程度明显低于其他品种。长期中，大连现货受期货影响的程度低于白城玉米受期货影响的程度。滞后期为 5（相当于 1 周），现货价格变动平均有 7.49% 受期货市场的影响；滞后期为 20（相当于 1 个月），现货价格变动平均有

23.76%受期货市场的影响；滞后期为200（相当于10个月），现货价格变动平均有82.32%受期货市场的影响。现货对期货影响小，但影响程度上要明显高于其他品种。两地现货市场相比，大连现货价格对期货的影响明显大于白城现货对期货的影响。滞后期为200（相当于10个月）时，期货价格变动有11.56%受大连现货的影响。

（6）棕榈油期货价格发现实证分析。

第一，相关性检验。张家港棕榈油现货价格和大商所棕榈油期货价格的相关系数为0.9739，表明两者呈高度正相关关系。期、现价格走势见图3.1.20。

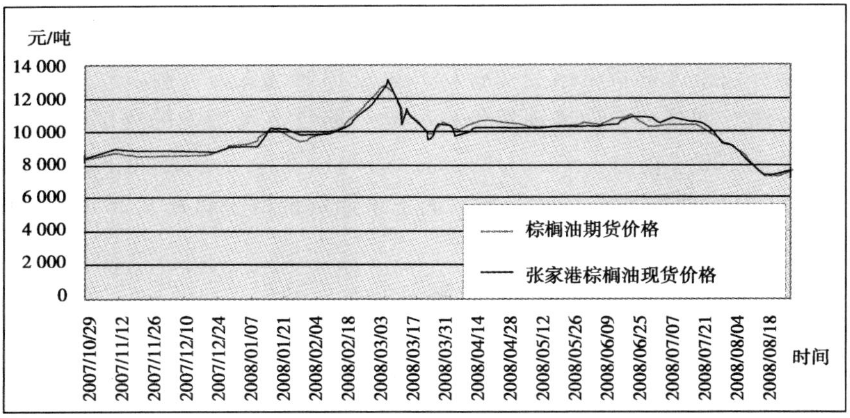

图3.1.20 棕榈油期货价格与张家港棕榈油现货价格走势图

第二，ADF平稳性检验。运用ADF单位根检验，结果见表3.1.54。

表3.1.54 棕榈油期、现货价格ADF平稳性检验

序列名称	t统计值	1%临界值	5%临界值	10%临界值
LNF	-1.791015	-3.464827	-2.876595	-2.574874
DLNF	-8.006362	-3.464827	-2.876595	-2.574874
LNS	-1.074468	-3.463749	-2.876123	-2.574622
DLNS	-8.235394	-3.463749	-2.876123	-2.574622

由表3.1.54可知，棕榈油期货价格和张家港棕榈油现货价格在样本区间内均为非平稳序列，但两者的一阶差分序列满足平稳性要求，因此可以认定棕榈油期货和现货价格服从一阶单整过程。

第三，建立 VAR 模型。对满足一阶单整过程的期货价格和现货价格走势运用 Johansen 协整检验方法，首先需要建立协整检验的 VAR 模型，并确定该模型的最优滞后期。检验指标值见表 3.1.55。

表 3.1.55　　棕榈油 VAR 模型最优滞后期选择指标表

Lag	LogL	LR	FPE	AIC	SC	HQ
0	608.0778	NA	7.07e-06	-6.184467	-6.151017	-6.170925
1	1 019.912	811.0606	1.10e-07	-10.34604	-10.24569	-10.30541
2	1 037.215	33.72303	9.61e-08	-10.48178	-10.31453 *	-10.41407
3	1 043.516	12.15277	9.39e-08	-10.50527	-10.27111	-10.41047
4	1 051.248	14.75481 *	9.04e-08 *	-10.54335 *	-10.24230	-10.42147 *

从上述各指标看，除了 SC 指标之外，其他四项指标均指向滞后期为 4，因此对棕榈油协整检验建立 VAR（4）模型，且协整检验的最优滞后期为 3。

第四，Johansen 协整检验。利用该 VAR 模型对该两组时间序列进行协整检验，检验结果见表 3.1.56。

表 3.1.56　　棕榈油期现货 Johansen 协整检验结果

零假设	迹统计量值	5% 临界值	1% 临界值
r≤0	16.84316	15.41	20.04
r≤1	1.798376	3.76	6.65

由表 3.1.56 可知，迹统计量值大于 95% 置信水平的临界值，但小于 99% 置信水平的临界值。这表明，在 95% 的置信水平下，棕榈油期货价格和张家港棕榈油现货价格之间存在长期均衡关系，但在 99% 置信水平下，这种长期均衡关系不存在，即棕榈油期货和现货市场存在较弱的协整关系。

第五，Granger 因果检验。为研究期货价格与现货价格之间的相互引导关系，确立 Granger 因果检验模型，检验结果见表 3.1.57。

表 3.1.57　　棕榈油期现货 Granger 因果检验结果

现货地点	原假设	F 统计量	P 值
张家港	现货价格不引导期货价格	2.53707	0.05802
	期货价格不引导现货价格	17.9369	2.7e-10

由上述检验结果可知，原假设“现货价格不引导期货价格”被接受，但“期货价格不引导现货价格”的假设被拒绝。这表明，期货价格对现货价格存在单向的 Granger 引导关系。

第六，方差分解。在已知棕榈油期货价格对现货价格存在 Granger 引导关系之后，再利用方差分解具体分析这一影响的大小。方差分解结果见表 3.1.58、图 3.1.21。

表 3.1.58　　棕榈油期现货价格影响方差分解

品种 / 滞后期	大连期货与张家港现货棕榈油	
	张家港现货对大连期货的影响	大连期货对张家港现货的影响
1	0.000000	35.15630
5	0.865628	77.86311
10	1.350993	87.56566
15	2.732269	90.25035
20	3.992804	90.78360
50	6.940899	89.93939
100	7.478879	89.66277
150	7.516177	89.64344
200	7.518987	89.64198

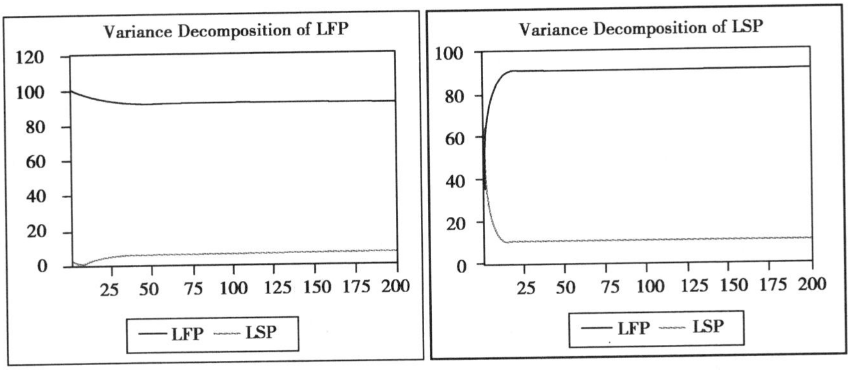

图 3.1.21　棕榈油期货现货方差分解图

当滞后期为 1 时，张家港现货价格变动有 35.15% 受期货市场的影响，其余 64.85% 的变动来自现货市场本身的影响；而棕榈油期货价格变动则不受张家港现货的影响，其变动均来自期货市场自身的影响。

滞后期为 5（相当于 1 周），张家港现货价格变动已经有 77.86% 受期货市场的影响；而棕榈油期货价格变动有0.87%受张家港现货的影响。

滞后期为20（相当于1个月），张家港现货价格变动有高达90.78%的比重受期货市场的影响；而棕榈油期货价格变动有3.99%受张家港现货的影响。

随着滞后期延长，张家港现货价格变动中受期货市场影响的程度在滞后期为20后稍有减少，在滞后期为200（相当于10个月）时，影响程度趋于稳定，张家港现货价格变动有89.64%受期货市场的影响；而棕榈油期货价格变动中由现货价格影响部分逐步上升，但长期内棕榈油期货价格变动受张家港现货影响的部分基本稳定于7.52%左右的水平。

（7）LLDPE期货价格发现实证分析。

第一，相关性检验。扬子石化LLDPE现货价格和大商所LLDPE期货相关系数为0.8767，虽然该数值低于其他品种期、现货价格的相关性，但仍属显著正相关，表明期、现价格变化方向呈现较高的一致性。LLDPE期、现价格走势见图3.1.22。

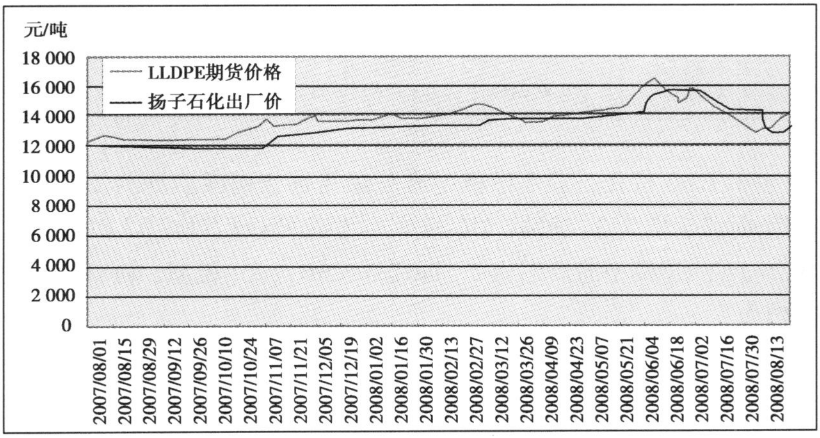

图3.1.22 LLDPE期货价格与扬子石化出厂价走势图

第二，ADF平稳性检验。运用ADF单位根检验，结果见表3.1.59。

表3.1.59 LLDPE期、现货价格ADF平稳性检验结果

序列名称	t统计值	1%临界值	5%临界值	10%临界值
LNF	-1.68125	-3.45569	-2.87259	-2.57273
DLNF	-15.9453	-3.45579	-2.87263	-2.57275
LNS	-1.63145	-3.45599	-2.87272	-2.5728
DLNS	-6.40317	-3.45599	-2.87272	-2.5728

由表3.1.59可知，LLDPE期货价格和扬子石化LLDPE现货价格在样本区间内均为非平稳序列，但两者的一阶差分序列满足平稳性要求，因此可以认定，LLDPE期货和现货价格服从一阶单整过程。

第三，建立VAR模型。对满足一阶单整过程的期货价格和现货价格走势运用Johansen协整检验方法，首先需要建立协整检验的VAR模型，并确定该模型的最优滞后期。由Eviews软件计算得出检验指标值见表3.1.60。

表3.1.60　　LLDPE的VAR模型最优滞后期选择指标表

Lag	LogL	LR	FPE	AIC	SC	HQ
0	793.2893	NA	6.75e-06	-6.230624	-6.202771	-6.219419
1	1 658.102	1 709.196 *	7.68e-09	-13.00867	-12.92512 *	-12.97506 *
2	1 662.241	8.116414	7.67e-09 *	-13.00977 *	-12.87051	-12.95375
3	1 664.700	4.781403	7.77e-09	-12.99764	-12.80266	-12.91920
4	1 669.415	9.096445	7.72e-09	-13.00327	-12.75259	-12.90242

由表3.1.60可知，五项指标中有三项指标指向滞后期为1，而AIC和FPE则指向滞后期为2。根据AIC准则，本部分最后确定LLDPE期、现货协整检验的VAR模型滞后期为2，即建立VAR（2）模型，协整检验的最优滞后期为1。

第四，Johansen协整检验。利用该VAR模型对该两组时间序列进行协整检验，检验结果见表3.1.61。

表3.1.61　　LLDPE期、现货Johansen协整检验结果

零假设	迹统计量值	5%临界值	1%临界值
r≤0	68.39125	15.41	20.04
r≤1	4.069854	3.76	6.65

由表3.1.61可知，迹统计量值严格地大于95%和99%置信水平下的临界值，表明在95%和99%的置信水平下，接受原序列存在协整检验的假设，即扬子石化LLDPE现货价格和LLDPE期货价格存在长期均

衡关系。

第五，Granger 因果检验。为研究期货价格与现货价格之间的相互引导关系，确立 Granger 因果检验模型，检验结果见表 3. 1. 62。

表 3. 1. 62　　LLDPE 期现货价格 Granger 因果检验结果

现货地点	原假设	F 统计量	P 值
扬子石化	现货价格不引导期货价格	2. 25385	0. 13452
	期货价格不引导现货价格	64. 0005	4. 40e－14

由上述检验结果可知，原假设"现货价格不引导期货价格"被接受，但"期货价格不引导现货价格"的假设被拒绝。这表明，期货价格对现货价格存在单向的 Granger 引导关系。结合协整检验，可以判断期货价格在价格发现过程中起主导作用，其价格变化引导现货价格变化，从而形成长期稳定关系。

第六，方差分解。在已知 LLDPE 期货价格对现货价格存在 Granger 引导关系之后，再利用方差分解具体分析这一影响的大小。方差分解结果见表 3. 1. 63、图 3. 1. 23。

表 3. 1. 63　　LLDPE 期、现货价格方差分解

品种 滞后期	大连期货与扬子石化 LLDPE	
	扬子石化对大连期货的影响	大连期货对扬子石化的影响
1	0. 000000	0. 116322
5	0. 741657	19. 66734
10	1. 354887	59. 43962
15	1. 896857	79. 25103
20	2. 352682	87. 23399
50	3. 692287	93. 38994
100	3. 958222	93. 27988
150	3. 962390	93. 26948
200	3. 962395	93. 26941

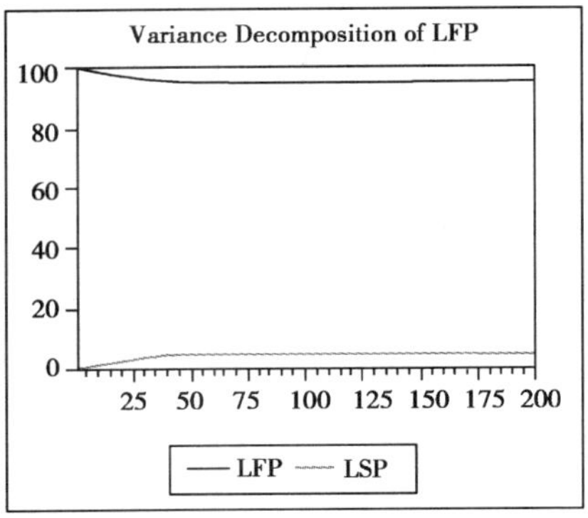

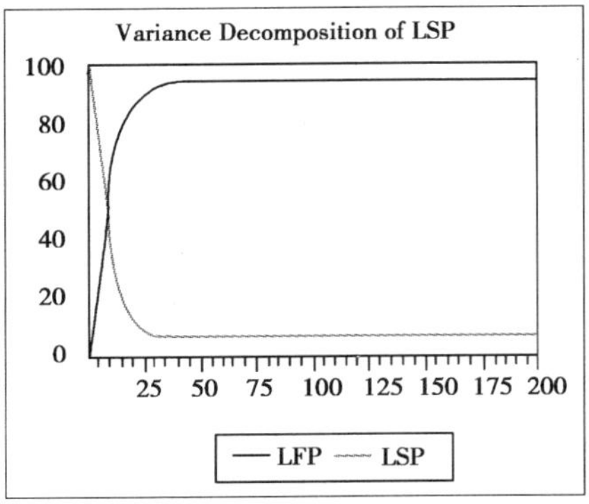

图 3.1.23　LLDPE 期、现货价格关系方差分解图

当滞后期为 1 时，扬子石化现货价格变动仅有 0.11% 受期货市场的影响，其余 99.89% 的变动来自现货市场本身的影响；而 LLDPE 期货价格变动则不受扬子石化现货的影响，其变动均来自期货市场的自身影响。

滞后期为 5（相当于 1 周），扬子石化现货价格变动已经有 19.67% 受期货市场的影响；而 LLDPE 期货价格变动有 0.74% 受扬子石化现货的影响。

滞后期为 10（相当于 1 个月），扬子石化现货价格变动有高达 59.44% 受期货市场的影响，此时，期货市场对现货价格的影响已经超过了现货市场对自身价格的影响；而 LLDPE 期货价格变动仅有 1.35% 受扬子石化现货的影响。

随着滞后期延长，扬子石化现货价格变动受期货市场影响的程度逐渐扩大，在滞后期为 200（相当于 10 个月）时，影响程度趋于稳定，即扬子石化现货价格变动有 93.27% 受期货市场的影响；相反，LLDPE 期货价格变动由现货价格影响部分则缓慢上升，但长期内 LLDPE 期货价格变动受扬子石化现货影响的部分基本稳定于 3.96% 左右的水平。

3.1.4　价格发现实证检验结果比较分析

（1）价格发现实证检验结果汇总。价格发现实证检验结果的汇总表详见表 3.1.64。

表 3.1.64　　大连商品交易所价格发现实证检验汇总表（完整序列）

品种＼项目	现货地点	相关系数	ADF 平稳检验	协整检验	因果检验	方差分解		
						滞后期	期货对现货影响（%）	现货对期货影响（%）
黄大豆一号	博　兴	0.9702	期、现货价格均为非平稳序列，一阶差分序列为平稳序列。	1% 和 5% 的显著性水平下，协整关系成立。	99.9% 置信水平下，期货价格引导现货价格；99.9% 置信水平下，现货价格不引导期货价格（期货价格对现货价格单向引导）。	1	4.0832	0
						5	18.67175	0.03615
						20	39.84385	0.24768
						200	94.69183	2.8066
	大　连	0.9714	期、现货价格均为非平稳序列，一阶差分序列为平稳序列。	1% 和 5% 的显著性水平下，协整关系成立。	99.9% 置信水平下，期货价格引导现货价格；99.9% 置信水平下，现货价格不引导期货价格（期货价格对现货价格单向引导）。	1	3.71981	0
						5	14.17748	0.00827
						20	35.65595	0.00591
						200	96.10374	0.43515
	哈尔滨	0.9733	期、现货价格均为非平稳序列，一阶差分序列为平稳序列。	1% 和 5% 的显著性水平下，协整关系成立。	99.9% 置信水平下，期货价格引导现货价格；99.9% 置信水平下，现货价格不引导期货价格（期货价格对现货价格单向引导）。	1	3.83001	0
						5	13.45126	0.36817
						20	33.55039	0.2813
						200	95.09972	0.53919

续表

项目／品种	现货地点	相关系数	ADF 平稳检验	协整检验	因果检验	方差分解		
						滞后期	期货对现货影响（%）	现货对期货影响（%）
黄大豆二号	连云港	0.9868	期、现货价格均为非平稳序列，一阶差分序列为平稳序列。	1%的显著性水平下，协整关系不成立。5%的显著性水平下，协整关系成立。	99.9%置信水平下，期货价格对现货价格具有引导作用；99.9%置信水平下，现货价格不引导期货价格（期货价格对现货价格单向引导）。	1	9.41984	0
						5	32.18914	0.16905
						20	50.54851	0.97738
						200	82.34799	9.50344
豆　油	张家港	0.9880	期、现货价格均为非平稳序列，一阶差分序列为平稳序列。	5%的显著性水平下，协整关系成立。	99.9%的置信水平下，期货价格引导现货价格；99.9%置信水平下，现货价格不引导期货价格（期货价格对现货价格单向引导）。	1	13.43866	0
						5	48.29792	0.38991
						20	70.18433	0.43534
						200	93.43104	1.61772
	天　津	0.9885	期、现货价格均为非平稳序列，一阶差分序列为平稳序列。	5%的显著性水平下，协整关系成立。	99.9%的置信水平下，期货价格引导现货价格；99.9%置信水平下，现货价格不引导期货价格（期货价格对现货价格单向引导）。	1	11.44786	0
						5	36.50304	0.73423
						20	63.22075	1.04153
						200	93.6271	1.2693

续表

项目/品种	现货地点	相关系数	ADF 平稳检验	协整检验	因果检验	方差分解		
						滞后期	期货对现货影响（%）	现货对期货影响（%）
豆粕	张家港	0.9567	期、现货价格均为非平稳序列，一阶差分序列为平稳序列。	1% 和 5% 的显著性水平下，协整关系不成立。	—	1	—	—
						5	—	—
						20	—	—
						200	—	—
	西安	0.9645	期、现货价格均为非平稳序列，一阶差分序列为平稳序列。	1% 和 5% 的显著性水平下，协整关系不成立。	—	1	—	—
						5	—	—
						20	—	—
						200	—	—
玉米	白城	0.9647	期、现货价格均为非平稳序列，一阶差分序列为平稳序列。	1% 和 5% 的显著性水平下，协整关系成立。	99.9% 的置信水平下，期货价格引导现货价格；99.9% 置信水平下，现货价格不引导期货价格（期货价格对现货价格单向引导）。	1	1.9816	0
						5	6.60446	0.02204
						20	25.31557	0.1221
						200	90.29595	1.26097
	大连	0.9721	期、现货价格均为非平稳序列，一阶差分序列为平稳序列。	1% 和 5% 的显著性水平下，协整关系成立。	99.9% 的置信水平下，期货价格引导现货价格；99.9% 置信水平下，现货价格不引导期货价格（期货价格对现货价格单向引导）。	1	2.56903	0
						5	8.38056	2.21965
						20	22.18945	5.40351
						200	74.34434	11.55504

续表

项目/品种	现货地点	相关系数	ADF 平稳检验	协整检验	因果检验	方差分解		
						滞后期	期货对现货影响（%）	现货对期货影响（%）
棕榈油	张家港	0.9739	期、现货价格均为非平稳序列，一阶差分序列为平稳序列。	1%的显著性水平下，协整关系不成立。5%的显著性水平下，协整关系成立。	99.9%的置信水平下，期货价格引导现货价格；99.9%置信水平下，现货价格不引导期货价格（期货价格对现货价格单向引导）。	1	35.15630	0
						5	77.86311	0.865628
						20	90.78360	3.992804
						200	89.64198	7.518987
LLDPE	扬子石化	0.8767	期、现货价格均为非平稳序列，一阶差分序列为平稳序列。	1%和5%的显著性水平下，协整关系成立。	99.9%的置信水平下，期货价格引导现货价格；99.9%置信水平下，现货价格不引导期货价格（期货价格对现货价格单向引导）。	1	0.116322	0
						5	19.66734	0.741657
						20	87.23399	2.352682
						200	93.26941	3.962395

大商所所有品种的期货价格与现货价格之间具有显著正相关关系，表明期、现价格走势呈高度一致性。除 LLDPE 外，其他品种的期货价格与现货价格的相关系数均在 0.95 以上。LLDPE 的期、现货价格相关系数相对较低，但也在 0.86 以上，也反映了 LLDPE 期货价格与现货价格走势具有较高的一致性。

各品种期货价格与现货价格之间均具有长期均衡关系，反映期、现价格之间稳定的联系。在完整序列上，除豆粕外，均表现出期货价格与现货价格之间具有协整关系，表明两者具有长期稳定关系。选择近两年的数据分析豆粕品种时，协整关系存在，这表明豆粕期、现价格间的长期稳定关系在近两年开始显现。其中，在统计显著性上，黄大豆一号、玉米、豆油、LLDPE 的协整关系显著，黄大豆二号和棕榈油的显著性略低。

各品种（除豆粕外）均体现出期货价格单向引导现货价格变化的特点，这表明在价格发现过程中，期货价格发挥主导作用，期货价格的变化先于现货价格变化，两者形成"领导—跟随"的关系，显示出期货价格能够预期未来现货价格变动趋势。豆粕近两年的数据分析显示，豆粕期货价格对豆粕现货价格存在双向的 Granger 引导关系，但从 P 值的数值可以发现，期货价格对现货价格的引导作用更为明显。

从期货价格与现货价格变化的相互影响程度大小看，在所有品种上均显示出前者对后者的影响远远大于后者对前者的影响。通过方差分解，可定量分析期货价格滞后若干期的变化累计对现货价格变化的影响程度，以及现货价格滞后若干期的变化累计对现货价格变化的影响程度。

在滞后 5 期（相当于 1 周）内，豆油、黄大豆二号现货价格受其期货价格影响的程度均在接近或超过 30%，豆油已达到 40%，棕榈油期货对现货的影响更是高达 77%。LLDPE 现价受期货价格影响的程度相对较低，约在 19% 左右；黄大豆一号和玉米影响程度则分别为 15% 和 7% 左右。

在滞后 20 期（相当于 1 个月）内，豆油、黄大豆二号、棕榈油和 LLDPE 现货价格受其期货价格影响的程度均在接近或超过 50% 以上，其中，棕榈油期货价格的影响程度已经超过 90%，而 LLDPE 的影响程度也在 87% 以上，豆油已达到 65%。

在滞后 200 期（相当于 10 个月）内，黄大豆一号、豆油、LLDPE 现货价格受其期货价格影响的程度均在 90% 以上，黄大豆一号高达 95%，LLDPE 期货价格影响程度大于 93%，黄大豆二号、玉米和棕榈油略低，但也在 80% 以上。

与期货价格对现货价格的影响相反，期货价格受现货价格的影响远小于后者对前者的影响。黄大豆一号、豆油品种即使在长期（滞后期为200期，相当于10个月）中，现货价格对期货价格变动的影响也不超过3%。LLDPE期货价格在长期中受扬子石化现货价格影响的比例保持在3.96%。棕榈油现货价格对期货价格的影响在长期中略大，但也保持在8%以下。玉米、黄大豆二号期货价格受现货价格的影响略大，在长期中，玉米期货价格有11.56%受大连现货的影响，黄大豆二号期货价格变动累计有9.50%受连云港现货的影响。

（2）黄大豆一号、豆粕和玉米品种完整序列与最近两年数据比较分析。对于上市较早的黄大豆一号、豆粕、玉米品种，除了对完整序列进行实证分析之外，还将最近两年数据进行分析，将结果作以比较。结果汇总见表3.1.65。

结果显示，最近两年的黄大豆一号、豆粕期货价格发现功能进一步增强。大豆最近两年的期、现价格相关性进一步提高，协整关系仍然存在，期货价格对现货价格是单向引导关系，近期的期货价格变化对现货价格的影响更为显著。综合起来，可以判断大豆期货品种在最近两年中价格发现功能进一步增强，期货价格在价格发现过程中起主导作用，能够较好地预期现货价格未来的变化。豆粕最近两年期、现价格相关性进一步提高，并且从完整序列的不存在协整关系变为存在协整关系，反映出豆粕期、现价格之间已经建立长期稳定的关系。从引导关系来看，期货价格与现货价格呈双向引导，表明现货价格变化对期货价格变化也产生一定的影响；在相互影响程度上，期货价格对现货价格的影响仍大于后者对前者的影响，除近期的个别滞后期外，豆粕期货价格对现货价格的影响程度有明显提高。

最近两年玉米期货价格发现功能则有所减弱。最近两年玉米期、现相关系数较完整序列略有下降，反映出期货价格与现货价格同方向变化的一致性略有减弱；完整序列下显示的期、现协整关系在最近两年数据上不存在，这表明期货价格与现货价格的长期稳定关系在最近两年没有体现。产生这一结果可能的原因有两个：第一，从统计角度讲，时间区间缩小、样本量减少会影响计量效果；第二，从玉米期、现货市场的特点看，近两年国际玉米期货价格涨幅较大，但国内玉米价格受政府管制因素影响，玉米现货价格变化受到抑制，而国内玉米期货价格受国际影响程度相对较大，因此导致国内玉米期、现市场价格出现一定的独立性。

表 3.1.65 大商所黄大豆一号、豆粕和玉米品种价格发现实证检验完整序列与最近两年数据比较

项目/品种	现货地点	时间段	相关系数	ADF 平稳检验	协整检验	因果检验	方差分解		
							滞后期	期货对现货影响（%）	现货对期货影响（%）
黄大豆一号	博兴	完整序列	0.9702	期、现货价格均为非平稳序列，一阶差分序列为平稳序列。	1% 和 5% 的显著性水平下，协整关系成立。	99.9% 置信水平下，期货价格引导现货价格；99.9% 置信水平下，现货价格不引导期货价格（期货价格对现货价格单向引导）。	1	4.0832	0
							5	18.67175	0.03615
							20	39.84385	0.24768
							200	94.69183	2.8066
		最近两年	0.9924	期、现货价格均为非平稳序列，一阶差分序列为平稳序列。	1% 的显著性水平下，协整关系不成立；5% 的显著性水平下，协整关系成立。	99.9% 置信水平下，期货价格引导现货价格；99.9% 置信水平下，现货价格不引导期货价格（期货价格对现货价格单向引导）。	1	7.889499	0
							5	25.12270	0.014492
							20	57.51153	0.496982
							200	92.68058	2.894856
	大连	完整序列	0.9714	期、现货价格均为非平稳序列，一阶差分序列为平稳序列。	1% 和 5% 的显著性水平下，协整关系成立。	99.9% 置信水平下，期货价格引导现货价格；99.9% 置信水平下，现货价格不引导期货价格（期货价格对现货价格单向引导）。	1	3.71981	0
								14.17748	0.00827
							20	35.65595	0.00591
							200	96.10374	0.43515

续表

项目/品种	现货地点	时间段	相关系数	ADF平稳检验	协整检验	因果检验	方差分解		
							滞后期	期货对现货影响（%）	现货对期货影响（%）
黄大豆一号	大连	最近两年	0.9934	期、现货价格均为非平稳序列，一阶差分序列为平稳序列。	1%和5%的显著性水平下，协整关系成立。	99.9%置信水平下，期货价格引导现货价格；99.9%置信水平下，现货价格不引导期货价格（期货价格对现货价格单向引导）。	1	7.339810	0
							5	21.72820	0.031934
							20	58.58988	0.723996
							200	93.86542	2.648017
	哈尔滨	完整序列	0.9733	期、现货价格均为非平稳序列，一阶差分序列为平稳序列。	1%和5%的显著性水平下，协整关系成立。	99.9%置信水平下，期货价格引导现货价格；99.9%置信水平下，现货价格不引导期货价格（期货价格对现货价格单向引导）。	1	3.83001	0
							5	13.45126	0.36817
							20	33.55039	0.2813
							200	95.09972	0.53919
		最近两年	0.9952	期、现货价格均为非平稳序列，一阶差分序列为平稳序列。	1%的显著性水平下，协整关系不成立；5%的显著性水平下，协整关系成立。	99.9%置信水平下，期货价格引导现货价格；99.9%置信水平下，现货价格不引导期货价格（期货价格对现货价格单向引导）。	1	6.024809	0
							5	20.67574	0.655887
							20	50.58649	1.865050
							200	91.53175	3.412262

续表

项目 / 品种	现货地点	时间段	相关系数	ADF 平稳检验	协整检验	因果检验	方差分解		
							滞后期	期货对现货影响（%）	现货对期货影响（%）
玉米	大连	完整序列	0.9721	期、现货价格均为非平稳序列，一阶差分序列为平稳序列。	1% 和 5% 的显著性水平下，协整关系成立。	99.9% 的置信水平下，期货价格引导现货价格；99.9% 置信水平下，现货价格不引导期货价格（期货价格对现货价格单向引导）。	1	2.56903	0
							5	8.38056	2.21965
							20	22.18945	5.40351
							200	74.34434	11.55504
		最近两年	0.9431	期、现货价格均为非平稳序列，一阶差分序列为平稳序列。	1% 和 5% 的显著性水平下，协整关系不成立。	—	1	—	—
							5	—	—
							20	—	—
							200	—	—
	白城	完整序列	0.9647	期、现货价格均为非平稳序列，一阶差分序列为平稳序列。	1% 和 5% 的显著性水平下，协整关系成立。	99.9% 置信水平下，期货价格引导现货价格；99.9% 置信水平下，现货价格不引导期货价格（期货价格对现货价格单向引导）。	1	1.9816	0
							5	6.60446	0.02204
							20	25.31557	0.1221
							200	90.29595	1.26097

续表

项目 品种	现货地点	时间段	相关系数	ADF 平稳检验	协整检验	因果检验	方差分解		
							滞后期	期货对现货影响（%）	现货对期货影响（%）
玉　米	白　城	最近两年	0.9113	期、现货价格均为非平稳序列，一阶差分序列为平稳序列。	1% 和 5% 的显著性水平下，协整关系不成立。	—	1	—	—
							5	—	—
							20	—	—
							200	—	—
豆　粕	张家港	完整序列	0.9567	期、现货价格均为非平稳序列，一阶差分序列为平稳序列。	1% 和 5% 的显著性水平下，协整关系不成立。	—	1	—	—
							5	—	—
							20	—	—
							200	—	—
		最近两年	0.9662	期、现货价格均为非平稳序列，一阶差分序列为平稳序列。	1% 和 5% 的显著性水平下，协整关系成立。	99.9% 的置信水平下，期货价格引导现货价格；99.9% 的置信水平下，现货价格引导期货价格（双向引导）。	1	4.045962	0
							5	28.45940	0.344084
							20	63.11674	2.480718
							200	89.92353	5.646341

续表

项目/品种	现货地点	时间段	相关系数	ADF 平稳检验	协整检验	因果检验	方差分解		
							滞后期	期货对现货影响（%）	现货对期货影响（%）
豆粕	西安	完整序列	0.9645	期、现货价格均为非平稳序列，一阶差分序列为平稳序列。	1%和5%的显著性水平下，协整关系不成立。	—	1	—	—
							5	—	—
							20	—	—
							200	—	—
		最近两年	0.9665	期、现货价格均为非平稳序列，一阶差分序列为平稳序列。	1%和5%的显著性水平下，协整关系成立。	99.9%的置信水平下，期货价格引导现货价格；99.9%的置信水平下，现货价格引导豆粕期货价格（双向引导）。	1	3.031635	0
							5	27.85949	0.195086
							20	67.32280	0.401699
							200	95.44709	1.131591

（3）与相关研究结果比较。如果将该研究结果与已有的相关文献的实证结果进行比较和分析，可以看到，在研究方法基本相似的文献中，对于同一品种在不同阶段上的分析，基本上能与本研究有一致性。

就大豆品种来说，王健、黄祖辉（2006）对 1999 年 7 月至 2003 年 11 月的大豆期货价格与黑龙江大豆现货价格的协整检验，表明两者具有长期均衡关系；Granger 因果检验表明大豆期货市场价格对大豆现货市场价格具有较强的单向引导关系。王晓慧和许水龙（2006）对 2000 年 1 月 5 日至 2006 年 9 月 5 日大商所的大豆期货价格与大连大豆现货价格进行协整检验，结果表明两者存在长期均衡关系；Granger 因果检验表明大连大豆期、现货价格存在相互引导关系。王兵、王红英和陈桂宏（2008）对 2005 年 9 月 30 日到 2008 年 4 月 3 日的大豆期货指数 3 日线的收盘价和黑龙江省哈尔滨市国产大豆厂采购价格关系进行分析，表明两者之间存在长期均衡关系，期货价格是现货价格的无偏估计量；并通过 GS 模型得出大豆期货价格的影响力远远超过其现货价格的影响力的结论。以上研究与本部分研究（时间跨度是从 2003 年 10 月 27 日至 2008 年 7 月 8 日，涉及博兴、大连和哈尔滨三地现货价格）结果基本一致，虽然研究的时间跨度、现货地点选取有所不同，但期、现价格的协整关系均存在，并且期货价格对现货价格为单向引导关系的居多，且期货价格在价格发现中的主导作用较为显著。由此可以判断，大豆期货品种的价格发现功能得到长期而持久发挥，期货价格在价格发现过程中起主导作用，能够较好地预期现货价格未来的变化。

就豆粕品种来说，刘晓宇（2006）对 2000 年 7 月至 2004 年 12 月 31 日豆粕期货价格与现货价格的协整检验表明，豆粕期货价格与现货价格存在相互引导关系，并且期货价格与现货价格之间存在长期均衡关系；方差分解的结果显示，随着滞后期的增加，现货价格变动的总方差中来自于现货市场的部分呈先上升后下降趋势，最终趋于 8.13%，而来自于期货市场的部分则呈上升趋势，从滞后 1 期的 13.65% 到最终趋于 91.87%，这说明豆粕期货市场在价格发现中的作用远远大于现货市场在价格发现中的作用。本部分豆粕的实证分析中，张家港现货价格与期货价格的分析是从 2003 年 10 月 27 日至 2008 年 7 月 8 日，西安现货价格与期货价格的分析是从 2004 年 9 月 2 日至 2008 年 7 月 8 日，时间跨度基本是刘晓宇（2006）研究的时间跨度之后，因而通过检验对比，可大致了解豆粕价格发现功能的动态变化过程。本部分对完整序列研究结果显示，豆粕期、现价格之间不存在协整关系，但对最近两年数据进行分析发现，协整关系存在，这反映出豆粕期、现价格之间逐步建立了长期稳定的关系；在引导关系上，从原来的期货价格对现货价格的单向引导变为两者的双向引导，双向引导关系与刘晓宇（2006）对2004年之前的数据检验结果相吻合，这表明在豆粕价格发现过程中，豆粕现货价格变化对期货价格变化也产生一定影响。从期、现价格的相互影响程度上，期货价格对现货价格的影响仍大于后者对前者的影响，这一点也与刘晓宇（2006）的研究结果一致，表明豆粕期货在价格发现过程中一直占主导地位。在滞后5期（相当于1周）内，西安、张家港豆粕现货价格累计受其期货价格影响程度分别为26.25%、35.78%以上；在滞后20期（相当于1个月）内，豆粕现货价格受其期货价格影响程度分别在44.82%、51.21%；在滞后200期（相当于10个月）内，豆油现货价格受其期货价格影响程度分别为94.84%、88.94%。而豆粕品种在长期（滞后期为200期，相当于10个月）中，西安、张家港现货价格对期货价格变动的影响仅0.19%、1.01%。

就豆油期货来说，王骏和刘亚清（2007）对2006年1月9日到2007年4月30日的豆油期货主力合约收盘价格与大连和广州四级豆油现货价格的研究表明，两者存在均衡关系；方差分解显示，大连和广州两地现货价格变动长期作用部分的方差来源于期货市场的方差分别为93.5866%和77.22%，均大于来自现货自身的6.4134%和22.78%，这说明期货市场在价格发现中占据主导地位。陈雨生、乔娟和赵荣（2008）对2006年6月22日到2007年9月4日豆油期货周价格和黑龙江省九三油脂有限责任公司豆油的周一出厂价进行协整检验，结果显示在10%的显著性水平上，豆油期货和现货价格存在长期均衡关系；方差分解的结果显示，在中国豆油市场价格的长期变化中，现货市场价格的信息份额为6.39%，期货市场价格的信息份额为93.61%，这表明中国豆油市场价格受期货市场价格的影响大于受现货市场价格的影响。本部分对豆油期货的研究结果基本与以上文献结果相一致，显示豆油期货与现货价格直接存在长期稳定关系，且期货价格在价格发现中起主导作用。对豆油期货自上市以来（2006年1月9日至2008年7月8日）与天津、张家港两地现货价格的实证分析显示，期现价格均保持显著的协整关系，且期货价格对现货价格存在单向引导关系。方差分解显示，期货价格对现货价格变动的影响程度远远超过后者对前者的影响。当滞后期为1时，天津、张家港现货价格变动受期货价格的影响分别为11.45%、13.44%；滞后期为5（相当于1周）时，天津、张家港现货价格变动受期货价格的影响分别为36.50%、48.30%；滞后期为20（相当于1个月）时，天津、张家港现货价格变动受期货价格的影响分别为63.22%、70.18%；在滞后期为200（相当于10个月）时，影响程度趋于稳定，天津、张家港现货价格变动受期货价格的影响分别为93.63%、93.43%。与之相比，现货价格对期货价格的影响较弱，在长时期中（滞后200期，相当于10个月），天津和张家港现货价格对期货价格的影响分别为1.27%和1.62%。

在玉米期货品种上，田彩云和郭心义（2006）对玉米重新恢复上市一年内（2004年9月22日到2005年9月28日）的玉米期货周价格与辽宁大连港二等玉米平仓价格的周报价进行实证分析，结果显示两者存在着长期均衡关系；并且通过Granger因果检验表明，期货价格对现货价格存在单向引导关系；通过GS模型得出的参数显示，期货价格在价格发现中发挥了约94%的作用，表明玉米期货在上市一年中价格发现功能已经显现，在价格发现中起主导作用。夏天和冯利臣（2007）对2004年9月22日到2006年8月21日两年间大连玉米期货价格和当地玉米现货价格之间关系进行检验，结果显示玉米期货价格和当地现货价格存在较好的长期均衡关系；方差分解结果显示，玉米现货市场在第100期时，来自于玉米期货市场的影响上升到63.7%，这也从市场相互冲击的角度充分说明了玉米期货市场对玉米现货市场有较为良好的价格发现功能。房瑞景、崔振东、周腰华和陈雨生（2007）对2004年9月22日到2006年12月30日大商所玉米期货日收盘价和大连港玉米平仓价格进行检验，结果显示，两者在1%的显著性水平上存在着长期均衡关系；方差分解结果显示，期货价格受现货价格的新信息的影响稳步上升，在第100期时达到最大的4.5%，而对现货价格来说，期货价格的新信息对其影响具有较强反映并持续上升，在100个交易日时增加了8.4%。不过运用GS模型得到的结果仅为0.46，小于0.5，这表明其样本区间内的玉米期货价格和现货价格之间在价格发现上具有同等的影响力。本部分的研究时间跨度也是从玉米期货恢复上市开始，从2004年9月22日至2008年7月14日，研究结果大致与以上文献相符。结果显示，在完整序列上，玉米期、现价格之间存在协整关系，且期货价格对现货价格存在单向引导关系。方差分解结果显示，期货价格对现货价格的影响程度远大于后者对前者的影响程度，在滞后期为1时，白城、大连现货价格变动受期货价格的影响分别为1.98%、2.57%；在滞后期为5（相当于1周）时，白城、大连现货价格变动受期货价格的影响分别为6.60%、8.38%；滞后期为20（相当于1个月）时，白城、大连现货价格变动受期货价格的影响分别为25.32%、22.19%；滞后期为200（相当于10个月）时，影响程度趋于稳定，白城、大连现货价格变动受期货价格的影响分别为90.30%、74.34%。与之相反，期货价格受现货价格的影响相对较小，在长期中（滞后期为200，相当于10个月），玉米期货价格变动受白城、大连现货价格影响的程度分别为1.26%和11.56%。

3.2 套期保值功能实证分析

在套期保值功能实证检验部分，根据所检验的价格序列不同，分为连续合约与单个合约的套保有效度的实证检验。

3.2.1 连续合约套保有效度实证检验

（1）套期保值模型说明。本部分最优套期保值比率的确定是以误差修正GARCH模型（EC—GARCH，或写为ECM—GARCH）为基础，对各品种连续价格序列的最优套期保值比率进行估计，并分别度量套保有效度。其模型表达式为：

$$\Delta S_t = \mu_s + \alpha_s \hat{\varepsilon}_{t-1} + e_{s,t}$$

$$\Delta F_t = \mu_f + \alpha_f \hat{\varepsilon}_{t-1} + e_{f,t} \tag{8}$$

其中，

$$\hat{\varepsilon}_{t-1} = S_{t-1} - \hat{b} F_{t-1} \tag{9}$$

$$\begin{bmatrix} e_{st} \\ e_{ft} \end{bmatrix} \mid \Psi_{t-1} \sim N(0,\ H_t) \tag{10}$$

$$H_t = \begin{bmatrix} h_{ss,t} & h_{sf,t} \\ h_{fs,t} & h_{ff,t} \end{bmatrix} \tag{11}$$

其中，$h_{ss,t}$、$h_{ff,t}$、$h_{sf,t}$由以下等式给出：

$$h_{ss,t} = c_1 + a_1 e_{s,t-1}^2 + b_1 h_{ss,t-1} \tag{12}$$

$$h_{ff,t} = c_2 + a_2 e_{f,t-1}^2 + b_2 h_{ff,t-1} \tag{13}$$

$$h_{sf,t} = c_3 + a_3 e_{s,t-1} e_{f,t-1} + b_3 h_{sf,t-1} \tag{14}$$

$h_{ss,t}$和$h_{ff,t}$为残差$e_{s,t}$和$e_{f,t}$的条件方差，$h_{sf,t}$为其条件协方差。

此时，最优套期保值比率为：

$$h_t = h_{t-1}^* \mid \Psi_{t-1} = \frac{Cov(\Delta S_t,\ \Delta F_t \mid \Psi_{t-1})}{Var(\Delta F_t \mid \Psi_{t-1})} = \frac{h_{sf,t}}{h_{ff,t}} \tag{15}$$

（2）数据说明。研究共涉及大商所黄大豆一号、黄大豆二号、玉米、豆粕、豆油、棕榈油、LLDPE 七个期货品种，选取各品种期货连续价格和现货报价。其中，期货连续价格序列生成方式与价格发现中连续价格生成方式相同（见表 3.2.1）。

表 3.2.1　　各品种套期保值分析起止时间及现货地点选取

品　种	时间起止区间		样本数	报价地点
黄大豆一号	2003/10/27	2008/07/08	1 084	哈尔滨
黄大豆二号	2004/12/22	2008/07/08	771	连云港
豆　油	2006/01/09	2008/07/08	589	张家港
豆　粕	2003/10/27	2008/07/08	1 142	张家港
玉　米	2004/09/22	2008/07/14	925	大　连
棕榈油	2007/10/29	2008/08/20	200	张家港
LLDPE	2007/08/01	2008/08/22	258	扬子石化

说明：黄大豆一号和豆粕期货分别在 2002 年 3 月 15 日和 2000 年 7 月 17 日上市，两品种自上市至 2003 年 10 月 24 日之间的现货数据报价频率非每日一报，而是每周一报或每周两报，导致数据间隔过长、无法与每日期货数据匹配，故在期间选取上均以 2003 年 10 月 27 日为起始日。

期货数据来源于世华财讯，现货数据除 LLOPE 外均来源于国家粮油信息中心，LLDPE 现货数据来源于浙江塑料城网上交易市场网扬子石化 DFDA－7042出厂报价。所有期、现货价格数据均对数化处理。

对于黄大豆一号、豆粕和玉米这三个上市较早的期货品种，本部分除了对完整时间段的套期保值进行分析之外，还选取最近两年的数据进行分析，通过实证检验结果的对比，来判断该品种的套期保值功能的演变过程。其数据情况见表 3.2.2。

表 3.2.2　　黄大豆一号、玉米和豆粕套期保值分析起止时间及现货地点选取（最近两年）

品　种	时间起止区间		样本数	现货报价地点
黄大豆一号	2006/07/10	2008/07/08	480	哈尔滨
豆　粕	2006/07/10	2008/07/08	486	张家港
玉　米	2006/07/10	2008/07/14	492	大　连

（3）实证分析思路。

第一，对期、现价格进行相关性分析，并对基差波动幅度与现货价格波动幅度进行比较，由此对该品种是否具备套期保值的条件进行初步判断。期、现价格相关性越接近于1，表明两个价格趋同性越显著，套期保值才能起到更好的“盈亏冲抵”的作用。基差风险如果小于现货价格风险，说明进行传统套期保值操作可以起到以较小的基差风险代替较大的现货价格风险，起到避险的作用。并且，基差风险小于现货价格风险的程度越大，套期保值效果应越显著。基差用同一天的期货价格减去现货价格来表示。

第二，用OLS法计算最优套期保值比率并度量其套保有效度。具体方法是使用公式5对期、现货价格进行最小二乘估计，由于OLS估计的套期保值比率是静态套期保值比率，需要对套保期限作出区分。不同的套保期限，价格波动区间也不同，最优套期保值比率也将不同。在此，将套保期限区分为20个交易日（1个月）、40个交易日（2个月）、60个交易日（3个月）、80个交易日（4个月）、120个交易日（6个月）共五种情形。数据处理方法是：取第t-n到第t期的价格差，计量所得出的结果表示从计量区间的任何起始日开始的最优套保策略的最小二乘估计。然后用公式1产生套保后的收益序列，并用公式4度量套保有效度。

第三，用ECM—GARCH法对套期保值比率估计并度量其套保有效度。本部分将分别对现货价格与期货价格序列进行分析，并对残差进行ARCH效应检验，如果发现回归的残差序列均存在高阶ARCH效应，即GARCH效应，则可以使用GARCH（p，q）类型来估计。根据AIC及SC信息准则，并配合残差独立性检验，本部分认为可以应用ECM—GARCH（1，1）模型对最优套期保值比率进行估计，具体估计方法为diagonal VECH方法。由于ECM—GARCH模型所考查的是动态套期保值比率，套保操作可以任何期限的价格波动为关注对象进行。另外，与OLS方法相同，将价格波动区间设定为20个交易日（1个月）、40个交易日（2个月）、60个交易日（3个月）、80个交易日（4个月）、120个交易日（6个月）共五种情形。数据处理上取第t-n期到第t期的价格差，通过公式8至公式15进行建模，计算各时点上最优动态套期保值比率；然后根据公式1计算在动态套期保值比率下的组合收益序列；最后用公式4计算其套保有效度。

（4）实证结果。

第一，黄大豆一号期货套期保值实证分析。

A. 基差分析。黄大豆一号期货价格与哈尔滨大豆现货价格的相关系数为0.9735，呈显著正相关关系。这表明期、现价格之间呈显著的同方向变化特征，这为套期保值的“盈亏对冲”提供了前提条件。

图3.2.1、图3.2.2分别为黄大豆一号期货价格与哈尔滨大豆现货价格的基差图和哈尔滨大豆现货价格图。基差图显示，基差波动基本在-500~700元之间。整个时间区间内基差的平均值为194元，标准差为196.947元。与之相比较，哈尔滨大豆现货价格在2 000~6 000元/吨之间波动，现货价格的平均值为3 076元/吨，标准差为812.93元/吨。由此可见，基差的波动远小于现货价格的波动，这表明传统的1:1的套保策略可以起到规避现货价格风险的作用。

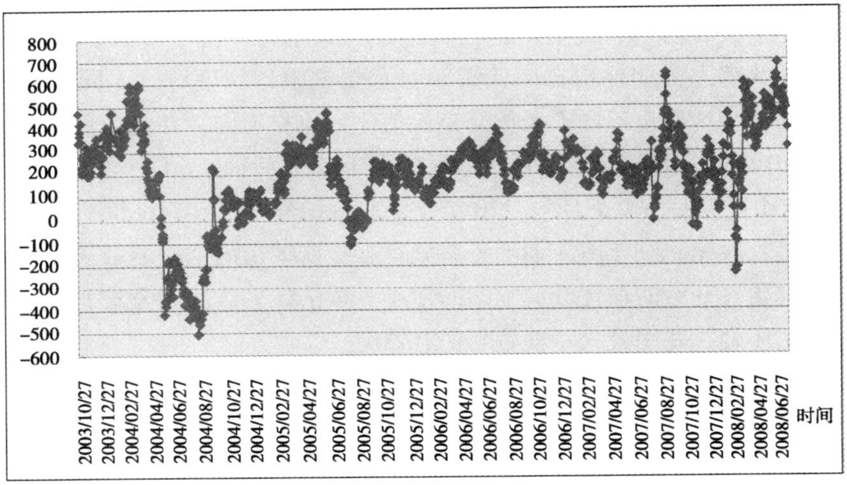

图3.2.1 黄大豆一号期货价格与哈尔滨大豆现货价格基差图

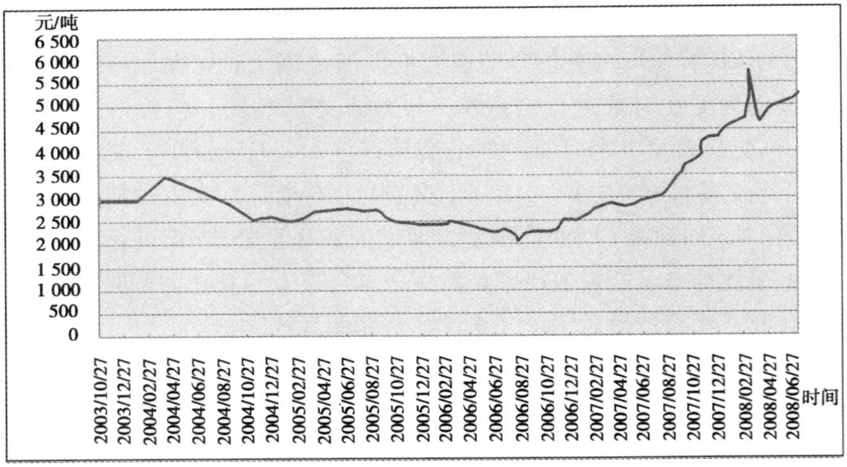

图3.2.2 哈尔滨大豆现货价格图

B. 不同套期保值方法下，最优套期保值比率和套保有效度比较。应用原始套保法、OLS 法和 ECM—GARCH 动态法分别对套期保值比率进行估计并度量其套保有效度，计量统计结果见表 3.2.3。

表 3.2.3　不同套期保值方法下黄大豆一号最优套期保值比率和套保有效度

期限方法		1 个月	2 个月	3 个月	4 个月	6 个月
原始套保法	最优套期保值比率	1	1	1	1	1
	套保有效度	0.2370	0.3210	0.4160	0.5519	0.7582
OLS 套保法	最优套期保值比率	0.6188	0.6487	0.6911	0.7779	0.9099
	套保有效度	0.3819	0.4542	0.5198	0.6008	0.7657
动态套保法	最优套期保值比率均值	0.6395	0.9018	0.9807	0.7890	0.9139
	套保有效度	0.6768	0.7628	0.6679	0.7035	0.8125

在最优套期保值比率上，原始套保法遵循 1∶1 的原则，因此无论套保期限长短，套保比率均为 1。而 OLS 套保法和动态套保法，从实证结果看，最优套保比均小于 1，并且 OLS 法最优套保在整体上均小于动态套保法的最优套保比；随着套保期限延长，OLS 套保法呈现显著的逐渐增大趋势，而动态套保法的最优套保比则呈现波动性，在套保期限为 3 个月时，最优套保比最大。

在套保有效度上，三种套期保值方法整体上均体现随着套保期限延长、套保有效度逐渐增强的趋势。套保有效度最高的情形均出现在 6 个月时。从套保有效度数值上看，动态套保法、OLS 套保法和原始套保法的套保有效度依次下降。具体来说，原始套保法有效度最高达 0.7582（意味着与不做套期保值相比，套期保值能够在 75.82% 上规避现货价格波动风险）（6 个月）；OLS 套保有效度最高达 0.7657（6 个月）；动态套保法套保有效度最高达 0.8125（6 个月）。

C. 套期保值实证结果的纵向比较。大豆期货上市较早，为进一步研究大豆期货的套期保值有效度的演变过程，在完整时段中选取最近两年的数据（2006 年 7 月 10 日至 2008 年 7 月 8 日）进行分析，并将结果与整个时段进行比较，从而进一步了解大豆期货品种最优套期保值比率的变化情况及套保有效度是否存在改进。比较结果见表 3.2.4、表 3.2.5。

表 3.2.4　　黄大豆一号最优套期保值比率比较

（完整序列与最近两年）

		1个月	2个月	3个月	4个月	6个月
原始套保法	完整序列套期保值比率	1	1	1	1	1
	最近两年套期保值比率	1	1	1	1	1
OLS 套保法	完整序列套期保值比率	0.6188	0.6487	0.6911	0.7779	0.9099
	最近两年套期保值比率	0.7995	0.8738	0.9167	0.9724	0.8895
动态套保法	完整序列套期保值比率均值	0.6395	0.9018	0.9807	0.7890	0.9139
	最近两年套期保值比率均值	0.6958	0.8317	0.7558	0.7958	0.5257

表 3.2.5　　黄大豆一号套保有效度比较

（完整序列与最近两年）

		1个月	2个月	3个月	4个月	6个月	平均有效度
原始套保法	完整序列套保有效度	0.2370	0.3210	0.4160	0.5519	0.7582	0.45682
	最近两年套保有效度	0.4066	0.5393	0.6417	0.6969	0.7182	0.60054
OLS 套保法	完整序列套保有效度	0.3819	0.4542	0.5198	0.6008	0.7657	0.54448
	最近两年套保有效度	0.4339	0.5508	0.6471	0.6975	0.7295	0.61176
动态套保法	完整序列套保有效度	0.6768	0.7628	0.6679	0.7035	0.8125	0.7247
	最近两年套保有效度	0.6440	0.7320	0.8046	0.8058	0.8303	0.76334

在最优套期保值比率上，使用 OLS 套保法，最近两年的最优套期保值比率数值整体要高于完整序列的数值；而使用动态套保法，最近两年的最优套期保值比率数值整体要低于完整序列的数值。随着套保期限延长，完整序列上使用 OLS 套保法的最优套保比最大值出现在6个月，而最近两年的序列上最优套保比最大值出现在4个月；完整序列上使用动态套保法的最优套保比最大值出现在3个月，而最近两年的序列上最优套保比最大值出现在2个月。

在套保有效度上，仍反映出动态套保法最高、其次是 OLS 套保法、原始套保法最差的特点，并且整体上呈现出随着套保期限延长，套保有效度逐渐增强的趋势。原始套保法套保有效度最高为 0.7182（6个月）；OLS 套保法套保有效度最高为 0.7295（6个月）；动态套保法套保有效度最高为 0.8303（6个月）。

无论使用原始套保法，还是 OLS 或动态套保法，最近两年的套保有效度数值整体都要高于完整序列。最近两年数据上，原始套保法的套保有效度平均值为 0.60054，而完整序列上套保有效度平均值为 0.45682；最近两年数据上，OLS 套保法的套保有效度平均值为 0.61176，而完整序列套保有效度平均值为 0.54448；最近两年数据上，动态套保法的套保有效度平均值为 0.76334，而完整序列套保有效度平均值为 0.7247。

D. 套期保值实证结果与国内外相关文献的比较。通过将套期保值实证结果与国外相关文献的比较，可以对大商所大豆期货品种套期保值功能发挥情况与国外相同品种以及国内大豆期货不同历史阶段的情形进行比较，能够进行更全面客观的评价。不过，鉴于不同文献在数据搜集、处理方法、计量检验方法等存在细节上的差异会削弱实证结果的可比性，因此本部分的比较仅供大致参考。

通过国外相关文献的实证检验结果的比较，可以看到大商所大豆期货在2003年10月至2008年7月近5年的发展中，使用动态套保法得到的套保有效度要整体高于美国20世纪80年代、90年代的大豆期货市场。Donald Lien、Keshab Shrestha（2008）使用EC—GARCH方法对1979年1月2日至1997年12月31日期间美国大豆期货套保有效度进行分析，其结果为0.6804。Baillie and Myers（1991）使用BiVARiate GARCH模型对1982年和1986年9月份的美国大豆期货套保有效度进行分析，结果表明：1982年9月份合约使用固定套期保值比率的套保有效度为0.184，使用GARCH套保有效度为0.297；1986年9月合约，使用固定套期保值比率的套保有效度为0.548，使用GARCH套保有效度为0.568。而本部分根据大商所2003年10月至2008年7月间的大豆期、现货数据得到的动态套保法的套保有效度平均值为0.7247，近两年的套保有效度平均值为0.7633。

与国内对大商所大豆期货套期保值实证结果比较可以看出，大豆期货在近5年的套保有效度与较早期的大豆期货相比有显著提高，显示出大豆期货套期保值功能逐步显现、成熟的动态变化过程。黄瑞庆、何晓彬（2005）对大商所2003年6月2日至2004年3月15日之间的黄大豆一号合约的套期保值有效度估计结果是：OLS法，大豆一号套期保值有效度为0.1313，VAR方法的套期保值有效度为0.1306，EC方法套期保值有效度是0.1312，使用GRACH方法得到的套期保值有效度最高，为0.1304。王骏、张宗成（2005）对1998年1月至2004年8月大商所大豆期货的套期保值有效度的估计结果是：使用OLS法在1998年1月至2003年12月的样本区间内的数据计算所得的套期保值有效度为0.0486，2004年1月至2004年12月的样本区间外数据计算所得的套期保值有效度为0.0573；使用EC—GARCH在样本内数据计算的套期保值有效度为0.0454，在样本外数据计算所得的套期保值有效度为0.0739。而本部分根据大商所2003年10月至2008年7月间的大豆期、现货数据得到的动态套保法的套保有效度平均值为0.7247，近两年的套保有效度平均值为0.7633。

第二，黄大豆二号期货套期保值实证分析。

A. 基差分析。黄大豆二号期货价格与连云港进口大豆现货价格的相关系数达到0.9878，呈显著正相关关系。这表明期货价格与现货价格同方向变化的特征，这为实现套期保值的“盈亏对冲”提供了前提条件。

图3.2.3、图3.2.4分别为黄大豆二号期货价格与连云港进口大豆现货价格的基差图和连云港进口大豆现货价格图。基差图显示，基差波动基本在-700~500元。整个时间区间内基差的平均值为-14元，标准差为168.52元。与之相比较，连云港进口大豆现货价格平均值为3 333元/吨，标准差为905.83元/吨。由此可见，基差的波动远小于现货价格波动，这表明原始的1:1的套保策略可以起到规避现货价格风险的作用。

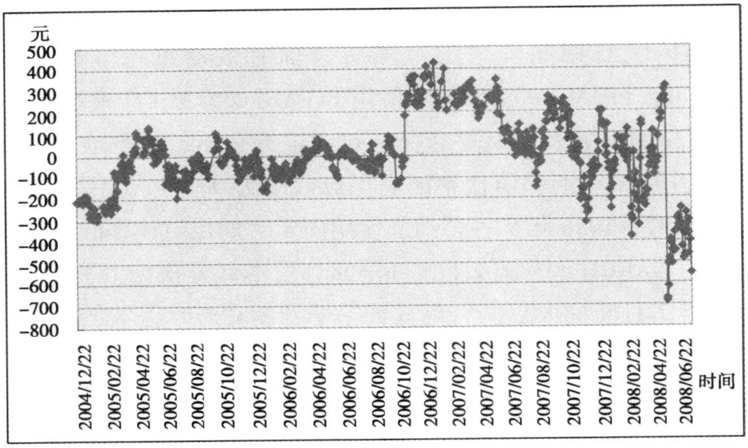

图3.2.3　黄大豆二号期货价格与连云港进口大豆现货价格基差图

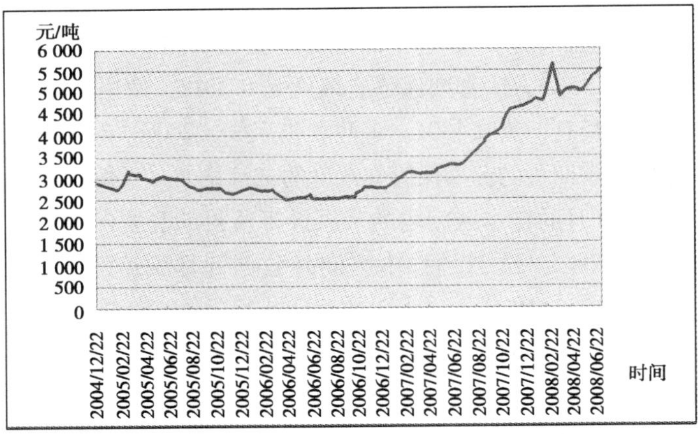

图3.2.4　连云港大豆现货价格图

B. 不同套期保值方法下套保有效度比较。应用原始套保法、OLS法和

ECM—GARCH 动态法分别对套期保值比率进行估计并度量其套保有效度，计量统计结果见表 3. 2. 6。

表 3. 2. 6 不同套期保值方法下黄大豆二号最优套期保值比率和套保有效度

		1 个月	2 个月	3 个月	4 个月	6 个月
原始套保法	最优套期保值比率	1	1	1	1	1
	套保有效度	0. 3505	0. 4474	0. 6207	0. 7628	0. 8846
OLS 套保法	最优套期保值比率	0. 6197	0. 6666	0. 7457	0. 8539	0. 9839
	套保有效度	0. 5622	0. 5967	0. 7024	0. 7858	0. 8849
动态套保法	最优套期保值比率均值	0. 5787	0. 7642	0. 8833	0. 9489	0. 8358
	套保有效度	0. 7213	0. 6834	0. 7112	0. 8482	0. 9551

在最优套期保值比率上，原始套保法遵循 1∶1 的原则，因此无论套保期限长短，套保比率均为 1。而 OLS 套保法和动态套保法，从实证结果看，最优套保比均小于 1；在不同套保期限上，OLS 套保法的最优套保并未体现出整体高于或低于动态套保法的特征；随着套保期限延长，OLS 套保法呈现显著的逐渐增大趋势，而动态套保法的最优套保比则呈先增加、后减小的特点，在套保期限为 4 个月时最优套保比最大。

在套保有效度上，三种套期保值方法整体上均体现随着套保期限延长、套保有效度逐渐增强的趋势。套保有效度最高的情形均出现在 6 个月时。从套保有效度数值上看，动态套保法、OLS 套保法和原始套保法的套保有效度依次下降，具体来说，原始套保法有效度最高达 0. 8846（6 个月）；OLS 套保有效度最高达 0. 8849（6 个月）；动态套保法套保有效度最高达 0. 9551（6 个月）。

第三，豆粕期货套期保值实证分析。

A. 基差分析。豆粕期货价格与张家港豆粕现货价格的相关系数为 0. 9567，呈显著正相关关系。这表明期货价格与现货价格之间呈显著的同方向变化特征，这为实现套期保值的“盈亏对冲”提供了前提条件。

图 3. 2. 5、图 3. 2. 6 分别为豆粕期货价格与张家港豆粕现货价格基差图和张家港豆粕现货价格图。基差图显示，基差波动基本在 -650 ~ 250 元之间。整个时间区间内，基差的平均值为 -74 元，标准差为 176. 50 元。与之相比较，张家

港豆粕现货价格基本在2 000 ~4 750 元/吨之间波动，现货价格的平均值为2 752 元/吨，标准差为574.88 元/吨。由此可见，基差的波动远小于现货价格的波动，这表明传统的1:1 的套保策略可以起到规避现货价格风险的作用。

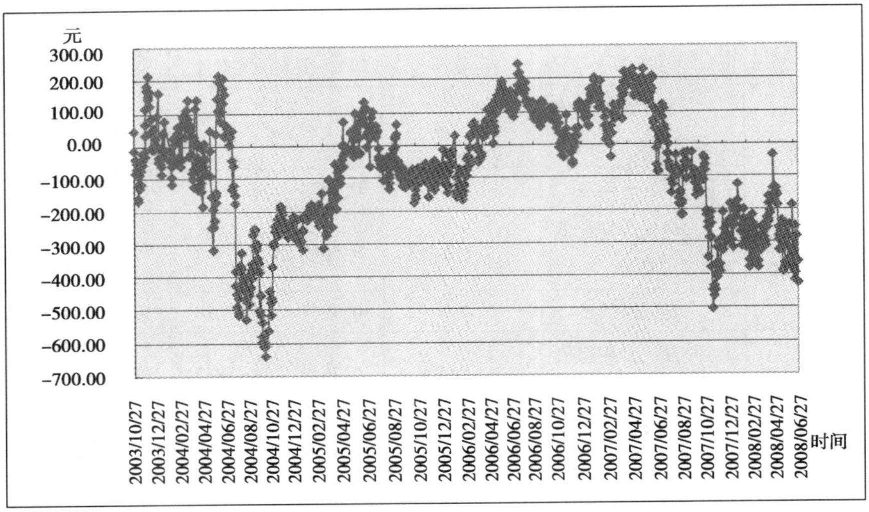

图 3.2.5 豆粕期货价格与张家港豆粕现货价格基差图

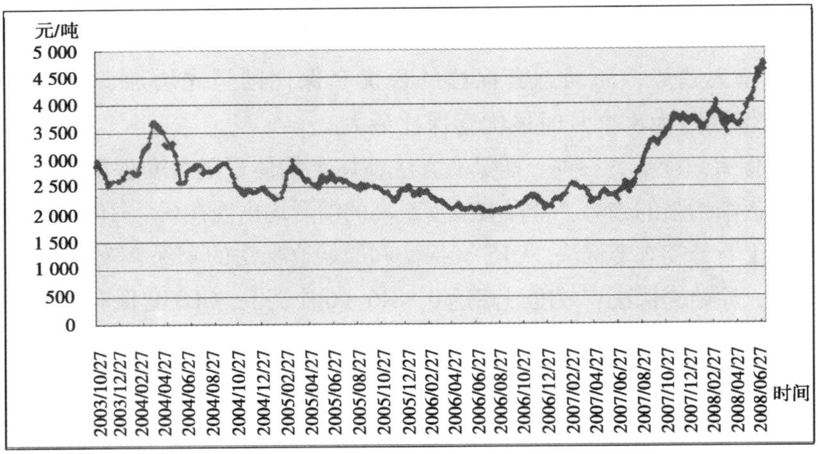

图 3.2.6 张家港豆粕现货价格图

B. 不同套期保值方法下套保有效度比较。应用原始套保法、OLS 法和 ECM—GARCH 动态法分别对套期保值比率进行估计并度量其套保有效度，计量统计结果见表 3.2.7。

表 3.2.7 不同套期保值方法下豆粕最优套期保值比率和套保有效度

		1个月	2个月	3个月	4个月	6个月
原始套保法	最优套期保值比率	1	1	1	1	1
	套保有效度	0.6428	0.7432	0.7510	0.7371	0.7337
OLS 套保法	最优套期保值比率	0.8557	0.9203	0.8982	0.8774	0.8705
	套保有效度	0.6616	0.7489	0.7608	0.7518	0.7503
动态套保法	最优套期保值比率均值	0.9094	0.9313	1.0033	0.8678	0.9291
	套保有效度	0.8108	0.8932	0.9057	0.8991	0.8914

在最优套期保值比率上，原始套保法遵循 1∶1 的原则，因此无论套保期限长短，套保比率均为 1。而 OLS 套保法和动态套保法，从实证结果看，最优套保比均小于 1，并且 OLS 最优套保比整体上均小于动态套保法的最优套保比；随着套保期限延长，OLS 套保法呈现先增加、然后减少的趋势，在套保期限为 2 个月时最优套保比最大，而动态套保法的最优套保比则呈现波动性，在套保期限为 3 个月时最优套保比最大。

在套保有效度上，三种套期保值方法整体上均体现出随着套保期限延长，套保有效度先增加、然后下降的趋势。套保有效度最高的情形均出现在 3 个月时。从套保有效度数值上看，动态套保法、OLS 套保法和原始套保法的套保有效度依次下降，具体来说，原始套保法有效度最高达 0.7510（3 个月）；OLS 套保有效度最高达 0.7608（3 个月）；动态套保法套保有效度最高达 0.9057（3 个月）。

C. 套期保值实证结果的纵向比较。豆粕期货上市较早，为进一步研究豆粕期货的套期保值有效度的演变过程，在完整时段中选取最近两年的数据（2006 年 7 月 10 日至 2008 年 7 月 8 日）进行分析，并将结果与整个时段进行比较，从而进一步了解豆粕期货品种最优套期保值比率的变化情况及套保有效度是否存在改进。其比较结果见表 3.2.8、表 3.2.9。

表 3.2.8 豆粕最优套期保值比率比较（完整序列与最近两年）

		1个月	2个月	3个月	4个月	6个月
原始套保法	完整序列套期保值比率	1	1	1	1	1
	最近两年套期保值比率	1	1	1	1	1
OLS 套保法	完整序列套期保值比率	0.8557	0.9203	0.8982	0.8774	0.8705
	最近两年套期保值比率	0.9462	1.0350	1.0652	1.2064	1.3008
动态套保法	完整序列套期保值比率均值	0.9094	0.9313	1.0033	0.8678	0.9291
	最近两年套期保值比率均值	0.9659	1.0165	0.9200	0.9505	1.2453

表 3.2.9　　豆粕套期保值有效度比较（完整序列与最近两年）

		1 个月	2 个月	3 个月	4 个月	6 个月	平均有效度
原始套保法	完整序列有效度	0.6428	0.7432	0.7510	0.7371	0.7337	0.721571
	最近两年有效度	0.7129	0.7792	0.8249	0.8311	0.8088	0.791378
OLS 套保法	完整序列有效度	0.6616	0.7489	0.7608	0.7518	0.7503	0.734668
	最近两年有效度	0.7152	0.7801	0.8280	0.8562	0.8545	0.806791
动态套保法	完整序列有效度	0.8108	0.8932	0.9057	0.8991	0.8914	0.880027
	最近两年有效度	0.8252	0.8500	0.8939	0.9139	0.8084	0.858287

在最优套期保值比率上，无论是使用 OLS 套保法还是动态套保法，最近两年的最优套期保值比率数值整体要高于完整序列的数值。随着套保期限延长，完整序列上使用 OLS 套保法的最优套保比呈先增加、然后下降的特点，最大值出现在 2 个月，而最近两年的序列上最优套保比则呈逐年递增的特点，且多数情况下最优套保比大于 1；完整序列上使用动态套保法的最优套保比呈波动性，最大值出现在 3 个月，而最近两年的序列上最优套保比也呈现波动性，最大值出现在 6 个月。

在套保有效度上，仍反映出动态套保法最高，OLS 套保法其次，原始套保法最差的特点；并且整体上呈现出随着套保期限延长，套保有效度先增加、后下降的趋势，最高值均出现在套保期限为 4 个月的时候。原始套保法套保有效度最高为 0.8311（4 个月）；OLS 套保法套保有效度最高为 0.8562（4 个月）；动态套保法套保有效度最高为 0.9139（4 个月）。

使用原始套保法和 OLS 套保法，最近两年的套保有效度数值均高于完整序列。最近两年数据上，原始套保法的套保有效度平均值为 0.7913，而完整序列上套保有效度平均值为 0.7216；最近两年数据上，OLS 套保法的套保有效度平均值为 0.8068，而完整序列套保有效度平均值为 0.7347；最近两年数据上，动态套保法的套保有效度整体上略低于完整序列的套保有效度，动态套保法的套保有效度平均值为 0.8583，而完整序列套保有效度平均值为 0.8800。

D. 套期保值实证结果与国外相关文献的比较。通过国外相关文献的实证检验结果的比较，可以看到大商所豆粕期货在 2003 年 10 月至 2008 年 7 月近 5 年的发展中，使用动态套保法得到的套保有效度整体要高于美国 20 世纪 90 年代末的豆粕期货。Donald Lien、Keshab Shrestha

（2008）使用 EC—GARCH 方法，对 1979 年 1 月 2 日至 1997 年 12 月 31 日期间美国豆粕期货的套保有效度进行估计，结果显示，套保有效度为 0. 4131。如果对样本期间最后两年的数据进行分析，套保有效度为 0. 5275。而本部分根据大商所 2003 年 10 月至 2008 年 7 月间的豆粕期、现货数据得到的动态套保法的套保有效度平均值为 0. 88，近两年的套保有效度平均值为 0. 85。

第四，豆油期货套期保值实证分析。

A. 基差分析。豆油期货价格与张家港豆油现货价格相关系数为 0. 9880，两者呈显著正相关关系。这表明期、现货价格之间呈显著的同方向变化特征，这为套期保值的“盈亏对冲”提供了前提条件。

图 3. 2. 7、图 3. 2. 8 分别为豆油期货价格与张家港豆油现货价格的基差图和张家港豆油现货价格图。基差图显示，基差波动基本在 -2 700 ~ 400 元之间。整个时间区间内，基差的平均值 -585 元，标准差为 442. 69 元。与之相比较，张家港豆油现货价格在 5 000 ~ 17 000 元/吨之间波动，现货价格的平均值为 8 365 元/吨，标准差为 2 602. 9 元/吨。由此可见，基差的波动远小于现货价格波动，这表明传统的 1∶1 的套保策略可以起到规避现货价格风险的作用。

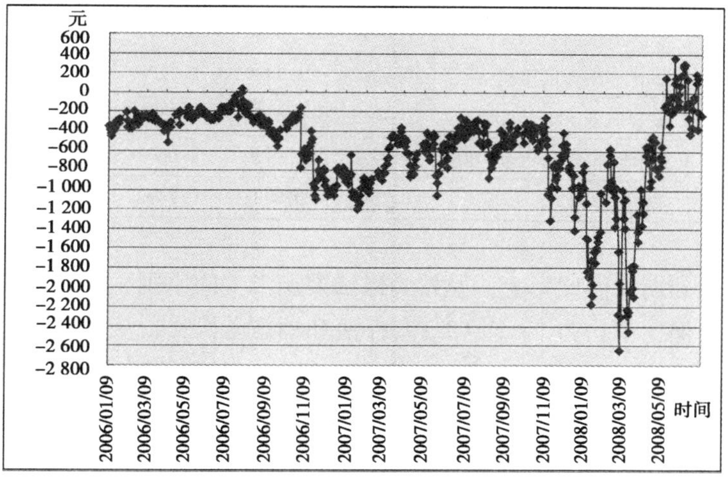

图 3. 2. 7　豆油期货价格与张家港豆油现货价格基差图

B. 不同套期保值方法下套保有效度比较。应用原始套保法、OLS 法和 ECM—GARCH 动态法分别对套期保值比率进行估计并度量其套保有效度，计量统计结果见表 3. 2. 10。

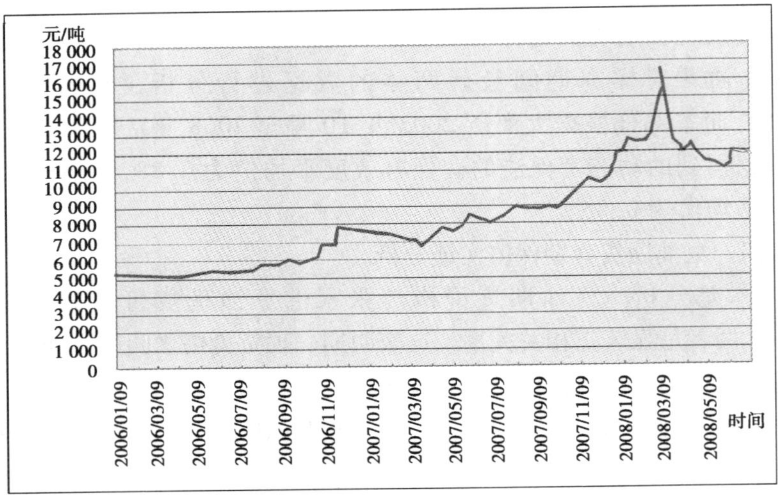

图 3.2.8　张家港豆油现货价格图

表 3.2.10　　不同套期保值方法下豆油最优套期保值比率和套保有效度

		1 个月	2 个月	3 个月	4 个月	6 个月
原始套保法	最优套期保值比率	1	1	1	1	1
	套保有效度	0.6992	0.8046	0.8075	0.8223	0.7169
OLS 套保法	最优套期保值比率	0.9082	1.1440	1.2279	1.3001	1.1952
	套保有效度	0.7064	0.8176	0.8363	0.8686	0.7366
动态套保法	最优套期保值比率均值	0.7790	0.9129	1.0693	1.1291	1.0517
	套保有效度	0.7684	0.8434	0.7492	0.7063	0.1634

在最优套期保值比率上，原始套保法遵循 1∶1 的原则，因此无论套保期限长短，套保比率均为 1。而 OLS 套保法和动态套保法，从实证结果看，最优套保比多数情况下大于 1，并且 OLS 方法最优套保比整体上均高于动态套保法的最优套保比；随着套保期限延长，OLS 套保法和动态套保法均呈现先增加、后减少的趋势，在套保期限为 4 个月时最优套保比最大。

在套保有效度上，三种套期保值方法整体上均体现出随着套保期限延长，套保有效度先增加、然后下降的趋势。从套保有效度数值上看，动态套保法在套保期限较短时的套保有效度要优于其他两种方法的套保有效度，而在套保期限较长时，则 OLS 套保法的套保有效度高于其他两种方法的套保有效度。具体来说，原始套保法有效度最高达 0.8223（4 个月）；OLS 套保有效度最高达

0.8686（4个月）；动态套保法套保有效度最高达0.8434（2个月）。

C. 套期保值实证结果与国外相关文献的比较。通过国外相关文献的实证检验结果的比较，可以看到大商所豆油期货自上市以来，在2006年1月至2008年7月两年半的发展中，使用动态套保法得到的套保有效度整体与美国20世纪90年代末的豆油期货相当。Donald Lien、Keshab Shrestha（2008）使用EC—GARCH方法，对1979年1月2日至1997年12月31日期间美国豆油期货套期保值有效度进行估计，结果显示豆油套保有效度为0.6215。如果对样本期间最后2年的数据进行分析，套保有效度为0.7963。而本部分根据大商所2006年1月至2008年7月间的豆油期、现货数据得到的动态套保法的套保有效度平均值为0.77（因套保期限为6个月的有效度显著低于其他套保期限，故在计算平均值时未计入）。

第五，玉米期货套期保值实证分析。

A. 基差分析。玉米期货价格与大连玉米现货价格的相关系数达到0.9722，呈显著正相关关系。这表明期、现价格之间呈显著的同方向变化特征，这为套期保值的"盈亏对冲"提供了前提条件。

图3.2.9、图3.2.10分别表示玉米期货价格与大连玉米现货价格的基差图和大连玉米现货价格图。基差图显示，基差波动基本在-120~180元之间。整个时间区间内，基差的平均值为43.83元，标准差为49.77元。与之相比较，大连玉米现货价格在1 100~1 750元/吨之间波动，现货价格的平均值为1 383.31元/吨，标准差为170.46元/吨。由此可见，基差的波动小于现货价格的波动，这表明传统的1∶1的套保策略可以起到规避现货价格风险的作用。

B. 不同套期保值方法下套保有效度比较。应用原始套保法、OLS静态套保法和ECM—GARCH动态套保法分别对套期保值比率进行估计并度量其套保有效度，计量统计结果见表3.2.11。

表3.2.11　　不同套期保值方法下玉米最优套期保值比率和套保有效度

		1个月	2个月	3个月	4个月	6个月
原始套保法	最优套期保值比率	1	1	1	1	1
	套保有效度	0.0083	0.0809	-0.2209	-0.4154	-1.0167
OLS套保法	最优套期保值比率	0.5029	0.5247	0.4456	0.4128	0.3417
	套保有效度	0.3697	0.4517	0.4034	0.4060	0.3750
动态套保法	最优套期保值比率均值	0.4697	0.7168	0.4995	0.3895	0.4198
	套保有效度	0.5551	0.6754	0.4434	0.5253	-0.9049

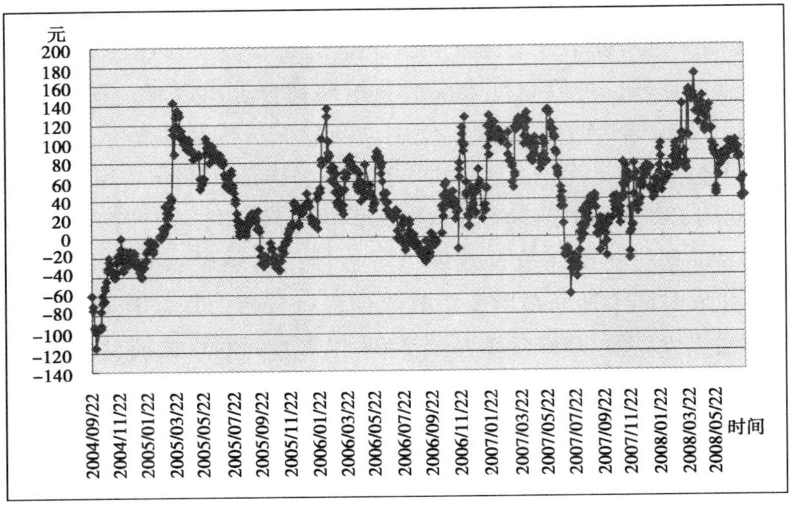

图 3.2.9　玉米期货价格与大连玉米现货价格基差图

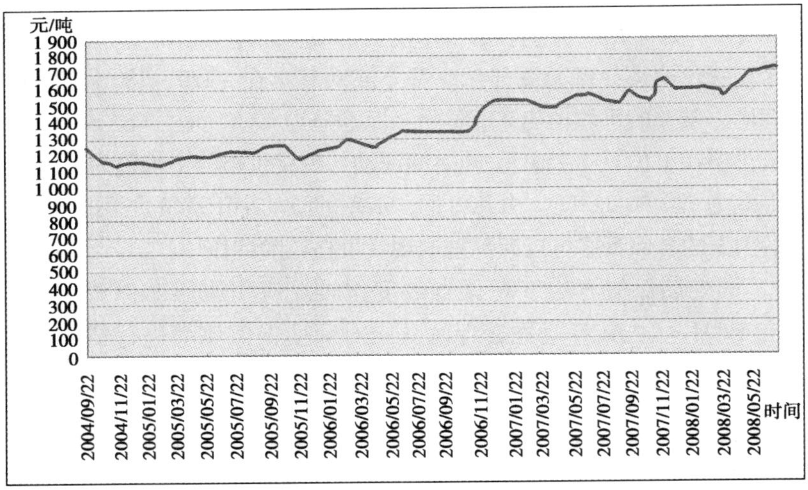

图 3.2.10　大连玉米现货价格图

在最优套期保值比率上，原始套保法遵循 1∶1 的原则，因此无论套保期限长短，套保比率均为 1。而 OLS 套保法和动态套保法，从实证结果看，最优套保比均显著小于 1；在不同套期保值期限上，OLS 法的最优套保比并未表现出整体高于或低于动态套保法的最优套保比的特征；随着套保期限延长，OLS 套保法的最优套保比呈现先增加、后减少的特点，在套保期限为 2

个月时最优套保比最大；动态套保法的最优套保比呈现波动性，在套保期限为2个月时最优套保比最大。

在套保有效度上，随着套保期限的延长，原始套保法的套保有效度呈现先增加、后减少的特点，且套保有效度非常低，多数情况下甚至为负值，这表明使用原始套保法基本无效，甚至会增加风险。使用OLS套保法，随着套保期限的延长，套保有效度呈现先增加、后减少的特点，套保有效度最高为0.4517（2个月）。使用动态套保法，随着套保期限的延长，套保有效度呈波动性，套保有效度最高为0.6754（2个月）。从套保有效度数值上看，动态套保法、OLS套保法和原始套保法的套保有效度依次下降。

C. 套期保值实证结果的纵向比较。玉米期货为上市较早的品种，为了进一步研究玉米期货套期保值有效度的演变过程，在完整时段中选取最近两年的数据（2006年7月10日至2008年7月14日）进行分析，并将结果与整个时段进行比较，从而进一步了解玉米期货品种最优套保比率的变化情况以及套保有效度是否存在改进。其比较结果见表3.2.12、表3.2.13。

表3.2.12　最优套期保值比率比较（完整序列与最近两年）

		1个月	2个月	3个月	4个月	6个月
原始套保法	完整序列套期保值比率	1	1	1	1	1
	最近两年套期保值比率	1	1	1	1	1
OLS套保法	完整序列套期保值比率	0.5029	0.5247	0.4456	0.4128	0.3417
	最近两年套期保值比率	0.6005	0.6509	0.6198	0.5965	0.4655
动态套保法	完整序列套期保值比率均值	0.4697	0.7168	0.4995	0.3895	0.4198
	最近两年套期保值比率均值	0.5141	0.7680	0.6997	0.7407	0.5392

表3.2.13　套期保值有效度比较（完整序列与最近两年）

		1个月	2个月	3个月	4个月	6个月	平均有效度
原始套保法	完整序列有效度	0.0083	0.0809	-0.2209	-0.4154	-1.0167	0.0446
	最近两年有效度	0.2512	0.4188	0.3788	0.3652	-0.2185	0.3535
OLS套保法	完整序列有效度	0.3697	0.4517	0.4034	0.4060	0.3750	0.4012
	最近两年有效度	0.4507	0.5879	0.6072	0.6731	0.6868	0.6012
动态套保法	完整序列有效度	0.5551	0.6754	0.4434	0.5253	-0.9049	0.5498
	最近两年有效度	0.6247	0.6716	0.6513	0.6795	0.1507	0.5556

说明：套期保值有效度为负值的情形，在计算平均有效度时未计入。

在最优套期保值比率上，使用OLS套保法和动态套保法，最近两年的最优套期保值比率数值整体要高于完整序列的数值。使用OLS套保法和动态套保法，最近两年和完整序列上最优套保比的最大值均出现在2个月。

在套保有效度上，仍反映出动态套保法最高、OLS套保法其次、原始套保法最差的特点。随着套保期限延长，原始套保法套保有效度呈先增加、后减少的趋势，原始套保法套保有效度最高为0.4188（2个月）；OLS套保法套保有效度整体呈依次增加趋势，最高为0.6868（6个月）；动态套保法套保有效度呈波动状态，最高为0.6795（4个月）。

无论使用原始套保法，还是OLS或动态套保法，最近两年的套保有效度数值整体都要高于完整序列。最近两年数据上，原始套保法的套保有效度平均值为0.3535，而完整序列套保有效度平均值为0.0446；OLS套保法的套保有效度平均值为0.6012，而完整序列套保有效度平均值为0.4012；动态套保法的套保有效度平均值为0.5556，而完整序列套保有效度平均值为0.5498。

D. 套期保值实证结果与国外相关文献的比较。通过国外相关文献的实证检验结果的比较，可以看到大商所玉米期货在2004年9月至2008年7月近4年的发展中，使用动态套保法得到的套保有效度整体与美国20世纪90年代末的玉米期货相当。Donald Lien、Keshab Shrestha（2008）使用EC—GARCH方法，对1979年1月2日至1997年12月31日期间美国玉米期货的最优套期保值比率和套保组合标准差进行估计，其中现货选取的是黄玉米二号，结果显示玉米套保有效度为0.4908。如果对样本期间最后两年的数据进行分析，套保有效度为0.5015。而本部分根据大商所2004年9月至2008年7月间的玉米期、现货数据得到的动态套保法的套保有效度平均值为0.55，近两年的套保有效度平均值为0.56。

第六，大商所棕榈油期货套期保值实证分析。

A. 基差分析。棕榈油期货价格与张家港棕榈油现货价格的相关系数为0.9723，呈显著正相关关系。这表明期货价格与现货价格之间呈显著同方向变化特征，这为套期保值的“盈亏对冲”提供了前提条件。

图3.2.11、图3.2.12分别为棕榈油期货价格与张家港棕榈油现货价格的基差图和张家港棕榈油现货价格图。基差图显示，基差波动基本在-1 000~1 000元之间。整个时间区间内基差的平均值65.4元，标准差为243.18元；而同期张家港棕榈油现货价格在7 000~13 500元/吨之间波动，

现货价格的平均值为 9 796. 10 元/吨，标准差为 1 063. 00 元/吨。由此可见，基差的波动远小于现货价格的波动，这表明传统的 1∶1 的套保策略可以起到规避现货价格风险的作用。

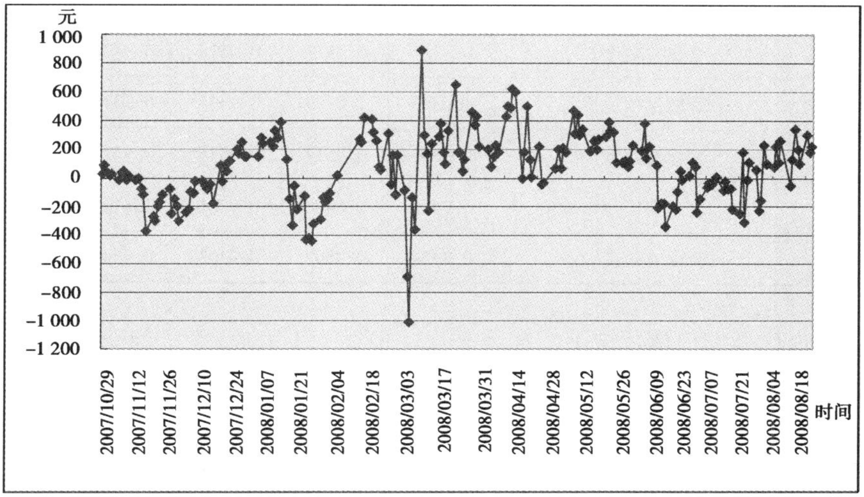

图 3. 2. 11　棕榈油期货价格与张家港棕榈油现货价格基差图

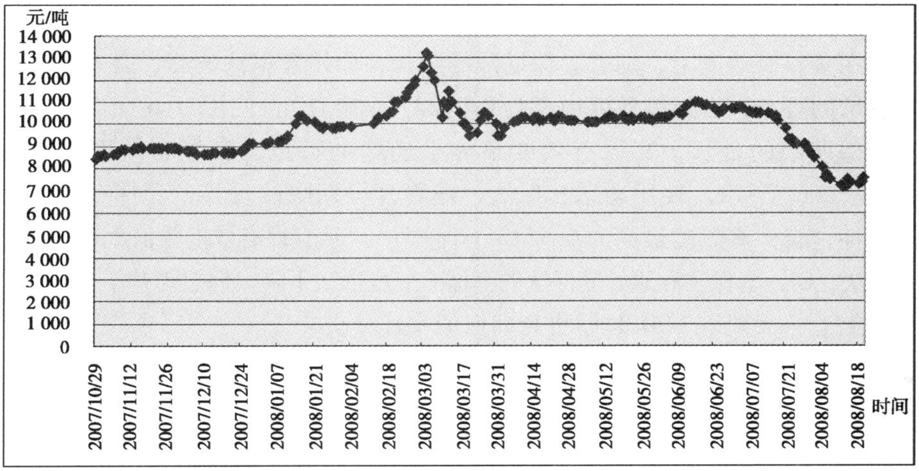

图 3. 2. 12　张家港棕榈油现货价格图

B. 不同套期保值方法下套保有效度比较。应用原始套保法、OLS 静态套保法和 ECM—GARCH 动态套保法分别对套期保值比率进行估计并度量其套保有效度，计量统计结果见表 3. 2. 14。

表 3.2.14 不同套期保值方法下棕榈油最优套期保值比率和套保有效度

		1 个月	2 个月	3 个月	4 个月	6 个月
原始套保法	套期保值比率	1	1	1	1	1
	套保有效度	0.9317	0.9513	0.9528	0.9474	0.9772
OLS 套保法	套期保值比率	1.0397	1.0199	0.9595	0.9316	0.9796
	套保有效度	0.9331	0.9517	0.9545	0.9526	0.9777
动态套保法	套期保值比率均值	0.9466	0.8476	0.9561	0.8123	1.0217
	套保有效度	0.9354	0.9597	0.9403	0.9349	0.9812

在最优套期保值比率上，原始套保法遵循 1∶1 的原则，因此无论套保期限长短，套保比率均为 1。除个别套期保限外，OLS 套保法和动态套保法的最优套保比小于 1 的情形占多数，但从数值上看均接近 1；在不同套期保值期限上，OLS 套保法的最优套保比并未表现出整体高于或低于动态套保法的最优套保比的特征；随着套保期限延长，OLS 套保法的最优套保比呈波动性，在套保期限为 2 个月时最优套保比最大；动态套保法的最优套保比也呈现波动性，在套保期限为 6 个月时最优套保比最大。

在套保有效度上，随着套保期限的延长，原始套保法的套保有效度整体呈递增的特点，套保有效度最高为 0.9722（6 个月）。使用 OLS 套保法，随着套保期限的延长，套保有效度整体呈递增的特点，套保有效度最高为 0.9777（6 个月）。使用动态套保法，随着套保期限的延长，套保有效度呈波动性，套保有效度最高为 0.9812（6 个月）。从套保有效度数值上看，动态套保法、OLS 套保法和原始套保法的套保有效度依次下降，但差距并不显著。

第七，大商所 LLDPE 期货套期保值实证分析。

A. 基差分析。LLDPE 期货价格与扬子石化出厂价的现货价格相关系数为 0.8422，相关度虽低于其他品种，但也属显著正相关。这表明期、现货价格之间呈显著同方向变化特征，这为套期保值的“盈亏对冲”提供了前提条件。

图 3.2.13、图 3.2.14 分别表示 LLDPE 期货价格与扬子石化出厂价的基差图和扬子石化出厂价图。基差图显示，基差波动基本在 -1 500 ~ 2 000 元之间。整个时间区间内基差的平均值为 409.73 元，标准差为 509.45 元。而同期扬子石化现货价格在 12 000 ~ 16 000 元/吨之间波动，现货价格的平均

值为 13 353. 60 元/吨，标准差为 1 054. 55 元/吨。由此可见，基差的波动小于现货价格的波动，这表明传统的 1∶1 的套保策略可以在一定程度上起到规避现货价格风险的作用。

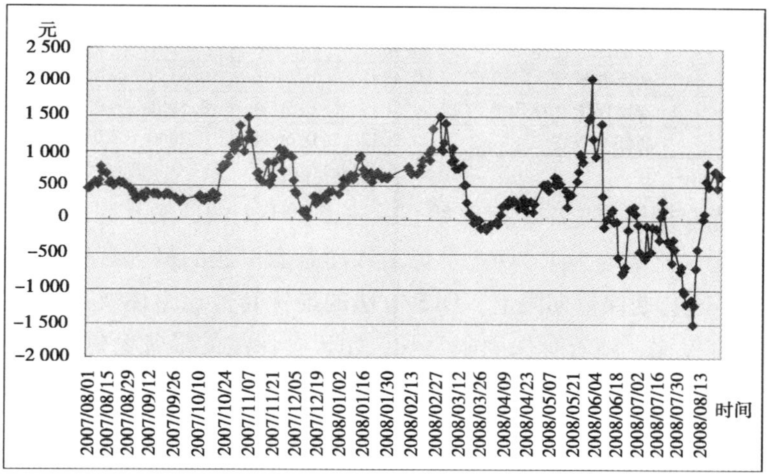

图 3. 2. 13　LLDPE 期货价格与扬子石化出厂价基差图

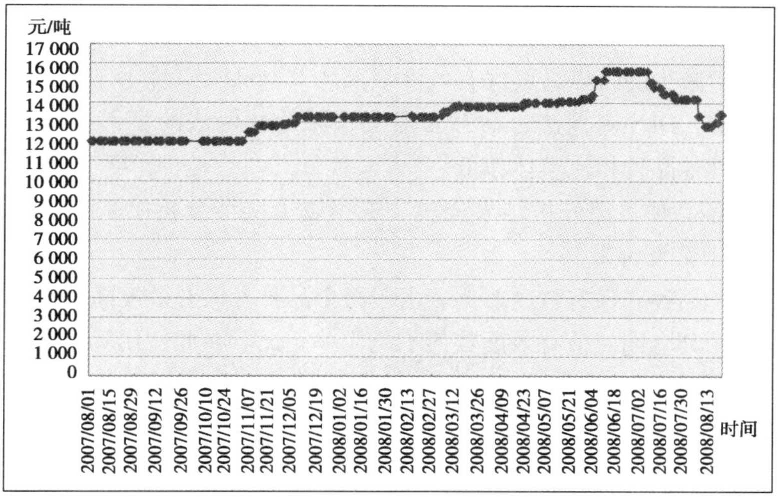

图 3. 2. 14　扬子石化 LLDPE 出厂价图

B. 不同套期保值方法下套保有效度比较。应用原始套保法、OLS 静态套保法和 ECM—GARCH 动态套保法分别对套期保值比率进行估计并度量其套保有效度，计量统计结果见表 3. 2. 15。

表 3.2.15　不同套期保值方法下 LLDPE 最优套期保值比率和套保有效度

		1个月	2个月	3个月	4个月	6个月
原始套保法	套期保值比率	1	1	1	1	1
	套保有效度	0.2259	0.2880	0.4028	0.3394	0.2125
OLS 套保法	套期保值比率	0.5838	0.6006	0.6242	0.6339	0.5521
	套保有效度	0.4591	0.5161	0.6319	0.5093	0.6214
动态套保法	套期保值比率均值	0.3039	0.5070	0.5951	0.5974	0.5234
	套保有效度	0.0042	0.6694	0.2860	0.0854	-0.8468

在最优套期保值比率上，原始套保法遵循 1:1 的原则，因此无论套保期限长短，套保比率均为 1。OLS 套保法和动态套保法的最优套保比均显著小于 1。在不同套期保值期限上，OLS 方法的最优套保比整体要高于动态套保法的最优套保比，随着套保期限延长，OLS 套保法的最优套保比呈先增加、后减少的特点，在套保期限为 4 个月时最优套保比最大；动态套保法的最优套保比也呈先增加、后减少的特点，在套保期限为 4 个月时最优套保比最大。

在套保有效度上，随着套保期限的延长，原始套保法的套保有效度呈先增加、后减少的特点，套保有效度最高为 0.4028（3 个月）。使用 OLS 套保法，随着套保期限的延长，套保有效度整体呈波动性，套保有效度最高为 0.6319（3 个月）。使用动态套保法，随着套保期限的延长，套保有效度呈先增加、后减少的特点，套保有效度最高为 0.6694（2 个月）。从套保有效度数值上看，OLS 套保法、动态套保法和原始套保法的套保有效度依次下降，且与其他品种相比整体偏低。

（5）各品种实证分析结果比较。根据以上实证分析结果，将主要结论进行汇总（见表 3.2.16）。

第一，品种套保有效度对比。由于每个品种套保有效度随套保期限变化特征不同，其套期保值有效度数值不能简单相比。在此使用算术平均，计算出不同期限的套保有效度的均值，以此可大致衡量该品种套期保值整体的套保有效度。

A. 动态 ECM—GARCH 套保法套保有效度的品种比较。表 3.2.17 为各品种动态 ECM—GARCH 套保的有效度情况。比较可知，使用动态 ECM—GARCH 套保，套保整体效果最好的是棕榈油和豆粕，平均套保有效度分别达到了 0.95 和 0.88，其次为黄大豆二号、黄大豆一号、豆油、玉米，套保有效度分别为 0.7838、0.7247、0.6461、0.5498，LLDPE 套保有效度最差，平均套保有效度为 0.2613。

表 3.2.16 连续合约套期保值实证检验汇总表

项目 品种	现货市场	相关系数	基差标准差（元）	现货价格标准差（元）	原始套保法		OLS套保法		动态套保法	
					套保有效度最高值	最高值对应的套保期限	套保有效度最高值	最高值对应的套保期限	套保有效度最高值	最高值对应的套保期限
黄大豆一号	哈尔滨	0.9735	196.947	812.934	0.7582	6个月	0.7657	6个月	0.9807	3个月
黄大豆二号	连云港	0.9878	168.52	905.83	0.8846	6个月	0.9839	6个月	0.9489	4个月
豆　粕	张家港	0.9567	176.50	574.88	0.7510	3个月	0.7608	3个月	0.9057	3个月
豆　油	张家港	0.9880	442.69	2 602.90	0.8223	4个月	0.8686	4个月	0.8434	2个月
玉　米	大　连	0.9722	49.77	170.46	0.0809	2个月	0.4517	2个月	0.6754	2个月

若分期限考察套保有效度，6 个月期限的棕榈油品种套保有效度最高，高达0.9812，几乎可以实现完全套保；其次为6 个月期限的黄大豆二号，套保有效度达0.9551。

表 3.2.17　动态 ECM—GARCH 套保法套保有效度品种比较

动态调整间隔（天）／品种有效度	1 个月	2 个月	3 个月	4 个月	6 个月	平均有效度
棕榈油	0.9354	0.9597	0.9403	0.9349	**0.9812**	0.9503
豆　粕	0.8108	0.8932	**0.9057**	0.8991	0.8914	0.8800
黄大豆二号	0.7213	0.6834	0.7112	0.8482	**0.9551**	0.7838
黄大豆一号	0.6768	0.7628	0.6679	0.7035	**0.8125**	0.7247
豆　油	0.7684	**0.8434**	0.7492	0.7063	0.1634	0.6461
玉　米	0.5551	**0.6754**	0.4434	0.5253	-0.9049	0.5498
LLDPE	0.0042	**0.6694**	0.2860	0.0854	-0.8468	0.2613

说明：黑体数字表示该品种套保有效度最高的情形；套期保值有效度为负值的，在计算平均有效度时未计入。

B. OLS 套保法套保有效度的品种比较。表3.2.18 为各品种静态 OLS 套保法套保的有效度情况。比较可知，从平均有效度看，棕榈油套保有效度最高，达0.9539；其次是豆油、豆粕、黄大豆二号、LLDPE、黄大豆一号，平均套保有效度分别为0.7931、0.73468、0.7064、0.5476、0.54448，玉米最差，套保有效度为0.40116。

若分期限考察套保有效度，6 个月期限的棕榈油和黄大豆二号品种套保有效度最高，达0.9777、0.8849，再次为4 个月期限的豆油，套保有效度达0.8686。

表 3.2.18　静态 OLS 套保法套保有效度品种比较

套保期限／品种有效度	1 个月	2 个月	3 个月	4 个月	6 个月	平均有效度
棕榈油	0.9331	0.9517	0.9545	0.9526	**0.9777**	0.9539
豆　油	0.7064	0.8176	0.8363	**0.8686**	0.7366	0.7931
豆　粕	0.6616	0.7489	**0.7608**	0.7518	0.7503	0.7347
黄大豆二号	0.5622	0.5967	0.7024	0.7858	**0.8849**	0.7064
LLDPE	0.4591	0.5161	**0.6319**	0.5093	0.6214	0.5476
黄大豆一号	0.3819	0.4542	0.5198	0.6008	**0.7657**	0.5445
玉　米	0.3697	**0.4517**	0.4034	0.406	0.375	0.4012

说明：黑体数字表示该品种套保有效度最高的情形。

C. 原始套保法套保有效度的品种比较。表 3.2.19 为各品种原始套保有效度情况。从平均有效度看，棕榈油套保有效度最高，达 0.9521；其次是豆油、豆粕、黄大豆二号、黄大豆一号，平均套保有效度分别为 0.7701、0.72156、0.6132、0.45682；LLDPE、玉米最差，套保有效度分别为 0.2937、0.0446。

若分期限考察套保有效度，6 个月期限的棕榈油、黄大豆二号品种套保有效度最高，达 0.9772、0.8846；其次为 4 个月期限的豆油，套保有效度达 0.8223。

表 3.2.19　　原始套保有效度品种比较

套保期限 / 品种有效度	1 个月	2 个月	3 个月	4 个月	6 个月	平均有效度
棕榈油	0.9317	0.9513	0.9528	0.9474	**0.9772**	0.9521
豆　油	0.6992	0.8046	0.8075	**0.8223**	0.7169	0.7701
豆　粕	0.6428	0.7432	**0.751**	0.7371	0.7337	0.72156
黄大豆二号	0.3505	0.4474	0.6207	0.7628	**0.8846**	0.6132
黄大豆一号	0.237	0.321	0.416	0.5519	**0.7582**	0.45682
LLDPE	0.2259	0.2880	**0.4028**	0.3394	0.2125	0.2937
玉　米	0.0083	**0.0809**	-0.2209	-0.4154	-1.0167	0.0446

说明：黑体数字表示该品种套保有效度最高的情形。

虽然不同套保法下的品种套保有效度的排序存在差异，但从整体看，套期保值效果比较好的品种是棕榈油、黄大豆二号、豆粕和豆油；其次是黄大豆一号；玉米、LLDPE 套保效果最差。

棕榈油最高的套保有效度（使用动态 ECM—GARCH 套保方法，套保期限为 6 个月）高达 0.9812，意味着与不进行套保相比，可在 98.12% 的程度上减少价格波动风险。黄大豆二号品种最高的套保有效度（使用动态 ECM—GARCH 套保方法，套保期限为 6 个月）高达 0.9551，意味着与不进行套保相比，可在 95.51% 的程度上减少价格波动风险。豆粕品种最高的套保有效度（使用动态 ECM—GARCH 套保法，套保期限为 3 个月）达 0.9057。豆油品种最高的套保有效度（使用 OLS 套保法，套保期限为 4 个月）达 0.8686。

虽然玉米、LLDPE 整体套保效果相比较差，玉米最高的套保有效度（使用动态 ECM—GARCH 套保方法，套保期限为 2 个月）为 0.6754，LLDPE 最高的套保有效度（使用动态 ECM—GARCH 套保方法，套保期限为 2 个月）为 0.6694，但通过套保仍可以规避 65% 以上的风险，优于不进行套保的情形。

第二，不同套保方法的套保有效度比较。在三种套保策略中，就大多数被研究的品种而言，动态 ECM—GARCH 套保有效度高于 OLS 套保有效度，OLS 套保有效度又高于原始套保有效度，但豆油、棕榈油品种表现不显著；LLDPE 则是 OLS 套保有效度最显著。

第三，不同套保方法的最优套期保值比率比较。套保方法、套保期限不同，最优套期保值比率有所不同。各品种套期保值比率汇总见表 3.2.20。

表 3.2.20　　各品种套期保值比率情况汇总

品　种	静态 OLS 套期保值比率区间及均值		动态 ECM—GARCH 套期保值比率区间及均值	
玉　米	0.34 ~ 0.50	0.44554	0.39 ~ 0.71	0.49906
黄大豆一号	0.62 ~ 0.91	0.72928	0.64 ~ 0.98	0.84498
黄大豆二号	0.62 ~ 0.98	0.77396	0.58 ~ 0.95	0.80218
豆　油	0.91 ~ 1.30	1.15508	0.78 ~ 1.13	0.9884
豆　粕	0.86 ~ 0.92	0.88442	0.87 ~ 1.00	0.92818
棕榈油	0.93 ~ 1.04	0.9861	0.81 ~ 1.02	0.9169
LLDPE	0.55 ~ 0.63	0.5989	0.3 ~ 0.6	0.5054

从整体看，使用动态 ECM—GARCH 套保法的最优套期保值比率整体要高于静态 OLS 套保的最优套期保值比率（豆油以及棕榈油 6 个月期限除外）。不过这两种方法的最优套期保值比率数值整体上低于原始套期保值比率 1（豆油品种使用 OLS 方法，棕榈油品种个别套保期限除外），这意味着将期、现货视为投资组合、寻求组合收益波动性最小的套保方式，实现最优套保效果时，期货头寸可以小于现货的头寸，这在一定程度上可以减少套期保值保证金的占用及资金要求。

第四，最近两年与完整序列套保有效度的比较。通过对上市较早的大豆、豆粕和玉米三个品种最近两年的套保有效度与整个时间段的套保有效度的比较（见表 3.2.21）可以看到，最近两年的套保有效度整体要高于完整时间段的套保有效度，这表明随着这三个期货品种的运行与不断完善，套期保值功能发挥程度逐渐提高，运用期货市场进行套期保值可以在更大程度上规避价格波动风险。

表 3.2.21 套保实证检验结果最近两年与完整序列比较表

项目 / 品种	现货市场	时间段	原始套保法		OLS 套保法		动态套保法	
			套保有效度最高值	最高值对应的套保期限	套保有效度最高值	最高值对应的套保期限	套保有效度最高值	最高值对应的套保期限
黄大豆一号	哈尔滨	完整序列	0.7582	6个月	0.7657	6个月	0.8125	6个月
		最近两年	0.7182	6个月	0.7295	6个月	0.8303	6个月
豆粕	张家港	完整序列	0.7510	3个月	0.7608	3个月	0.9057	3个月
		最近两年	0.8311	4个月	0.8562	4个月	0.9139	4个月
玉米	大连	完整序列	0.0809	2个月	0.4517	2个月	0.6754	2个月
		最近两年	0.4188	2个月	0.6868	4个月	0.6795	4个月

3.2.2 分合约套保有效度实证检验

（1）方法与数据说明。在以连续期货价格为样本进行套保有效度分析之后，本部分对各品种不同月份合约的套保有效度进一步展开分析。这两种方法各有优劣。前一种方法以连续期货价格为样本，时间跨度长，样本数量大，计量分析的数据基础较好，并且能够分为不同长短的套期保值期限（最长可达6个月）；但连续期货数据是由历史上各近月合约连接而成，在某个套保期限上，可能跨越不同月份合约，这与现实中多以特定某个合约为套保对象的操作方式有一定出入。后一种方法则是以不同交割月份的具体合约为分析对象，能较好模拟套期保值者选择具体合约时所获得的套期保值效果；但其缺点是每个合约从上市到到期日数据量有限，难以对套保期限较长的情形进行分析（例如6个月）。因此，对于套保有效度可结合这两种分析的结果综合判断。

在分合约分析时，套保期限选择1天、40天和80天三种情形。套保期限为1天的情形在实际中几乎不存在，但在计量分析上，1天的情形能够避免40天、80天的套保期限所带来的数据重叠的问题。例如，套保期限为40天时，在计算现货价格变动的方差时，是用上市第1天至第41天的现货价格变动、第2天至第42天的现货价格变动……以此类推计算而成。数据重叠会带来自相关问题，由此计算的套保有效度会略有高估。但如果不进行数据重叠，采取第1天至第41天，第42天至第82天……以此类推来计算，则会带来数据量过少问题，从而影响计量结果，甚至导致无法进行分析。

分合约套保有效度仅对传统套期保值策略进行分析。如前所述，套期保值策略可分为传统的1:1套保、静态套保和动态套保。根据连续价格的分析结果显示，虽然三种方法得出的最优套期保值比率、套保有效度均有所不同，但总体趋势有一致性。考虑到分合约数据量的局限性，在此仅选择传统套期保值策略，对各品种的不同合约进行分析。

套保有效度分析的品种、合约及其数量见表3.2.22。

表3.2.22　　　　套保有效度分析的合约

品　种	对应现货地点	合　约	合约数量
黄大豆一号	哈尔滨	A0303—0811	35
	大　连	A0303—0811	35
黄大豆二号	青　岛	B0605—0811	16
豆　粕	张家港	M0308—0812	40
豆　油	张家港	Y0605—0812	22

续表

品种	对应现货地点	合约	合约数量
玉米	白城	C0501—0811	24
	大连	C0501—0811	24
棕榈油	张家港	P0801—0807	7
LLDPE	扬子石化	L0710—0808	10

期货价格数据来自世华财讯，选取每个合约每个交易日的收盘价。现货价格除 LLDPE 外，均来自粮油信息中心，LLDPE 现货价格来自浙江塑料网。由于期货价格和现货价格存在日期不配比问题，故将不配比的数据筛除，保留均有期、现报价的数据。

（2）分合约套保有效度结果。分合约套保有效度结果见附录一。每个合约均分为 1 天、40 天和 80 天的套保期限，在不同套保期限下，分别计算现货价格变动的方差 VAR（Δs）和基差变动的方差 VAR（Δd），在此基础上计算套保有效度（1 - VAR（Δd）/ VAR（Δs））。随着套保期限增加，同一合约的样本数量将减少，当少于 30 个时，将不予分析，用“—”标注。

分品种套保有效度与连续价格下的套保有效度相比整体偏低，主要原因在于两者的数据样本不同。在连续价格下，数据样本量多倍于分合约情形，对统计结果有一定影响；并且连续期货价格数据是按照近月合约价格连接而成，多为交易活跃的主力合约，与现货价格关系相对紧密，两者价格的一致性要高于分合约的情形，因此计算的基差变动的方差相对较小，这会对套保有效度产生较大影响。

为进一步研究各品种套保有效度的特点，在此对分合约套保有效度从多个角度进行品种间的比较分析。

第一，品种间套保有效度比较。在此选取套保有效度大于 0 的情形占总体的比例、套保有效度的平均值等指标进行比较（见表 3.2.23）。

表 3.2.23　　各期货品种套保有效度比较

期货品种	黄大豆一号	黄大豆二号	豆粕	豆油	玉米	棕榈油	LLDPE
计算套保有效度的总数量	97	25	71	38	92	2	5
套保有效度大于 0 的数量	39	12	61	36	18	2	1
大于 0 套保有效度所占比例	40.21%	48.00%	85.92%	94.74%	19.57%	100%	20.00%
套保有效度大于 0 且套保期限为 40 天的数量	22	7	34	19	11	1	1

续表

期货品种	黄大豆一号	黄大豆二号	豆　粕	豆　油	玉　米	棕榈油	LLDPE
套保有效度大于0且套保期限为80天的数量	17	5	27	17	7	1	0
大于0套保有效度的平均值	0.5196	0.4589	0.6214	0.6831	0.3398	0.8931	0.5415
套保有效度最高值	0.8813	0.8594	0.9073	0.9372	0.7385	0.9316	0.5415

在统计中，未将套保期限为1天的统计在内，因为该套保期限下绝大多数品种套保有效度为负值，这是因为现货市场价格变动频率较低，数个交易日价格保持不变的情形很普遍，而期货市场每天价格都会发生波动，这会导致基差变动相对较大，因此1天的套保期限下现货价格波动的方差往往要小于基差波动的方差，由此导致套保有效度为负值。

通过比较套保有效度大于零的情形占该品种计算套保有效度的总量的比例大小，可以反映该品种进行套期保值起到规避风险作用的比例。比较显示，套保有效度大于零的情形占计算总量的比例最高的为棕榈油，比例为100%；其次为豆油（94.74%）、豆粕（85.92%）、黄大豆二号（48%）、黄大豆一号（40.21%）；LLDPE和玉米最差，比例分别为20%和19.57%。

对套保有效度大于零的情形，通过计算平均值，可以反映套期保值有效程度的高低。平均值越大，反映出通过套期保值可以在更大程度上规避现货价格波动的风险。通过比较可以看到，棕榈油的套保有效度的平均值最高，为0.8931；其次是豆油（0.6831）、豆粕（0.6214）、LLDPE（0.5415）、黄大豆一号（0.5196）、黄大豆二号（0.4589）；玉米最差（0.3398）。

在套保有效度大于零的情形中，套保有效度的最高值指标可以反映该品种在某个特定月份上、特定套保期限上能够达到的套期保值效果最优的情形。通过比较可以看到，套保有效度最高的是豆油品种，达0.9372；其次是棕榈油（0.9316）、豆粕（0.9073）、黄大豆一号（0.8813）、黄大豆二号（0.8594）、玉米（0.7385）；LLDPE最低，为0.5415。其中，棕榈油、LLDPE计算套保有效度的合约样本量较少，指标值缺少代表性。在其余品种中，综合以上指标可以看到，豆油套期保值效果最优；其次是豆粕、黄大豆一号、黄大豆二号；玉米最差。

通过套保有效度大于零的情形在套保期限上的分布情况，可以显示不同品种套保有效度在套保期限上的差异。通过比较可以看到，所有品种（豆油、豆粕、黄大豆一号、黄大豆二号、玉米、棕榈油、LLDPE 样本少，在此不予比较分析）套保有效度大于零的情形，在套保期限为 40 天时出现的次数要多于套保期限为 80 天的次数。这表明，对这些品种来说，选择较短的套期保值期限（40 天或 2 个月）是更适当的套期保值策略。

第二，套保有效度在各合约月份分布特征。通过套保有效度大于零的情形在各合约月份上的分布情况，可以显示各品种在哪些月份上进行套期保值会更有效（见表 3.2.24）。

表 3.2.24 各期货品种大于 0 的套保有效度在各合约月份的分布个数（比率）

期货品种	黄大豆一号		黄大豆二号		豆 粕		豆 油		玉 米		棕榈油		LLDPE	
1 月	4	10%	4	33%	5	8%	4	11%	4	22%	—	—	—	—
3 月	8	21%	2	17%	9	15%	4	11%	2	11%	—	—	1	100%
5 月	10	26%	1	8%	9	15%	4	11%	4	22%	2	100%	—	—
7 月	9	23%	3	25%	5	8%	4	11%	4	22%	—	—	—	—
8 月	—	—	—	—	10	16%	4	11%	—	—	—	—	—	—
9 月	4	10%	2	17%	10	16%	6	17%	4	22%	—	—	—	—
11 月	4	10%	0	0%	10	16%	6	17%	0	0%	—	—	—	—
12 月	—	—	—	—	3	5%	4	11%	—	—	—	—	—	—

说明："—"表示该品种不存在该月份的合约。

黄大豆一号套保有效度大于零的情形在各合约月份上的分布由大到小依次为 5 月份，7 月份，3 月份，1 月份、9 月份和 11 月份（并列）。在 5 月份、7 月份、3 月份较为集中。

黄大豆二号套保有效度大于零的情形在各合约月份上的分布由大到小依次为 1 月份，7 月份，3 月份和 9 月份（并列），5 月份。11 月份未出现套保有效度大于零的情形。在 4 月份、7 月份较为集中。

豆粕套保有效度大于零的情形在各合约月份上的分布由大到小依次为 8 月份、9 月份、11 月份（并列），3 月份、5 月份（并列），1 月份、7 月份（并列），12 月份。分布相对平均。

豆油套保有效度大于零的情形在各合约月份上的分布由大到小依次为 9 月份、11 月份（并列），1 月份，3 月份、5 月份、7 月份、8 月份、12 月份（并列）。分布相对平均。

玉米套保有效度大于零的情形在各合约月份上的分布由大到小依次为1月份、5月份、7月份、9月份（并列），3月份。11月份未出现套保有效度大于零的情形。

第三，套期保值有效性年度间比较。通过对跨越年度较多的品种进行年度套保有效度分析，显示各品种在不同年份上套保有效度的差异。在所有品种中，黄大豆一号、豆粕和玉米三品种跨越年度较多，在此主要分析这三个品种。分析结果见表3.2.25至表3.2.27。

黄大豆一号合约涉及2004—2008年共5年，在每年中，套保有效度大于零的情形占该年度计算套保有效度总数量的比重最高的是2007年度，约占91.67%；其次是2005年、2008年，分别为33.33%和29.41%；2006年和2004年比重最低，分别为14.29%和12.50%。需要说明的是：2008年合约中，期货、现货价格数据均截至2008年7月份，在此之后到期的合约未使用该合约完整的数据，这会在一定程度影响套保有效度。

表3.2.25　　黄大豆一号分年套保有效度比较

合约年度	2004年	2005年	2006年	2007年	2008年1—7月
计算套保有效度总数量	16	24	14	24	17
套保有效度大于0的数量	2	8	2	22	5
大于0套保有效度所占比例	12.50%	33.33%	14.29%	91.67%	29.41%
大于0套保有效度的平均值	0.829286	0.588606	0.445883	0.468613	0.539599

豆粕合约共涉及2004—2008年共5年，在每年中，套保有效度大于零的情形占该年度计算套保有效度总数量的比重最高的是2004年、2005年、2008年，均为100%；其次是2007年，为75%；2006年最低，为68.75%。

表3.2.26　　豆粕分年套保有效度比较

合约年度	2004年	2005年	2006年	2007年	2008年
计算套保有效度总数量	10	12	16	16	15
套保有效度大于0的数量	10	12	11	12	15
大于0套保有效度所占比例	100.00%	100.00%	68.75%	75.00%	100.00%
大于0套保有效度的平均值	0.759261	0.569264	0.360027	0.65008	0.730256

玉米合约涉及2005—2008年共4年，在每年中，套保有效度大于零的情形占该年度计算套保有效度总数量的比重最高的是2005年，为40%；其次是2007年，为25%；2008年为16.67%；2006年最低，为0。

表3.2.27 玉米分年套保有效度比较

合约年度	2005年	2006年	2007年	2008年
计算套保有效度总数量	20	24	24	24
套保有效度大于0的数量	8	0	6	4
大于0套保有效度所占比例	40.00%	0.00%	25.00%	16.67%
大于0套保有效度的平均值	0.480786	0	0.244486	0.200874

需要说明的是，在2008年合约中，期、现货价格数据均截至2008年7月份，在此之后到期的合约未使用该合约完整的数据，这会在一定程度影响套保有效度。

3.2.3 套期保值实证分析结果总结

通过对大商所七个品种分别进行连续合约和单个合约的套保有效度检验，可了解各品种套期保值功能发挥情况。

由于这两种方法选取的价格序列不同，导致数据特点和数据数量不同，并且套保有效度检验方法存在一定差异，因此对这两种方法所检验的套保有效度的结果难以直接进行对比。但从这两种方法所得到的各品种套保有效度的程度排序上看，结果在整体上有一定的一致性。

对连续合约分动态ECM—GARCH、OLS和原始套期保值方法进行套保有效度检验。检验结果是：

使用动态ECM—GARCH套保，套保整体效果最好的是棕榈油和豆粕，平均套保有效度分别达到了0.95和0.88；其次为黄大豆二号、黄大豆一号、豆油、玉米，平均套保有效度分别为0.7838、0.7247、0.6461、0.5498；LLDPE套保有效度最差，平均套保有效度分别为0.2613。

使用OLS套保，从平均有效度看，棕榈油、豆油平均套保有效度最高，达0.9539、0.7931；其次是豆粕、黄大豆二号、LLDPE、黄大豆一号，平均套保有效度分别为0.73468、0.7064、0.5476、0.54448；玉米最差，平均套保有效度为0.40116。

使用原始套保，从平均有效度看，棕榈油套保有效度最高，达0.9521；

其次是豆油、豆粕、黄大豆二号、黄大豆一号，平均套保有效度分别为0.7701、0.72156、0.6132、0.45682；LLDPE、玉米最差，平均套保有效度分别为0.2937、0.0446。

如果将三种套期保值方法下套保有效度的平均值再进行简单平均，可大体得到一个套保有效度从高到低的排序：棕榈油、豆粕、豆油、黄大豆二号、黄大豆一号、LLDPE 和玉米。

对各品种分合约进行原始套保方法的套保有效度检验，可从选取大于0的套保有效度所占比例、套保有效度的平均值以及各品种各合约上套保有效度最高值等指标进行评价。检验结果是：

通过比较套保有效度大于零的情形占该品种计算套保有效度的总量的比例大小，可以反映该品种进行套期保值起到规避风险作用的比例。比较显示，套保有效度大于零的情形占计算总量的比例最高的为棕榈油，比例为100%；其次为豆油（94.74%）、豆粕（85.92%）、黄大豆二号（48%）、黄大豆一号（40.21%）；LLDPE 和玉米最差，比例分别为20%和19.57%。

对套保有效度大于零情形通过计算平均值，可以反映套期保值有效程度的高低。平均值越大，反映出通过套期保值可以在更大程度上规避现货价格波动的风险。通过比较可以看到，棕榈油的套保有效度的平均值最高，为0.8931；其次是豆油（0.6831）、豆粕（0.6214）、LLDPE（0.5415）、黄大豆一号（0.5196）、黄大豆二号（0.4589）；玉米最差（0.3398）。

在套保有效度大于零的情形中，套保有效度的最高值指标可以反映该品种在某个特定月份上、特定套保期限上能够达到的套期保值效果最优的情形。通过比较可以看到，套保有效度最高的是豆油品种，达0.9372；其次是棕榈油（0.9316）、豆粕（0.9073）、黄大豆一号（0.8813）、黄大豆二号（0.8594）、玉米（0.7385）；LLDPE 最低，为0.5415。

在此需要指出的是，由于棕榈油、LLDPE 品种上市晚，合约数量有效，指标值缺少代表性。

综合以上三个指标，对七个品种的套保有效度从高到低的排序是：棕榈油、豆油、豆粕、黄大豆一号、黄大豆二号、LLDPE 和玉米。

将连续合约和分合约的检验结果进行对比可以看到，七个品种套保有效度的排序大体相似，在个别品种上排序有差异。综合来看，套保有效度最好的是棕榈油，其次是豆油、豆粕（两者程度相近）；再次是黄大豆一号、黄大豆二号（两者程度相近）；最差的是 LLDPE 和玉米。

3.3 分合约期、现价格趋同性及套利机会实证分析

本部分的研究目的是通过对大商所各品种不同合约的期、现价格关系的实证研究，揭示各合约随着到期日的临近，是否具有趋同性，并通过套利成本的计算，分析期、现价格之间是否存在未被利用的套利机会，以反映各品种套利的程度。

期、现套利是联系期货市场与现货市场关系的纽带，有助于促进期货市场与现货市场形成合理的价格关系，促进价格发现。因此，存在未被利用的套利机会越少，反映期、现套利活动越有效、充分，期、现价格的关联性越紧密。

3.3.1 相关理论综述

Working（1948）提出仓储成本理论，其主要观点是：期货价格和现货价格的差额主要由储存商品所放弃的利息成本、仓储费用和存货的便利收益等构成，这些成本统称为仓储成本或持仓成本，其中的便利收益是指持有存货所具有的生产性价值，其具体表达式为：

$$F(t, T) - S(t) = S(t)R(t, T) + W(t, T) - C(t, T)$$

式中，$F(t, T)$ 表示 T 时期到期的期货价格在 t 时的期货价格（$T>t$）；$S(t)$ 表示 t 时的现货价格；$S(t)R(t, T)$ 表示储存商品放弃的利息；$W(t, T)$ 表示边际仓储成本；$C(t, T)$ 表示每增加一个单位的存货所获得的边际便利收益。等式左边表示 t 时的期货价格与现货价格之差。

仓储成本反映了储存商品的时间成本，随着到期日的临近，仓储费趋于零，期货价格和现货价格具有趋同性。

Garbade 和 Silber（1982）从期、现套利角度研究可储存商品的现货价格与期货价格之间的价格发现过程，分析在反映信息上，期货市场和现货市场哪一个占主导地位。他指出，套利弹性越大，期货价格和现货价格变化的相关性就越高，更有利于风险转移功能的实现。套利活动供给的弹性要受到仓储和交易成本制约。

假设：(1) 没有税收和交易费用；(2) 可无限制融资；(3) 除融资外，在现货市场上持有多头无成本；(4) 可无限制在现货市场上卖空；(5) 利

率期限结构是平稳不变的一个连续复利 r 值；（6）现货价格遵循高斯随机过程（Gaussian diffusion process），即在“完美市场”假设下，期货价格可以表示为：

$F_k = C_k + r \cdot \tau_k$

即期货价格等于现货价格加上一个升水，表示期货合约的延期支付。

在“完美市场”假设下，一旦上述等式不成立，无限的套利弹性将会促使该等式形成。例如，当 $F_k < C_k + r \cdot \tau_k$ 时，市场参与者将会通过购买期货合约，同时卖空现货商品，并将资金用于购买债券获利的方式获得无风险收益，这种套利活动将会使等式关系逐渐恢复。

Frenkel 和 Levich（1979）研究了交易费用对汇率的抛补利率平价的影响，以及是否存在未被利用的套利机会。可借鉴该方法用于期货市场与现货市场之间关系的分析上。

3.3.2 研究思路与方法

通过借鉴以上文献，确定本部分的研究思路如下：

第一，计算出每个品种不同合约自上市有交易至合约到期这一阶段每个交易日的基差，从而形成一个序列。每个交易日的基差用当天期货的收盘价减去相应的某一现货市场的价格。基差反映了实际的期货价格与现货价格之间的关系。

第二，计算正向套利成本和反向套利成本。判断基差是否合理、到期是否趋同，还要结合套利成本及无风险套利区间的分析来判断。期、现套利可以分为两种：正向套利和反向套利。当期货价格高于现货价格加套利成本时，可通过卖出期货合约的同时买入现货商品一直持有交割来获利，这种套利可称为正向套利。当期货价格低于现货价格的程度超过了套利的成本时，可通过买入期货合约的同时卖空现货商品，然后在到期时交割来获利，这种套利可称为反向套利。在此未采取 Garbade 和 Silber（1982）的分析方法，没有将卖空现货商品所获得的资金收益作为该套利中的收益计算，其原因在于：除了反向套利之外，交易者还有一种选择，就是不进行套利，而仅仅将资金用于无风险的债券投资，获得资金收益。只有当反向套利收益为正值时，这才表明套利者进行反向套利的选择要优于不进行套利。

正向套利的成本包括期货交易手续费、交割手续费、检验费、入库费、仓储费（有些品种由于不同季节仓储费用不同而分开计算）、期货保证金和购买现货占用资金的利息成本、异地交割产生的运输费等。反向套利成本包括期货交易手续费、交割手续费、反向套利保证金占用利息成本和出库费。

第三，通过实际基差与无风险套利关系判断是否存在未利用的套利机会和程度，以此作为判断套利充分性的依据。

当实际基差值高于正向套利成本时，这意味着存在着无风险的正向套利机会；当实际基差值低于反向套利成本时，这意味着存在着无风险的反向套利机会。而介于其间的为无风险套利区间。该区间的上界等于实际基差减去正向套利成本，下界等于反向套利成本减去实际基差。

通过确定实际基差和无风险套利区间，可以判断：

第一，在该合约的存续期内是否存在未利用的套利机会以及无套利机会的多少，从而可以判断该市场期、现套利的实现程度。在实际套利中，卖空现货并不容易实现，因此我们重点考察未利用的正向套利机会。

第二，在合约到期日，期、现价格是否趋同，即到期日基差是否落入无套利区间。若不存在无风险套利机会，我们认为期、现价格收敛。

但需要注意的是，本部分的研究未涉及对无套利区间本身大小的合理性的评价，如果将这一因素考虑在内的话，实际基差与无风险套利区间之间的关系可能存在另一种解释：即当无风险套利成本过大，进而导致无套利区间过大时，实际基差落在无套利区间上的可能性会比较大，从而使未利用的套利机会减少。在这种情况下，所得到的结果并不能反映市场上套利的效率和充分性。

3.3.3 数据说明

进行期、现趋同性与套利机会分析的品种、合约及其数量见表3.3.1。

表3.3.1　期、现价格趋同性与套利机会分析的合约

品　种	对应现货地点	合　约	数　量
黄大豆一号	哈尔滨	A0303－0805	32
	大　连	A0303－0805	32
黄大豆二号	青　岛	B0605－0805	13
豆　粕	张家港	M0308－0805	35
豆　油	张家港	Y0605－0805	17
玉　米	白　城	C0501－0805	21
	大　连	C0501－0805	21
棕榈油	张家港	P0801－0806	6
LLDPE	扬子石化	L0710－0805	8

期货价格数据来自世华财讯，选取每个合约每个交易日的收盘价。现货价格除 LLDPE 外均来自粮油信息中心，LLDPE 现货价格来自浙江塑料网。由于期货价格和现货价格存在日期不配比问题，故将不配比的数据筛除，保留均有期、现报价的数据。

正向套利成本包括期货交易手续费、交割手续费、检验费、入库费、仓储费、期货保证金和购买现货占用资金的利息成本、异地交割产生的运输费等。其中，期货交易手续费、交割手续费、检验费、入库费、仓储费的标准根据大商所公布的为依据，其中一些品种因不同季节导致仓储费用不同，在此根据交易所公布的标准对所对应日期的仓储费标准进行调整。利息成本根据下属公式得出：

利息成本 = 占用资金 × 利息率 × （据交割日天数/360）

占用资金 = 期货保证金 + 现货价格

期货保证金 = 期货价格 × 保证金比率

保证金比率统一按 8% 计。利息率以央行历次调整贷款利率表为参考（见表 3.3.2），按照距离交割日超过一年而未满一年半的以一年半的利息率为基准、超过半年而未满一年的以一年的利息率为基准、未满半年的按照半年的利息率为基准。

表 3.3.2　　　　央行历次调整贷款利率表　　　　单位：%

	6 个月（含）	1 年（含）	1 ~ 3 年（含）	3 ~ 5 年（含）	5 年以上
1996/05/01	9.72		13.14	14.94	15.12
1996/08/23	9.18	10.08	10.98	11.70	12.42
1997/10/23	7.65	8.64	9.36	9.90	10.53
1998/03/25	7.02	7.92	9.00	9.72	10.35
1998/07/01	6.57	6.93	7.11	7.65	8.01
1998/12/07	6.12	6.39	6.66	7.20	7.56
1999/06/10	5.58	5.85	5.94	6.03	6.21
2002/02/21	5.04	5.31	5.49	5.58	5.76
2004/10/29	5.22	5.58	5.76	5.82	6.12
2006/04/28	5.40	5.85	6.03	6.12	6.39
2006/08/19	5.58	6.12	6.30	6.48	6.84
2007/03/18	5.67	6.39	6.57	6.75	7.11
2007/05/19	5.85	6.57	6.75	6.93	7.20

续表

	6个月（含）	1年（含）	1~3年（含）	3~5年（含）	5年以上
2007/07/21	6.03	6.84	7.02	7.20	7.38
2007/08/22	6.21	7.02	7.20	7.38	7.56
2007/09/15	6.48	7.29	7.47	7.65	7.83
2007/12/21	6.57	7.47	7.56	7.74	7.83
2008/09/16	6.21	7.20	7.29	7.56	7.74
2008/10/08	6.12	6.93	7.02	7.29	7.47
2008/10/30	6.03	6.66	6.75	7.02	7.20
2008/11/27	5.04	5.58	5.67	5.94	6.12

资料来源：中国人民银行，发布日期：2008年11月26日。

异地交割涉及的运费构成：一是国铁车运费：单位里程运费×全程+9.6；二是电化=698×0.012；三是印花税=0.0005×（运费+电化）；四是2007年4月1日之后加收0.012元/吨的铁路基金。

反向套利由期货交易手续费、交割手续费、出库费和反向套利保证金占用利息成本等构成。其中，期货交易手续费、交割手续费和出库费由交易所规定。由于一些品种的出库费有变化，期货交易所在当年11月1日公布、在下年1月1日执行，则当最后交割日在当年11月1日至1月1日之间时按当年出库费计算，当最后交割日在下年1月1日以后时，由于套利者已有相应预期，则从当年11月1日开始按下年出库费计算。利息成本的计算公式为：

利息成本=占用资金×利息率×（据交割日天数/360）

占用资金为期货保证金，计算方法同正向套利。利息率参考值及计算方法同正向套利。

3.3.4 检验结果分析

根据数据和计算方法，求出每个品种的各个合约在每个时点的基差、正向套利成本（即无套利区间的上边界）、反向套利成本（即无套利区间的下边界），由此汇成图形（详见附录二），从图中可看到在合约存续期间及最后到期日，实际的基差与无套利区间的位置关系。在此基础上，对正向套利机会和到期日情况进行统计分析，通过量化指标来判断每个品种的特点（详见附录三）。其中，收益率等于收益/套利成本，表示每一元套利成本的投入可获得的收益，可以从投资角度反映套利的回报率大小。

指标说明：

正向套利收益最高值：可以反映在该合约上曾出现的最高的未被利用的正向套利的收益。在期货价格波动巨大时，可能会出现“昙花一现”的高套利收益机会，但如果这种情况出现频率低，该指标参考意义不是很大。

正向套利收益平均值：可以反映在该合约上，所有未被利用的正向套利机会所可能带来的收益的平均值，可以反映未被利用的套利机会可能的收益大小。

正向套利收益率平均值：可以反映在该合约上，所有未被利用的正向套利机会所可能带来的收益与所承担的套利成本的比值，可以反映每一元套利成本可以获得收益，是从投资角度反映套利的回报率大小。该指标可看做对正向套利收益平均值的补充指标，尤其适用于该品种价格的绝对值发生较大变化时，因为此时套利成本往往也随之变化，仅从收益的绝对值上衡量难以排除价格绝对值变化的干扰。

出现正向套利机会的点数占总点数的比重：可以反映在该合约上，所有出现正向套利机会的次数所占的比重，可以反映出现正向套利机会的频率。该指标可以与前面两个指标结合起来，综合判断市场套利的充分程度。

为了能够更好地比较各期货品种在套利机会及到期日情况，将附录三中的表进一步进行汇总，结果见表3.3.3。考虑到样本容量以及分地差异不明显的特点，黄大豆一号和玉米的数据均进行了两地合并计算，后面的相关数据计算也均来自合并后的结果。

表3.3.3　　各期货品种套利机会与到期日情况比较

期货品种	黄大豆一号	黄大豆二号	豆粕	豆油	玉米	棕榈油	LLDPE
各合约正向套利收益均值的平均值（元/吨）	99.94	99.51	51.84	84.95	23.92	105.16	425.56
各合约正向套利收益率均值的平均值	0.869	2.21	0.871	1.34	0.26	0.78	3.96
各合约出现正向套利机会的点数占总点数比重的平均值	40.30%	25%	20.31%	2.23%	21.80%	15.63%	93.74%

续表

期货品种		黄大豆一号	黄大豆二号	豆 粕	豆 油	玉 米	棕榈油	LLDPE
到期日情况	落在正向套利区间的个数/比重/收益的平均值（元/吨）	37/57.81%/181.05	9/69.23%/168.33	8/22.86%/122.33	6/33.33%/290.9818	23/54.76%/33.30	0/0%	6/75.00%/413.23
	落在无套利区间的个数/比重	10/15.63%	3/23.08%	4/11.43%	1/5.56%	14/33.33%	1/16.67%	0/0%
	落在反向套利区间的个数/比重/收益的平均值（元/吨）	17/26.56%/299.50	1/7.69%/327.4	23/65.71%/96.56	11/61.11%/449.24	5/11.90%/37.20	5/83.33%/699.45	2/25.00%/319.67

（1）套利充分性比较分析。结果显示，出现未利用正向套利机会的比重由小至大的品种依次为：豆油（2.23%）、棕榈油（15.63%）、豆粕（20.31%）、玉米（21.80%）、黄大豆二号（25%）、黄大豆一号（40.30%）、LLDPE（93.74%）。该比重越小，反映市场上出现未利用的无风险的正向套利机会（频率）较少，表明市场多数情况下已无套利机会。

从未利用正向套利的收益水平比较看，由小到大依次为：玉米（23.92）、豆粕（51.84）、豆油（84.95）、黄大豆二号（99.51）、黄大豆一号（99.94）、棕榈油（105.16）和LLDPE（425.56）。收益水平越小，表明未利用的套利机会能够带来的收益越小，表明市场套利越充分。

从未利用正向套利的收益率水平比较看，由小到大依次为：玉米（0.26）、棕榈油（0.78）、黄大豆一号（0.869）、豆粕（0.871）、豆油（1.34）、黄大豆二号（2.21）和LLDPE（3.96）。收益率水平越小，表明未利用的套利回报率越小，市场套利越充分。

综合来看，各品种套利充分性的特点是：

黄大豆一号：出现未利用正向套利机会的频率高，可能带来的正向套利收益值较高，但收益率较低，表明市场套利较为充分。

黄大豆二号：出现未利用正向套利机会的频率较高，可能带来的正向套利收益值较高、收益率较高，表明市场套利较不充分。

豆粕：出现未利用正向套利机会的频率较低，可能带来的正向套利收益值较低、收益率较低，表明市场套利较为充分。

豆油：出现未利用正向套利机会的频率最低，可能带来的正向套利收益值较低、收益率较高，表明市场套利比较充分。

玉米：出现未利用正向套利机会的频率较低，可能带来的正向套利收益值最低、收益率最低，表明市场套利最为充分。

棕榈油：出现未利用正向套利机会的频率较低，可能带来的正向套利收益值较高、收益率较低，表明市场套利较为充分。

LLDPE：出现未利用正向套利机会的频率最高，可能带来的正向套利收益值最高、收益率最高，表明市场套利最不充分。

综合来看，玉米是市场套利最为充分的品种，其次是豆油、棕榈油；然后是豆粕、黄大豆一号、黄大豆二号；LLDPE 套利最不充分。

（2）到期日趋同性比较分析。在到期日，落在正向套利区间的比重由小到大依次为：棕榈油（0%）、豆粕（22.86%）、豆油（33.33%）、玉米（54.76%）、黄大豆一号（57.81%）、黄大豆二号（69.23%）、LLDPE（75.00%）。该比重越小，反映该品种到到期日未利用的正向套利机会较少，表明期、现价格在多数情况下是趋同性的。

在到期日，从未利用的正向套利的收益大小比较来看，由小到大依次为棕榈油（0）、玉米（33.30）、豆粕（122.33）、黄大豆二号（168.33）、黄大豆一号（181.05）、豆油（290.9818）、LLDPE（413.23）。收益越小，反映该品种到期日即使出现正向套利机会，该机会可能带来的收益也比较小，反映套利较充分，期、现价格趋同性较好。

在到期日，落在无套利区间的比重由大到小依次为：玉米（33.33%）、黄大豆二号（23.08%）、棕榈油（16.67%）、黄大豆一号（15.63%）、豆粕（11.43%）、豆油（5.56%）、LLDPE（0）。该比重越大，反映该品种在到期日套利机会少，在套利成本合理的前提下，期、现价格有较好的趋同性。

由此可见，各品种在到期日的特点是：

黄大豆一号：落在正向套利区间的频率较高，收益值较大，落在无套利区间的频率较高，表明该品种到期日期、现套利较不充分，趋同性较差。

黄大豆二号：落在正向套利区间的频率较高，收益值较大，落在无套利区间的频率较低，表明该品种到期日期、现套利较不充分，趋同性较差。

豆粕：落在正向套利区间的频率较低，收益值较高，落在无套利区间的频率较低，表明该品种到期日出现反向套利机会频率较高，但鉴于反向套利操作难度大，可视为期、现套利较充分，趋同性较好。

豆油：落在正向套利区间的频率较低，收益值较高，落在无套利区间的频率较低，表明该品种到期日出现反向套利机会频率较高，但鉴于反向套利操作难度大，可视为期、现套利较充分，趋同性较好。

玉米：落在正向套利区间的频率较高，收益值较低，落在无套利区间的频率最高，表明该品种到期日期、现套利较充分，趋同性较好。

棕榈油：落在正向套利区间的频率为零，收益值为零，落在无套利区间的频率较高，表明该品种到期日期、现套利较充分，趋同性较好。

LLDPE：落在正向套利区间的频率最高，收益值最高，落在无套利区间的频率为0，表明该品种到期日期、现套利最不充分，趋同性最差。

综合起来，七个品种到期趋同性整体较低。相对而言，玉米期、现趋同性最好，其次是棕榈油，然后是豆粕、豆油、黄大豆一号、黄大豆二号，LLDPE 最差。

（3）套利充分性与交易量相关关系分析。从理论上分析，在其他条件相同的情况下，一个合约品种的交易量越大，流动性越强，越有利于套利活动的进行。各品种每个合约正向套利收益平均值可看做衡量套利充分性的反向指标（平均值越高，反映尚未利用的套利机会越多），将其与每个合约对应的交易量进行相关性分析，理论上应存在负相关关系。计量检验结果见表 3.3.4。

表 3.3.4　各合约品种正向套利收益和交易量的相关系数

品种	黄大豆一号	黄大豆二号	豆粕	豆油	玉米	棕榈油	LLDPE	全部品种
相关系数	-0.35	-0.28	-0.11	0.02	0.62	0.29	0.52	-0.15

由表 3.3.4 可见，黄大豆一号、黄大豆二号、豆粕表现为负相关，豆油无相关关系，而玉米、棕榈油、LLDPE 表现为正相关关系。由于棕榈油和 LLDPE 上市时间短，数据有限，其结果不具有代表性。

但玉米表现出的正相关性的原因尚需进一步分析。从前面对玉米合约实际基差与无套利区间关系的检验结果发现，无论在合约存续期还是在到期日，玉米品种各个指标均较良好，表明市场上未利用的无套利机会少，套利较充分。但这一结果与正向套利收益和交易量呈正相关关系存在矛盾。这至少可以说明，玉米品种不存在套利机会时并不是玉米期货交易活跃的时候。这带来的另一种可能的解释是：玉米品种体现的无套利机会少的特点，可能不是套利有效性的反映，而是由于套利成本本身过高，导致无套利区间过大，从而实际基差“被动地”落在无套利区间上。以玉米 0805 合约为例，玉米品种的交割手续费、检验费和入库费总计为 20 元/吨，该合约上市期间收盘价的平均值为 1 658 元/吨，费用占平均价格的 1.2%；黄大豆一号品种三项费用总计为 27 元/吨，收盘价的平均值为 4 248 元/吨，费用占平均价格的 0.6%；豆油品种三项费用总计为 22 元/吨，收盘价的平均值为 9 651 元/吨，费用占平均价格的 0.2%；豆粕品种三项费用总计为 20 元/吨，收盘价的平均值为 3 197 元/吨，费用占平均价格的 0.6%。

(4) 主要品种分年度的套利及到期日情况的比较分析。对于上市时间较长的品种（主要包括黄大豆一号、豆粕、玉米和豆油），为了进一步分析其动态变化特点，对套利机会和到期日情况进行分年度统计。

第一，黄大豆一号分年度套利及到期日情况比较，结果见表 3.3.5。

表 3.3.5　　黄大豆一号套利机会和到期日分年度情况

合约年度		2003	2004	2005	2006	2007	2008
正向套利收益均值的平均值（元/吨）		44.93	73.73	96.52	200.86	89.97	69.00
正向套利收益率均值的平均值		0.49	0.66	0.97	1.96	0.47	0.33
出现正向套利机会的点数占总点数比重的平均值		12.07%	24.33%	30.56%	84.78%	57.61%	15.16%
到期日情况	落在正向套利区间的个数/比重/收益的平均值（元/吨）	2/20.00%/115.41	6/50.00%/243.03	10/83.33%/98.26	12/100.00%/286.12	7/58.33%/84.83	0/0%/0
	落在无套利区间的个数/比重	3/30.00%	1/8.33%	1/8.33%	0/0%	5/41.67%	0/0%
	落在反向套利区间的个数/比重/收益的平均值（元/吨）	5/50.00%/106.97	5/41.67%/372.96	1/8.33%/88.18	0/0%/0	0/0%/0	6/100.00%/433.94

由表 3.3.5 可见，黄大豆一号套利充分程度体现出从 2003—2006 年逐渐减弱，而从 2007 年后逐渐增强的特点。从未利用的正向套利收益指标看，

在2003—2006年呈逐年上升趋势，2006年达到最高值（200.86元/吨），远远高于其他年度，于2007—2008年开始逐年回落。从未利用正向套利机会的比重以及正向套利收益率的指标看，也反映相同变化趋势，这都说明了黄大豆一号的套利充分性经历了先降低、再升高的过程。

黄大豆一号在到期日也反映出2003—2006年期、现价格趋同性变差，而在2007—2008年逐渐增强的特点。在到期日，黄大豆一号落在正向套利区间的比重在2003—2006年呈逐年上升趋势，于2007—2008年开始逐年回落。这种变化趋势反映该品种到期日未利用的正向套利机会先增大、后减小，说明期、现价格趋同性从2003年开始逐渐变差，从2007年开始逐渐变好。从未利用的正向套利的收益大小比较来看，尽管没有保持与前面相一致的变化趋势，但从2007年开始收益水平达到历史最低水平，2008年更是降到0，这也说明了期、现价格趋同性从2007年开始变好。落在无套利区间的比重在2007年达到最大，成为期、现价格趋同性变好的信号。由此可见，黄大豆一号各项数据具有较好的一致性。

第二，豆粕分年度套利及到期日情况比较，结果见表3.3.6。

表3.3.6　　豆粕套利机会和到期日分年度情况

<table>
<tr><th colspan="2">合约年度</th><th>2003</th><th>2004</th><th>2005</th><th>2006</th><th>2007</th><th>2008</th></tr>
<tr><td colspan="2">正向套利收益均值的平均值（元/吨）</td><td>61.19</td><td>30.00</td><td>32.14</td><td>38.35</td><td>66.14</td><td>110.43</td></tr>
<tr><td colspan="2">正向套利收益率均值的平均值</td><td>1.85</td><td>0.33</td><td>1.31</td><td>0.63</td><td>0.43</td><td>1.53</td></tr>
<tr><td colspan="2">出现正向套利机会的点数占总点数比重的平均值</td><td>11.32%</td><td>6.98%</td><td>3.67%</td><td>18.71%</td><td>50.95%</td><td>18.10%</td></tr>
<tr><td rowspan="3">到期日情况</td><td>落在正向套利区间的个数/比重/收益的平均值（元/吨）</td><td>3/100.00%/97.78423</td><td>1/16.67%/81.95568</td><td>1/14.29%/45.18772</td><td>2/25.00%/54.89235</td><td>0/0%/0</td><td>1/25%/448.36</td></tr>
<tr><td>落在无套利区间的个数/比重</td><td>0/0%</td><td>0/0%</td><td>1/14.29%</td><td>2/25.00%</td><td>1/14.29%</td><td>0/0%</td></tr>
<tr><td>落在反向套利区间的个数/比重/收益的平均值（元/吨）</td><td>0/0/0</td><td>5/83.33%/154.6107</td><td>5/71.43%/70.56248</td><td>4/50.00%/77.50366</td><td>6/85.71%/108.9649</td><td>3/100%/43.75</td></tr>
</table>

由表 3.3.6 可见，从未利用的正向套利收益指标看，豆粕的套利充分性在 2003—2004 年逐年增强，2005—2008 年逐年下降。

但从豆粕正向套利收益率看，2003—2007 年基本表现为下降趋势（除 2004 年），这表明豆粕市场套利收益回报水平在 2003—2007 年逐年降低，表明市场套利回报率减少。2008 年收益率较 2007 年显著增加。这一指标与未利用的正向套利收益指标表现有些相悖，其中可能的原因是这几年豆粕绝对价格的上涨导致正向套利收益的增加，因此收益率的指标更有可参考性。

从未利用正向套利机会的比重指标看，在 2007 年达到了最高水平（50.95%），其余年份处于较低水平（均低于 20%），表明豆粕市场除 2007 年外，套利普遍较为充分，市场效率普遍较高。

在到期日，整体来看，豆粕期、现趋同性 2003—2006 有所增强，2006—2008 年有所下降。落在正向套利区间的比重在 2003—2005 年呈逐年下降趋势，于 2006—2008 年开始上升（2007 年例外）。从未利用的正向套利的收益大小比较来看，2003—2007 年基本表现为下降趋势（除 2006 年），但在 2008 年达到很高的水平，远远高于其他年份，表明该年到期日期、现货价格偏差非常大。落在无套利区间的比重在 2006 年达到最大。

第三，玉米分年度套利及到期日情况比较，结果见表 3.3.7。

表 3.3.7　　玉米套利机会和到期日分年度情况

合约年度		2005	2006	2007	2008
正向套利收益均值的平均值（元/吨）		22.69	20.51	26.85	27.32
正向套利收益率均值的平均值		0.41	0.16	0.25	0.21
出现正向套利机会的点数占总点数比重的平均值		18.86%	14.19%	32.24%	22.04%
到期日情况	落在正向套利区间的个数/比重/收益的平均值（元/吨）	11/ 91.67%/ 27.10	2/ 16.67%/ 5.11	8/ 66.67%/ 33.60	2/ 33.33%/ 94.37
	落在无套利区间的个数/比重（元/吨）	1/ 8.33%	6/ 50.00%	3/ 25.00%	4/ 66.67%
	落在反向套利区间的个数/比重/收益的平均值（元/吨）	0/ 0%/ 0	4/ 33.33%/ 33.90	1/ 8.33%/ 50.39	0/ 0%/ 0

由表 3.3.7 可见，玉米市场在 2005—2008 年处于持续套利充分状态，年度差别不大。从正向套利收益指标看，在 2005—2008 年基本保持稳定（在 25 元/吨左右），且处于较低水平。玉米正向套利收益率在 2005—2008 年也基本保持稳定（除 2005 年以外，其余年度都在 0.2 附近），并处于较低水平，这表明玉米市场套利充分性较高，且年度差别不大。玉米市场出现未利用正向套利机会的比重在 2007 年达到最高（32.24%），而 2005 年、2006 年、2008 年相差不大（在 20% 附近），这说明玉米市场套利充分程度在 2005—2008 年基本稳定，并处于较高水平，玉米市场效率较高。

在到期日，2005—2007 年期、现趋同性整体呈逐渐增强的特点，2008 年则期、现趋同性表现较差。落在正向套利区间的比重在 2005—2008 年整体呈下降趋势（2006 年达到最低），说明期、现价格趋同性在逐渐变好，但除了 2006 年以外，其余年份期、现价格趋同性依然较差。从未利用的正向套利的收益大小比较来看，2006 年达到最低（27.10 元/吨），其余年份处于较高水平，2008 年达到最高（94.37 元/吨），远远高于其他年份，表明该年到期日期、现货价格偏差非常大，值得引起注意。落在无套利区间的比重在 2008 年达到最大。

第四，豆油分年度套利及到期日情况比较，结果见表 3.3.8。

表 3.3.8　　豆油套利机会和到期日分年度情况

合约年度		2006	2007	2008
正向套利收益均值的平均值（元/吨）		63.98	74.99	136.34
正向套利收益率均值的平均值		1.46	1.28	1.29
出现正向套利机会的点数占总点数比重的平均值		2.70%	1.24%	3.50%
到期日情况	落在正向套利区间的个数/比重/收益的平均值（元/吨）	1/16.67%/210.65	4/50%/366.36	1/25%/69.81
	落在无套利区间的个数/比重（元/吨）	1/16.67%	0/0%	0/0%
	落在反向套利区间的个数/比重/收益的平均值（元/吨）	4/66.67%/188.94	4/50%/615.30	3/75%/574.90

由表 3.3.8 可见，豆油市场存在较高的未被利用的套利机会，但出现频率很低，表明市场套利较为充分，且年度差别不大。正向套利收益在

2006—2008 年呈逐年上升趋势，表明套利充分程度逐渐减弱。但从正向套利收益率来看，在 2006—2008 年呈下降趋势，2007 年、2008 年基本稳定。这一指标与正向套利收益指标出现相悖，其可能的原因是这几年豆油绝对价格上涨，导致豆油未利用的正向套利收益值增加。鉴于此，收益率指标更具有参考价值。从收益率指标看，豆油市场套利充分程度略有上升，但由于收益率值很高，市场套利充分程度仍有不足。豆油市场出现未利用正向套利机会的比重在 2006—2008 年基本稳定，并且处于较低水平（均低于 4%），这说明豆油市场套利充分水平在 2006—2008 年基本稳定，豆油市场效率较高。

在到期日，豆油期、现价格趋同性较差且有逐年增强趋势。落在正向套利区间的比重在 2006—2008 年呈先升、后降趋势，且均处于较高水平，这种变化趋势反映该品种在到期日未利用的正向套利机会先增大、后减小，期、现价格趋同性先变好、后变差，但均处于较差水平。从未利用的正向套利的收益大小比较来看，2006—2008 年同样呈先升、后降趋势，2008 年达到最低水平，但数值普遍较高，表明豆油市场期、现货价格偏差依然较大。落在无套利区间的比重在 2006—2008 年均很低（其中，2007 年、2008 年为 0），表明期、现价格趋同性较差。

（5）主要品种分月份的套利及到期日情况的比较分析。进一步对黄大豆一号、豆粕、玉米和豆油品种不同月份合约的套利及到期日情况进行比较，从而研究是否存在合约月份间的差异及规律。

首先，先将各品种分年度正向套利收益按不同月份合约进行统计（见图 3. 3. 1 至图 3. 3. 4），以观察月份合约是否有相似的趋势，从而判断是否有必要进行月份合并研究。在此剔除了某些月份观察值不全的年度。

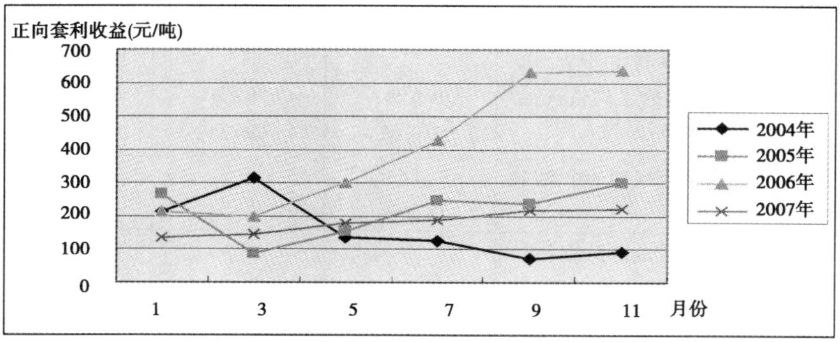

图 3. 3. 1 黄大豆一号各年份、月份合约正向套利收益值

我们通过图 3. 3. 1 至图 3. 3. 4 可以看到，四个品种在各年份、月份表现

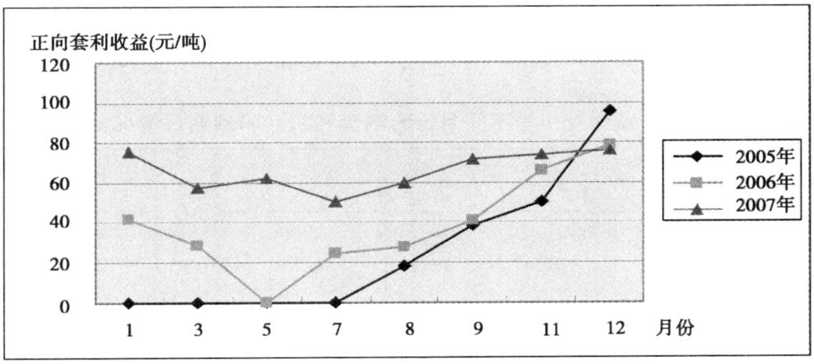

图 3.3.2 豆粕各年份、月份合约正向套利收益值

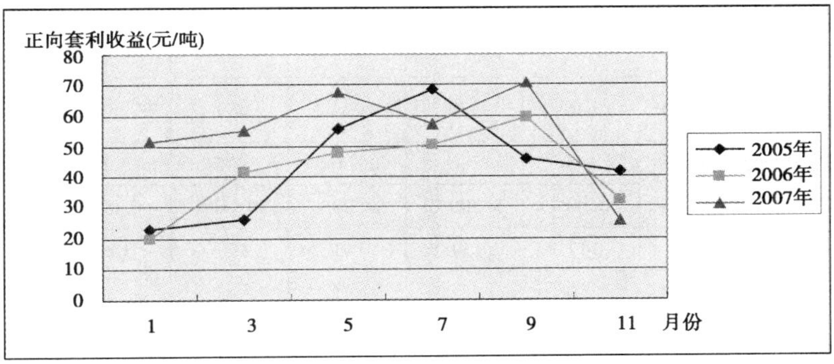

图 3.3.3 玉米各年份、月份合约正向套利收益值

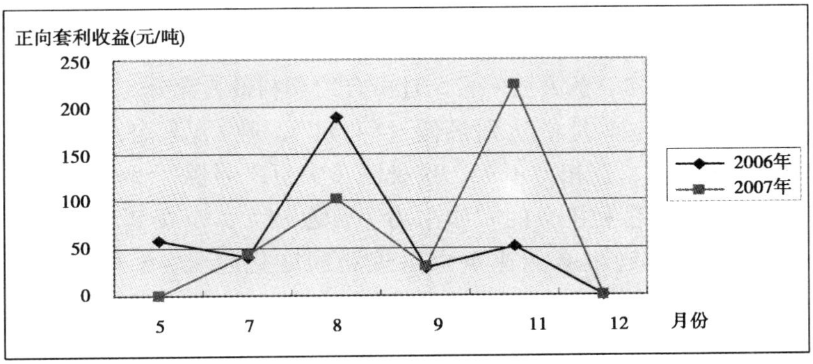

图 3.3.4 豆油各年份、月份合约正向套利收益值

具有相似的趋势（尤其是玉米和豆油），因此我们有理由对各年数据按月份进行合并，从而观察不同品种在各月份的表现。

第一，黄大豆一号不同月份合约套利机会和到期日情况比较，汇总结果见表 3.3.9。

表 3.3.9　　黄大豆一号不同月份合约套利机会和到期日情况

合约月度		1	3	5	7	9	11
正向套利收益均值的平均值（元/吨）		102.47	90.12	64.53	101.85	120.65	129.07
正向套利收益率均值的平均值		1.07	0.78	0.56	0.84	0.91	1.14
出现正向套利机会的点数占总点数比重的平均值		42.92%	38.90%	27.84%	35.17%	49.44%	50.28%
月成交量平均值（千手）		13 636	370	21 234	2 989	23 383	12 573
到期日情况	落在正向套利区间的个数/比重/收益的平均值（元/吨）	8	6	6	5	6	6
		80.00%	50.00%	50.00%	50.00%	60.00%	60.00%
		149.83	139.86	143.70	150.00	305.37	202.7767
	落在无套利区间的个数/比重	0	3	1	1	2	3
		0.00%	25.00%	8.33%	10.00%	20.00%	30.00%
	落在反向套利区间的个数/比重/收益的平均值（元/吨）	2	3	5	4	2	1
		20.00%	25.00%	41.67%	40.00%	20.00%	10.00%
		262.96	397.02	355.68	286.14	73.69	304.2

由表 3.3.9 可知，黄大豆一号 5 月份合约套利最为充分。从未利用的正向套利收益指标看，5 月份达到最低（64.53 元/吨），其余月份普遍较高（均高于 90 元/吨），且相差不大，这表明黄大豆一号除了 5 月份之外，其余月份合约未利用套利机会的“吸引力”普遍较大，市场套利情况较不充分。未利用正向套利机会的比重也呈现相同变化趋势，5 月份达到最低（27.84%），其余月份普遍较高（均高于 35%）。正向套利收益率指标也反映相似的特点，除 5 月份达到最低水平（0.56），其余月份普遍较高（均高于 0.75），显示除了 5 月份合约之外，市场套利回报水平普遍较高。

5 月份合约套利最充分的可能的原因是：该月份合约是所有月份合约中交易最为活跃的，这在一定程度上会促进套利活动。

而同样最为活跃的 9 月份合约之所以没有体现套利充分的特点，可能与该月份正处于收获季节前的原因有关，此时上年大豆库存很少，新大豆尚未上市，即使期货价格远高于现货价格，由于现货大豆缺乏，也难以实施套利活动。

在到期日情况，各合约期、现趋同性均较差。落在正向套利区间的比重在1—11月份相对稳定（3—7月份同为50.00%，9—11月份同为60.00%），但都处于较高水平，这种情况反映该品种到期日未利用的正向套利机会较大，期、现价格趋同性较差。从未利用的正向套利的收益大小比较来看，1、3、5、7月份都保持在150元/吨左右，9、11月份出现较大提升，这也说明了黄大豆一号到期日期、现价格偏差较大，尤其在9、11月份。落在无套利区间的比重在1—11月份均很低，反映期、现价格趋同性差。

第二，豆粕不同月份合约套利机会和到期日情况比较，汇总结果见表3.3.10。

表3.3.10　　豆粕不同月份合约套利机会和到期日情况

合约月度		1	3	5	7	8	9	11	12
正向套利收益均值的平均值（元/吨）		38.63	39.29	35.53	104.04	38.68	45.04	59.45	90.32
正向套利收益率均值的平均值		0.48	0.36	0.18	2.17	0.63	1.40	1.17	1.25
出现正向套利机会的点数占总点数比重的平均值		17.61%	17.95%	15.07%	21.37%	18.95%	21.17%	20.21%	37.43%
月成交量平均值（千手）		11111	650	23568	46	7308	13799	6900	6
到期日情况	落在正向套利区间的个数/比重/收益的平均值（元/吨）	2	0	0	2	1	1	1	1
		40.00%	0.00%	0.00%	66.67%	20.00%	20.00%	20.00%	33.33%
		61.71	0.00	0.00	258.34	13.49	70.01	209.86	45.19
	落在无套利区间的个数/比重	0	1	0	0	1	2	0	0
		0.00%	20.00%	0.00%	0.00%	20.00%	40.00%	0.00%	0.00%
	落在反向套利区间的个数/比重/收益的平均值（元/吨）	3	4	4	1	3	2	4	2
		60.00%	80.00%	100 %	33.33%	60.00%	40.00%	80.00%	66.67%
		36.63	65.44	117.48	131.20	131.54	114.20	81.47	149.62

由表3.3.10可知，豆粕7月份和12月份套利较不充分，其余月份套利较为充分且差别不大。从正向套利收益看，7、12月份达到较高水平（均高于90元/吨），其余月份处于较低水平（均低于60元/吨）。从出现未利用正向套利机会的比重看，除12月以外，其余月份无显著差异，都保持在较低水平（20%左右），12月份达到最高水平（37.43%）。从正向套利收益率看，7、9、11、12月份较高（均高于1.2），其中7月份达到最高的2.17，反映未利用市场套利回报水平较高，套利尚不充分。1、3、5、8月份较低（低于0.6），反映套利比较充分。

豆粕的正向套利收益与月平均成交量具有较为显著的负相关关系，说明豆粕市场交易活跃程度越大，正向套利收益水平越低。

在到期日情况，1、7、12月份期、现趋同性较差，其中7月、11月份期价高于现价，偏离幅度大，9月份期、现趋同性较好。各个合约到期日期价低于现价情况较为普遍（3、5、11月份）且偏离程度较大（7、8、12月份）。落在正向套利区间的比重在1、7、12月份相对较高（均高于30%），在其余月份普遍较低（均低于20%），这种情况反映该品种在到期日未利用的正向套利机会在1、7、12月份相对较高，期、现价格趋同性较差，在其余月份豆粕市场期、现价格趋同性较好。从未利用的正向套利的收益大小比较来看，7、11月份达到较高水平（均高于200元/吨），其余月份相对较低，这说明了期、现价格偏差在7、11月份较大，其余月份偏差较小。落在无套利区间的比重在9月份达到最高（40.00%），其他月份比重较低（均低于20%），是期、现价格趋同性较差的信号。多数月份合约出现反向套利机会均在60%以上，且多数合约偏离幅度在100元/吨以上。

第三，玉米不同月份合约套利机会和到期日情况比较，汇总结果见表3.3.11。

表3.3.11　　玉米不同月份合约套利机会和到期日情况

合约月度	1	3	5	7	9	11
正向套利收益均值的平均值（元/吨）	15.99	21.58	31.40	28.64	27.04	19.78
正向套利收益率均值的平均值	0.25	0.24	0.27	0.22	0.15	0.44
出现正向套利机会的点数占总点数比重的平均值	11.73%	14.76%	28.01%	32.15%	31.36%	16.44%

续表

合约月度		1	3	5	7	9	11
月成交量平均值（千手）		10 172	4 564	33 212	5 828	26 680	6 627
到期日情况	落在正向套利区间的个数/比重/收益的平均值（元/吨）	6	4	4	3	3	3
		75.00%	50.00%	50.00%	50.00%	50.00%	50.00%
		30.63	51.92	20.70	20.26	30.98	45.96
	落在无套利区间的个数/比重	2	3	4	1	2	2
		25.00%	37.50%	50.00%	16.67%	33.33%	33.33%
	落在反向套利区间的个数/比重/收益的平均值（元/吨）	0	1	0	2	1	1
		0.00%	12.50%	0.00%	33.33%	16.67%	16.67%
		0.00	0.38	0.00	63.86	25.44	32.47

由表3.3.11可知，玉米各月份套利较充分且差别不大。正向套利收益在1—11月份差异不显著，并处于较低水平（均低于50元/吨），其中5月份达到最大值（31.40元/吨），表明市场套利比较充分。玉米市场出现未利用正向套利机会的比重在5、7、9月份相对较高（30%左右），在1、3、11月份相对较低（均低于20%），说明玉米市场在1、3、11月份正向套利机会较少，套利较充分，在5、7、9月份正向套利机会较多，套利不充分。玉米市场正向套利收益率在1—9月份无显著差异，并且处于较低水平（除11月份以外均低于0.3），11月份达到最高值（0.44），表明玉米市场在1—9月份套利回报水平较低，11月份市场套利回报水平相对较高。

玉米的正向套利收益与月平均成交量具有较为显著的正相关关系（相关系数为0.62），说明玉米市场交易活跃程度越大，正向套利收益水平反而越高。这种现象可能的解释是：玉米品种未套利机会少，可能不是套利活动充分的体现，而是套利成本高，无套利区间大，导致实际基差“被动”地落在无套利区间上的结果。

在到期日情况，各月份差异不大，趋同性相对较好，期货高于现货的偏离幅度较小。落在正向套利区间的比重在1月份达到最大（75.00%），其余5个月份均为50.00%，都处于较高水平，这种情况反映该品种在到期日未利用的正向套利机会普遍偏高，期、现价格趋同性较差。从未利用的正向套利的收益大小比较来看，1—11月份无显著差异，且处于较低水平，3月份达到最高值（51.92元/吨），这也说明了尽管期、现价格趋同性较差，但实际期、现货价格偏差不大。落在无套利区间的比重在5月份达到最大值（50.00%），其他月份较低（低于40.00%），表明期、现价格趋同性较差，这与落在正向套利区间的比重得到的结论相一致。

第四，豆油不同月份合约套利机会和到期日情况比较，汇总结果见表3.3.12。

表3.3.12　　豆油不同月份合约套利机会和到期日情况

合约月度		1	3	5	7	8	9	11	12
正向套利收益均值的平均值（元/吨）		19.10	196.79	89.83	67.19	144.97	30.59	137.60	0.00
正向套利收益率均值的平均值		0.27	3.15	1.46	0.85	2.63	0.61	1.95	0.00
出现正向套利机会的点数占总点数比重的平均值		0.25%	2.95%	2.77%	2.93%	4.51%	1.61%	2.18%	0.00%
月成交量平均值（千手）		3 522	15	7 842	132	265	11 055	2 301	9
到期日情况	落在正向套利区间的个数/比重/收益的平均值（元/吨）	0	1	1	2	1	0	1	0
		0.00%	50.00%	33.33%	66.67%	50.00%	0.00%	50.00%	0.00%
		0	199.42	210.65	276.16	279.37	0	504.13	0
	落在无套利区间的个数/比重	0	0	0	0	0	0	1	0
		0.00%	0.00%	0.00%	0.00%	0.00%	0.00%	50.00%	0.00%
	落在反向套利区间的个数/比重/收益的平均值（元/吨）	2	1	2	1	1	2	0	2
		100%	50.00%	66.67%	33.33%	50.00%	100%	0.00%	100 %
		181.73	1 462.6	570.50	43.89	12.61	407.68	0	551.35

由表3.3.12可知，豆油各月份出现未利用正向套利机会均较低，但正向套利收益各月份差异显著，3、5、8、11月份偏离程度较大，其余月份偏离程度较低。从正向套利收益看，1—12月份差异非常显著，3、5、8、11月份处于较高水平，其中3月份达到最大值（196.79元/吨），1、7、9、12月份处于较低水平，其中12月份达到最低水平（0），这表明1、7、9、12月份市场套利比较充分，在3、5、8、11月份市场套利不充分。豆油市场出现未利用正向套利机会的比重在1—12月份相差不大，且均处于较低水平（均低于5%），这说明豆油市场在1—12月份正向套利机会较少。豆油市场

正向套利收益率与正向套利收益有着相似的趋势，3、5、8、11月份处于较高水平，其中3月份达到最大值（3.15），1、7、9、12月份处于较低水平，其中12月份达到最低水平（0），表明豆油市场在3、5、8、11月份套利回报水平较高，1、7、9、12月份市场套利回报水平相对较低。

豆油的正向套利收益与月平均成交量具有一定的负相关关系（相关系数为-0.33），说明豆油市场交易活跃程度越大，正向套利收益水平越低，市场效率越高。

在到期日情况，各月份均显示较差的期、现趋同性。其中，3、5、7、8、11月份出现正向套利机会多且偏离程度大。除11月份之外，其余合约均表现出较高频率的反向套利机会且收益值很高，这表明到期日期货价格低于现货价格情况较普遍且偏离程度显著。1、9、12月份落在正向套利区间的比重均为0，其余5个月平均为50.00%，处于较高水平，这种情况反映该品种在到期日未利用的正向套利机会相对较高，期、现价格趋同性除了1、9、12月份以外普遍较差。从未利用的正向套利的收益大小比较来看，1、9、12月份均为0，其余月份均处于较高水平（均高于200元/吨），这也说明了期、现价格偏差除了1、9、12月份以外非常大。落在无套利区间的比重11月份达到最大值（50.00%），其余月份均为0，表明期、现价格趋同性较差。除11月份之外，其余月份均显示较高的出现反向套利机会的频率（大部分在50%以上）以及较高的套利收益值（大部分在400元/吨以上）。

3.3.5 各品种套利及到期日趋同性分析总结

（1）各品种套利及到期日趋同性比较。综合来看，玉米是市场套利最为充分品种，其次是豆油、棕榈油；然后是豆粕、黄大豆一号、黄大豆二号；LLDPE套利最不充分。在到期日期、现趋同性上，七个品种到期趋同性整体较差。相对而言，玉米期、现趋同性最好；其次是棕榈油，然后是豆粕、豆油、黄大豆一号、黄大豆二号；LLDPE最差。

从理论上讲，交易量与套利充分程度应呈负相关关系。通过对各品种每个合约正向套利收益平均值与每个合约对应的交易量进行相关性分析，可以对套利充分程度的实证检验结果的合理性作进一步评价。结果显示，黄大豆一号、黄大豆二号、豆粕表现为负相关，表明套利充分性的检验结果较为可信；豆油无相关关系，因此不能作判断；玉米、棕榈油、LLDPE则表现为正相关关系，其中，棕榈油和LLDPE上市时间短，数据有限，影响相关性检验结果，可对此进行进一步追踪分析。

但玉米表现出的正相关性的原因尚需要进一步分析。玉米品种从各项指标看，套利充分性和到期期、现趋同性均是最好的；而该品种正向套利收益和交易量呈正相关关系，两者存在矛盾。对此可能的一种解释是：玉米品种体现的无套利机会少的特点，可能不是套利有效性的反映，而是由于套利成本相对于本身价格水平来说过高，导致无套利区间过大，从而实际基差“被动地”落在无套利区间上。

（2）主要品种分年度套利及到期日趋同性的比较。对于黄大豆一号、豆粕、玉米和豆油品种的套利及到期日趋同性进行分年度比较。

黄大豆一号套利充分程度以及到期日的期、现价格趋同性上体现出从2003—2006年逐渐减弱，而从2007年后逐渐增强的特点。

豆粕的套利充分性在2003—2004年逐年增强，2005—2008年逐年下降。在到期日，从整体来看，豆粕期、现趋同性2003—2006年有所增强，2006—2008年有所下降。

玉米在2005—2008年处于持续套利充分状态，年度差别不大。在到期日，2005—2007年期、现趋同性整体呈逐渐增强的特点，2008年则期、现趋同性表现较差。

豆油市场套利较为充分，且年度差别不大。在到期日，豆油期、现价格趋同性较差，且有逐年增强的趋势。

（3）主要品种分月份的套利及到期日情况的比较分析。对于黄大豆一号、豆粕、玉米和豆油品种，进一步对不同月份合约的套利及到期日情况进行比较，从而研究是否存在合约月份间的差异及规律。

结果显示，黄大豆一号5月份合约套利最为充分。其原因可能是该月份合约是所有月份合约中交易最为活跃的，这在一定程度上促进了套利活动；而同样最为活跃的9月份合约之所以没有体现套利充分的特点，可能与该月份正处于收获季节前有关，此时上年大豆库存很少，新大豆尚未上市，导致期、现套利难以实施。在到期日情况，各合约期、现趋同性均较差。

豆粕7月份和12月份套利较不充分，其余月份套利较为充分且差别不大。豆粕的正向套利收益与月平均成交量具有较为显著的负相关关系，说明豆粕市场交易活跃程度越大，正向套利收益水平越低。在到期日情况，未利用的正向套利机会在1、7、12月份相对较多，期、现价格趋同性较差，在其余月份豆粕市场期、现价格趋同性较好。

玉米各月份套利较充分且差别不大。玉米的正向套利收益与月平均成交量具有较为显著的正相关关系（相关系数为0.62），说明玉米市场交易活跃程度越大，正向套利收益水平反而越高。这种现象可能的解释是：玉米品种未套利机会少，可能不是套利活动充分的体现，而是套利成本高，无套利区间大，导致实际基差“被动”地落在无套利区间上的结果。在到期日情况，各月份差异不大，趋同性相对较好，期货高于现货的偏离幅度较小。

豆油各月份出现未利用正向套利机会均较低，但正向套利收益各月份差异显著，3、5、8、11月份偏离程度较大，其余月份偏离程度较低。豆油的正向套利收益与月平均成交量具有一定的负相关关系（相关系数为-0.33），说明豆油市场交易活跃程度越大，正向套利收益水平越低，市场效率越高。在到期日情况，各月份均显示较差的期、现趋同性，其中，3、5、7、8、11月份出现正向套利机会多且偏离程度大。

3.3.6 原因分析与建议

从实证检验结果来看，大商所各农产品到期日期、现价格收敛性表现并不理想，套利的不充分从理论上反映了市场的不完善。在此从套利者、期货市场、现货市场三个方面进行分析，对期、现价格到期不收敛性进行解释。

（1）套利者。套利者是参与期、现市场套利的行为主体，通过对期、现市场价格失衡的套利行为改变期、现市场的供求关系，从而使期、现市场的价格趋于一致，并在临近合约到期日体现为期、现价格收敛。因此，作为期、现价格收敛的主要推动者，套利者的套利规模和套利意愿决定了期、现价格是否具有收敛。

第一，套利者资金规模有限。中国期货市场的市场参与者以个人投资者为主，政策上对国有资产占主导地位的企业进入期货市场加以过多的限制也是其中缘由。据中国期货业协会统计，截至2007年底，大商所总开户数为375 006户，其中，法人开户为13 759户，所占比例为3.67%。由于个人投资者的资本有限，因此个人投资者主导的套利行为限制了套利交易的规模和数量。此外，由于个人投资者交易决策较为分散，难以对市场价格形成实质性的影响，从而削弱了套利行为对期、现价格的趋同性效应。

第二，噪声交易削弱了套利者的套利意愿。Black（1986）提出了噪声交易理论，他认为，噪声是指虚假的或者失真的信号，是一种与投资价值无关的信息，而噪声交易被用以代表非理性交易主体的行为。DeLong、Shleifer、Summers和Waldman（1990）认为，金融市场上由于噪音的存在而出现的反馈行为推高了资产价格，产生了泡沫，以至增加交易风险。

在期货交易中，受制于个人投资者在信息搜集和分析能力方面存在的制约，噪声对个人投资者造成的反馈效应从而形成的羊群效应增加了其交易风险，降低了其套利意愿，并削弱了期、现趋同性。

(2) 期货市场。目前，我国期货市场存在的某些特征影响着期、现套利的成本和可行性。

首先，各合约在临近到期日普遍呈现交易量和交易额急剧萎缩的现象。据大商所的交易数据显示，如玉米合约 C0607 在交割月共成交 48 手，占当月全部玉米合约成交量的 0.001%；豆油合约 Y0612 和 Y0708 在交割月出现零成交；其他的合约也有类似情形。

由于期货交易实行保证金制度，在本质上属于杠杆交易，临近交割月时为避免违约，交易所通常会提高保证金率以提高交易者的履约能力。如大商所规定黄大豆一号、黄大豆二号和豆粕合约从交割月份前一个月起提高保证金比率，到交割月份的第一个交易日需缴纳合约价值 30% 的保证金。在保证金不断提高的情况下，套利行为的可行性受到了限制。

其次，为防止垄断市场和操纵价格，交易所的风险管理办法通常会对交易者的持仓进行限制，如大商所规定：在交割月份，经纪会员、非经纪会员和客户对玉米合约的持仓限额分别为 12 500 手、10 000 手和 5 000 手。

再次，中国农产品期货交易手续、交割费用偏高增加了套利行为的成本，如我国大豆期货交易手续费每手 4 元，为合约价值的 0.2‰左右，而日本手续费率则为 0.01‰。交割费用整体偏高，并且对于不同价值量的商品在交割费用上差别不大，导致低价值的商品交割费用相对过高（例如玉米），造成无套利区间过宽，影响了套利充分性和到期日的趋同性。

(3) 现货市场。在实际操作中，做空现货具有一定难度，因此套利者常进行的是正向套利。完整的正向套利过程不仅需买入标的现货和卖出相应期货合约，还包括核查现货的质量标准、运入交割仓库等过程。其中，交割库布局不合理增加了现货交割的难度。例如，黄大豆一号作为我国期货市场交易交割的主力品种，仅在环渤海地区设立大豆交割库，这不仅需要耗费大量的人力物力，其中套利者还需承担运输费用和变质风险。

物流不顺畅是套利者的另一个难题，主要体现在承担大宗商品运输任务的铁路运力紧张。据铁道部统计，2003—2007 年全路每天的请求车满足率总体只有 35% 左右①。在大豆产区黑龙江，受制于运输的“瓶颈”，很少有

① 中国政府网，http://www.gov.cn/zxft/ft87/content_845991.htm。

大豆运输到关内的压榨厂。这影响了套利者现货运输的便利性和及时性，套利行为受到制约。

现货市场不存在杠杆交易机制，对资金的需求量更大。一方面，个人投资者自身资金规模有限；另一方面，鉴于当前中国的金融市场体制，套利者获取资金的渠道有限，金融机构和银行信贷资金被排斥在期货市场之外，而民间借贷则将大大增加套利者的资金占用成本。上述各项支出和风险都大大增加了套利者套利的成本，降低了套利行为的可行性，从而削弱了期、现价格的收敛性。

对于未利用的套利机会的分析，是建立在本部分对套利成本分析的假设前提之上的。在实际套利中，可能还存在其他影响套利的成本和风险，这会在一定程度上增加套利的难度。如 Garbade 和 Sliber（1979）所指出的，实际中套利弹性不可能是无限的，由于交割品的等级差异、最便宜的交割地、仓库的库容限制和短期套利资金的可获得性等因素的存在，这会使得理论上的无风险套利机会变得不确定，而非真正的“无风险套利”机会。

对于各品种未利用的套利机会以及到期日期、现价格不能趋同的原因，大致可包括以下几个方面的因素：

第一，未估计到的其他影响套利的成本或风险。一旦将其估计进去，可能“未利用的套利机会”是“不可能利用的套利机会”。具体到我国而言，未分析到的成本和风险可能包括：交割品等级的差异、运输条件的限制、仓库库容的限制、资金的可获得性制约、期货市场流动性风险、期货价格波动带来的追加保证金等额外的资金成本等等。

第二，套利者参与程度不足影响套利的充分性。可能的原因包括对期货市场了解不足、缺少专业人才和知识、没有现货条件等等。

第三，品种自身特点对套利活动的制约。例如，豆粕保存期较短，这会影响期、现套利的实现。

期、现价格非收敛性将削弱期货价格指导现货价格的效应，不利于期货市场价格发现功能的发挥，这对投资者的信心和大宗商品的定价权都提出了挑战。因此，完善期、现价格收敛机制具有重要的意义。针对以上问题，我们建议如下：

第一，引入机构投资者，完善套利者结构。机构投资者具有资金量大、交易决策集中的特点，其对期、现货价格具有重要影响。综观成熟的期货市场，机构投资者均占主导。美国期货市场是典型的机构投资者市场，如 2005 年 7 月在芝加哥期货市场（CBOT）的小麦和玉米合约持仓中，仅银行持仓便分别占总持仓的 22.5% 和 11.3%。应适当引进金融机构，允许和鼓励期货基金发展，允许有条件的生产型企业参与期货市场。

第二，引导投资者理性投资。我国以个人投资者为主的投资结构易增加市场的非理性程度。个人投资者由于专业知识、投资心理及信息获取等方面的劣势地位，决定其行为非理性程度要高于机构投资者。在鼓励机构投资者参与的同时，应加强对期货投资的正确宣传，传播正确投资理念，引导理性投资行为。

第三，完善期货市场交易机制。我国农产品期货市场所执行的交割制度有特定的历史背景，主要运用于处理其发展初期出现的逼仓现象，特别在交割月或临近交割月的交割制度具有减少投资者参与、缓减市场内部矛盾的功能。有些制度在制定之初是符合当时市场发展要求的，但是随着期货交易量和交割量的放大，其局限性便逐渐暴露出来，不利于市场效率的发挥，也不适应农产品期货市场未来的发展。在交易制度方面，还应进一步完善套期保值和套利交易的管理，降低套期保值和套利交易的保证金和交易手续费，给予套期保值和套利交易最大限度的优惠。如 CBOT 和伦敦金属交易所（LME）对保值与投机所规定的保证金比例差别较大，保值的保证金仅为正常保证金的 30% 左右。

第四，改善物流环节，方便现货运输。铁路运力紧张一直是困扰我国的难题。在硬件上，应当加大铁路建设投资，改善运输车辆技术水平，在运输容量和速度上紧跟经济发展的步伐；在管理上，应当重视对农产品和重要基础物资的运输优先权，科学安排和调配运力，确保国民经济的安全、健康、稳定发展。

第五，完善金融市场，拓宽融资渠道。若将银行信贷利息作为机会成本扣除之后，套利收益仍大于零则说明套利行为可以获得额外收益且不承担风险。由于我国金融市场尚不发达，融资渠道狭窄，会增加套利者资金获取的难度及成本，因此，应进一步完善金融市场，拓宽融资渠道，促进套利活动。

3.4 大连商品交易所期货品种的国内外期货价格关系实证分析

3.4.1 国内外期货价格关系研究综述

随着世界经济的一体化以及我国与各国贸易的不断开放，国内市场与国际市场大宗商品及原材料价格之间的联系越来越密切。从理论上讲，如果市场是完全开放和充分竞争的，商品的流通不受任何限制，则商品供求关系发生变化的信息将从一个市场很快地传递到另一个市场，并迅速在商品价格中得到体现，套利活动有助于同一商品在不同市场上的价格趋于均衡。但在现实经济中，由于交易成本的存在以及各个国家开放程度的差异，不同国家的期货市场在期货价格形成上也存在一定的差异性和独立性。

本部分旨在通过对大商所有关品种的期货价格与国际相关品种期货价格之间的关系进行实证研究，了解这些品种国内外期货价格之间的关联及影响，这将有助于增加对我国这些期货品种运行特征以及在全球期货价格定价体系中的地位的认识，为进一步制定发展我国期货市场、增强在国际期货市场的影响力的战略提供参考依据。

目前，对于国外内期货价格关系的研究文献较多，涉及期货品种较为广泛，既有商品期货，也有金融期货。Tse 和 Booth（1995）对美国国债（US Treasury Bill）期货与欧洲美元（Eurodollar）期货的期货价格之间的联系进行了研究，研究结果发现这两个品种的期货价格之间存在协整关系；Booth、Lee 和 Tse（1996）对同时在新加坡国际货币期货交易所（SIMEX）、伦敦国际金融期货交易所（LIFFE）、芝加哥国际货币市场（IMM）进行期货交易的日经 225 股指期货（Nikkei 225 Index Futures）之间的联系进行了研究，结果显示在不同交易所进行期货交易的日经 225 股指期货之间存在协整关系；Booth、Brockman 和 Tse（1998）研究发现，芝加哥期货交易所（CBOT）与加拿大温尼伯商品交易所（WCE）小麦的期货价格之间存在协整关系，并且 CBOT 小麦期货价格引导 WCE 小麦期货价格，但 WCE 小麦的期货价格对 CBOT 小麦的期货价格不具引导作用。

国内相关文献主要包括：华仁海和陈百助（2004）对 1998 年 1 月 2 日至 2002 年 12 月 31 日期间的上海期货交易所（SHE）和伦敦金属交易所（LME）的铜和铝期货价格、大连商品交易所（DCE）和芝加哥期货交易所（CBOT）的大豆期货价格、郑州商品交易所（ZCE）和芝加哥期货交易所（CBOT）的小麦期货价格关系进行了研究。其研究结果发现，国内与国际铜、铝、大豆和小麦期货价格的相关系数分别为 0.9633、0.8405、0.7485 和 0.0077，铜、铝和大豆的国内与国际期货价格之间存在双向 Granger 因果关系和协整关系，小麦的国内、国际期货价格之间不存在协整关系。高辉（2005）对 2004 年 9 月 22 日至 2005 年 9 月 2 日期间的大连玉米期货和 CBOT 玉米期货进行了实证分析，结果显示，大连玉米期货价格与 CBOT 玉米期货价格存在单向的 Granger 因果关系，CBOT 玉米期货价格对大连玉米期货价格的引导作用是明显的，但是大连玉米期货价格对 CBOT 玉米期货价格无引导作用，还发现国内、国际两个玉米期货市场价格存在协整关系，存在长期的共同趋势。

3.4.2 研究方法与数据说明

根据已有文献的研究方法，本部分将对大商所上市的期货品种的国内外期货价格关系进行相关性、协整性、因果关系分析，并通过方差分解研究国内外期货价格之间的影响关系及影响程度。在协整检验时，本部分采用 Johansen 检验法，在确定 *VAR*（*p*）模型的最佳滞后期 *p* 时，选择标准为使得 LR、FPE、AIC、SC、HQ 均取得最佳值的滞后值。

与大商所对应品种的国际期货交易所的选择如下：大豆、玉米、豆粕、豆油选取 CBOT，棕榈油选择马来西亚衍生品交易所（BMD），LLDPE 选择 LME。其中，国内黄大豆一号、玉米、豆粕、豆油、棕榈油、LLDPE 期货价格数据，国外大豆、玉米、豆粕、豆油期货数据来自于世华财讯，棕榈油的国外数据则来自于文华财经，LLDPE 的国外期货价格来自于 LME。期货价格数据是期货合约的连续价格数据，即由最近交割合约的下一合约月份每日的收盘价，同时将国内、国际期货价格按照交易日期进行了对应统一处理。

为了使国内外期货价格更有可比性，本部分将 CBOT 的豆油等四个农产品期货、马来西亚的棕榈油期货和 LME 的 LLDPE 期货价格的计价方式根据汇率折算成国内的人民币元/吨的计价方式。

在时间段选取上，原则上以该品种在大商所上市以来的数据为区间。但对上市较早的品种来说，如大豆、豆粕和玉米，实证结果表明国内外期货价格均不构成协整关系，这表明，从较长时间跨度看，国内外期货市场之间的联系尚不够紧密。不过，当时间段调整为从人民币汇率改革（2005 年 7 月 21 日）之后时，检验结果表现出差异，部分品种国内外期货价格构成协整关系。因此，在时间段选取上，将大豆、豆粕、玉米三个品种的起始日期调整为 2005 年 7 月 21 日之后，豆油、棕榈油和 LLDPE 则以上市日开始。汇改之所以对实证结果产生影响，可能的解释是：汇改使外资对人民币升值的预期增强，境外资金进入国内金融市场，国内外期货市场联动性增强。

为了克服异方差性，降低短期波动，更准确地把握长期走势，下面研究中对国内、国际期货价格数据均进行了对数化处理。采用计量经济学软件

Eviews5.0 进行实证分析。

各品种的时间段以及对应的国际期货交易所的选择见表 3.4.1。

表 3.4.1　　　　各品种期货价格数据情况汇总

品　种	时间起止区间		国内交易所	国外交易所	样本数
黄大豆一号（上市以来）	2002/03/15	2008/07/08	DCE	CBOT	1 490
黄大豆一号（汇改以来）	2005/07/21	2008/07/08	DCE	CBOT	700
豆油（上市以来）	2006/01/09	2008/07/08	DCE	CBOT	571
豆粕（上市以来）	2000/07/17	2008/07/08	DCE	CBOT	1 857
豆粕（汇改以来）	2005/07/21	2008/07/08	DCE	CBOT	700
玉米（汇改以来）	2005/07/21	2008/07/08	DCE	CBOT	700
棕榈油（上市以来）	2007/10/29	2008/08/29	DCE	BMD	203
LLDPE（上市以来）	2007/07/31	2008/08/29	DCE	LME	259

3.4.3 分品种实证分析

（1）大商所与 CBOT 的大豆期货价格关系。

第一，相关性检验。大商所与 CBOT 的大豆期货价格自汇改以来的相关性系数为 0.984743，表明两个市场的大豆期货价格高度正相关。两个市场价格走势见图 3.4.1。

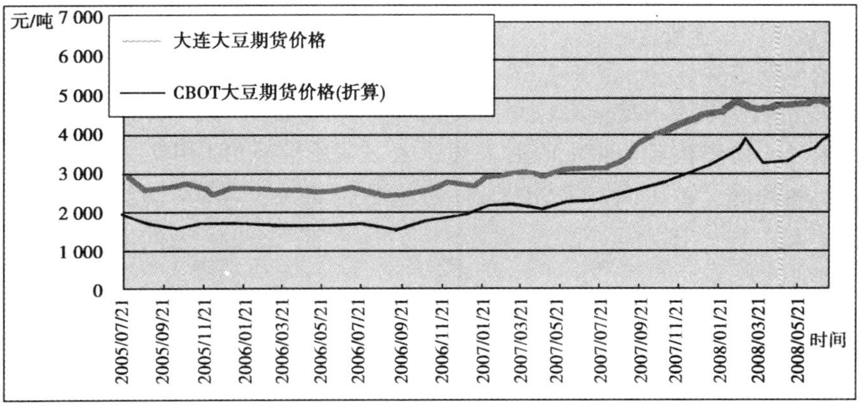

图 3.4.1　大连与 CBOT 大豆期货价格走势图

2002—2008 年各年大商所的黄大豆一号与 CBOT 的大豆期货价格之间的相关系数存在波动，2007 年最高，至 0.969498；2006 年最低，至 0.756393（由于 2008 年仅半年数据，样本少，影响相关系数值，在此不予比较）（见表3.4.2）。

表3.4.2　大连各年黄大豆一号与CBOT大豆期货价格相关系数变化

数据区间	2002年3月15日至2002年12月31日	2003年	2004年	2005年	2006年	2007年	2008年1月2日至2008年7月8日
大　豆	0.871667	0.959026	0.91383	0.855345	0.756393	0.969498	0.681658

说明：按自然年度取。

第二，平稳性检验。将CBOT大豆期货价格和大商所大豆期货价格进行单位根检验，分别用LNCBOT、LNDCE表示CBOT大豆期货价格、大连大豆期货价格的原始时间序列，而用DLNCBOT、DLNDCE表示上述两者的一阶差分序列。其结果见表3.4.3。

表3.4.3　大连与CBOT大豆期货价格单位根检验结果

序列名称	t统计值	1%临界值	5%临界值	10%临界值
LNCBOT	0.505301	-3.439477	-2.865458	-2.568913
LNDCE	1.391888	-3.439531	-2.865482	-2.568926
DLNCBOT	-27.89818	-3.439490	-2.865464	-2.568916
DLNDCE	-28.41636	-3.439572	-2.865500	-2.568935

根据ADF检验结果可知，CBOT大豆期货价格和大连大豆期货价格时间序列均为非平稳序列，而其一阶差分序列均服从平稳过程。因此，CBOT大豆期货价格和大连大豆期货价格均是一阶平稳数列，服从单整过程。

第三，协整检验。将汇改后大商所大豆期货价格与CBOT大豆期货价格进行协整检验，首先确定VAR（p）最佳滞后期为3。*VAR*模型指标选择见表3.4.4。

表3.4.4　大连与CBOT大豆期货价格VAR模型选择表

Lag	LogL	LR	FPE	AIC	SC	HQ
0	1 009.304	NA	0.000182	-2.936747	-2.923537	-2.931636
1	3 995.527	5 946.328	3.05e-08	-11.63127	-11.59165	-11.61594
2	4 064.867	137.6692 *	2.52e-08	-11.82177	-11.75572*	-11.79622 *
3	4 069.466	9.103155	2.51e-08 *	-11.82352*	-11.73105	-11.78774
4	4 071.336	3.692105	2.53e-08	-11.81731	-11.69842	-11.77131

VAR（3）模型为：

$$\begin{aligned}\text{LNDCE} = & 0.7989308339 \times \text{LNDCE}(-1) + 0.1461714637 \\ & \times \text{LNDCE}(-2) + 0.03944255747 \times \text{LNDCE}(-3) \\ & + 0.2867537458 \times \text{LNCBOT}(-1) - 0.2304004205 \\ & \times \text{LNCBOT}(-2) - 0.03902254074 \times \text{LNCBOT}(-3) \\ & - 0.007529553721\end{aligned}$$

$$\begin{aligned}\text{LNCBOT} = & 0.1077335005 \times \text{LNDCE}(-1) + 0.02187771244 \\ & \times \text{LNDCE}(-2) - 0.1021200046 \times \text{LNDCE}(-3) \\ & + 0.9166409747 \times \text{LNCBOT}(-1) - 0.01005661979 \\ & \times \text{LNCBOT}(-2) + 0.06810269364 \times \text{LNCBOT}(-3) \\ & - 0.02659216205\end{aligned}$$

取 lag = 3，进行协整检验，结果见表 3.4.5。

表 3.4.5　　大连与 CBOT 大豆期货价格协整检验结果

零假设	迹统计量值	5%临界值	10%临界值
r≤0	14.08384	15.49471	13.42878
r≤1	1.913523	3.841466	2.705545

检验结果显示，在 10% 显著水平下，迹统计量大于临界值，这说明大连大豆期货价格和 CBOT 大豆期货价格之间存在协整关系，即两者之间存在长期的稳定关系。

第四，Granger 因果检验。表 3.4.6 是对 CBOT 大豆期货价格和大商所大豆期货价格一阶差分数列进行的 Granger 检验结果（见表 3.4.6）。

表 3.4.6　　大连与 CBOT 大豆期货价格 Granger 因果检验结果

原　假　设	F 统计量	P 值
大连期货价格不引导 CBOT 期货价格	2.04598	0.10615
CBOT 期货价格不引导大连期货价格	50.7440	1.3E－29

由检验结果的 P 值可知，“大连期货价格不引导 CBOT 期货价格”的零假设被显著地接受，即在 99.9% 的置信水平下，大连期货价格不引导 CBOT 期货价格。同时，“CBOT 期货价格不引导大连期货价格”的零假设被显著地拒绝，表明在 99.9% 的置信水平下，CBOT 期货价格引导大连期货价格。

由此可见，CBOT 大豆期货价格对大连黄大豆一号期货价格存在单向的 Granger 引导关系。

第五，方差分解。对国内外期货价格的方差分解见图 3.4.2。结果表明，汇改后，CBOT 大豆期货价格的波动主要来自其自身的影响，而大连大豆对其影响甚微，在滞后很多期（如 200）时，大连大豆期货价格变化对 CBOT 大豆期货价格的影响不超过 26%。相反，大连大豆期货价格的波动影响因素不但来自于其自身，更主要来自于 CBOT 大豆期货价格的影响，滞后期为 2 时，CBOT 期货价格变化对大连大豆期货价格的影响已达到 25.82%，而且这种影响随滞后期的增长呈较快增长，在 40 个滞后期时，CBOT 大豆期货价格的波动对大连大豆期货价格的波动影响程度远高于大连豆油期货价格自身的影响。

由此可见，CBOT 大豆期货价格的波动对大连大豆期货价格的变动作用很大，CBOT 大豆期货价格对大连大豆期货价格具有明显的引导作用。

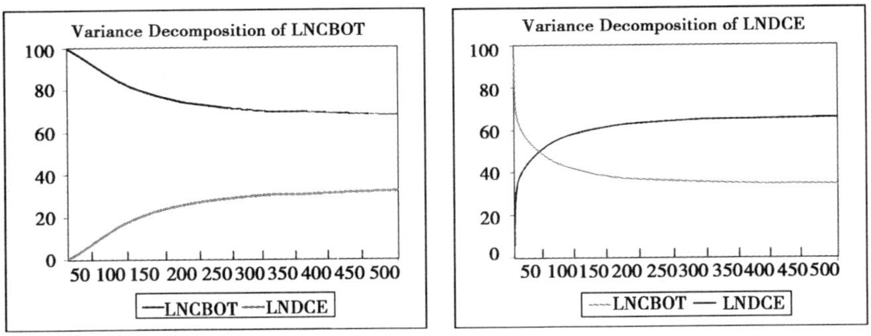

图 3.4.2　大连与 CBOT 大豆期货价格方差分解图

（2）大商所与 CBOT 豆粕期货价格关系

第一，相关性检验。大商所豆粕期货价格与 CBOT 豆粕期货价格相关系数为 0.968607，汇改以后两个市场的豆粕期货价格高度正相关。其走势图见图 3.4.3。

说明：相关性存在波动。

2000—2008 各年大商所的豆粕与 CBOT 的豆粕期货价格之间的相关系数存在较大波动，2007 年最高，至 0.919132；2002 年最低，至 0.439366（见表 3.4.7）。

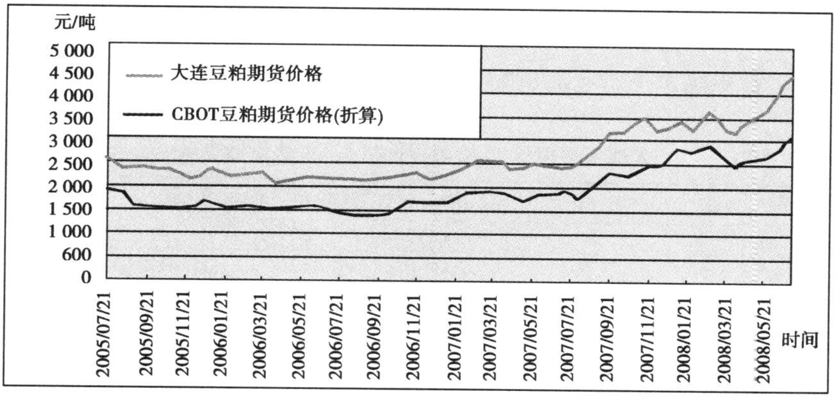

图 3.4.3 大连与 CBOT 豆粕期货价格走势图

表 3.4.7 大连各年与 CBOT 豆粕期货价格相关系数变化

数据区间	2000 年 7 月 17 日至 2000 年 12 月 31 日	2001 年	2002 年	2003 年	2004 年	2005 年	2006 年	2007 年	2008 年 1 月 2 日至 2008 年 7 月 8 日
国内国际豆粕期货价格相关系数	0.707948	0.634057	0.439366	0.895023	0.885446	0.765503	0.704303	0.919132	0.828066

说明：按自然年度取。

第二，平稳性检验。将 CBOT 豆粕期货价格和大商所豆粕期货价格进行单位根检验，分别用 LNCBOT、LNDCE 表示 CBOT 豆粕期货价格、大连豆粕期货价格的原始时间序列，而用 DLNCBOT、DLNDCE 表示上述两者的一阶差分序列。其结果见表 3.4.8。

表 3.4.8 大连与 CBOT 豆粕期货价格平稳性检验结果

序列名称	t 统计值	1% 临界值	5% 临界值	10% 临界值
LNCBOT	0.284131	-3.439477	-2.865458	-2.568913
LNDCE	0.892322	-3.439531	-2.865482	-2.568926
DLNCBOT	-25.62768	-3.439490	-2.865464	-2.568916
DLNDCE	-28.97634	-3.439531	-2.865482	-2.568926

根据 ADF 检验结果可知，CBOT 豆粕期货价格和大连豆粕期货价格时间序列均为非平稳序列，而其一阶差分序列均服从平稳过程。因此，CBOT 豆

粕期货价格和大连豆粕期货价格均是一阶平稳数列，服从单整过程。

第三，协整检验。将大商所豆粕期货价格与 CBOT 大豆期货价格进行协整检验，首先确定 *VAR*（*p*）最佳滞后期为 2。其指标选择见表 3.4.9。

表 3.4.9　　大连与 CBOT 豆粕期货价格 VAR 模型选择表

Lag	LogL	LR	FPE	AIC	SC	HQ
0	1 161.903	NA	0.000119	-3.357172	-3.344037	-3.352092
1	3 835.507	5 323.993	5.26e-08	-11.08396	-11.04455	-11.06872
2	3 909.644	147.2013 *	4.30e-08 *	-11.28696 *	-11.22128 *	-11.26156 *
3	3 911.750	4.168343	4.32e-08	-11.28148	-11.18953	-11.24591
4	3 912.593	1.663271	4.36e-08	-11.27234	-11.15412	-11.22661

VAR（2）模型为：

$$\begin{aligned}LNCBOTFP = {} & 1.029435736 \times LNCBOTFP(-1) - 0.04928649961 \\ & \times LNCBOTFP(-2) - 0.009582771185 \times LNDLFP(-1) \\ & + 0.03521030568 \times LNDLFP(-2) - 0.05149786748\end{aligned}$$

$$\begin{aligned}LNDLFP = {} & 0.3635233151 \times LNCBOTFP(-1) - 0.3405632069 \\ & \times LNCBOTFP(-2) + 0.8020779864 \times LNDLFP(-1) \\ & + 0.1728229869 \times LNDLFP(-2) + 0.02516653677\end{aligned}$$

取 lag = 1，Johansen 检验结果见表 3.4.10。

表 3.4.10　　大连与 CBOT 豆粕期货价格 VAR 模型选择表

零假设	迹统计量值	5% 临界值	10% 临界值
r≤0	13.68575	15.49471	13.42878
r≤1	0.583757	3.841466	2.705545

检验结果显示，在 10% 显著水平下，迹统计量大于临界值，这说明大连豆粕期货价格和 CBOT 豆粕期货价格之间存在协整关系，即两者之间存在长期的稳定关系。

第四，Granger 因果检验。对 CBOT 豆粕期货价格和大商所豆粕期货价格一阶差分数列进行的 Granger 检验结果见表 3.4.11。

表 3.4.11　　大连与 CBOT 豆粕期货价格 Granger 因果检验结果

原　假　设	F 统计量	P 值
大连期货价格不引导 CBOT 期货价格	0.10342	0.90177
CBOT 期货价格不引导大连期货价格	88.2883	7.4E-35

由检验结果的 P 值可知，“大连期货价格不引导 CBOT 期货价格”的零假设被显著地接受，即在 99.9% 的置信水平下，大连期货价格不引导 CBOT 期货价格；同时，“CBOT 期货价格不引导大连期货价格”的零假设被显著地拒绝，表明在 99.9% 的置信水平下，CBOT 豆粕期货价格引导大连豆粕期货价格。由此可见，CBOT 豆粕期货价格对大连豆粕期货价格存在单向的 Granger 引导关系。

第五，方差分解。方差分解结果见图 3.4.4，其结果显示 CBOT 豆粕期货价格主要受自身价格变动的影响，大连豆粕期货价格对 CBOT 豆粕期货价格的影响相对较小。滞后 10 期的 CBOT 豆粕期货价格对其自身的影响为 100%，大连豆粕期货价格对其却没有影响，当滞后期较大时，如滞后 200 期，CBOT 豆粕期货价格对其自身的影响为 80.18%，大连豆粕期货价格对其影响为 19.82%。在滞后期超过 500 时，CBOT 豆粕期货价格对其自身的影响稳定在 76.77% 左右，大连豆粕期货价格对其影响稳定在 23.23%。

相反，大连豆粕期货价格除了受自身价格变化的影响外，CBOT 豆粕期货价格对其影响也较大。滞后 1 期时，CBOT 豆粕期货价格变化对大连豆粕期货价格的影响为 3.59%；滞后 10 期时，CBOT 豆粕期货价格变化对其影响已上升至 39.15%；滞后 300 期时超过了 50%，即超过了大连豆粕期货价格自身变化的影响，以后就稳定在 57% 以上。这也揭示了 CBOT 豆粕期货价格对大连豆粕期货价格的引导作用。

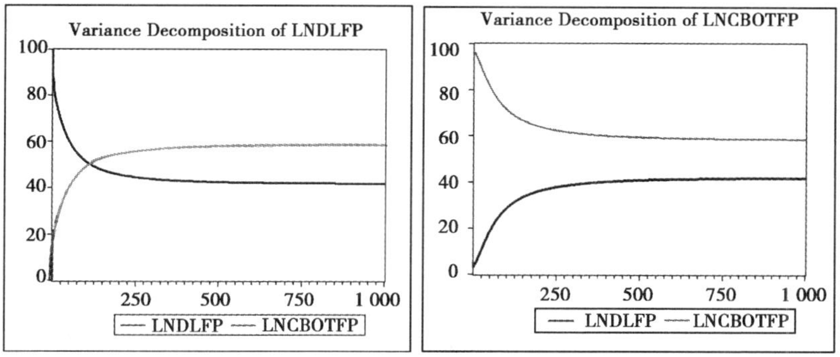

图 3.4.4 大连与 CBOT 豆粕期货价格方差分解图

（3）大商所与 CBOT 豆油期货价格关系

第一，相关性检验。大商所豆油期货价格与 CBOT 豆油期货价格相关系数为 0.983863，两个市场的豆油期货价格高度正相关。大商所与 CBOT 豆油期货价格走势见图 3.4.5。

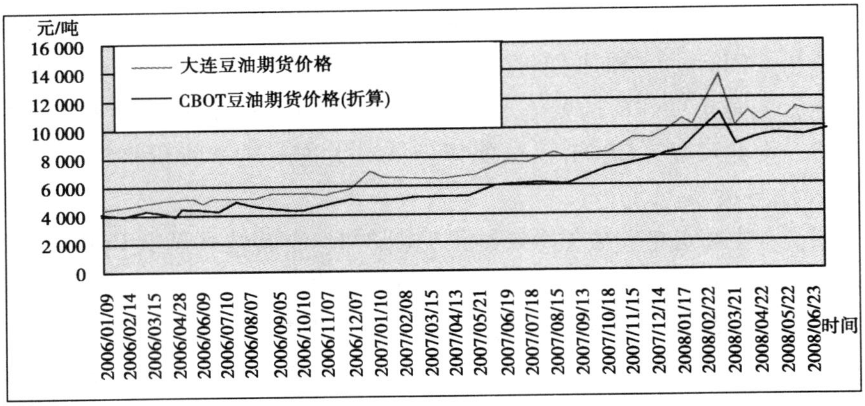

图 3.4.5 大连与 CBOT 豆油期货价格走势图

第二，平稳性检验。将 CBOT 豆油期货价格和大商所豆油期货价格进行单位根检验，分别用 LNCBOT、LNDCE 表示 CBOT 豆油期货价格、大连豆油期货价格的原始时间序列，而用 DLNCBOT、DLNDCE 表示上述两者的一阶差分序列。其结果见表 3.4.12。

表 3.4.12 大连与 CBOT 豆油期货价格平稳性检验结果

序列名称	t 统计值	1% 临界值	5% 临界值	10% 临界值
LNCBOT	-0.225203	-3.441593	-2.866392	-2.569413
LNDCE	-0.457505	-3.441593	-2.866392	-2.569413
DLNCBOT	-23.85017	-3.441613	-2.866401	-2.569418
DLNDCE	-23.01963	-3.441613	-2.866401	-2.569418

根据 ADF 检验结果可知，CBOT 豆油期货价格和大连豆油期货价格时间序列均为非平稳序列，而其一阶差分序列均服从平稳过程。因此，CBOT 豆油期货价格和大连豆油期货价格均是一阶平稳数列，服从单整过程。

第三，协整检验。将大商所豆油期货价格与 CBOT 豆油期货价格进行协整检验，结果见表 3.4.13。由表 3.4.13 知 *VAR*（*p*）模型的最佳滞后期 *p* 为 3。指标选择见表 3.4.13。

表 3.4.13　　大连与 CBOT 豆油期货价格 VAR 模型选择表

Lag	LogL	LR	FPE	AIC	SC	HQ
0	739.0588	NA	0.000255	-2.599855	-2.584545	-2.593880
1	3 154.303	4 804.931	5.15e-08	-11.10513	-11.05920	-11.08720
2	3 205.269	101.0329	4.37e-08	-11.27079	-11.19424 *	-11.24092 *
3	3 212.558	14.39732 *	4.32e-08 *	-11.28239 *	-11.17522	-11.24057
4	3 214.397	3.619329	4.35e-08	-11.27477	-11.13698	-11.22099

VAR（3）模型为：

LNCBOT = 0.9687976082 × LNCBOT（-1）- 0.005303907293 × LNCBOT（-2）+ 0.01752320426 × LNCBOT（-3）+ 0.08129401441 × LNDCE（-1）+ 0.02946990196 × LNDCE（-2）- 0.09280485195 × LNDCE（-3）+ 0.006081995022

LNDCE = 0.4096462185 × LNCBOT（-1）- 0.274798573 × LNCBOT（-2）- 0.1183047737 × LNCBOT（-3）+ 0.8760092695 × LNDCE（-1）+ 0.1365832578 × LNDCE（-2）- 0.02999383067 × LNDCE（-3）+ 0.01228638222

取 lag = 2，进行 Johansen 协整检验，结果见表 3.4.14。

表 3.4.14　　大连与 CBOT 豆油期货价格协整检验结果

零 假 设	迹统计量值	5% 临界值	10% 临界值
r≤0	6.880349	15.49471	13.42878
r≤1	0.310712	3.841466	2.705545

结果显示，该模型不是协整的，这说明大连豆油期货价格和 CBOT 豆油期货价格之间没有长期的稳定关系。

（4）大商所与 CBOT 玉米期货价格关系。

第一，相关性检验。大商所玉米期货价格与 CBOT 玉米期货价格相关系数为 0.921367，两个市场的玉米期货价格呈高度正相关关系。两者价格走势见图 3.4.6。

2004—2008 各年大商所的玉米期货价格与 CBOT 的玉米期货价格之间的相关系数存在一定波动，但整体看同趋势变动逐渐增强（见表 3.4.15）。

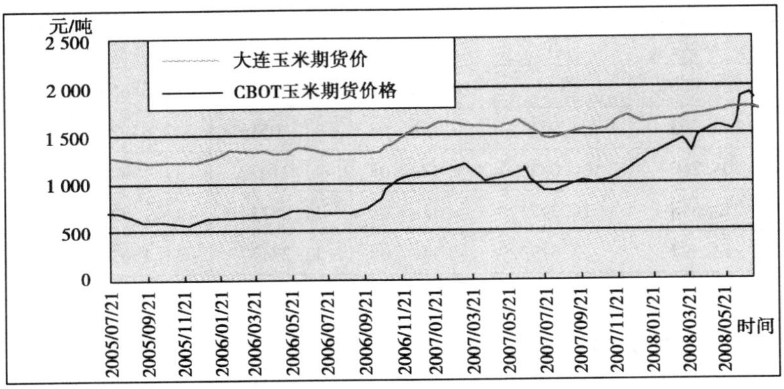

图 3.4.6 大连与 CBOT 玉米期货价格走势图

表 3.4.15 大连各年与 CBOT 玉米期货价格相关系数变化

数据区间	2004 年 9 月 22 日至 2004 年 12 月 31 日	2005 年	2006 年	2007 年	2008 年 1 月 2 日至 2008 年 7 月 8 日
玉　米	0.511829	0.569533	0.862779	0.716283	0.807478

说明：按自然年度取。

第二，平稳性检验。将 CBOT 玉米期货价格和大商所玉米期货价格进行单位根检验，分别用 LNCBOT、LNDCE 表示 CBOT 玉米期货价格、大连玉米期货价格的原始时间序列，而用 DLNCBOT、DLNDCE 表示上述两者的一阶差分序列。其结果见表 3.4.16。

表 3.4.16 大连与 CBOT 玉米期货价格平稳性检验结果

序列名称	t 统计值	1% 临界值	5% 临界值	10% 临界值
LNCBOT	0.211229	-3.439477	-2.865458	-2.568913
LNDCE	-0.553592	-3.439490	-2.865464	-2.568916
DLNCBOT	-25.89523	-3.439490	-2.865464	-2.568916
DLNDCE	-28.97634	-3.439490	-2.865464	-2.568916

根据 ADF 检验结果可知，CBOT 玉米期货价格和大连玉米期货价格时间序列均为非平稳序列，而其一阶差分序列均服从平稳过程。因此，CBOT 玉米期货价格和大连玉米期货价格均是一阶平稳数列，服从单整过程。

第三，协整检验。将大商所玉米期货价格与 CBOT 玉米期货价格进行协整检验，首先确定 VAR（p）最佳滞后期为 3，指标选择见表 3.4.17。

表 3.4.17　　大连与 CBOT 玉米期货价格 VAR 模型选择表

Lag	LogL	LR	FPE	AIC	SC	HQ
0	1 113.744	NA	0.000140	-3.194667	-3.181605	-3.189616
1	4 074.465	5 895.918	2.87e-08	-11.69099	-11.65181	-11.67584
2	4 090.641	32.11958	2.77e-08	-11.72598	-11.66067 *	-11.70073 *
3	4 097.504	13.58870 *	2.75e-08 *	-11.73421 *	-11.64278	-11.69886
4	4 100.240	5.400448	2.76e-08	-11.73057	-11.61302	-11.68512

VAR（3）模型为：

$$\begin{aligned}LNCBOT = {} & 1.009519064 \times LNCBOT(-1) - 0.06594800302 \\ & \times LNCBOT(-2) + 0.04137999792 \times LNCBOT(-3) \\ & + 0.04426703919 \times LNDL(-1) + 0.01920161574 \\ & \times LNDL(-2) - 0.01977767938 \times LNDL(-3) \\ & - 0.2146236603\end{aligned}$$

$$\begin{aligned}LNDL = {} & 0.07057531089 \times LNCBOT(-1) - 0.1120938735 \\ & \times LNCBOT(-2) + 0.0496374155 \times LNCBOT(-3) \\ & + 0.8503119397 \times LNDL(-1) + 0.2020420996 \\ & \times LNDL(-2) - 0.07479138625 \times LNDL(-3) \\ & + 0.1087354781\end{aligned}$$

取 lag = 2，可以得到 Johansen 检验的结果（见表 3.4.18）。

表 3.4.18　　大连与 CBOT 玉米期货价格协整检验结果

零假设	迹统计量值	5% 临界值	10% 临界值
r≤0	11.99128	15.49471	13.42878
r≤1	0.058734	3.841466	2.705545

检验结果显示，在 10% 显著水平不存在协整关系，说明大连玉米期货价格和 CBOT 玉米期货价格之间不存在长期的均衡关系。

（5）大商所与马来西亚的棕榈油期货价格关系

第一，相关性检验。大商所棕榈油期货价格与马来西亚棕榈油期货价格的相关系数为 0.971984，两个市场的棕榈油期货价格呈现高度正相关关系。

两者价格走势见图 3.4.7。

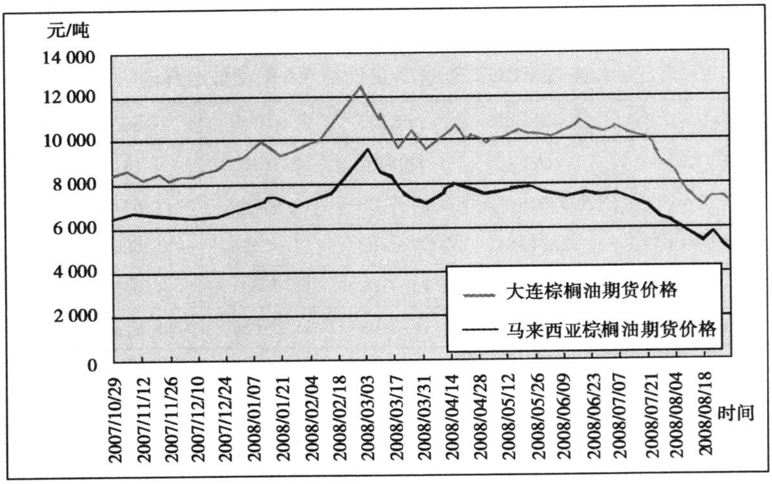

图 3.4.7　大连与马来西亚棕榈油期货价格走势图

第二，平稳性检验。将马来西亚棕榈油期货价格和大商所棕榈油期货价格进行单位根检验，分别用 LNMA、LNDCE 表示马来西亚棕榈油期货价格、大连棕榈油期货价格的原始时间序列，而用 DLNMA、DLNDCE 表示上述两者的一阶差分序列。其结果见表 3.4.19。

表 3.4.19　大连与马来西亚棕榈油期货价格平稳性检验结果

序列名称	t 统计值	1% 临界值	5% 临界值	10% 临界值
LNMA	-0.543737	-3.462737	-2.875680	-2.574385
LNDCE	-0.420858	-3.462737	-2.875680	-2.574385
DLNMA	-13.64845	-3.462901	-2.875752	-2.574423
DLNDCE	-12.55202	-3.462901	-2.875752	-2.574423

根据 ADF 检验结果可知，马来西亚棕榈油期货价格和大连棕榈油期货价格时间序列均为非平稳序列，而其一阶差分序列均服从平稳过程。因此，马来西亚棕榈油期货价格和大连棕榈油期货价格均是一阶平稳数列，服从单整过程。

第三，协整检验。将大商所棕榈油期货价格与马来西亚棕榈油期货价格进行协整检验，指标选择见表 3.4.20。由表 3.4.20 可确定 *SVAR*（*p*）模型

的最佳滞后期 p 为 3。

表 3.4.20 大连与马来西亚棕榈油期货价格 VAR 模型选择表

Lag	LogL	LR	FPE	AIC	SC	HQ
0	552.9968	NA	1.35e-05	-5.537656	-5.504558	-5.524261
1	1 013.580	907.2793 *	1.37e-07	-10.12643	-10.02714 *	-10.08624 *
2	1 018.297	9.197447	1.36e-07	-10.13364	-9.968147	-10.06666
3	1 022.614	8.330441	1.36e-07 *	-10.13683 *	-9.905137	-10.04306
4	1 022.959	0.658153	1.41e-07	-10.10009	-9.802203	-9.979527

VAR（3）模型为：

$$\begin{aligned}LNDCE =\ & 0.8347826089 \times LNDCE(-1) + 0.193767069 \times LNDCE(-2) \\ & - 0.1053962724 \times LNDCE(-3) + 0.2705162456 \\ & \times LNMA(-1) - 0.1212199425 \times LNMA(-2) \\ & - 0.08612954462 \times LNMA(-3) + 0.1451648828\end{aligned}$$

$$\begin{aligned}LNMA =\ & 0.004403339162 \times LNDCE(-1) + 0.1783899905 \times LNDCE \\ & (-2) - 0.07079285045 \times LNDCE(-3) + 1.007865516 \\ & \times LNMA(-1) - 0.09409335973 \times LNMA(-2) \\ & - 0.02969120904 \times LNMA(-3) - 0.00135349324\end{aligned}$$

取 lag = 2，进行 Johansen 协整检验，结果见表 3.4.21。

表 3.4.21 大连与马来西亚棕榈油期货价格协整检验结果

零假设	迹统计量值	5%临界值	1%临界值
r≤0	15.82205	15.49471	19.93711
r≤1	0.714685	3.841466	6.634897

结果显示，在 5% 显著水平下存在协整关系，说明大连棕榈油期货价格和马来西亚棕榈油期货价格之间存在长期的均衡关系。

第四，Granger 因果检验。对马来西亚棕榈油期货价格和大商所棕榈油期货价格一阶差分数列进行 Granger 检验，结果见表 3.4.22。

表 3.4.22　　大连与马来西亚棕榈油期货价格 Granger 因果检验结果

原　假　设	F 统计量	P 值
大连期货价格不引导马来西亚期货价格	1.23188	0.29399
马来西亚期货价格不引导大连期货价格	6.15723	0.00255

由检验结果的 P 值可知，“大连期货价格不引导马来西亚期货价格”的零假设被显著地接受，即在 99.9% 的置信水平下，大连期货价格不引导马来西亚期货价格。同时，“马来西亚期货价格不引导大连期货价格”的零假设被显著地拒绝，表明在 99.9% 的置信水平下，马来西亚期货价格不引导大连期货价格。由此可见，马来西亚棕榈油期货价格对大连棕榈油期货价格存在单向的 Granger 引导关系。

第五，方差分解。方差分解结果见图 3.4.8，结果显示，马来西亚棕榈油期货价格对其自身影响较大，受大连棕榈油期货价格影响相对较小。滞后 1 期时，马来西亚棕榈油期货价格对其自身的影响为 100%；滞后 10 期时，马来西亚棕榈油期货价格变化对其自身的影响为 95.28%；滞后 20 期时，这种影响为 90.36%；在滞后期很大时，如滞后 100 期，马来西亚棕榈油期货价格对其自身的影响稳定在 84% 左右，此时，大连棕榈油期货价格对其影响不超过 16%。

相反，马来西亚棕榈油期货价格对大连棕榈油期货价格变动影响较大。滞后 10 期时，马来西亚棕榈油期货价格变化对大连棕榈油期货价格的影响上升到 75.15%；滞后 20 期时，上升至 77.11%；当滞后 100 期之后，该比例稳定在 78% 以上。这表明马来西亚棕榈油期货价格对大连棕榈油期货价格有显著的影响。

（6）大商所与 LME 的 LLDPE 期货价格关系。

第一，相关性检验。大商所 LLDPE 期货价格与 LME 的 LLDPE 期货价格的相关系数为 0.712811，两个市场的 LLDPE 期货价格呈现一定的正相关关系。两者走势见图 3.4.9。

第二，平稳性检验。将 LME 的 LLDPE 期货价格和大商所 LLDPE 期货价格进行单位根检验，分别用 LNLME、LNDCE 表示 LME 的 LLDPE 期货价格、大连 LLDPE 期货价格的原始时间序列，而用 DLNLME、DLNDCE 表示上述两者的一阶差分序列。其结果见表 3.4.23。

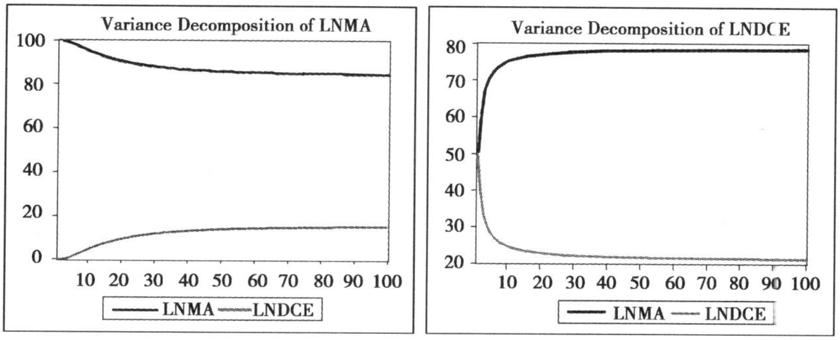

图 3. 4. 8　大连与马来西亚棕榈油期货价格方差分解图

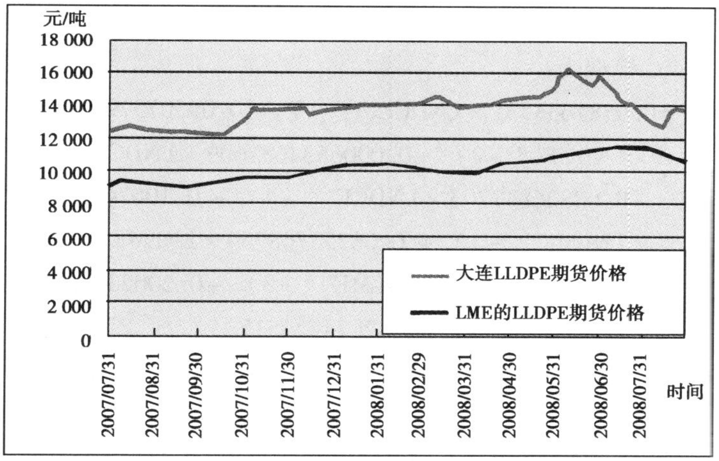

图 3. 4. 9　大连 LLDPE 期货价格与 LME 的 LLDPE 期货价格走势图

表 3. 4. 23　　　大连与 LME LLDPE 期货价格平稳性检验结果

序列名称	t 统计值	1% 临界值	5% 临界值	10% 临界值
LNLME	－1. 283312	－3. 455685	－2. 872586	－2. 572730
LNDCE	－1. 661612	－3. 455585	－2. 872542	－2. 572707
DLNLME	－20. 72475	－3. 455685	－2. 872586	－2. 572730
DLNDCE	－16. 15291	－3. 455685	－2. 872586	－2. 572730

根据 ADF 检验结果可知，LME 的 LLDPE 期货价格和大连 LLDPE 期货价格时间序列均为非平稳序列，而其一阶差分序列均服从平稳过程。因此，LME 的 LLDPE 期货价格和大连 LLDPE 期货价格均是一阶平稳数列，服从单整过程。

第三，协整检验。将大商所 LLDPE 期货价格与 LME 的 LLDPE 期货价格进行协整检验，指标选择见表 3.4.24。由表 3.4.24 可确定 *VAR*（*p*）模型的最佳滞后期 *p* 为 4。

表 3.4.24　　大连与 LME LLDPE 期货价格 VAR 模型选择表

Lag	LogL	LR	FPE	AIC	SC	HQ
0	731.0641	NA	1.13e-05	-5.718150	-5.690375	-5.706977
1	1 580.291	1 678.472	1.49e-08	-12.34738	-12.26406 *	-12.31386
2	1 588.863	16.80881 *	1.44e-08	-12.38324	-12.24437	-12.32738 *
3	1 593.526	9.068939	1.43e-08	-12.38844	-12.19402	-12.31023
4	1 598.239	9.094218	1.42e-08 *	-12.39403 *	-12.14406	-12.29348

VAR（4）模型为：

$$
\begin{aligned}
LNDCE = {} & 0.9581633531 \times LNDCE(-1) + 0.09507579332 \\
& \times LNDCE(-2) + 0.0006534682609 \times LNDCE(-3) \\
& - 0.08326847703 \times LNDCE(-4) + 0.106749381 \\
& \times LNLME(-1) + 0.08253768754 \times LNLME(-2) \\
& + 0.01879147999 \times LNLME(-3) - 0.2002358265 \\
& \times LNLME(-4) + 0.2074424515
\end{aligned}
$$

$$
\begin{aligned}
LNLME = {} & 0.02893456109 \times LNDCE(-1) - 0.08495597986 \\
& \times LNDCE(-2) + 0.1195150139 \times LNDCE(-3) \\
& - 0.02282997464 \times LNDCE(-4) + 0.6866189419 \\
& \times LNLME(-1) + 0.157811237 \times LNLME(-2) \\
& + 0.05021463789 \times LNLME(-3) + 0.06446116042 \\
& \times LNLME(-4) - 0.0087519312
\end{aligned}
$$

取 lag = 3，进行 Johansen 协整检验，结果见表 3.4.25。

表 3.4.25　　大连与 LME LLDPE 期货价格协整检验结果

零　假　设	迹统计量值	5%临界值	1%临界值
r≤0	15.69595	15.49471	19.93711
r≤1	3.007872	3.841466	6.634897

结果显示，在 5% 显著水平下，迹统计量大于临界值，这说明大连 LLDPE 期货价格和 LME LLDPE 期货价格之间存在协整关系，两者具有长期的

稳定关系。

第四，Granger 因果检验。对 LME LLDPE 期货价格和大商所 LLDPE 期货价格一阶差分数列进行的 Granger 检验，结果见表 3.4.26。

表 3.4.26 大连与 LME LLDPE 期货价格 Granger 因果检验结果

原 假 设	F 统计量	P 值
大连期货价格不引导 LME 期货价格	4.00471	0.00826
LME 期货价格不引导大连期货价格	1.06124	0.36617

由检验结果的 P 值可知，“大连期货价格不引导 LME 期货价格”的零假设被显著地拒绝，即在 99.9% 的置信水平下，大连期货价格引导 LME 期货价格。同时，“LME 期货价格不引导大连期货价格”的零假设被显著地接受，表明在 99.9% 的置信水平下，LME 期货价格不引导大连期货价格。由此可见，大连 LLDPE 期货价格对 LME LLDPE 期货价格存在单向 Granger 引导关系。

第五，方差分解。方差分解结果见图 3.4.10，结果显示 LME LLDPE 期货价格变化受大连 LLDPE 期货价格影响较大。在滞后期为 56 时，大连 LLDPE 期货价格变化对其的影响已达到 50.34%，即超过了 LME LLDPE 期货价格对其自身的影响；当滞后期增大到 90 时，大连 LLDPE 期货价格变化对 LME LLDPE 期货价格的影响占到 60% 以上，这说明大连 LLDPE 期货价格对 LME LLDPE 期货价格具有显著的引导作用。

相反，大连 LLDPE 期货价格的波动主要受自身的影响较大，受 LME LLDPE 期货价格的影响较小，在滞后期为 10 时，其自身的影响所占的比例分别稳定在 94.38% 和 5.62% 左右。

3.4.4 结论

通过对大商所上市品种与国际主要交易所对应品种的期货价格关系的实证研究，可得到以下主要结论：

第一，大商所上市品种与国际主要交易所对应品种的期货价格之间具有高度正相关性。除 LLDPE 之外，相关系数均在 0.9 以上，属高度正相关，其中，玉米为 0.92，其他品种均在 0.95 以上。LLDPE 品种相关系数为 0.71，也属显著正相关。

第二，大商所汇改后的大豆和豆粕，上市以来的棕榈油、LLDPE 期货

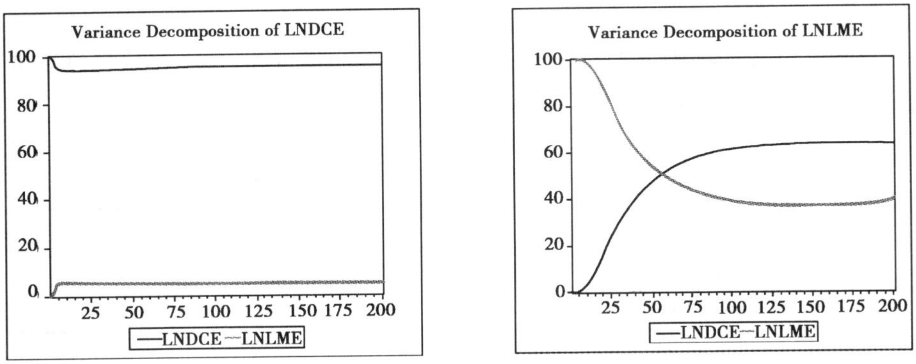

图 3.4.10 大连与 LME 期货价格方差分解图

品种与国外相应品种的期货价格之间保持长期稳定关系；而上市后及汇改后的玉米、上市以来的豆油品种则不具有长期稳定关系。通过协整检验，汇改后的大豆、豆粕品种，上市以来的棕榈油、LLDPE 品种的国内外期货价格具有协整关系，表明这些品种国内外期货价格之间具有长期稳定关系；上市后及汇改后的玉米品种、上市以来的豆油品种则不具有协整关系，即不具有长期稳定关系。玉米和豆油的国内外价格不存在稳定关系可能的解释是：近年来，粮食、食用油价格上涨，政府为控制其价格涨幅，对粮食、食用油等商品实施各种管制措施。例如，自 2008 年 1 月份以来控制粮食出口、加大国储粮食投放力度以及对于重点商品价格进行价格临时管制等；2008 年 6 月 18 日取消了食用油出口退税，抑制了国内油厂出口、增加国内油脂供给量等措施。这些政策在一定程度上限制了国内玉米、豆油价格随国际市场的价格而变化。

第三，大商所多数品种的期货价格受国际对应品种期货价格的单向引导，表明国内期货价格对国际期货价格的高度依存性。通过对大豆、豆粕、棕榈油和 LLDPE 的 Granger 因果检验，结果表明除 LLDPE 品种之外，大豆、豆粕、棕榈油期货品种的国外期货价格均是国内期货价格的 Granger 原因，即存在单向引导关系。LLDPE 品种则表现出大商所对 LME 的单向引导关系，表明国内的 LLDPE 期货价格引导 LME 期货价格变化，国际期货价格对国内期货价格具有高度依存性。

第四，在国内外期货价格相互影响的程度看，除 LLDPE 外，国际期货价格对大连期货价格的影响均要明显高于后者对前者的影响，表明国内期货价格变化对国际期货价格的依赖性，其中，大商所的棕榈油、黄大豆一号期货价格受国际期货价格影响显著，豆粕品种次之。LLDPE 则表现出大连期货价格对国际期货价格影响程度高的特点。

通过方差分解对大豆、豆粕、棕榈油和 LLDPE 的国内外期货价格相互影响程度进行分析。其中，国内期货价格变化受国外期货价格变化累计影响程度具体如下：

在滞后 5 期（相当于 1 周内），大连棕榈油期货价格变化受马来西亚棕榈油期货价格变化的累计影响程度高达 71%，大连黄大豆一号期货价格受 CBOT 相应品种期货价格的累计影响程度为 34%，大连豆粕期货价格受 CBOT 豆粕期货价格的累计影响程度为 18%，大连 LLDPE 期货价格受 LME 的 LLDPE 期货价格的影响很小，累计影响程度仅为 3%。

在滞后 20 期（相当于 1 个月内），大连棕榈油期货价格变化受马来西亚棕榈油期货价格变化的累计影响程度高达 77%，大连黄大豆一号期货价格受 CBOT 大豆期货价格的累计影响程度为 43%，大连豆粕受 CBOT 豆粕期货价格的累计影响程度为 29%，大连 LLDPE 期货价格受 LME 的 LLDPE 期货价格的影响仍很小，累计影响程度仅为 4%。

在滞后 200 期（相当于 10 个月内），大连棕榈油期货价格变化受马来西亚棕榈油期货价格变化的累计影响程度达 78%，大连黄大豆一号期货价格受 CBOT 大豆期货价格的累计影响程度为 63%，大连豆粕受 CBOT 豆粕期货价格的累计影响程度为 54%，大连 LLDPE 期货价格受 LME 的 LLDPE 的期货价格影响仍很小，累计影响程度仅为 3%。

除 LLDPE 之外，其他品种国际期货价格变化受国内期货价格变化的累计影响程度要相对小于后者受前者的影响程度，尤其在滞后期较短的时间内，表现更为突出。在滞后 20 期（相当于 1 个月内），CBOT 的大豆期货价格受大连黄大豆一号期货价格的累计影响均不超过 5%，CBOT 的豆粕、马来西亚的棕榈油期货价格受大连对应品种期货价格的累计影响分别为 9% 和 10%，LME 的 LLDPE 期货价格受大连 LLDPE 期货价格的累计影响程度相对较高，约 18%。在滞后期为 200 期（相当于 10 个月内）中，棕榈油、黄大豆一号、豆粕国外期货价格受大连对应品种期货价格变化的累计影响程度分别为 16%、26%、36%，LME 的 LLDPE 期货价格受大连 LLDPE 的期货价格变化影响程度较高，达 66%。

各品种国内外期货价格相互影响的方差分解情况汇总见表 3.4.27 和表 3.4.28。

表 3.4.27　　国际、国内期货价格相互影响的方差分解汇总

品种 / 滞后期	豆粕		黄大豆一号	
	CBOT 期货对大连期货的影响	大连期货对 CBOT 期货的影响	CBOT 期货对大连期货的影响	大连期货对 CBOT 期货的影响
1	0	3.59491	6.02394	0
5	18.37838	4.1784	34.09805	0.98203
10	22.64354	5.71517	38.49002	1.77339
15	25.81669	7.40541	41.21746	2.60632
20	28.55743	9.15686	43.40143	3.50931
50	39.96898	18.83248	51.95923	9.52442
100	48.73619	28.67944	58.64297	17.84937
200	54.40813	36.17403	63.23305	26.17779

说明：这里列出来的数据是百分比数，且只有一半的数据。以豆粕为例，大连期货价格的方差分解可分为两部分：一部分是受 CBOT 价格影响的百分比例，即上表中的第二列；另一部分为受自身影响的百分比例，其值为 1 减去“CBOT 期货对大连期货的影响”；同理，CBOT 期货受自身影响的百分比例为 1 减去“大连期货对 CBOT 期货的影响”。

品种 / 滞后期	棕榈油		LLDPE	
	马来西亚期货对大连期货的影响	大连期货对马来西亚期货的影响	LME 期货对大连期货的影响	大连期货对 LME 期货的影响
1	47.19737	0	0.172092	0
2	60.11479	39.88521	0.208671	0.084526
3	66.43580	33.56420	1.098865	0.176859
5	71.46798	1.356613	3.155119	0.482244
10	75.14567	4.722510	4.009200	3.860010
15	76.43293	7.583158	4.092815	10.21755
20	77.10885	9.639899	4.021304	17.72645
50	78.33024	14.14377	3.424709	50.15775
100	78.65424	15.40450	3.187658	64.24566
200	78.73200	15.70664	3.209799	66.21841

表 3.4.28 国内外期货价格关系实证检验汇总表

项目 / 品种	期货交易所	相关系数	ADF 平稳检验	协整检验	因果检验	方差分解		
						滞后期	国外期货对大连期货的影响（%）	大连期货对国外期货的影响（%）
黄大豆一号	CBOT	0.984743	期、现货价格均为非平稳序列，一阶差分序列为平稳序列。	1% 和 5% 的显著性水平下，协整关系成立。	99.9% 置信水平下，CBOT 期货价格引导大连期货价格；99.9% 置信水平下，大连期货价格不引导 CBOT 期货价格（CBOT 大豆期货价格对大连大豆期货价格单向引导）。	1	6.02394	0
						5	34.09805	0.98203
						20	43.40143	3.50931
						200	63.23305	26.17779
豆 油	CBOT	0.983863	期、现货价格均为非平稳序列，一阶差分序列为平稳序列。	不存在协整关系。	—	1	—	—
						5	—	—
						20	—	—
						200	—	—
豆 粕	CBOT	0.968607	期、现货价格均为非平稳序列，一阶差分序列为平稳序列。	10% 的显著性水平下，协整关系成立。	99.9% 置信水平下，CBOT 期货价格引导大连期货价格；99.9% 置信水平下，大连期货价格不引导 CBOT 期货价格（CBOT 豆粕期货价格对大连豆粕期货价格单向引导）。	1	0	3.59491
						5	18.37838	4.1784
						20	28.55743	9.15686
						200	54.40813	36.17403

续表

项目/品种	期货交易所	相关系数	ADF 平稳检验	协整检验	因果检验	方差分解		
						滞后期	国外期货对大连期货的影响（%）	大连期货对国外期货的影响（%）
玉　米	CBOT	0.921367	期、现货价格均为非平稳序列，一阶差分序列为平稳序列。	不存在协整关系。	—	1	—	—
						5	—	—
						20	—	—
						200	—	—
棕榈油	BMD	0.971984	期、现货价格均为非平稳序列，一阶差分序列为平稳序列。	5%显著水平下，存在协整关系。	99.9%置信水平下，马来西亚期货价格引导大连期货价格；99.9%置信水平下，大连期货价格不引导马来西亚期货价格（马来西亚棕榈油期货价格对大连棕榈油期货价格单向引导）。	1	47.19737	0
						5	71.46798	1.356613
						20	77.10885	9.639899
						200	78.73200	15.70664
LLDPE	LME	0.712811	期、现货价格均为非平稳序列，一阶差分序列为平稳序列。	5%显著水平下，存在协整关系。	99.9%置信水平下，大连期货价格引导LME期货价格；99.9%置信水平下，LME期货价格不引导大连期货价格（大连LLDPE期货价格对LME的LLDPE期货价格单向引导）。	1	0.172092	0
						5	3.155119	0.482244
						20	4.021304	17.72645
						200	3.209799	66.21841

3.5 期货市场对现货价格波动性影响实证分析

近年来，大宗商品价格波动剧烈，有人将其原因指向期货市场，认为期货市场是增加现货价格波动的主要原因。事实上，期货市场对现货价格波动的影响，理论界的研究与分析由来已久，并且在诸多理论模型中阐释了期货市场对降低现货价格波动的机理以及需要的条件。本文在已有理论和实证研究方法的基础上，以大商所的豆油和玉米期货品种为例，通过实证研究，来评价我国期货市场在现货价格波动上究竟扮演什么样的角色。

3.5.1 文献综述

David M. Newbery（1987）曾指出，期货市场对稳定现货市场价格的意义所在，即如果期货市场能够稳定现货价格，将会大大降低经济成本；相反，如果期货市场的发展增加了现货市场价格的不稳定性，那么期货市场的套期保值功能也将大打折扣。

国外学者关于期货能否降低现货价格波动性已有很多研究。根据已有文献，期货市场稳定现货价格波动的理论依据围绕两个方面：其一，对于可储存商品而言，通过存货的调整可以实现平稳现货价格波动的影响；其二，通过期货市场投机预期来平稳现货价格。

Working（1949）、Gray（1963）指出，期货市场可以提供关于增加存货回报的信息，从而降低存货商面临的风险，使其存货调整更加敏感，从而降低现货价格波动。

Mark J. Powers（1970）指出，期货市场稳定现货价格对于可储存的、季节性生产的商品比较适用。

在Peck（1976）的模型中，假设供给和需求都不是随机的，且价格变化是由各种厂商的适应性预期模型决定，当库存决定是建立在期货价格基础上时，期货市场对价格起稳定的作用。但是如果生产和库存都使用期货价格信息来决定，那么其影响将取决于设定参数值。在Turnovsky（1979）的模型中，假设供给和需求为随机变量，在不存在期货市场的情况下，对未来的价格预期作适应性调整。但有了期货市场后，市场上就存在着理性预期。与Peck（1976）的研究不同之处在于，Turnovsky（1979）发现在有库存的情况下，期货市场使现货市场变得不稳定。

Masahiro Kawai（1983）指出了当商品可储存时，期货能够稳定现货价格的作用机理。期货交易可以使商品在不同的时期得到更优的配置，从而减少了商品价格波动的幅度和频率。因为当未来的现货价格被认为比交割的合约价格高时，具有投机心理的期货交易者通常持有“多头”；而当价格的预期低于合约价格时，他们通常持有“空头”。因此，期货交易被认为能够提高商品的跨期配置，从而稳定现货的价格。

Kawai（1983）建立了一个包括理性预期和三个随机变量（消费需求、库存需求和供给）的模型，在增加一些附加约束条件后，模型表明，期货市场在消费需求的方差大而库存需求方差小时更有可能使价格稳定，而供给方差的影响比较模糊，而且其影响还是依赖于参数值的大小。Turnovsky（1983）得到类似的结论，但他的模型中库存的影响也是不确定的。

Sarris（1984）的模型则把重点放在现货和期货市场投机者之间的相互作用上，研究认为，期货市场对现货市场起稳定作用。Peck（1976）、Kawai（1983）和 Turnovsky（1983）的研究认为，在不存在库存和生产的不确性因素时，期货市场将能够使现货市场变得更加稳定。然而 Chari、Jagannathan 和 Jones（1990）所提出的模型否定了这一点。在他们的模型中，如果供给和需求是线性的，追加需求冲击并且生产者是绝对风险规避者，那么引入期货市场将有助于稳定现货价格。作者用了一个反面例子证明了如果不符合这些条件时，期货将会使现货市场变得更不稳定。

Gilbert（1989）则指出，存货行为可以平滑供求，降低价格波动；但存货行为本身也会存在风险，而期货市场具有管理价格风险的功能，因此期货市场可以通过减少存货商所面临的风险来激励存货行为。

Chari、Jagannathan（1990）还提出了期货市场影响现货市场的另一途径。引入期货后，生产者能够对预期需求的变化等新信息作出反应，从而影响当前的生产水平。Chari 和 Jagannathan（1990）指出，这可能会影响次日的现货价格，不仅通过库存活动，而且通过短暂的时间上独立的生产函数，例如，假定我们没有库存货物，明年的边际成本函数是今年产量的增函数，并且假定今年的需求比较低，但通过对期货价格的观察，生产者认为明年的需求将会不同寻常的增加，生产者可能认为最好要压缩今年的产量，以降低明年的生产成本。在这一模型中，期货市场可能使现货稳定，也有可能是相反的结果，当需求没有弹性而供给富有弹性时，更有可能使现货稳定。此外，引入期货市场即使使价格变得不稳定，它也提高了交易各方的福利水平。

期货市场对平稳现货价格的分析多以理论模型方式进行推理，相比较而言，实证分析较少。Cox（1976）通过检验引入期货市场前后现货价格自相关程度来验证期货市场的影响，研究了洋葱、土豆、猪肉、猪、牛和橙汁合约。Cox 发现，引入期货市场以后，现货价格自相关程度降低并且价格预测误差下降，这表明期货市场提高了现货价格信息含量。他认为，期货市场并不会增加现货价格的不稳定性，相反有时还会减少现货价格的不稳定性。其理论原因是由于期货市场的存在使得交易者能够获取更加完全的信息，而这也是期货市场最重要的功能。

Antoniou、Foster（1992）在引入期货市场前后使用广义自回归条件异方差（GARCH）模型对原油价格进行分析，并且在检验 GARCH 模型参数时，使用了 Chow 检验以检验结构是否发生变化。用此方法，他们得到的结果是原油期货市场对现货价格的波动无影响。印度的 Jatinder Bir Singh 通过引入期货是否推出这个虚拟变量，得到期货市场的存在降低了麻布现货价格波动性的结果。

3.5.2 方法说明

为验证豆油、玉米期货品种上市后对对应的现货价格的影响，在此借鉴 Antoniou、Foster（1992）采用的 GARCH 模型和 Jatinder Bir Singh 用到的虚拟变量的计量方法，引入期货是否推出这个虚拟变量，通过虚拟变量的系数判断期货的推出能否平抑现货价格的波动性。

因为我们考虑的市场信息是完全对称的，市场是一个有效的市场，所以价格本身已经能够反映出所有的信息，无需再用其他的影响价格的因素作为自变量而进行回归。故均值方程采用自回归模型，即当期的价格波动只与前期的价格波动有关，另外还会受干扰项 ε_t 的影响。

考虑到干扰性 ε_t 的方差是否相同，可以分为两种情况：

第一，如果 ε_t 是同方差，那么就在均值方程中加入虚拟变量 X，方程形式表现为：

$$y = \alpha_0 + \sum_{i=1}^{p} \alpha_i y_{t-i} + \varepsilon_t + \lambda X \qquad \varepsilon_t —— IN\ (0,\ \sigma^2)$$

第二，如果 ε_t 是异方差，则引入方差方程，而且方差方程采用 EGARCH 模型。在 EGARCH 模型中引入虚拟变量 X，方程形式表现为：

$$y = \alpha_0 + \sum_{i=1}^{p} \alpha_i y_{t-i} + \varepsilon_t \qquad \varepsilon_t —— IN\ (0,\ \sigma_t^2)$$

$$log\ (\sigma_t^2) = \omega + \beta log\ (\sigma_{t-1}^2) + \alpha \left| \frac{\varepsilon_{t-1}}{\sigma_{t-1}} \right| + \gamma \frac{\varepsilon_{t-1}}{\alpha_{t-1}} + \lambda X$$

干扰项服从方差为 σ_t^2 的正态分布。

式中，X 代表是否推出期货这个定性变量，在推出期货之前，X 取 0；在推出期货之后，X 取 1。在分离出 X 后，就可以通过 X 前面的系数 λ 的符号以及显著性水平来判断期货是否影响现货价格波动；如果有影响的话，是降低还是增加现货价格的波动性。具体而言，如果 λ 取负数，说明干扰项的方差变小，那么就证明推出期货之后，现货价格的波动性降低了；如果 λ 取正数，说明干扰项的方差变大，那么就证明推出期货之后，现货价格的波动性变大了；如果 λ 的 t 检验未通过，则说明期货是否推出这个自变量对于现货价格的波动没有影响。

3.5.3 数据说明

在此选择大商所上市的豆油和玉米期货品种作为研究对象。选择这两个品种的原因是：第一，因为它们都是季节性生产的可储存的商品。根据西方经济学者的理论研究，期货稳定现货价格的理论应该适用于像豆油和玉米这样的商品。第二，豆油、玉米两个品种上市时间对该实证分析比较合适。大豆、豆粕期货两个品种上市时间较长，要比较期货推出前后对现货价格影响，需要更早期的现货价格数据，而这些数据难以获取；而对于 LLDPE 和棕榈油期货品种上市时间过短，样本数量不足，会影响检验效果。

豆油和玉米的现货数据均来自国家粮油信息中心。豆油现货价格数据为张家港 2001 年 10 月 26 日到 2008 年 7 月 16 日的数据，共 1 351 个数据，并以 2006 年 1 月 9 日豆油期货推出日为界。玉米现货价格数据为山东地区 1996 年 1 月到 2008 年 9 月的月度数据，共 153 个数据，并以 2004 年 9 月 22 日玉米期货推出日为界。

3.5.4 计量过程和结果

（1）豆油期货推出后现货价格波动性的变化。图 3.5.1 为 2001 年 10 月 26 日起豆油现货价格的时间序列图。

2006 年 1 月 9 日豆油期货推出后，期货和现货价格的对比图见图 3.5.2。

首先用 ADF 检验分别检验 y 以及 y 的差分的平稳性。

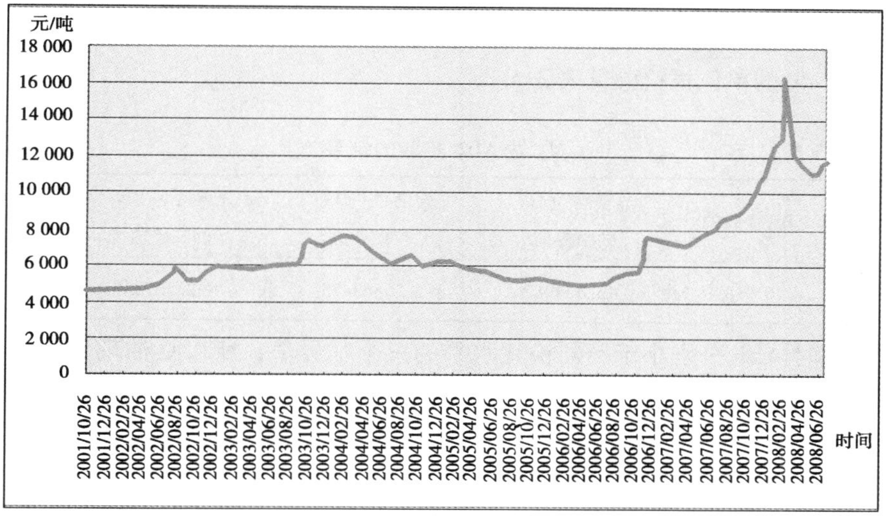

图 3. 5. 1　豆油现货价格走势图

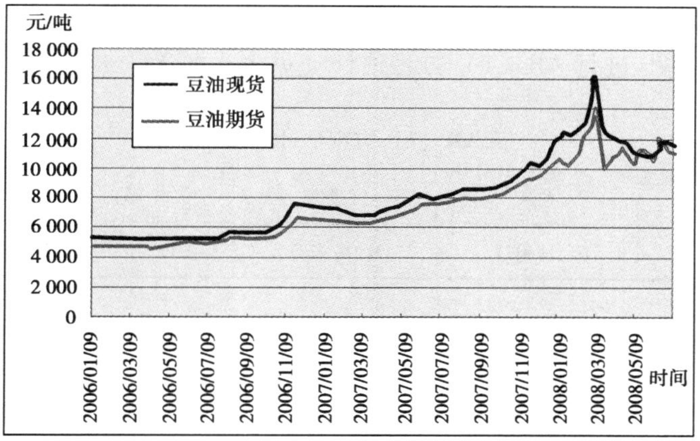

图 3. 5. 2　豆油现货和期货的价格走势对比图

对 y 的单位根检验见表 3. 5. 1。

表 3. 5. 1　　y 做 ADF 检验的结果

	ADF 检验值	显著性为 1% 的临界值	显著性为 5% 的临界值	显著性为 10% 的临界值	P 值
y	－0. 646685	－3. 434987	－2. 863475	－2. 56785	0. 8576

由于 ADF 分别大于不同检验水平的三个临界值，所以价格 y 是一个非平稳序列。此时，应该继续对 y 的差分进行 ADF 检验。

对 dy 的单位根检验见表 3. 5. 2。

表 3. 5. 2　　dy 做 ADF 检验的结果

	ADF 检验值	显著性为 1% 的临界值	显著性为 5% 的临界值	显著性为 10% 的临界值	P 值
dy	-26. 58828	-3. 434987	-2. 863475	-2. 56785	0. 0000

此时 ADF 分别小于不同检验水平的三个临界值，所以豆油现货价格的差分序列 dy 是一个平稳序列。

时间序列必须为平稳序列，所以建立 dy 的自回归模型。确定了建立 dy 的自回归模型后，就要对模型进行定阶。通过 dy 的相关图和偏相关图可以初步确定模型的阶数。

通过对 dy 相关图和偏相关图的分析，偏相关在一阶处截尾，而相关为拖尾，所以断定为一阶自相关。

用 EVIEWS 进行 AR（1）方程估计（见表 3. 5. 3）。

表 3. 5. 3　　AR（1）方程估计结果

	系数	标准差	T 值	P 值
AR（1）	0. 313077	0. 025870	12. 10201	0. 0000

下面通过 ARCH 检验考察 AR（1）是否存在自回归条件异方差。

ARCH 检验结果见表 3. 5. 4。

表 3. 5. 4　　ARCH 检验结果

F 值	15. 78220	P 值	0. 00000
OBS R - squared	30. 90895	P 值	0. 00000

结果显示：F 检验显著通过。故应该在 AR（1）均值方程基础上建立 ARCH 模型。

选用 EGARCH 模型，模型中加入虚拟变量 X，如表 3. 5. 5 所示。

表 3.5.5　　EGARCH 检验结果

LOG(GARCH) = C(2) + C(3) × ABS(RESID(-1)/@SQRT(GARCH(-1))) + C(4) × RESID(-1)/@SQRT(GARCH(-1)) + C(5) × LOG(GARCH(-1)) + C(6) × X

	系数	标准差	Z 值	P 值
AR（1）	0.210504	0.027499	7.654899	0.0000
		方差方程		
C（2）	0.214437	0.011688	18.34723	0.0000
C（3）	0.169926	0.006272	27.09454	0.0000
C（4）	0.125297	0.006293	19.91102	0.0000
C（5）	0.964962	0.001556	620.1775	0.0000
C（6）	-0.036843	0.003340	-11.03216	0.0000

$\lambda = c(6) = -0.036843$

豆油检验结果表明，虚拟变量的系数 λ 的 t 检验通过，说明豆油期货确实影响现货价格的波动；而且系数 λ 为负数，那么在方差方程的截距上，期货推出之后的比期货推出之前的要小，说明当豆油期货推出后，现货价格的波动性变小了，或是说豆油期货的推出可以平抑现货价格的波动。

（2）玉米期货推出后现货价格波动性的变化。因为选取的是月数据，为了更精确地计量现货价格的波动性，需要剔出季节因子，运用 EVIEWS 中的季节调整可以实现。剔出了季节因子的价格序列表示为季节调整序列 YSA。其计算公式为：

YSA = Y/SF

式中，SF 表示为季节因子序列（见图 3.5.3 至图 3.5.5）。

首先用 ADF 检验分别检验 YSA 以及 YSA 的差分的平稳性。

对 YSA 的单位根检验，结果见表 3.5.6。

表 3.5.6　　YSA 的 ADF 检验结果

	ADF 检验值	显著性为 1% 的临界值	显著性为 5% 的临界值	显著性为 10% 的临界值	P 值
YSA	-1.372531	-3.473967	-2.880591	-2.577008	0.5944

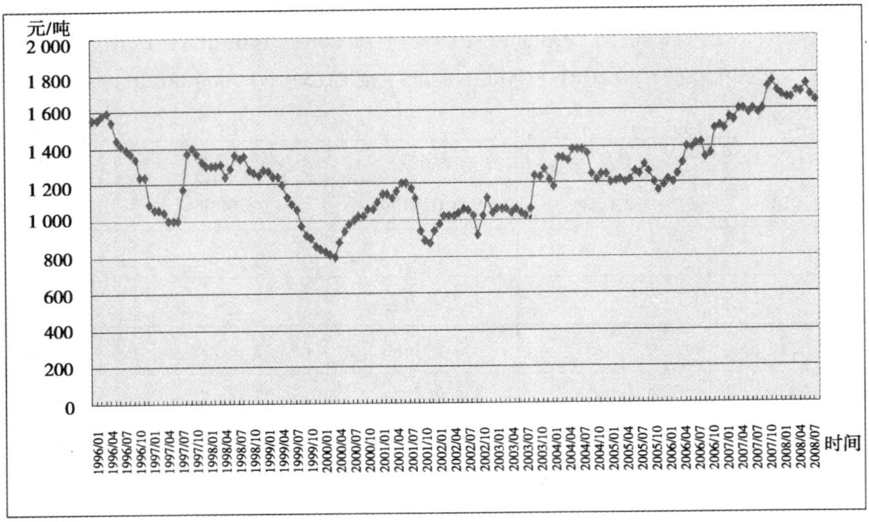

图 3.5.3 玉米现货价格走势图

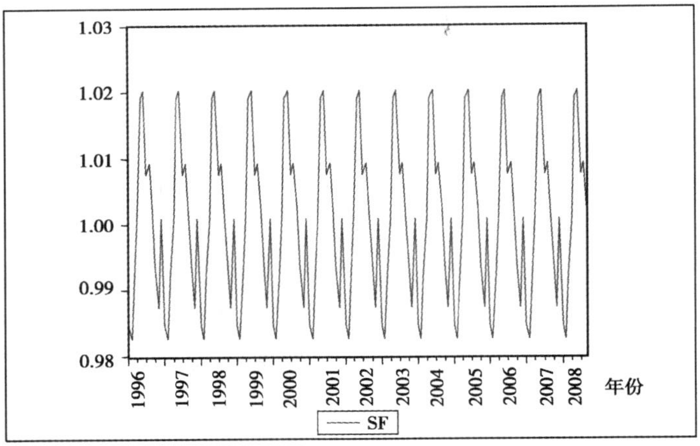

图 3.5.4 季节因子序列

由于 ADF 分别大于不同检验水平的三个临界值，所以价格 YSA 是一个非平稳序列。此时，应该继续对 YSA 的差分进行 ADF 检验。

对 dysa 的单位根检验，结果见表 3.5.7。

表 3.5.7 dysa 的 ADF 检验结果

	ADF 检验值	显著性为 1%的临界值	显著性为 5%的临界值	显著性为 10%的临界值	P 值
dysa	-8.017596	-3.473967	-2.880591	-2.577008	0.0000

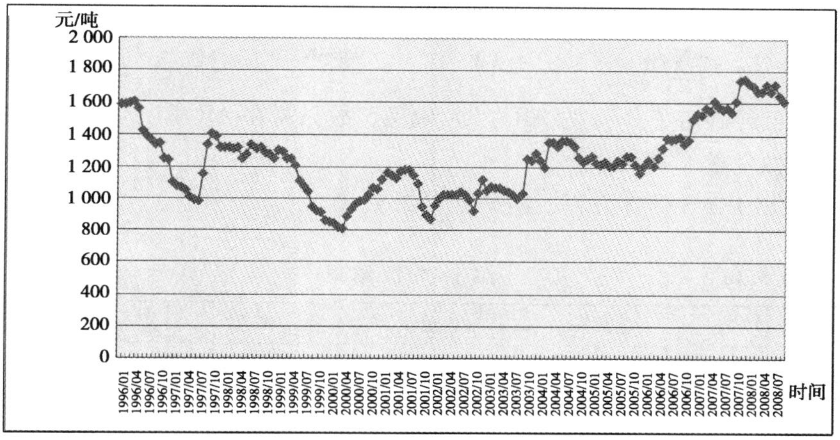

图 3.5.5 玉米现货价格季节调整序列图

此时，ADF 分别小于不同检验水平的三个临界值，所以玉米现货价格的差分序列 dysa 是一个平稳序列。

时间序列必须为平稳序列，所以建立 dysa 的自回归模型。确定了建立 dysa 的自回归模型后，就要对模型进行定阶。通过 dysa 的相关图和偏相关图可以初步确定模型的阶数。

通过对 dysa 相关图和偏相关图的分析，偏相关在一阶处截尾，而相关为拖尾，所以断定为一阶自相关。

用 EVIEWS 进行 AR（1）方程估计，结果见表 3.5.8。

表 3.5.8　　AR（1）方程估计结果

	系数	标准差	T 值	P 值
AR（1）	0.40128	0.074436	5.390955	0.0000

下面通过 ARCH 检验考察 AR（1）是否存在自回归条件异方差，结果见表 3.5.9。

表 3.5.9　　ARCH 检验结果

F 值	0.040725	P 值	0.840347
OBS R - squared	0.041264	P 值	0.839029

结果显示：残差不存在异方差，即应建立的模型为：

$$y = \alpha_0 + \sum_{i=1}^{p} \alpha_i y_{t-i} + \varepsilon_t + \lambda X \qquad \varepsilon_t —— IN（0，\sigma^2）$$

而已经确定了 dysa 为 AR（1）模型，故只需在 AR（1）的均值方程中加入虚拟变量 X 即可。

用 EVIEWS 估计方程，结果见表 3.5.10。

表 3.5.10　　估计方程结果

	系数	标准差	T 值	P 值
X	9.406990	7.401299	1.270992	0.2057
AR（1）	0.386675	0.075191	5.142542	0.0000

结果显示：λ 的 t 检验未通过。玉米的数据说明：虚拟变量的系数 λ 的 t 检验未通过，说明玉米期货的推出并未影响到当前的玉米现货价格波动。

3.5.5　总结

本部分通过对豆油和玉米现货价格的数据进行实证分析，结果显示豆油期货市场的存在可以平抑现货市场价格的波动，而玉米期货市场的存在对现货市场价格的波动性不产生。

由此可见，对于期货价格增加现货价格波动的判断在豆油、玉米品种上是不成立的；并且在豆油品种上，期货品种的上市能够较好地降低豆油现货价格的波动，这会降低相关企业的经营风险，降低经济成本。从这个角度看，期货市场存在正的“外部效应”，即使不直接利用期货市场，相关企业也可以从期货市场对现货市场产生的良好促进作用中受益。

本章总结

本部分针对大商所已上市的七个期货品种（黄大豆一号、黄大豆二号、豆粕、豆油、玉米、棕榈油和 LLDPE）进行实证分析，主要包括五个方面内容：价格发现实证分析，套期保值实证分析，期、现价格间套利机会和到期趋同性分析、国内外期货价格关系分析和期货价格对现货价格波动性的影响分析。

价格发现的实证检验结果显示，大商所主要品种的价格发现功能已经发挥，期货价格与现货价格呈显著同趋势变动，且期货价格对现货价格有较强的引导作用，能够预期现货价格的未来变动。大商所所有品种的期货价格与现货价格之间具有显著正相关关系；各品种期货价格与现货价格之间均具有长期均衡关系。其中，在统计显著性上，黄大豆一号、玉米、豆油、LLDPE 的协整关系显著，黄大豆二号和棕榈油的显著性略低；各品种（除豆粕外）均体现出期货价格单向引导现货价格变化的特点，这表明在价格发现过程中，期货价格发挥主导作用，期货价格的变化先于现货价格变化，两者形成“领导—跟随”的关系，显示出期货价格能够预期未来现货价格的变动趋势。从期货价格与现货价格变化的相互影响程度大小看，在所有品种上均显示出前者对后者的影响远远大于后者对前者的影响。

通过对大商所七个品种分别进行连续合约和单个合约的套保有效度检验，可对各品种套期保值功能发挥情况进行了解。对连续合约分动态 ECM－GARCH、OLS 和原始套期保值方法进行套保有效度检验。如果将三种套期策略下套保有效度的平均值再进行简单平均，可大体得到一个套保有效度从高到低的排序：棕榈油、豆粕、豆油、黄大豆二号、黄大豆一号、LLDPE 和玉米。

对各品种分合约进行原始套保方法的套保有效度检验，可从选取大于 0 的套保有效度所占比例，套保有效度的平均值以及各品种、各合约套保有效度最高值等指标进行评价。综合这三个指标，对七个品种的套保有效度从高到低的排序是：棕榈油、豆油、豆粕、黄大豆一号、黄大豆二号、LLDPE 和玉米。

将连续合约和分合约的检验结果进行对比可以看到，七个品种套保有效度的排序大体相似，在个别品种上排序有差异。综合来看，套保有效度最好的是棕榈油；其次是豆油、豆粕（两者程度相近）；再次是黄大豆一号、黄大豆二号（两者程度相近）；最差的是 LLDPE 和玉米。

在分合约期、现价格趋同性及套利机会分析中，通过对大商所各品种不同合约的期、现价格关系的实证研究，揭示各合约随着到期日的临近是否具有趋同性，并通过套利成本的计算，分析期、现价格之间是否存在未被利用的套利机会。综合来看，玉米是市场套利最为充分的品种；其次是豆油、棕榈油；然后是豆粕、黄大豆一号、黄大豆二号；LLDPE 套利最不充分。在到期日期、现趋同性上，七个品种到期趋同性整体较差。相对而言，玉米期、现趋同性最好；其次是棕榈油；然后是豆粕、豆油、黄大豆一号、黄大豆二号；LLDPE 最差。

理论上，交易量与套利充分程度应呈负相关关系。通过对各品种每个合约正向套利收益平均值与每个合约对应的交易量进行相关性分析，可以对套利充分程度的实证检验结果的合理性作进一步评价。结果显示，黄大豆一号、黄大豆二号、豆粕表现为负相关，表明套利充分性的检验结果较为可信；豆油无相关关系，因此不能作判断；玉米、棕榈油、LLDPE 则表现为正相关关系，其中，棕榈油和 LLDPE 上市时间短，数据有限，影响相关性检验结果，可对此进行进一步追踪分析。

但玉米表现出的正相关性的原因尚需要进一步分析。玉米品种从各项指标看，套利充分性和到期期、现趋同性均是最好的；而该品种正向套利收益和交易量呈正相关关系。两者存在矛盾。对此可能的一种解释是：玉米品种体现的无套利机会少的特点，可能不是套利有效性的反映，而是由于套利成本相对于本身价格水平来说过高，导致无套利区间过大，从而实际基差“被动地”落在无套利区间上。

在国内外期货价格关系研究部分，通过对大商所所有品种的期货价格与国际相关品种期货价格之间的关系进行实证研究，从而了解在这些品种上，国内外期货价格之间的关联及影响。检验结果显示：大商所上市品种与国际主要交易所对应品种的期货价格之间具有高度正相关性。除 LLDPE 之外，相关系数均在 0.9 以上；大商所汇改后的大豆和豆粕、上市以来的棕榈油、LLDPE 期货品种与国外相应品种的期货价格之间保持长期稳定关系，而上市后及汇改后的玉米、上市以来的豆油品种则不具有长期稳定关系；大商所多数品种的期货价格受国际对应品种期货价格的单向引导，表明国内期货价格对国际期货价格的高度依存性；在国内外期货价格的相互影响的程度看，除 LLDPE 外，国际期货价格对大连期货价格的影响均要明显高于后者对前者的影响，表明国内期货价格变化对国际期货价格的依赖性，其中，大商所的棕榈油、黄大豆一号期货价格受国际期货价格影响显著，豆粕次之。LLDPE则表现出大连期货价格对国际期货价格影响程度高的特点。

在期货市场对现货价格波动性影响实证分析部分，以大商所的豆油和玉米品种为例，评价我国期货市场在现货价格波动上究竟扮演什么样的角色。结果显示：豆油期货市场的存在可以平抑现货市场价格的波动，而玉米期货市场的存在对现货市场价格的波动性不产生。由此可见，对于期货价格增加现货价格波动的判断在豆油、玉米品种上是不成立的；在豆油品种上，期货品种的上市能够较好地降低豆油现货价格的波动，这会降低相关企业的经营风险，降低经济成本。从这个角度看，期货市场存在正的“外部效应”，即使不直接利用期货市场，相关企业也可以从期货市场对现货市场产生的良好促进作用中受益。

4 大连期货市场功能发挥实际情况调查

4.1 期货市场在产业层面发挥的作用

本部分将以大豆产业、玉米产业为代表，阐述期货市场在产业层面发挥的作用。

4.1.1 大豆产业

（1）宏观层面。

第一，完善了大豆市场体系，推动了全国统一大市场的形成。

大豆期货市场的运作完善了大豆市场体系，同时，期货市场为建立统一的市场体系提供了标杆。期货市场价格影响力的不断扩大使得产销市场快速充分对接，促进了全国统一大市场的形成，促进了粮食流通，引导了良好市场流通秩序的形成。

由于大豆期货价格的权威性和影响力不断提升，成为现货粮食经营的参考价格，从而使得原来全国相对分割和分散的现货市场价格以期货价格为核心统一起来。期货价格信息的即时公开性和巨大的影响力快速影响着现货市场价格，使现货市场吸收信息的效率提升，现货市场价格调整速度大大加快，全国现货市场的走势更加趋于一致。

数年前，国际大豆市场和销区大豆市场价格涨跌信息传导到基层商贩手中需要半个月的时间，从商贩到农民手中还需要一周左右的时间，价格传导的时间差和价格信息的不透明使得粮贩和现货商可以压低收购价，收购价与产区出库价之间出现较大的不合理差价，往往大豆涨价的收益不能落到农民手中。目前，黑龙江粮贩和农民大户看着期货买卖现货，当天就能得到国际、销区市场大豆价格，一般大豆种植户在随后一两天时间内可以得到市场价格的变化。价格信息传导效率的提升使得粮食收购价格与产区出库价之间的差价更趋合理，粮食涨价的收益更多地落在了农民的手中。粮贩和现货商也开始转变经营模式，通过经营规模的扩大和追求正常的贸易利润来保证收益，使得产区的粮食收购秩序明显好转。据黑龙江现货商反映，1997—2002年，黑龙江省内大豆价格收购价与出库价之间的差价较大，每吨大豆的超额利润能达到50元左右。2003年以来，随着期货价格影响力越来越大，收购商贩和部分农民大户当天就能了解到期货价格的变化，这一差价已主要体现为运输差价和正常的贸易利润，超额利润已经基本消失。

在期货价格的引导下，产区、集散地、销区之间价格倒挂现象也明显改善。以往，由于国内分散的各个现货市场吸收的信息时间、内容、效率不同，经常出现价格倒挂的现象，而且这一现象会长时间持续，这极大地阻碍了现货贸易的正常进行，物流停滞，也影响了下游加工业的运转，造成了不合理的浪费。期货价格影响力的不断增强使得产区、集散地、销区价格的走势更加趋于一致，价格倒挂现象出现的次数和持续的时间都明显减少，有力促进了现货贸易的开展和物流体系的有效运转。

第二，“中国因素”通过国内外期货市场价格的相互影响而得以体现。

在国内外期货市场的相互影响中，“中国因素”又通过期货市场间的影响融入国际贸易价格。在大豆品种上，中国作为全球最大的大豆需求国，其供需情况的变化以及相应的采购行为牵动着世界的神经。国内期货市场价格作为反映国内大豆供需情况最直接的载体，其国际影响力近年来不断扩大，分析大商所的期货价格、判断CBOT大豆价格趋势已成为CBOT市场分析人士每日必不可少的环节，这推动着国内市场因素融入国际市场价格的形成。中国的采购行为则首先影响CBOT大豆的价格，并经过一定时期的传导、经过国内投资者判断，在国际、国内市场产生足够的价差之后，最终才在大连市场产生反应。因此，“中国因素”通过国内外期货市场价格的相互影响得以体现，推动了国内市场与国际市场的对接。

（2）微观层面。

第一，增强了农民和企业现代市场经营意识，提升了农民和企业的市场竞争能力。

近几年来，期货市场的运行改变了农民、企业、政府的观念和行为，特别是大商所在东北种粮农民中开展的“千村万户市场服务工程”，使越来越多的农民开始了解和认识市场。他们开阔了眼界，转变了观念，增强了市场意识。过去农民只重视种田，现在一些农民正从粮食生产者向粮食经营者转变，成为懂市场、会经营的现代农民和真正意义上的市场主体；农村基层干部也通过对期货市场的了解，开始思考市场经济条件下为农民服务的新路，政府对农业生产的指导也由单纯重生产向生产和市场并重的方向转变；而国有企业通过期货市场的参与和利用，建立了与现代市场经营相适应的运行机制，推动了国企改革。

据统计，2005 年以来，仅东北三省一区参加过期货知识培训的农民即达 5 万多人次；黑龙江省 69 个市（地）辖区、65 个县（市）、944 个乡（镇）中 9 000 多个行政村，80% 的行政村都有农户接触过期货知识，并曾通过网络查询过期货价格。建三江农场农民葛柏林说，以前就知道种好地，现在感到不仅种好还要卖好，抓住了市场就抓住了增收的机会。铁岭市农委副主任张佰岩说，作为政府部门，以前侧重抓产前、产中；通过学习期货，认识到产后的市场也要加强，产后市场的指导意义更大，政府部门应充分利用市场机制作用推动粮食主产区走出“高产穷区”的怪圈。

随着期货市场作用范围的扩大和影响力的提升，大豆产业相关企业已经抛弃传统生产经营观念，增强了市场经营意识，学会利用现代市场经营手段参与市场竞争。在大豆压榨行业，几乎所有的企业均关注跟踪油脂油料期货市场，从各种影响供求的市场信息中分析判断价格趋势，从期货价格变化中分析还原影响价格的各类信息，指导经营。为应对复杂的市场形势和以现代市场经营手段参与国内及国际市场竞争，越来越多的大豆经营企业开始注重对员工进行以期货知识和国际市场经营策略为主要内容的市场知识培训，企业经营人员业务素质水平得到大大提升。同时，中粮集团、吉粮集团、九三油脂等一大批企业为更好地利用期货市场，借鉴跨国公司的经验，建立起与现代市场经营相适应的统筹协调贸易、集中进行风险管理的市场经营新机制，提升了企业市场竞争力，增强了活力。

第二，引导产业种植结构的调整，为农民卖粮提供参考，促进农民增收和产业可持续发展。

大连大豆期货市场能够提供长达一年半内的预期价格，期货价格的有效性在引导种植结构调整、为农民提供卖粮时机和价格参考方面提供了条件；同时，大豆、玉米在东北和华北的轮作及其品种间比价关系的稳定性又为农民种植结构调整及卖粮参考提供了基础。在期货市场的运作中，在大豆和玉米产业，参考期货价格进行经营、以市场机制促进增收的农民增收长效机制开始建立起来，保护了农民的种粮积极性。

目前，东北种粮农民已形成了参考期货价格制订或调整种植计划的习惯，改变了过去主要根据当时市场价格和过去一年价格情况种粮的传统做法，增强了种植结构调整的科学合理性。早在20世纪90年代末，黑龙江农垦集团就开始利用期货价格科学合理地安排生产种植，解决了生产种植过程中的被动调整状态，并取得了良好的效果。目前，该集团下属的一百多个农场都配有大商所的行情终端，随时了解大商所的大豆、玉米期货价格。每年春季4月，集团都会在参考分析大商所大豆期货价格后向集团下辖农场发布大豆种植面积指导意见。分散经营的农民在市场机构的帮助引导下，也学会了根据期货价格调整种植结构。黑龙江省海伦市是有名的大豆之乡，2006年春播季节，上年大豆价格的低迷不振使当地农民对当年种什么品种感到困惑。黑龙江三力期货公司的专家为海伦农民算了一笔账，大豆单产按3 500斤/公顷计，按当时期货价格折合后为每斤1.2元，每公顷毛收入4 200元；玉米单产按18 000斤/公顷计，折合后价格每斤0.45元，每公顷毛收入8 100元，考虑每公顷玉米的种植成本比大豆高700元左右，种植玉米比种植大豆每亩实际多收入200多元，因此种玉米收益高于大豆。听了期货专家的分析后，农民们决定多种玉米少种大豆。为避免秋收后玉米价格下跌遭受损失，当地农民同时还与当地相关企业签了订单，企业则择机将这些订单在期货市场上卖出。据黑龙江农委统计，2006年黑龙江玉米播种面积比2005年增加515万亩，当年玉米收获后，玉米价格持续上涨，农民通过种植结构的调整增收了十多亿元。

参照期货市场价格卖粮目前已成为东北种粮农民的普遍做法，特别是在黑龙江豆农中，目前村村都有信息站、村村都有信息员，豆农通过电视、网站、电话咨询、大商所《千村万户市场服务工程信息周报》等渠道了解、关注期货价格并与收购商讨价还价成为常规卖粮模式。东北农民对期货市场价格信息的大规模利用的契机源于2003年秋季大豆价格的上涨。2003年10月，国内外大豆期货价格创出7年来的新高，针对当时黑龙江省大部分农民不了解市场信息、仍按上年卖粮习惯低价卖粮的情况，大商所建议黑龙江省委、省政府大力推动期货价格信息下乡，利用各种媒体和渠道传播大豆期货价格信息，引导豆农以期货价格指导卖豆。省领导采纳大商所的建议，要求全省“加强农村信息网建设，通过广播、电视告诉农民市场价格，引导农民把握市场行情，帮助农民以较高的价格销售农副产品”。在随后一周内，黑龙江省通过报纸、广播电视等媒体及时报道大豆期货价格信息，邀请专家分析行情趋势，引导农民参照期货价格卖粮。10 月 9 日，黑龙江大豆收购价尚在 1.15 元/斤左右，10 月 12 日后，大豆收购价即达到与销售价格相差不多的 1.35～1.40 元/斤。通过期货价格的传播，当年黑龙江农民多增收十多亿元。豆农普遍反映，大豆期货市场信息的传播如雪中送炭，市场增收并不难。

2003 年之后，参照期货价格卖粮开始在东北农民中蔚然成风。如在黑龙江望奎县，2005 年初当地大豆现货价格仅有 1.17 元/斤左右，政府部门通过加大信息服务，引导农民合理把握卖豆时机，全县大豆大部分在 3 月份前后以每斤 1.50～1.57 元间的当年较高价位卖出，平均全县农民大豆卖价达到每斤 1.37 元，比年初价每斤多卖了 0.20 元，全县农民仅此一项多收入 1 000 多万元。当年 11 月份，根据大豆期货价格下跌趋势，当地农民快速将手中大豆出手，使当地农民比周边地区大豆每斤多卖了 0.20 元，全县 65 万亩大豆再次增收 1 200 多万元。2007 年，在大豆期货价格的引导下，黑龙江农民放慢卖粮节奏，有一半以上的大豆卖了后来的高价，而往年这个比例不到 1/3。在吉林，在玉米期货市场的影响下，粮农也开始关注和参考期货价格卖粮。

第三，开展服务订单农业，规避粮食生产风险，密切产销关系，促进了农业生产组织化程度的提高。

在大豆、玉米期货市场的利用中，东北种粮农民和企业探索出期货订单经营新模式，农民与中介机构、企业联合起来走向市场。所谓期货订单，就是借助中间组织（如龙头企业、专业协会）先以“公司＋农户”的方式通过开展订单农业将小农户整合在一起，化零为整，再通过“期货＋订单”的方式，将订单通过期货市场提前卖出保值，使分散的农民能够利用期货市场提前锁定种植利润。期货市场的套期保值功能嫁接到订单农业中后，为订单加了一个“价格保险”，解决困扰订单农业实际运行的难点，从而更好地把分散的农户捆绑在一起，解决我国农业“小生产、大市场”的矛盾，实现粮食流通方式的根本转变，推动农民与企业建立风险共担、利益共享、稳定和谐的经济关系，从而促进了农业规模化生产和组织化程度的提高。

2004 年，东北种豆农民通过期货市场“先卖后种”成为期货订单在东北流行的一个契机。2004 年 3—4 月份期间，大豆期货价格达到 3 600 元/吨的历史高位，大豆现货价格也跃升到 3 100 元/吨，创下 15 年来的高点，大商所建议抓住时机扩大大豆种植面积，同时将尚未生产的大豆通过期货市场“先卖后种”，将种植利润提前锁定。在国务院有关领导同志的批示下，当年黑龙江省农民开始与一些企业通过期货订单的方式尝试“先卖后种”，效果显著。3—4 月份，开展大豆贸易的黑龙江省奇升经济贸易有限公司与黑龙江省依兰县三道岗镇、农垦建三江分局青龙山农场、859 农场、前锋农场、前哨农场的农户先后签订了 5 900 吨的大豆订单合同，订单价格 1.40 元/斤左右。与此同时，公司于当年 4 月份先后以 3 510 元/吨的平均价格卖出 A0411 大豆合约 590 手。至 2004 年 10 月份，大豆价格每吨下跌 700 多元，公司在期货市场上以 2 780 元/吨买进平仓，期货套期保值交易获利近 43 万元，弥补了现货的损失，公司按合同价与农民兑现了现货。当年，黑龙江全省有数万户农民以“公司 + 农户、期货 + 订单”模式开展“先卖后种”，豆农增收上亿元。

2005 年以来，随大商所在东北粮食主产区开展“千村万户市场服务工程”，引导农村中介机构和龙头企业进行“公司 + 农户、期货 + 订单”模式试验，更多农民和企业走上了联合的道路。

黑河大豆协会在利用期货市场中重新设计充实了协会的功能和经营策略。从整合大豆产业出发，协会开始广泛吸纳种植大户、农场、粮库、现货经销公司、加工企业为会员；为便于市场经营和利用期货市场，协会成立了金禾经贸公司。大豆协会、金禾经贸公司、天琪期货公司三方签署了合作协议，由天琪期货公司为协会提供信息服务，为金禾经贸公司设计套期保值方案，金禾经贸公司通过协会协调组织农户签订大豆销售协议，将农户生产出来的大豆集中统一销售。协会并与红色边疆农场合作，利用农场机械化优势，设置了两个大机械化服务点，为协会会员提供机耕服务，使得当地机械耕作水平大大提高。同时，在协会组织协调下，红色边疆农场与黑河市农委合作建立了大豆种植科技示范园区，推广普及良种、先进的耕作种植技术、农药化肥的使用技术等。在做好这些产前、产中服务的同时，大豆协会积极为农民的产后销售提供支持。大豆协会利用网站、短信及时为农民发送大豆市场信息，还与会员单位黑河龙丰粮库共同成立了大豆物流配送中心，把各农户分散的大豆集中储存、清理分类、销售，并通过金禾经贸公司进行套期保值交易。在大豆协会的组织协调下，黑河市大豆产业实现了农业技术、农业机械、仓储、物流、市场等农业生产要素和资源的优化配置，“协会 + 农户、销售协议订单 + 期货”的生产营销方式正在为黑河大豆产业带来新的活力。

目前，在与地方龙头企业联合合作的基础上，一大批了解期货、关注期货的农民开始自发成立农民协会，将农民组织起来利用期货市场，如佳木斯市抚远县大豆协会、黑龙江东方村粮豆购销互助协会、双鸭山集贤县东安乡大豆协会等；一些原来已经存在的中介组织，如建三江开发性家庭农场协会、吉林白城高质玉米种植与销售协会等，转变经营思路和运行机制，把利用期货市场避险作为服务会员的一项重要的经营内容，农民通过协会集中开展粮食种植，田间管理和通过期、现货市场集中销售粮食，提前锁定了种植利润，实现了生产的组织化和规模化。据统计，仅2005年，为利用期货市场，黑龙江省农民自发成立的协会或经贸公司有20多个，筹备或进行职能调整的中介机构50多个，覆盖粮农数十万人，联结全省百万豆农和上千企业利益的黑龙江省大豆协会于2007年获批成立。一些地方和机构还与期货机构合作，长年聘请期货机构和专家指导农民合作组织参与利用期货市场。如从2005年开始，黑龙江望奎县政府与大通期货经纪公司签订了县企长期合作协议，由大通期货公司指导当地农民合作组织和粮油经销企业进行套期保值经营；黑龙江省勃利县供销社长年聘请黑龙江大豆网专家为当地农民巡回讲解、分析市场形势，指导农民利用期货市场经营。以参与和利用期货市场为契机，东北粮食规模化、组织化生产迈上一个新的水平。

第四，期货市场在交割上的品质和信用保障，使其成为现货企业采购销售渠道之一。

由于期货交割对商品品质的保障和期货市场的信用保障，部分现货经营企业还将期货市场作为采购销售渠道之一，大大降低了企业经营成本，保证了货款及时回笼。如在大豆品种上，由于现货市场信用差、运输“瓶颈”制约及国产大豆品质不高，长期以来，山东以南榨油企业以进口大豆替代国产大豆进行生产加工，使国产大豆难出山海关。由于有严格的交割、结算制度保障和稳定的大豆品质要求，期货市场成为国产大豆南下的重要通道。大豆期货交易开展以来，共完成大豆实物交割800多万吨，直接推动了大豆现货市场流通。2006年，在大连期货市场的引导和带动下，通过大连南下的东北大豆在100万吨以上（含非现货交割部分），有力地促进了北豆南运，在一定程度上缓解了黑龙江大豆积压问题。如九三集团，2004年以后将大连期货市场作为企业原料采购源，每年通过期货市场购买的大豆至少占公司加工量的1/3。通过均匀购买，节省了企业大豆收购的人力、物力和财力，并节省了仓储费用。

第五，期货交割的品质规定有效地促进了现货市场标准化水平的提高。

由于我国粮食市场发展时间短，着重于“量”，而对“质”重视不够，使得粮食现货市场标准化程度很低，品质参差不齐，不利于现货贸易和下游加工厂商的使用，阻碍了产业的健康发展。由于期货市场的交割品级是标准化的，严格要求质量以及对于替代交割品的质量规定及升贴水规定，促使现货生产标准化程度提高，以往农民一顷地种十来个品种的现象明显减少，也节约了农民的田间管理成本，提高了土地的集约使用。

第六，期货市场的运作吸引了金融资金进入农业产业，为农村金融服务拓展了新路。

在辽宁，辽宁省的农业龙头企业富虹集团在期货市场的保障下，为农户提供“三赊一保”服务，鼓励农民的种豆积极性，稳定公司货源。为了能就近获得原料，2000 年以来，公司通过地方带头人和农民大户积极引导周边农户种植大豆，同时以订单的方式解决农民种豆的后顾之忧。对于签约的农户，集团提供“三赊一保”服务，即公司为签约农户先期垫付种子、化肥、农药等费用，并为部分农户代上农业保险，以此鼓励农民的种豆积极性，稳定公司货源。2004 年，辽宁富虹集团与当地 29 万户农民以秋收后 1.40 元/斤的价格签订了 30 万吨的大豆订单合同，同时在期货市场将订单卖出。当年大豆收获后，现货价格下跌至 1.25 元/斤左右，富虹公司现货订单亏损数千万元，但由于期货市场的盈利弥补了这一损失，使公司有能力按原合同价与农民兑现订单。2005 年，公司扩大了订单规模，以 1.30 元/斤的价格与农民签订了 400 万亩、近 80 万吨的大豆订单合同，同时在期货市场提前卖出，以规避价格可能下跌的风险。在期货市场的保障下，富虹公司的“三赊一保”服务提高了农民的种豆积极性，并与期货市场保值交易一起成为农民和企业双赢的重要环节。

4.1.2 玉米产业

作为 2005 年重新恢复上市的大宗农产品期货品种，玉米市场与大豆市场相比，由于主要为国内自产自销，因此与国外市场关系有限，自成体系发展。近几年来，在玉米期货市场的推动下，我国玉米产业发展也步入了新的时期，建立了新的市场价格体系，推动了市场化产业结构调整新机制，产业抗风险能力明显提升，产业集中度明显提高，商品流通秩序得到改善，同时也带动了相关金融产业的发展。

（1）玉米期货改变了玉米产业生态，促进产业升级，提升产业集中度，构建可持续发展商业模式。

玉米是产业链最长的粮食品种，通过玉米可加工的产品有3 000多种，但从环节看，玉米产业链仍然分为三个环节，即生产—贸易—消费。与发达国家的农场及合作社的成熟生产模式相比，虽然我国也在对这两种模式进行摸索，但至少目前仍然以一家一户的最基本的生产模式为主导，因此与上游的生产环节相比，玉米产业中的贸易和消费环节发展更为迅速。贸易和消费企业在发展过程中已经充分意识到，利用期货市场进行套期保值是粮油企业构建可持续商业模式必不可少的要素。参与玉米期货交易在提升企业经营能力的同时，使玉米产业链条更为顺畅，反过来也对玉米种植业起到明显的促进作用。

第一，玉米期货市场帮助贸易流通企业构建可持续商业模式。

玉米期货上市以后，企业应对价格变化有了得心应手的工具。过去玉米价格上涨时，各家收购企业都会抢购；跌的时候，大家又都抛售，容易造成价格暴涨暴跌，而运用期货手段，就减少了经营的盲目性。

玉米期货已经成为贸易流通企业生存与否的命脉所在。这是由贸易企业的以量取胜、低附加值的经营性质所决定的。玉米价格近年来的波动幅度不断加大，企业承受的价格波动风险骤增，作为贸易企业，每吨玉米的贸易利润只有二三十元，根本无法抵御动辄50～100元/吨的现货市场价格波动，这就必须利用期货市场规避风险。同时，从全国玉米的产销格局来看，贸易粮和期货粮的物流方向基本一致，即大多要从东北运到大连港，然后再运往广东、四川等地区，这为玉米贸易企业充分利用期货、现货市场提供了很好的条件。在实际经营过程中，正是一批充分利用玉米期货市场进行贸易风险管理的企业在激烈的市场竞争中脱颖而出，做大做强。

大连生威粮食集团始创于1997年，2004年正式注册成立集团公司，注册资金1亿元人民币。生威集团以大连生威粮食集团有限公司为母公司，下辖多家子公司、办事处，主要从事我国东北地区的农业开发、农产品加工和贸易，每年玉米、水稻、大豆以及其他杂粮的经营规模超过100万吨，是辽宁省农业产业重点龙头企业和大连市企业信誉评级AAA级信用企业。

在生威集团的经营过程中，随着企业贸易规模越来越大，玉米价格近年来的波动幅度也在不断加大，企业承受的价格波动风险骤增。为了抵御风险，2007年12月，生威公司对手中收购的玉米陆续进行卖出套期保值操作，锁定了2008年5月份的玉米价格；截至5月20日，大商所0805玉米合约交割全部完成，本次大商所交割总量为342 040吨，生威粮食集团本次交割总量为103 260吨，其中，吉海谷物50 000吨，吉林生威49 060吨，生威国际4 200吨，其总量占大商所玉米交割总量的30%以上，为大商所玉米合约交割量最大的企业之一，为集团进一步实现期、现结合的经营策略奠定了良好的基础。

吉林粮食集团是吉林省进入中国企业500强的唯一一家粮食企业，每年经营粮食贸易逾250万吨，现货经营量的80%以上是玉米。2005年底，吉粮集团开始参与玉米期货交易，在2006—2007年集团的经营利润中，通过套期保值获得的利润几乎占集团总利润的60%。这种赢利模式的转变是吉粮集团在被动环境下的主动求变。以前，企业粮食经营有国家保护价或出口政策的支持，现在这些因素弱化，企业面临同样的市场竞争，单一的粮食经营模式风险很大，利润率低，因此企业需要打组合拳——打期、现结合的组合拳，长短期经营结合的组合拳，国内外市场结合的组合拳。

近年来，为了降低玉米种植和经销的风险，吉林粮食集团在全省粮食主产县大面积开展了订单农业，实现了产业链向粮食生产"第一车间"的延伸。目前，该公司年订单农业种植面积已超过1 000万亩，订购数量在400万吨以上，带动60余万农户增收致富。通过农业订单，不仅使吉粮集团的粮食经营和深加工有了一定的粮源保证，同时也有力地促进了农业种植结构的调整，为玉米产业化发展作出了贡献。

第二，玉米期货促进饲料产业升级，提升产业集中度。

在玉米期货市场，贸易企业的套期保值交易较为灵活；而饲料企业由于处于产业链下端，受市场价格波动的影响更大。

我国饲料工业起步于20世纪70年代，从80年代后期进入高速发展阶段，饲料总产量列世界第二位。目前，全国现有饲料厂近万家，饲料行业生产技术也达到较先进的水平。

1996—2007年，中国饲料产量从5 610万吨增加到12 331万吨，增长119.8%。但中国饲料行业的单体规模较小。美国300家饲料加工企业生产了1.2亿~1.4亿吨饲料，单个企业的生产规模为40万吨/年。而中国2006年9 242家配合饲料加工企业中，时产6吨以上的企业只有3 022家，不足总体的1/3。与分散经营相对应的，是企业的利润率偏低。2007年饲料行业平均利润率仅为3%，这意味着投资于饲料行业资本一年的回报甚至低于一年期存款利率。在这种微薄利润的前提下，饲料企业近年来遭遇的却是原材料价格创历史纪录的波动幅度。分析中国几家以饲料为主业的上市公司的年报数据也表明，2007年上市公司的饲料销售收入比2006年增长保持在45%~55%之间，但销售成本同比也增加了50%~60%，销售利润保持在在5% ~10%之间，比2006年利润下滑幅度较大。一方面是利润率偏低，另一方面是竞争趋于激烈，企业类型逐步向多元化、大型化、集团化方向发展。通过不断的兼并、联合和资产重组，形成了一批主业突出、核心竞争力强的大型饲料企业集团，在这种情况下，饲料企业通过期货市场进行套期保值，以控制生产经营成本、稳定企业利润，在竞争中取得先机，已经成为十分现实的问题，同时也正有这样一批深刻理解并充分利用玉米期货市场的企业乘势而上。

广东海大集团是一家集研发、生产和销售水产饲料、畜禽饲料和水产饲料预混料以及健康养殖为主营业务的高科技型集团公司，旗下拥有1个研究中心，6个中试基地，在湖北、湖南、江苏、广东、四川等地拥有22家子公司和2 500多名员工。海大集团是全国的农业龙头企业，2006年海大产值30多亿元人民币，产量达102万吨，位居中国饲料行业的前列，并入选“2007广东省企业100强”。

海大集团年加工豆粕10万吨，玉米40万吨，在饲料企业普遍利润率只有10%以下的客观背景下，豆粕和玉米价格的变化对该集团的饲料加工利润起着决定性的影响。该集团积极主动地利用期货市场管理风险，并获得非常好的结果，企业在激烈的竞争中不断壮大。集团专门成立了套期保值交易小组，并建立相应的工作机制。套保交易小组每个月都会根据集团公司的总采购量制订套期保值操作计划和指导意见，然后根据集团下属各分公司的现货需求量来决定其进行套保的头寸，并且限定好亏损的额度。各分公司每天要向套保小组上报现货和期货的头寸，套保小组根据具体情况发表套保操作意见和建议；同时，企业还尝试利用基差交易锁定价格波动风险，获得超额利润。

第三，玉米期货为深加工行业高速发展保驾护航。

玉米主要用于生产淀粉、淀粉糖、变性淀粉、酒精、白酒、味精、柠檬酸和燃料乙醇等产品。目前，我国通过玉米加工的食品只有130多种，欧美发达国家玉米产品多达1 800多种。近两年，我国玉米深加工已开始向替代能源转化。玉米工业化产品转化玉米量有望达到主商品量的85%，其中，玉米深加工产品转化玉米量有望达到35%左右。特别是玉米生产化工醇使玉米深加工的产品层次加深，使玉米深加工产品发展前景更加广阔。2007/2008年度全国玉米工业消费量为4 150万吨，工业消费已经达到国内玉米消费总量的28%。其中，淀粉消耗玉米2 100万吨，酒精消耗为1 160万吨。

中国玉米市场始终处于紧平衡状态，随技术进步和田间管理水平的提高，未来中国玉米产量仍有增产潜力。2007 年发改委发布了《关于促进玉米深加工业健康发展的指导意见》，进一步规范玉米加工业的发展，有保有压；同时，行业内也有提高附加值、向深加工挖潜的内在动力。原料供应的稳定增长以及需求的有效配置将实现对行业发展的支撑。

深加工企业在玉米收购方面具有明显的优势。深加工企业可以“潮粮采购，潮粮加工”，省去烘干环节，在潮粮收购期具有价格优势，是市场价格的主导者。在干粮采购期，由于其库存已较为充裕，常常扮演着市场价格跟随者的角色。但随着近年来特别是 2007 年以来玉米价格的不断上扬，玉米深加工企业的加工利润不断缩水甚至处于亏损边缘，因此玉米期货对于其生产经营也开始起到越来越大的保驾护航作用。

作为玉米深加工企业的龙头，2007 年中粮集团玉米加工量 370 万吨，占国内玉米加工总量的 10% 左右。企业拥有丰原生化、公主岭黄龙、中粮生化能源等特大型深加工企业。在中粮集团提倡的玉米原料采购模式中，期货与现货相结合的采购模式为中粮集团的玉米采购提供了有力支持。中粮集团原料采购商业模式主要体现为：

第一，加强内部协同，发展纵向一体化。发挥中粮集团全国网络资源和品牌优势，拥有完备的收储体系、合理的加工产业布局、高质量的产品和客户资源。

第二，加大研究力量，提高市场判断力。中粮集团和事业部着力打造专业的市场研究和分析团队，完善中国市场研究“八面分析法”，建立健全农产品的商品研究体系。

第三，期货与现货相结合的采购模式。中粮生化事业部着手尝试利用期货市场为玉米原料进行套期保值和现货采购业务，探索通过期货交割或仓单串货等多种方式为现货采购提供支持。

（2）玉米期货完善了玉米市场体系。

玉米期货市场的运作完善了玉米市场体系，为建立统一的市场体系提供了标杆。期货市场价格影响力的不断扩大，产销市场快速充分对接，促进了粮食流通，引导良好市场流通秩序的形成。

由于玉米期货价格的权威性和影响力不断提升，成为现货粮食经营的参考价格，使原来全国相对分割和分散的现货市场价格以期货价格为核心统一起来。期货价格信息的即时公开性和巨大的影响力，快速影响着现货市场价格，使现货市场提升了吸收信息的效率，现货市场价格调整速度大大加快，全国现货市场的走势更加趋于一致。

在玉米期货推出之前，吉林和黑龙江两省间玉米价格地区差价减去运费一般在 80 元/吨以上，玉米期货推出以来，目前这一地区差价基本上就是运费。2002 年以前，从哈尔滨到大连地区除运费外，每吨大豆高时能有 200 元/吨的盈利，平均也能有 80 元/吨的盈利，目前这项盈利已不到 10 元/吨。地区间差价的缩小表明整个产业链条的交易费用有效减少，产业链条两端的农民和消费者的利益有效提高。超额贸易利润的降低使现货贸易商之间并购、重组的步伐加快，经营规模明显上升，物流设施运转效率提高，贸易结构明显改善。

期货价格影响力的不断增强使产区、集散地、销区价格的走势更加趋于一致，价格倒挂现象出现的次数和持续的时间都明显减少，有力促进了现货贸易的开展和物流体系的有效运转。

期货交割机制有效地促进了现货市场标准化水平的提高。由于我国粮食市场发展时间短，着重于“量”，而对“质”重视不够，使粮食现货市场标准化程度很低，品质参差不齐，不利于现货贸易和下游加工厂商的使用，阻碍了产业的健康发展。如玉米产业，下游饲料厂商对标准化要求很高，但现货市场粮食品质较为混乱的情况使饲料厂商每进一批玉米品质都不相同，加大了饲料厂商控制饲料质量的难度。开展玉米期货交易以来，确定国标二等粮作为交割标准品，三等粮作为替代品并给予相应的贴水，这一设计加上期货交割严格的品质检验，使近年来大连玉米市场的品质标准化程度明显提高，二等、三等之间的差价也日趋合理，有效地促进了下游饲料行业的发展，以及现货贸易之间换货、拼船、补仓的开展。贸易环节的这一变化反过来促进了玉米现货生产标准化程度的提高。

（3）玉米期货促进了订单 + 期货、农民 + 企业 + 银行粮食流通模式、银行金融业务以及风险管理模式的创新。

玉米期货促进“订单 + 期货”模式创新。2006 年春播前，吉林省四平市叶赫镇砬子沟村 150 多个种粮大户通过粮食合作社将秋季收获的 300 公顷玉米，参考期货价格以 0.6 元/斤，以订单方式卖给四平市平东粮库，再由平东粮库在期货市场进行套期保值操作，规避价格下跌的风险。随后，在玉米期货价格上涨超过 1 500 元/吨（0.75 元/斤）时，平东粮库择机在期货市场卖出订单玉米。通过这一方式，农民保证了基本的种植利润，粮库有了稳定的粮源，并通过期货市场规避了价格风险，实现了稳定收益。当年，平东粮库还按协议与农民进行二次结算，将其期、现货市场经营中获得的超出正常利润的额外 27 万元盈利以二次结算的方式返还给了这 150 户农民。同年，在黑龙江大豆品种上，逊克县奇克粮库开始为农民提供无偿代储业务，对于那些愿意将大豆卖给粮库又担心价格上涨而减少收入的农民，该粮库采取了二次结算方式。2007 年，该粮库以每斤给付 1.1 元预付款的方式收购豆农大豆，豆农可随时按粮库公布的收购价格结算。这一年，粮库二次结算的大豆达 5 600 吨，帮助农民增收 40 万元。在这一操作过程中，当粮库与农民签订现货订单时，粮库都会在期货市场锁定远期利润。

期货市场的运作吸引了金融资金进入农业产业，为农村金融服务拓展了新路。长春友联农业科技有限公司是由四名期货投资人投资筹办的农业投资公司。2005 年，由于看好玉米后市，公司开始了以资本联结农业产业各环节，开展玉米期、现经营的尝试。当年春天，长春友联农业科技有限公司从美国引进了玉米优良品种，并与农民签订了收购订单，同时友联公司与包括太平镇粮库在内的十多家粮库签订了代收、代储协议，还与各乡的农技推广站合作，为签约农户提供技术服务。这样，友联公司以资金支持为纽带，将农户、仓库、技术公司联合起来，盘活了玉米经营。公司当年在签订订单并在各项生产服务配套措施完成后，以 1 300 元/吨的价格把玉米订单在期货市场上抛出，当年企业和农户都获得了稳定的收益。2006 年，友联公司又发展 20 万亩优质玉米订单，开始与更多的农户、粮库、农技推广站展开合作。

以银行信贷资金支持粮食期货套保业务的开展一直是行业人士努力推动的方向之一。在东北大豆和玉米收储业务中，自 2002 年起，黑龙江省农业发展银行就利用大商所的粮食价格信息指导省内农民、农业企业为粮食生产定价提供服务，收效显著。2006 年中国农业发展银行（以下简称农发行）正式确定银河期货经纪有限公司等为合作单位，指导贷款粮食企业利用期货市场进行套期保值交易，保障粮食卖价合理，降低涉农贷款风险。

农发行致力于信贷支持订单农业发展，但是由于缺乏有效的避险机制，农发行很难实现信贷支持与风险防范的有机结合，因此这项业务一直没有开展起来。而“订单 + 期货”、“贷款 + 期货”的方式可以为农发行信贷支持订单农业创造条件，通过这种模式，农发行贷款可以期货价格为参考，而且由于有了期货市场的风险管理功能，能够使企业事先锁定经营收益，有效转移风险，从而确保信贷资金安全，使期货订单成为农发行收购资金封闭管理的政策防火墙。

有信贷支持的期货订单实现了多赢。如图 4.1.1 所示，农发行根据期货市场价格预期和与农户签订订单价格的情况确定对企业发放订单贷款的标准，依此来发放贷款，同时支持企业在期货市场对订单进行套期保值，以锁定订单收益，这样农发行信贷资金就有可靠的回收保障，订单农业也会因为信贷扶持得到很好的发展，实现农户、企业、农发行的三赢局面。

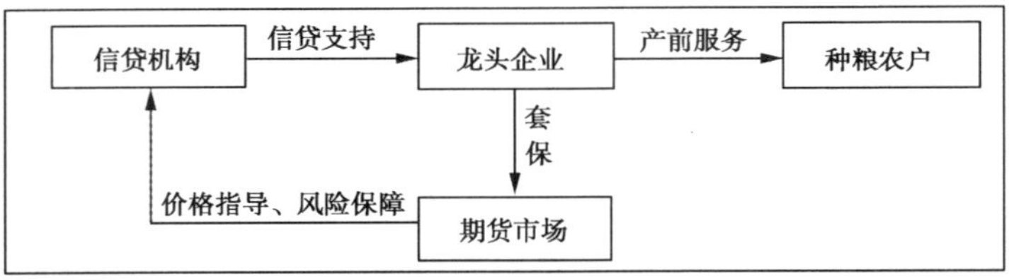

图 4.1.1　信贷扶持型期货订单模式图

新一轮粮改政策对农发行收购资金管理提出了明确的要求，规定农发行要根据企业风险承受能力开办粮食信贷业务，加快信贷资金管理方式改革，建立以贷款风险控制为核心的信贷资金管理机制。长期以来，农发行由于缺乏有效的风险管理载体，作为以执行国家粮棉购销政策为主要目标，专注于为粮棉流通提供收购资金贷款的专业型、政策性银行，在市场经营中面临着很大的系统风险，不仅会对我国农村金融体系完善及整体风险防范产生潜在威胁，而且由于农发行的信贷资金是国家粮食安全体系的重要方面，其系统风险的存在对于粮食安全也会产生潜在风险，构成影响我国粮食安全的一个重要问题。

通过扶持和利用“订单 + 期货”、“贷款 + 期货” 这一有效的企业经营载体，长期困扰农发行收购资金封闭管理的信贷资产定价、企业顺价销售、信贷资金回笼等问题有了解决手段，可以成为以信贷风险控制为核心的信贷管理机制的重要内容。

大力发展“订单 + 期货”、“贷款 + 期货” 模式，农发行能够把握贷款的主动权。可以充分利用期货市场价格能比较真实地反映市场供求关系和未来价格的走势，具有权威性和前瞻性的特点，弥补现货价格滞后性的不足，从而能够及时掌握粮食期货市场的价格变化，深入分析影响价格变化的各种因素，适时调整贷款发放的额度，保证贷款对应的粮食“购得进、销得出、有效益”，为贷款的安全收回奠定基础；可以利用期货市场与现货市场的风险平衡机制，通过“订单 + 期货”、“贷款 + 期货” 在期、现货市场之间的双向保值避险机制，改变过去现货市场封闭管理的弊端，使粮食购销企业开展套期保值业务后，如果在粮食现货市场上出现价格亏损，必然在粮食期货市场上实现盈利，监测开户企业在粮食期货市场上的资金收入，及时收回粮食现货市场经营亏损造成的贷款损失，拓宽贷款收回渠道。

大力发展“订单+期货”、“贷款+期货”模式，农发行能够稳定贷款使用效率。回顾收购资金封闭管理的历程，不难发现，收购资金封闭运行的难点是国有粮食购销企业所收购粮食的顺价销售问题。企业能否顺价销售，何时能够顺价销售，决定着农发行贷款本息最终能否全额收回。农发行能够对其贷款运作实行严密的信贷监管，直至有效遏止贷款不被挤占挪用，但无力影响全国粮食市场价格，更无力影响世界粮食市场价格，也就是无力影响粮食的顺价销售。粮食期货市场为企业和银行提供了一个避险机制，通过套期保值业务锁定利润，开户企业有了稳定的收入，农发行自然降低或规避了贷款风险。

银河期货经纪有限公司（以下简称银河期货）与农发行的“银期合作”模式主要从以下几个方面开展：

第一，银河期货协助农发行严格实行资金封闭运行体系。农发行资金是专项资金，专款专用，资金是否安全是农发行信贷资金进入期货市场的最大顾虑。为此，银河期货与农发行、套保企业签署三方协议，即企业的资金由企业在农发行开立的账户转入银河期货保证金账户，在套期保值操作业务完成后，资金必须转回至原账户，以保证资金的安全。

第二，解决贷款企业的资金问题。农发行对利用期货市场进行套期保值的企业在贷款过程中给予政策倾斜，在发放时优先考虑，并且释放企业在银行的保证金作为企业参与套期保值的期货交易保证金，解决企业的一部分资金问题。

第三，严格操作流程，加强监督机制。企业参与套期保值并不鲜见，但由于监督机制缺乏，企业往往以套期保值为交易目的进入市场，尔后逐渐有意或无意地演变成投机，由于企业欠缺交易经验，难以适应期货市场的大幅波动，结果多数是亏损出局。为了杜绝企业以套期保值的名义进行投机操作，确保套保计划的实施，由银河期货协助农发行进行监督，禁止企业做买入开仓操作，并且及时将企业的持仓、保证金及浮动盈亏等情况及时向农发行汇报。

第四，为了更好地为企业服务，杜绝亏损情况的出现。银河期货与农发行及各分行建立更紧密的联系，成立研究小组，建立“跟踪服务制”，针对每个在期货市场做套保的贷款客户开展一对一的帮扶工作，从制订收购计划开始，为企业量身订做套期保值方案。由期货公司从技术操作层面进行指导，协调交易所及交割库方面的关系。银行从行政方面进行监督，资金方面加以扶持。

两年多来，银河期货为逾百家企业参与期货市场量身定做套期保值服务，涉及农发行贷款资金近亿元，没有一笔套保发生风险，使参与企业达到了锁定成本和利润的目的，保证了农发行涉农贷款的回收率，提高了农业、农民贷款诚信度，使农业企业真正感受到期货市场的好处。目前，吉林和内蒙古农发行也开始了这一业务的探索。

4.2 现货市场各主体利用期货市场情况

4.2.1 大豆产业

(1) 农民。目前，中国农户对期货市场的参与和利用尚处初期阶段。伴随交易所以及相关机构的推动和促进，已经有部分农户开始直接参与期货市场，但在很大程度上利用期货市场主要还是建立在对期货市场价格和信息的利用方面。针对东北地区三省一区的调查问卷结果显示，农民对期货市场价格信息的了解和利用已经达到相当程度。

期货市场在功能有效发挥过程中，价格信息的传递成为重要一环。在目前我国现实国情条件下，利用期货市场传递出来的价格信息成为中国农民利用期货市场最主要的方式和手段。在此方面，大商所自 2004 年以来开展的“千村万户”市场服务工程发挥了巨大的推动作用。

大商所选择 400 名来自基层的骨干学员，建立起覆盖广泛、辐射力强、带动性强的信息队伍；除期货市场信息外，专门向国家粮食信息中心等专业权威信息机构购买即时信息服务，建立起涵盖期、现货市场的全面及时信息体系；创设了专门载体——《信息周报》；开办免费咨询电话和短信服务业务，通过各类信息载体，建立全方位、立体化的信息网络。同时，大商所与国内权威信息机构深入合作，将国内外期、现货市场价格信息通过网站、电视、广播、报刊、信函、E－mail 和手机短信等方式送到学员手中。在黑龙江、吉林等省的许多村组都设有信息员，目前，每天接收短信的农民达到 1 622人，基本上做到东北三省一区每个乡镇都能收到免费的行情信息，明显加快了东北三省一区的大豆、玉米价格信息传播速度。同时，交易所通过信息机构设立了多条市场专家免费热线电话，24 小时为农民提供咨询服务。

通过选取一家信息机构对所接电话情况进行分析，在一定程度上能够反映我国农民对期货市场价格信息的利用程度。农民通常不直接上网看行情，往往借助手机短信大概了解市场动向，通过对信息机构的电话咨询，把握市场整体情况。根据对东北地区大豆、玉米市场影响较大的一家权威信息机构的相关数据，目前免费咨询电话受到农民的普遍欢迎，所接到学员的咨询电话不断增加，尤其是在播种时期和销售时节，每天该家咨询机构接到的咨询电话达到 300 个，每年该热线接到的咨询电话将近 10 万个。进行电话咨询的有许多是经交易所培训过的农民，另有许多是间接打听到电话号码进行咨询。经随机抽样调查发现，农民所关心的内容主要为期、现货市场价格及未来走势，在此方面的关注程度超过 80%。

相关数据显示，自 2005 年以来，农民对期货市场的关注程度逐步提高，咨询电话数量不断增加，每年该信息机构农民咨询电话已达 10 万人次，按照 80% 的对期货市场关注程度，应有 8 万人次利用期货市场大豆、玉米信息。假定农民的咨询没有人员上的重复，加上其他信息机构的咨询数据，粗略统计，国内大豆、玉米市场农民会有 16 万人次曾主动关注期货市场信息，并对期货价格进行参考。

为了进一步考察我国农民对期货市场的认识、了解和利用程度以及所取得的收效，我们在东北三省一区针对农民发放了调查问卷，就期货市场功能在农村的发挥情况进行问卷调查。在东北三省一区共收回有效问卷 663 份，其中，针对以生产玉米为主农民的问卷有 493 份，针对以生产大豆为主农民的问卷有 170 份，总体比例分布见图 4.2.1。

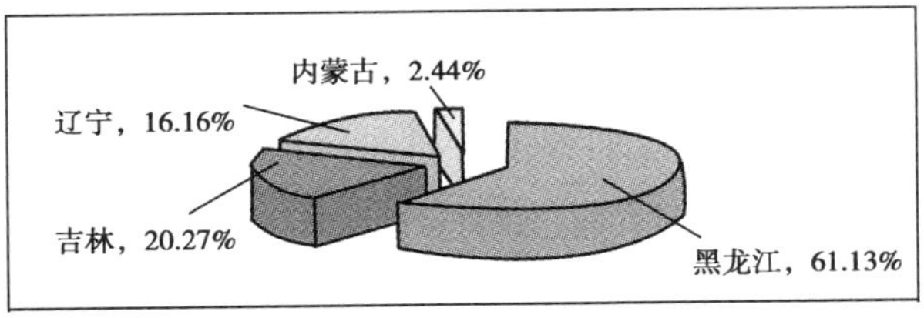

图 4.2.1 调查农民分省比例

由于大豆期货上市较早，在宣传和知识普及上，对与黑龙江的农民做的时间比较长，经历过 2004 年大豆价格大涨大跌后，农民对期货的认知程度比较高，问卷的回收情况较好。随着大商所“千村万户市场服务工程”的开展，整个东北地区的农民对于大豆期货有了较高的认知程度。

第一，农民对期货市场的关注程度。在收回有效问卷的汇总中，99 份问卷选择了关注期货市场，占总人数的58.24%；选择不关注期货市场的为71人，占41.76%。从问卷结果可以看出，东北地区种植大豆的农民超过半数关注期货市场。

在选择关注期货市场的农民当中，有56人选择经常关注；12人选择定期关注。目前，期货市场的价格已经成为农民种地、卖粮的重要参考依据，有相当一部分农民在选择种植品种和卖粮时要参考期货市场价格（见表4.2.1）。

目前，大部分农民还是通过大商所的免费手机短信和电视新闻了解期货价格和各地现货市场价格，只有少数发展比较好的地区和比较富裕的农户有条件使用电脑和上网，值得注意的是在调研过程中看到许多大豆种植大户都用上了网络，但是我国大部分农民缺乏电脑知识，上网获得信息对于他们有一定的难度（见表4.2.2）。

表4.2.1 农民对期货市场的具体关注程度

关注程度	选择人数
经常看期货价格	56
春播和秋收时看期货价格	12
偶尔看期货价格	29
基本不看期货价格	1
未选择	1
合　计	99

表4.2.2 农民通过不同渠道了解期货价格所占人数

渠　道	选择人数
电　视	32
手机信息	29
亲戚朋友处	3
网　络	35
合　计	99

针对41.76%不关注期货市场的农民所进行的调查结果显示，其不关注期货市场的原因有多方面，主要可以分为以下两大类：

一类是选择A、B、C的农民，他们的比例占到76.06%。这种不关注是由客观条件造成的不关注，他们没有机会了解期货，或者是无法获得期货信息；或者是知道期货而自认为自身经济条件不允许，所以不关注期货市场。在走访的过程中，这部分农民也表达了想要学习期货、了解期货，并参考期货市场价格，把粮食卖个好价钱的强烈愿望。

另一类是选择D的农民，他们占到23.94%，主观认为期货没有利用价值，所以不关注。在调查的过程中，我们发现很多农民是不知道期货市场却道听途说，对期货市场产生错误理解。信息和知识的落后使一部分农民离市场越来越远，需要进一步进行普及期货市场知识（见表4.2.3）。

表4.2.3 农民不关注期货市场的原因

不关注期货的原因	人数	百分比（%）
A. 不知道、不了解	29	40.85
B. 无法获得期货信息	24	33.80
C. 没有钱所以感到不用了解	1	1.41
D. 觉得没有利用价值	17	23.94
合计	71	100

我们所收回的170份调查问卷结果显示，东北种植大豆的农民关注期货市场的程度高达58.24%，这其中经常参考期货市场价格的农民占到一半以上。同时，有41.76%的农民对期货市场并不关注，这其中大部分农民主观愿望良好，但由于客观条件所限而无法了解和关注，另有少部分农民对期货市场或多或少存在偏见与错误认识而始终避而远之。

第二，利用期货市场给农民带来的变化。在我国，国产大豆的产量不能满足消费，2/3的需求要靠进口来维持，大豆现货价格与国际价格密切联动，波动幅度比较大，农户种豆、卖豆都受影响。一边是生产极度分散化的小农种植，一边是全球放开的大豆流通市场，如何让不对等的两者有机结合起来，使农民从种豆到卖豆都不再盲目，利用期货市场无疑是一种好的选择。通过大商所“千村万户市场服务工程”的培训，东北地区农民的生产有了巨大的变化。其主要表现在：

A. 参考期货价格促进种植决策科学化。表4.2.4中数据显示，目前已有越来越多的农民开始利用期货市场的价格发现功能调整种植结构。32个农民通过期货给出的远期价格参考体系可以测算种植收益，从而决定种植收益更好的品种、调整种植结构。45个农民在决定种植品种时参考期货价格，这种方法比农民以前单纯利用现货收购价格的计算方式更科学和准确。

B. 促进规范生产环节，提高产量和质量。在粮食收购中，许多收购主体对符合期货交割标准的大豆给予高价格，期货粮的高价格使农民意识到不仅要多产粮、还要出好粮，才能进一步增加收入。在问卷中，63个农民回答选择良种种植，80个农民回答加强了测土配方施肥和田间管理，以提高粮食的产量和质量，达到增收效果（见表4.2.5）。

表 4.2.4 农民在春播时对期货价格的参考程度

参考程度	选择人数
参考期货价格决定种什么	32
期货价格仅作为一般性了解	45
不参考	21
未选择	1
合　计	99

表 4.2.5 期货市场在生产环节对农民的作用

	是	部分尝试	否	未选择	总计
有了“期货粮”后你是否更愿意选择高产、高品质品种	63	21	13	2	99
“期货粮”是否使你更注意田间管理，使粮食品质有好的保障	80		17	2	300

C. 促进售粮决策科学化。以前农民的信息渠道闭塞，获得信息也迟缓，不论大豆收成如何，都严重限制了农民的收益。传统农民卖粮只有现货一种渠道，无论是在家门口卖给粮贩，还是与企业签订订单，农民都无法在价格上掌握主动权。现在，他们知道除了要科学种田、降低成本外，怎样把粮食卖个好价钱是增加收入的重要途径。农民有了市场意识，东北许多农民学会了利用“透明”的大豆期货价格倒算本地现货价格，并以此为依据作为自己卖粮的价格参考；并利用期货价格的走势结合现货收购情况，作为自己确定卖粮时间的参考，改变了传统上年前卖粮的习惯。期货市场对东北农民已有相当程度的影响（见表 4.2.6、表 4.2.7）。

表 4.2.6 农民售粮时对期货价格的参考程度

选择程度	选择人数
根据期货价格确定卖粮的心理价位	39
作一般性参考	41
否	17
未选择	2
合　计	99

表 4.2.7 农民卖粮时间和节奏的变化

选择程度	选择人数
有改变，卖粮时间比平常延后了	14
有改变，但没固定规律	48
有改变，但不大	26
否	7
未选择	4
总　计	99

同时，关注和利用期货市场给农民带来了许多益处。虽然在目前的情况下，受交割制度、资金与控制风险能力等方面的限制，农民只是利用期货市场价格，而不能直接参与期货交易，但是关注期货市场绝大多数的农民都认

为利用期货市场能给自己带来许多好处，甚至有部分种豆农民表示利用期货市场价格来卖豆给自己增加了收入。单个农民虽然能利用期货市场的价格发现功能来指导自己的生产和销售、提高收入，但是由于诸多因素，例如个人不能进行期货交割等，农民目前无法真正利用期货市场的套期保值功能来规避市场风险。伴随农民对期货市场认识和了解程度的不断提高，越来越多的农民意识到“单枪匹马”的他们在市场中处于劣势，部分农民开始由个体卖粮转变为集体行为，组建合作组织，统一生产经营。传统的农民、农业开始由封闭状态走向现代化大市场，促进小生产对接大市场，推进了市场化进程。

案例

黑龙江省依安县宝泉镇杨春乡祥顺村司金龙

黑龙江省依安县宝泉镇杨春乡祥顺村司金龙是大商所“千村万户工程”第93期学员，学习时间是2005年8月22日。目前，自己家有25亩大豆田，拥有中型货车一台，进口125马力的美国约翰迪尔拖拉机一台。近3年来通过种地、收购和销售大豆，实现利润近30万元，并购买了大型农机具。

司金龙在大豆销售过程中，充分利用期货市场信息和期货专业人员的分析。他认识南华期货分析师王晨以后，每周保持电话联系和沟通，同时王晨每天为司金龙提供及时的市场信息短信。

2006年春季大豆价格处于高位滑落前夕，司金龙与王晨及时沟通后，根据期货市场价格回落的迹象，将手中3万斤大豆以2 440元/吨的高价卖出，随后大豆现货价格快速回落至2 200元/吨附近，及时规避了现货价格下跌的风险。

2006年，司金龙开始在种地的闲暇时间参与当地的大豆收购和销售。2006年秋粮上市的时候，他在与王晨及时沟通的前提下，根据当年大豆种植成本核算，11月他以2 200～2 240元/吨的价格收购当地农民40吨大豆储存，同时在2007年5月中旬随着期货价格上涨，他再次以2 800元/吨的价格收购了70吨大豆储存。其间根据市场情况继续收购，并在每次上涨期间少量地卖出大豆，最终共收购大豆近400吨。进入2007年8月中旬，随着当年正在生长的大豆受灾，国际市场大豆价格上涨启动，司金龙与王晨保持密切沟通，密切关注期货市场的行情变化，在新豆上市前夕，9月初司金龙以市场价格3 300～3 400元/吨卖给宾西油厂，共卖出大豆400吨左右，实现利润12万元左右。

2008年初，司金龙继续采取跟随期货市场价格变化收售大豆的计划，在5—7月份期间收储大豆平均价格在5 000元/吨，大约在170吨左右，其间随着价格涨跌陆续销售一部分，但后期7月下旬至8月初国内大豆受宏观调控和国际市场期货价格下跌，当地大豆价格出现回落，虽然其间司金龙多次与王晨沟通，但由于没有在期货市场进行套期保值，现货价格回落，大豆现货难以出售，目前出现一定的损失。

司金龙认为，农民不直接参与期货交易原因主要有：一是当地农村还没有网络，难以上网交易。二是当地没有人参与期货，缺少沟通的环境。三是大部分农民把资金都占用在种地和收粮上，没有更多资金用于期货交易。但是司金龙表示正在积极地与乡里沟通，争取在下届村委会选举中成为村干部，解决网络进村的问题，争取学习机会，一旦时机成熟，将引导当地农民借助期货市场的价格发现和套期保值功能，为当地农民种地和粮食销售服务。

（2）企业。大豆产业链企业类型包括生产环节的农场、流通环节的贸易商和粮库以及消费环节的压榨、饲料、养殖等。针对大豆产业，我们委托中国大豆网向产业链条各类企业发放了调查问卷，大豆网回收156份，有效问卷128份。

第一，期货市场价格信息利用的程度与效果。在针对企业对期货市场价格信息的利用方面，我们主要从程度和效果两个方面进行考察。

A. 程度。针对期货市场价格的参考情况初步统计见表4.2.8。

表4.2.8　产业链条各类企业对大豆期货市场价格的参考情况

	对大豆期货价格有所参考的各主体数（1）	对大豆期货价格没有参考的各主体数（2）	样本总数（3）=（1）+（2）	参考期货价格企业占比（1）/（3）
生产企业	17	2	19	89.47%
流通环节各主体	73	6	79	92.41%
贸易商	61	4	65	93.85%
粮　库	12	2	14	85.71%
消费环节各主体	20	10	30	66.67%
压榨企业	11	4	15	73.33%
饲料企业	5	3	8	62.50%
养殖企业	4	3	7	57.14%
总　　计	110	18	128	85.94%

表4.2.8中数据显示，大豆产业链各类企业对期货价格参考程度普遍较高，平均达到85.94%，其中，贸易商对期货价格的参考程度最高，达

93.85%。由于大豆期货品种上市交易时间较早，品种相对成熟，产业链各类主体对期货市场已经达到普遍关注程度，期货市场价格已经成为大豆经营企业的重要参考。

表4.2.8中数据还显示，流通环节的企业对期货市场价格的参考程度普遍要高于消费环节各类企业，这与流通环节天然的避险需求密不可分，相关企业已经有超过一半离不开期货市场。在消费环节，饲料、养殖企业等产业链下游企业对期货市场的关注度相对较低，该部分企业将是期货市场重点挖掘的对象。

对企业参考期货市场价格的程度方面进行深入考察，结果见表4.2.9。

表4.2.9　　产业各主体对期货市场价格信息的参考程度　　单位:%

		很少	一般	经常参考
大豆	流通环节各主体	17.39	24.64	57.97
	消费环节各主体	20.69	20.69	58.62
	总　　计	16.52	22.61	60.87

大豆产业相关企业经常参考期货市场价格的比例达到60.87%，占样本总数的52.31%，即大豆产业不仅有85.94%的企业参考期货价格，而且有52.31%的企业在经常参考，已经与期货市场息息相关。在经常参考的企业当中，大豆生产、流通、消费各环节参考程度比较均等。

B. 效果。在参考期货价格的过程中，企业对期货市场价格的认可度能够从侧面显示参考价格的效果（见表4.2.10）。

表4.2.10　　各主体对大豆期货价格的认可度　　单位:%

	期货价格没有充分反映现货市场发展趋势，仅作参考	期货价格基本反映现货市场的发展趋势	期货价格反映了现货市场的发展趋势，是企业决策的重要参考
生产企业	0	42.11	57.89
流通环节各主体	3.80	51.90	44.30
贸易商	4.62	52.31	43.08
粮　库	0	50.00	50.00
消费环节各主体	0	66.67	33.33
压榨企业	0	78.57	21.43
饲料企业	0	77.78	22.22
养殖企业	0	28.57	71.43
总　　计	3.01	53.38	43.61

表 4. 2. 10 中数据显示，大豆产业相关企业对期货市场价格的认可度较高，97% 的企业认为期货市场价格反映了现货市场的发展趋势。

从图 4. 2. 2 中可以看出，大豆产业相关企业对期货市场的总体评价就流通环节和消费环节而言总体相当。大豆的消费企业主要为油脂压榨企业，这些企业对期货市场的了解和利用水平相对较高。

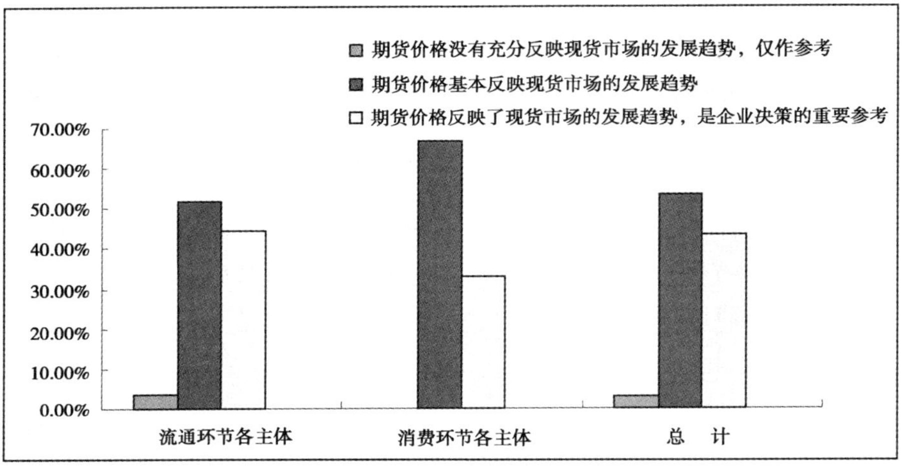

图 4. 2. 2　大豆产业相关主体对期货市场价格的认可度

第二，参与期货市场进行风险管理的程度与效果。对企业参与期货市场进行风险管理方面，我们也从程度和效果两个方面进行考察。

A. 程度。衡量现货企业参与期货交易的程度，我们主要比较参与期货市场交易的企业与现货市场企业总体的数量。表 4. 2. 11 的数据显示，我国大豆产业各主体参与大豆期货市场的程度不断提高，各类参与期货市场企业的个数不断增多，2007 年已经达到 2 056 个。根据大豆网的估计，目前我国有大豆贸易企业 2 万多家，压榨企业 612 家，饲料企业有几千家，整个大豆产业链相关企业大约有 2 万多家，因此，大豆产业相关主体参与期货市场的比例大约为 9%。

表 4. 2. 11　　大豆产业各主体参与大豆期货市场的情况（个）

主体个数	2005 年	2006 年	2007 年	2007 年占比（%）
生产环节（农场）	5	4	3	0. 15
流通环节各主体	738	911	1 033	50. 24
贸易商	681	840	959	46. 64
粮　库	57	71	74	3. 60

续表

主体个数	2005 年	2006 年	2007 年	占比（2007,%）
消费环节各主体	159	130	166	8.07
压　榨	109	74	101	4.91
饲料、养殖	50	56	65	3.16
机　构	119	122	181	8.80
其　他	1 106	480	673	32.73
总　　计	2 127	1 647	2 056	100.00

在大豆网 128 份问卷当中，有 37 家企业选择参考期货价格同时参与交易，参与交易比例为 28.9%，参与比例均高于根据交易所及现货市场数据估算的结果，这可能由于所选择的样本在一定程度上与期货市场有所相关。

从交易规模与现货市场规模角度衡量，表 4.2.12 中数据显示，伴随大连期货市场的不断完善和发展，不同类型企业客户参与大豆和玉米期货市场交易程度不断提高，成交量逐年增加，大豆市场流通环节各主体参与期货市场交易占所有企业交易总量的比例达到 62.41%，说明贸易商等流通类企业已经成为大豆期货市场的主要力量。

表 4.2.12　不同类型企业客户参与大豆期货市场交易的情况（手）

成交量	2005 年	2006 年	2007 年	2007 年占比（%）
生产环节（农场）	6 355	2 533	10 296	0.07
流通环节各主体	7 431 394	2 804 582	9 548 673	62.41
贸易商	7 226 811	2 703 993	9 078 659	59.34
粮　库	204 583	100 589	470 014	3.07
消费环节各主体	2 707 672	499 206	1 911 940	12.50
压　榨	2 407 100	376 559	1 465 340	9.58
饲料、养殖	300 572	122 647	446 600	2.92
机　构	1 040 624	220 413	1 022 703	6.68
其　他	3 107 916	599 166	2 806 521	18.34
总　　计	14 293 961	4 125 900	15 300 133	100.00

在衡量现货市场在规模上与期货市场的结合程度方面，由于各主体所对应现货市场规模数据较难获得，我们选择与美国期货市场相关品种进行比较，对情况进行间接考察。

根据美国农业部的报告数据，2007/2008 年度美国大豆国内总使用量达到5 141万吨，月均为428万吨；我国大豆国内产量为1 350万吨，月均为113万吨。美国大豆期货市场持仓与月均现货市场规模比值分别为16.05，我国为3.08，数据表明，美国大豆期货市场现货企业参与规模是我国的5倍。与发达国家相比，我们还比较落后，现货市场的整体参与程度还不够（见表4.2.13）。

表4.2.13　　中美现货企业参与期货市场程度比较

		多空持仓（吨）	国内现货量（吨）③	月均现货市场规模（吨）	持仓与现货的比值	美国/中国
大豆	美　国①	68 755 752	51 410 000	4 284 166.667	16.05	5.21
	中　国②	3 464 193	13 500 000	1 125 000	3.08	

说明：

①美国持仓均值数据源于CFTC定期发布的投资者持仓情况报告，表中数据主要提取了大豆商业头寸数据，在一年当中随机抽取了12个月份的报告汇总求平均得出。

②中国持仓均值数据根据大商所大豆持仓情况，随机抽取了12个观测值，汇总后求平均得出。由于目前我国期货市场机构投资者发展较弱，交易和持仓占比相对较少，因此针对国内期货市场的头寸直接统计的法人客户持仓总量。

③国内现货量方面，大豆品种美国取2007/2008年度国内现货总使用量；中国主要为国产大豆，因此对应现货数据取国内产量。

B. 效果。我们分不同层次对企业参与期货市场套期保值的比例进行了统计，调查问卷结果显示，企业参与期货市场套期保值的比例大多在20%以下（见表4.2.14）。

表4.2.14　　参与期货市场套期保值的比例　　单位：%

	20%以下	20%~50%	50%~80%	80%以上	灵活进行套保交易，综合比例超过120%
大豆	76.32	10.53	6.58	3.95	2.63

现货市场各主体利用期货市场套期保值进行风险管理的效果方面，调查问卷结果显示，期货与现货盈亏互补，套保目标基本实现的情况占32.95%，现货企业在期货市场的套保效果得到初步认可。但国内许多企业目前对套期保值存在认识误区，将期货市场作为投资工具而不是进行保值，在期货市场出现负收益情况时就无法接受，而不是将期货市场作为一个结合现货的风险管理工具，在此方面的认识有待进一步提高。表4.2.15中的统计数据结果从侧面说明企业利用期货市场进行风险管理收效参差不齐，我国期货市场套期保值效果有待提高。

表 4.2.15 企业参与期货市场套期保值的效果

单位:%

	期货盈利与现货亏损相差较大，部分实现套保目标	期货与现货盈亏互补，套保目标基本实现	受到技术、市场等方面因素的影响，套保交易无法操作	其 他
大豆	11.36	32.95	27.27	28.41

4.2.2 玉米产业

(1) 农民。随着2004年玉米期货上市和大商所“千村万户市场服务工程”的开展，整个东北地区种植玉米的农民对于期货市场有了比较高的认知程度。

第一，农民对期货市场的关注程度。在收回有效问卷的汇总中，223份问卷选择了关注期货市场，占到总人数的45.23%，选择不关注期货市场的为270人，占54.77%。从问卷结果可以看出，东北地区农民对期货市场的关注已经达到相当程度。

在选择关注期货市场的农民当中，有89人选择经常关注，65人选择定期关注。目前，期货市场的价格已经成为农民种地、卖粮的重要参考依据，有相当一部分农民在选择种植品种和卖粮时要参考期货市场的价格（见表4.2.16）。

目前，很多农民还是通过大商所的免费手机短信和电视新闻来了解期货价格和各地现货市场价格，只有少数发展比较好的地区和比较富裕的农户有条件使用电脑和上网，我国大部分农民缺乏电脑知识，上网获得信息对于他们有一定的难度（见表4.2.17）。

表 4.2.16 农民对期货市场的具体关注程度

关注程度	选择人数
经常看期货价格	89
春播和秋收时看期货价格	65
偶尔看期货价格	61
基本不看期货价格	7
未选择	1
总 计	223

表 4.2.17 农民通过不同渠道了解期货价格所占比重

渠 道	选择人数
电 视	37
手机信息	110
亲戚朋友处	14
网 络	61
未选择	1
总 计	223

针对54.77%不关注期货市场的农民所进行的调查结果显示，其不关注期货市场的原因有多方面，主要可以分为以下两大类：

一类是选择 A、B、C 的农民，他们的比例占 34.07%，这种不关注是由客观条件造成的不关注，这部分农民也存在想学习期货、了解期货，并参考期货市场价格，把粮食卖个好价钱的强烈愿望。

另一类是选择 D 的农民，他们占 65.93%，主观认为期货没有利用价值，所以不关注。玉米市场该比例明显高于大豆，说明玉米期货价格信息在农民当中的普及程度不及大豆，需要加大普及力度（见表 4.2.18）。

表 4.2.18　农民不关注期货市场的原因

不关注期货的原因	人数	比重（%）
A. 不知道、不了解	58	21.48
B. 无法获得期货信息	28	10.37
C. 没有钱所以感到不用了解	6	2.22
D. 觉得没有利用价值	178	65.93
总　计	270	100

表 4.2.19　农民在春播时对期货价格的参考程度

参考程度	选择人数	比重（%）
参考期货价格决定种什么	28	12.56
期货价格仅作为一般性了解	85	38.12
不参考	110	49.32
总　计	223	100

我们所收回的 493 份调查问卷结果显示，东北种植玉米农民关注期货市场的程度达到 45.23%。有 52% 的农民对期货市场并不关注，其中 34.07% 的农民主观愿望良好，但由于客观条件限制而无法了解和关注；另 65.93% 的农民对期货市场或多或少存在偏见与错误认识，避而远之。

第二，利用期货市场给农民带来的变化。在我国，一边是生产极度分散化的玉米小农种植，一边是全面放开的国内玉米流通市场，如何让不对等的两者有机结合起来，使农民从种粮到卖粮都不再盲目，利用期货市场是一种好的选择。通过大商所“千村万户市场服务工程”的培训，东北地区的农民生产有了巨大的变化。

A. 参考期货价格促进种植决策科学化。表 4.2.19 中数据显示，目前已经有越来越多的农民开始利用期货市场的价格发现功能调整种植结构。28 人通过期货给出的远期价格参考体系可以测算种植收益，从而决定种植收益更好的品种、调整种植结构。85 人在决定种植品种时参考期货价格，这种方法比农民以前单纯利用现货收购价格的计算方式更科学和准确。

B. 促进生产环节的规范，提高了产量和质量。在粮食收购中，许多收购主体对符合期货交割标准的玉米给予高价格，期货粮的高价格使农民意识到不仅要多产粮，还要出好粮，才能进一步增加收入。东北许多农民选择了胶质玉米种子。在问卷中，106 人选择开始良种种植，169 人选择加强了测土配方施肥和田间管理，以提高玉米的产量和质量，达到增收效果（见表 4.2.20）。

表 4.2.20　期货市场在生产环节对农民的作用

	是	部分尝试	否	未选择	总计
有了“期货粮”后你是否更愿意选择高产、高品质品种	106	35	79	3	223
“期货粮”是否使你更注意田间管理，使粮食品质有好的保障	169		47	7	223

第三，促进售粮决策的科学化。调查数据显示，有相当一部分农民在销售玉米期间对期货价格进行不同程度的参考，同时伴随对期货市场的逐步利用，有很多农民在卖粮时间和节奏上有了一定程度的变化。期货价格成为越来越多的农民在卖粮时期的重要参考，期货市场在东北农民当中已经具有相当程度的影响（见表 4.2.21、表 4.2.22）。

表 4.2.21　农民售粮时对期货价格的参考程度

选择程度	选择人数
根据期货价格确定卖粮的心理价位	30
作一般性参考	166
否	27
总　计	223

表 4.2.22　农民卖粮时间和节奏的变化

选择程度	选择人数
有改变，卖粮时间比平常延后了	25
有改变，但没固定规律	74
有改变，但不大	83
否	37
未选择	4
总　计	223

同时，关注和利用期货市场给农民带来了许多益处。虽然在目前的情况下，受各种制约因素的影响，农民只能利用期货价格，而不能直接参与期货市场，但是关注期货市场的绝大多数的农民都认为利用期货市场能给自己带来许多好处，甚至有一部分农民表示增加了收入。

案例

吉林省扶余县新万发镇集厂村农民才福林

才福林是大商所组织的“千村万户市场服务工程”学员，38 岁。在参加大商所培训之前的 2004 年，才福林家收了 3 万多斤玉米，2005 年春节前就卖光了，仅卖到0.38元/斤，后期玉米价格上涨并未使他获益。

由于2004年玉米收益不好，2005年只种了1垧玉米，收了1.5万斤左右。2005年8月参加大商所培训之后，才福林就记住了大商所委托中国玉米网为农民免费开设的专家咨询热线，并开始每天收到大商所委托中国玉米网发送的免费玉米期、现货价格短信。2005年11月份新粮下来的时候，国内禽流感疫情正十分严重，当时市场价格十分低迷，当地玉米开秤价只有0.37元/斤，由于习惯了每年在这个时间售粮，加之担心后期玉米价格继续下跌，看到周围的村民已经纷纷开始卖粮，才福林也着急起来。卖粮之前，他突然想到大商所宣传册中的咨询电话，赶快打电话到大商所委托中国玉米网为农民免费开设的专家咨询热线。中国玉米网的专家为他分析了市场行情，认为今年的供求情况和去年有所不同，尽管当时玉米价格较低，但今年吉林地区玉米深加工扩建项目较多，玉米需求大幅增加，而且对全年的供需关系进行分析，认为今年玉米会有一波上涨行情。才福林听从了专家的建议，在周围农民纷纷售粮时，他按兵不动。2005年12月初，国家发布400万吨截至2006年2月底的出口配额，在原来出口退税标准不变的情况下，为这些配额提供140元/吨的运输和储存补贴。政策一出，港口贸易商纷纷入市抢购，深加工企业迫于生产需要不断抬高收购价格，产区玉米价格一路上涨，到2006年1月时，松原地区玉米收购价格达到0.42元/斤，比才福林打电话时上涨了0.05元/斤。他兴奋地给中国玉米网再次打电话，专家分析了才福林个人的情况，认为由于其玉米数量较多，长期保存会有一定难度，建议他将粮食分三部分卖。农历新年前可以在高价卖一部分，因为新年后至“十五”东北农民有不卖粮的习惯，收购主体也多放假停收，长时间的休假后，市场走势可能会发生变化。在专家的指导下，才福林最终在年前将粮食全部卖出，卖到0.45元/斤的高位，比上年多赚了0.07元/斤，1.5万斤的收益就增加1 000多元。

经过2005年的成功卖粮经历，才福林对于玉米期货的认识和利用加深了。一方面，卖粮策略转变，以前都是靠粮贩子的一口价，现在主要通过手机短信查看期货价格及时调整；另一方面，根据期货价格信息及时调整经济作物的种植结构。才福林以前还兼种大豆，但是2006年在专家建议下全种了玉米，取得了不错的效益。2007年当地卖粮均价从0.575～0.512元/斤等价格不等，才福林根据收到的价格信息短信以及咨询专家意见，一收粮食就卖，价格比其他人都高。总的来说，2005年以来，才福林家每年种植玉米的收入盈利（扣除成本）比别人多1 000元/公顷，家庭经济面貌得到大幅改善，目前已经添置了四轮农机车、剥皮机、播种机、摩托车等农机具。同时，期货市场使他也更注重玉米质量，也会在种植的时候注意播种品质较高的种子，意识到好粮卖好价。

才福林反映，目前存在的问题有：一是农贷，他说虽然自己很少贷款，但是为亲朋好友作担保也是一件很头疼的事情；二是由于吉林地区主产玉米，当地农民的凝聚力不如黑龙江大豆主产区的经济作物凝聚力强，参与农民协会的积极性不是很高。

对于参与期货市场，才福林认为，由于在期货市场个人不能直接参与期货交割，因此农民只能依靠“公司+农户”的方式间接利用期货市场的套期保值功能，不能直接参与期货交易，他自己也没有直接参与。他认为，目前应当加强期货知识培训，强烈要求当地政府与大商所交涉开展培训班等活动。大商所在前期“千村万户工程”中已投入了大量资金、人力，但期货市场的功能发挥也需要当地政府的大力支持，加大期货市场的宣传力度。

案例

吉林省松原市扶余县蔡家沟镇种粮大户张洪申

张洪申是大商所“千村万户工程”的学员，年近60岁。虽然年纪较大，但他对新事物接受能力强，经常琢磨种粮科技，是当地有名的种粮能手。他表示，经过大商所的培训，对于玉米价格体系有了明显的认识，通过查看大商所发送的玉米价格短信，比其他人卖的价钱要高0.02～0.03元/斤左右，一垧地可增收500元左右。他认为，大商所发送的信息为农民带来了真正的实惠。对于期货市场的套期保值功能，他还没有直接利用，其中的障碍主要是农户一家一户小面积耕种，直接参与期货交易有困难，“公司+农户”方式目前的主要难题是不容易找到合适的企业。

案例

吉林省梨树县四棵树乡三棵树村农业合作社负责人杨岛春

杨岛春是大商所“千村万户工程”的学员，是当地农民合作社的负责人，年近50岁。他组织的农业合作社目前有320户左右的会员，是2004年中央电视台报道的第一家农业合作社。该合作社统一贷款，统一种植和管理，90多垧地的种植到收割全用机械化设备。他介绍说，现在期货价格在当地农民卖粮策略已经起到了一定的决定性作用，主要通过大商所发送的免费手机短信，此外他还利用在大商所学到的知识经常通过网络看价格，这使得他能够及时掌握市场行情，改变了以往价格主要靠粮贩子定价的状况。以大商所玉米期货价格为参考价格，可以和粮贩子讨价还价，不吃缺乏信息的亏。在他的带动下，整个合作社的农民卖粮价格比其他人都要高，2007 年底达到了 0.62 元/斤，价格算是当地最高的，2006 年以来平均高 0.01 元/斤左右。

（2）企业。从产业层面考察市场对期货市场的参与和利用程度，需要按照各相关主体进行深入分析。玉米产业链相对较长，企业类型涉及流通环节的贸易商和粮库，消费环节的饲料、养殖企业，以及淀粉、酒精等玉米深加工企业。我们委托中国玉米网向产业链条各类企业发放了调查问卷，回收 339 份，有效问卷 292 份。

第一，对期货市场价格信息利用的程度与效果。在企业对期货市场价格信息的利用方面，我们主要从程度和效果两个方面进行考察。

A. 程度。对期货市场价格的参考情况初步统计见表 4. 2. 23。

表 4. 2. 23　　产业链各类企业对玉米期货市场结果的参考情况

	对玉米期货价格有所参考的各主体数（1）	对玉米期货价格没有参考的各主体数（2）	样本总数（3）＝（1）＋（2）	参考期货价格企业占比（%）（1）/（3）
流通环节各主体	50	40	90	55. 56
贸易商	43	38	81	53. 09
粮　库	7	2	9	77. 78①
消费环节各主体	58	144	202	28. 71
饲料、养殖	39	101	140	27. 86
玉米深加工	19	43	62	30. 65
淀　粉	16	34	50	32. 00
酒　精	3	9	12	25. 00
总　　计	108	184	292	36. 99

说明：①针对粮库的样本相对较少，相对较高的比例可能不能够代表粮库的整体情况。

表 4. 2. 23 中数据显示，样本中玉米产业链各类企业已有 36. 99% 的企业认识、了解期货市场，虽然比例比大豆产业较低，但也说明伴随我国期货市场的发展，玉米产业也已经有 1/3 以上的企业对期货价格有所关注，期货市场服务产业功能发挥的基石逐步牢固。

表 4. 2. 23 中数据还显示，流通环节的企业对期货市场价格参考程度普

遍高于消费环节各类企业，这与流通环节天然的避险需求密不可分，相关企业已经有超过一半参考期货价格。在消费环节，饲料、养殖企业以及淀粉、酒精等产业链下游企业对期货市场的关注度相对较低，该部分企业将是期货市场重点挖掘的对象。

对企业参考期货市场价格的程度进行深入考察，结果见表4.2.24。

表4.2.24　　产业各主体对期货市场价格信息的参考程度　　单位:%

		很少	一般	经常参考
玉米	流通环节各主体	17.31	44.23	38.46
	消费环节各主体	35.71	39.29	25.00
	总　计	26.85	41.67	31.48

玉米产业相关企业经常参考期货市场价格的比例为31.48%，占样本总数的11.65%，即玉米产业有36.99%的企业参考期货价格，而且有11.65%的企业在经常参考。在经常参考的企业当中，玉米产业流通企业参考程度明显高于消费企业。

B. 效果。在参考期货价格过程中，企业对期货市场价格的认可度能够从侧面显示参考价格的效果。表4.2.25中数据显示，玉米产业有约75%的企业认为期货市场价格反映了现货市场的发展趋势。其中认为期货价格基本反映现货市场发展趋势的占57.14%；认为期货价格反映了现货市场发展趋势，是企业决策的重要参考的占18.18%。

表4.2.25　　各主体对玉米期货价格的认可度　　单位:%

	期货价格没有充分反映现货市场发展趋势，仅作参考	期货价格基本反映现货市场发展趋势	期货价格反映了现货市场发展趋势，是企业决策的重要参考
流通环节各主体	22.22	60.00	17.78
贸易商	23.68	57.89	18.42
粮　库	14.29	71.43	14.29
消费环节各主体	28.13	53.13	18.75
饲料、养殖	18.75	62.50	18.75
玉米深加工	37.50	43.75	18.75
淀　粉	42.86	35.71	21.43
酒　精	0.00	100.00	0.00
总　计	24.68	57.14	18.18

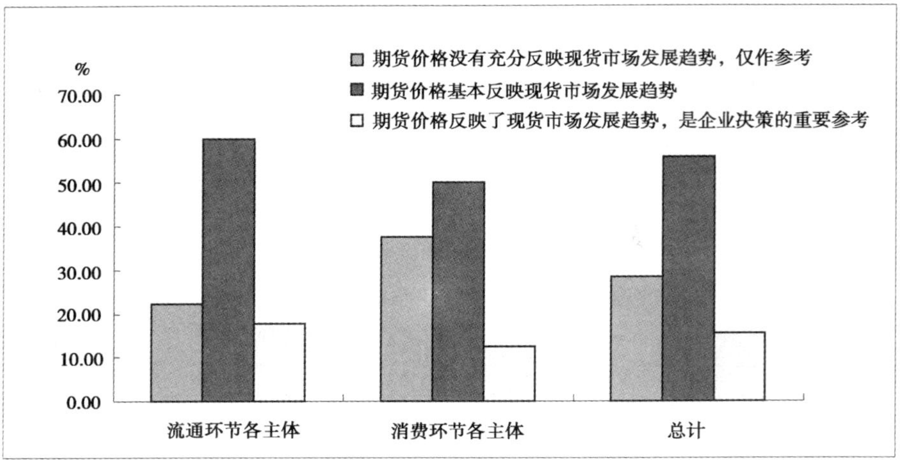

图 4.2.3　玉米产业相关主体对期货市场价格的认可度

从图 4.2.3 中可以看出，玉米产业相关企业中，流通环节企业对期货市场的总体评价明显高于消费环节。对于贸易企业而言，对于玉米期货价格的认可度和大豆的水平比较接近，这可能是许多贸易企业既做玉米又做大豆的缘故。玉米消费企业多为饲料和养殖企业，还有许多玉米深加工企业，这些企业对期货市场的了解和利用尚处初期阶段，对期货市场功能和作用的认识有待进一步提高。

第二，参与期货市场进行风险管理的程度与效果。对企业参与期货市场进行风险管理，我们也从程度和效果两个方面进行考察。

A. 程度。衡量现货企业参与期货交易的程度，我们主要比较参与期货市场交易企业与现货市场企业总体的数量。表 4.2.26 中数据显示，我国玉米产业各主体参与玉米期货市场的程度不断提高，各类参与期货市场企业个数不断增多，2007 年已达 2 079 个。根据玉米网的估计，我国玉米贸易企业将近 5 万家，饲料企业 8 000 多家，深加工企业 240 家，整个玉米产业链相关企业大约有 5 万多家。玉米产业相关主体参与期货市场的比例大约为 4%。

表 4.2.26　　玉米产业各主体参与玉米期货市场的情况

主体个数	2005 年	2006 年	2007 年	2007 年占比（%）
流通环节各主体	591	1 124	761	36.60
贸易商	527	989	655	31.51
粮　库	64	135	106	5.10
消费环节各主体	43	93	81	3.90

续表

主体个数	2005 年	2006 年	2007 年	2007 年占比（%）
饲料、养殖	41	81	74	3.56
玉米深加工	2	12	7	0.34
淀　粉	2	2	2	0.10
酒　精	0	10	5	0.24
机　构	83	144	74	3.56
其　他	322	739	1 163	55.94
总　计	1 039	2 100	2 079	100.00

在玉米网 292 份问卷当中，有 26 家企业选择参考期货价格的同时参与交易，参与交易的比例为 8.9%，高于根据交易所及现货市场数据估算的结果，这可能由于所选择的样本在一定程度上与期货市场有所相关。

从交易规模与现货市场规模角度衡量，表 4.2.27 中数据显示，伴随大连期货市场的不断完善和发展，不同类型企业客户参与玉米期货市场交易的程度不断提高，成交量逐年增加，玉米市场流通环节各主体参与期货市场交易占所有企业交易总量的比例达 77.06%，说明贸易商等流通类企业已经成为玉米期货市场的主要力量。

表 4.2.27　不同类型企业客户参与玉米期货市场交易的情况　单位：手

成　交　量	2005 年	2006 年	2007 年	2007 年占比（%）
流通类企业	5 455 414	17 141 405	17 705 130	77.06
贸易商	5 278 108	15 444 266	14 823 252	64.52
粮　库	177 306	1 697 139	2 881 878	12.54
加工类企业	86 672	1 260 911	1529 494	6.66
饲料、养殖	81 417	1 240 447	989 638	4.31
玉米深加工	5 255	20 464	539 856	2.35
淀　粉	5 255	982	136 548	0.59
酒　精	0	19 482	403 308	1.76
机　构	2 281 063	2 561 115	442 723	1.93
其　他	2 499 937	6 073 471	3 297 220	14.35
合　计	10 323 086	27 036 902.00	2 297 4567	100.00

衡量现货市场在规模上与期货市场的结合程度方面，由于各主体所对应现货市场规模数据较难获得，我们选择与美国期货市场相关品种进行比较，对情况进行间接考察。

根据美国农业部的报告数据，2007/2008 年度美国玉米国内总使用量达

2.64 亿吨，月均为 2 200 万吨；我国玉米国内总使用量为 1.49 亿吨，月均为 1 242 万吨。美国玉米期货市场持仓与月均现货市场规模比值为 7.07，我国为 0.35。数据表明，美国玉米期货市场现货企业参与规模是我国的 20 倍，与发达国家相比，我们还远远落后，现货市场的整体参与程度远远不够。而且，通过与美国期货市场的比较可以看出，玉米品种现货企业参与程度明显低于大豆，有待进一步完善（见表 4.2.28）。

表 4.2.28　　中、美现货企业参与期货市场程度比较

		多空持仓（吨）	国内现货量（吨）③	月均现货市场规模（吨）	持仓与现货的比值	美国/中国
玉米	美国①	155 585 430	264 040 000	22 003 333.33	7.07	20.29
	中国②	4 326 325	149 000 000	12 416 666.67	0.35	

说明：

①美国持仓均值数据源于 CFTC 定期发布的投资者持仓情况报告，表中数据主要提取了玉米商业头寸数据，在一年当中随机抽取了 12 个月份的报告汇总求平均得出。

②中国持仓均值数据根据大商所玉米持仓情况，随机抽取了 12 个观测值，汇总后求平均得出。由于目前我国期货市场机构投资者发展较弱，交易和持仓占比相对较少，因此针对国内期货市场的头寸直接统计的法人客户持仓总量。

③国内现货量方面，玉米品种，美国和中国均取 2007/2008 年度国内现货总使用量。

B. 效果。我们分不同层次对企业参与期货市场套期保值的比例进行统计，调查问卷结果显示，企业参与期货市场套期保值的比例大多在 20% 以下（见表 4.2.29）。

表 4.2.29　　参与期货市场套期保值的比例　　单位：%

	20% 以下	20% ~50%	50% ~80%	80% 以上	灵活进行套保交易，综合比例超过 120%
玉米	42.42	27.27	18.18	6.06	6.06

现货市场各主体利用期货市场套期保值进行风险管理的效果方面，调查问卷结果显示，期货与现货盈亏互补，套保目标基本实现的情况占 65.22%，现货企业对期货市场的套保效果初步认可。但国内许多企业目前对套期保值存在认识误区，将期货市场作为投资工具而不是进行保值，在期货市场出现亏损时无法接受，而不是将期货市场作为一个结合现货的风险管理工具，在此方面的认识有待进一步提高。表 4.2.30 中的统计数据结果也从侧面说明企业利用期货市场进行风险管理收效参差不齐，我国期货市场套期保值效果有待提高。

表 4.2.30 企业参与期货市场套期保值的效果 单位：%

	期货盈利与现货亏损相差较大，部分实现套保目标	期货与现货盈亏互补，套保目标基本实现	受到技术、市场等方面因素影响，套保交易无法操作	其他
玉米	26.09	65.22	4.35	4.35

4.3 企业参与和利用期货市场的特征与模式

4.3.1 典型企业参与和利用期货市场的不同特征

大连期货市场交易品种主要为各类农产品，其中，大豆、豆粕、豆油等油脂类品种以及玉米品种较为成熟，交易相对活跃，相关产业链中的不同典型企业参与和利用期货市场的方式各有不同。油脂压榨产业链中下游各类主体相对集中，主要包括中游的贸易商、粮库以及下游的大豆压榨、饲料和养殖企业。其性质包括以油脂压榨和贸易为重点的外资企业、国有大型综合粮食企业以及涉足压榨、贸易、饲料和养殖的国内各类不同规模与类型的民营企业。由于我国大豆期货品种上市较其他农产品而言相对较早，运行比较完善，市场开发程度较高，各主体参与和利用期货市场程度也相对较好。尤其在经历了 2004 年大豆市场洗牌风波之后，以油脂压榨为代表的业内各企业充分认识到市场风险的严重影响以及期货市场的重要功能，利用期货市场程度大大加深。典型的油脂压榨和贸易企业均通过期货市场进行套期保值。下游饲料和养殖企业参与期货市场套值虽不及油脂压榨和贸易企业，但其理念和认识也在迅速跟进，参与程度也在逐步提高。各类企业基于自身运营的特点，不同程度地对期货市场加以利用，利用期货市场的理念、方式等方面各有千秋。

（1）外资企业。涉足大豆产业链的外资企业以主要经营大豆压榨和贸易的 ADM、邦基、嘉吉和路易·达孚为首，多是在 2004 年国内大豆市场洗牌之后进入中国市场。外资企业以其独到的眼力和老道的手段选取了最佳的时机廉价购买了中国油企，在利用中国油企资源赚取丰厚利润的同时，也带来了先进的运营模式和经营理念。

粮油加工和贸易企业买卖时间差以及农产品季节性价格波动的特点，使这些企业面临着巨大的市场风险。期货市场为企业提供了规避价格风险的有效途径，同时成为最重要的农产品定价场所。涉足中国国内的生产和贸易，外资企业必须依靠中国的期货市场来规避在中国市场经营所面临的风险。在美国CBOT点价采购大豆，在中国大连期货市场抛出豆粕和豆油已经成为这些外资企业的惯用做法，通过这种方式，大豆压榨企业赚取大豆压榨利润，保证企业的稳健经营。同时，中国期货市场也为他们提供了必不可少的价格信息，是每天必须比较的外盘、内盘、现货的重要价格之一。嘉吉和路易·达孚已在中国对下游企业逐步推行基差定价，参考大连期货市场情况确定基差，锁定基差，稳定货源，用期货市场来规避风险。对于他们而言，中国期货市场的完善与发展为他们提供了必需的避险工具，他们所要做的就是将更广阔的市场和更多的工具有效结合。

这些外资企业进入中国市场以前早已熟练运用国外期货市场，如嘉吉甚至与CBOT具有同样悠久的历史，在百年磨砺中共同成长。外资企业在经营过程中已经形成一整套完整的风险控制体系以及规范的套期保值理念，其利用期货市场的操作手法与技术手段也比较成熟，而且渗透到企业经营的各个环节。为规避市场的风险，外资企业奉行比较严格的套保理念。企业对每天的头寸进行风险管理，能够做到实时根据盘面利润和价格成本进行科学的预判，对于市场出现的反向情况及时做好充分准备，采取强有力的风险控制手段，在此方面，国内企业还有很大差距。同时，外资企业均具备制度完善、分工明确的风险管理团队，将风险控制贯穿于采购、贸易和销售全过程，实现了风险控制与企业现货经营的完美结合，各环节相辅相成，保障企业的稳健经营。而且，外资企业资金实力雄厚，应对市场风险通常资金准备充足，能够应对市场较大风险的冲击。

规范的操作、强大的团队、娴熟的技巧和充足的资金使大豆产业链中的外资企业在中国期货市场驾轻就熟，充分利用国内期货市场为企业稳健经营保驾护航。与此同时，也有部分初涉国内市场的外资企业密切关注中国期货市场的发展动向，结合其在国际期货市场上丰富的经验，择机入市。

（2）国有大型综合粮食企业。中国的国情决定了国有大中型粮油企业的不可忽视的作用。在向国外学习的基础上，中国期货市场早已成为国有大型综合粮食企业经营的必备工具。例如，在充分考察和学习了嘉吉利用期货市场的经验后，中粮集团组建了自己的风险管理团队，并迅速成熟。

国有大型综合粮食企业经营规模巨大，涉足领域广泛，经营领域往往能够囊括主要粮食品种的生产、流通和消费各个环节，避险需求强烈。农产品期货市场发展至今，市场中少不了中粮、中谷这些国有大型综合粮食企业的身影，而且，他们早已成为市场的核心参与者。在有效利用期货市场进行风险管理的基础上，企业得到不断发展，成为中国粮油市场上的中坚力量。

与那些大型外资企业类似，国有大型粮食企业在定价、采购、流通、销售各环节都在娴熟地运用期货市场工具，将其融合在企业整体经营体系当中。这类国有大型综合粮食企业的地位和实力决定了他们拥有着国内粮食市场最强的风险管理团队，而且，掌控着大量资金，实力雄厚。在经营理念和手法上，他们能够充分借鉴外资企业的成熟经验，对经营过程中的风险进行很好的控制，所不同的是，利用其在中国市场中独特的地位和优势，他们的手法更加灵活和有效。作为中国粮油市场上中流砥柱型的企业，国有大型粮油企业可以更多地关注整个中国农产品市场的发展，承担更多的社会责任与义务。

（3）国内民营企业。在大豆产业链中，国内的民营企业主要包括各类贸易企业、大豆压榨企业以及饲料和养殖企业。活跃在中国农产品生产、流通和消费环节的各类民营企业是现货市场的主体，他们对期货市场的充分参与和利用是期货市场功能有效发挥的基石。只有现货市场各环节主体充分参与期货市场，才能保障期货市场价格真正反映现货市场的预期，也才能够实现期、现市场的有机结合，从而保障期货市场风险管理作用的有效性。

国内民营企业所从事的粮油市场生产、流通和消费活动同样要面对价格波动的风险，同样也存在着较强的避险需求。同时，大型企业先进的理念以及逐步推行的基差定价方式也在不同程度地影响着各类民营企业的经营方式，期货市场的作用正在被广大民营企业所关注和使用。

目前，国内民营企业受资金、人员、技术等方面的限制，在参与和利用期货市场方面还不能与外资企业及国有大型粮油企业相比。国内的民营企业大多处于期货市场盲目利用期、磨合利用期或者规范有效利用期的不同阶段，无论在参考期货市场价格还是在利用期货市场进行风险管理等方面，从理念到操作手法上都有较大差异。相比而言，各类贸易和压榨企业利用期货市场的情况比较普遍，饲料企业尚处于初期阶段。

贸易企业一方面需要降低采购成本，另一方面需要卖出好价钱，市场的价格波动对其影响巨大。国内许多民营贸易企业早已熟知期货市场，他们的操作重点是进行各类套利交易，也会经常使用投机策略；特别是部分企业充当期货市场与中小粮油企业的纽带和桥梁，迎合了市场中小粮油企业的避险需求，帮助市场主体通过期货市场规避风险、稳定发展，同时也宣传了期货市场。在产业链上、中、下游各环节都需要这样的市场化纽带，需要更多的市场主体参与期货市场，在期货和现货市场之间套作，可以帮助熨平市场价格的巨幅波动，期、现价格最终融合，彰显期货市场功能。

压榨企业经历了2004年国内大豆市场洗牌之后，民营大豆压榨企业所剩无几，经历了市场风雨存活下来的国内民营压榨企业无不充分认识了期货市场的避险功能，与期货市场结合更为紧密。部分典型民营企业的成长阐释了其对期货市场的认识和利用过程，他们在期货市场中的操作手法与经营理念也在逐步发生着变化。虽然在风险管理方面目前国内民营油脂压榨企业可能还无法达到外资企业的精密与完善，其操作也可能并非稳健经营的传统意义上的套期保值，会存在一定的投机成分，但伴随行业的整合、地区产业链的稳定以及买卖双方利润的合理化，油脂压榨企业将走上更为规范的发展道路。

对饲料养殖企业而言，豆粕价格波动基本与CBOT接轨，假如饲料企业还是以看跌看涨市场作为采购决策的主要依据，必将难以承受价格波动的风险。部分饲料原料的采购模式必须与国际市场接轨，否则，中国油脂加工企业在2004年的命运也可能在部分饲料企业上演。目前，部分规模较大的饲料企业及时组建期货团队，对原料采购环节的风险进行有效管理，在期货市场的操作方法也日趋成熟和完善。然而，我国饲料企业目前对期货市场的整体参与和利用程度尚处初期阶段，对期货了解较少，人才相对匮乏，市场有待进一步拓展。

4.3.2 企业利用期货市场的不同模式

贸易和加工企业广泛利用期货市场的套期保值功能，期货价格成为企业在现货市场确定采购价格及产品出库价格、调整企业原材料及成品库存数量的重要参考指标。越来越多的企业参与期货市场，规避现货市场的风险，锁定目标利润。我们将通过以下案例来反映期货市场功能发挥的重要作用。

（1）买入套期保值。买入套期保值的关键是以成本最小化的原则，从现货、期货市场上选择价格最低的价格买进，从而锁定原料、半成品的成本，规避原料、半成品涨价带来的风险。其根本目的不是要在期货市场赚多少钱，而是在原料、半成品价格上涨中实现自我保护。

第一，饲料企业的典型案例。

案例

上海某饲料企业

2008 年 3 月下旬，某饲料公司发现国储在产区大量收购玉米，造成收购价格坚挺。与此同时，东北地区传统的运输“瓶颈”使企业采购运输困难，整个玉米的销售区域库存减少。企业判断玉米现货价格将会上涨，但由于运输问题企业却无法完成采购。为了规避企业以后采购高价玉米的风险，企业决定在期货市场上买入玉米做买入套期保值。

企业建仓情况见表 4. 3. 1。

表 4. 3. 1 上海某饲料公司买入套期保值建仓情况

单位：元/吨

日期	上海现货价格	大连期货价格	期货合约	数量（手）
2008/03/31	1 780	1 780	C0809	300
2008/04/01	1 780	1 756	C0809	300

表 4. 3. 2 上海某饲料公司买入套期保值平仓情况

单位：元吨

日期	上海现货价格	大连期货价格	期货合约	数量（手）
2008/05/05	1 780	1 826. 25	C0809	300
2008/05/07	1 790	1 825	C0809	300

企业分两次在大商所买入玉米 600 手，共计 6 000 吨。建仓平均价格在 1 768 元/吨。

进入 5 月份，企业发现期货市场的涨幅大大超过现货市场，企业在现货市场买入玉米进行正常生产，同时平掉期货头寸，顺利完成规避风险任务并且获得超额利润。

企业平仓情况见表 4. 3. 2。

通过套期保值操作，企业虽然在现货市场多支出了（1 790 - 1 780）× 3 000 = 30 000 元，但是在期货市场的平仓盈利（1 826. 25 + 1 825）× 300 × 10 - （1 780 + 1 756）× 300 × 10 = 345 750 元，扣除交易手续费 6 000 元，企业净获利 309 750 元。现货市场签订合同要 30% 的预订金，而期货市场0809合约只要5%的保证金，企业还减少了资金费用、增加了流动资金。

案例

广东某养殖企业

2006年8月，该企业认为，大连期货大豆价格跌至2 400元/吨左右，属于较低水平，随即决定将期货大豆作为大豆增量采购的组成部分，于是计划在9月份大豆期货合约上交割接货1万~1.5万吨，价格控制在2 400元/吨左右。后来，根据行情发展及公司需要，该公司共交割期货大豆1.29万吨，接货后两个月内，大豆价格上涨200~300元/吨，此次期货操作为公司节省直接成本大概在300万元以上。

又如，根据2006年12月18日临时会议，该公司决定买入2007年1月交割期货大豆1万吨，截止2006年12月22日，已买入9 600吨，成交均价2 661.6元/吨。2007年1月6日，公司再次临时会议，决定继续买入3月份大豆期货，数量为1万吨。饲料部研究发现，3月份大豆期货持仓量过小，仅278手，即1 390吨，且价格在2 700元/吨以上，所以该月份合约不具备操作性；比较而言，1月份期货合约具备操作性，期货量大且价格低，接1月份大豆可推迟出库或集装箱存放于码头，成本增加不会超过10元/吨。因此，计划增加买入1月份大豆期货合约，数量为1万吨。后来根据行情变化，共买入1月份期货大豆1.9万吨（可供广东公司使用3个月），平均价格约2 665元/吨。从经济效益看，接货后两个月内，大豆价格上涨近300元/吨，此次操作为公司节省成本大概在500万元以上。

再如，2008年3月份国内外大豆价格暴跌，现货豆粕从4 000元/吨跌到3 350元/吨，9月份豆粕期货价格从3 744元/吨跌到3 000元/吨左右。该公司经过分析认为资金的撤离不能终结豆类的牛市行情，在新年度大豆产量没有确定前，基本面的利多并没有改变，因此结合公司的用量，4月初公司在3 000~3 100元/吨之间大量买入0809豆粕期货合约进行套保。5月底国内现货豆粕价格普遍在4 050~4 150元/吨，而大连期货9月豆粕期货价格在3 730元/吨左右，比现货价和成本价低300元/吨左右，而且豆油的弱势格局已定，豆粕后期必将向成本回归，9月份豆粕期货具有很好的买入价值。因此公司再次大量买入0809豆粕期货合约进行套保。由于现货豆粕无法进行大量的远期采购，而期货则完全解决了这方面的困难，两次买入套保操作均以获利平仓结束，用期货盈利来补贴现货价格，大大降低了采购成本，2008 年上半年公司的豆粕采购成本比社会均价低 300 多元/吨。

案例

山东某饲料企业

2004 年底，大商所 2005 年 5 月份豆粕期货价格在 2 150 元/吨附近震荡，2005 年 5 月大豆合约价格在 2 600 元/吨附近震荡。对于该公司来说，此时的豆粕、大豆期货价格对公司的生产经营非常有利，较低的原料成本可以使公司获得可观的利润。为了锁定 2005 年的原材料成本，公司利用期货交易的保证金制度，以较少的资金分期逐步买进 5 月豆粕期货合约 2 000 手（2 万吨）、5 月大豆合约 3 000 手（3 万吨）。2005 年春节过后，豆粕、大豆期货和现货价格均大幅上扬，尽管原材料成本上升，但由于公司已在期货交易中进行了套期保值，买进的豆粕、大豆合约在期货市场中的盈利已远远弥补了原材料上升给公司造成的损失，而且节约了大量的流动资金，避免了仓储保管的压力。

第二，油脂加工企业的典型案例。

案例

黑龙江某油脂加工企业

2007 年大豆市场价格不断走高，当年 1—9 月份，CBOT 大豆从 670 美分/蒲式耳涨至 950 美分/蒲式耳，涨幅达 41.8%，黑龙江国产大豆在同期也从 2 540 元/吨涨至 3 200 元/吨，涨幅为 26%，压榨企业原料采购成本压力巨大。

该公司经过分析认为，后市大豆价格还将保持强势，为规避经营风险，公司逐步建仓 0709 大豆期货合约，后期内外盘期、现货大豆价格符合预期，联袂上扬，经研究发现，0709 合约价格在 8 月开始低于大连现货大豆价格 200 元/吨，并且现货市场豆源紧张，外盘进口点价成本又居高不下。通过对三种采购方式的分析比较，该公司选择对 0709 合约多单进行交割，以此方式买进原料，在规避经营风险、降低资金成本、发挥杠杆优势的同时保证了公司正常的生产经营，取得了很好的利润。

案例

山东某油脂加工企业

2008 年 5 月，有一家油脂消费企业以 11 800 元/吨的价格提前订购了该公司的豆油，而此时豆油价格已经有下跌的迹象，所以在现货价格不断下跌的同时，该公司也在不断地卖出豆油现货，以便控制价格风险。面对此订单，为了防止价格的风险，该公司再次利用套期保值，在销售了已有的豆油之后，为了满足订单，在国内期货上面以均价 9 000 元/吨左右的价格买入豆油期货，防止价格波动给订单利润带来不利的影响。具体操作见表 4.3.3。

表 4.3.3　　山东某油脂加工企业豆油套期保值操作过程

步骤	现货	订单	期货
第一步	持有现货	11 800 元/吨订购	11 500 元/吨
第二步，期、现价格少许下跌	现货卖出	11 800 元/吨订购	10 500 元/吨
第三步，价格大幅下跌风险	现货空仓，避免下跌	11 800 元/吨订购	以 9 000 元/吨的均价买入
第四步	现货空仓		利用期、现套利，锁定订单利润

案例

江苏某油脂加工企业

2008 年春节过后，受国内油厂春节期间停机的影响，国内可销售的豆粕现货库存偏低，而饲料企业的库存也基本在春节期间消耗殆尽，国内豆粕现货市场出现快速上涨行情。而期货市场 0803 合约由于是非主力合约，成交不活跃，反应较慢，使得基差一度拉开到 200 元/吨以上，基于对现货市场后市看好的判断以及随着交割月临近、基差不断缩小的规律，该企业在期货市场买入 0803 合约 209 手，同时在远期现货市场以每吨比市场现货便宜 50 元/吨的价格对外销售了一半，锁定了部分利润，剩余的一半，在 0803 合约交割后，再在现货市场按照现货价格销售，获得了可观的利润。

（2）卖出套期保值。卖出套期保值的关键是销售利润的锁定，企业在计算完收购成本与交易成本之后，可以完全通过期货市场的套期保值操作决定自己未来的销售利润。其根本目的不是在期货市场赚多少钱，而是在价格下跌中实现自我保护。如果企业没有参与套保操作，一旦现货价格大幅走低，就必须承担由此造成的损失。因此，卖出套期保值规避了现货价格变动的风险，锁定了未来的销售利润。

第一，直接卖出套保。

A. 贸易综合企业的典型案例。

案例

上海某跨国企业

2008 年春节以后，该公司进口一船豆油，共 3.2 万吨。由于该企业压榨和精炼是一体化的，且精炼产能较强，为了保证国内市场的供应，保证精炼油厂的产能得到合理利用，于是定了 3 月份船期的毛豆油，到港期为 4 月下旬。

该公司经分析认为，国际市场食用油价格波动剧烈，通过核算成本，与大连豆油期货价格有 600 元/吨的利润价差，但如果未来价格下跌，公司利润就没有保障。如此，公司决定在大连豆油期货市场锁定利润，卖出豆油期货的价格是 13 500 元/吨。

3 月 3 日，全球油脂油料市场出现大幅转折，豆油价格从 15 000 元/吨以上巨幅跳水，到了 5 月份，该公司加工完精炼豆油，在现货市场销售卖出现货豆油的同时也将在大连期货市场的豆油保值头寸全部平仓。

这样不仅使公司按时供应了现货市场，保证了自己的市场占有率，还使经营风险得到有效的转移，也保住了自己的利润。到 3 月下旬，豆油市场价格已下跌到 11 000 元/吨左右，以进价 12 900 元/吨计，若不进行套保，每吨将亏损 1 900 元，一船 3.2 万吨豆油将亏损 6 080 万元；经过在大商所豆油期货套期保值，最终的结果是盈利 2 000 万元。

案例

某国有油脂加工企业

2006/2007 作物年度，国际市场玉米库存大幅下降，玉米价格快速上涨。国内从2006年9月开始受国际玉米市场的刺激和国内深加工企业扩张、抢购原料的推动，国内玉米期、现价格开始大幅上涨。在这样的背景下，公司利用信息研究团队深入进行市场调查和研究后认为：在玉米公司收购季时期，玉米期、现货价格将保持这样的上涨态势，但是后期由于国内玉米的供需基本面和国家调控措施，玉米价格大幅下跌的可能性非常大。所以公司在东北收购新玉米的同时，准备在大商所进行套期保值对冲风险，确定了现货收购和建立期货套保头寸的配置方案。

2006年9月到2007年1月，吉林长春地区的现货收购价从1 240元/吨上涨到1 440元/吨；玉米0709合约期货价格从1 460元/吨上涨到最高的1 795元/吨，涨幅为23%。公司也在该轮上涨中累计收购玉米110万吨。但从2007年2月份开始，玉米期货和现货价格停止涨势，开始出现下跌，直到2007年7月，在长达5个月的时间里，玉米价格大幅回调，现货平均下跌200元/吨，期货0709合约也下跌300点，达到1 500点附近。

在价格上涨时，公司有节奏地在期货市场上建立套保头寸，在还未开始大量销售库存玉米时就锁定了部分利润，也给后期的现货销售提供了十分有效的头寸保护。公司在销售现货的同时，也有节奏地进行套保头寸的平仓。由于现货价格的下跌，公司的现货贸易有部分的损失，但这部分损失被期货套保交易有效地弥补，并且由于期货市场有利的走势，还给公司带来了巨大利润。

案例

吉林某贸易企业

2007年12月该公司通过自有粮库开始在产区收购玉米。2008年3月份，为了防止玉米后期价格回落给企业造成损失，企业开始操作卖出套期保值。4月份随着现货销售完成，该公司将期货套期保值头寸平仓。企业期货市场平仓利润为（1 718.39 − 1 623）×2 000×10 = 1 907 800元，扣除交易手续费2万元以及现货亏损（1 450 − 1 420）×2 000×10 = 600 000元，净获利1 287 800元（见表4.3.4）。

表4.3.4　　吉林某贸易企业套期保值操作

	日　期	长春现货价格	大连期货价格	期货合约	数　量
建　仓	2008/03/03	1 420元/吨	1 718.39元/吨	C0805	2 000
平　仓	2008/04/02	1 450元/吨	1 623元/吨	C0809	2 000

案例

某棕榈油贸易商

该企业是华南地区较大的棕榈油贸易商，年销售棕榈油为20万吨左右，在正常的情况下，每个月都会进口1.5万吨左右棕榈油。

2008年，由于棕榈油期货在7月初开始出现下跌，至8月初棕榈油期货的跌幅已经达到30%，且由于市场买涨不买跌的购买心态使得棕榈油销售成交萎缩。但在这种情况下，该企业领导仍坚持认为接下来的9月份和10月份仍将是棕榈油的消费旺季，且认为价格在大跌30%后将出现反弹，正如2008年3月份的那波行情一样。于是该企业领导决定在2008年8月从马来西亚进口棕榈油1.5万吨，预计20日到达广州港。

某期货公司通过对该公司情况以及市场行情进行分析之后，判断后期棕榈油价格将面临较大下跌空间且基差会走强。从广州地区24度棕榈油现货与大连棕榈油期货的价格情况来看，2008年8月20日，广州地区棕榈油现货价格为7 500元/吨，而当日棕榈油收盘价为7 830元/吨，广州地区棕榈油的基差为-330元/吨，该基差处于相对较弱的状态，且随着市场价格的变化，现货棕榈油价格将受到惜售心理、进口减少及需求仍保持相对旺盛等方面的支撑，同时随着进口棕榈油远期成本报价偏低，将会使进口成本偏低，对远期棕榈油市场造成冲击，这些将使棕榈油的基差走强。

通过以上分析，在后期棕榈油价格仍将下跌和目前-330元/吨的基差将转强的情况下，该期货公司建议该企业买入基差，即在现货市场上买入棕榈油，同时在期货市场上卖出棕榈油期货。

于是该企业在8月20—29日在期货市场上逐步建仓卖出期货0901合约1 500手，由于棕榈油期货价格在建仓期间出现下跌，使得建仓均价有所下降，至8月29日建仓完毕，该企业的建仓均价在7 650元/吨；在此期间，该企业从马来西亚进口了1.5万吨的棕榈油现货，均价在7 450元/吨。至2008年10月底，该企业已经将1.5万吨的现货出售完毕，成交均价在5 500元/吨，同时将期货空头头寸买入平仓，期货平仓均价在4 802元/吨，此时该企业24度棕榈油的基差已经升至698元/吨（见表4.3.5）。

表 4.3.5　　华南某棕榈油贸易商进行棕榈油基差套期保值操作

日　期	现货市场	期货市场	基　差
8 月	买入 15 000 吨棕榈油现货，价格 7 450 元/吨	卖出 1 500 手棕榈油 0901 合约，价格 7 650 元/吨	-200 元/吨
10 月	卖出 15 000 吨现货棕榈油，价格 5 500 元/吨	买入 1 500 手棕榈油 0901 合约，价格 4 802 元/吨	+698 元/吨
盈亏变化	(5 500 - 7 450) ×15 000 = -2 925（万元）	(7 650 - 4 802) ×1 500 ×10 =4 272（万元）	4 272 - 2 925 = 1 347（万元） 基差变化（698 +200）×150 000 = 1 347（万元）

通过买入基差套保，该企业在现货市场买入棕榈油现货，在面临价格下跌的情况下，积极利用期货进行风险规避，在期货公司人员的专业指导下，分析了当时的基差状况，认为广州地区的基差将从目前的状况下走强，因而采取了买入基差的套保方法。通过买入基差套保为企业的现货经营规避了风险，赢得了客户，并从基差变强中获得了非常好的利润。

B. 油脂加工企业的典型案例。

案例

山东某油脂加工企业

2004 年，大豆价格在 CBOT 的炒作下价格一路疯狂上涨，3 月份大豆现货价格上涨至 4 100 元/吨的历史新高。大豆压榨企业要维持生产，持续经营，就必须继续购买大豆原料，但是由于大豆价格高涨，处于历史高位，购买即意味着风险，不购买就无法维持持续生产。面对此难题，该公司的领导决定利用期货套期保值，控制价格风险。在现货市场以 4 100 元/吨的高价买入现货，在期货市场上以 3 800 元/吨的价格卖空大豆期货（见表 4.3.6）。

表 4.3.6　　山东某油脂有限责任公司套期保值操作

日期	现　货	期　货
2004 年 3 月	以 4 100 元/吨购买 4 000 吨大豆	以 3 800 元/吨卖出 200 手大豆期货
2004 年 7 月	对 4 000 吨大豆进行压榨并最终以市场价卖出豆油	以 2 800 元/吨买入平仓 200 手大豆期货
盈　亏	亏损 200 万元	盈利 200 万元

在高价买入现货后，价格在当月末暴跌，当地大部分油脂企业由于没有对现货做套期保值，因承受不了现货价格急剧下跌的损失而倒闭。该公司却以期货市场的盈利弥补了现货市场的亏损，维持了公司正常运转。

案例

江苏某油脂加工企业

2008 年 7 月初，大商所 0809 豆油合约价格在 12 000 元/吨左右，而国内现货市场进口大豆到港量激增，国内工厂、港口库存豆油数量庞大，现货成交缓慢，棕榈油国内外市场库存庞大，国家在国际市场大量采购储备油，美国大豆主产区天气良好等诸多不利因素的影响，油厂压价销售现货豆油，市场曾一度出现现货脱胶毛豆油的销售价格比 0809 豆油合约贴水 500 元/吨，而实际上从 7 月到 0809 合约交割期的持仓成本（主要是利息和仓储费用）不到 200 元/吨。同时，考虑到现货市场的标的品质与交割品质一致，没有交割风险，公司便决定在现货市场采购的同时，在期货市场抛空 0809 合约，锁定利润，规避风险，这次套期保值交易直接避免公司现货损失 300 元/吨。

（C）饲料企业的典型案例。

案例

上海某饲料企业

该公司采取调整企业库存和卖出套保的联合操作方式。自 2008 年 7 月以来，该公司发现玉米期货价格进入下跌趋势，结合现货市场情况，下游养殖需求下降，国家调控力度加大，连续在销区、产区拍卖，企业判断现货价格会有所下降，决定减少库存数量，采用随用随买计划，同时对公司剩余库存进行保值。

7 月 21 日上海玉米现货价格为 1 840 元/吨，公司判断价格会下跌，决定减少库存 3 000 吨。至 8 月 8 日，上海玉米现货价格跌至 1 830 元/吨。公司减少库存 3 000 吨，直接减少采购损失（1 840 − 1 830）×3 000 = 30 000 元。这种调节同时还变相为公司增加了流动资金，减少了存储费用。

为了防止玉米价格继续下跌，公司对剩余库存做卖出保值（见表 4.3.7）。

表 4.3.7　　上海某饲料企业卖出套期保值操作

日　期	上海现货价格	大连期货价格	期货合约	数　量
2008/07/21	1 840	1 880	C0901	50
2008/07/22	1 840	1 880	C0901	60
2008/07/23	1 840	1 890	C0901	66
2008/07/24	1 840	1 880	C0901	22
2008/07/28	1 840	1 874.8137	C0901	102

至8月8日，上海现货价格跌至1 830元/吨，大连期货价格跌至1 783元/吨。现货价格下降使企业库存3 000吨直接损失（1 840 – 1 830）×3 000 =300 00元，但是该公司在期货的盈利是（1 880×132 +1 890×66 +1 874.8137×102）×10 –1 783×300×10 =292 309.974元，扣除交易手续费3 000元，实际浮动盈利在289 309.974元，该公司成功地规避了由于现货市场价格下跌对原有库存的影响。

第二，间接卖出套保。由于大豆与豆粕、豆油之间存在着“大豆的购进价格+压榨收益（含加工费用）=出油率×豆油的销售价格+出粕率×豆粕的销售价格+15%的损耗”的平衡关系，因此大豆、豆粕与豆油这三种商品之间存在着套利关系。压榨企业可利用这种关系在期货市场进行操作，起到保护企业压榨利润的效果。

案例

某国有综合油脂加工公司

我国油籽压榨企业绝大部分从国际采购原料大豆，在国内压榨后销售豆粕和豆油。从与外商签订大豆进口采购合同和敲定价格，到出口港口装船、货物海上运输、大豆到中国港口卸货、油厂加工压榨，最后到销售豆粕和豆油，时间间隔至少两个月，有时候周期可能更长。如果这段时间内国内豆粕和豆油价格下跌，油籽压榨企业将面临亏损的风险。为了规避这种风险，国内有相当部分油籽加工企业积极利用期货市场进行套期保值，取得了良好的经济效益。该企业每年油籽业务要加工500万吨进口大豆，如果不采取措施规避这种价格波动风险，后果将不堪设想。多年来，期货保值业务已经成为该公司日常业务的重要部分。

根据进口大豆压榨产出豆粕和豆油的数量，进口大豆在大连豆粕和豆油市场套期保值的基本比例是100∶79∶19，即采购10万吨大豆的同时在大连市场卖出7.9万吨豆粕（相当于7 900手合约）和1.9万吨豆油（相当于1 900手合约），这被称为完全套保，加工利润被完全锁定。由于大连大豆和进口大豆价格总体趋势一致，有时候考虑到大连豆粕和豆油期货合约的容量问题，套保的过程中有时候也会直接选择大连大豆期货合约替代豆粕和豆油合约进行保值。当然，套期保值的过程也不是死板一块，在具体操作过程中也会加入许多对行情走势的判断，对套保比例和套保节奏进行调节，从而达到最佳效果，既能规避风险，又能达到企业利润最大化。

2006年下半年以来的两年时间内，该企业根据大豆行情的不同阶段，期货套期保值操作情况见图4.3.1。

图4.3.1　大豆行情不同阶段下某国有综合油脂加工公司的操作

第一阶段，牛市前夜。在判断未来行情上涨但又无法立即采购现货大豆的情况下，先期在CBOT市场做买入保值，即直接买入CBOT大豆远月合约进行保值，规避原料价格上涨风险。2006年7月，在详细分析国际大豆市场形势以后，该企业判断大豆价格将逐步探底、未来可能有一轮上涨行情，价格上涨将给公司的原料采购带来风险。形势判断清楚以后，在8—9月间CBOT大豆下跌过程中逐步买入CBOT大豆期货合约，在10月份大豆价格上涨之前合计已经在CBOT买入了100万吨大豆，接近一个季度的加工量。2006年10—11月，大豆市场疯狂拉升，本次成功地买入保值为该企业规避了大豆原料价格上涨的风险。

第二阶段，牛市期间。2006 年 10 月到 2008 年 6 月，国际大豆市场经历了一轮罕见的大牛市，大豆价格从 540 美分/蒲式耳上涨到 1 640 美分/蒲式耳附近。这期间，大豆市场处于牛市趋势之中，企业面临两难选择：一方面，如果全面保值，企业将丧失在牛市中发展和获取利润的良好机会；另一方面，谁都无法保证牛市会一直持续，如果不保值的话，一旦价格下跌，企业将承受巨额亏损，现金流和日常经营将产生问题。在这期间，该企业采取了部分保值的措施。在前面的第一阶段，该企业并不是没有进行保值，只是保值的比例仅为 20%。而本阶段，出于适当赚取利润和全面控制风险的考虑，企业的套期保值比例达到 50% 左右。事实上，这种保值措施规避了几次大的价格回调风险。在这期间，根据 CBOT 和大连市场价格以及相应的进口环节升贴水和汇率计算期货盘面进口大豆压榨有利润时，企业会在 CBOT 市场买入大豆期货合约，在大连市场卖出相应数量的豆粕和豆油期货合约，并且操作数量相对较大，这种保值锁定了原料价格和产品价格，也即锁定了企业加工利润。

第三阶段，牛市末期。跟外商确定大豆进口成本和进口数量以后，判断未来国内豆粕和豆油可能走低，在大连期货市场做卖出保值，即卖出相应数量的大连豆粕和豆油合约进行保值，规避产品价格走低的风险。2008 年 6 月份，在历时近两年的牛市之后，通过详细分析国内外大豆市场形势后，该企业判断大豆及其产品价格可能在 7—8 月间开始下跌，价格下跌将给已经采购的大豆带来风险。为了规避价格下跌的风险，该企业在 6—7 月间逐步把所采购的所有大豆头寸悉数在大连大豆、豆粕、豆油市场进行全面保值，套保比例从前期的 50% 提升到 80%—100%。这一保值措施为企业规避了 7—8 月期间大豆价格的直线巨幅下跌风险。在这一轮暴跌之中，该企业未受到丝毫损伤。

案例

上海某大型外资油脂加工企业

该公司的套期保值操作比较谨慎，严格遵守锁定压榨利润的原则。例如，该公司曾在 4 500 元/吨左右采购大豆，在大连期货市场上按照豆粕大约 4 100 元/吨和豆油大约 9 000 元/吨的价格抛出，锁定了当时的压榨利润。即使到期时豆粕和豆油市场价格均不同程度上涨，期货市场出现亏损，由于现货市场的盈利也能够保证最终的压榨利润。企业布局严谨，眼光长远，不会贪图一时的收益而冒巨大的风险。

案例

广东某饲料企业

2006年3月16日，大商所8月豆粕期货价格为2 870元/吨左右，5月船期由阿根廷进口的大豆换算成豆粕成本价格为2 690元/吨，油厂压榨利润为2 870 - 2 690 = 180元/吨，进入8月交割月，期货价格开始向现货价格回归，该企业利用大连期货市场实现豆粕采购成本控制。

现货头寸自3月27日开始建立，至4月6日建仓完毕。对应现货的提货日期，选择大连豆粕0605合约进行套保。在建立现货头寸的同时，建立等量的0605套期保值的空单。至4月6日，800手0605豆粕期货合约建仓完毕，建仓均价2 246元/吨。期、现总体平均价差为42元/吨（8 000吨现货建仓均价为2 204元/吨），详见表4.3.8。

表4.3.8 广东某饲料企业套期保值操作

签订日期	供应商	数量（吨）	现货价（元/吨）	提货日期	期货头寸（M0605合约）（手）	期货价格（元/吨）
03/27	A	3 000	2 230	04/05—04/25	300	
03/28	B	1 000	2 200	05/10前	100	
03/31	C	2 000	2 220	05/01—05/15	200	
04/06	D	2 000	2 150	05/10—05/20	200	
总　计		8 000	2 204		800	2 246
期、现价差为：42元/吨						

4月7日，美CBOT电子盘下跌5点，带动大连期货价格大幅下挫，但现货并未受其影响。当日该企业销售现货700吨，现货亏损44元/吨，期货盈利101元/吨。4月8—24日，珠三角地区豆粕现货价格由2 175元/吨持续下跌，其间的豆粕现货销售虽然亏损，但期货的盈利不但完全弥补这一损失，同时还赚到平均37.8元/吨的套保利润（见表4.3.9）。

表 4.3.9 广东某饲料企业套期保值操作结果

4 月 7 日	现货建仓均价	2 204 元/吨	期货建仓均价	2 246 元/吨
	珠三角地区油厂报价	2 170 ~ 2 180 元/吨		
	企业销售价	2 160 元/吨	期货平仓价	2 145 元/吨
	现货盈亏	−44 元/吨	期货盈亏	101 元/吨

第三，延期定价法。

案例

上海某粮油公司

2004 年 5 月中旬，随着国际大豆价格大幅下跌，国内豆粕现货价格开始下滑，国内大豆加工厂陷入空前的困境。一方面是油厂急需把手中大量的豆粕现货销售出去，归还银行贷款；但另一方面豆粕现货的买家却坚决地选择观望态度。当时的豆粕现货价格已经从最高时期的 3 700 元/吨下跌到3 200元/吨，而且油厂的豆粕现货成交量很小。即使将豆粕现货价格调低到 3 000 元/吨甚至 2 800 元/吨，豆粕现货买家仍然会选择观望和等待。该企业在应对这一被动局面的时候灵活使用豆粕期货，快速清空豆粕现货库存，保障了资金的回笼。该油厂的具体操作方法如下：

首先，让豆粕现货经销商把油厂的豆粕全部提走，同时，该油厂和经销商约定：经销商先按照 2 700 元/吨的价格水平支付给油厂 70% 的货款。正式定价由经销商在一两个月内随行就市地选择定价水平。最终价格确定后，经销商再将尾款支付给油厂。

2004 年 6 月 8 日，经销商已经将手中的豆粕现货抛售完毕，并向该油厂提议以 2 750 元/吨定价，该油厂认为可以接受。从表面上看，油厂似乎把豆粕现货价格从 3 200 元/吨降低到 2 750 元/吨出售是非常无奈之举，但油厂拿到了经销商支付的大部分资金后，立即在大商所的 0409 豆粕期货上以 3 215 元/吨的价格水平卖出同等数量的豆粕合约。在经销商与油厂敲定最终价格后，该油厂立即将豆粕期货以 2 705 元/吨的价格进行平仓。具体操作见表 4.3.10。

表 4.3.10　　上海某粮油公司延期定价操作

	现　货	期　货
2004/05/10	油厂卖出豆粕现货 3 万吨获得资金 2 700 ×3 ×0.7 =5 670（万元）	
2004/05/12		3 215 元/吨卖出 0409 豆粕合约 3 000 手
2004/06/08	按照 2 750 元/吨定价，经销商支付尾款 2 580（万元）	以 2 705 元/吨水平买入平仓
	亏损（2 750 －3 200）×3 万 = －1 350（万元）	实现盈利（3 215 －2 705）×3 000 ×10 =1 530（万元）
实际销售价格	3 260 元/吨	

该油厂本意是解决经销商心理价位“不存在”的尴尬局面，但通过期货操作，不仅实现了快速回笼资金的目的，还使得加上期货收益之后的实际销售价格达到一个较高的水平，这类操作就是期货市场功能中的锁定销售价格的经典操作，用来应对 5 月份以来豆粕现货市场的震荡，效果非常好。值得注意的是，该油厂实际上就是利用期货市场定价，这类操作基本上类似于国际农产品市场的定价方式，油厂任何时候采用都能起到规避价格下跌风险的作用。

（3）基差套利。有现货背景的企业利用自己的现货渠道，按照基差在期、现之间套利。

案例

吉林某粮食企业

吉林某粮食企业的操作策略主要是利用基差来进行期、现之间的套利。此基差是期货价格与企业收购玉米到大连的总成本的价差。当基差达到 80 元/吨时企业开始陆续建仓，在基差达到 100 ~ 120 元/吨时企业加仓，直到与企业现货数量持平。建仓完成后当期货价格下跌时，企业出售现货，了结期货头寸；当期货价格上涨时，企业可以申请交割。2007 年 12 月下旬期货市场价格到 1 760 元/吨，企业发现基差达到 80 元/吨开始建仓；到 2008 年 1 月中旬，期货价格下跌到 1 680 元/吨，企业平仓，实现利润 80 元/吨左右。企业通过该操作，可以按理想的价格把企业的商业库存卖到期货市场上，锁定目标利润。

案例

吉林某贸易企业

该公司所在地在长春，现货收购以长春为集散地，公司物流方向是大连，由大连发往各个港口。长春有现货批发市场，大连有期货市场，大连又是北方产区到南方沿海港口的玉米集散地。该公司利用两个市场的价差来进行跨市场套利。长春到大连的运费及杂费是60元/吨，资金利息每月15元/吨左右，期货注册仓单的仓储费用为每月15元/吨，只要长春现货批发市场价格和大连次月期货合约价格的价差在90元/吨以上，企业就有利润。2008年企业在长春现货批发市场与大连期货0809合约的价差达到110~120元/吨时进行了套利操作。

（4）新贸易方式。

案例

浙江某饲料企业

目前，在豆粕的现货市场中，价格的形成机制与贸易方式存在两个方面的缺陷：一方面是饲料企业规模小，在豆粕定价权上发挥的作用太小；另一方面是豆粕供需双方对豆粕现货的追涨杀跌导致油厂生产经营的盲目性与饲料厂采购经营的风险。该企业采取的“基差+大商所豆粕期货价格”定价方式恰好解决了上述问题，实现了油厂和饲料厂的双赢。

2004年10月份以后，随着元旦和春节即将到来，国内畜禽存栏量逐渐增加，对饲料的需求逐渐旺盛。饲料厂针对该种情况准备逐步增加采购，增加豆粕库存。该厂预计12月31日需要采购豆粕5 000吨，提前与当地的油厂进行沟通，希望预先敲定12月份的豆粕价格。

在谈判过程中，该饲料厂认为当时现货价格太高，希望以1月份的期货价格定价。油厂认为1月份的期货价格偏低，应该以现货价格定价。经过多轮谈判后，双方达成一致意见：油厂与该饲料厂事先签订远期合同，但并不确定豆粕销售价格，只是确定销售价格与豆粕期货价格的基差；饲料厂可在12月31日前的任意一天，将当天豆粕期货交易中出现的价格通知油厂，油厂按照事前确定的基差计算出豆粕销售价格，双方进行结价。该油厂根据过去一年的期货价格与其销售价格进行了对比，大部分时间豆粕现货价格与期货价格的基差在100元/吨左右波动。10月21日，最后双方敲定基差为90元/吨（基差的具体数值是可变动的，根据市场情况，由双方协商确定），并签订合同。

为了规避日后价格波动的风险，油厂于10月26日在大商所开仓卖出0501豆粕500手（5 000吨），成交均价为2 270元/吨。

12月8日，饲料厂觉得12月中旬以后豆粕供应会出现紧张，而这时的豆粕期货价格基本处于盘整的底部，在这个时候点价是比较合适的。于是，该厂在当天进行点价交易，开仓买入0501豆粕500手，成交均价为2 260元/吨，并把该点价通知油厂。

12月9日，双方向交易所提出期转现申请，并提交了双方的现货买卖协议、相关的货款证明和相关的入库单、存货单等货物持有证明。交易所接到双方的申请后，在12月13日批准其申请（3个工作日内审批），当日结算时，交易所将交易双方的豆粕0501合约持仓500手按协议价格2 260元/吨进行期转现平仓。

12月21日，由于饲料厂销售较好，库存明显降低，该厂希望履行合同，油厂也表示同意。当天双方进行结算，现货结算价格为2 260 + 90 = 2 350元/吨，当日现货市场价格为2 370元/吨（见表4.3.11）。

表4.3.11　浙江某饲料企业“基差＋大商所豆粕期货价格”定价方式的操作过程

		油　厂	饲料厂
10月21日	双方签订基差合同，基差为90元/吨。		
10月26日		2 270元/吨的价格卖出0501豆粕500手	
12月8日	点价，期货价格为2 260元/吨。		以2 260元/吨的价格买入0501豆粕500手
12月9日	提出期货转现货申请。		
12月13日	交易所批准期转现，以2 260元/吨的协议价格将双方的期货持仓进行平仓。	期货市场盈亏 = （2 270 − 2 260） × 500 × 10 = 5（万元）	期货市场盈亏 = （2 260 − 2 260） × 500 × 10 = 0（元）
12月21日	现货结算价为2 350元/吨；当日现货价格为2 370元/吨。	现货市场盈亏 = （2 350 − 2 370） × 500 × 10 = −10（万元）	现货市场盈亏 = （2 370 − 2 350） × 500 × 10 = 10（万元）
总体盈亏		−5万元	10万元

这种新型的“基差+大商所豆粕期货价格”定价方式，延期确定现货结算价，增加了饲料企业的定价自主权，稳定了油厂客户的采购数量和周期，同时通过在期货市场进行保值，形成油厂和客户的共赢局面。

“基差+大商所豆粕期货价格”定价方式的步骤可以总结如下：

第一步，油厂与饲料厂（贸易商）共同确定大商所豆粕某一期货合约作为定价合约，共同商定该合约价格相对于现货价格的基差。基差的具体数值是可变的，因时因地，基差可以是正数，也可以是负数。例如，地处黑龙江大豆主产地的油厂，其基差为负数。根据地域市场情况，双方协商确定基差。

第二步，油厂与饲料厂签订豆粕购销合同，确定“基差+大商所豆粕期货价格”作为定价方式，并确定豆粕贸易标准、贸易量、提货日期等合同条款。

第三步，油厂与饲料厂根据各自对市场行情的判断，分别在大商所对该豆粕合约进行套期保值和点价交易。

第四步，在双方约定的提货日期内，油厂与饲料厂分别向交易所提交期转现交易的申请报告，并提交相关证明材料，在当日结算后，由交易所实施期转现交易。

第五步，根据“基差+大商所豆粕期货价格”确定的现货结算价格，油厂与饲料厂在现货市场进行实买实卖。

以上步骤，油厂与饲料厂可以灵活运用。比如，本案例中的第四步，油厂与饲料厂除选择通过大商所期转现交割来实现，他们也可以选择期货平仓的方式实现。又如，油厂与饲料厂可以选择延期定价法，饲料厂先提货，并支付一定比例的货款，然后，根据“基差+大商所豆粕期货价格”的定价方法，延期确定现货结算价。

该种定价方式的优点是：

其一，饲料厂（贸易商）可以根据自己对后市的判断来决定采购成本，增加了定价自主权，这样有助于饲料企业参与豆粕定价的积极性。

其二，油厂能够稳定客户的采购数量和周期，同时通过在期货市场进行保值，形成油厂和客户的共赢局面。

其三，“基差+大商所豆粕期货价格”的定价模式将消除饲料厂在期货市场买入豆粕交割可能带来的交割地点的不确定性。

其四，油厂与饲料厂充分利用期货价格形成机制，定价的灵活性增加，操作得当，买卖双方都有机会获利。

其五，作为厂库交割的油厂可以采用“基差+大商所豆粕期货价格”

的方式销售豆粕，没有交割厂库的油厂也可以采用这种定价方式销售豆粕。

其六，在国际贸易中，油脂企业向国际贸易商出口豆粕也可以采取“基差+大商所豆粕期货价格”的定价方式，从而确定大商所豆粕期货价格在国际贸易中的定价权。

案例

上海某粮油贸易企业

该企业专业经营粮食、油脂油料、饲料和金属材料、五金矿产、机电产品、木材、化工品、化妆品原料及其他各类商品和技术进口业务。

公司依托其强大的进出口实力为广大客户提供一个贸易交易平台。近几年来，公司年进口油脂油料的数量始终名列全国前茅，其中，油菜籽进口占全国的1/3，进口各种食用油脂50万吨左右，内贸营业额达16亿元。公司拥有广阔的海内外业务网络，与一百多家油脂客户建立了华东油脂联谊会，并与他们建立了更紧密的贸易交易和信息的网络平台，公司在期货交易中有其独特的套保模型和优势，近年来效益颇佳。

该企业在国内的主要服务对象为中小粮油企业，这些企业普遍缺乏风险意识，对于期货市场的保值避险功能更是不甚了解，而该企业则承担了期货市场与企业之间中间人的角色，帮助企业利用期货市场最大程度地规避风险。

该企业集金融、贸易、物流于一体，定位于介于银行和广大中小企业之间的金融服务类企业，为加盟他们的会员企业提供全方位的服务，在期货市场上主要表现为期转现的操作、帮助企业降低原材料的采购成本，也开展有关期货市场知识的培训以及一些衍生的金融服务。该企业帮助中小现货企业进行期转现的操作，通常作为期货市场的空头，在多头企业想要进行期转现时，可以迅速与之建立对接，并且凭借其强大的物流优势，避免了指定交割地点的随机性，可以让企业就近交割，为企业的原料采购及运输提供了极大的方便。

在降低采购成本方面，该企业帮助其会员企业在期货和现货两头进行选择性采购，比较两个市场的价格，在价格相对较低的市场买进，并在另一个市场抛空。例如，2008年中旬，豆油品种现货价为8 600元/吨，而期货近月价为9 000元/吨，现货相对便宜，该企业在现货市场采购1 000吨，同时在期货市场抛空相同数量的菜油，很好地锁定了经营利润。如果没有在期货市场的抛空，当未来价格下跌时，企业将面临进价高、售价低的不利局面。

该企业不仅积极地向国内中小粮油现货企业宣传期货市场的保值避险功能，还在长期的经营实践中总结了许多套期保值的经验和模型供企业参考利用。

第一，品种跨月套利。

方式：买进近月，卖出远月。

条件：$\frac{(远月价格-近月价格)\times 增值税率-费用}{(间隔月份时间+0.5个月)\times 近月买进价格}\geqslant$ 银行利息

操作方式：

A. 价差缩小，有一定利益即平仓盈利。

B. 价差不变，栈单交割。

C. 价差扩大，加大期货头寸。

举例：

● 2007 年豆粕，栈单交割近 2 万吨，套期为 2 个月、4 个月，最长达 8 个月。

● 2008 年白糖 5—7 月差价从 140 点开始，平均价差达 156 点，后来差价缩小到 100 点左右平仓。

第二，同品种国内外市场套利。

方式：国外市场买进，国内期货卖出。

条件：$\frac{(期货卖出价格-国外买进价格)\times 增值税率-费用}{国外买进价格\times 收回成本的间隔时间}\geqslant$ 银行利息

操作方式：

A. 卖货亏损 + 费用 < 期货平仓盈利，现货卖掉，期货平仓。

B. 卖货盈利 - 费用 > 期货平仓盈利，现货卖掉，期货平仓。

C. 卖货盈利≈期货平仓盈利，采用实物交割。

举例：2006 年 3、4 月份买进印度豆粕，差价 250 点在期货卖出（由于印度豆粕不能交割，故差价放大），用上述 A、B 操作方式执行，获取较高利润。

第三，同品种国内现货与期货套利。

方式：月内买进，期货卖出。

操作方式：

A. 卖货亏损 + 费用 < 期货平仓盈利，现货卖掉，期货平仓。

B. 卖货盈利 - 费用 > 期货平仓盈利，现货卖掉，期货平仓。

C. 卖货盈利≈期货平仓盈利，采用实物交割。

举例：豆油现货 10 600 元/吨左右买入，期货 9 月豆油合约在 11 250 元/吨开始抛，扣除仓储费、利息、运费等，可盈利 200 元/吨左右。

第四，相关品种价差套利。

方式：买进价格低的，卖出价格高的。

操作方式：

A. 价差缩小，有一定利益即平仓盈利。

B. 价差扩大，加大头寸。

举例：9 月菜油和 9 月豆油，3 月份差价到过 1 200 点，最多时到过 1 600点，现在价差在 900 点左右。

该企业的业务模式正是通过市场行为来达到了宣传期货、利用期货，使广大中小粮油企业达到规避现货价格波动风险的目的。

本章总结

本部分主要通过对我国大豆、玉米期货市场在农户、企业和产业等方面影响的调查，客观了解期货市场功能、作用发挥的实际状况以及存在的问题，为进一步完善期货市场、促进期货市场对相关产业的积极影响提供参考依据和努力的方向。

无论宏观层面还是微观层面，大豆期货市场对大豆产业起到了积极的促进作用。

在宏观层面，大豆期货市场完善了大豆市场体系，推动了全国统一大市场的形成。价格信息传导效率的提升使粮食收购价格与产区出库价之间的差价更趋合理，粮食涨价的收益更多地落在农民的手中。“中国因素”通过国内外期货市场价格的相互影响而得以体现，推动了国内市场与国际市场的对接。

在微观层面，主要表现在：

第一，增强了农民和企业现代市场的经营意识，提升了农民和企业市场的竞争能力。

第二，引导产业种植结构调整，为农民卖粮提供参考，促进农民增收和产业可持续发展。

第三，服务于订单农业，规避粮食生产风险，密切产销关系，促进了农业生产组织化程度的提高。

第四，期货市场在交割上的品质和信用保障使其成为现货企业采购销售渠道之一。

第五，期货交割的品质规定有效地促进了现货市场标准化水平的提高。

第六，期货市场的运作吸引了金融资金进入农业产业，为农村金融服务拓展了新路。

玉米期货市场对于玉米产业的发展也起到积极促进作用。玉米期货在完善玉米市场体系、推动全国统一大市场的形成，促进订单+期货、农民+企业+银行粮食流通模式，银行金融业务以及风险管理模式的创新，现货市场标准化水平的提高等方面也发挥了积极作用。此外，玉米期货有利于改变了玉米产业生态，促进产业升级，提升产业集中度，构建可持续商业模式。

为了进一步了解农民和企业对大连期货市场的利用程度和情况，通过问卷调查等方式了解农民和企业利用期货价格信息和利用期货市场进行风险管理的情况。调查结果如下：

目前，中国农户对期货市场的参与和利用尚处于初期阶段。问卷结果显示，东北农民关注期货市场的程度达到 48%（大豆 58.24%，玉米 45.23%），其中经常参考期货市场价格的农民已经占到总数的 21%。在种植习惯方面，8.99% 的农民通过期货给出的远期价格参考体系可以测算种植收益，从而决定种植收益更好的品种、调整种植结构。18.90% 的农民在决定种植品种时参考期货价格。在生产环节，32% 的农民开始选择良种种植，38% 的农民加强了测土配方施肥和田间管理，以提高粮食的产量和质量，达到增收效果。在销售环节，有 40% 的农民在售粮期间对期货市场价格进行不同程度的参考，同时伴随对期货市场的逐步利用，有 23% 的农民在卖粮时间和节奏上有了一定程度的变化。

企业对期货市场价格信息利用的程度方面，大豆产业链各类企业对期货价格的参考程度普遍较高，平均达到 85.94%，其中，贸易商对期货价格的参考程度最高，达到 93.85%，有 52.31% 的企业在经常参考，玉米产业链各类企业已有 36.99% 的企业参考期货价格，有 11.65% 的企业在经常参考。在各类企业当中，流通环节的企业对期货市场价格的参考程度普遍高于消费环节各类企业。

企业对期货市场价格信息利用的效果方面，大豆产业相关企业对期货市场价格的认可度较高，97% 的企业认为期货市场价格反映了现货市场的发展趋势；玉米产业有 75% 的企业认为期货市场价格反映了现货市场的发展趋势。

我国大豆产业各主体参与大豆期货市场的程度不断提高，参与期货市场各类企业的个数不断增多，2007 年，大豆、玉米产业相关主体参与期货市场的比例分别为 9% 和 4%。大豆市场流通环节各主体参与期货市场交易占所有企业交易总量的比例达到 62.41%，而玉米达到 77.06%，贸易商等流通类企业已经成为大豆、玉米期货市场的主要力量。

企业参与期货市场套期保值的比例大多在 20% 以下。套保目标基本实现的情况，大豆占 32.95%，玉米占 65.22%，现货企业对期货市场套保效果初步认可。

在大豆和玉米产业链上，不同企业参与和利用期货市场的情况存在较大差别。外资企业和国有大型粮食企业均能较好利用国内期货市场。而国内民营企业受到资金、人员、技术等方面的限制，多数正处于期货市场盲目利用期、磨合利用期或者规范有效利用期的不同阶段。

在利用期货市场的模式上，主要包括买入保值、卖出保值、基差套利和新贸易方式等。又可分为直接卖出套保、间接卖出套保和延期定价三种形式。有现货背景的企业可以利用自己的现货渠道，利用期货与现货价格之间的价差（基差）来进行基差套利。“基差 + 大商所的豆粕期货价格”的定价方式是一种新型贸易方式，该方式有利于延期确定现货结算价，增加了饲料企业的定价自主权，稳定了油厂客户的采购数量和周期，同时通过在期货市场进行保值，形成油厂和客户的共赢局面。此外，还出现了一种专门的机构，以中小粮油企业为服务对象，为其提供套期保值、期转现、降低原材料采购成本、各种套利操作等方面的服务。

5 国外各类现货市场主体参与期货市场的情况

5.1 农户

美国农户利用期货市场方面已经有许多调查和研究，而大多数调查只是关注某一个州或具体区域的情况，美国农业部的《农业资源管理调查研究》（*ARMS*）则是关于农户风险管理策略最为全面的调查报告①。*ARMS* 结果显示，年销售收入在 25 万美元以上的农户更有可能使用套期保值、远期合同以及几乎各种风险管理工具规避风险。相比之下，年收入在 5 万美元以下的农户很少使用套期保值或远期合同规避风险，相当少的此类农户使用多样化经营策略降低风险（见图 5. 1. 1）。

1996 年的 *ARMS* 报告询问生产者在《农场法案》颁布以后是否考虑实施新的风险管理策略，在美国的被调查对象中有 1/3 左右的生产者表示接受美国政府直接补贴。在这些接受政府补贴的农户中，约有 5% ~8% 的农户在 1996 年《农场法案》颁布后增加至少一种风险管理策略或工具（如远期合同、期货合约、期权合约、保险或其他策略）。② 在美国各地区之间得到的结果基本一致，随着政府干预的减少和贸易自由化的深入，农户越来越多

① 需要指出的是，农户回答的问题一般是关于风险管理策略的有无。有些农户给出肯定的回答，表示正在实施某种风险管理策略（如多样化经营或套期保值操作），但他们的风险管理策略目标可能不在减少风险，而是实现利润最大化。

② 此数字占全美农户的 1% ~3% 。

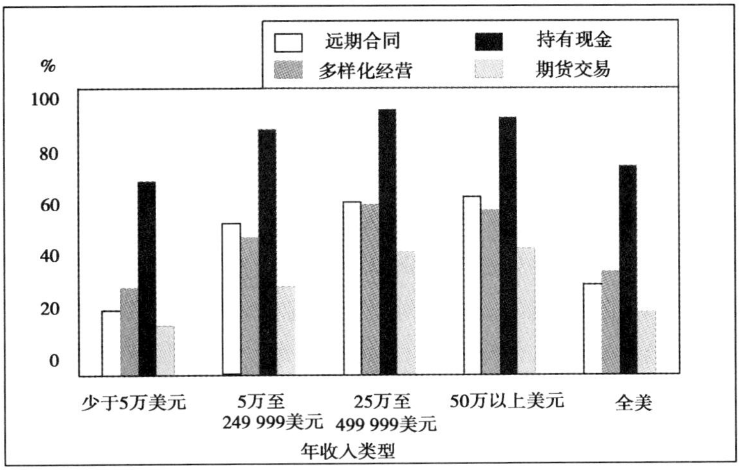

资料来源：美国农业部（USDA），ERS，1996 年 *ARMS* 特别分析。

图 5.1.1　1996 年全美农户按年收入分类风险管理策略调查

地使用远期合同和其他风险管理工具减少经营风险。调查显示，为了管理风险而利用期货和期权在不同的生产者当中区别非常大，大型生产者对这些市场的利用往往比小生产者要多，而某些特定商品的生产者对这些市场的利用往往比其他商品生产者要多。

美国农场主对期货市场的利用主要体现在直接利用与间接利用两个方面，许多规模相对较大的农场主在规避价格风险时直接选择进入期货市场进行套期保值交易，同时，也有许多农场主选择参与各类合作组织，签订远期合约，通过合作组织等中介机构间接参与期货市场套期保值。

5.1.1　农场主对期货市场的直接利用

在美国农户直接利用期货市场方面，许多调查研究提供了大量数据，从中可以看出美国农户对期货市场的利用程度不断提高。例如，1986 年进行的一次在威斯康星州的调查显示，有 8% 的生产者在过去 5 年里至少运用过一次期货市场工具（Campbell and Shiha，1987）。在另一份研究报告中，发现 1983 年堪萨斯州谷物生产者中有 7% 的农户运用套期保值工具（Mintert，1987）。堪萨斯州农作物和畜产品信息服务处（Crop and Livestock Reporting Service）的另一份基于不同样本数据的调查显示，1980—1985 年间，有不足 5% 的农户曾对某一种农产品进行过套期保值操作。1992 年进行的一次堪萨斯州农户调查显示，有 11% 的农场利用期货市场进行套期保值（占回复问卷者的11%），位居其次的是肉牛（占回复问卷者的8%）。约占10%的小麦生产者和大约10%的肉牛和玉米生产者运用期权工具，而仅有5%的大豆、高粱、生猪生产者运用期权工具（Goodwin and Schroeder，1994）。1993年、1994年和1995年在普渡（Purdue）举办的大型农户培训班上参加调查的生产者中有约10%～20%的农户在不同年份的不同农产品销售中使用套期保值工具（Patrick，Musser and Eckman，1998）。

Shapiro和Brorse（1988）进行了一项有关印第安那州玉米和大豆生产者对期货和期权使用的调查。此调查搜集了41个生产者的回答；在过去5年中，有26位生产者（63%）曾经使用过期货和期权来套期保值[①]。被抽样的印第安那州农民认为，使用期货合约有助于降低价格风险，提高收入。Sakong、Hayes和Hallam（1993）进行了一个对蒙大纳州生产者运用期货和期权的调查。他们认为，为了防范价格风险，期权比期货应用更广泛。具体说来，他们发现14%的农作物生产者运用期货来套期保值，而19%的生产者使用期权。就家畜生产者而言，调查者发现他们当中只有6%使用期货，而有11%使用期权。Hanson和Pederson（1998）报告了一份于1997年进行的对南明尼苏达州大多数玉米和大豆生产者的调查。结果显示，回答者中有74%使用远期合约，22%使用期货合约，18%使用期权合约来控制价格风险。该调查发现，对期货和期权的使用在收获保值（harvest hedges）和存储保值（storage hedges）之间分配均等。收获保值是指在生产谷物之前建立期货空头部位以在收获期锁定一个有利的价格，而存储保值是指为收获后存储一段时间的农作物建立期货空头部位来防范现货价格下降的风险。

1996年*ARMS*调查报告中的数据显示，与20世纪80年代早期和初期发布的区域性和州范围的调查报告相比，1996年的调查报告显示出各个地区有更多数量的农户使用远期合约、套期保值、多样化经营或保持持有现金等策略实施风险管理。例如，1996年，在中西部玉米带和大平原地区的生产者中有大约10%的农户使用远期合同，有25%左右的农户使用期货工具。

美国审计总署（GAO）1999年的一份报告提供了有关农民使用各种风险管理工具的调查信息。运用USDA1996年农业资源管理研究的数据，美国审计总署（GAO）报告估计，从事套期保值的生产者的比例介于19%～

① Shapiro和Brorse承认他们所搜集到的数据比较少而且是非随机的，因此并不一定代表印第安那州农民的整体情况。参加调查的农民来自普渡大学的一个1985年“顶级农场主作物工场”。被抽查的农场主平均来讲都受过良好的教育，拥有大型的农场，而且比一个典型的有代表性的生产者更可能成为优秀的管理者。

25%之间。大型农业生产者（销售额至少为10万美元）进行套期保值的比例是小型农业生产者（销售量不足10万美元）的两倍，小型生产者为19%，大型生产者为38%①。报告还提供了有关生产者运用期货和期权进行风险管理的商品种类：玉米、小麦、棉花、其他田间作物②、牛肉和猪肉、乳制品和家禽。对使用期货和期权进行套期保值的农民的百分比估计是：玉米为42%，小麦为23%，棉花为46%，其他田间作物为24%，牛肉和猪肉为20%，乳制品为18%，家禽为20%。

5.1.2 农场主对期货市场的间接利用

美国农户对期货市场的间接利用主要通过加入各类合作组织，同时与各类中介签订远期合约（往往通过在期货市场套期保值进一步获得保障），通过中介实现对期货市场的间接参与。合作组织依据农民所有、农民管理和农民受益的原则，在运营过程中能够将在期货市场的收益最大程度地按照"惠顾比率"（patronage rate）对农民进行返还，因此是农民间接从期货市场受益最主要的途径。

远期合约是美国农户最常使用的一种风险管理方式，在美国，农民对远期合同的使用范围和程度超过直接对期货市场的利用。1983年*ARMS*的一份调查报告分析了不同地区、不同风险管理策略下销售的产品数量，从中可以看出大规模生产者更倾向于使用远期合同。*ARMS*数据显示，伊利诺斯、衣阿华、明尼苏达和俄亥俄4个州1983年收获季节交割的玉米中有50%～60%使用远期合同，在堪萨斯、密歇根和密苏里3个州约有30%的玉米采用这种交易方式（Harwood, Hoffman, and Leath, 1987）。伊利诺斯和明尼苏达两个州1982年和1983年不在农场完成实物交割的大豆中有超过50%的交易量是通过远期合同完成的，而在堪萨斯和许多东南部的州，该比例不足25%（Leath, 1986）。相比之下，1983年在大多数生产小麦的州，包括堪萨斯和达科他，有15%的小麦销售通过远期合同在收获季节进行实物交割（Hoffman, Harwood, and Leath, 1988）。

一些大学的专家关于生产者风险管理策略的调查显示出类似的结果。20世纪90年代中期进行的一次调查中，内布拉斯加州的生产者被问及产品销售工具选择问题。调查结果显示，在内布拉斯加生产者中最广泛使用的两类

① 所报告的百分比是点估计值（point estimates），GAO报告还提供了一系列类似的百分比值。

② 其他田间作物包括大豆、大米、高粱、大麦和燕麦。

产品销售工具是远期合约和基差合约。在使用远期合约的生产者中，有47%的农户表示，其75%～100%的产品运用该工具定价。同样，在使用基差合约的生产者中，有49%的农户表示其75%～100%的产品运用该工具定价。1993年、1994年和1995年在普渡举办的大型农户培训班上参加调查的生产者中表示运用远期合约者占2/3左右。培训班上的生产者表示，在其玉米和大豆定价方面平均有占20%～30%的农产品使用远期合约工具。大平原地区也发现了类似证据，1992年进行的一次堪萨斯州农户调查显示，1990—1992年间有超过30%的农场在其小麦、玉米、大豆等产品的部分销售中使用远期合同。

GAO的报告还调查了生产者对农作物保险和远期合约交易的运用，而这些工具是用于套期保值的期货和期权的替代品①。GAO的报告估计，利用远期合约的生产者的比例介于28%～35%之间，小型生产者使用远期合约比率为25%，而大型生产者的使用百分比为61%。

美国商品交易管理委员会（CFTC）具备对期货和期权市场进行市场监管和常规监督的经验，因此对期货和期权市场以及商业交易者使用这些市场进行风险管理的情况有清楚的了解。借助大户交易报告制度，CFTC要求期货代理商和其他实体每天在所持头寸超过某个特定水平时予以报告。虽然CFTC大户交易报告体系的初衷并不是用来识别和分析所有交易商的交易行为，但它可以为一些市场提供有关农业生产者对期货和期权市场的参与程度的信息②。数据显示，家畜生产者是活牛、饲牛和瘦猪期货市场的主要商业参与者。2001年10月的大户交易数据显示，许多养牛者积极地参与活牛和饲牛期货和期权市场。在活牛期货和期权市场上，超过100个养牛者合计持有多空持仓的25%～35%。在饲牛期货和期权市场上，大约60个养牛者持有大部分多头头寸，持仓量超过40%。在瘦肉猪期货和期权市场上，15～

① 在这份研究中，套期保值是指购买或销售交易所内交易的期货或期权合约。

② 委员会大户交易头寸数据用以确定生产者对期货和期权市场的利用程度的有效性是有限的，这是因为所报告的头寸只限于那些持有等于或大于“报告水平”的头寸，而该“报告水平”是由委员会针对单个合约（individual contracts）确定的。因为合约与合约之间的报告水平不同，所以大户交易头寸数据所展示的生产者对期货和期权市场的参与程度在不同合约之间也不相同。此外，对这些数据的解释通常也需要大量的分析来确定所报告实体的基本业务是否是商品生产，或者说实体是否主要从事其他业务活动。

20名养猪者合计持有6% ~9%的瘦肉猪期货和期权的多头和空头合约①。

虽然一些生产者没有直接在期货和期权市场上交易，但他们也能认识到其他实体进行的期货交易带来的对风险管理的好处。在这一点上，生产者不需要直接在期货和期权市场上套期保值来利用这些市场的价格发现和基准价格机制，因为即期和远期合约是基于期货价格或期权权利金提供给生产者的。生产者通过加入生产者所有的合作社来参与期货和期权市场以间接获益。这些合作社或者代表其生产者成员销售商品，或者从生产者成员手中购买商品再转售给其他销售实体。这些合作社通过在期货和期权市场上建立头寸来为他们的商品存货和远期采购套期保值。例如，CFTC的大户交易数据显示，合作社是芝加哥商业交易所（CME）的牛奶期货和期权市场的主要参与者。具体来说，2001年10月的大型交易者数据显示，可报告规模的商业交易者持有多头和空头期货和期权合约的近70%。他们当中最突出的是几家乳制品合作社，其中大多数代表其生产者成员销售牛奶。此外，一家大型牛奶合作社为其生产者成员提供一种机会，使他们能够通过固定价格远期合约来销售其预期月牛奶产量的一半。这家合作社之所以能够为其生产者成员提供这种利益是因为它可以利用CME牛奶期货市场的空头期货头寸来为其风险套期保值。

在棉花期货市场上，合作社利用期权为其与成员订立的固定价格采购和销售合同套期保值，如纽约期货交易所（NYBOT）棉花合约交易显示贸易商分别占据33%和25%的多、空头寸，合作组织的多、空头寸各占8%，另外还有合作社的“on－call”交易②。合作社成员的项目包括销售联合（marketing pools），这一项目集合了成员质量相似的棉花，按最优的平均价格在一年中例行销售这些棉花。对合作社成员来说，另一个可用的销售方法就是使用看涨期权。在此方案下，生产者在农作物收割之前将一部分作物的

---

① 这可能部分地归因于相对较少的养猪公司的规模大到足够持有可报告的头寸的程度。例如，瘦猪期货的可报告水平100张合约代表了超过2万头猪，而活牛期货的可报告水平100张合约代表了大约3 200头牛。USDA数据显示，在2000年，只有2 100家养猪公司拥有超过5 000头猪——这只是可报告水平的1/4；而在牛市场上，超过9 700家牛饲养公司拥有超过1 000头牛——大约是可报告水平的1/3。

② 在此交易中，基差是固定的，而价格不是固定的，此基差是与一个指定的NYBOT棉花期货交割月相关的。通常，这些交易在贸易商和生产者之间或贸易商与制造厂之间进行，生产者或制造厂将决定什么时候确定棉花的价格。

价格固定，并且针对作物的一个基本质量来定价①。当收割棉花作物的时候，将调整价格以反映农民作物的真实质量。棉花商也向生产者提供远期合约和其他购买安排，这些项目与合作社所提供的合约相类似。谷物与大豆生产者也通过合作组织和贸易商进行套期保值，研究显示其参与程度不及奶制品和棉花市场，方式更多地依赖于远期合约。

5.2 企　业

5.2.1 金融衍生工具的国际使用

针对各国非金融企业利用金融衍生工具的情况，已经有一些调查和分析。Géczy, Minton, and Shrand（1997）调查了372家世界500强公司，发现有59.1%的公司使用某种衍生工具，有41.4%的公司使用货币衍生工具。Mian（1996）调查了3022家公司，发现有25.5%的公司使用了全部的衍生工具，14.6%的公司使用外汇衍生工具，5.2%使用初级商品价格衍生工具。在马斯特里赫特技术与组织机构经济研究所（METEOR）的资助下，Söhnke M. Bartram、Gregory W. Brown 和 Frank R. Fehle（2003）对来自48个国家的7 292家非金融类公司的衍生品使用状况作了调查。另外，国际互换与衍生品协会（ISDA）在2003年也对世界500强企业利用衍生工具情况进行了考察。

（1）METEOR 资助的研究。2002年，METEOR 资助 Söhnke M. Bartram、Gregory W. Brown 和 Frank R. Fehle（2003）对来自48个国家的7 292家非金融类公司的衍生品使用状况作了调查。该项调查是采集公司数据规模比较大，比较全面的一次调查。

第一，衍生品使用动机。

A. 财务困境成本和税收。现金流的波动会引起公司现有的流动性资产

① 作为一种管理价格风险的办法，棉花生产者每年为其很大一部分棉花订立远期合约。农民通过远期合约销售的作物百分比每年都会变化，这种变化取决于价格和产量。远期合约通常在种植之前就已经拟定，而且与农民将要收割的确切英亩数有关。这些合约可以在一个固定价格的基础上拟定，这时种植者可以锁定一个价格，或者也可以固定一个基差。正如上面所讨论的，农民收到一个固定基差，这个基差是针对 NYBOT 的棉花期货交割月来设定。

不能够完全满足固定支付的需要，比如需定期支付的工资和利息。财务风险管理会降低出现上述风险的可能性，因而也减少与财务困境相关的成本的预期值。Smith and Stulz（1985）、Shapiro and Titman（1986）、Stulz（1996）的研究表明，降低财务困境的出现机率能获得最佳负债与权益比率（optimal debt - equity ratio），从而增强关联税对债务的保护（Myers, 1993; Myers, 1984; Leland, 1998）。此外，倘若公司面临凸型税率，被征税收入的波动降低将减少税负的预期值（Smith and Stulz, 1985）。基于这些理论，以往的研究者预测，公司如果杠杆效应较高，债务到期时间较短，利息偿付能力比率（interest coverage）较低，流动性较低（如较低的速动比率），他们就越可能使用衍生工具来规避金融风险。优先股通常被视为一种额外的杠杆。同样，拥有较高分红收益的公司也很可能面临财务困境，因为很多人会将分红减少视为公司质量下降的信号。而利润率较高的公司和有形资产占份额较大的公司有望让其财务困境成本较小，因而不太可能通过衍生工具来规避风险。由于破产成本与公司规模不成比例（Warner, 1977），较小的公司似乎更应当规避风险。然而，另一些研究者举出并论证了这样一种正相关的关系，即大公司能在执行风险管理机制中实现规模经济。运用税率和收入税信贷作为解释变量，也验证了税收对风险管理的激励。

B. 投资不足。风险管理还能通过协调金融和投资政策来提高股东价值（Froot, Scharfstein, and Stein, 1993）。当筹集外部资金代价高昂时，公司可能会出现投资不足。而运用衍生品能协调好内部资金需求和来源，从而提高股东价值。股东和债权人间的冲突也会引发投资不足。当杠杆交易很高而股东只对公司资产有较小的剩余权益（residual claim）时，就可能出现投资不足，这是因为安全且盈利的投资项目由于取得的收益主要积累到债券持有者手中，所以该项目很可能被否定。Myers（1977）、Bessembinder（1991）指出，一项可信度高的风险管理计划能够降低公司价值的波动性，从而减少因投资不足造成的成本。对一些增长显著且有投资机会的公司来说，投资不足问题日益严峻，因此研究者们运用多种标准来验证投资不足的假设。标准包括市场账面价值比率（market - to - book ratio）、研发与销售额的比率（R&D to sales ratio）、资本花费与销售额的比率（capital expenditure to sales）、并购取得的净资产与收购规模比率（net assets from acquisitions to size）等。理论表明，可转换债券有助于缓解债券持有者和股东间的矛盾，因此使用这种债券也会引起投资不足的问题。另外一些研究者（Géczy, Minton, and Schrand, 1997）称，对于那些增长机会很大、杠杆效应高的公司来说，投资不足可能会最严重，故而他们用市场账面价值比率连同杠杆效应来量化这种效应。

C. 管理刺激。经理人和股东间就代理关系引发的利益冲突也促使其使用衍生工具。许多资深经理人很大一部分（货币和非货币）收入来自他们同公司的雇佣关系，因而其享有的财务资产结构单一。出于风险厌恶，经理人的行为不会完全从股东的最佳利益出发（Stulz，1984；Stulz，1990；Mayers and Smith，1982），即他们不会通过分散资源来规避多样性风险。经理人和股东的眼光可能也不同，因为管理报酬是同短期会计指标挂钩的。如果薪酬体制能充分地将经理人的报酬同公司的股价相联，这种公司风险管理就能缓和他们之间利益的冲突。Han（1996）、Campbell and Kracaw（1987）、Smith and Stulz（1985）、Stulz（1984）指出，公司运用的股票期权计划将影响公司的套期保值决策。管理层股票优先认购权（Executive stock options）能有效降低经理人的风险厌恶，从而减少倾向于使用衍生工具来降低独特性风险（idiosyncratic risk）的做法。① 股份层次多样的公司通常设立一个控制小组，让其具有最高投票权。而这个控制小组里常有管理层代表，因此其风险厌恶的程度就更可能影响到公司决策。由此，学者通常认为，多样的股份层次的存在同衍生工具的使用呈正相关关系。

D. 特定国家决定要素。许多颇具影响力的政策制定者们都表示使用衍生工具能促进宏观经济发展。例如，美联储董事会主席格林斯潘②在一次演讲中谈到："衍生品市场发展越深入，尤其是在那些更难应对特殊风险的较小经济体里发展得越深入，就越能够促进跨境流动，有利于全球储蓄的分配。"许多国家因素如经济规模（GDP）以及法律环境等既能被政策作用，又能推动或抑制衍生品的使用。

第二，国际衍生工具的使用比率。调查结果显示，美国以外许多国家的公司都普遍使用衍生工具。被调查的公司中有一半以上（59.8%）使用某些金融衍生品，其中有43.6%的公司使用外汇衍生工具，32.5%使用利率衍生工具，10.0%使用初级商品价格衍生工具。而类似的使用比率也出现在被调查的2 242家美国公司中：64.0%的公司使用某些衍生工具，36.9%的公司使用外汇衍生品，40.3%使用利率衍生品，还有16.3%使用初级商品

---

① 另一方面，如果这些期权是升值的，这种效应就同直接的股权持有产生的效果一样。这也同公司的衍生工具使用正相关，因为它进一步恶化财务状况单一带来的问题。

② the Banque de France International Symposium on Monetary Policy, Economic Cycle, and Financial Dynamics, Paris, France, March 7, 2003.

衍生品。同时，依据金融风险的等级不同，使用的衍生工具的类型也有变化。例如，35.3%的公司使用期货来规避外汇风险，而有11.0%的公司使用掉期交易。利率衍生工具的使用比率则呈现反向走势，有28.8%的公司倾向于使用掉期交易来管理风险，而仅有0.6%的公司选择期货（见表5.2.1）。

表5.2.1　主要国家和地区非金融企业使用衍生工具情况

国家和地区	企业个数	使用衍生工具比例（%）	使用商品价格衍生工具比例（%）
欧　洲	2 510	60.8	5.1
英　国	882	64.9	4
法　国	162	64.8	3.7
德　国	410	44.9	4.6
瑞　士	123	76.4	6.5
意大利	99	58.6	3
奥地利	44	59.1	6.8
希　腊	19	15.8	5.3
荷　兰	134	56.7	4.5
亚　太	1 721	51	6.1
中　国	36	16.7	5.6
日　本	362	80.9	9.9
韩　国	25	68	8
印　度	44	70.5	4.5
泰　国	26	69.2	0
马来西亚	296	20.9	1.7
香　港	337	22.8	0.3
澳大利亚	301	65.4	14
非洲/中东	128	77.3	7.8
南　非	58	89.7	15.5
埃　及	1	100	0
土耳其	3	0	0
拉丁美洲	92	69.6	15.2
巴　西	19	73.7	15.8
委内瑞拉	2	0	0
阿根廷	11	63.6	18.2
墨西哥	39	61.5	12.8
经合组织成员国	6 123	63.6	11.4
美　国	2 242	64	16.3
所有企业	7 292	59.8	10

说明：所有企业中还包含有表中未列出的其他企业。

表5.2.1显示了各国、各地区使用多种衍生品的公司的百分比，其中，有一半以上（59.8%）使用了某种衍生品。使用最普遍的是外汇衍生工具（43.6%），其次是利率衍生工具（32.5%），第三位的是初级商品价格衍生工具（10.0%）。各国的衍生品使用也有极大的差异，如20.9%的马来西亚公司使用衍生工具，新西兰有95.6%的公司使用衍生品。相比之下，各主要区域的衍生工具使用比率差别不太大，少则为51.0%（亚太地区的公司），多则达77.3%（非洲和中东地区的公司）。此外，美国的使用比率为64%，欧洲为60.8%。对处于更发达国家（如经合组织成员，OECD）的公司来说，衍生工具的使用比率更高，达63.6%，而非经合组织成员仅为39.9%。美国公司的衍生品使用比率比所有美国境外的公司都高许多。考察主要产业的衍生品使用情况结果显示，公用事业、化学产业的衍生品使用比率最高，而消费品和服务业等综合产业使用比率最低（见表5.2.2）。

表5.2.2 不同类型非金融企业使用衍生工具的情况

产业类型	企业个数	使用衍生工具比例（%）	使用商品价格衍生工具比例（%）
汽车	165	71.5	6.1
化学	175	78.9	17.7
衣服	127	66.9	6.3
建筑	441	59	6.6
消费品	279	54.1	2.5
耐用品	214	58.4	5.6
纺织品	48	70.8	10.4
食品	353	69.1	16.7
机械制造	911	67.1	3.6
采矿	240	61.3	36.7
油脂	280	72.5	48.9
零售	407	58.2	3.7
钢铁	164	71.3	29.9
运输	352	69.9	16.8
公用事业	235	84.3	45.5
混合	2 901	49.9	2.8
所有企业	7 292	59.8	10

将衍生品根据其内在风险分类后，这些使用比率反映出很多差异。美国

和加拿大公司使用利率衍生工具和商品价格衍生工具最普遍，但他们同时是使用外汇衍生工具最少的国家。从所有风险类型来看，非经合组织成员国的衍生品使用率较低，但其利率及商品价格衍生工具间的使用比率差异很大。商品价格衍生工具的使用集中在少数几个行业，如公用事业、石油、采矿、钢材和化学品行业。然而，各行业利率衍生工具的使用也不一样，公用事业使用率最高，开采业最低。各行业外汇衍生工具的使用情况基本一致，只有两个行业在35% ~60%之间。

另外，此次调查得到的一个重要而有力的结论是：特别是那些在不发达国家的公司，当处在流动性不高的衍生品市场时，不太可能选择规避风险。这个结论支持了金融政策制定者的断言，他们认为衍生品在限制发达经济体经济严重倒退方面有重要作用。因此，如果能发掘衍生品的市场进入的低成本方式，就有望提高社会福利。

（2）ISDA 的调查。2003 年，ISDA 针对 2001 年世界 500 强企业利用衍生工具的情况进行了调查，结果显示，企业利用衍生工具的程度达到 92%（459 个）。

在不同的衍生工具利用方面，有 85.1% 的企业选择使用利率衍生工具，78.2% 的企业选择使用汇率衍生工具，23.5% 的企业选择使用商品价格衍生工具，11.1% 的企业选择使用资产衍生工具（见图 5.2.1）。

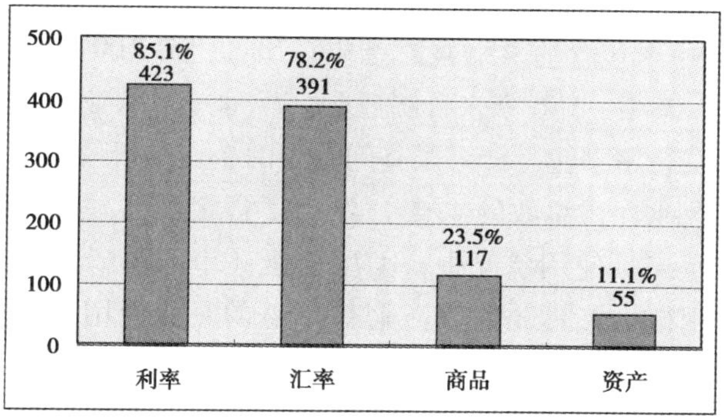

图 5.2.1 世界 500 强企业利用各种衍生工具的企业数量和比例

不同国家 500 强企业利用衍生工具的比例有所不同，但整体水平都超过了 90%，说明 500 强企业利用衍生工具的程度相对较高（见图 5.2.2）。

5.2.2 美国非金融类企业对衍生工具的使用

就美国非金融企业使用衍生工具规避风险问题，美国沃顿商学院魏斯国

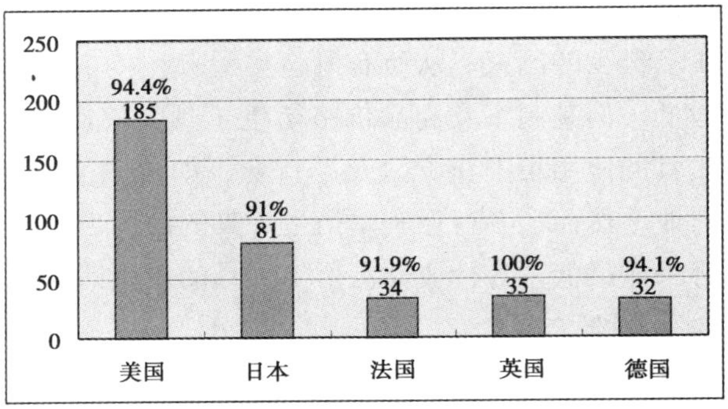

图 5.2.2　不同国家世界500强企业利用衍生工具情况

际金融研究中心（Wharton School Weiss Center for International Financial Research）曾分别在1994年、1995年和1998年实施了三次问卷调查并进行了相关专题研究。研究表明，非金融企业利用金融工具规避风险的程度不断提高。

（1）按交易规模和行业类别统计衍生工具的使用状况。1994年，美国沃顿商学院魏斯国际金融研究中心 Gordon M. Bodnar、Gregory S. Hayt 和 Richard C. Marston 针对2 000家企业发放了调查问卷，反馈530份，其中，企业使用衍生工具的比例为35%。1995年10月，CIBC Wood Gundy 面向1994年研究中采用随机方法选取的2 000家企业发放了调查问卷，此外还包括1994年研究中未包含的《财富》杂志评出的世界500强企业，共收回有效问卷350份，其中，176家来自制造业，77家来自农业、采矿、能源等初级产品产业以及公用事业。针对调查问卷中的企业是否使用衍生工具规避风险，有142家企业（占总数的41%）给出了肯定回复。按企业规模和行业类别统计的衍生工具使用状况中，大型企业（市值在2.5亿美元以上）有59%的企业使用衍生工具，中型企业有48%的企业使用衍生工具，小型企业（市值低于5 000万美元）有13%的企业使用衍生工具。按行业分析，初级产品厂商使用衍生工具的比例最高，占48%；制造业企业有大约44%使用衍生工具，服务业企业使用衍生工具的比例为29%。1998年，CIBC Wood Gundy 又针对1994年和1995年的企业发放了调查问卷，由于企业的并购重组以及消亡，问卷发放1 928份，回收399份，企业总体使用衍生工具的比例为50%。问卷中，197家来自于制造企业，82家来自初级产品企业，120家来自服务企业。按照企业规模将企业划分为三类，160家大型企业（1996年财政年度总销售收入超过12亿美元），116家中型企业（销售收入介于1.5亿~12亿美元之间）和123家小型企业（销售收入低于1.5亿美元）。大型企业使用衍生工具的比例达到83%，中型企业使用衍生工具的比例为45%，而小型企业使用衍生工具的比例为12%。按行业分析，初级产品厂商使用衍生工具的比例为68%，制造业企业使用衍生工具比例为48%，服务业企业使用衍生工具的比例为42%（见图5.2.3）。

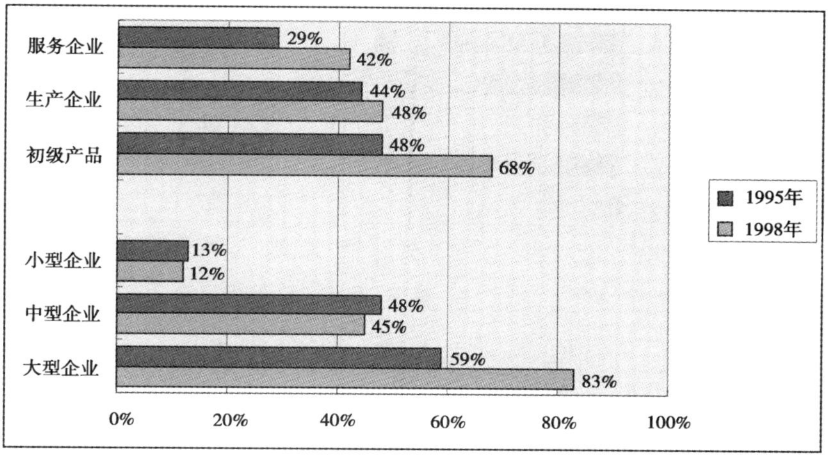

图5.2.3 使用金融衍生工具企业的行业和规模分布

（2）衍生工具在风险管理方面运用情况的调查。企业运用衍生工具管理的风险主要包括四个方面：外汇风险、利率风险、商品价格风险和资产价值风险。这里主要以1995年的考察为例。

第一，风险类型与衍生工具的选择。1995年的问卷针对每一种风险类型，要求企业回答是否管理此类风险；如果企业的回答是肯定的，则标明优先选择哪几类衍生工具：远期合约、期货合约、掉期合约、柜台市场期权、交易所期权、结构性衍生工具（即远期、期货、掉期和期权的组合）以及复合型债务（即嵌入衍生工具的债务），并依据各种衍生工具在该类风险管理中的重要性来排列优先次序（见图5.2.4至图5.2.7）。

每一种风险类型下，使用衍生工具实施风险管理企业的比例，这一比例的参照基数是本次调查中表明使用衍生工具规避风险的全部企业（即图最上部显示的数据）。

每一种风险类型下，就每一种衍生工具而言，企业视该衍生工具为优先选择的三种风险工具的企业比例。

如图5.2.4中的数据所示，此次调查中全部使用衍生工具的企业中有

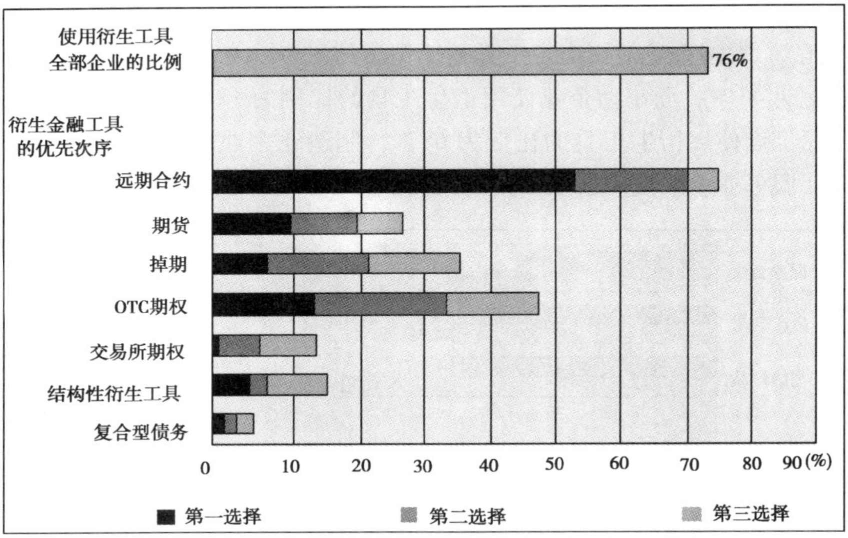

图 5.2.4　外汇风险衍生工具

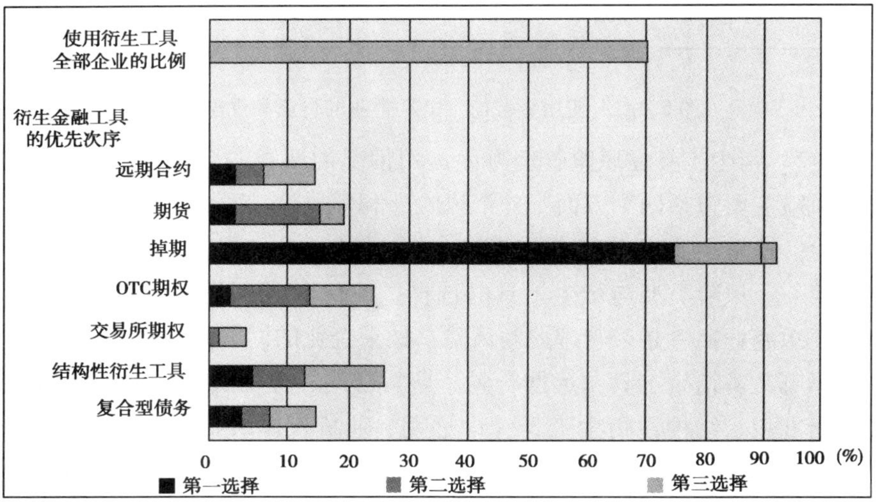

图 5.2.5　利率风险衍生工具

76%使用某种形式的外汇衍生工具规避外汇风险。这表明外汇风险工具是被访问者企业最欢迎的衍生工具类型。在各类外汇衍生工具中，远期合约是首选工具，有超过75%的企业认为远期合约是他们在选择外汇风险工具时优先选择的三种衍生工具之一，并且有50%强的企业视其为首选衍生工具。柜台市场期权也是一种颇受欢迎的外汇衍生工具，有大约50%的企业视其

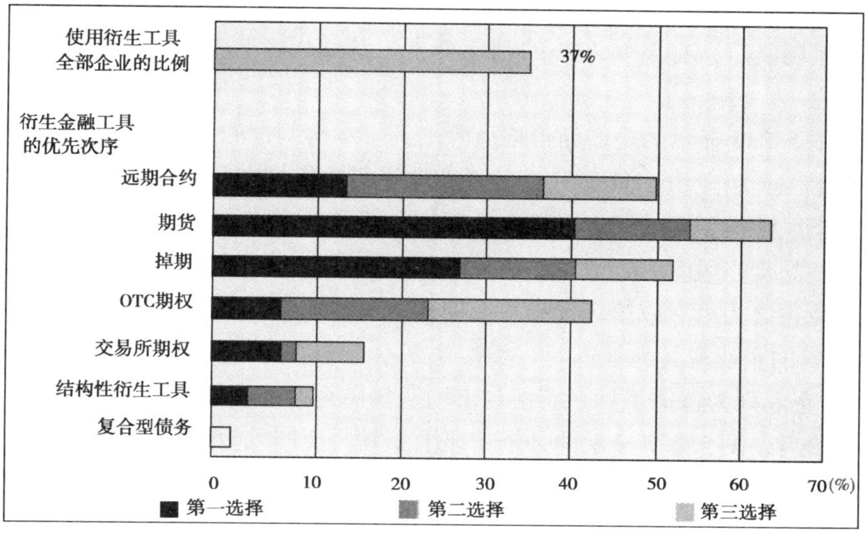

图 5.2.6　商品价格风险衍生工具

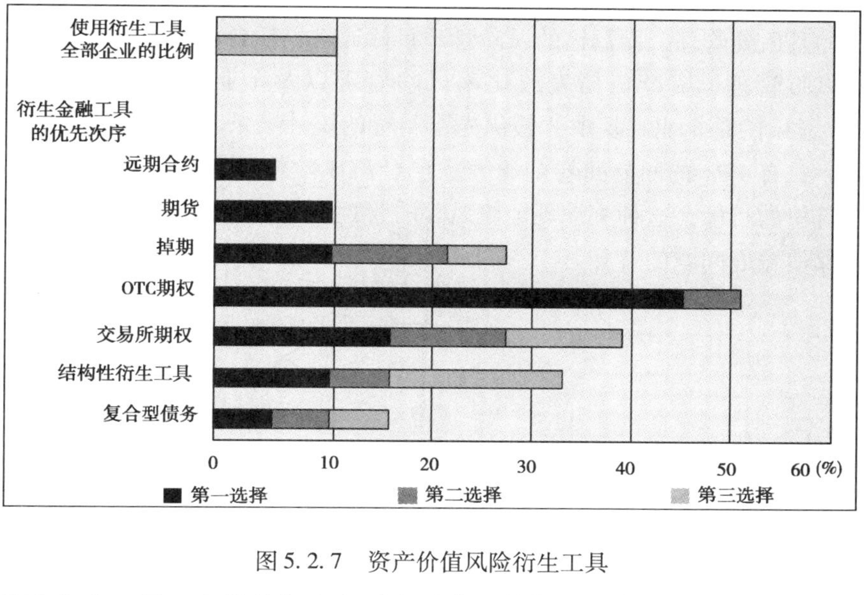

图 5.2.7　资产价值风险衍生工具

为首选衍生工具。在其他衍生金融产品中，掉期和期货最受欢迎。

图 5.2.5 显示的是利率风险衍生工具。本次调查的此类风险项下全部使用衍生工具企业中，有 73% 表明他们进行利率风险管理，最受欢迎的衍生工具是掉期交易。在所有使用利率衍生工具企业中，有 78% 认为掉期合约是所有利率衍生金融产品中的首选工具，并有 95% 的企业视之为优先选择

的三种衍生工具之一。结构性衍生工具、柜台市场期权以及期货合约的受欢迎度紧随其后，有至少20%的利率衍生工具使用者视其为优先选择的三种工具之一。

图5.2.6显示的是商品价格风险工具。本次调查的此类风险项下全部利用衍生工具企业中，只有37%的企业通过衍生工具交易规避商品价格风险。在此类风险类型下的衍生工具中，期货合约最受欢迎，在全部使用衍生工具规避商品价格风险的企业中，有42%的企业视之为首选衍生工具，有23%的企业视之为第二或第三选择。掉期合约和远期合约仅次于期货合约，有超过50%的企业视其为首选的三类衍生工具。柜台市场期权和交易所期权被8%的企业列为首选工具，而柜台市场期权作为第二或第三选择。

最后，图5.2.7显示的是资产风险工具。资产风险是最少使用衍生工具管理的风险类型。仅有12%的衍生工具使用者企业表明采用衍生工具管理资产价值风险。在此类风险下的衍生工具中，柜台市场期权最受欢迎，有50%的企业视之为首选。

第二，风险管理中使用衍生工具的目标。大多情况下企业使用衍生工具的目的是风险管理，而具体的风险管理目标通常包括会计收入风险管理、现金流风险管理、资产负债表或比率风险管理以及企业市值风险管理。图5.2.8显示的是企业答复中“最优先”目标的统计结果。现金流风险管理位居第一，有49%的回复问卷企业表示现金流风险管理在其衍生工具交易中作为首位的目标，这种关注现金流风险的管理策略符合标准经济学理论关于套期保值益处问题的解释。

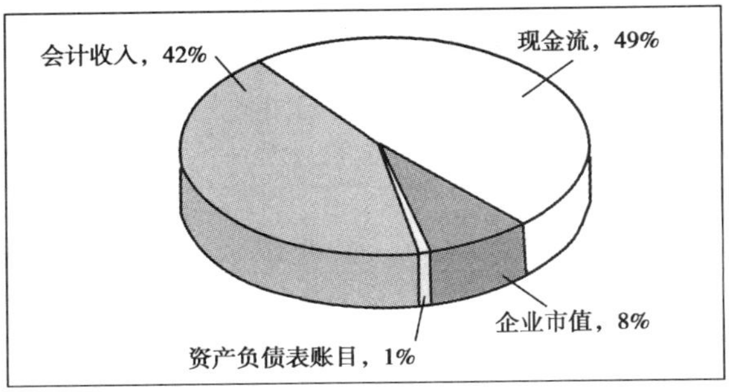

图5.2.8　企业风险管理中“最优先”目标

会计收入波动的风险管理目标位居第二位，有42%的企业表示视该目标为风险管理的“最优先”目标。虽然许多情况下风险管理对于会计报告收入和现金流两个目标的效果并无大的差异，而企业热衷于稳定会计报告收入的目标表明一些企业更加关注其风险管理策略能否保证向投资者报告的财务数据不发生变化，而非防范企业现金流方面的实际波动。与上述两个目标相距甚远、位居第三的目标是企业总价值的风险管理，有8%的企业视之为“最优先”目标。很少的企业关注企业市值波动目标，而众多的企业关注现金流目标，这表明企业更加关注财务风险对当期现金流的影响，而非关注未来现金流的波动。另外，仅有1%的企业表示其风险管理目标是资产负债表比率的变化。

第三，使用衍生工具中关注的问题。企业在使用衍生工具的过程中，将对信用风险、有关表外业务会计处理问题的不确定性、税收和法律问题、信息披露问题、交易成本、流动性风险、企业自身对衍生工具的陌生度、企业面临风险在量化方面的困难、企业外部关于衍生工具交易的看法、衍生工具交易中的定价问题、风险管理目标的监督和评价以及衍生工具交易风险测评等问题有所关注。

问卷结果显示，信用风险是衍生工具使用者第一位高度关注的问题。在运用衍生工具企业中，有33%表示“高度关注”，另有35%的企业表示“中等程度关注”，运用衍生工具的企业十分关注的问题是衍生工具交易能否得到及时履行和完全的支付。同时，企业也表示关注自身对于衍生工具交易风险的预见能力。在回复问卷的企业中，有31%表示“高度关注”，另有36%的企业表示“中等关注”衍生工具交易的风险评价问题。其次关注的是表外业务的会计账目处置问题。会计准则要求表外业务的会计账目如何处置十分重要。在回复问卷企业中，有30%表示“高度关注”，另有30%表示“中等程度关注”。除上述会计账目处置问题，相关税赋和法律问题也是衍生工具使用者十分关注的问题。交易成本（经销商收取的费用）是20%的企业“高度关注”的问题，19%的企业表示“高度关注”衍生工具市场的流动性问题（见图5.2.9）。

（3）控制和报告程序。

第一，内部控制和报告。针对企业是否拥有关于衍生产品交易的制度性规定的问题，在使用衍生工具实施风险管理的全部企业中，有76%的企业表示企业制定有这样的管理程序。具体而言，在衍生产品交易向董事会汇报的频次方面，有51%的企业没有预定时间表，而29%的企业是每月或每季度一次向董事会汇报。在全部采用衍生工具规避风险的企业中，有23家（占总数的16%）表示既不拥有成文的管理程序，又没有按期向董事会汇报衍生工具风险管理活动（见图5.2.10）。

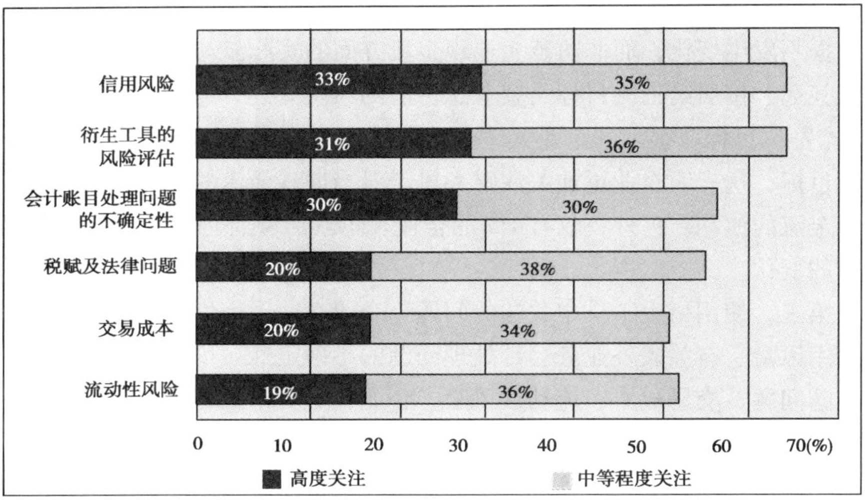

图 5.2.9 非金融机构衍生工具交易用户最关注的问题

第二，衍生产品的价值评估。通过企业评估其资产组合中衍生产品部分的频次，衡量企业对衍生产品头寸监督的程度。结果显示，有相当高比例（27%的企业每天或每周评估一次，而另有38%的企业每月评估一次）的企业对其衍生品价值实施了有效评估（见图5.2.11）。

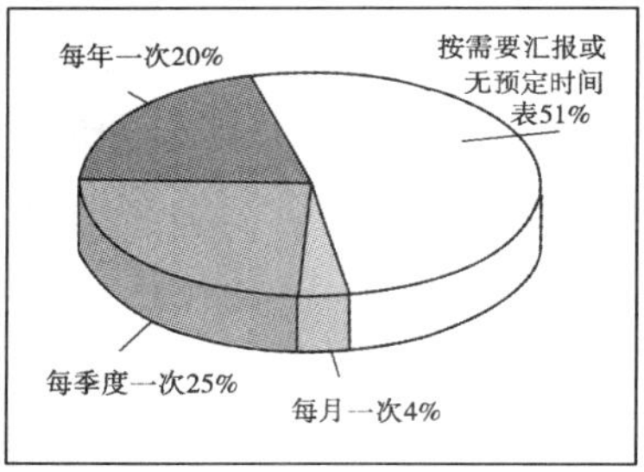

图 5.2.10 向董事会汇报衍生产品交易频次的情况

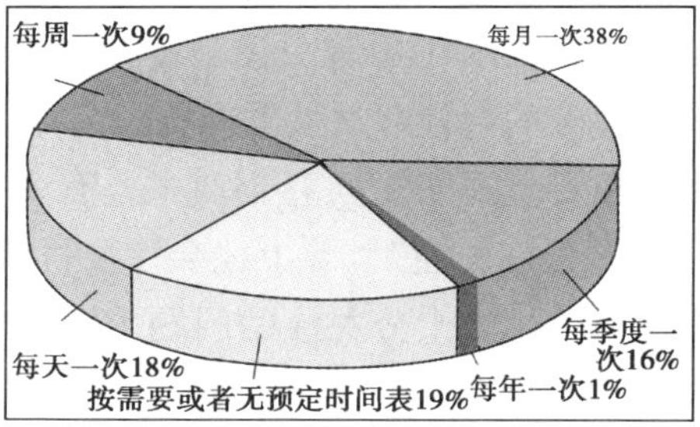

图 5.2.11 投资组合价值评估频次的情况

第三，市场风险测度。1995年底，美国证券监督委员会针对市场风险信息披露制度提出了新的要求，将风险价值法（VAR）和情景分析法（Scenario Analysis）作为标准的风险测度方法。在收到的142份问卷中，有91家企业（占64%）表示至少使用问卷中列举的四种风险评价方法之一：风险价值法（VAR）、压力试验（stress testing）或者情景分析法（Scenario Analysis）、期权的敏感性分析（Option Sensitivity Measures），以及基点价格分析法（Price Value of a Basis Point）或久期（Duration）指标。在这91家企业中，有 85 家企业使用一种以上的风险测度方法。图 5.2.12 显示的是每一种风险测度方法的利用比例（参照基数为这 142 家使用衍生工具的企业）。上述企业中，有 48% 表示使用压力试验或者情景分析法，另有 35% 的企业表示使用风险价值法。

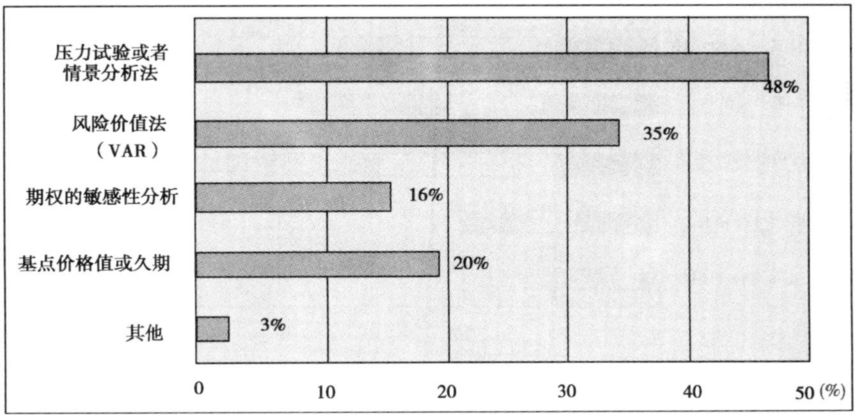

图 5.2.12 使用衍生工具风险测度方法的情况

对于企业衍生工具管理背后的理念问题，主要从企业是否将持有衍生产品头寸视之为与特定企业风险相联系的交易，或者是单独管理的衍生产品组合，或者与其他企业风险联合管理的资产组合等方面进行考察。问卷结果显示，67% 的企业把衍生产品视为与特定企业风险相联系的交易，只有 18% 的企业把衍生产品视为与企业总体风险相关联的资产组合，另外还有 15% 的企业视之为至少服务于某种目标的独立资产组合，没有一家企业认为衍生产品交易是纯粹独立的资产（见表 5.2.3）。

表 5.2.3 企业衍生产品头寸管理背后的理念

理念描述	企业所占的比例（%）
单笔衍生产品交易关联具体企业风险。	67
持有头寸作为投资组合的一部分，关联整体企业风险。	18
持有头寸作为单一投资组合管理。	0
持有头寸相对某些管理目标作为独立投资组合，相对其他管理目标作为单笔交易管理。	15

（4）不使用衍生工具的情况。针对不使用衍生工具的企业之所以不使

用衍生工具进行风险管理的原因，调查结果见图 5. 2. 13。

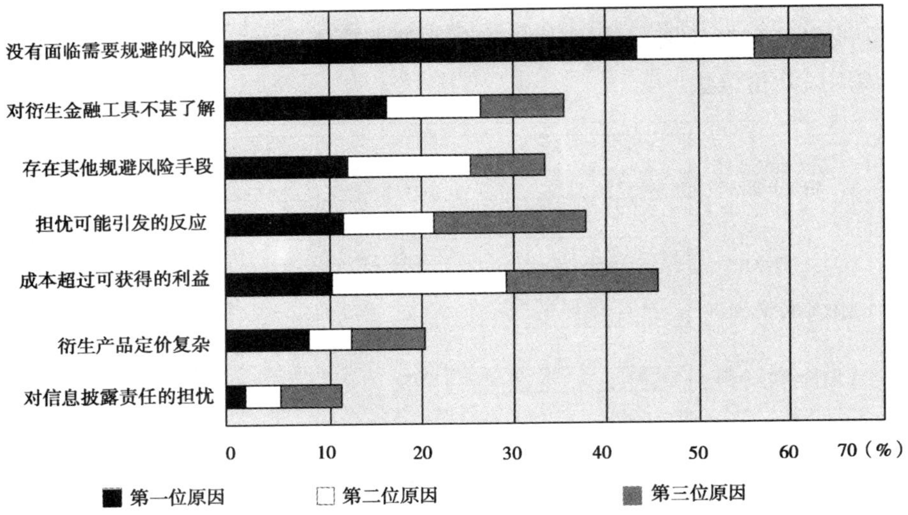

图 5. 2. 13 企业不使用衍生工具规避风险的原因

企业不使用衍生工具的最重要原因，理所当然地就是这些企业没有面临足以促使他们使用衍生工具手段规避的风险。近乎 45% 的企业回答这是没有介入衍生产品市场的最主要原因。另有 21% 的企业视之为第二位和第三位重要的原因。有 13% 的企业表示没有使用衍生工具的主要原因是存在其他规避风险手段，另有 21% 的企业视之为第二位和第三位重要的原因。这就是说企业可以通过其他操作（例如转移生产设施至出口市场等）或者通过合同约定与交易伙伴共担风险或转移风险（如以美元计价等）。

不过，另有一些企业虽然面临价格风险，也依然没有使用衍生工具。不介入衍生产品交易的第二位最普遍的原因是简单的成本—收益分析解释——使用衍生工具的成本超过了从中可以获得的利益，这是有 47% 没有介入衍生产品市场的企业视之为最重要的三个原因之一，其中有 12% 的企业归结其为第一位原因。

另外，许多企业因为对衍生工具不甚熟悉而没有使用这一规避风险工具。有 17% 的没有介入衍生产品市场的企业视之为不介入衍生产品交易原因的第二位。对问卷的进一步分析可以看出，这一问题并非仅仅存在于小规模企业，这是因为 22% 的小企业视之为最重要原因的同时，也有 17% 相当高比例的大型企业视其为重要原因。

最后，没有介入衍生产品市场的企业中，有 13% 的企业表示其中最重要原因是他们担忧投资者、管制机构以及公众会作出怎样的反应。此外，另有超过 1/4 的企业将之视为不介入衍生产品交易原因的第三位。

5.2.3 其他国家非金融类企业对衍生工具的使用

许多国家的研究者使用了类似 Wharton 对美国公司的研究方式，对本国非金融类企业使用衍生工具情况进行了研究。

（1）德国。Bodnar and Gebhardt（1999）对比了 Wharton 对美国公司的调查和对 126 家德国公司的调查比较发现，德国公司使用衍生工具的程度更高，达到 78%，而且在商品价格风险管理、利率风险管理以及汇率风险管理三个具体方面，德国企业使用衍生工具的程度均超过美国，其商品价格风险管理衍生工具使用的程度超过 40%，利率风险管理以及汇率风险管理衍生工具使用的程度均超过 80%（见图 5.2.14）。

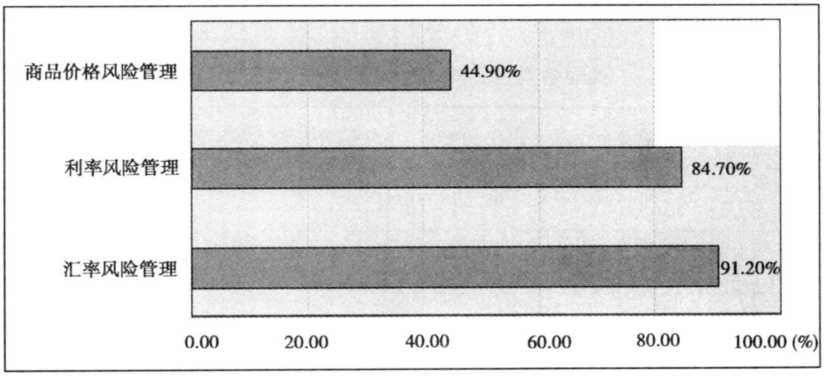

图 5.2.14 德国非金融企业使用各类风险管理衍生工具的情况

在商品价格风险管理衍生工具使用方面，不同的工具使用程度有所不同，如图 5.2.15 所示。

美国非金融企业在使用商品价格衍生工具进行风险管理方面，最突出的特点是对期货工具的使用程度高于其他工具，使用比例超过 60%。与美国情况有所不同，德国非金融企业在使用商品价格衍生工具进行风险管理方面使用程度最高的是远期合约，期货则在其次。

（2）英国。Chris Mallin、kean Ow – Yong 和 Martin Reynolds（2003）在 1997 年针对 231 个英国非金融类企业就其使用衍生工具情况进行了调查。结果显示，英国的大企业在使用衍生工具规避金融及价格风险等方面比较普遍，60% 的企业至少使用一种衍生工具（见表 5.2.4）。

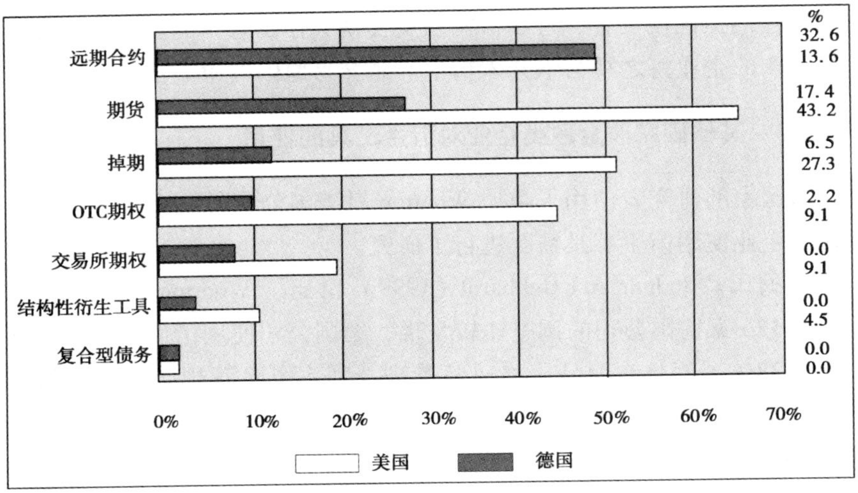

图 5.2.15　德国和美国非金融企业商品价格风险衍生工具使用情况比较

表 5.2.4　　英国各类企业对衍生工具的使用情况

	使用衍生工具企业数	占比（%）	不使用衍生工具企业数	占比（%）	共计
生　产	55	63.20	32	36.80	87
消费品	21	56.80	16	43.20	37
服　务	43	56.60	33	43.40	76
矿　业	4	57.10	3	42.90	7
公用事业	10	66.70	5	33.30	15
总　计	133	59.90	89	40.10	222

企业在使用资本以及商品衍生工具方面的比例相对较低，而针对货币和利率风险的操作则相对较多。在规避货币风险方面，OTC 远期工具使用最多；而在规避利率风险方面，互换使用最为普遍。研究结果显示，很少有企业试图利用衍生工具进行投机或套利交易。53%的企业使用衍生工具的最主要目的是控制财务收入的波动，38%的企业使用衍生工具的目的是减少企业现金流的变动。对于英国企业的金融管理者而言，最主要的问题是缺少衍生交易以及交易成本的风险评估（见图 5.2.16）。

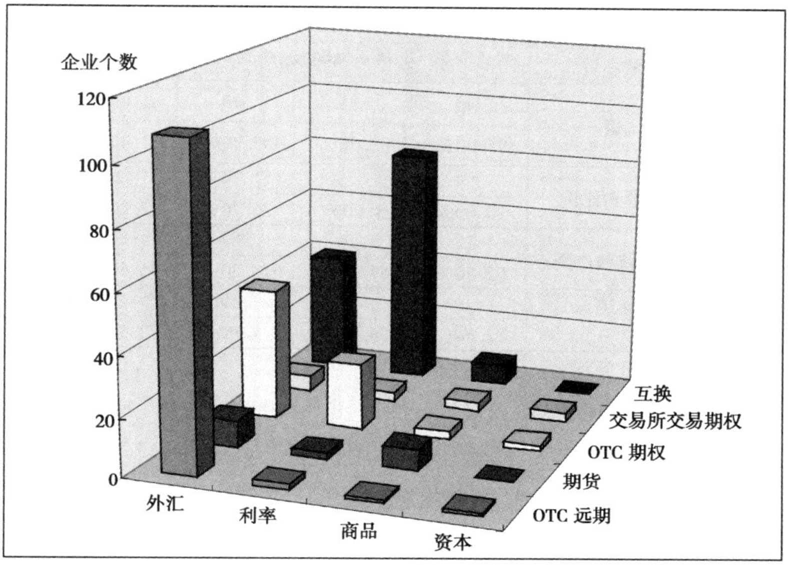

图 5.2.16 英国企业使用不同类型衍生工具的情况

调查结果显示，英国企业使用外汇和利率衍生工具比例较高，OTC 远期合约在外汇衍生工具中使用最为普遍，互换在利率衍生工具中使用最为普遍，对于商品衍生工具，期货和互换使用程度相对较高。

（3）巴西。Richard Saito 和 Rafael Felipe Schiozer（2005）在 2004 年 3 月针对 Sao Paulo 股票交易所的 378 个非金融类企业发放了调查问卷，得到 74 个企业的回复。研究结果显示，巴西各类企业使用衍生工具的比例为 57%，其中大企业使用衍生工具的比例较高，37 个规模较大企业中只有 3 个（占 8%）不使用衍生工具，另有 37 个规模相对较小的企业中，只有 8 个（占 21.6%）使用衍生工具。

在 42 个使用衍生工具的企业当中，有 95.2% 的企业使用规避外汇风险的衍生工具，83.3% 的企业使用规避利率风险的衍生工具，35.7% 的企业使用规避商品价格风险的衍生工具。有 38.1% 的企业单纯使用 OTC 市场，而只有 2.4% 的企业单纯使用规范市场[①]，但在使用商品衍生工具方面，使用规范市场的比例明显高于 OTC 市场（见表 5.2.5）。

① 在巴西，巴西商品期货交易所（BM&F）是最主要的衍生品规范市场。

表 5.2.5　　巴西企业使用各类衍生工具的情况

		外汇风险	利率风险	商品风险	其他	总计
使用衍生工具企业数和比例		40	35	15	9	42
		95.20%	83.30%	35.70%	21.40%	100%
单纯使用规范市场企业数和比例		4	3	4	2	1
		10.00%	8.60%	26.70%	22.20%	2.40%
单纯使用 OTC 市场企业数和比例		27	20	2	5	16
		67.50%	57.10%	13.30%	55.60%	38.10%
规范市场和 OTC 市场均使用企业数和比例		9	12	9	2	25
		22.50%	34.30%	60%	22.20%	59.50%

（4）比利时。Marc J. K. De Ceuster、Edward Durinck、Eddy Laveren 和 Jozef Lodewyckx 在 1997 年 6 月就企业使用衍生工具进行风险管理的情况进行了调查，向比利时 334 家大型企业发放了调查问卷。该项调查的对象包括 211 个协调中心（Coordination Centre，CC）① 和 123 个大型企业②。结果显示，比利时企业使用衍生工具的比例为 66%，其中总部在比利时境内的企业使用衍生工具的比例达到 79%，总部在比利时境外的企业使用衍生工具的比例为 54%（见表 5.2.6）。

表 5.2.6　　比利时企业对衍生工具的使用情况

	总部在比利时			总部不在比利时		
	使用	不使用	共计	使用	不使用	共计
CCs	22（92%）	2（8%）	24	17（65%）	9（35%）	26
非 CCs	5（50%）	5（50%）	10	4（31%）	9（69%）	13
共　计	27（79%）	7（21%）	34	21（54%）	18（46%）	39
	使用			不使用		总计
总　　计	48（66%）			25（34%）		73

说明：表中数据源自针对 73 个样本的分析，其中有 39 个企业总部不设在比利时，其总部分别在美国（4 个）、荷兰（7 个）、德国（4 个）、英国（3 个）、法国（3 个）、日本（3 个）、瑞典（2 个）、意大利（1 个）和瑞士（1 个）。

① 按照比利时的法律，“协调中心”是指那些具有法人地位，遵照《比利时商业法》各项规定建立的企业。该企业必须通过实施广告、信息供给、保险与再保险、科学研究、与官方机构的合作、管理活动、数据及会计核算的集中、金融操作以及针对风险的集中套保等一系列行为，实现集团所有或部分成员的发展与集中等核心目标。在比利时—卢森堡经济联盟资本账户（BLEU）中，“协调中心”占据其外汇直接投资净流入和净流出的 83.4% 和 82.8%。

② 按照 1995 年营业额进行排序。

在样本中，有66%的企业使用衍生工具，将其就不同领域的套保情况进行细分，结果见图5.2.17。

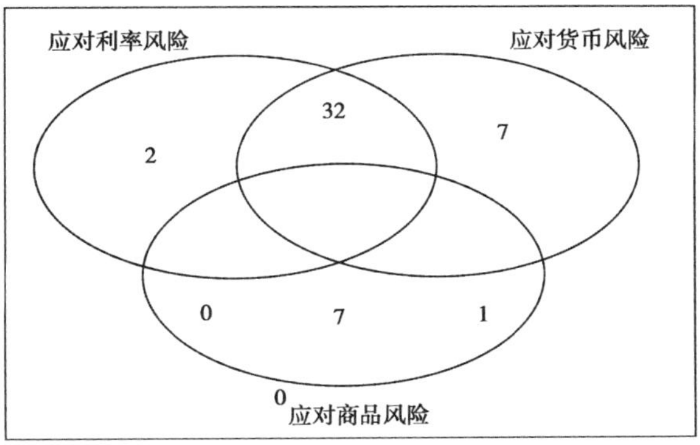

图5.2.17 样本企业套保情况

图5.2.17中数据显示，比利时企业针对不同的风险进行套期保值，其中针对货币风险的企业最多，在使用衍生工具的48个企业中只有1个没有针对货币风险进行套期保值。样本中有8个企业针对商品风险管理方面使用衍生工具，占全部样本的11%。

（5）希腊。Spyridon K. Kapitsinas（2008）在2006年针对希腊的110个非金融类企业使用衍生工具情况实施了调查。这些企业主要根据雅典股票交易所上市企业以及资本指数等资料选取，2004年的营业收入超过1亿欧元。其中，有62个企业完成问卷。其中，有21个企业使用衍生工具，所占比例为33.90%。分别就企业规模（年营业额小于1.5亿欧元、年营业额介于1.5亿~3.5亿欧元之间、年营业额超过3.5亿欧元）以及企业类型进行细分，统计结果见图5.2.18。

针对不同类型的金融衍生工具，企业使用的情况见图5.2.19。

本章总结

本章对国外农户和企业使用衍生工具情况进行归纳总结。

相关调查结果显示，美国农户对于期货、期权等衍生工具的运用程度相对较高，他们通过直接和间接地使用期货市场和其他衍生工具，有效地发挥了防范价格风险的作用。

GAO的报告估计，从事套期保值的生产者的比例介于19%~25%之间。

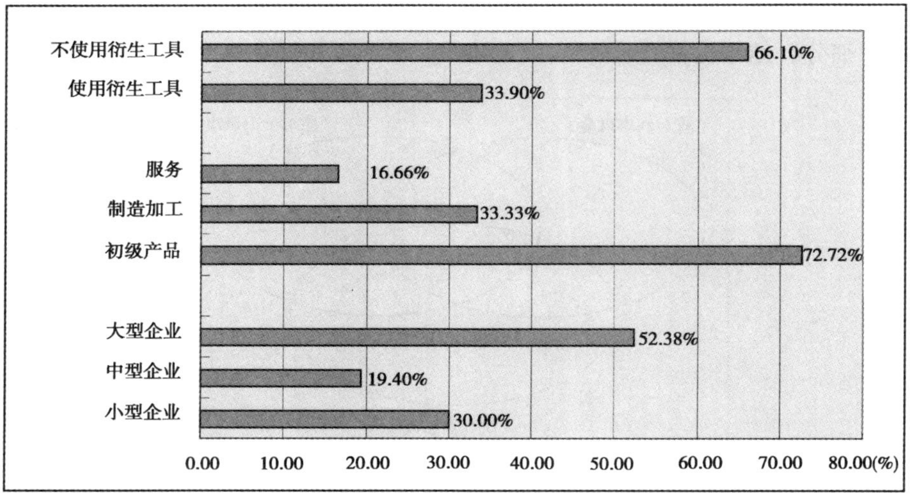

图 5.2.18 希腊非金融类企业使用金融衍生工具的情况

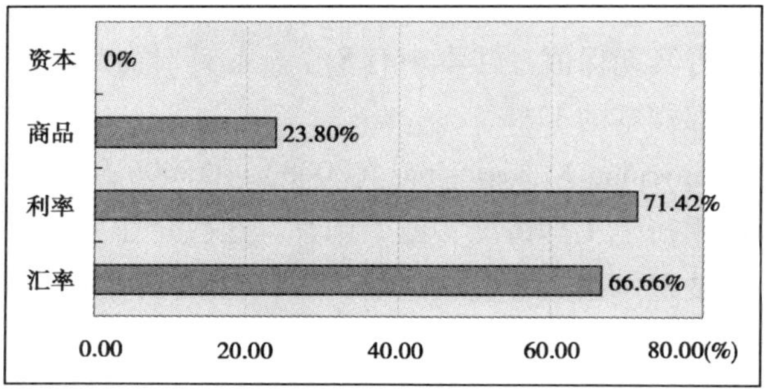

图 5.2.19 企业使用不同类型的衍生工具比例

对使用期货和期权进行套期保值的农民的百分比估计为：玉米为42%，小麦为23%，棉花为46%，其他田间作物为24%，牛肉和猪肉为20%，乳制品为18%，家禽为20%。美国农户对期货市场的间接使用主要通过加入各类合作组织，同时与各类中介签订远期合约（往往通过在期货市场套期保值进一步获得保障)，通过中介实现对期货市场的间接参与。

针对各国非金融企业使用金融衍生工具情况的调查显示，发达国家企业利用比例相对较高，理念较为完善。结果汇总如表5.2.7所示。

表 5.2.7　　关于衍生品使用的研究及历史分析汇总和比较

调查者	Bodnar et al.	Phillips	Berkman et al.	Grand and Marshall	Mallin、Ow - Yong and Reynolds
研究方法及研究重点					
被调查国	美　国	美　国	新西兰	英　国	英　国
数据汇总方法	调查问卷（邮寄）	调查问卷（邮寄）	调查问卷（邮寄）	整合数据	调查问卷
样本规模	2 000 家公司（400 家反馈）	3 600（660 家反馈）	124（80 家反馈）	前 250 家（1995 年）55 家反馈	800（230 家反馈）
涉及行业	非金融类公司	全部行业	非金融类公司	全部行业	非金融类公司
研究期间	1997 年	1994 年	1996 年	1994 年和 1995 年	1997 年
衍生品类型	期权、期货、掉期和远期交易场内交易和场外交易。	如前述，另加衍生证券。	期权、掉期、远期交易和期货场内交易与场外交易。	期权、掉期、远期交易和期货场内交易与场外交易。	期权、掉期、远期交易和期货场内交易与场外交易。
其他研究特点	研究各种规模的公司。	研究了成员中各种规模的公司。	研究了各种规模的公司；研究工具类似。	参照大量调查数据；侧重英国前 250 家 FTSE 公司。	研究了各种规模的公司；研究工具类似。
主要研究结果					
整体衍生品使用情况	有 50% 的被调查公司使用衍生工具。	63% 家被调查公司使用衍生工具。	53% 被调查公司使用衍生工具。	90% 被调查公司使用衍生工具。	60% 被调查公司使用衍生工具。
按规模和使用行业的使用情况					
规　模	大公司 83%；小公司 12%。	大公司 56%；小公司 25%。	大公司 100%；小公司 36%。	大公司：90%。	大公司 100%；小公司 29%。

续表1

行　业	第一产业（68%）、服务业和制造业（40%）。	制造业29%、其他行业5%。	制造业80%、零售业86%、交通/公共事业70%。		公共事业67%、服务业57%、制造业63%。
不使用衍生工具的原因	敞口风险小，60%；其他替代工具，14%；费用过高，13%。	37%的公司不使用衍生品。	敞口风险小，60%；其他工具，14%；费用高昂，13%。	未得相关数据。	敞口风险小，52%；其他工具，14%；费用过高，16%。
作为风险管理手段使用的衍生品	外汇衍生品，83%；利率衍生品，76%；初级商品，56%；EQ，34%。	外汇衍生品，75%，利率衍生品90%，初级商品，37%。	外汇和利率衍生品数据同前，初级商品，7%。	外汇衍生品，80%，利率衍生品90%，初级商品，20%，EQ，7%（1995）。	外汇衍生品，89%，利率衍生品49%，初级商品，9%，EQ，2%。
管理风险或出于其他目的	外汇误差。	风险管理，66%；融资支持，50%；投资，15%；衍生品使用对应被规避风险的资产；套期保值。	契约承诺，79%；降低融资成本，69%；未发现重要问题。	降低风险，90%；提高收益，50%；内部控制，80%；相反方，80%。	管理收益，53%；经济敞口，20%。
衍生品使用最大顾虑	会计处理，26%；市场风险，27%；监控套期保值成效，13%。				衡量风险，21%；交易成本，18%；衡量敞口，12%。
衍生品控制和报告程序	公司政策要求使用，79%；董事会定期报告，27%；估测相对方风险；每日或每周重估组合，28%。	无重要问题报告。	董事会定期报告，61%。	董事会批准通过水平，44%；每日或每周重估组合，25%。	公司政策要求使用，71%；董事会定期报告，47%；估测相对方风险；每日或每周重估组合，22%。

续表 2

调查者	Norges Bank	Marc J. k. De Ceuster、Edward Durinck、Eddy Laveren and Jozef Lodewyck	Gordon M. Bodnar	Richard Satio、Rafael Felipe Schiozer	Kapitsinas、Spyridon
研究方法及研究重点					
被调查国	挪　威	比利时	德　国	巴　西	希　腊
数据汇总方法	调查问卷	调查问卷	调查问卷	调查问卷	调查问卷
样本规模	580 家，214 家反馈	334 家，73 家反馈	368 家，126 家反馈	378 家，74 家反馈	110 家，62 家公司反馈
涉及行业	非金融类公司	非金融类公司	非金融类公司	非金融类公司	非金融类公司
研究期间	2004 年	1997 年	1997 年	2004 年	2006 年
衍生品类型	远期交易、期货、掉期和期权。	远期交易、期货、掉期和期权、结构化合同。	利率、外汇、初级商品价格期权、期货等。	利率、外汇、初级商品价格期权、期货等。	
		场外交易		场外交易，超过一半	
其他研究特点	研究了各种规模的公司	主要是较大规模的公司	主要是较大规模的公司	研究各种规模的公司	研究的主要是较大规模的公司
主要研究结果					
整体衍生品使用情况	61% 的被调查公司使用货币衍生工具。	78% 的被调查公司使用某种衍生工具。	77.8% 的被调查公司使用某种衍生工具。	57% 的被调查公司使用某种衍生工具。	66.1% 的被调查公司使用某种衍生工具。
按规模和使用行业的使用情况					

续表 3

规　模	大公司，80%；中型公司，60%；小公司，40%。	92%的总部设在比利时的 CCs 使用某种衍生工具，而总部不在比利时的有 65% 使用。		37 家被调查的大公司中有 34 家公司使用某种衍生工具，其他 37 家较小的公司仅有 8 家（21.6%）使用某种衍生工具。	大公司，超过 52.38%；小公司，30%；中型公司，19.04%。
行　业	工业，18%；材料，15%；交通，13%。		机器制造业，100%；服务业，100%；金属行业，92%。		第一产业（农业，采矿业，能源业）、第三产业（服务业等）。
不使用衍生工具的原因	没有充分受到货币风险的影响，48%；财力充足能承受汇率波动，30%。	董事会限制使用，55%；使用此工具的风险，31%；敞口风险不大；存在替代工具。	敞口风险不大，61.1%；有替代工具，16.7%；顾虑公众看法，11.1%；成本较高，11.1%。		
作为风险管理手段使用的衍生品	使用货币套期保值的原因：降低外汇收入或支出的变动，86%；降低财务困境风险，30%。	调查的 49 家公司有 47 家为了防范货币风险，此外有的为了防范交易风险。	外汇衍生品，95.9%；利率衍生品，88.8%；初级商品价格衍生品，40%。	使用外汇衍生品，95.2%；利率衍生品，83.3%；初级商品价格衍生品；35.7%。	外汇衍生品，66.66%；利率衍生品，71.42%；初级商品价格衍生品，23.80%。
使用衍生品管理风险或出于其他目的		70.2%规避当期契约承诺的风险，68%防范一年内预期交易风险，1/5 规避一年以上预期交易风险，16%规避商业风险。	55.3%的公司为了尽可能减少账面收益波动，另有 7.4%为了管理资产负债表的各项。		会计收入，47.62%；现金流，61.90%。
衍生品使用最大顾虑		次级市场流动性，30.8%；监控和评价，不到 30%。	20%的被调查公司显示出高度担忧；15%的被调查公司为中度担忧。	税收问题，92.7%；另有会计处理、市场风险等顾虑。	契约的会计处理，28.58%；报表要求，23.81%。

6 影响我国农产品期货市场功能发挥的因素分析及建议

6.1 影响我国农产品期货市场功能发挥的因素分析

从前面的分析可以看到，伴随我国期货市场的规范发展，期货市场功能已初步显现，对相关企业、产业产生一定的积极促进作用。但与此同时也看到，我国期货市场功能发挥程度还不够理想，企业、农民对期货市场的利用程度较低。制约和影响期货市场功能发挥的因素也是多层次的和系统的。

6.1.1 社会认知度不高制约对期货市场的利用程度

由于某些历史的原因以及期货市场机制相对复杂、专业性强等因素，社会公众对期货市场的认知度普遍不高，甚至还存在偏见和误解。

从我国期货市场产生的历史看，期货市场是“自上而下”的政府主导型制度创新，与“自下而上”的市场推动型制度创新相比，前者在期货市场的主要需求主体——企业和农民方面的主动性和积极性要弱于后者。加之期货市场发展初期的不规范，使期货市场的社会声誉不高，企业和农民对其存在不信任感，认知度和认同感缺乏。虽然期货市场近年来逐渐规范，功能有所体现，但社会对其认知度和认同感仍需要一个长期的调整和适应过程，这会影响其参与和利用期货市场的程度，进而影响期货市场功能的进一步发挥。

信息资料显示，美国农民利用期货市场的平均比例约为 20%。其中，年销售收入超过 10 万美元的农场主参与期货市场套期保值的比例为 38%。相比之下，中国农民参与期货市场的比例还不足2‰，远低于成熟市场的水平。

一场由美国次级债危机引起的全球性金融危机将衍生品市场推上风口浪尖，引起人们对衍生品市场功能的激烈争论。作为衍生品市场的一个重要组成部分，期货市场也成为被质疑和争议的对象。事实上，次级债危机凸现的是场外衍生品缺乏必要监管的问题，而期货市场作为场内交易，无论是在国际上还是在国内，均是在相关制度严格监管下的市场。在次级债危机发生以及其后扩展至全球的金融危机中，期货市场均没有出现系统性的信用风险。从这个角度看，期货市场有别于场外交易，有其特有的制度优势。因此，在当前日益复杂的国内外经济形势下，有必要客观、辩证地认识期货市场的功能，澄清人们的一些认识误区。

此外，近年来我国一些企业利用衍生品工具不当产生巨亏的事件频频发生，如“深南电”、“东航”、“国航”、“中国远洋”等，引发对期货市场以及套期保值功能的质疑。事实上，这一系列事件均发生在场外市场，且对其交易过程的分析可以看出，存在过量交易、风险控制不当等问题，未严格遵守套期保值的宗旨和原则。由于个别媒体不当报道以及社会公众对期货市场认识不深，很容易将其归咎于期货市场。

6.1.2 现货市场存在的问题制约期货市场发展

在现代市场体系中，大宗商品的现货市场和期货市场是重要组成部分。前者以实现实物所有权转移为主要职能，后者以实现价格发现和风险管理为主要职能，两者相互促进、相互补充。

完善的现货市场有助于期货市场功能的发挥，而中国目前的农产品现货市场离“完善”还有着相当的距离，与欧、美、日等成熟的市场经济体系存在着相当的差距。以美国为例，其拥有规范的农产品现货市场，科学的质量标准符合现货市场的现状和需求，机械化大生产使农产品质量均一，散装船运使其运输便捷而价格低廉，这样规范的农产品现货市场标准能够与要求严、标准高的农产品期货市场标准直接接轨；期货实物交割通过散装船交货形式与现货交易形式接轨，使期货实物交割环节成本接近于现货交易成本；现货相关行业企业普遍参与期货交易，使期货价格与现货价格联系密切。

目前我国现货市场存在的运输“瓶颈”、地方保护和板块分割等问题对期货市场功能发挥产生一定制约影响。对期货市场而言，好的运输条件，意味着交割环节低成本和高便利性，有助于套期保值者、套利者参与，这会进一步促进期货价格与现货价格之间的联动性和趋同性。目前，铁路运输

“瓶颈”是制约东北大豆、玉米等南下的重要因素。黑龙江大豆基本都是在东北压榨，一部分以食品豆的身份卖到关内和国外，很少有大豆运输到关内的压榨厂。

“变相期货”问题也影响正规的期货市场的发展。近年来，我国各地开设了大量的大宗商品电子化远期交易市场，涉及品种多样，有些交易量比较活跃，其价格在相关生产和消费企业中产生了一定的影响力，在一定程度上与期货市场形成了竞争和互补关系。远期现货市场借鉴了期货市场的一些交易机制，比如合约设计的标准化、电子撮合集中交易、保证金制度等。不过，由于存在多头管理、资金未能在第三方存管等致命伤，由远期现货市场衍生而来的“变相期货”近年来接连爆出风险事件，从2003年的琼胶市场到2005年的嘉兴中国茧丝绸市场“变相期货”案，乃至2008年轰动一时的华夏商品现货交易所老板郭远峰携款潜逃事件，这对正规的期货市场也产生了一定的冲击。大宗商品电子交易市场的迅速发展，一方面体现出市场对大宗商品交易的需要，有其合理性；但另一方面也暴露出监管上的滞后，迫切需要对其进行性质界定、监管权限划分，从而与期货市场形成平等而良性的竞争关系。

6.1.3 交易交割规则不完善影响期货市场运行效率的进一步发挥

回顾期货市场产生的历史，其每一个制度创新都是以降低交易成本、提高交易效率为目的的。而为实现这一目的，需要做到：第一，期货交易交割制度要与现货的交易习惯和特点相符合，期货市场的制度建设要与现货市场实现“完美对接”；第二，期货交易作为一种高级的交易方式，在交易交割制度上要体现出优势和效率，要基于现货而又高于现货，只有如此，期货市场在价格发现上才能有主导性。反思我国期货市场，交易交割制度等方面存在的不完善是限制期货市场功能发挥的主要的内在原因。

目前我国期货交易、交割规则的不完善之处主要表现在：

第一，保证金水平过高，且随着交割日临近，保证金水平逐步提高，导致市场参与者资金占用成本增加，持仓意愿减少，投机者将持仓意向大幅移动到远月合约，导致国内多数品种近月合约流动性差。这直接影响了近月合约期、现价格的趋同，且使套期保值者无法在近月找到合适的合约进行套期保值，从而与现货的生产周期相脱节，套期保值效果大打折扣。

第二，进入交割月的涨跌停板幅度虽有所扩大，期货市场的价格波动在交割月还是被限定在一个很小的范围内，这也不利于期、现价格趋同，不利于套期保值者参与。

第三，交割环节相对复杂。受交割仓库有限、交割手续繁琐、交割品级要求严格等影响，交割成本较高，使套期保值者采取实物交割方式的积极性降低，不利于套期保值者根据其生产经营状况作出合理安排，影响了套期保值的效果，抑制了现货市场主体参与套期保值的积极性。

第四，目前对套期保值头寸只有不受限仓制度限制的规定，在保证金等方面缺少实质性的优惠，加上繁琐的套期保值头寸审批程序，使得企业申请套期保值头寸积极性不高。

第五，交割仓库数量及位置设置不尽完善，导致交割不便利，影响期、现价格趋同。例如，黄大豆一号仅在环渤海地区设立大豆交割库，增加了国产豆的运输成本，而我国大豆种植户规模小且分散，受自身能力所限，不能组织有效的贸易运输，交割库设置不合理将极大削弱其进行套期保值的积极性。

第六，交割品级、交割结算价等规定尚待进一步合理化。例如，有企业反映豆油的交割标准不合理，造成资源与费用不必要的损失，且交割结算价制度不合理，容易被大户操纵，栈单只能抵保证金，使得部分小客户不敢进行套期保值。

第七，期货交易手续费偏高，且缺少针对套期保值、投机、套利等不同交易方式的收费标准，不利于市场的活跃。例如，我国农产品期货市场的交易手续费偏高，大豆期货交易手续费每手 4 元，为合约价值的 0.2‰左右，日本则为 0.01‰，与之相比，我国的收费要高出几倍，甚至 10 倍，这无疑提高了期货市场的交易成本，影响了功能的发挥。对套利交易缺少在交易手续费、保证金方面的优惠，影响套利参与程度，不利于市场的活跃及各合约合理价差的形成。

6.1.4 上市品种结构不完善，限制期货市场功能的发挥

我国期货市场试点初期，曾经上市的农产品期货达到 20 多种，但由于风险事件频发以及当时宏观经济环境的影响，大部分期货品种退出了期货市场。目前，我国农产品期货品种只有 9 个。

此外，与美国相比，我国没有农产品期货期权，并且农产品期货品种结构比较单一，品种之间缺乏联系，投资者的选择空间较小，其吸引力和影响范围就十分有限，这影响和制约着农产品期货市场功能的发挥。

对农产品市场而言，由于缺乏海运费、外汇等期货品种，使得我国严重依赖于进口的农产品期货品种，如大豆、棕榈油等，相关企业无法较好地规避进口价格波动风险，其功能发挥受到一定程度的限制。

6.1.5 市场参与者结构不合理，制约期货市场功能的发挥

目前，市场参与者结构的不合理已经成为严重制约和规范发展的“瓶颈”之一，主要体现在：套期保值比重小，企业和农户参与程度较低：机构投资者少，中小散户多。

投资者结构不合理，制约了期货市场规模的进一步扩大，影响了期货市场功能的进一步发挥。其主要表现在：第一，市场资金总量严重不足。由于市场参与者主要是以个人投资者为主，势必造成资金供给总量的严重缺乏，以及资金结构的不合理。第二，投资行为非理性。期货投资是高度专业性的投资活动，普通散户在专业素质、信息、投资理念和经验上的不足，导致操作非理性程度高，对期货价格形成产生不利的影响。第三，操作方式单一，影响期、现价格，合约间价格，品种间价格之间的合理关系的形成。普通散户受资金、信息、专业知识、操作技巧等多方面的限制，交易操作手法单一，多为单一合约上的买空卖空操作，期、现套利，跨期套利，跨品种套利，套期保值操作等缺乏，不利于期货市场合理价格体系的形成。

影响企业和农户参与期货市场的因素是复杂多样的。其主要包括：

第一，风险意识不足，对价格风险的影响认识不够，存在投机和侥幸的心理。

第二，专业人才稀缺。

第三，流动资金紧张。我国企业普遍面临的是流动资金紧张的问题，使一些想进行套期保值的中小企业“有心无力”。相对于中小型企业而言，我国大型国有企业在流动资金保障上可能不是问题，但在实际套期保值操作中，当期货头寸出现浮亏时，受各种内外界因素的影响，资金往往不能及时追加，从而无法达到预先的套期保值目的。

第四，企业规模小，农业组织化程度低，参与套期保值交易的成本高。套期保值业务具有规模经济的特点，也就是说，只有企业规模比较大，从事套期保值操作所花费的成本分摊到单位产品上才是比较低的。对我国而言，行业集中度低、企业数量多且规模小是多数行业普遍的特点，农业尤其明显。企业数量小且不规范、组织化不足等在一定程度上限制了企业参与套期保值的能力。

第五，对国有企业运用衍生金融工具交易方面持谨慎态度。鉴于近年来国有企业在衍生品交易中巨亏事件频发，国资委加强了对央企参与金融衍生品交易的监管。这对引导中央企业利用规范的场内衍生工具（例如期货）进行套期

保值活动有一定的积极意义，但也存在一定问题。例如，监管部门在对国有企业套期保值业务上的审查缺少明确的标准，而在一些细节问题上又过于苛刻，导致一些套期保值的操作不被认可。国有企业在套期保值操作中发生风险时该如何对待？如何处理？尚缺少明确的规定。这些不确定性可能会抑制国有企业参与套期保值的积极性，使之选择消极的不参与套期保值的态度。

影响机构投资者参与期货市场的主要原因是政策上的限制。比如，信贷资金、金融机构被阻止在期货市场之外；期货公司业务单一，除了做期货代理外，不能开展其他的投资业务等等。

6.1.6 低开放度限制期货市场的国际影响力

从美国芝加哥商品交易所（CBOT）作为农产品期货定价中心、英国伦敦金属交易所（LME）作为有色金属定价中心的成功经验可以看出，市场的高度开放是成为定价中心的必要条件。在一个封闭的期货市场里，参与者有限，价格辐射面有限，其国际影响力势必受到限制，其价格的权威性也会被削弱。

我国期货市场近年来发展迅速，一些农产品，例如豆粕、大豆、白糖等品种的交易量已居世界前列，但这并不意味着我国国际农产品定价中心的地位已经确立，相对封闭的期货市场是一个重要的制约因素。目前，境外投资者和企业尚未被许可参与国内期货市场交易，要想参与，只能通过设立外商投资企业等迂回方式进行，且面临外汇管制问题，交易成本较高。与证券市场对外开放B股市场、引入合格境外机构投资者相比，期货市场至今没有任何动作打通国内外市场。此外，期货经纪行业尚属限制外资进入的领域，进入门槛高，难度大。

6.2 进一步发挥我国商品期货市场功能的建议

我国期货市场至今已经走过十多年的风风雨雨，相对于国外市场而言，国内期货市场还是一个新兴的市场。如今，期货市场与国家经济发展的关系愈加紧密，其在国际经贸往来中发挥着重要的作用，许多商品在国际市场也处于举足轻重的地位。为了满足国家经济改革进一步发展的需要，适应经济全球一体化的发展，必须更为深入地发挥我国商品期货市场的功能。在此，需要针对我国期货市场存在的不足，借鉴国外经验，对进一步发挥我国商品期货市场功能提供相应的对策建议。

6.2.1 明确期货市场在整个金融市场体系中的地位

在1996年国际货币基金组织编写的《国际资本市场：发展、前景及关键性政策问题》中，资本市场涵盖了以下市场：证券市场（股票市场、长期债券市场）、长期信贷市场（长期抵押贷款、长期项目融资等）、衍生工具市场（期货市场、期权市场等）。由此可见，期货市场是资本市场中的一个组成部分。

国务院发布的《关于推进资本市场改革开放和稳定发展的若干意见》中明确指出，以稳步发展期货市场，完善现代市场体系、更大程度地发挥市场在资源配置中的基础性作用为目标，建设透明高效、结构合理、机制健全、功能完善、运行安全的资本市场。期货市场在国务院的文件当中首次被纳入整个资本市场体系中进行战略规划，其实质是政策层对期货市场进行金融定位。但事实上，中国人民银行从未批准期货行业的金融分类，期货公司还不能享受金融服务机构的诸如同业拆借利率和利息税率等许多优惠。

期货市场在我国金融市场中的定位一直以来较为模糊和边缘化，事实上，从金融市场的组成上来看，金融市场包括资本市场和货币市场两个主要部分，资本市场包含证券和长期信贷市场及货币市场，而这两个市场所派生的股指类、利率类期货、期权品种为资本市场提供了风险管理和价格发现的工具，有助于资本市场的稳定。之所以这些功能没有得到发挥，是和对期货市场的定位不准有直接的关系，期货市场应当被定位于资本市场的风险管理和再分配市场，是资本市场的重要稳定器，而不只是一个风险来源。期货市场是资本市场三足鼎立的重要组成部分，没有完善的期货市场，就没有安全稳定的证券和债券市场。有了对于期货市场是资本市场稳定器的定位，才有相应的金融法规与相应的金融企业国民待遇，有了这些相关的法规与政策，期货市场才能真正充分地发挥其应有的功能和作用。

6.2.2 进一步完善期货品种结构、交易制度和投资者结构

完善期货市场的品种结构包含两层含义：一是品种的增加和丰富，积极推出如原油、焦炭、生猪等大宗商品的期货品种，为相关市场主体提供规避生产、贸易、加工中存在的价格变动风险；尽快推出外汇期货、利率期货等金融期货品种，为规避金融风险提供有力的工具，从而完善期货市场品种结

构，并加快对物价指数、天气指数、运费指数等期货新品种的开发。二是类型上的丰富，应考虑引入期货期权品种，丰富衍生品体系。

在交易、交割制度上，应借鉴国外经验，根据市场变化和市场参与者的需要，进行相应的改进和完善，努力降低期货交易成本，提高市场运行效率，进一步促进期货市场功能的发挥。其中包括：第一，完善保证金制度。对交割月份的保证金制度规定应逐渐放松；降低对套期保值者、套利者的保证金要求。第二，交割制度进一步科学化、合理化，努力降低交割成本，减少交割环节的障碍。应从贴近现货市场、服务于套期保值者的角度出发，简化交割流程、科学规划交割仓库布局、规范交割品升贴水管理。同时，还建议不断创新现有交割模式，如可采用船运凭证等代替传统仓单等方式。第三，扩大交割月涨跌停板幅度。当市场出现连续三个同向涨跌停板要实施强制减仓制度时，应对套保头寸有所考虑，防止套期保值者被迫出局，使其套保计划无法顺利完成。第四，简化套期保值头寸审批制度。建立统一、规范并且便捷的套保头寸审批程序，包括：采取备案制，简化已经备案会员的材料证明要求；缩短审批时间；建立电子化审批平台，保证审批流程全程透明公开；灵活审批要求，满足企业不同交割月份套保的需求。

改善投资者结构，培育机构投资者，要积极建立和培育以大型机构投资者、法人企业为主的投资者群体，培育机构投资者和理性投机者，同时引导个人投资者理性参与市场。需要进一步研究培育期货投资基金，审慎吸收外国资本进入期货公司，研究试点中外合作投资基金。同时，规范有序地推动机构投资者进入商品期货市场，解除相关的禁止性规定，允许金融机构进入期货市场，允许信托、基金等具备投资实力的专业机构投资于商品期货市场，引导普通个人投资者从直接投资于期货市场转向通过投资于期货投资基金、信托等方式间接投资期货市场。

6.2.3 培养正确的投资理念，推动期货市场外部环境的改善

鉴于目前我国的专业投资管理公司和专业的经纪人队伍还没有有效地建立和规范起来，因此，实际的投资大部分还得依靠投资者自己来完成，其投资活动专业性不足，投资行为的非理性和盲目性较普遍。要降低期货市场风险发生的可能，必须加强投资者教育，并且在这个过程中要注意把握好四个关系：一是要把握好投资者风险教育和风险控制的联系与区别，投资者教育不能替代期货公司的风险控制；二是要把握好投资者教育和市场开发的联系与区别，不能把期货公司的市场开发和“路演”简单等同于投资者教育；

三是要把握好投资者教育和期货知识普及宣传的联系与区别；四是要把握好期货市场投资者教育对象和其他市场投资者教育对象的联系与区别。因此，市场各方面在开展投资者教育的时候，要充分考虑到期货市场的特殊性，有选择、有针对性地开展投资者教育工作和市场开发工作。

改善期货市场发展的外部环境，第一，推动舆论环境的改变，在舆论导向上主要宣传期货市场的风险管理功能，而不要过度夸张地宣传那些一夜暴富的传奇故事，对在期货市场所发生的重大亏损事件要进行客观评价。第二，我们要进一步完善期货法律法规体系，制定适当的法律。通观世界各地、各国的期货市场，其管理法规的建立和完善均需经过一个过程，我们发现绝大多数期货市场以美国为蓝本，只是各自的具体方式不同而已。美国期货市场的法规建设迟于期货市场的发展，美国最早的期货交易市场是芝加哥期货交易所，成立于1848年，但到了1921年，《期货交易法》才作为美国最早的期货市场管理法出台。随着期货市场交易品种的增加和市场规模的扩大，法规的管理规范和管理权力相应扩大，由最初的谷物期货发展到包括农产品、畜产品等商品期货；又由商品期货发展到金融期货、期权等，管理机构从原来的无政府状态发展到半独立的商品期货交易委员会。我国应结合期货市场的实际情况，制定比较全面的期货法律，且保证期货市场的管理只能由一个主管部门执行。国家期货监管机关对期货市场的职责，更多的是制定市场规则和维护市场秩序，保护投资者的利益和保持社会经济的稳定。根据现在的情况，2007年出台的《期货交易管理条例》是在1999年版《期货交易管理暂行条例》基础上作了修订，摈弃了过去旨在限制期货市场的一些规定，以适应期货市场发展的新要求。将适用范围从原来的商品期货交易扩大到商品、金融期货和期权合约交易；期货公司被定位为金融企业；适当放宽了期货公司的业务范围，即期货公司可以申请经营境内期货经纪、境外期货经纪、期货投资咨询以及中国证监会规定的其他期货业务等等。为进一步适应期货发展的要求，客观上要求在期货公司业务范围、期货基金等机构入市等问题上进一步松绑，促进我国期货市场的快速健康发展。在目前一个“条例”、四个“管理办法”、一个“司法解释”的期货法律体系基础上，应尽快出台《期货法》，适当放松对期货市场原来的严厉管制，适当允许企业参加境外交易，并将有关品种开发等审核权下放给期货交易所，品种上市机制可以改为备案制。创造宽松的市场环境，通过实行做市商等制度以及采取减免手续费等措施，降低市场准入成本；规范地管理市场，建立期货经营机构定期公告等制度，严格执行各项规则制度，坚决打击市场操纵行为，维护投资者的合法权益，形成市场公信力。同时，也可以通过《期货法》来协调与期货市场外部环境之间的关系，宣示期货市场的重要性。第三，消除一些对于期货市场的认识误区很有必要。这里主要的误区有两个：第一个是“期货市场风险巨大，是重要的风险来源”。事实上，期货市场是进行风险转移的场所。其参与者只有两种类型：一类是风险偏好者，另一类则是风险厌恶者，价格风险从风险厌恶的套期保值者手中转到了具有风险偏好的投机者手中，风险并没有增加或是减少，只是进行了有效地转移。第二个误区是“期货市场导致了现货价格的暴涨暴跌，是经济运行的不稳定因素”。最近发生的印度取消期货市场的事件，则从实践上证明了这是一个完全的认识上的误区，期货不是现货价格暴涨暴跌的原因。印度财政部长帕拉尼亚潘·齐丹巴 2008 年 5 月在马德里与亚洲发展银行召开的年度会议上表示，印度将准备关闭粮食期货市场。业内人士分析，印度政府认为对冲基金和金融市场加剧了粮食价格的增长，期货市场的投资引发粮食期货价格增加。随着粮荒加剧，印度将无奈关闭粮食期货市场。但不久之后印度政府又计划于 2008 年 9 月 6 日取消期货交易禁令，计划 9 月份取消豆油、橡胶、土豆等期货交易禁令，因为交易禁令未能缓解食品价格上涨的压力。印度期货市场委员会主席 B. C. Khatua 表示，期货交易不是价格上涨的原因。所有研究和分析都证实——期货交易并不是导致现货价格上涨的原因，在取消了期货交易之后，现货价格仍继续上涨。

6.2.4 提高相关中介机构对企业参与期货交易的服务和支持水平

要促进企业更大程度地参与期货交易，离不开相关中介机构提供的服务与支持。主要包括以下几个方面：

第一，提高期货公司为产业客户的服务水平。目前，国内一些大的期货公司为了开发长期性、稳定性的客户，将重点转向了与品种相关的产业客户，并通过咨询、培训等手段为企业运用期货市场提供专业服务，这成为培育企业参与期货市场的有效途径。

第二，支持为套期保值提供专门咨询服务的咨询公司的发展。为企业提供风险管理咨询的公司能较好地将自身的目标与套保企业的目标保持一致。由于套期保值咨询服务类的中介公司才刚刚起步，市场处于初步培育阶段，要想使套期保值服务专业化、规模化的发展，还需要政府、监管部门、协会等在舆论宣传、政策等方面进行多方面的支持。

第三，加强金融机构对企业参与套期保值业务的金融支持。金融机构对企业套期保值的金融支持应体现在两个方面：一方面是对于从事套期保值业务的企业应提供优惠的信贷支持。国际上，对于从事套期保值业务的企业在信贷上提供优惠条件成为通行的做法。金融机构在放贷时，往往会通过各种方式鼓励企业参与套期保值，以提高还款能力。例如，世界银行在给发展中国家发放援助性的农业、工业原材料等贷款时，就要求接受贷款的国家或企业参与相关的期货市场进行保值。另一方面是对于企业从事的套期保值业务本身，可给予资金支持。由于我国现行相关法规禁止银行信贷资金违规进入期货市场，国内尚无法开展套期保值贷款业务。但是从国际惯例来看，银行以抵押贷款方式为企业套期保值交易提供融资，银行的信贷风险防范不仅是可行的，而且是可靠的。以荷兰银行为例，其通过基于网络的信息管理系统，直接监控套期保值贷款客户在期货市场的头寸变化情况，以随时采取应对措施。为了保证其客户套期保值功能的实现，在市场价格出现不利变动时，银行及时对套期保值账户追加保证金，并调整贷款账户的抵押比率。我国企业参与套期保值程度低，资金短缺是主要制约因素，客观上需要金融机构为企业从事套期保值业务提供资金支持。在该方面，需要相关法律法规上予以松绑，为金融机构提供该业务创造条件。

6.2.5 政府应加大对期货市场的扶持力度和利用程度

期货市场的健康发展还有赖于政府对期货市场的积极支持和利用。在美国，为了使农民生产的粮食能够顺畅进入市场，美国政府采取了扶持农民资源、建立农民合作社的方式，以此拉近了农民和市场的距离，农民能够就近得到服务。美国政府还认识到，如果政策制定者能够有效地支持和利用期货市场，对相关产业的发展和国家的粮食安全都能起到巨大的作用。例如，美国政府部门在制定宏观政策时，将期货价格作为重要的参考依据。美国政府在确定土地休耕和农产品补贴政策时，就重点参考 CBOT 相关产品的价格。正因为政府充分认识到了期货市场在社会经济中的积极作用，所以美国政府对期货市场给予了极大的支持，同时积极向农户和社会各界广泛进行正面宣传。这对期货市场的健康发展至关重要。

在这一方面，我国期货市场还需要政府更大力度的支持，政府在宏观调控及产业调整时也可以科学利用期货市场。例如，政府在引导我国农民利用期货市场方面，可以采取扶植措施，促进农业合作社等组织的建立和运作，搭建农民与期货市场之间的桥梁；政府各职能部门要转变观念，客观地认识期货市场对经济的积极作用，全方位普及期货市场知识，加大对期货市场的正面宣传，这对提升社会对期货市场的认知度可以起到事半功倍的作用；在制定宏观政策，如确定农产品收储政策或补贴政策时，可参考我国期货市场相关产品的价格。

6.2.6 稳步推进期货市场的对外开放进程

期货市场的对外开放是一个必然、必须的过程。期货市场的对外开放主要应该包括以下三个方面：一是投资者资金流动的对外开放；二是期货市场参与主体资本的对外开放；三是期货监管与国际接轨。

期货市场是一个与国际市场联动最紧密的市场，国际期货市场的价格直接影响到国内期货市场的价格。应逐步开放国内的期货市场，允许国际资金投资于国内市场，同时也允许国内投资者投资于国际市场。由于国内和国际市场存在套利机制，这将使得国内期货市场的被操纵可能减小到最少，与国际价格的联动将更为紧密；同时，国内资金投资于国际市场对于减轻人民币升值的压力也有一定的帮助。

应逐步放开国际资本对国内的期货公司或专业投资机构投资的限制，这将有助提升国内期货公司的抗风险能力、管理能力及国际期货市场的投资经验和安全的交易通道，对于期货公司的国际化有极大的帮助。

资金和资本的国际化需要相应监管体制的国际化。在国际期货市场的参与主体多采取混业经营的模式，这就需要监管部门在管理思路、监管体制建设、监管手段和不同监管部门之间的协调体制上有所突破和创新，以适应混业经营背景下期货市场的国际化监管。

由上可见，开放经济条件下中国期货市场发展既要遵循市场发展的一般规律，又要从中国的国情出发，积极探索具有中国特色的发展和创新之路。从当前中国期货市场的实际运行状况来看，中国期货市场创新的战略目标可概括为：循序渐进，以稳步发展为原则，从国内期货市场发展到区域性国际期货市场，进而建设成为全球性的期货市场。在此过程中，努力提高期货市场效率，以优势品种为依托，逐步进行期货品种的创新，同时，积极整合国内期货市场，最终达到期货市场的国际化与本土化、规范化的有机统一。

本章总结

本部分通过对影响期货市场功能发挥的因素分析，对进一步发挥我国期货市场功能提出建议。

制约和影响期货市场功能发挥的因素是多层次的和系统的，主要包括：社会认知度不高制约对期货市场的利用程度、现货市场存在的问题制约期货市场发展、交易交割规则不完善影响期货市场运行效率的进一步发挥、上市品种结构不完善限制期货市场功能发挥、市场参与者结构不合理制约期货市场功能的发挥、低开放度限制了期货市场的国际影响力等。

针对我国期货市场存在的不足，借鉴国外经验，对进一步发挥我国商品期货市场功能的相关政策建议包括：明确期货市场在整个金融市场体系中的地位；完善期货品种结构、交易制度和投资者结构；培养正确的投资理念，推动期货市场外部环境的改善；提高相关中介机构对企业参与期货交易的服务和支持水平；政府应加大对期货市场的扶持和利用程度；稳步推进期货市场的对外开放进程等。

附录一　各品种分合约不同套保期限下套保有效度

附表 1.1　　不同套保期限下黄大豆一号的套保有效度

（哈尔滨）

合约名称	套保期限（交易日）	VAR（Δs）	VAR（Δd）	样本数量	套保有效度 1 - VAR(Δd)/ VAR(Δs)
A0401	1	2 519. 1656	2 989. 32	118	-0. 186629087
	40	29 982. 928	89 506. 49	79	-1. 985248600
	80	7 224. 8313	8 617. 466	39	-0. 192756650
A0501	1	1 181. 256	2 274. 364	213	-0. 92538
	40	143 131. 9	171 473. 5	174	-0. 19801
	80	146 769	402 312	143	-1. 74112
A0601	1	170. 4754	1 127. 393	110	-5. 61323
	40	2 599. 517	7 311. 562	71	-1. 81266
	80	3 338. 925	6 615. 914	31	-0. 98145
A0701	1	160. 3895	597. 6123	236	-2. 72601
	40	14 082. 04	8 896. 882	197	0. 368211
	80	24 395. 58	8 575. 414	157	0. 648485
A0801	1	819. 8262	3 570. 229	119	-3. 35486
	40	39 328. 5443038	97 475. 0575949	80	-1. 4784812
	80	23 187. 4358974	33 465. 8743590	40	-0. 4432762
A0303	1	2 428. 33	3 161. 917	44	-0. 3021
	40	—	—	—	—
	80	—	—	—	—

续表

合约名称	套保期限（交易日）	VAR（Δs）	VAR（Δd）	样本数量	套保有效度 1－VAR(Δd)/VAR(Δs)
A0403	1	2 250.94	2 727.662	123	－0.21179
	40	32 072.58	51 531.09	84	－0.6067
	80	8 085.994	11 322.41	44	－0.40025
A0503	1	1 083.3457866	1 995.9974263	220	－0.8424380
	40	85 364.0945365	114 771.9591160	181	－0.3444992
	80	126 750.7902736	187 965.5642351	141	－0.4829538
A0603	1	294.7619	1 480.779	85	－4.02364
	40	10 278.7	5 633.188	46	0.451955
	80	—	—	—	—
A0703	1	237.1533	854	202	－2.6009
	40	24 663.8	10 192	163	0.586766
	80	64 412.29	9 801	123	0.847844
A0803	1	5 466.135	7 114.617	113	－0.30158
	40	89 811.48	110 606.1	74	－0.23154
	80	65 683.42	26 956.61	34	0.589598
A0305	1	1 556.908	2 007	46	－0.28911
	40	—	—	—	—
	80	—	—	—	—
A0405	1	439.6802	1 981.182	98	－3.50596
	40	31 807.6	69 844.09	59	－1.19583
	80	—	—	—	—
A0505	1	997.135741	1 856.568618	220	－0.861902
	40	111 631.467158	63 312.033456	181	0.432848
	80	205 805.390071	53 654.627356	141	0.739294
A0605	1	88.68132	950.3346	105	－9.71629
	40	3 048.392	4 993.604	66	－0.63811
	80	—	—	—	—
A0705	1	209.3128	653	238	－2.12184
	40	22 625.55	13 018	199	0.424635
	80	51 180.65	21 948	159	0.571169

续表

合约名称	套保期限（交易日）	VAR（Δs）	VAR（Δd）	样本数量	套保有效度 1－VAR(Δd)/VAR(Δs)
A0805	1	6 071.821	7 862.399	120	－0.2949
	40	185 452.7	73 887.9	81	0.601581
	80	12 724.39	20 507.46	41	－0.61167
A0307	1	2 285.21	3 399.146	35	－0.48745
	40	—	—	—	—
	80	—	—	—	—
A0407	1	749.791	3 372.942	88	－3.49851
	40	125 297.3	19 883.53	49	0.841309
	80	—	—	—	—
A0507	1	864.0134	1 628.977	237	－0.88536
	40	105 767.8	61 084.91	198	0.422462
	80	148 524.8	53 250.56	158	0.64147
A0607	1	172.0784	979.2471	51	－4.6907
	40	—	—	—	—
	80	—	—	—	—
A0707	1	309	881	185	－1.85359
	40	12 770	12 635	146	0.010519
	80	14 145	17 074	106	－0.20707
A0807	1	6 787.868	8 060.468	107	－0.18748
	40	99 227.66	138 655.4	68	－0.39735
	80	—	—	—	—
A0309	1	629.6099	1 733.743	48	－1.75368
	40	—	—	—	—
	80	—	—	—	—
A0409	1	510.1847	1 704.311	103	－2.34058
	40	13 183.23	29 526.02	64	－1.23966
	80	—	—	—	—
A0509	1	807.4912	1 579.908	243	－0.95656
	40	21 673.59	41 774.95	204	－0.92746
	80	32 629.58	68 285.46	164	－1.09275

续表

合约名称	套保期限（交易日）	VAR（Δs）	VAR（Δd）	样本数量	套保有效度 1 - VAR(Δd)/VAR(Δs)
A0609	1	216.3368	504.533	84	-1.33216
	40	1 389.192	6 093.182	45	-3.38613
	80	—	—	—	—
A0709	1	349.038	1 174.879	235	-2.36605
	40	13 194.7	12 751.66	196	0.033577
	80	18 435.86	12 880.17	156	0.301353
A0809	1	2 139.719	7 092.952	76	-2.3149
	40	10 819.22	45 727.63	37	-3.22652
	80	—	—	—	—
A0311	1	3 516.167	3 311.189	78	0.058296
	40	30 696.49	85 761.03	39	-1.79384
	80	—	—	—	—
A0411	1	1 970.482	2 701.974	96	-0.37122
	40	99 369.36	127 688.4	57	-0.28499
	80	—	—	—	—
A0511	1	157.6695	904.5095	242	-4.73674
	40	15 876.84	27 283.01	203	-0.71842
	80	26 587.11	52 400.58	163	-0.9709
A0611	1	226.7754	2 366.991	109	-9.4376
	40	4 602.816	6 599.325	70	-0.43376
	80	4 344.368	6 422.507	30	-0.47835
A0711	1	488.3691	1 655.532	230	-2.38992
	40	39 169.22	19 480.11	191	0.502668
	80	65 436.42	20 602.79	151	0.685148
A0811	1	578.0303	7 176.383	33	-11.4152
	40	—	—	—	—
	80	—	—	—	—

附表 1.2　　不同套保期限下黄大豆一号套保有效度

（大连）

合约名称	套保期限（交易日）	VAR（Δs）	VAR（Δd）	样本数量	套保有效度 1 - VAR(Δd)/ VAR(Δs)
A0401	1	1 250. 499783	2 821. 50405620	118	-1. 256301117
	40	23 875. 43006	66 685. 0353781	79	-1. 7930402
	80	4 852. 361673	7 374. 36167341	39	-0. 5197469
A0501	1	542. 72	1 843. 38	213	-2. 39654
	40	84 408. 40	134 634. 90	174	-0. 59504
	80	105 870. 16	350 108. 08	143	-2. 30696
A0601	1	177. 8148	1 118. 219	110	-5. 28867
	40	3 456. 66	7 616. 169	71	-1. 20333
	80	2 219. 785	7 522. 473	31	-2. 38883
A0701	1	92. 0357	578. 2783	236	-5. 2832
	40	14 566. 17	9 711. 659	197	0. 333273
	80	24 459. 285	8 916. 184	157	0. 635468
A0801	1	798. 5472	3 439. 186	119	-3. 3068
	40	30 341. 63	90 541. 2	80	-1. 98406
	80	16 909. 679	28 497. 42564	40	-0. 68527
A0303	1	1 735. 888	2 370. 522	44	-0. 3656
	40	—	—	—	—
	80	—	—	—	—
A0403	1	1 095. 895	2 516. 743	123	-1. 29652
	40	28 234. 925	40 458. 201	84	-0. 43291
	80	9 180. 7611	11 270. 603	44	-0. 22763
A0503	1	487. 7771	1 488. 282	220	-2. 05115
	40	32 846	81 432. 35	181	-1. 47922
	80	50 555. 82	157 109. 4	141	-2. 10764
A0603	1	306. 30	1 437. 31	85	-3. 69244
	40	11 352. 13	6 359. 33	46	0. 439811
	80	—	—	—	—
A0703	1	166. 5928	844. 2436	202	-4. 06771
	40	20 317. 314	9 696. 86	163	0. 522729
	80	52 880. 981	6 276. 12	123	0. 881316

续表

合约名称	套保期限（交易日）	VAR（Δs）	VAR（Δd）	样本数量	套保有效度 1－VAR(Δd)/VAR(Δs)
A0803	1	3 072.724	5 177.319	113	－0.68493
	40	64 948.76	109 747.0433	74	－0.68975
	80	38 794.742	12 526.07487	34	0.677119
A0305	1	1 150.338	1 578.085	46	－0.37184
	40	—	—	—	—
	80	—	—	—	—
A0405	1	367.0103	2 105.242	98	－4.73619
	40	34 562.30	72 665.99	59	－1.10246
	80	—	—	—	—
A0505	1	421.2453	1 319.335	220	－2.13199
	40	52 674.199	26 813.64058	181	0.490953
	80	103 627.5988	19 073.99007	141	0.815937
A0605	1	64.79853	958.0562	105	－13.7852
	40	2 717.879	4 747.758	66	－0.74686
	80	—	—	—	—
A0705	1	151.686	619.9409	238	－3.087
	40	18 111.979	11 777.011	199	0.349767
	80	37 430.02	13 576.21	159	0.637291
A0805	1	3 309.244	5 416.091	120	－0.63666
	40	151 824.44	71 324.49	81	0.530217
	80	8 984.76	17 451.09	41	－0.9423
A0307	1	976.9748	1 894.659	35	－0.93931
	40	—	—	—	—
	80	—	—	—	—
A0407	1	540	3 557	88	－5.58356
	40	101 966	18 633	49	0.817263
	80	—	—	—	—
A0507	1	358	1 143	237	－2.19433
	40	49 935	26 374	198	0.471836
	80	92 022	28 154	158	0.694049

续表

合约名称	套保期限（交易日）	VAR（Δs）	VAR（Δd）	样本数量	套保有效度 1－VAR(Δd)/VAR(Δs)
A0607	1	100.0784314	955.6470588	51	－8.5489812
	40	—	—	—	—
	80	—	—	—	—
A0707	1	213	857	185	－3.02948
	40	10 203	10 154	146	0.004765
	80	11 781	16 201	106	－0.37523
A0807	1	3 766	5 853	107	－0.5542
	40	96 442	137 471	68	－0.4254
	80	60 662	42 495	28	0.29948
A0309	1	431.21	1 720.98	48	－2.99108
	40	—	—	—	—
	80	—	—	—	—
A0409	1	433	1 748	103	－3.03484
	40	5 978	27 958	64	－3.67705
	80	—	—	—	—
A0509	1	284	1 139	242	－3.0158903
	40	15 286	47 951	203	－2.1369565
	80	22 430	82 192	163	－2.6644024
A0609	1	130	433	84	－2.3392
	40	779	7 360	45	－8.45362
	80	—	—	—	—
A0709	1	290	1 140	235	－2.93116
	40	14 313	10 752	196	0.248819
	80	16 613	12 493	156	0.24799
A0809	1	1 241.0526316	6 372.7557895	76	－4.1349601
	40	13 796.5465465	47 808.4729730	37	－2.4652493
	80	—	—	—	—
A0311	1	1 564	2 878	78	－0.83947
	40	22 650	61 764	39	－1.72688
	80	—	—	—	—

续表

合约名称	套保期限（交易日）	VAR（Δs）	VAR（Δd）	样本数量	套保有效度 1－VAR(Δd)/VAR(Δs)
A0411	1	697	1 357	96	－0.94716
	40	40 818	64 732	57	－0.58586
	80	—	—	—	—
A0511	1	143	925	242	－5.48659
	40	12 590.85	36 047.23	203	－1.86297
	80	15 493	72 469	163	－3.67743
A0611	1	143	528	109	－2.70563
	40	3 298	7 027	70	－1.13054
	80	4 121	5 678	30	－0.37791
A0711	1	454.29	1 639.67	230	－2.60928
	40	43 890.45	14 686.73	191	0.665378
	80	76 838.48	15 190.19	151	0.80231
	120	67 311.20	20 474.71	111	0.69582
A0811	1	540.5303030	6 796.1931818	33	－11.5731955
	40	—	—	—	—
	80	—	—	—	—

附表 1.3　　不同套保期限下黄大豆二号套保有效度

合约名称	套保期限（交易日）	VAR（Δs）	VAR（Δd）	样本数量	套保有效度 1－VAR(Δd)/VAR(Δs)
B0701	1	363.9595	3 182.939	130	－7.74531
	40	35 438.36	24 358.02	91	0.312665
	80	40 668.31	13 883.69	51	0.658612
B0801	1	1 009.944	3 427.024	138	－2.39328
	40	61 246.57	35 151.54	99	0.426065
	80	90 291.17	12 689.53	59	0.85946
B0703	1	732.1733	4 561.768	74	－5.23045
	40	39 290.25	18 676.53	35	0.524652
	80	—	—	—	—

续表

合约名称	套保期限（交易日）	VAR（Δs）	VAR（Δd）	样本数量	套保有效度 1 - VAR(Δd)/VAR(Δs)
B0803	1	1 922.581	9 261.627	124	-3.81729
	40	36 106.78	35 672.7	85	0.012022
	80	10 006.77	44 754.62	45	-3.47244
B0605	1	206.8654	1 877.426	82	-8.07559
	40	8 467.885	8 779.92	43	-0.03685
	80	—	—	—	—
B0705	1	634.9895	2 786.853	103	-3.38882
	40	7 364.658	25 812.71	64	-2.50494
	80	7 899.819	10 095.26	24	-0.27791
B0805	1	3 765.353	6 865.307	175	-0.82328
	40	67 590.04	73 860.15	136	-0.09277
	80	119 174	67 161.54	96	0.436441
B0607	1	419.1225	3 152.217	74	-6.52099
	40	7 647.563	5 015.045	35	0.34423
	80	—	—	—	—
B0707	1	477.7778	5 809.919	81	-11.1603
	40	12 779.56	17 590.25	42	-0.37644
	80	—	—	—	—
B0807	1	6 592.78	8 686.859	143	-0.31763
	40	287 486.3	80 937.81	104	0.718464
	80	454 888.3	93 669.37	64	0.794083
B0609	1	165.5522	797.0283	179	-3.81436
	40	5 078.371	6 715.744	140	-0.32242
	80	4 277.865	6 188.341	100	-0.4466
B0709	1	987.9957	4 599.418	92	-3.6553
	40	22 507.91	25 156.86	53	-0.11769
	80	—	—	—	—
B0809	1	3 515.121	6 012.263	190	-0.7104
	40	118 621	104 531.6	151	0.118777
	80	133 350.1	93 120.45	111	0.301684

续表

合约名称	套保期限（交易日）	VAR （Δs）	VAR （Δd）	样本数量	套保有效度 1 - VAR(Δd)/ VAR(Δs)
B0611	1	578. 7122	1 874. 37	118	-2. 23886
	40	6 114. 086	14 628. 65	79	-1. 39261
	80	4 883. 941	18 286. 65	39	-2. 74424
B0711	1	1 736. 431	6 513. 517	84	-2. 75109
	40	38 133. 13	62 028. 61	45	-0. 62663
	80	—	—	—	—
B0811	1	20 881. 16	31 066. 73	70	-0. 48779
	40	20 497. 85	56 375. 49	31	-1. 75031
	80	—	—	—	—

附表 1. 4　　豆粕品种不同套保期限下的套保有效度

合约名称	套保期限（交易日）	VAR （Δs）	VAR （Δd）	样本数量	套保有效度 1 - VAR(Δd)/ VAR(Δs)
0401	1	1 694. 935	2 514. 02	56	-0. 48325
	40	—	—	—	—
	80	—	—	—	—
0501	1	1 599. 746	2 045. 439	242	-0. 2786
	40	203 638. 9	69 915. 17	203	0. 656671
	80	82 887. 18	62 754. 5	163	0. 242893
0601	1	1 559. 455	830. 251	237	0. 467602
	40	34 027. 25	22 807. 13	198	0. 329739
	80	33 997. 67	41 931. 95	158	-0. 23338
0701	1	361. 6856	930. 8242	237	-1. 57357
	40	18 607. 4	20 687. 69	198	-0. 1118
	80	34 897. 75	51 555. 85	158	-0. 47734
0801	1	1 068. 323	1 724. 455	236	-0. 61417
	40	93 388. 88	12 478. 07	197	0. 866386
	80	238 903. 9	22 972. 08	157	0. 903844

续表

合约名称	套保期限（交易日）	VAR（Δs）	VAR（Δd）	样本数量	套保有效度 1 - VAR(Δd)/VAR(Δs)
0403	1	3 107.457	3 275.509	141	-0.05408
	40	117 017.8	22 147.63	102	0.810733
	80	24 792.41	12 162.79006	62	0.509415
0503	1	1 669.161	2 238.152	240	-0.34088
	40	118 553.5	47 006.05	201	0.603503
	80	114 591.9	67 772.16	161	0.408578
0603	1	780.5677	1 533.559	221	-0.96467
	40	15 094.75	14 983.73	182	0.007355
	80	11 167.9	12 636.1	142	-0.13147
0703	1	457.8061	721.665	220	-0.57635
	40	17 351.57	13 008.44	181	0.250302
	80	20 176.55	15 546.08	141	0.229497
0803	1	1 304.843	1 656.723	230	-0.26967
	40	87 174.52	21 308.27	191	0.755568
	80	149 036.6	27 403.05	151	0.816132
0405	1	3 253.69	3 438.54	173	-0.05681
	40	143 314	33 432.68	134	0.766717
	80	70 955.63	46 656.16	94	0.34246
0505	1	1 149.189	1 623.817	240	-0.41301
	40	78 678.64	36 045.33	201	0.541866
	80	130 469.8	63 516.62	161	0.51317
0605	1	502.8722	969.7072	231	-0.92834
	40	13 417.25	5 246.475	192	0.608975
	80	12 060.98	6 740.257	152	0.441152
0705	1	433.7225	690.3973	235	-0.59179
	40	27 452.85	7 989.505	196	0.708974
	80	7 990.802	9 272.956	156	-0.16045
0805	1	1 649.203	2 174.833	236	-0.31872
	40	98 906.28	31 058.77	197	0.685978
	80	233 540.9	70 395.6	157	0.698573

续表

合约名称	套保期限（交易日）	VAR（Δs）	VAR（Δd）	样本数量	套保有效度 1－VAR(Δd)/VAR(Δs)
0607	1	379.0155	1 018.192	193	－1.68641
	40	15 030.76	4 527.551	154	0.698781
	80	12 748.67	6 984.262	114	0.452158
0707	1	659.4941	1 101.356	222	－0.67
	40	30 363.67	9 222.59	183	0.696262
	80	7 487.088	8 440.389	143	－0.12733
0807	1	1 994.798	4 198.209	230	－1.10458
	40	124 754.9	55 296.81	191	0.556756
	80	189 458.4	106 862.5	151	0.435958
0308	1	702.4082	1 211.873	50	－0.72531
	40	—	—	—	—
	80	—	—	—	—
0408	1	3 338.31	4 168.836	210	－0.2488
	40	279 555	33 232.04	171	0.88113
	80	336 779	36 252.91	131	0.89235
0508	1	925.0378	1 392.612	239	－0.50546
	40	79 329.89	18 420.79	200	0.767795
	80	112 424.6	15 062.86	160	0.866018
0608	1	374.3674	1 089.122	224	－1.90923
	40	13 141.64	5 243.554	185	0.600997
	80	12 743.47	9 118.329	145	0.28447
0708	1	852.9662	1 210.048	198	－0.41864
	40	32 559.22	11 822.3	159	0.636899
	80	18 555.22	7 461.082	119	0.597898
0808	1	1 909.491	3 286.719	214	－0.72125
	40	119 601.3	44 067.14	175	0.63155
	80	106 932.1	38 304.9	135	0.641783
0309	1	2 787.938	1 648.629	73	0.408656
	40	7 056.417	7 724.685	34	－0.0947
	80	—	—	—	—

续表

合约名称	套保期限（交易日）	VAR（Δs）	VAR（Δd）	样本数量	套保有效度 1－VAR(Δd)/VAR(Δs)
0409	1	3 069.331	3 918.601	227	－0.2767
	40	250 874.2	36 484.33		0.854571
	80	349 204.8	35 260.16		0.899027
0509	1	1 007.568	1 522.986	238	－0.51155
	40	65 681.53	17 075.32	199	0.740029
	80	88 242.4	18 223.06	159	0.793489
0609	1	282.535	754.5252	235	－1.67055
	40	12 436.64	7 194.168	196	0.421534
	80	11 481.67	10 240.89	156	0.108066
0709	1	847.2533	879.281	232	－0.0378
	40	48 235.16	16 816.05	193	0.651374
	80	46 219.95	19 395.73	153	0.58036
0809	1	2 035.385	3 358.077	195	－0.64985
	40	120 646.2	44 216.22	156	0.633505
	80	13 263.77	83 065.7	116	0.840322
0311	1	4 301.88	4 978.43	77	－0.15727
	40	86 581.01	20 101.79	38	0.767827
	80	—	—	—	—
0411	1	1 908.222	2 515.014	240	－0.31799
	40	242 298.7	56 123.29	201	0.768372
	80	330 241.8	43 645.23	161	0.867839
0511	1	809.2156	1 347.666	239	－0.6654
	40	49 645.47	22 812.36	200	0.540495
	80	48 577.79	40 967.47	160	0.156663
0611	1	292.123	702.5903	233	－1.40512
	40	15 096.41	14 989.74	194	0.007066
	80	23 591.02	38 524.86	154	－0.63303
0711	1	976.1534	1 568.409	230	－0.60672
	40	98 152.09	20 639.47	191	0.78972
	80	172 093.9	19 273.25	151	0.888007

续表

合约名称	套保期限（交易日）	VAR（Δs）	VAR（Δd）	样本数量	套保有效度 1－VAR(Δd)/VAR(Δs)
0811	1	2 237.808	3 114.273	157	－0.39166
	40	149 340.5	32 919.5	118	0.779567
	80	116 400.1	20 825.24	78	0.821089
0512	1	677.1498	2 242.522	46	－2.31171
	40	—	—	—	—
	80	—	—	—	—
0612	1	656.814	1 926.485	140	－1.93308
	40	34 270.36	44 995.25	101	－0.31295
	80	52 043.66	55 317.05	61	－0.0629
0712	1	1 204.701	1 856.628	184	－0.54115
	40	130 987	17 767.72	145	0.864355
	80	210 857.7	19 544.46	105	0.90731
0812	1	3 333.46	4 216.468	102	－0.26489
	40	136 789.4	15 480.8	63	0.886828
	80	—	—	—	—

附表 1.5　　　　豆油品种不同套保期限下的套保有效度

合约名称	套保期限（交易日）	VAR（Δs）	VAR（Δd）	样本数量	套保有效度 1－VAR(Δd)/VAR(Δs)
Y0701	1	3 471.551	5 184.079	191	－0.4933
	40	306 424.7	20 653.39	152	0.932599
	80	417 881.5	26 225.8	112	0.937241
Y0801	1	8 536.725	12 292.08	202	－0.43991
	40	336 816.2	92 162.63	163	0.726371
	80	418 729.7	81 104.19	123	0.806309
Y0703	1	4 911.323	10 743.43	139	－1.18748
	40	375 970.1	42 115.03	100	0.887983
	80	73 408.36	50 381.57	60	0.313681

续表

合约名称	套保期限（交易日）	VAR（Δs）	VAR（Δd）	样本数量	套保有效度 1 - VAR(Δd)/VAR(Δs)
Y0803	1	52 341.85	47 774.89	133	0.087253
	40	837 050.7	250 416	94	0.700835
	80	1 198 142	351 837.7	54	0.706347
Y0605	1	249.1346	14 274.74	65	-56.2973
	40	—	—	—	—
	80	—	—	—	—
Y0705	1	4 193.184	9 289.18	201	-1.2153
	40	459 281.6	160 913.2	162	0.649641
	80	747 824.5	301 790.5	122	0.596442
Y0805	1	33 482.21	42 916.41	235	-0.28177
	40	2 398 055	350 331.7	196	0.85391
	80	2 282 529	409 489.3	156	0.820598
Y0607	1	261.8747	5 442.792	93	-19.784
	40	3 454.403	10 796.07	54	-2.12531
	80	—	—	—	—
Y0707	1	6 878.448	9 910.26	184	-0.44077
	40	589 200.6	233 708.8	145	0.603346
	80	468 163.6	388 087.5	105	0.171043
Y0807	1	37 693.07	48 509.38	221	-0.28696
	40	3 042 723	627 376.1	182	0.793811
	80	6 206 959	1 214 464	142	0.804338
Y0608	1	630.8182	5 531.353131	101	-7.76854
	40	21 182.73	22 485.75738	62	-0.06151
	80	—	—	—	—
Y0708	1	10 739.256	18 608.26338	122	-0.73273
	40	254 849.63	128 284.697	83	0.496626
	80	376 358.14	236 732.9922	43	0.37099
Y0808	1	51 076.85	58 581.69458	175	-0.14693
	40	4 656 364	935 277.8856	136	0.79914
	80	8 174 340	1 589 338.889	96	0.80557

续表

合约名称	套保期限（交易日）	VAR（Δs）	VAR（Δd）	样本数量	套保有效度 1－VAR(Δd)/VAR(Δs)
Y0609	1	448.7421	2 319.772956	160	－4.1695
	40	22 034.41	5 233.065565	121	0.762505
	80	36 135.4	8 078.516049	81	0.776438
Y0709	1	7 813.939	12 798.82731	220	－0.63795
	40	317 244.2	144 227.7257	181	0.545373
	80	389 742.7	126 130.0211	141	0.676376
Y0809	1	42 135.28	54 822.48	193	－0.30111
	40	3 414 013	831 861.7	154	0.756339
	80	6 958 434	1 730 851	114	0.751259
Y0611	1	1 853.74	2 953.800621	180	－0.59343
	40	36 352.14	13 942.79514	141	0.616452
	80	70 071.33	16 560.96634	101	0.763656
Y0711	1	6 721.247	10 663.22778	186	－0.5865
	40	203 391.1	85 547.49828	147	0.579394
	80	142 904.8	62 139.37789	107	0.56517
Y0811	1	59 514.39	75 639.74268	139	－0.27095
	40	3 910 372	834 150.7794	100	0.786683
	80	1 909 946	494 516.3966	60	0.741084
Y0612	1	12 167.42	14 213.54335	91	－0.16816
	40	222 304.8	58 090.273	52	0.738691
	80	—	—	—	—
Y0712	1	12 763.76	26 144.78121	112	－1.04836
	40	131 645.1	55 788.0761	73	0.576224
	80	217 402.3	62 048.41667	43	0.714592
Y0812	1	338 102.6	316 484.0676	71	0.063941
	40	1 379 231	737 812.9637	32	0.465055
	80	—	—	—	—

附表 1.6　　　　玉米品种不同套保期限下的套保有效度

（白城）

合约名称	套保期限（交易日）	VAR（Δs）	VAR（Δd）	样本数量	套保有效度 1 - VAR(Δd)/VAR(Δs)
C0501	1	38.7218	107.6459	77	-1.77998
	40	1 458.321	577.756	38	0.603821
	80	—	—	—	—
C0601	1	7.978831	93.7713	223	-10.7525
	40	383.2947	2 701.004	184	-6.04681
	80	865.7343	4 239.514	144	-3.89702
C0701	1	34.05311	231.9703	238	-5.81201
	40	3 067.387	3 226.705	199	-0.05194
	80	2 533.851	6 648.289	159	-1.62379
C0801	1	39.82336	162.41	237	-3.07826
	40	59.7344	183.644	198	-2.07434
	80	2 467.941	5 559.151	148	-1.25255
C0503	1	29.79405	92.29664	108	-2.09782
	40	1 203.751	824.7839	69	0.314822
	80	—	—	—	—
C0603	1	12.74604	117.2934	233	-8.20234
	40	557.1951	2 544.143	194	-3.56598
	80	632.9004	5 917.537	154	-8.34987
C0703	1	30.48755	189.5831	241	-5.21838
	40	3 144.229	4 962.292	202	-0.57822
	80	3 558.485	8 699.365	162	-1.44468
C0803	1	39.54828	193.136	231	-3.88355
	40	3 894.197	6 650.886	192	-0.7079
	80	2 151.133	8 694.885	152	-3.042
C0505	1	24.13141	114.0913	153	-3.72792
	40	1 440.956	1 719.497	114	-0.1933
	80	2 437.468	846.3978	74	0.652755
C0605	1	15.59863	174.8728	236	-10.2108
	40	660.6495	2 930.132	197	-3.43523
	80	807.8638	2 705.494	157	-2.34895

续表

合约名称	套保期限（交易日）	VAR（Δs）	VAR（Δd）	样本数量	套保有效度 1－VAR(Δd)/VAR(Δs)
C0705	1	30.11855	164.113	240	－4.4489
	40	3 365.318	5 293.81	201	－0.57305
	80	4 944.72	5 845.324	161	－0.18213
C0805	1	45.76843	213.3424	239	－3.66134
	40	3 913.646	7 335.709	200	－0.87439
	80	4 028.455	8 652.777	160	－1.14791
C0507	1	20.89878	112.2491	192	－4.37108
	40	1 188.295	3 527.145	153	－1.96824
	80	2 375.98	1 607.637	113	0.323379
C0607	1	20.07329	186.1771	227	－8.27487
	40	1 288.213	3 729.885	188	－1.8954
	80	1 385.089	8 808.119	148	－5.35924
C0707	1	34.16649	212.3741	237	－5.21586
	40	3 543.447	5 244.323	198	－0.48001
	80	3 700.77	7 400.541	158	－0.99973
C0807	1	38.4083	250.1869	240	－5.51388
	40	5 659.244	8 132.356	201	－0.437
	80	8 308.3	14 370.09	161	－0.72961
C0509	1	17.13804	96.66764	234	－4.64053
	40	979.7357	4 223.775	195	－3.31114
	80	1 846.477	7 576.006	155	－3.10295
C0609	1	19.29461	146.9138	242	－6.61424
	40	1 264.834	5 497.97	203	－3.34679
	80	642.604	14 060.53	163	－20.8805
	120	1 533.44	14 716.09	123	－8.59678
C0709	1	36.76031	204.6374	239	－4.5668
	40	4 870.945	6 064.591	200	－0.24505
	80	3 293.77	10 392.25	160	－2.15512
C0809	1	43.21454	280.0913	197	－5.48141
	40	7 120.229	6 520.122	158	0.084282
	80	11 006.11	12 523.16	118	－0.13784

续表

合约名称	套保期限（交易日）	VAR（Δs）	VAR（Δd）	样本数量	套保有效度 1－VAR(Δd)/VAR(Δs)
C0511	1	14.90318	104.5622	269	－6.0161
	40	837.2584	3 910.755	230	－3.67091
	80	1 522.25	7 154.531	190	－3.69997
C0611	1	26.20365	165.9372	231	－5.3326
	40	1 049.016	4 053.475	192	－2.86408
	80	959.7377	4 806.681	152	－4.00833
C0711	1	32.29061	188.1554	231	－4.82694
	40	2 258.941	4 869.357	192	－1.15559
	80	1 692.367	4 715.783	152	－1.7865
C0811	1	44.71698113	269.7405	160	－5.032172117
	40	8 684.917355	10 239.55	121	－0.179003973
	80	12 750.67901	15 040.13	81	－0.179555361

附表 1.7　　　玉米品种不同套保期限下的套保有效度

（大连）

合约名称	套保期限（交易日）	VAR（Δs）	VAR（Δd）	样本数量	套保有效度 1－VAR(Δd)/VAR(Δs)
C0501	1	27.85373	88.71224	77	－2.18493
	40	1 677.169	703.4744	38	0.580559
	80	—	—	—	—
C0601	1	21.04189	98.99653	223	－3.70473
	40	1 048.001	2 377.775	184	－1.26887
	80	986.1888	3 930.365	144	－2.98541
C0701	1	41.96894	247.7381	238	－4.90289
	40	4 703.156	2 738.659	199	0.417698
	80	3 960.694	4 723.695	159	－0.19264
C0801	1	39.82336	162.41	237	－2.34589
	40	59.7344	183.644	198	0.482726
	80	2 521.6556	4 956.344	158	－0.965512

续表

合约名称	套保期限（交易日）	VAR（Δs）	VAR（Δd）	样本数量	套保有效度 1－VAR(Δd)/VAR(Δs)
C0503	1	23.27795	82.64451	108	－2.55033
	40	1 102.121	645.6513	69	0.414174
	80	—	—	—	—
C0603	1	26.93133	124.9233	233	－3.63858
	40	1 402.599	2 238.687	194	－0.5961
	80	864.2221	5 842.117	154	－5.75997
C0703	1	36.66321	198.4177	241	－4.4119
	40	4 294.737	4 471.718	202	－0.04121
	80	5 747.585	6 298.799	162	－0.0959
C0803	1	55.99473	195.1217	231	－2.48464
	40	3 273.427	5 568.059	192	－0.70099
	80	2 962.247	6 683.615	152	－1.25626
C0505	1	19.62934	100.1797	153	－4.10357
	40	1 307.957	1 638.55	114	－0.25276
	80	1 809.242	473.0907	74	0.738514
C0605	1	28.36459	178.7025	236	－5.3002
	40	1 695.68	2 191.822	197	－0.29259
	80	1 254.524	3 045.089	157	－1.42729
C0705	1	37.48954	174.357	240	－3.65082
	40	4 841.762	4 336.365	201	0.104383
	80	7 956.65	4 155.501	161	0.477732
C0805	1	57.63862	220.4075	239	－2.82396
	40	3 134.382	5 827.977	200	－0.85937
	80	5 411.557	6 964.604	160	－0.28699
C0507	1	18.84544	103.7805	192	－4.50693
	40	1 041.914	3 109.641	153	－1.98455
	80	1 834.32	1 433.951	113	0.218265
C0607	1	32.94998	196.3405	227	－4.95874
	40	2 331.892	3 016.784	188	－0.29371
	80	1 438.941	7 666.056	148	－4.32757

续表

合约名称	套保期限（交易日）	VAR（Δs）	VAR（Δd）	样本数量	套保有效度 1－VAR(Δd)/VAR(Δs)
C0707	1	37.55632	221.908	237	－4.90867
	40	4 624.994	4 536.882	198	0.019051
	80	6 963.732	4 302.761	158	0.382119
C0807	1	58.71688	267.3354	240	－3.55296
	40	3 999.448	5 243.521	201	－0.31106
	80	6 117.554	6 383.406	161	－0.04346
C0509	1	17.58923	89.68257	234	－4.09872
	40	919.7158	3 822.376	195	－3.15604
	80	1 418	6 837.825	155	－3.82216
C0609	1	31.74274	151.2292	242	－3.76421
	40	2 339.286	4 866.67	203	－1.08041
	80	785.3499	12 903.29	163	－15.43
	120	2 369.522	13 569.53	123	－4.7267
C0709	1	38.98597	215.2865	239	－4.52215
	40	5 460.744	5 100.715	200	0.06593
	80	5 379.556	7 931.092	160	－0.4743
C0809	1	65.81892	297.9717	197	－3.52714
	40	4 952.576	4 221.377	158	0.14764
	80	6 052.644	5 514.884	118	0.088847
C0511	1	19.3905	107.2439	269	－4.53074
	40	875.6427	3 652.528	230	－3.17125
	80	1 317.978	7 425.836	190	－4.63426
C0611	1	41.67137	160.5683	231	－2.8532
	40	1 694.328	3 205.398	192	－0.89184
	80	1 044.701	4 151.695	152	－2.97405
C0711	1	28.97798	190.1151	231	－5.56068
	40	1 741.263	3 922.219	192	－1.25251
	80	646.9109	3 856.299	152	－4.9611
C0811	1	44.46147799	259.7563	160	－4.842276545
	40	5 171.680441	6 778.151	121	－0.310628396
	80	8 293.919753	10 554.73	81	－0.272586902

附表 1.8　　棕榈油品种不同套保期限下的套保有效度

合约名称	套保期限（交易日）	VAR（Δs）	VAR（Δd）	样本数量	套保有效度 1 - VAR(Δd)/VAR(Δs)
P0801	1	4 164.673	10 147.2558	43	-0.589576395
	40	—	—	—	—
	80	—	—	—	—
P0802	1	—	—	—	—
	40	—	—	—	—
	80	—	—	—	—
P0803	1	—	—	—	—
	40	—	—	—	—
	80	—	—	—	—
P0804	1	—	—	—	—
	40	—	—	—	—
	80	—	—	—	—
P0805	1	67 466.95	46 108.84	129	0.316571
	40	1 993 090	136 132.4	90	0.931698
	80	972 276.6	141 342.9	50	0.854627
P0806	1	126 997	130 407.7	37	-0.02686
	40	—	—	—	—
	80	—	—	—	—
P0807	1	289 519.3	230 927.9	35	0.202375
	40	—	—	—	—
	80	—	—	—	—

附表 1.9　　LLDPE 品种不同套保期限下的套保有效度

合约名称	套保期限（交易日）	VAR（Δs）	VAR（Δd）	样本数量	套保有效度 1 - VAR(Δd)/VAR(Δs)
L0710	1	0	20 412.76	40	-无穷大
	40	—	—	—	—
	80	—	—	—	—

续表

合约名称	套保期限（交易日）	VAR（Δs）	VAR（Δd）	样本数量	套保有效度 1 - VAR(Δd)/VAR(Δs)
L0711	1	4 850.816	42 601.38	66	-7.78231
	40	—	—	—	—
	80	—	—	—	—
L0712	1	5 625	51 563.49	36	-8.16684
	40	—	—	—	—
	80	—	—	—	—
L0801	1	3 725.668	14 144.47	112	-2.79649
	40	240 259.7	395 674.7	73	-0.64686
	80	15 700.76	73 546.35	33	-3.6843
L0802	1	10 741.97	87 542.66	43	-7.149590206
	40	—	—	—	—
	80	—	—	—	—
L0803	1	5 529.297	42 090.06	75	-6.61219
	40	161 100	73 857.84	36	0.54154
	80	—	—	—	—
L0804	1	—	—	—	—
	40	—	—	—	—
	80	—	—	—	—
L0805	1	4 349.794	28 957.05	131	-5.65711
	40	119 942.2	265 634.3	92	-1.21469
	80	84 540.57	296 594.6	52	-2.50831
L0807	1	58 765.49	155 643.3	51	-1.64855
	40	—	—	—	—
	80	—	—	—	—
L0808	1	44 507.48	123 456.255	87	-1.77383
	40	—	—	—	—
	80	—	—	—	—

附录二　各品种不同合约期、现价格走势图和基差与无套利区间图

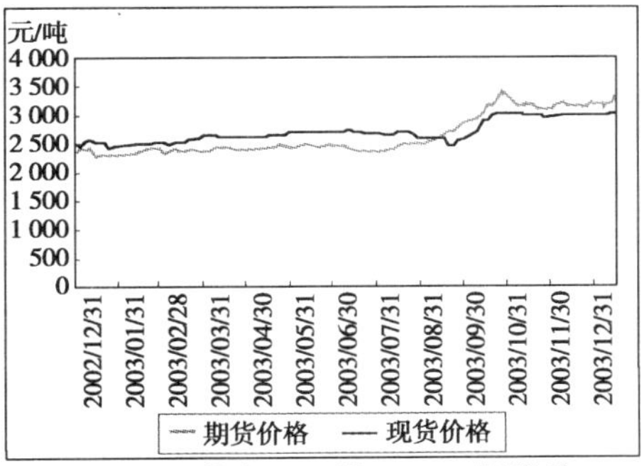

附图 2.1　黄大豆一号 A0401 期货价与现货价格走势（大连）

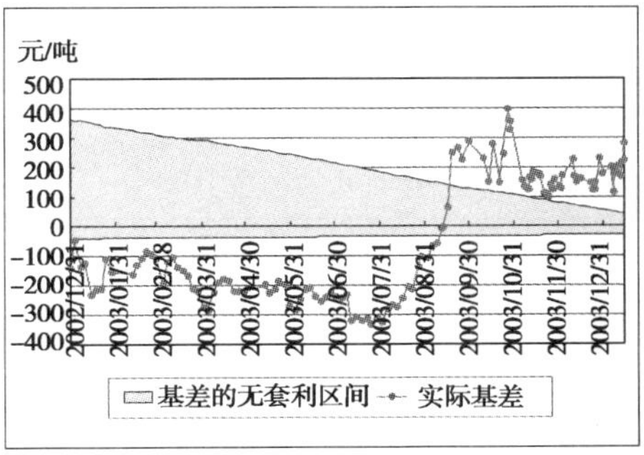

附图 2.2　黄大豆一号 A0401 基差与无套利区间（大连）

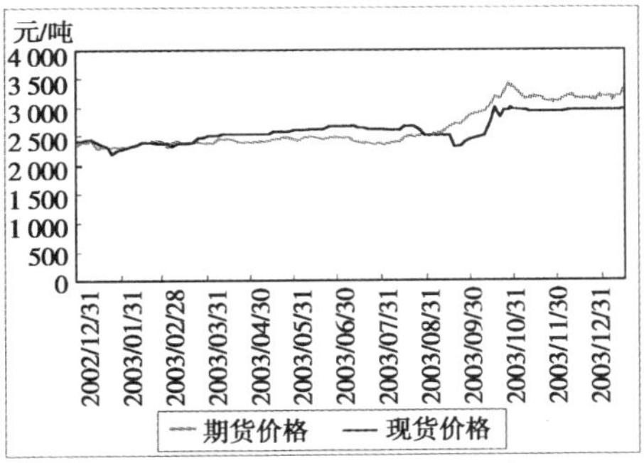

附图 2.3　黄大豆一号 A0401 期、现货价格走势（哈尔滨）

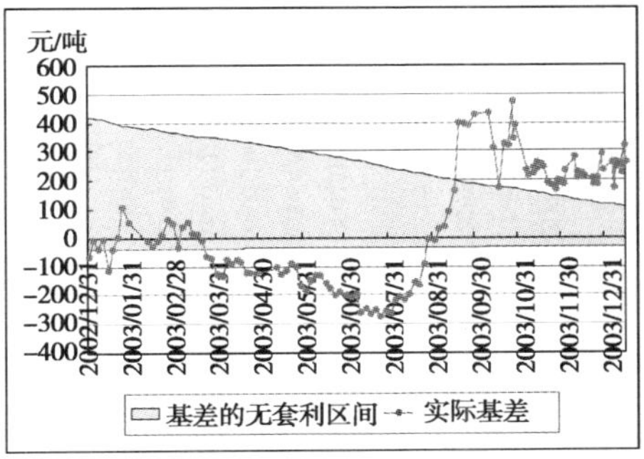

附图 2.4　黄大豆一号 A0401 基差与无套利区间（哈尔滨）

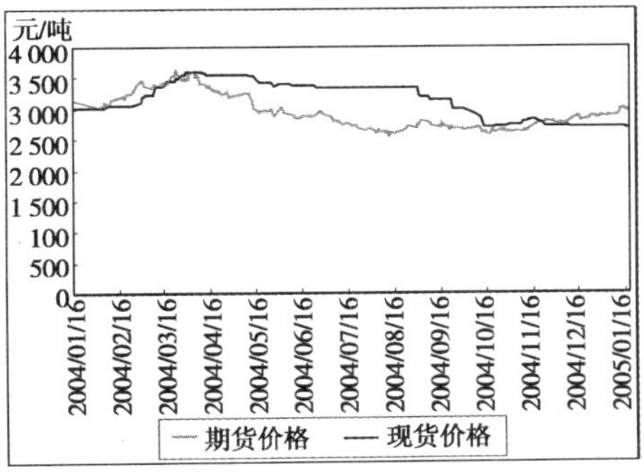

附图 2.5　黄大豆一号 A0501 期、现货价格走势（大连）

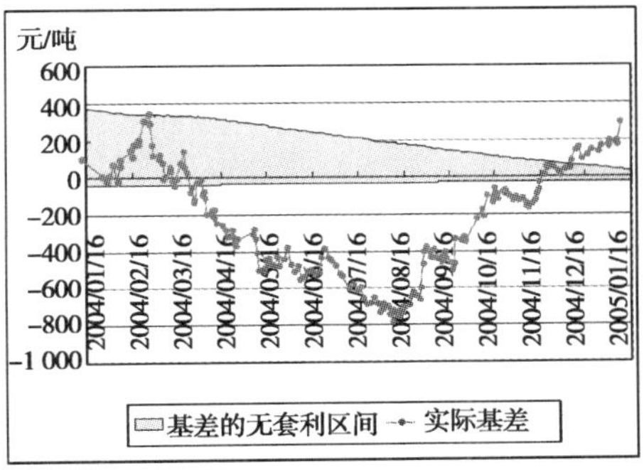

附图 2.6　黄大豆一号 A0501 基差与无套利区间（大连）

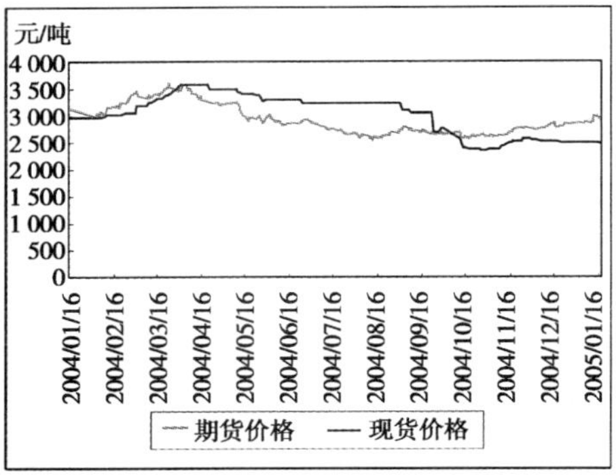

附图 2.7　黄大豆一号 A0501 期、现货价格走势（哈尔滨）

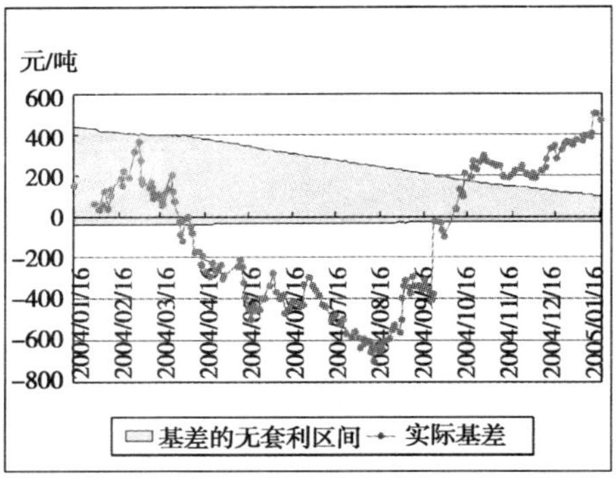

附图 2.8　黄大豆一号 A0501 基差与无套利区间（哈尔滨）

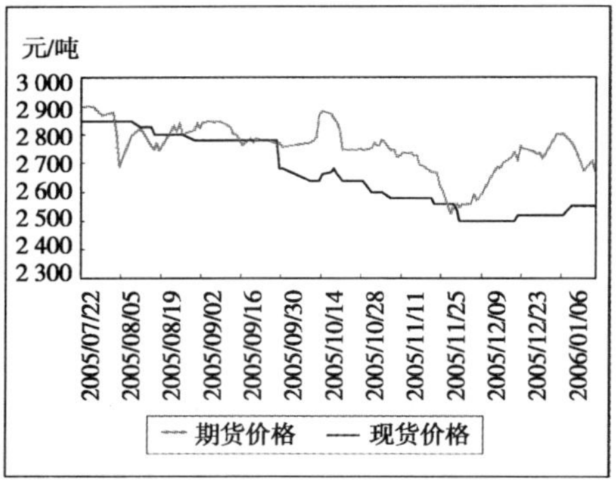

附图 2.9　黄大豆一号 A0601 期、现货价格走势（大连）

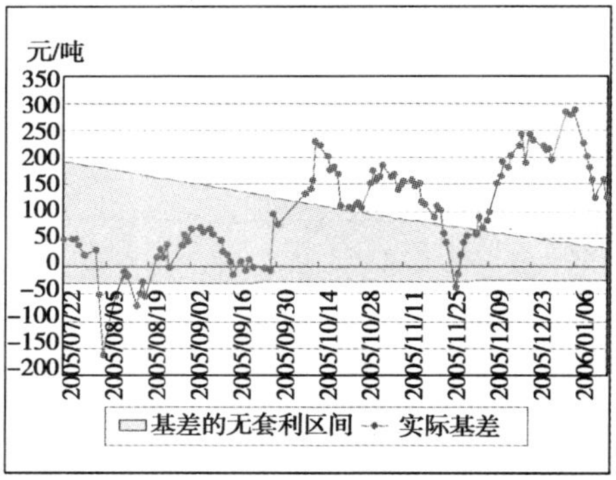

附图 2.10　黄大豆一号 A0610 基差与无套利区间（大连）

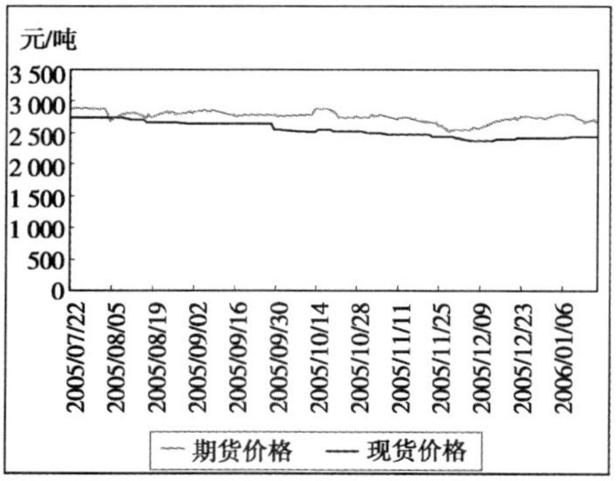

附图 2.11　黄大豆一号 A0601 期、现货价格走势（哈尔滨）

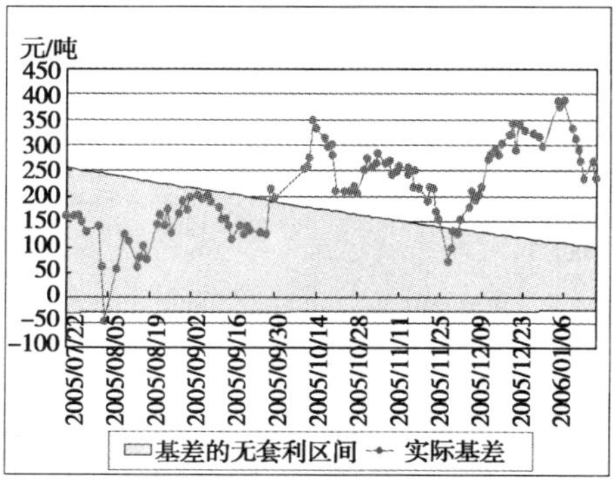

附图 2.12　黄大豆一号 A0610 基差与无套利区间（哈尔滨）

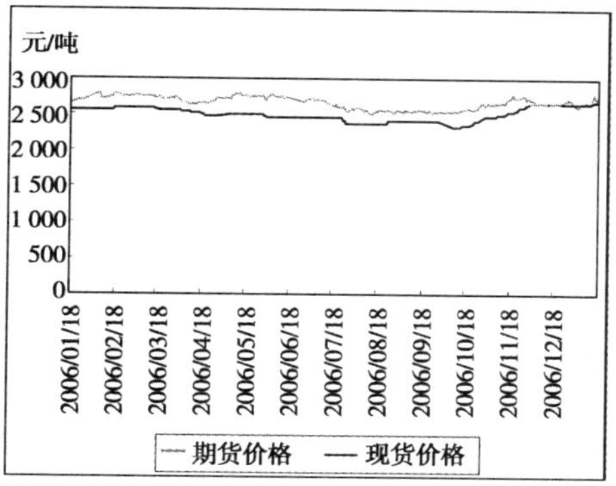

附图 2.13　黄大豆一号 A0701 期、现货价格走势（大连）

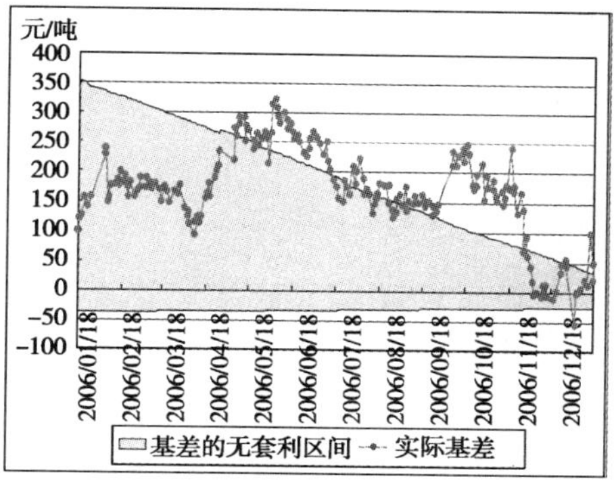

附图 2.14　黄大豆一号 A0701 基差与无套利区间（大连）

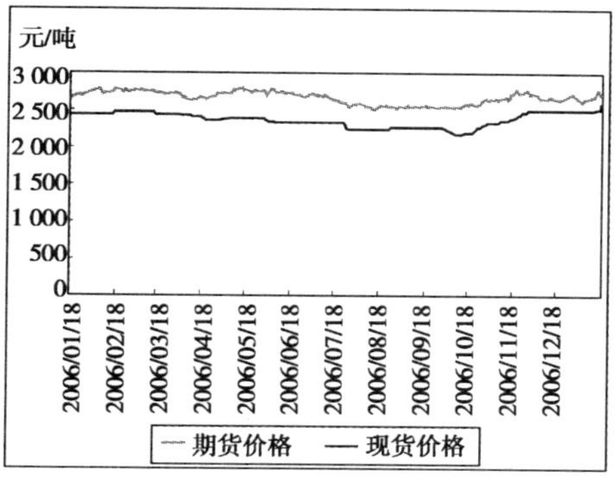

附图 2.15　黄大豆一号 A0701 期、现货价格走势（哈尔滨）

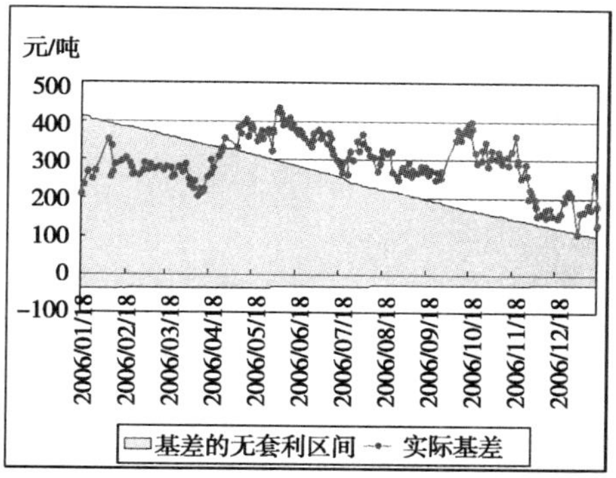

附图 2.16　黄大豆一号 A0701 基差与无套利区间（哈尔滨）

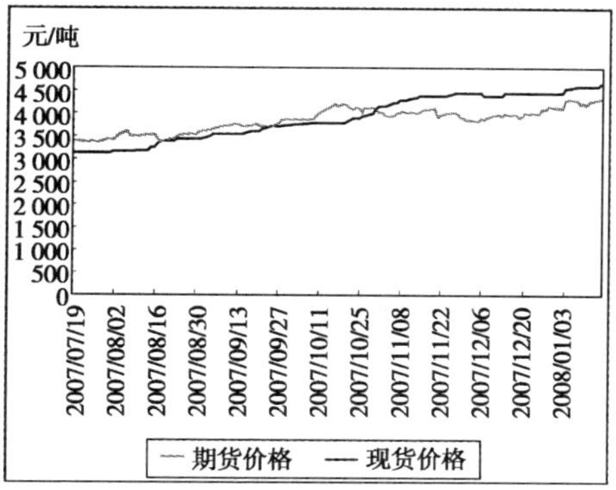

附图 2.17　黄大豆一号 A0801 期、现货价格走势（哈尔滨）

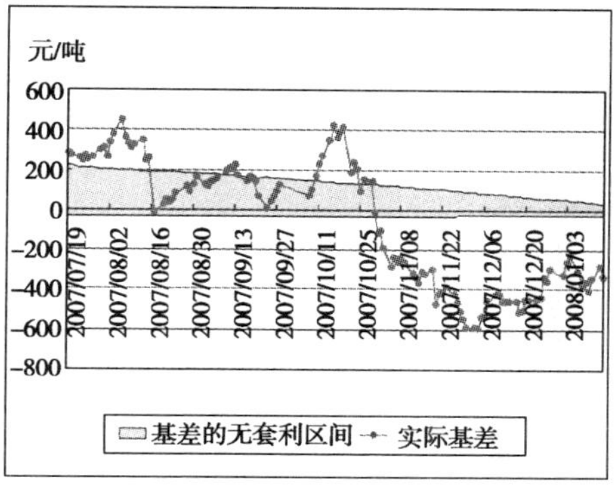

附图 2.18　黄大豆一号 A0801 基差与无套利区间（哈尔滨）

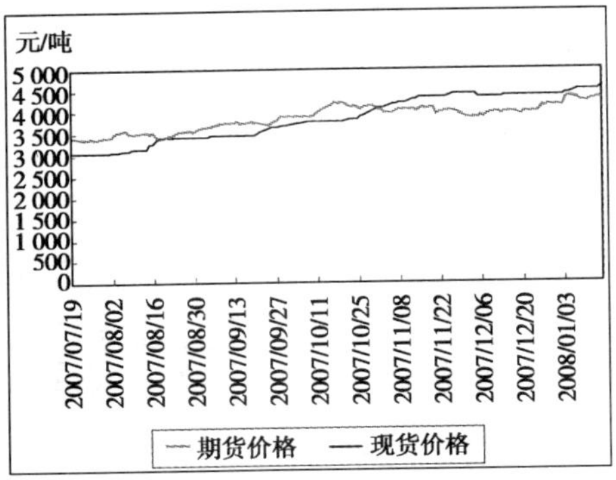

附图 2.19 黄大豆一号 A0801 期、现货价格走势(哈尔滨)

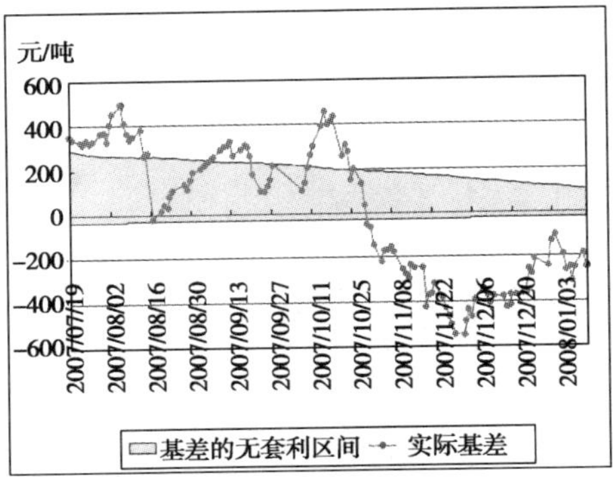

附图 2.20 黄大豆一号 A0801 基差与无套利区间(哈尔滨)

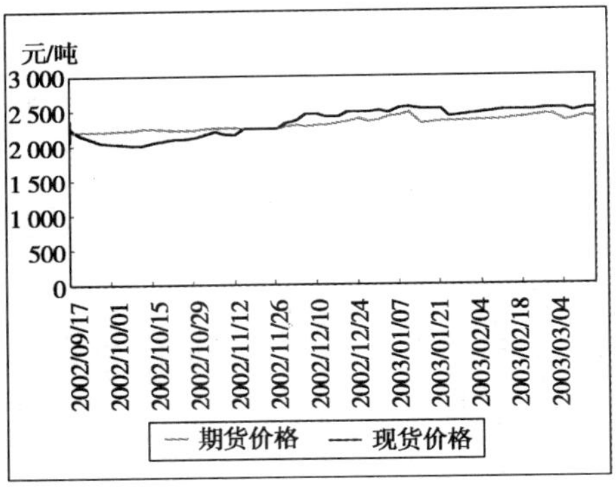

附图 2.21 黄大豆一号 A0303 期、现货价格走势(大连)

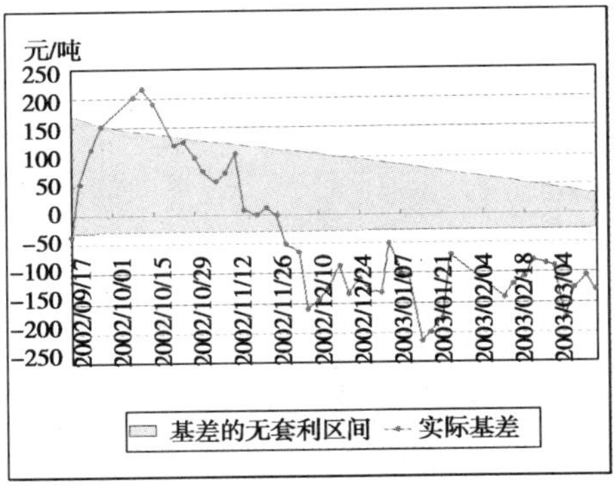

附图 2.22 黄大豆一号 A0303 基差与无套利区间(大连)

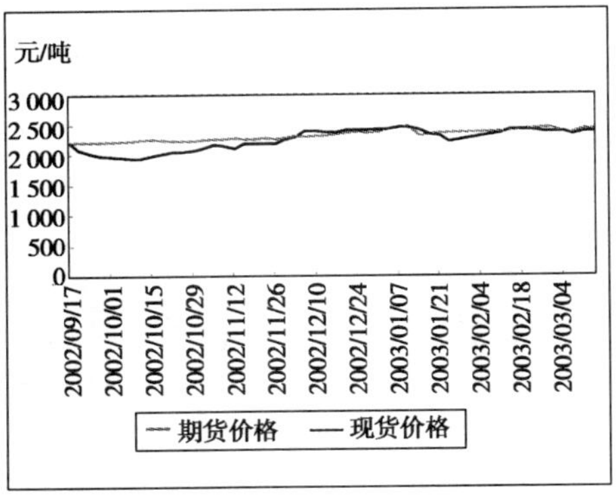

附图 2.23 黄大豆一号 A0303 期、现货价格走势(哈尔滨)

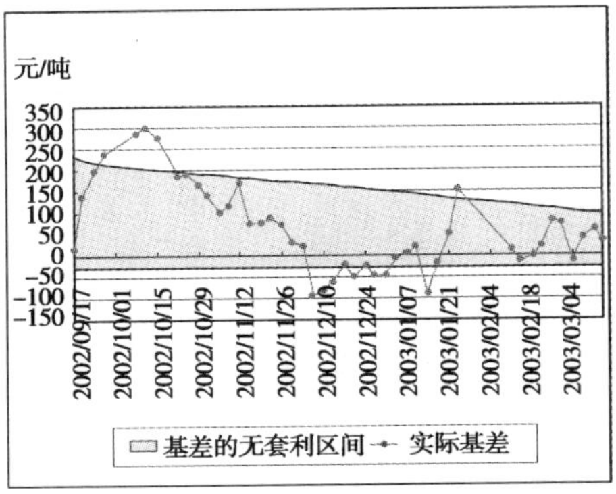

附图 2.24 黄大豆一号 A0303 基差与无套利区间(哈尔滨)

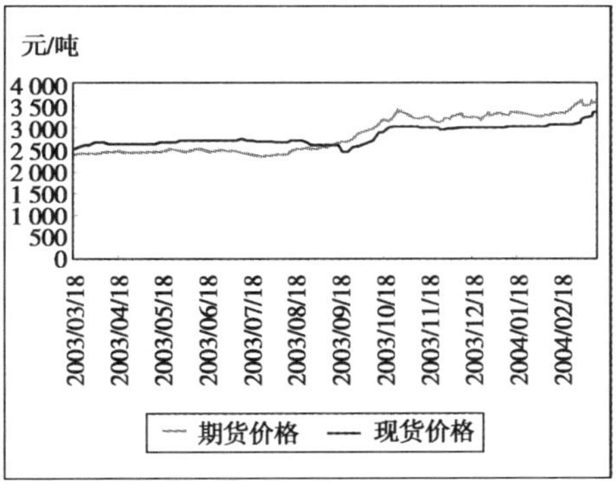

附图 2.25　黄大豆一号 A0403 期、现货价格走势（大连）

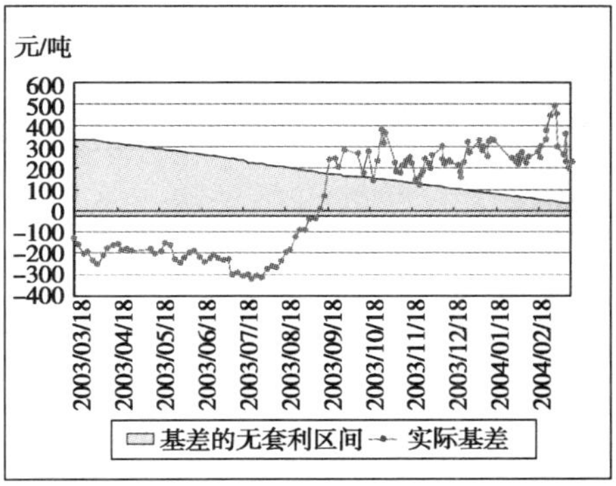

附图 2.26　黄大豆一号 A0403 基差与无套利区间（大连）

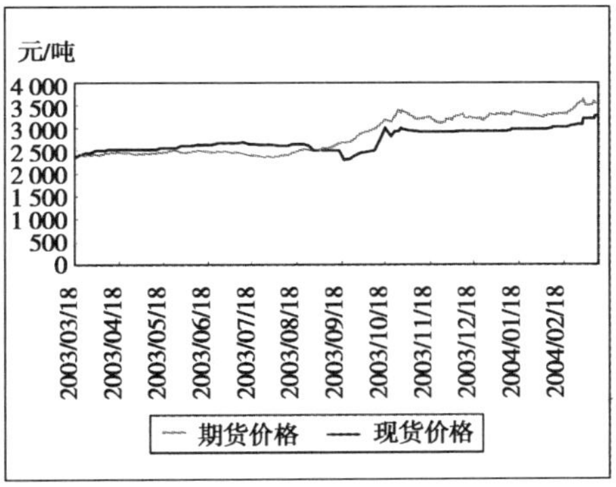

附图 2.27　黄大豆一号 A0403 期、现货价格走势（哈尔滨）

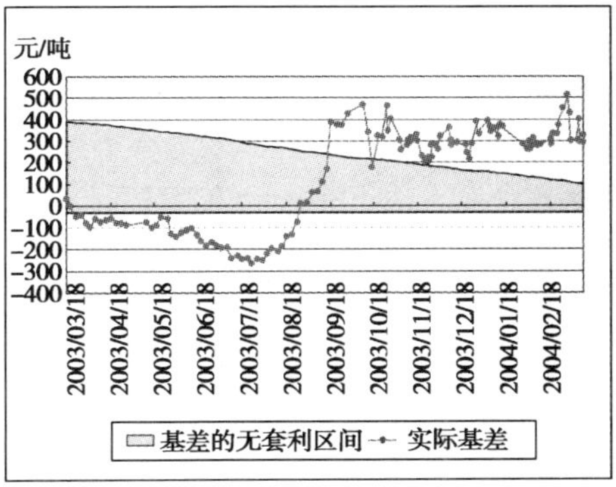

附图 2.28　黄大豆一号 A0403 基差与无套利区间（哈尔滨）

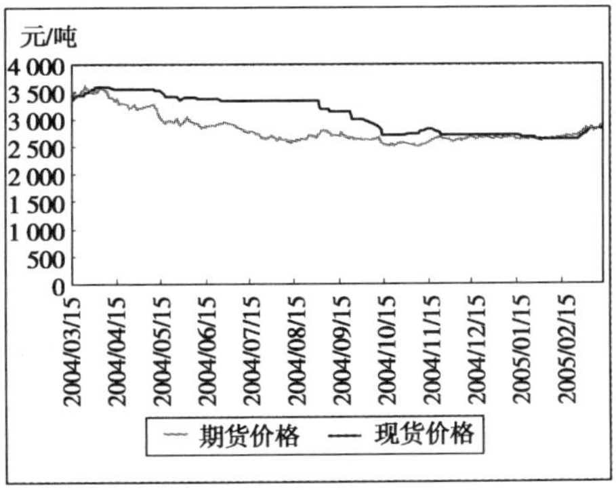

附图 2.29　黄大豆一号 A0503 期、现货价格走势（大连）

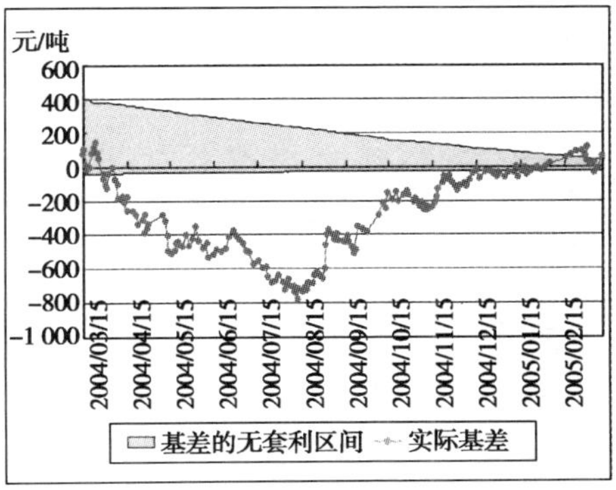

附图 2.30　黄大豆一号 A0503 基差与无套利区间（大连）

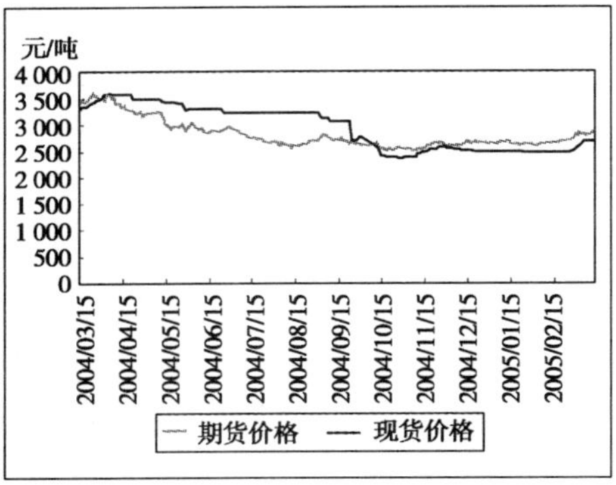

附图 2.31 黄大豆一号 A0503 期、现货价格走势(哈尔滨)

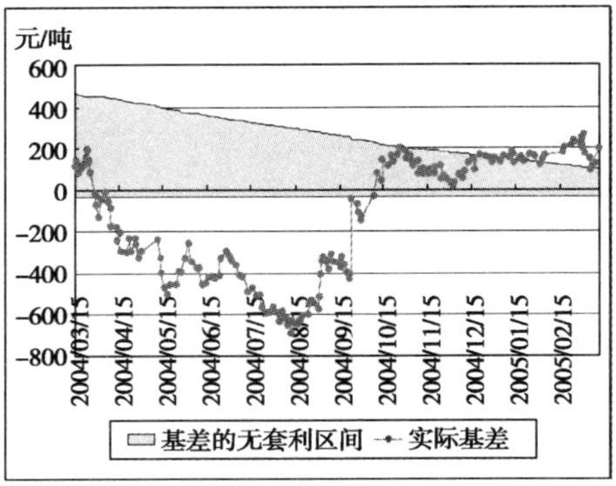

附图 2.32 黄大豆一号 A0503 基差与无套利区间(哈尔滨)

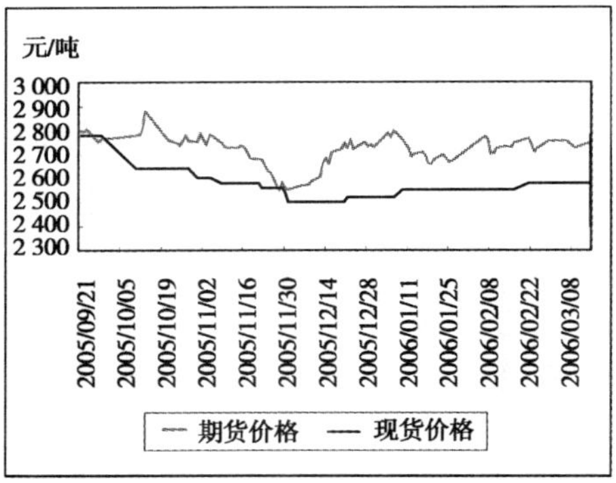

附图 2.33 黄大豆一号 A0603 期、现货价格走势(大连)

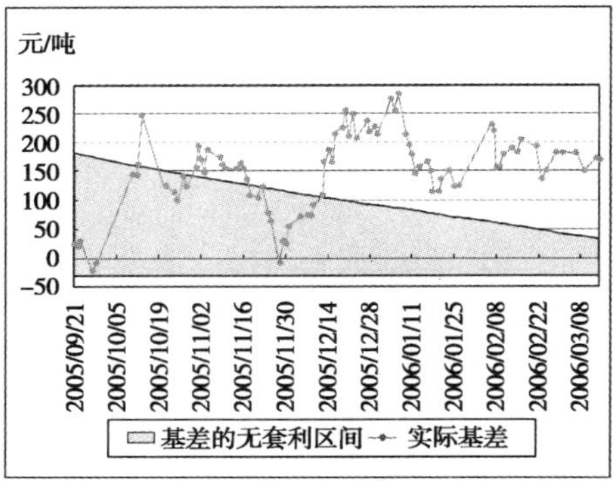

附图 2.34 黄大豆一号 A0603 基差与无套利区间(大连)

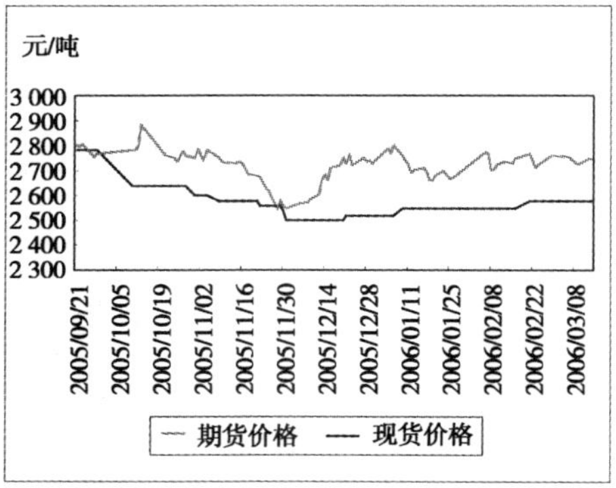

附图 2.35 黄大豆一号 A0603 期、现货价格走势(哈尔滨)

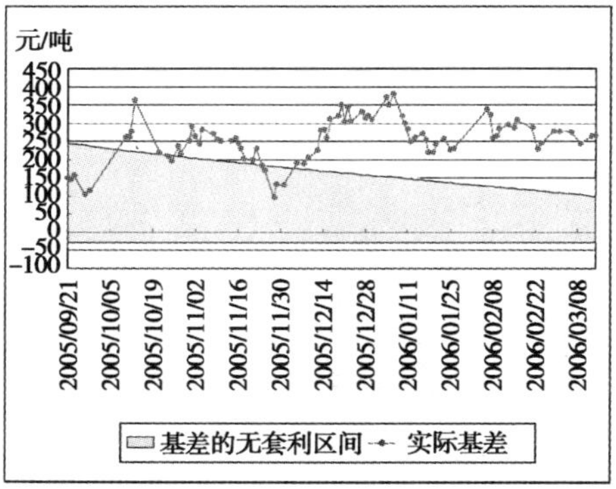

附图 2.36 黄大豆一号 A0603 基差与无套利区间(哈尔滨)

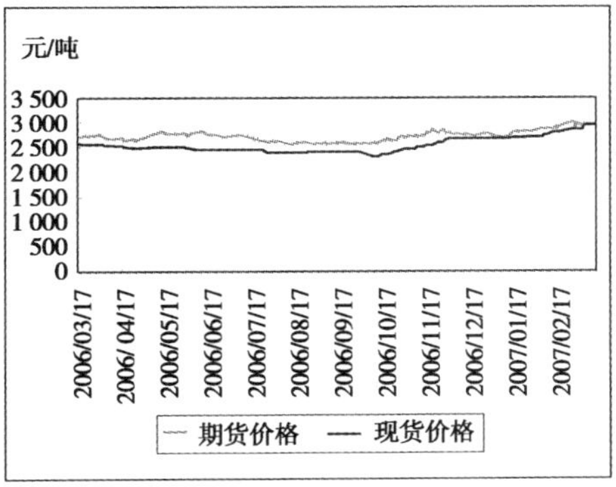

附图 2.37　黄大豆一号 A0703 期、现货价格走势(大连)

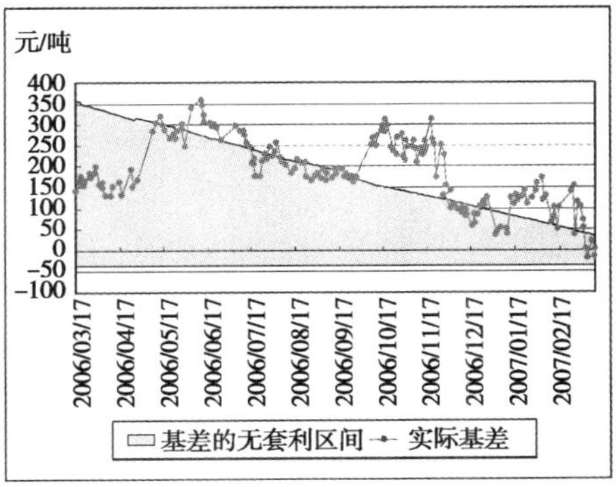

附图 2.38　黄大豆一号 A0703 基差与无套利区间(大连)

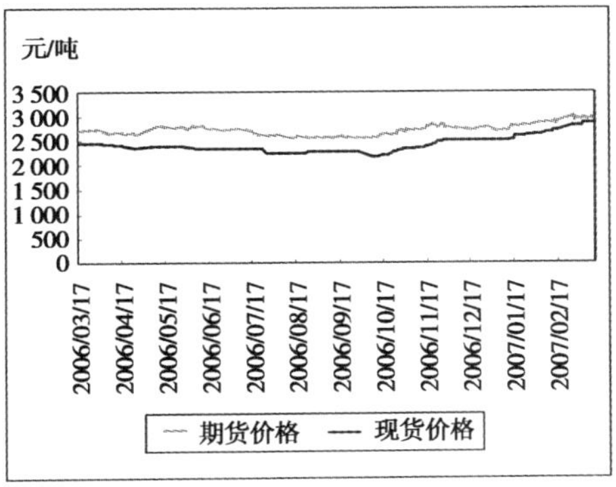

附图 2.39　黄大豆一号 A0703 期、现货价格走势(哈尔滨)

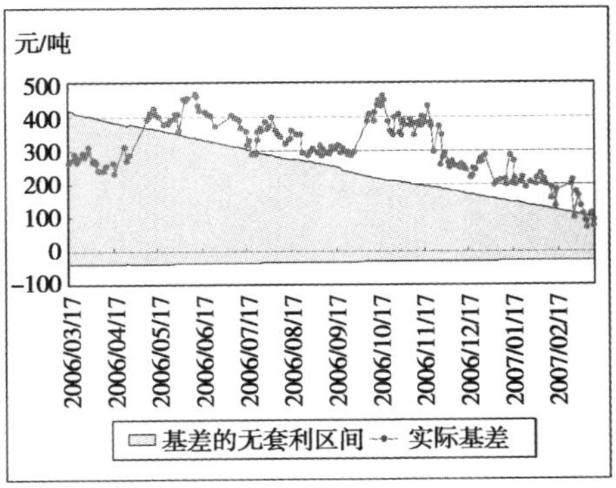

附图 2.40　黄大豆一号 A0703 基差与无套利区间(哈尔滨)

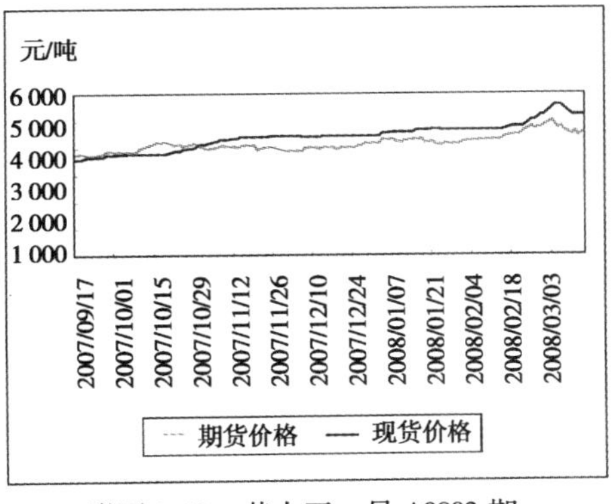

附图 2.41　黄大豆一号 A0803 期、现货价格走势(大连)

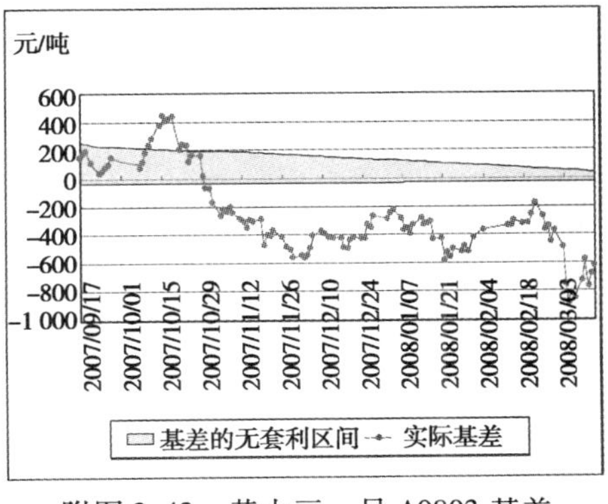

附图 2.42　黄大豆一号 A0803 基差与无套利区间(大连)

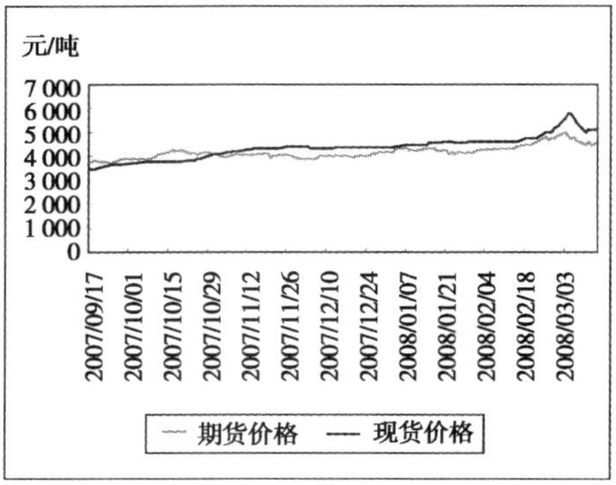

附图 2.43　黄大豆一号 A0803 期、现货价格走势（哈尔滨）

附图 2.44　黄大豆一号 A0803 基差与无套利区间（哈尔滨）

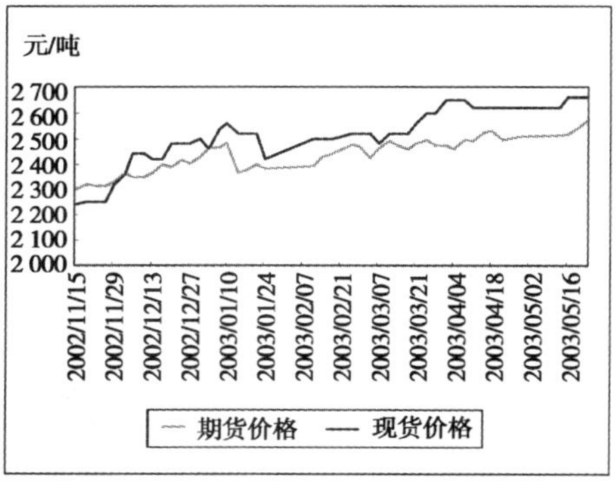

附图 2.45　黄大豆一号 A0305 期、现货价格走势（大连）

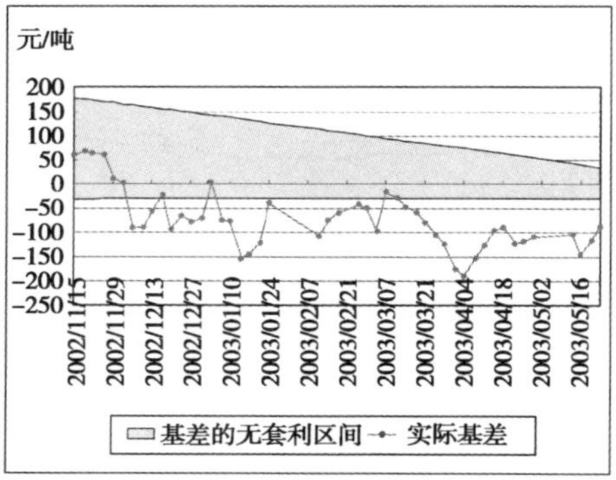

附图 2.46　黄大豆一号 A0305 基差与无套利区间（大连）

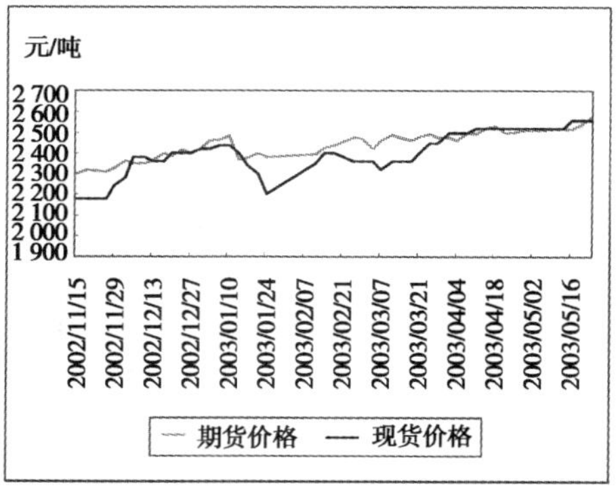

附图 2.47　黄大豆一号 A0305 期、现货价格走势（哈尔滨）

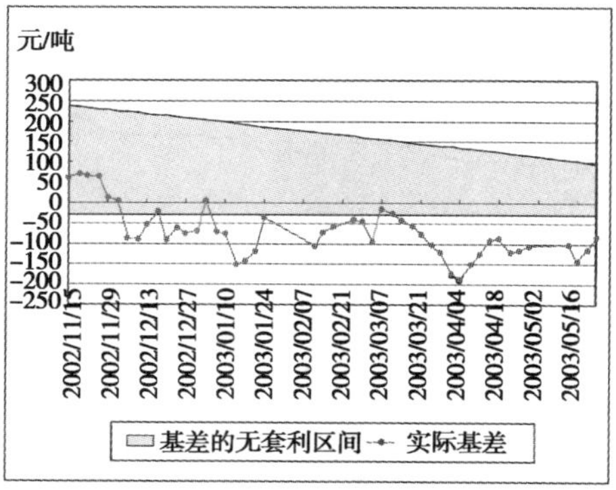

附图 2.48　黄大豆一号 A0305 基差与无套利区间（哈尔滨）

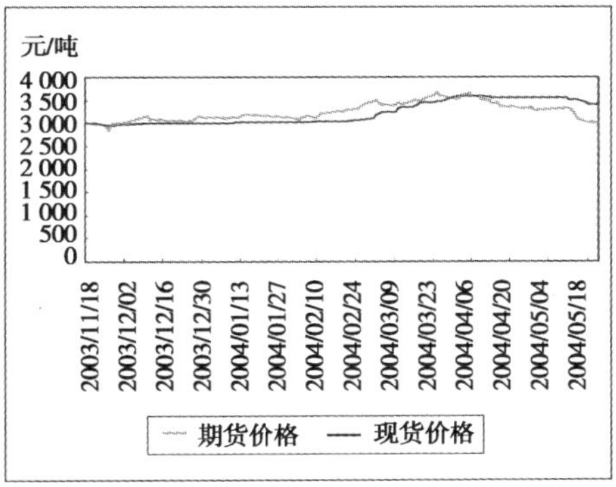

附图 2.49　黄大豆一号 A0405 期、现货价格走势（大连）

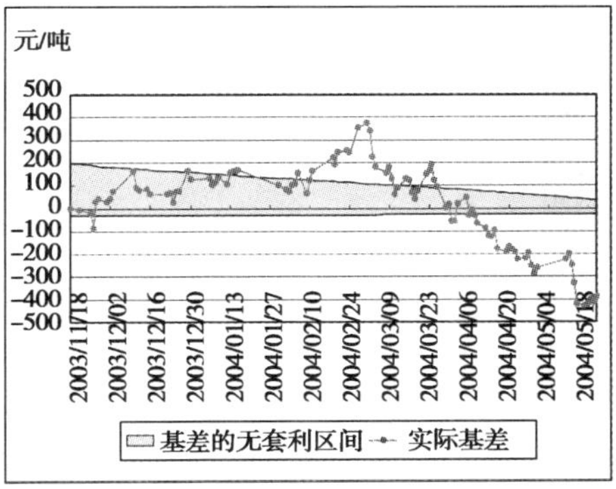

附图 2.50　黄大豆一号 A0405 基差与无套利区间（大连）

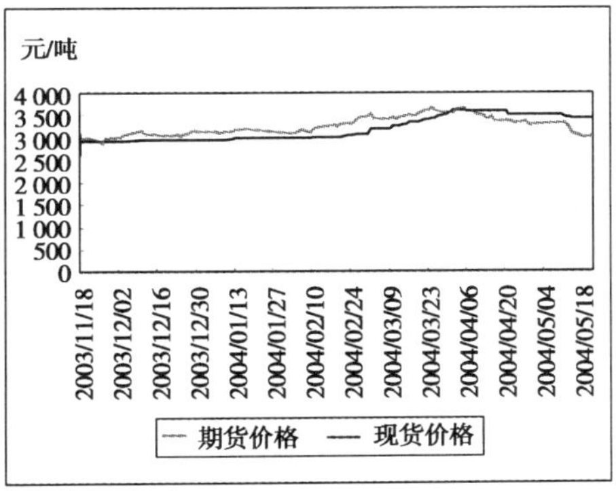

附图 2.51　黄大豆一号 A0405 期、现货价格走势（哈尔滨）

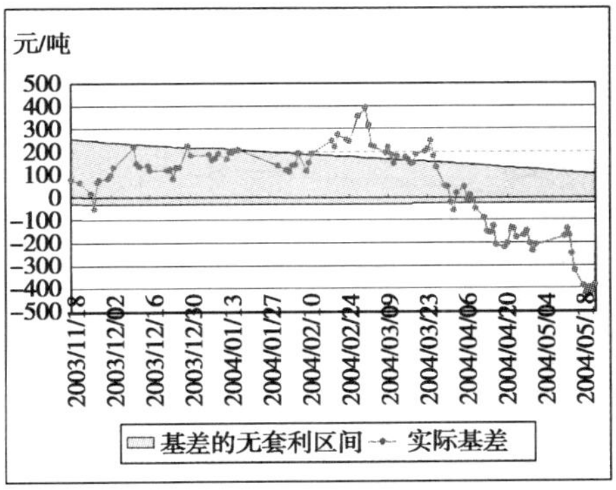

附图 2.52　黄大豆一号 A0405 基差与无套利区间（哈尔滨）

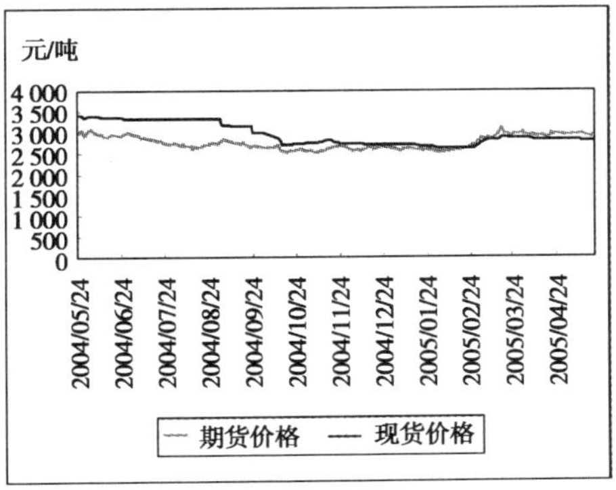

附图 2.53　黄大豆一号 A0505 期、现货价格走势（大连）

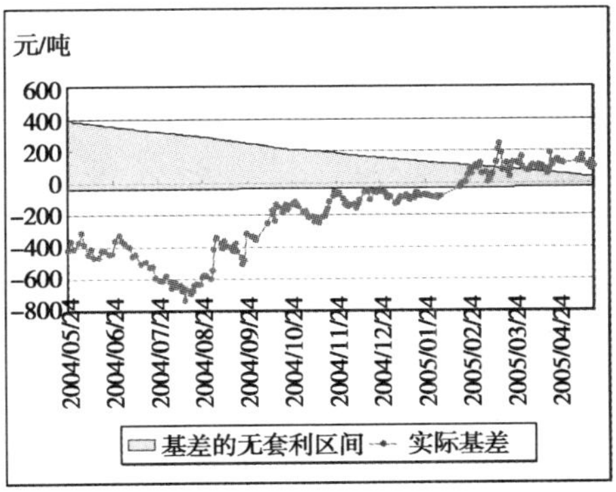

附图 2.54　黄大豆一号 A0505 基差与无套利区间（大连）

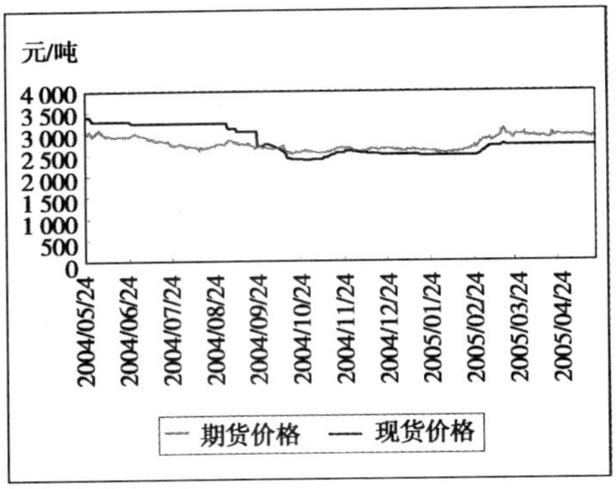

附图 2.55 黄大豆一号 A0505 期、现货价格走势(哈尔滨)

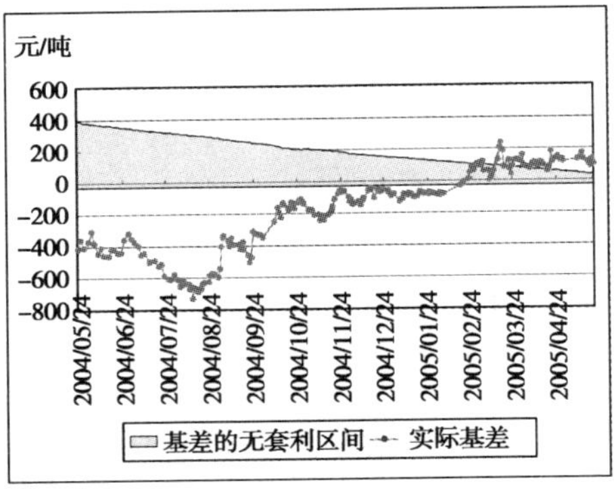

附图 2.56 黄大豆一号 A0505 基差与无套利区间(哈尔滨)

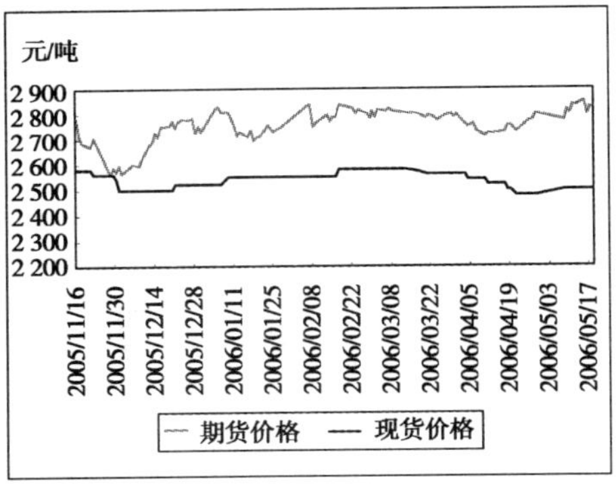

附图 2.57 黄大豆一号 A0605 期、现货价格走势(大连)

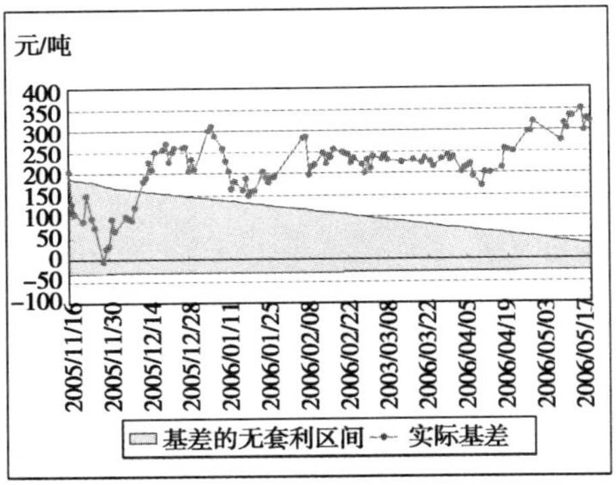

附图 2.58 黄大豆一号 A0605 基差与无套利区间(大连)

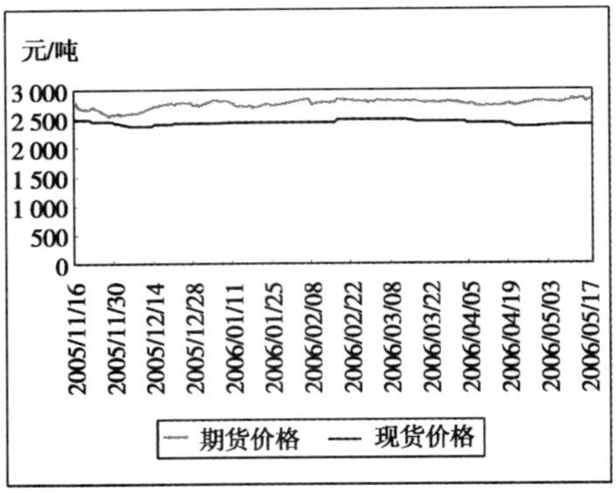

附图 2.59 黄大豆一号 A0605 期、现货价格走势(哈尔滨)

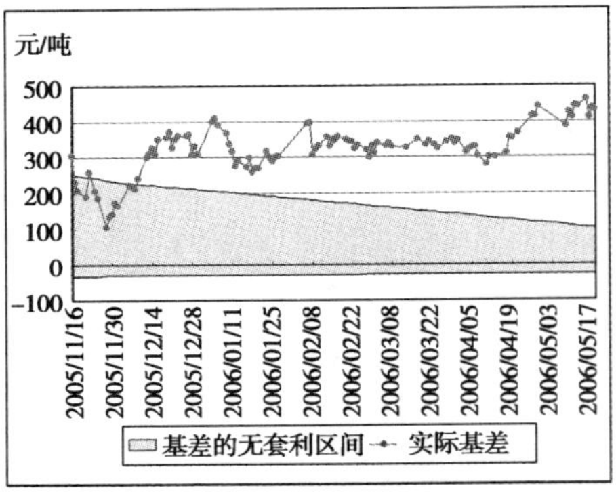

附图 2.60 黄大豆一号 A0605 基差与无套利区间(哈尔滨)

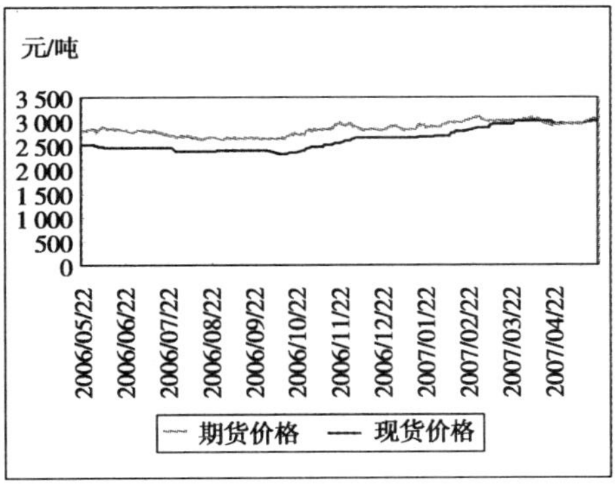

附图 2.61 黄大豆一号 A0705 期、现货价格走势(大连)

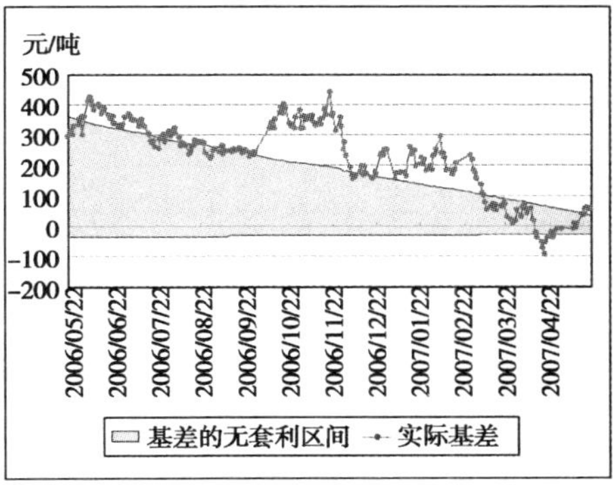

附图 2.62 黄大豆一号 A0705 基差与无套利区间(大连)

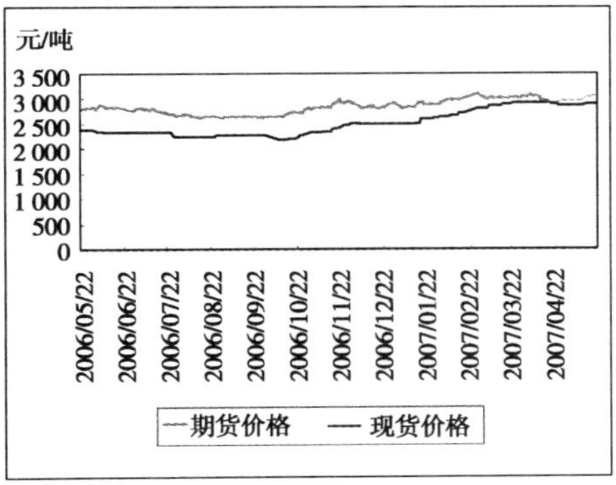

附图 2.63 黄大豆一号 A0705 期、现货价格走势(哈尔滨)

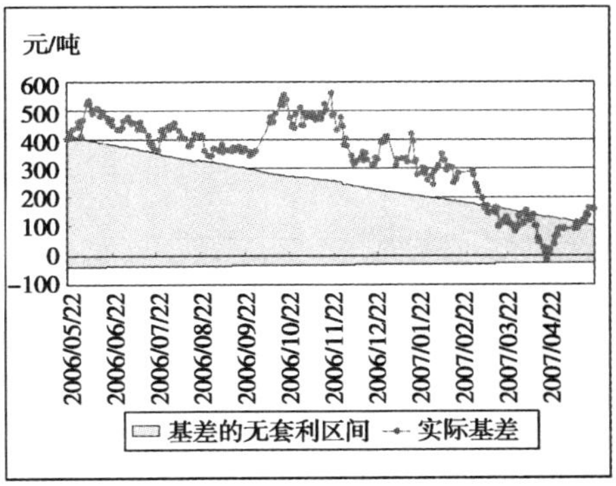

附图 2.64 黄大豆一号 A0705 基差与无套利区间(哈尔滨)

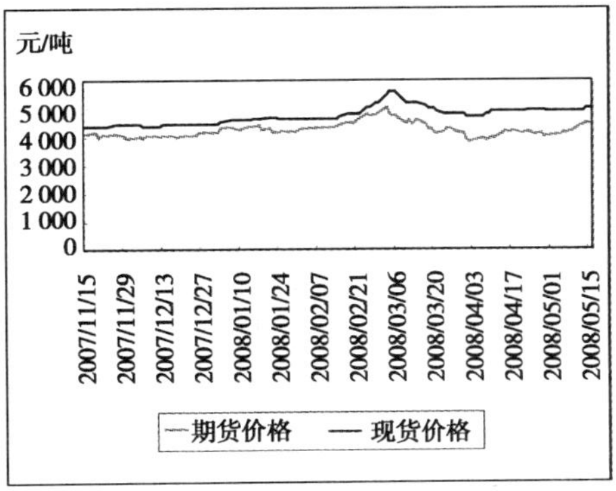

附图 2.65 黄大豆一号 A0805 期、现货价格走势(大连)

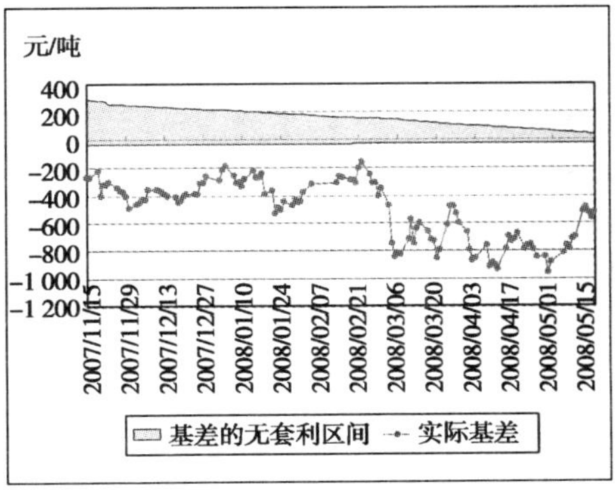

附图 2.66 黄大豆一号 A0805 基差与无套利区间(大连)

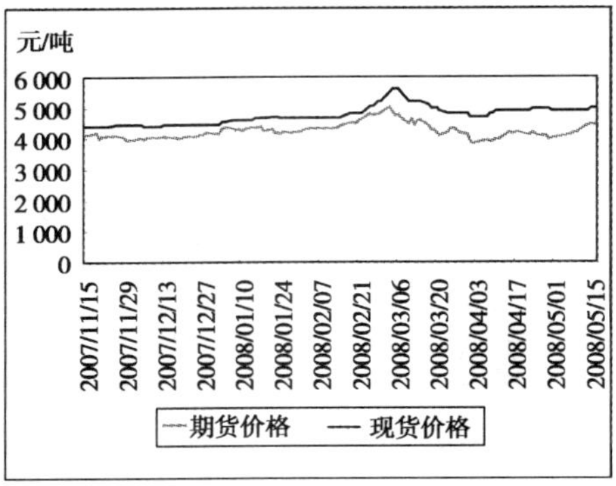

附图 2.67 黄大豆一号 A0805 期、现货价格走势（哈尔滨）

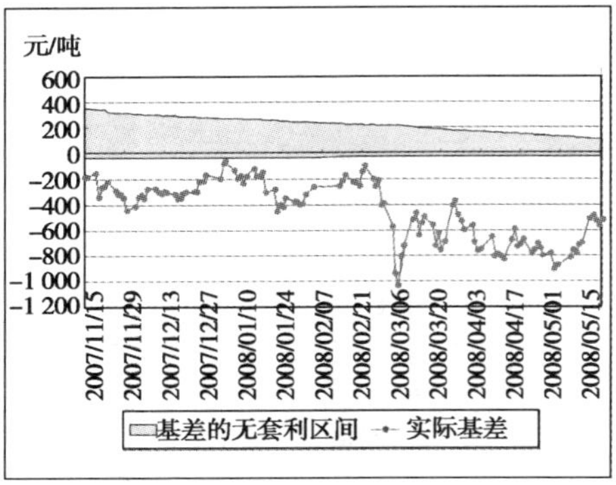

附图 2.68 黄大豆一号 A0805 基差与无套利区间（哈尔滨）

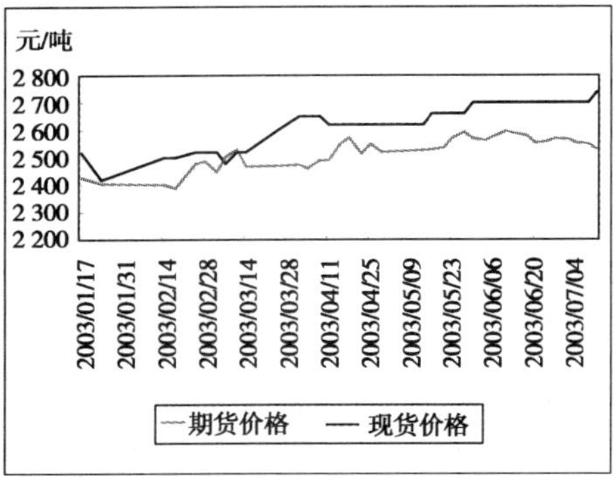

附图 2.69 黄大豆一号 A0307 期、现货价格走势（大连）

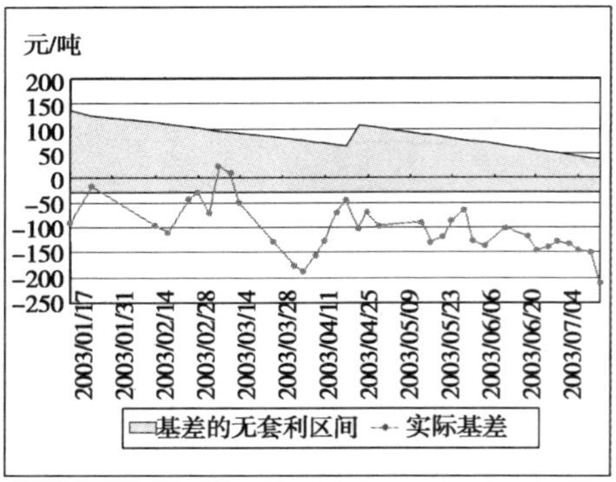

附图 2.70 黄大豆一号 A0307 基差与无套利区间（大连）

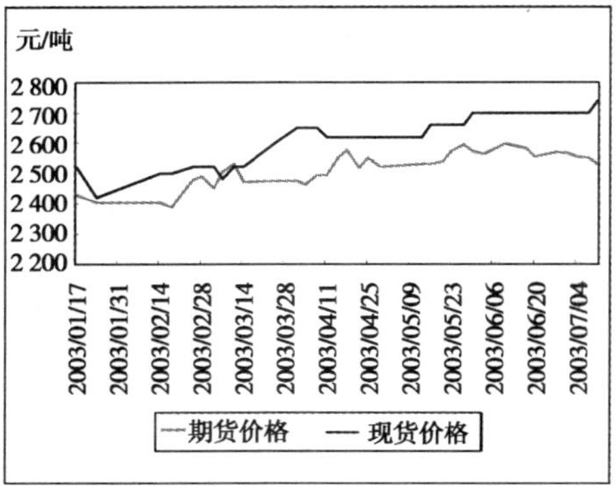

附图 2.71 黄大豆一号 A0307 期、现货价格走势（哈尔滨）

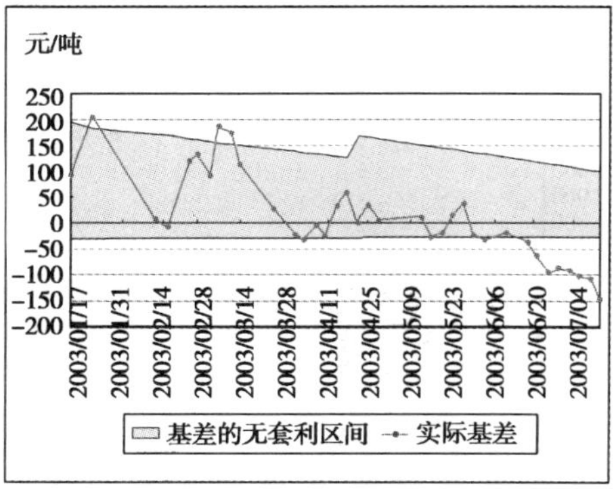

附图 2.72 黄大豆一号 A0307 基差与无套利区间（哈尔滨）

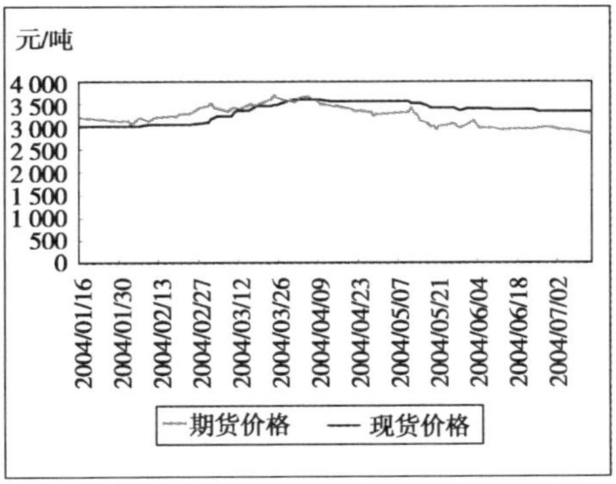

附图 2.73　黄大豆一号 A0407 期、现货价格走势（大连）

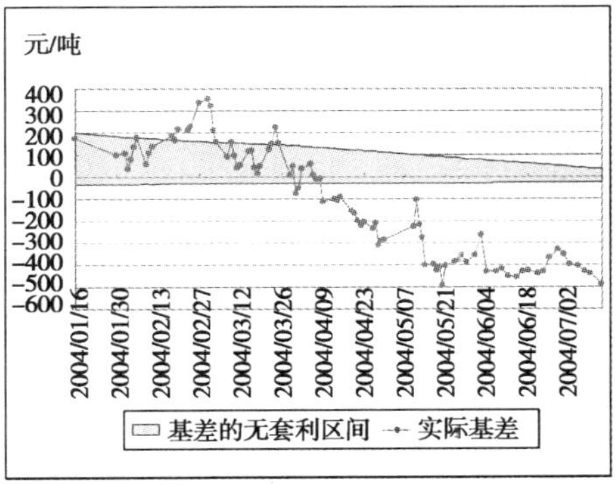

附图 2.74　黄大豆一号 A0407 基差与无套利区间（大连）

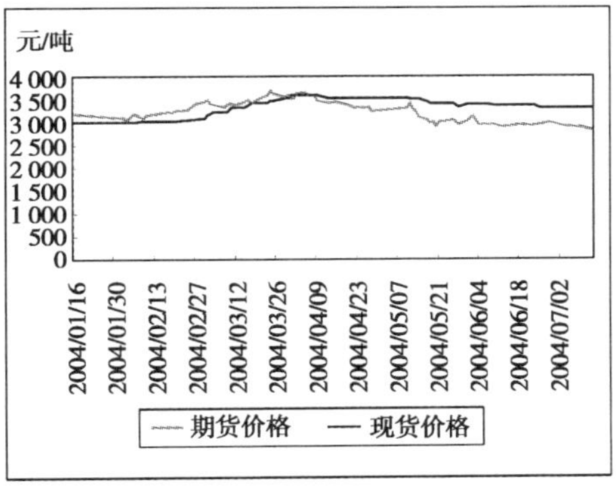

附图 2.75　黄大豆一号 A0407 期、现货价格走势（哈尔滨）

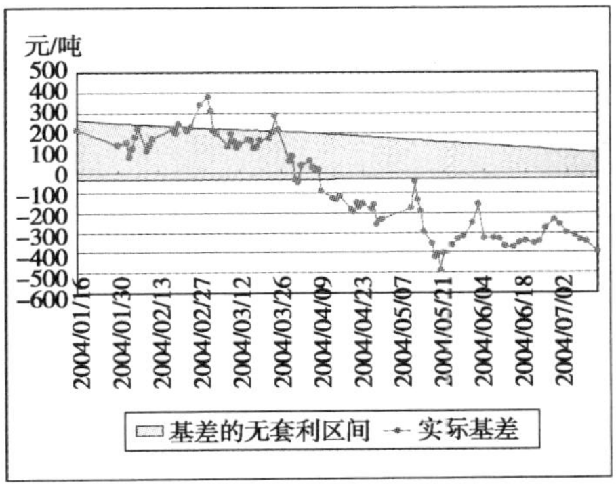

附图 2.76　黄大豆一号 A0407 基差与无套利区间（哈尔滨）

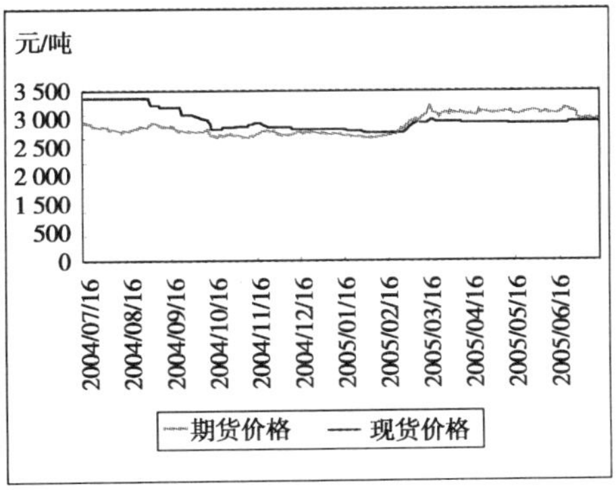

附图 2.77　黄大豆一号 A0507 期、现货价格走势（大连）

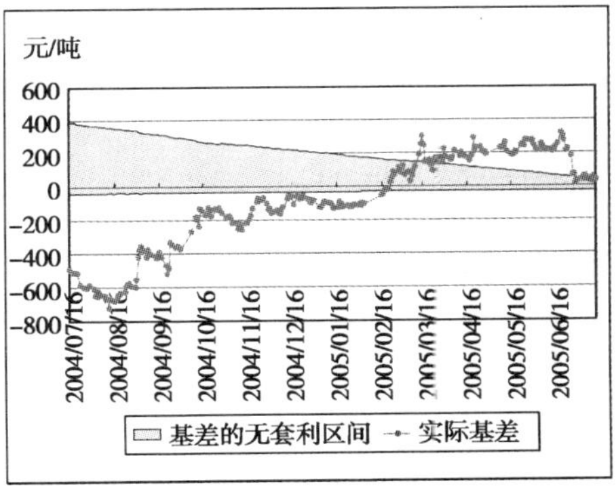

附图 2.78　黄大豆一号 A0507 基差与无套利区间（大连）

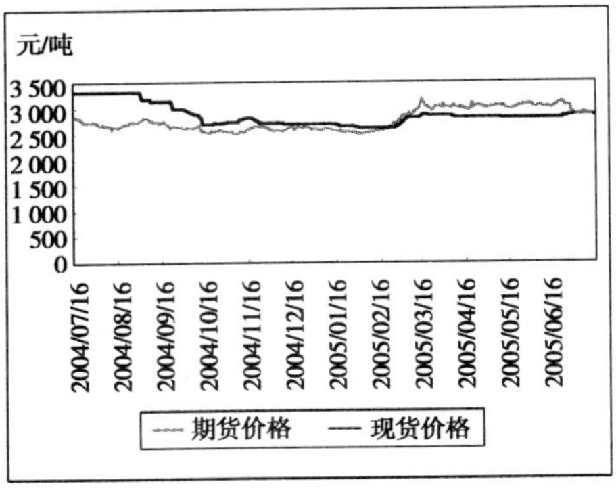

附图 2.79　黄大豆一号 A0507 期、现货价格走势（哈尔滨）

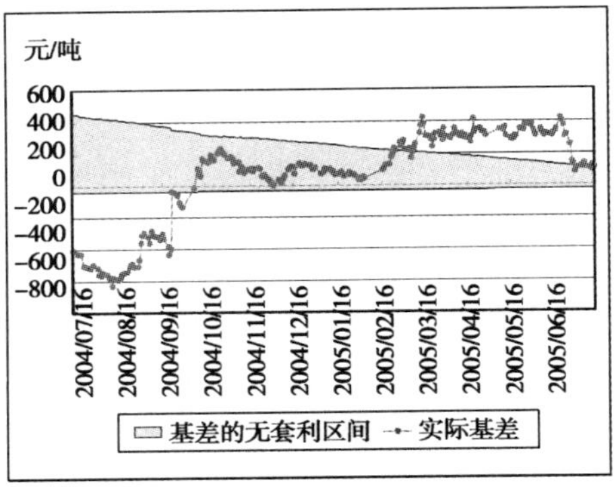

附图 2.80　黄大豆一号 A0507 基差与无套利区间（哈尔滨）

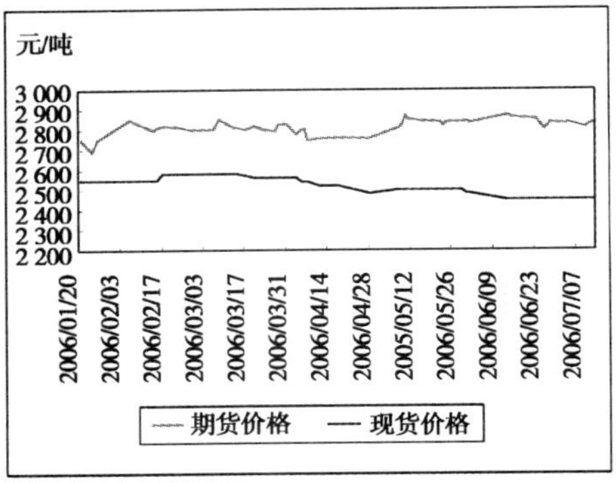

附图 2.81　黄大豆一号 A0607 期、现货价格走势（大连）

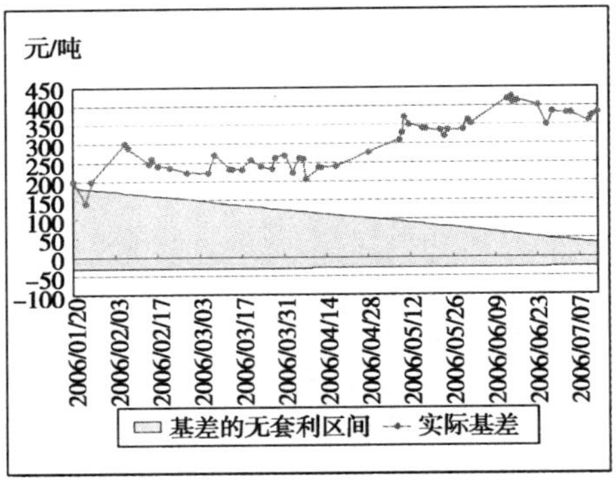

附图 2.82　黄大豆一号 A0607 基差与无套利区间（大连）

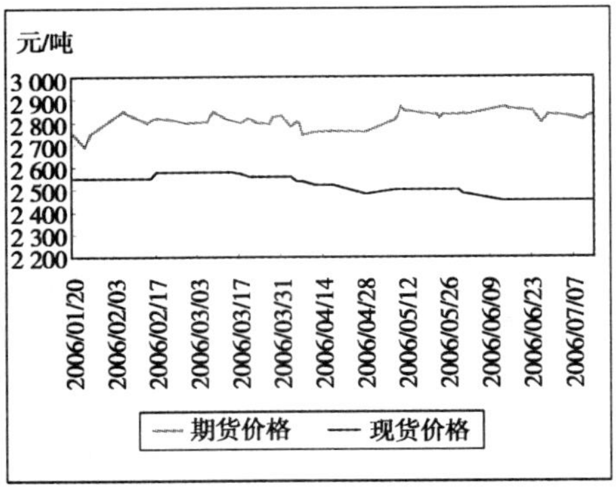

附图 2.83　黄大豆一号 A0607 期、现货价格走势（哈尔滨）

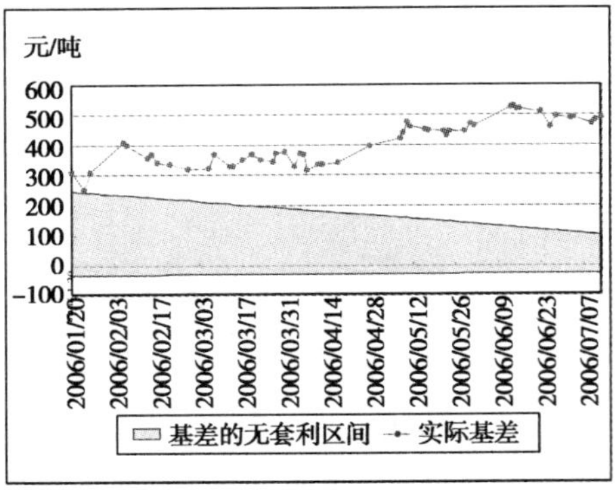

附图 2.84　黄大豆一号 A0607 基差与无套利区间（哈尔滨）

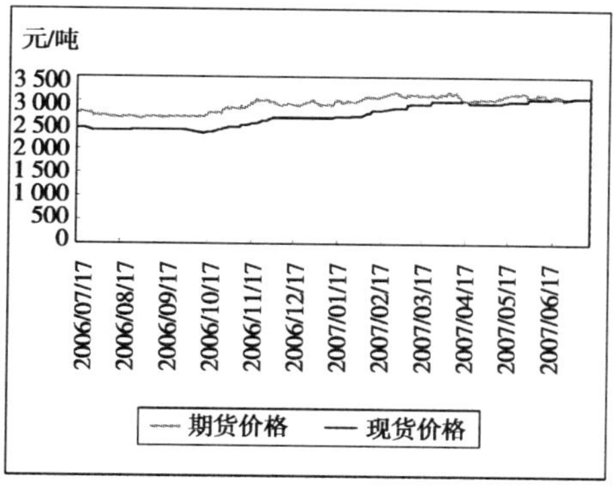

附图 2.85　黄大豆一号 A0707 期、现货价格走势(大连)

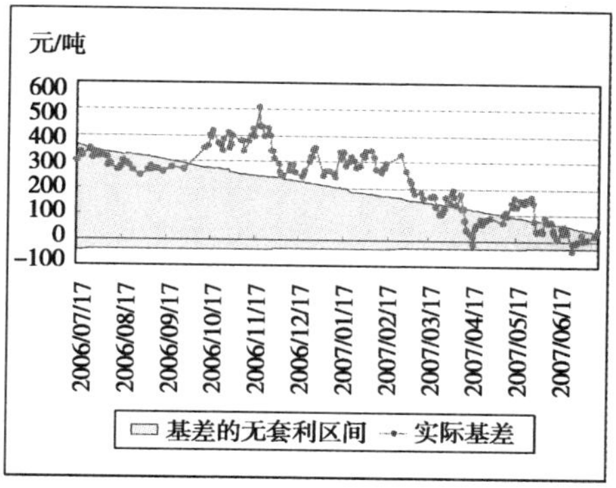

附图 2.86　黄大豆一号 A0707 基差与无套利区间(大连)

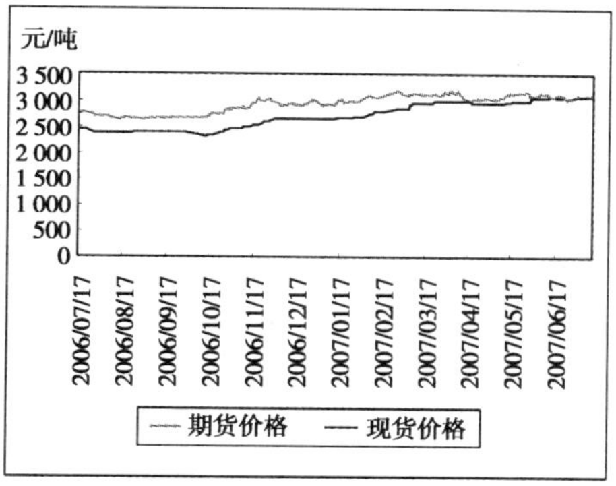

附图 2.87　黄大豆一号 A0707 期、现货价格走势(哈尔滨)

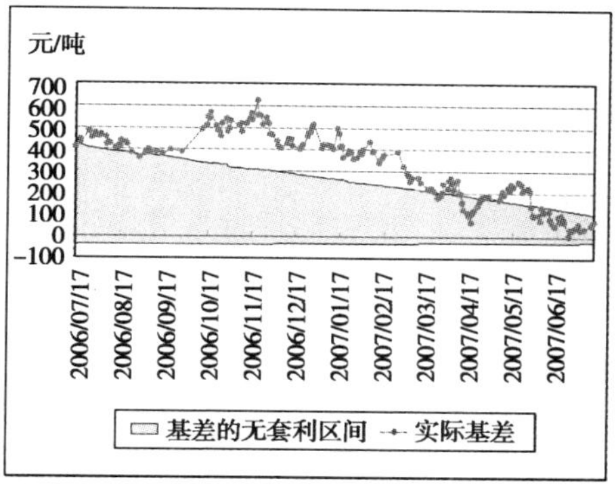

附图 2.88　黄大豆一号 A0707 基差与无套利区间(哈尔滨)

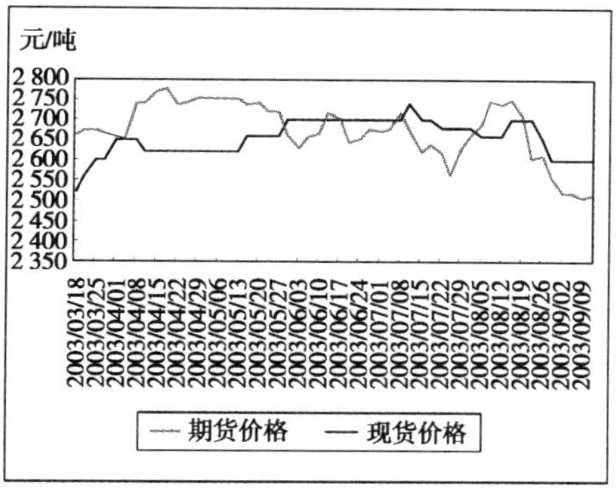

附图 2.89　黄大豆一号 A0309 期、现货价格走势(大连)

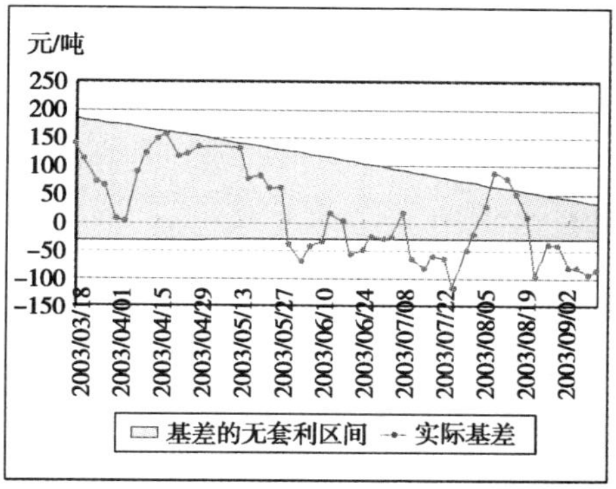

附图 2.90　黄大豆一号 A0309 基差与无套利区间(大连)

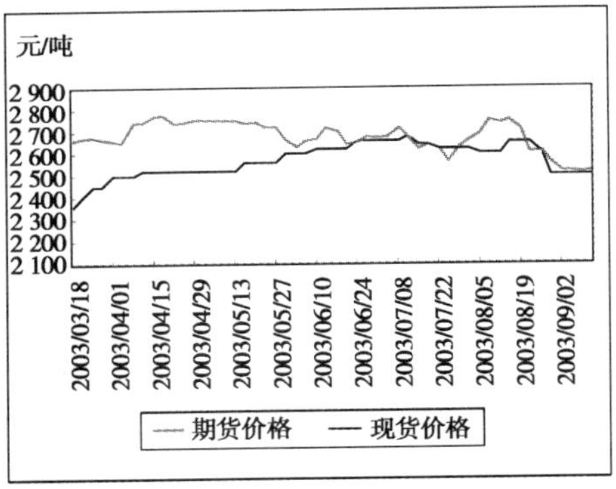

附图 2.91　黄大豆一号 A0309 期、现货价格走势(哈尔滨)

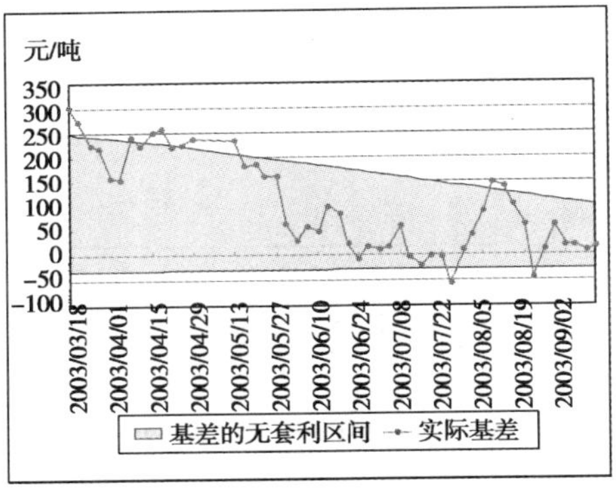

附图 2.92　黄大豆一号 A0309 基差与无套利区间(哈尔滨)

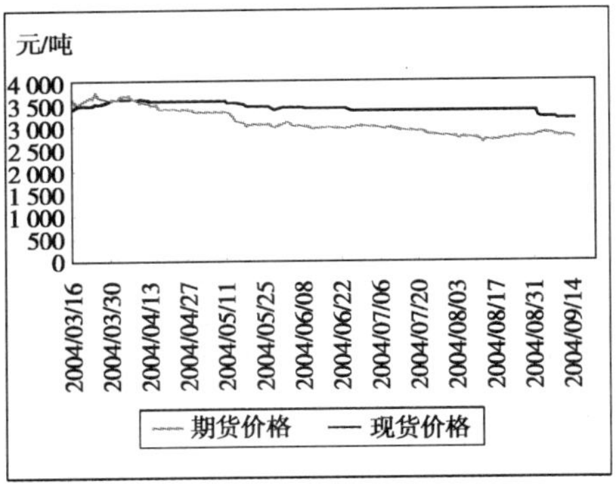

附图 2.93　黄大豆一号 A0409 期、现货价格走势(大连)

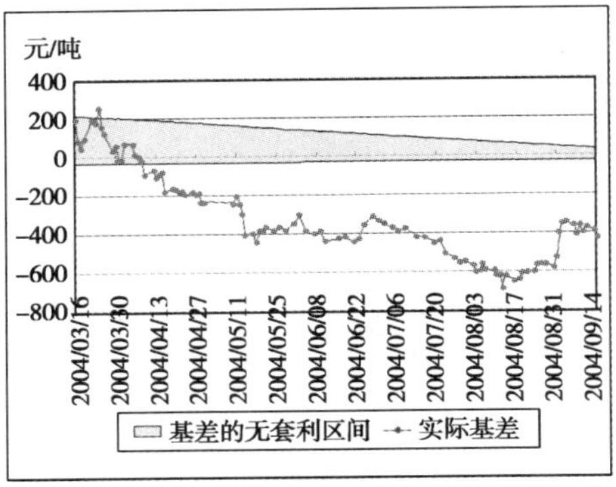

附图 2.94　黄大豆一号 A0409 基差与无套利区间(大连)

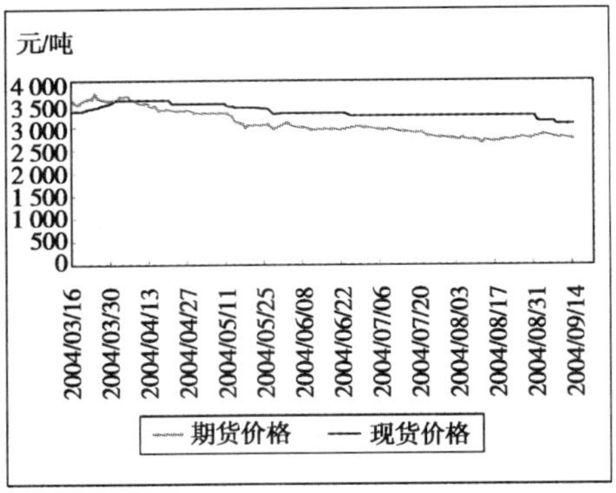

附图 2.95　黄大豆一号 A0409 期、现货价格走势(哈尔滨)

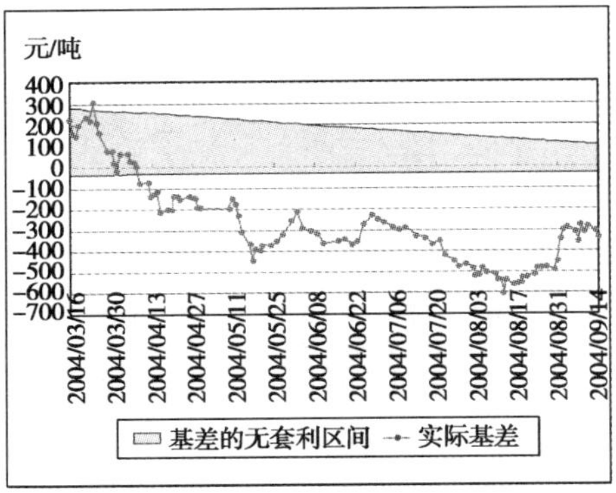

附图 2.96　黄大豆一号 A0409 基差与无套利区间(哈尔滨)

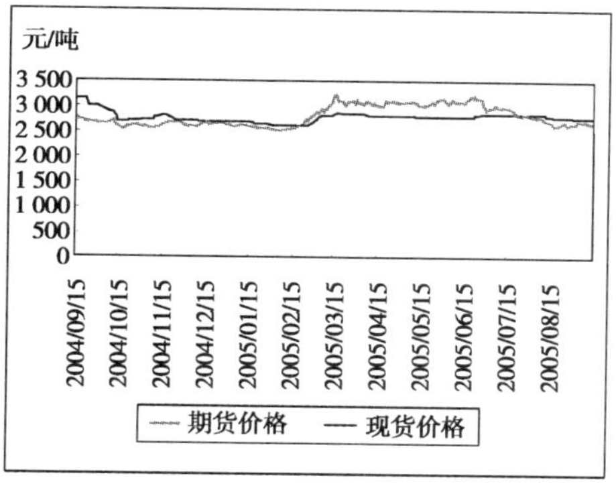

附图 2. 97　黄大豆一号 A0509 期、现货价格走势(大连)

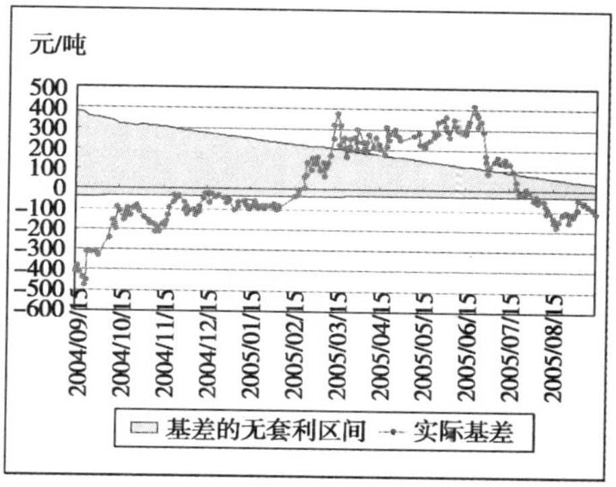

附图 2. 98　黄大豆一号 A0509 基差与无套利区间(大连)

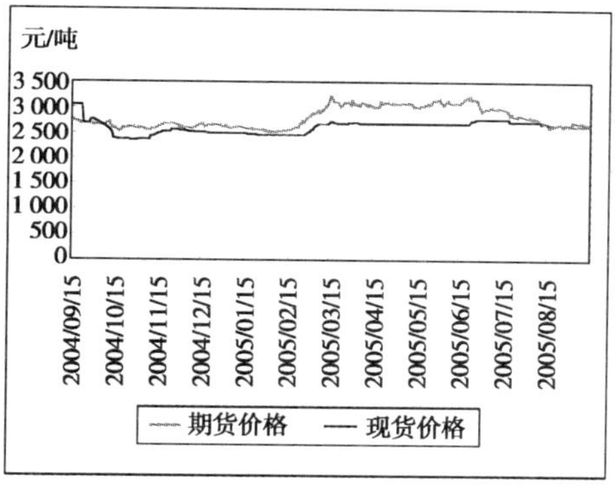

附图 2. 99　黄大豆一号 A0509 期、现货价格走势(哈尔滨)

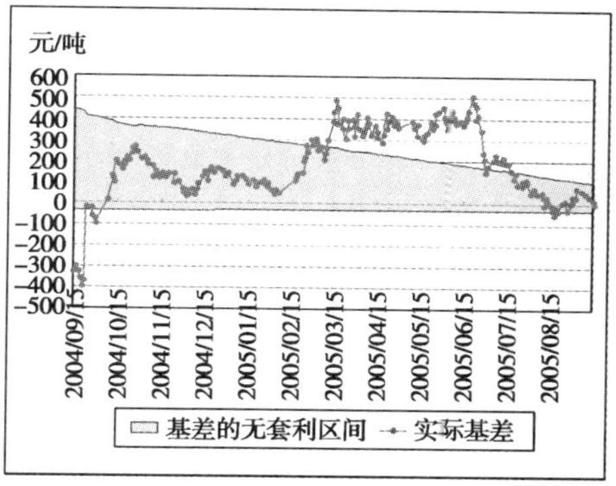

附图 2. 100　黄大豆一号 A0509 基差与无套利区间(哈尔滨)

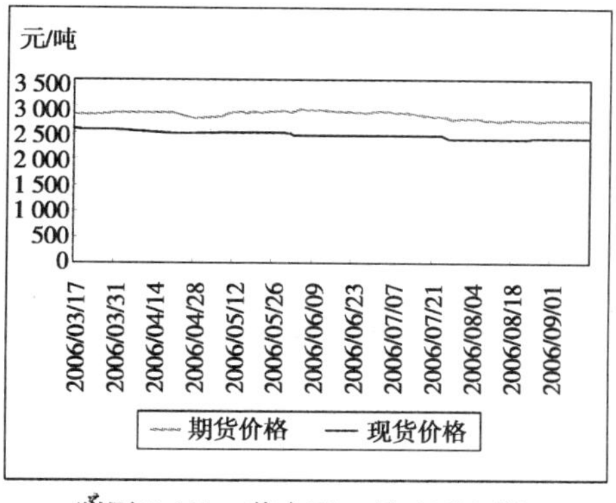

附图 2. 101　黄大豆一号 A0609 期、现货价格走势(大连)

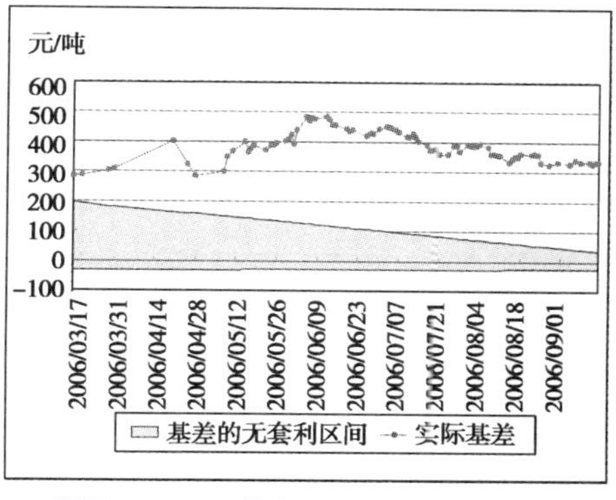

附图 2. 102　黄大豆一号 A0609 基差与无套利区间(大连)

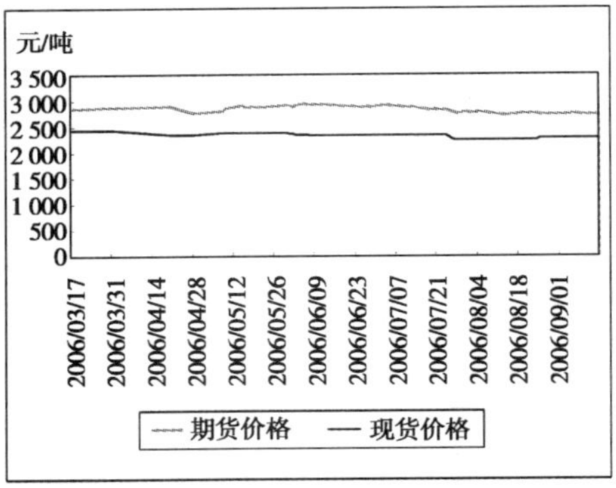

附图 2.103　黄大豆一号 A0609 期、现货价格走势（哈尔滨）

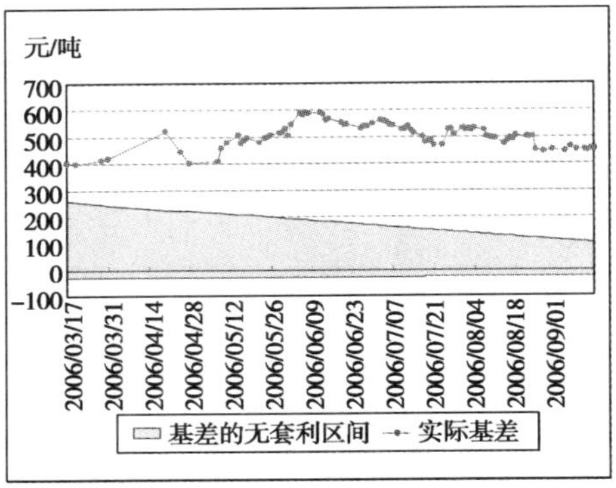

附图 2.104　黄大豆一号 A0609 基差与无套利区间（哈尔滨）

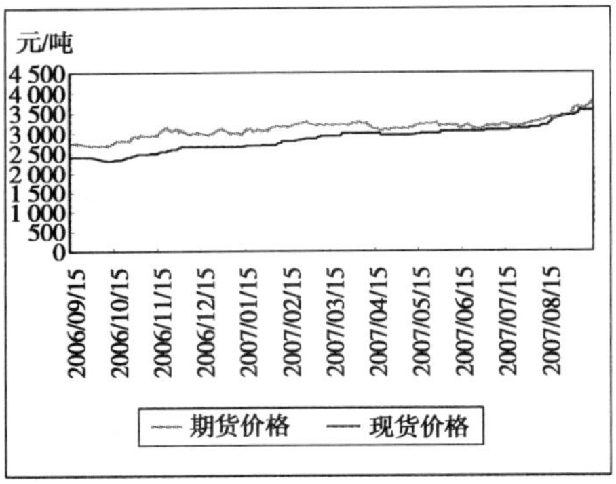

附图 2.105　黄大豆一号 A0709 期、现货价格走势（大连）

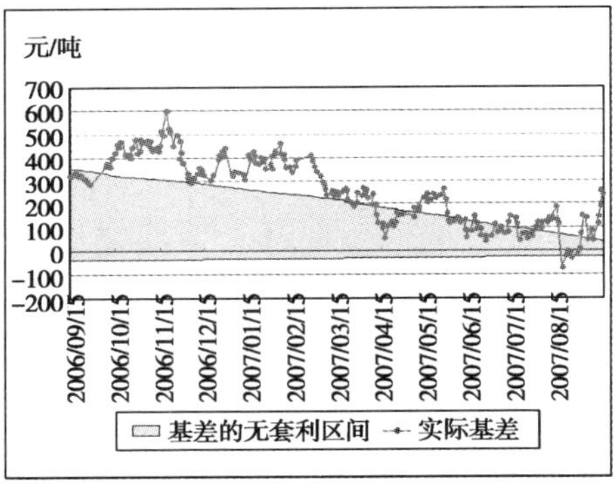

附图 2.106　黄大豆一号 A0709 基差与无套利区间（大连）

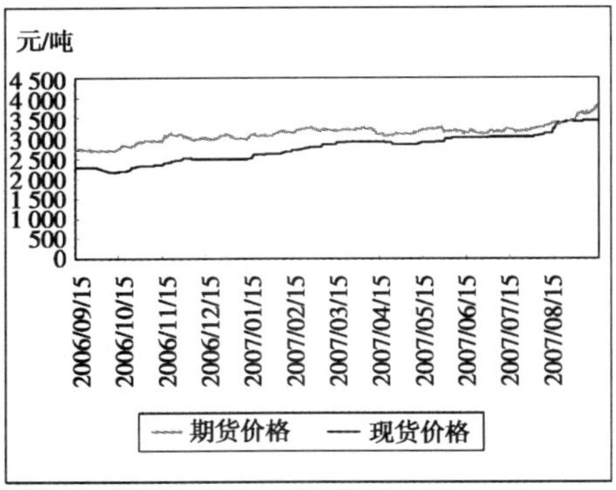

附图 2.107　黄大豆一号 A0709 期、现货价格走势（哈尔滨）

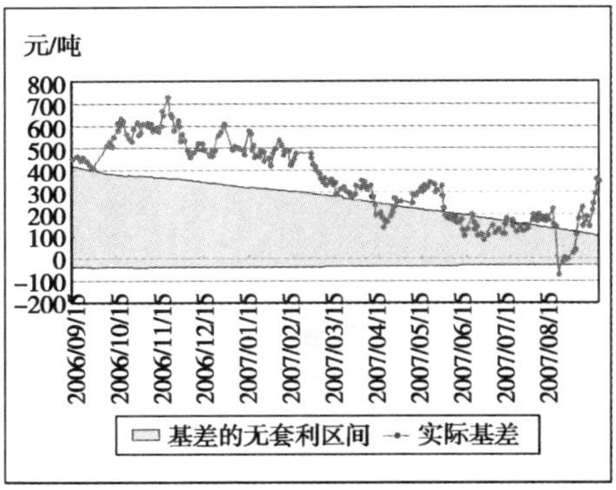

附图 2.108　黄大豆一号 A0709 基差与无套利区间（哈尔滨）

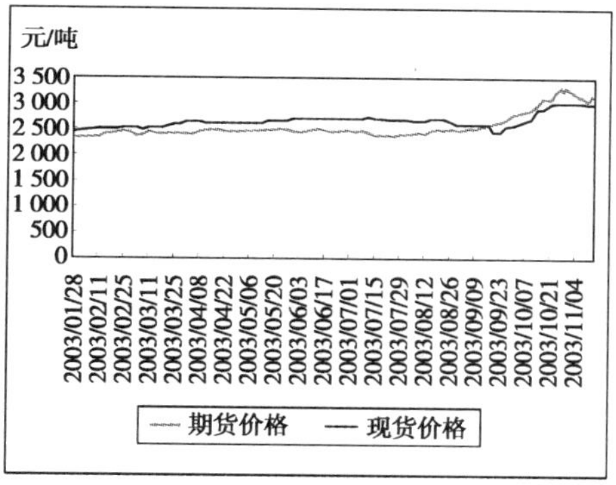

附图 2.109　黄大豆一号 A0311 期、现货价格走势（大连）

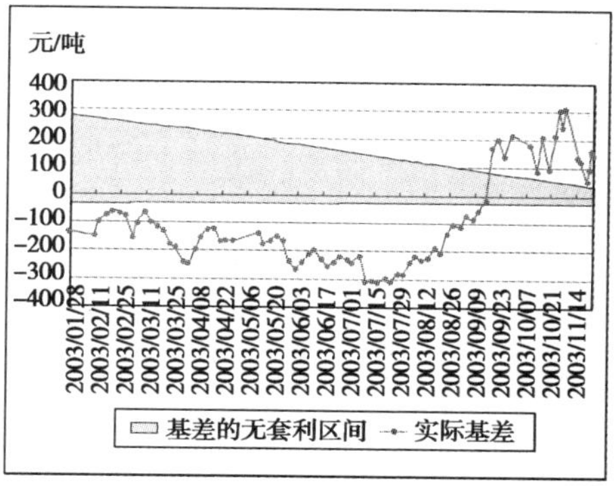

附图 2.110　黄大豆一号 A0311 基差与无套利区间（大连）

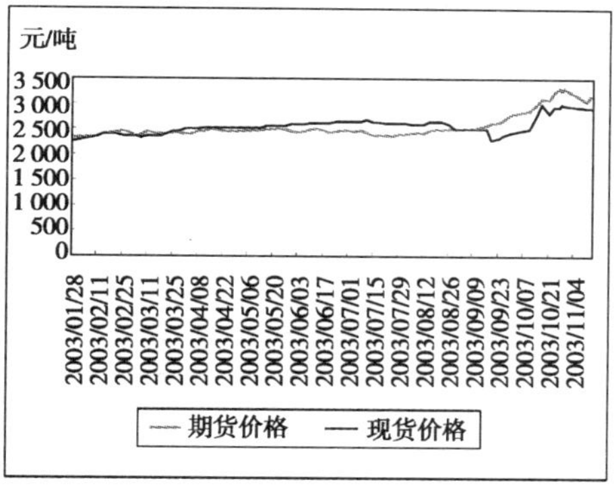

附图 2.111　黄大豆一号 A0311 期、现货价格走势（哈尔滨）

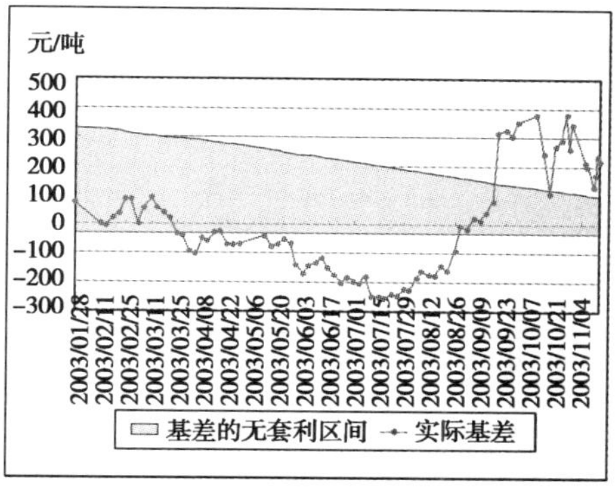

附图 2.112　黄大豆一号 A0311 基差与无套利区间（哈尔滨）

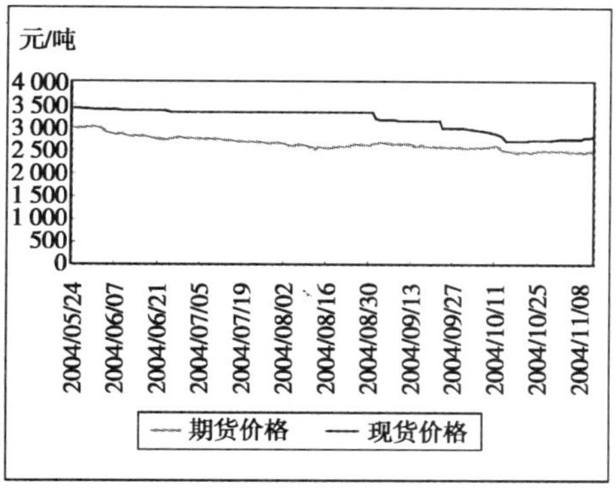

附图 2.113　黄大豆一号 A0411 期、现货价格走势（大连）

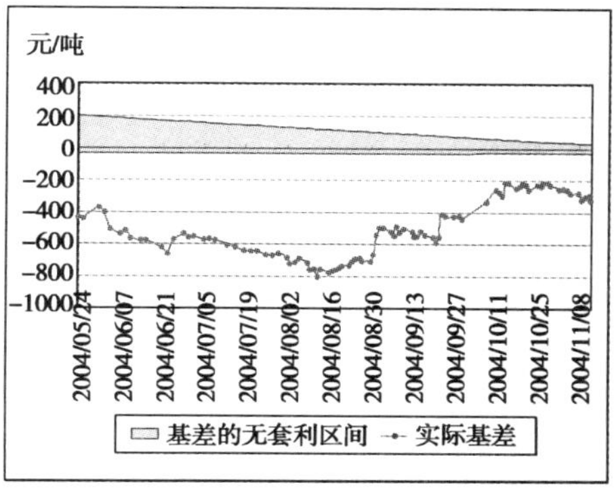

附图 2.114　黄大豆一号 A0411 基差与无套利区间（大连）

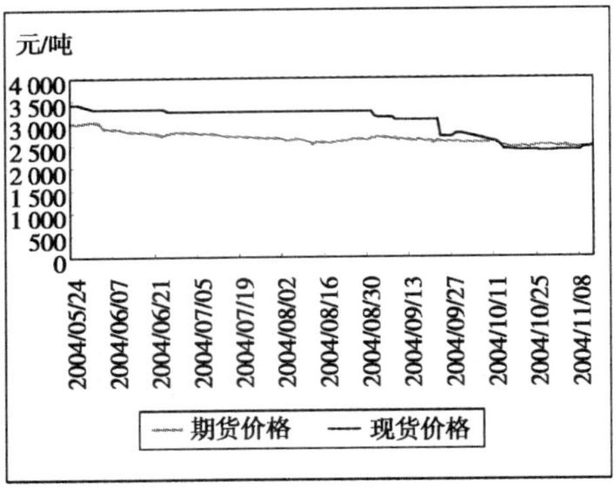

附图 2.115　黄大豆一号 A0411 期、现货价格走势（哈尔滨）

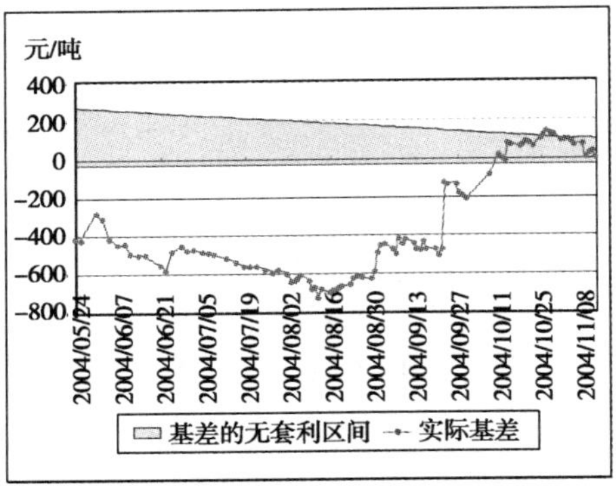

附图 2.116　黄大豆一号 A0411 基差与无套利区间（哈尔滨）

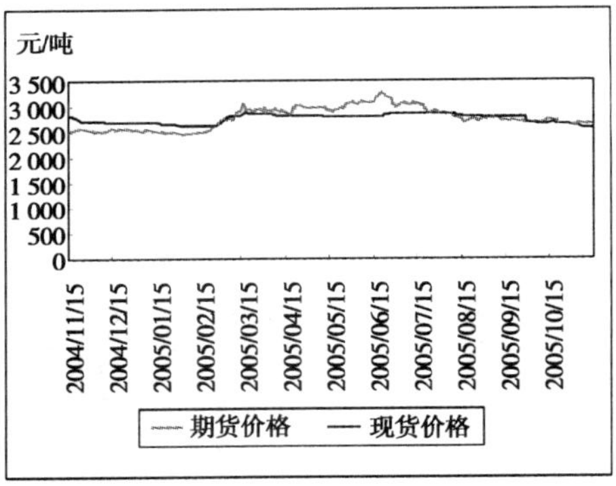

附图 2.117　黄大豆一号 A0511 期、现货价格走势（大连）

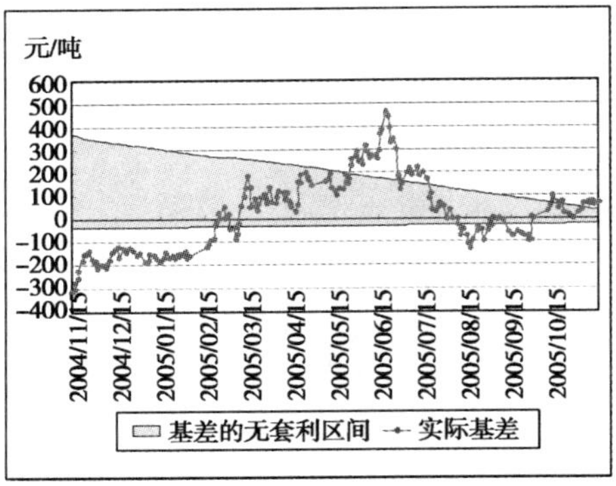

附图 2.118　黄大豆一号 A0511 基差与无套利区间（大连）

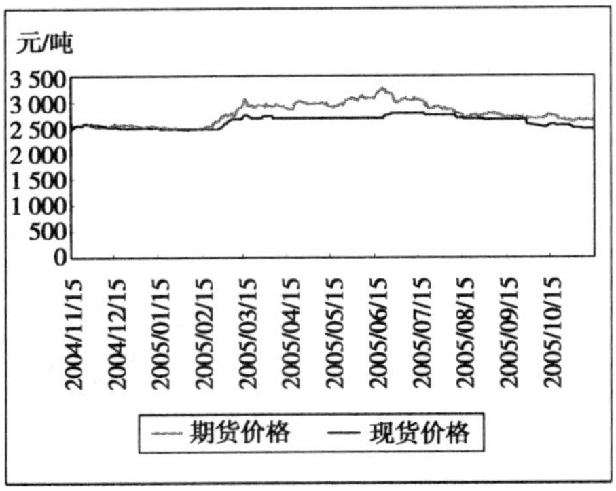

附图 2.119　黄大豆一号 A0511 期、现货价格走势（哈尔滨）

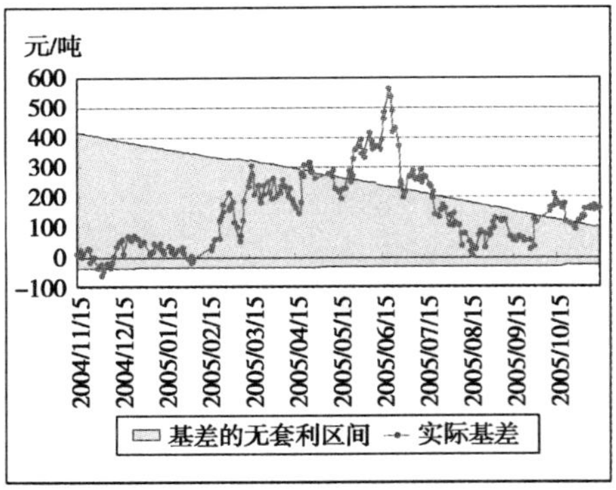

附图 2.120　黄大豆一号 A0511 基差与无套利区间（哈尔滨）

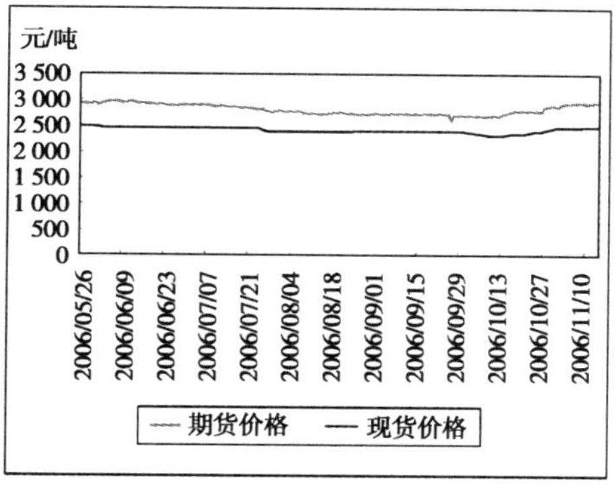

附图 2.121　黄大豆一号 A0611 期、现货价格走势（大连）

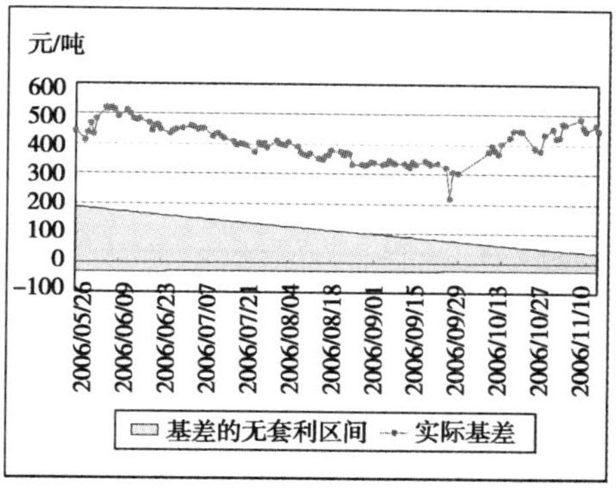

附图 2.122　黄大豆一号 A0611 基差与无套利区间（大连）

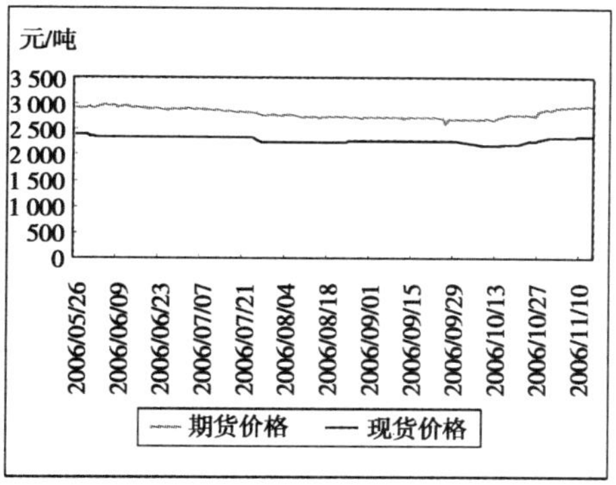

附图 2.123　黄大豆一号 A0611 期、现货价格走势（哈尔滨）

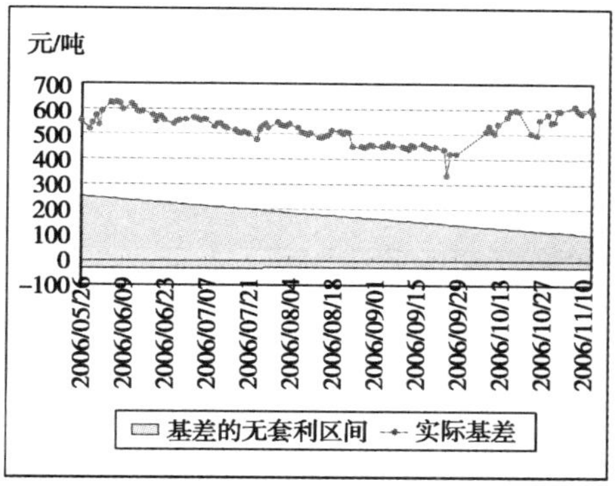

附图 2.124　黄大豆一号 A0611 基差与无套利区间（哈尔滨）

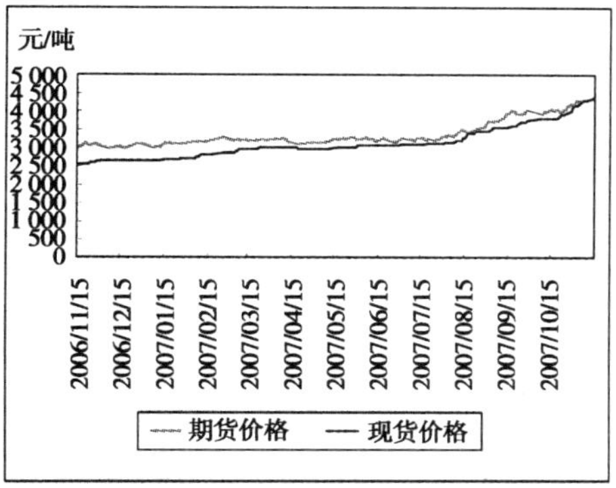

附图 2.125　黄大豆一号 A0711 期、现货价格走势（大连）

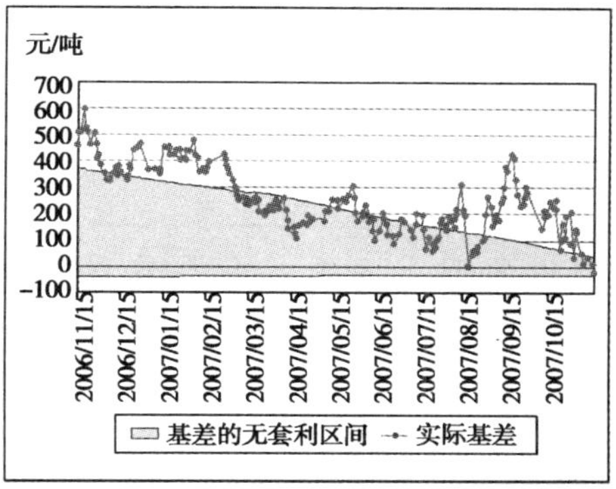

附图 2.126　黄大豆一号 A0711 基差与无套利区间（大连）

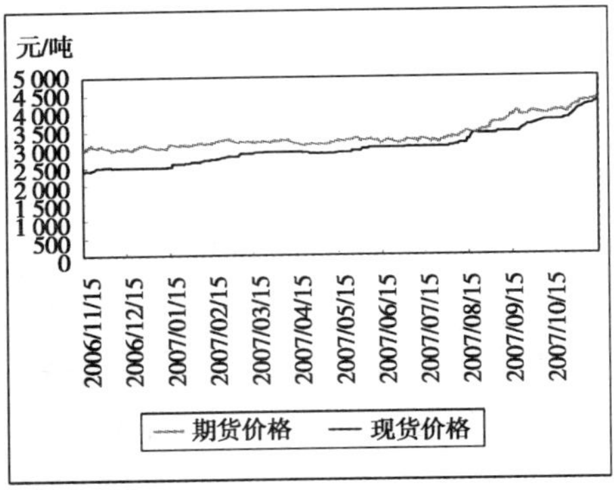

附图 2.127 黄大豆一号 A0711 期、现货价格走势（哈尔滨）

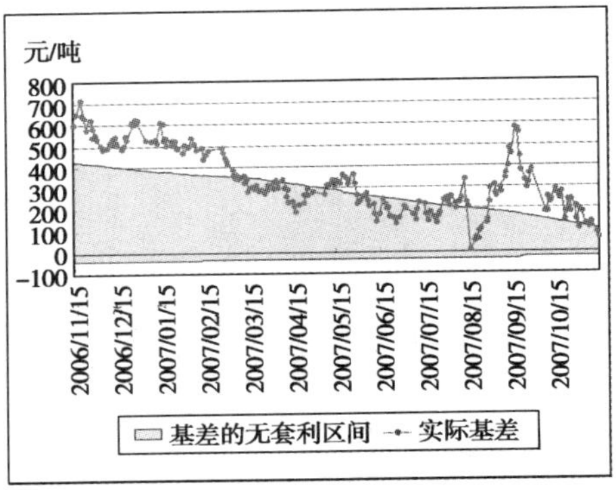

附图 2.128 黄大豆一号 A0711 基差与无套利区间（哈尔滨）

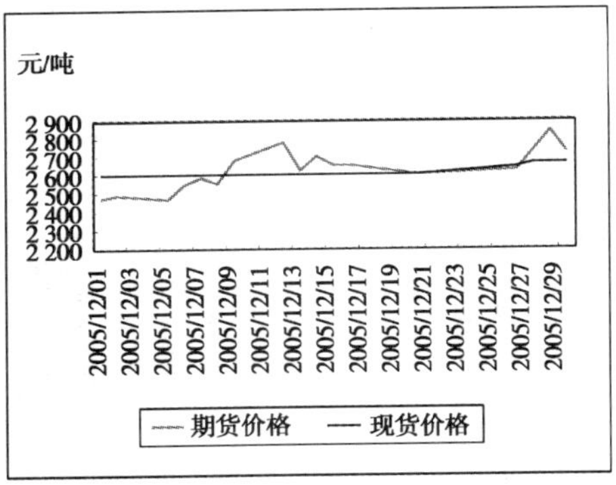

附图 2.129 黄大豆二号 B0601 期、现货价格走势

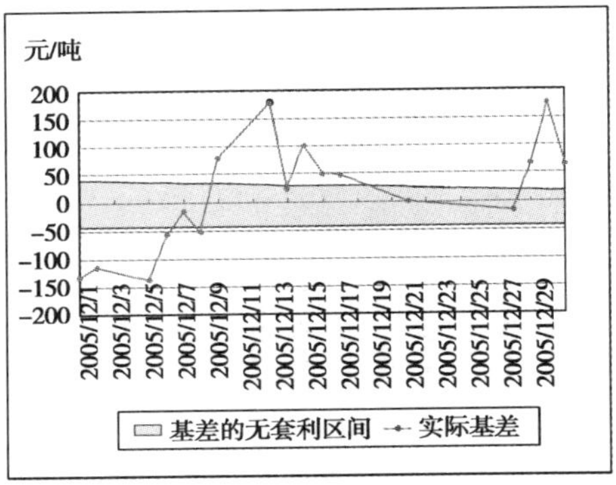

附图 2.130 黄大豆二号 B0601 基差与无套利区间

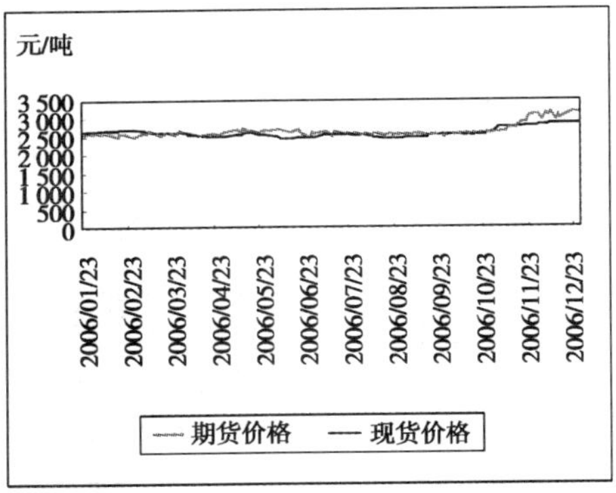

附图 2.131 黄大豆二号 B0701 期、现货价格走势

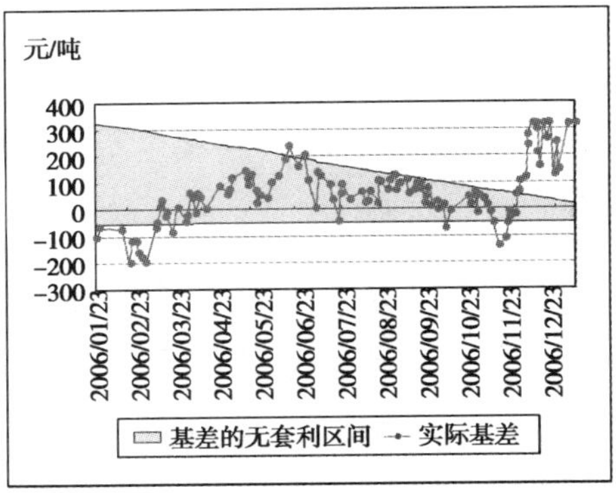

附图 2.132 黄大豆二号 B0701 基差与无套利区间

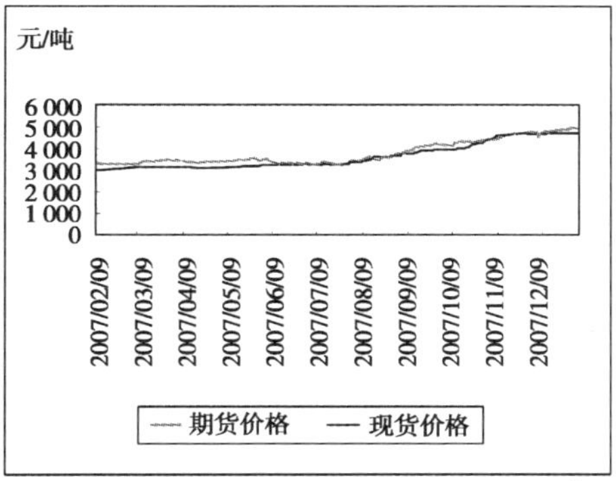

附图 2.133　黄大豆二号 B0801 期、现货价格走势

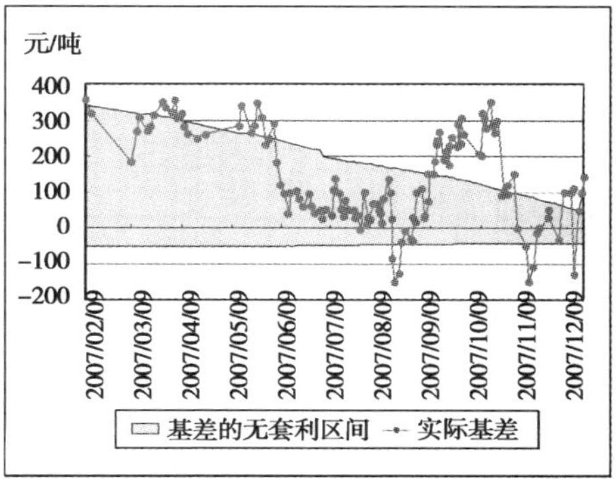

附图 2.134　黄大豆二号 B0801 基差与无套利区间

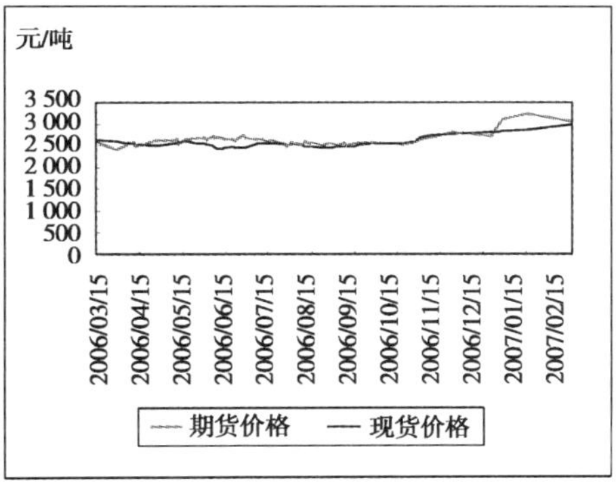

附图 2.135　黄大豆二号 B0703 期、现货价格走势

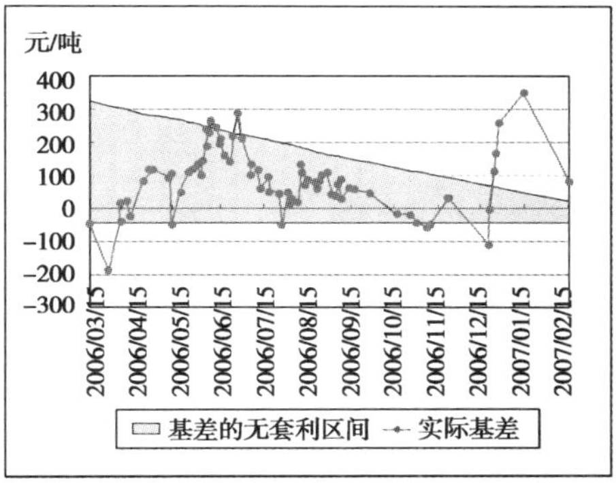

附图 2.136　黄大豆二号 B0703 基差与无套利区间

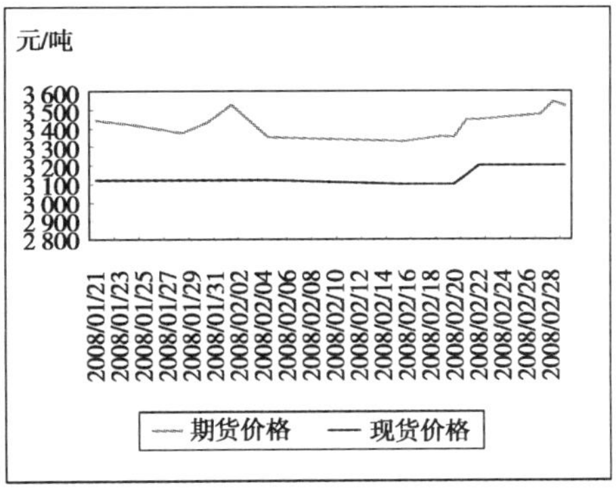

附图 2.137　黄大豆二号 B0803 期、现货价格走势

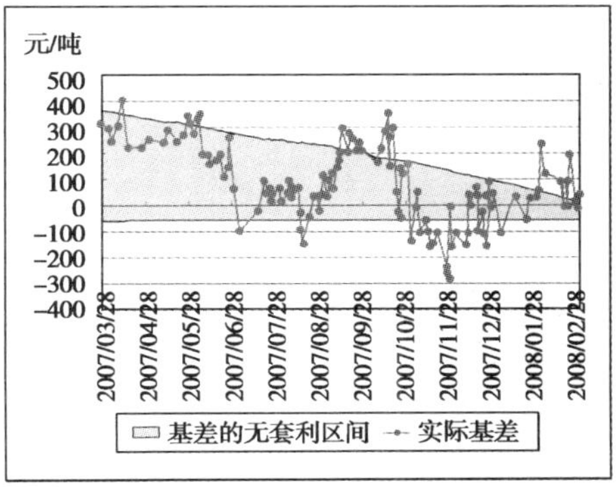

附图 2.138　黄大豆二号 B0803 基差与无套利区间

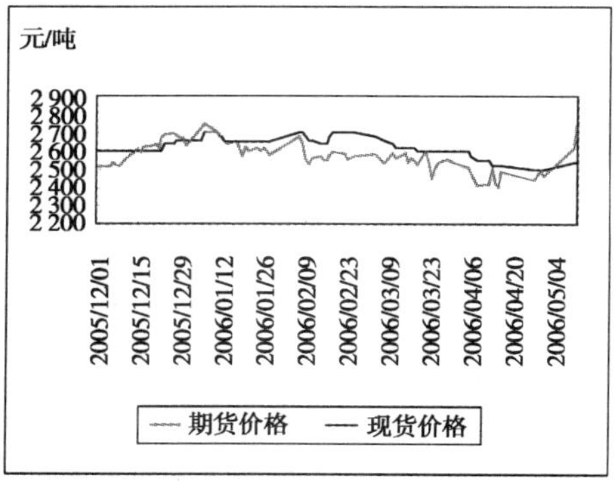

附图 2.139　黄大豆二号 B0605 期、现货价格走势

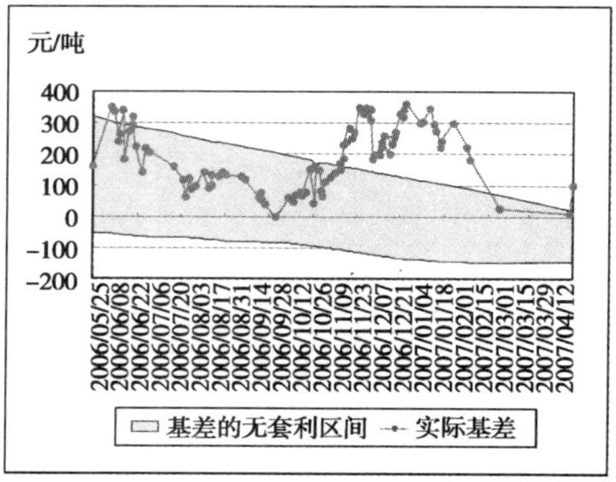

附图 2.140　黄大豆二号 B0605 基差与无套利区间

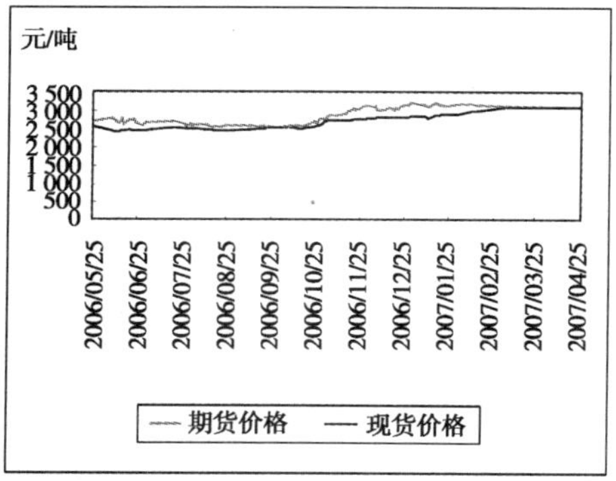

附图 2.141　黄大豆二号 B0705 期、现货价格走势

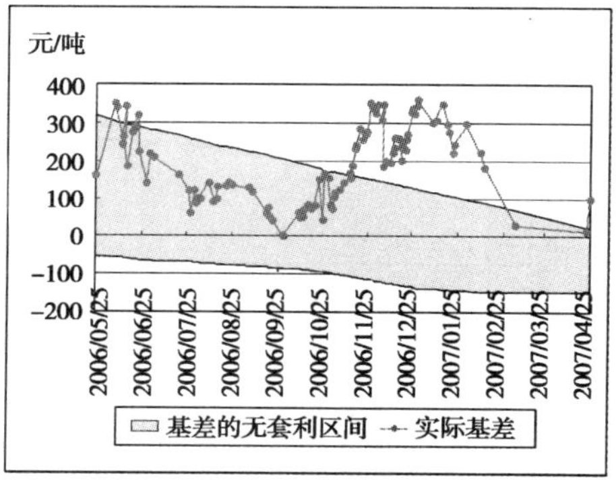

附图 2.142　黄大豆二号 B0705 基差与无套利区间

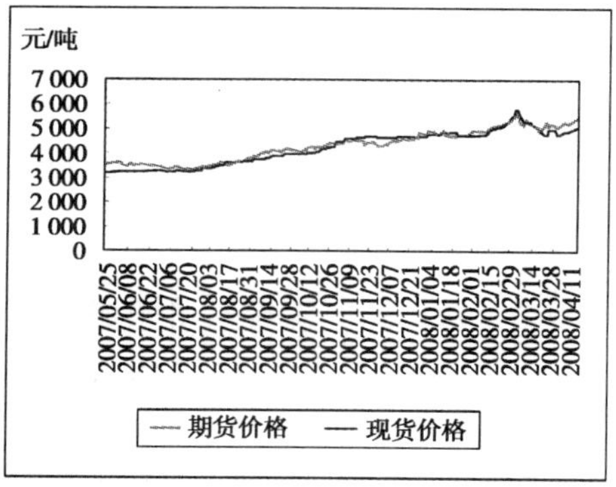

附图 2.143　黄大豆二号 B0805 期、现货价格走势

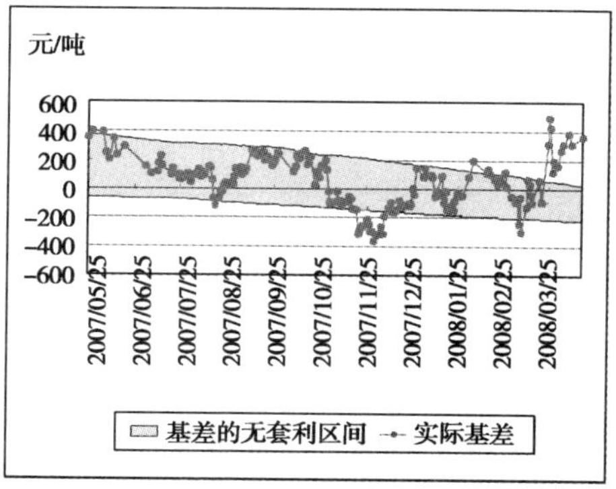

附图 2.144　黄大豆二号 B0805 基差与无套利区间

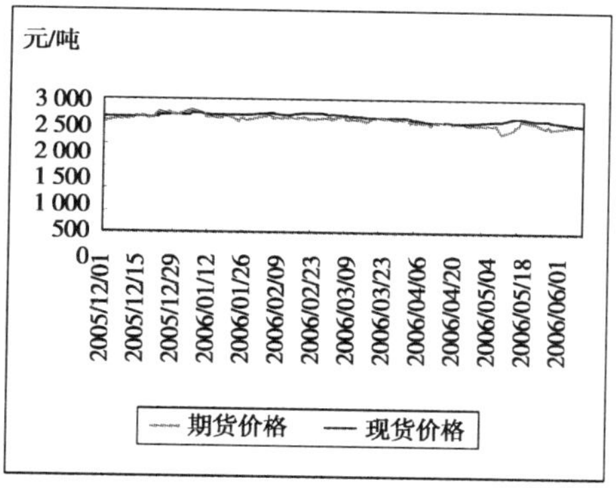

附图 2. 145　黄大豆二号 B0607
期、现货价格走势

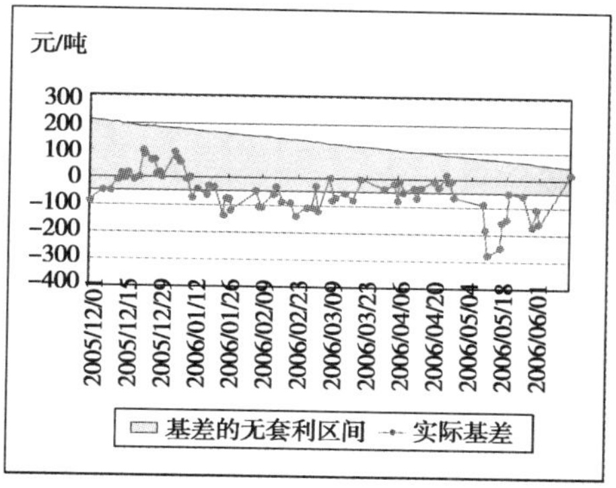

附图 2. 146　黄大豆二号 B0607
基差与无套利区间

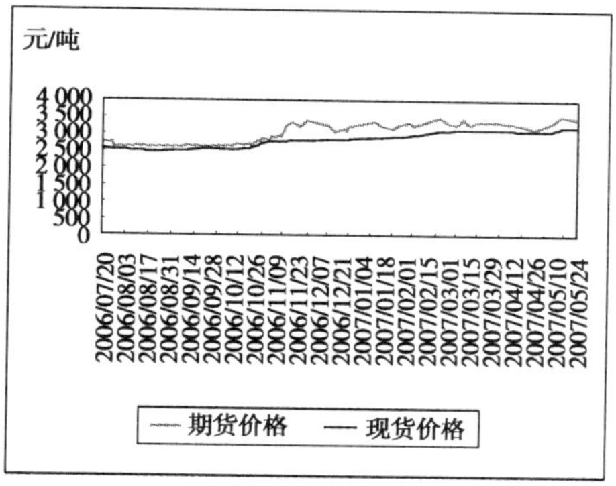

附图 2. 147　黄大豆二号 B0707
期、现货价格走势

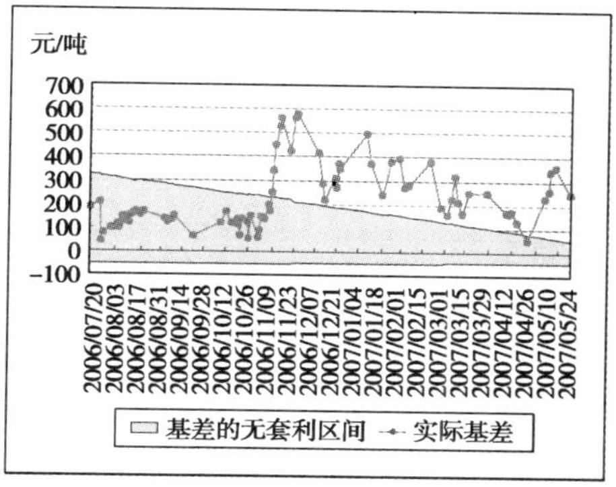

附图 2. 148　黄大豆二号 B0707
基差与无套利区间

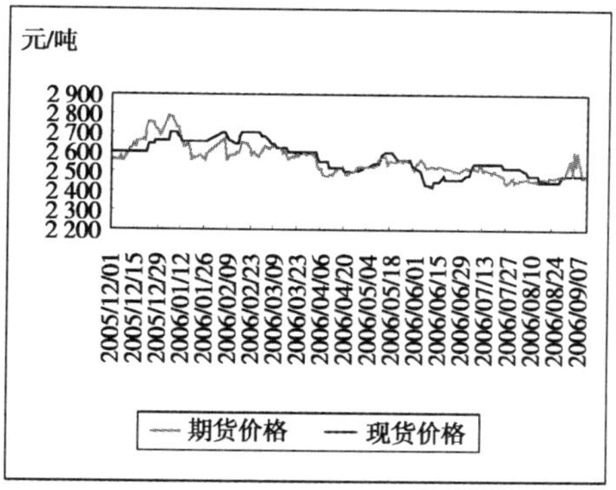

附图 2. 149　黄大豆二号 B0609
期、现货价格走势

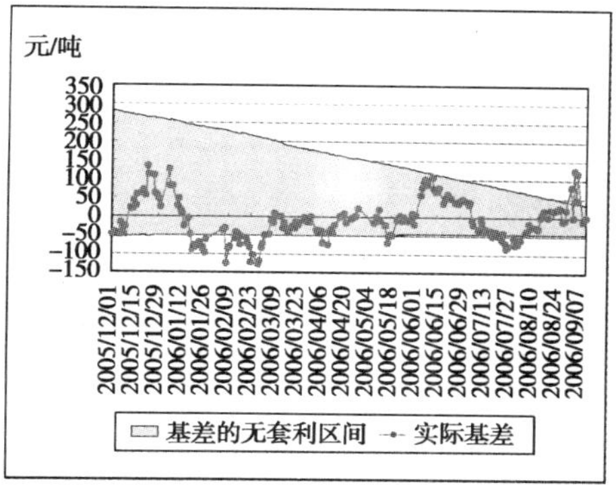

附图 2. 150　黄大豆二号 B0609
基差与无套利区间

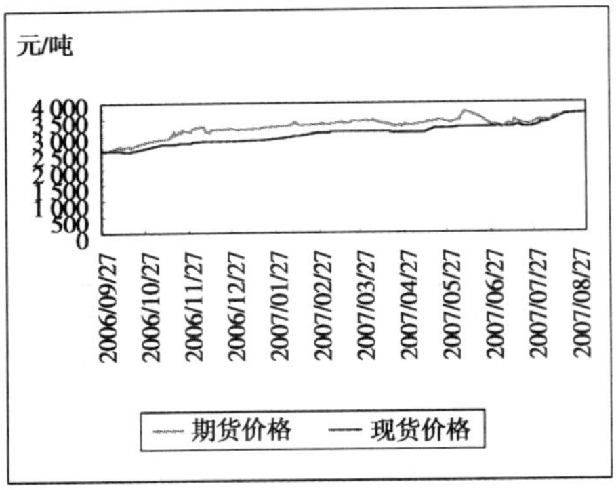

附图 2.151 黄大豆二号 B0709 期、现货价格走势

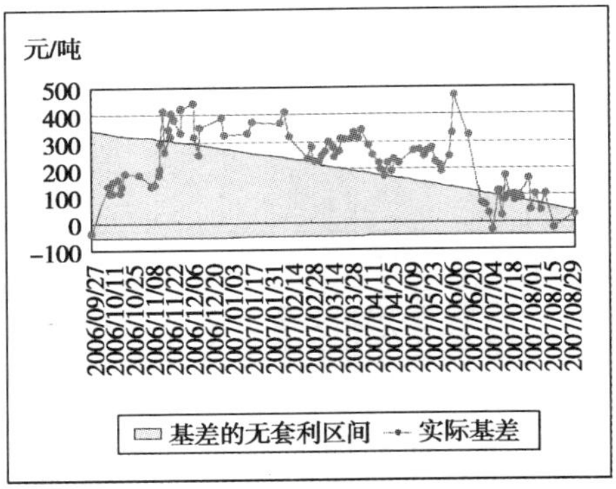

附图 2.152 黄大豆二号 B0709 基差与无套利区间

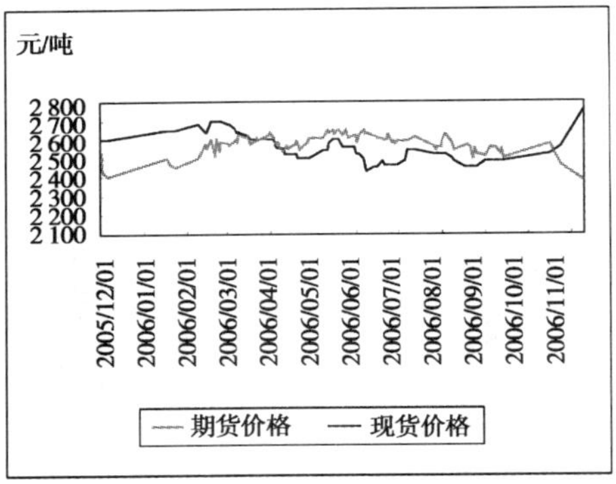

附图 2.153 黄大豆二号 B0611 期、现货价格走势

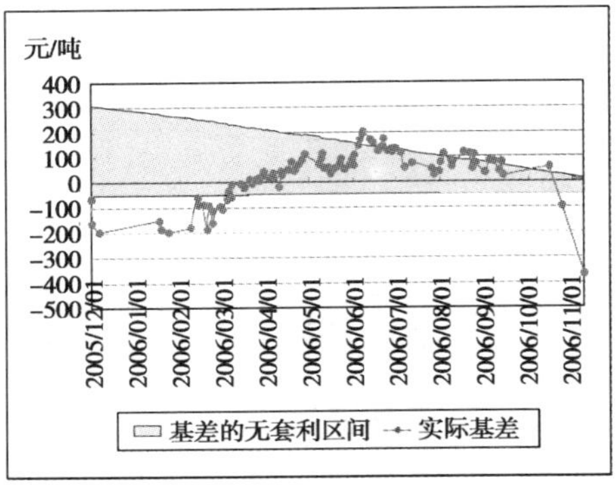

附图 2.154 黄大豆二号 B0611 基差与无套利区间

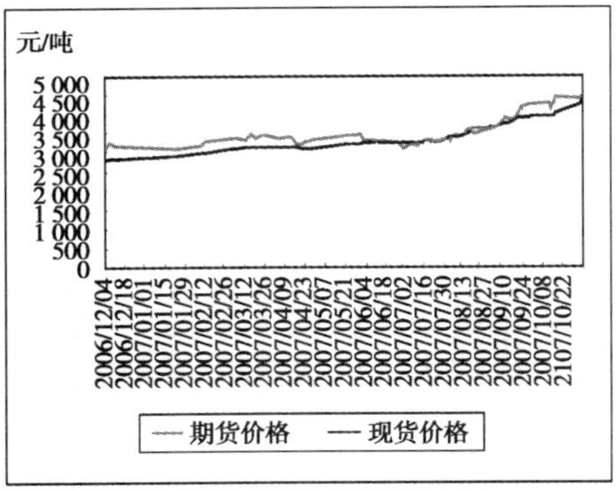

附图 2.155 黄大豆二号 B0711 期、现货价格走势

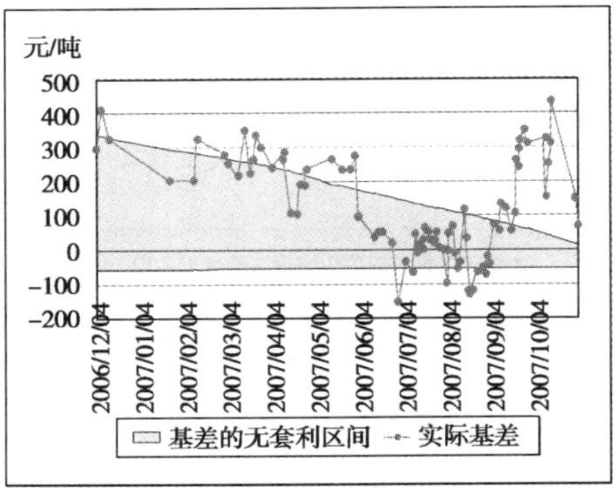

附图 2.156 黄大豆二号 B0711 基差与无套利区间

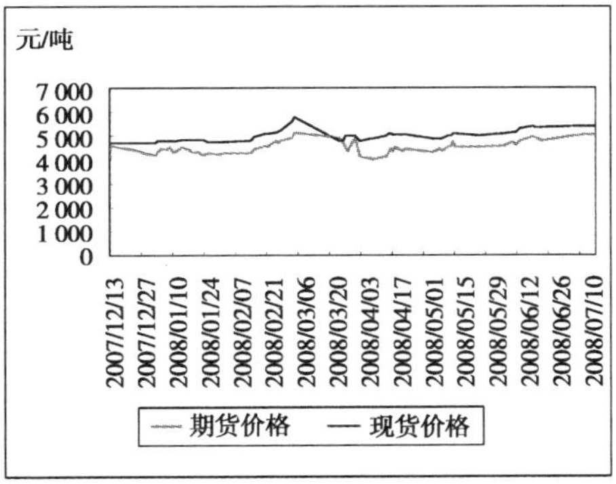

附图 2.157 黄大豆二号 B0811 期、现货价格走势

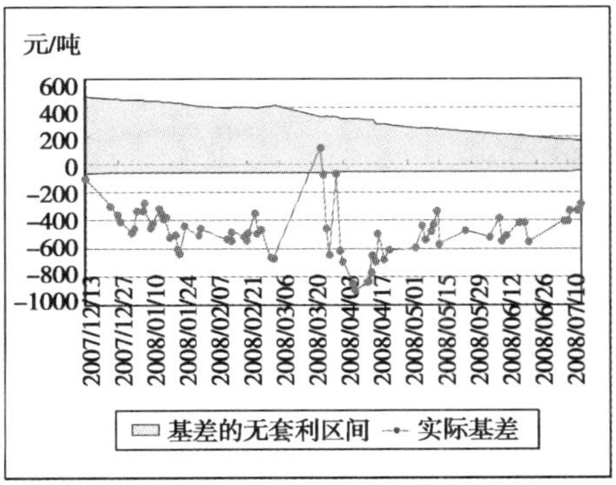

附图 2.158 黄大豆二号 B0811 基差与无套利区间

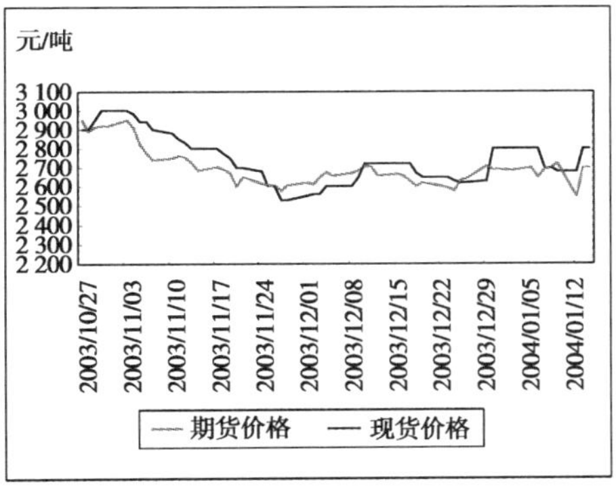

附图 2.159 豆粕 M0401 期、现货价格走势

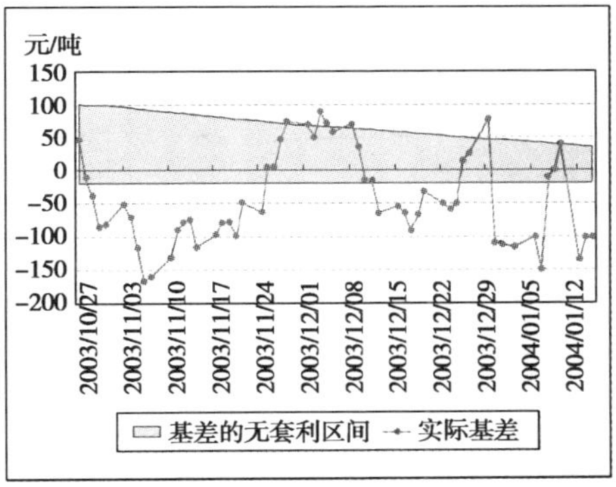

附图 2.160 豆粕 M0401 基差与无套利区间

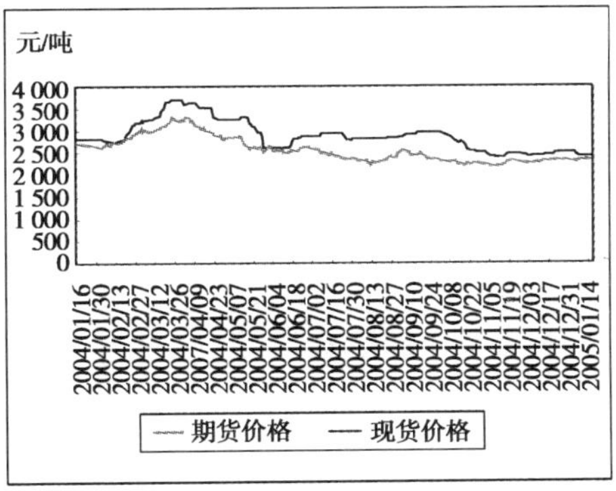

附图 2.161 豆粕 M0501 期、现货价格走势

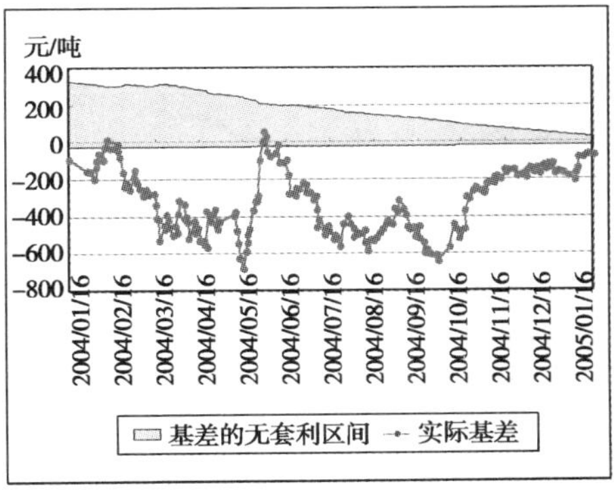

附图 2.162 豆粕 M0501 基差与无套利区间

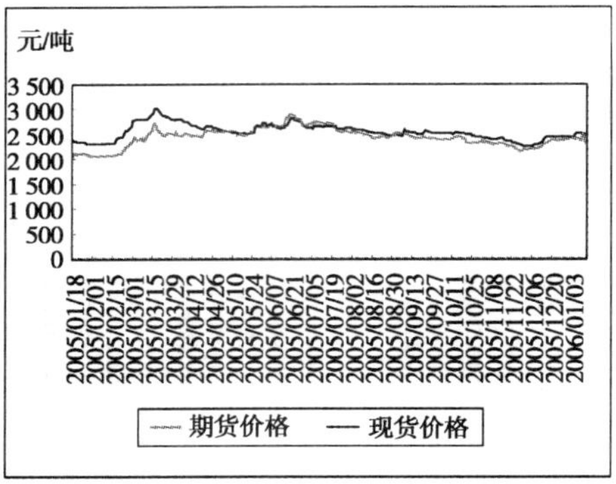

附图 2.163　豆粕 M0601 期、现货价格走势

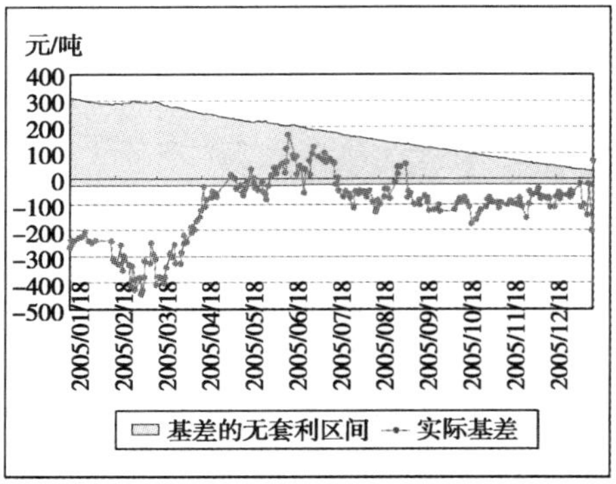

附图 2.164　豆粕 M0601 基差与无套利区间

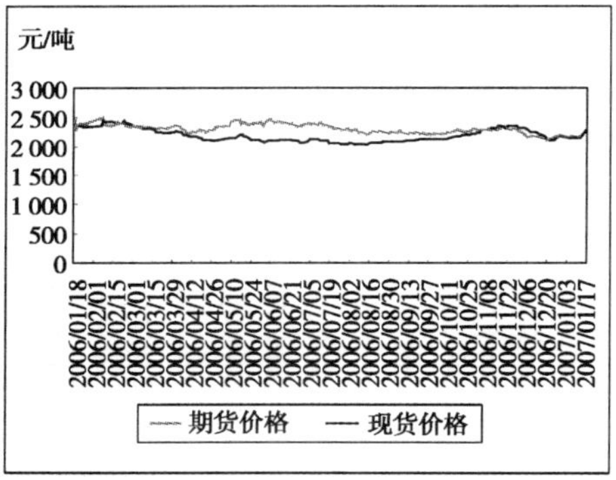

附图 2.165　豆粕 M0701 期、现货价格走势

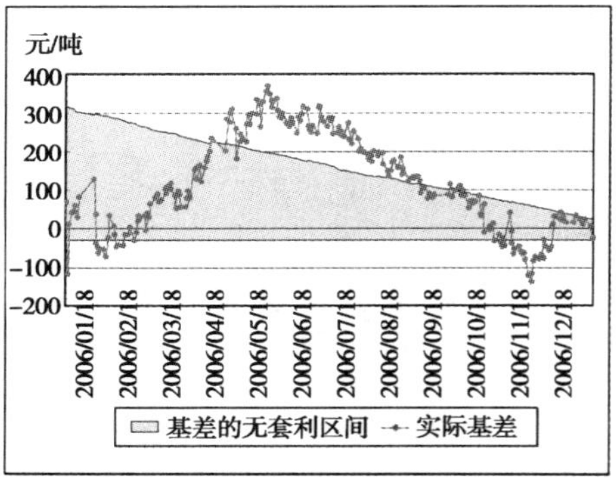

附图 2.166　豆粕 M0701 基差与无套利区间

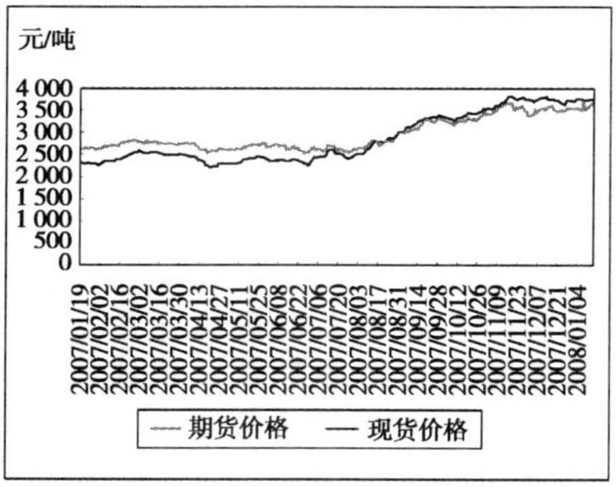

附图 2.167　豆粕 M0801 期、现货价格走势

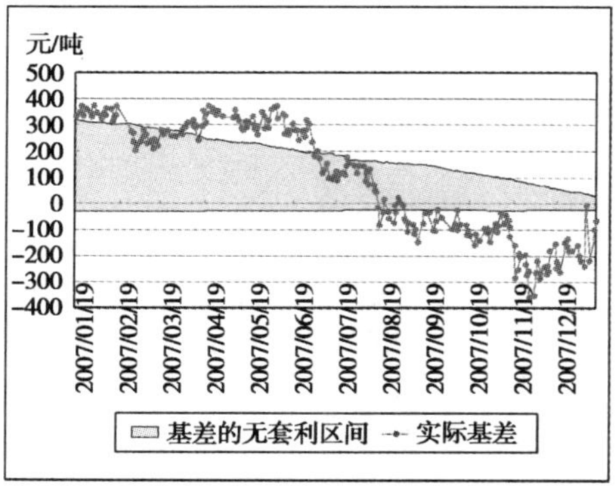

附图 2.168　豆粕 M0801 基差与无套利区间

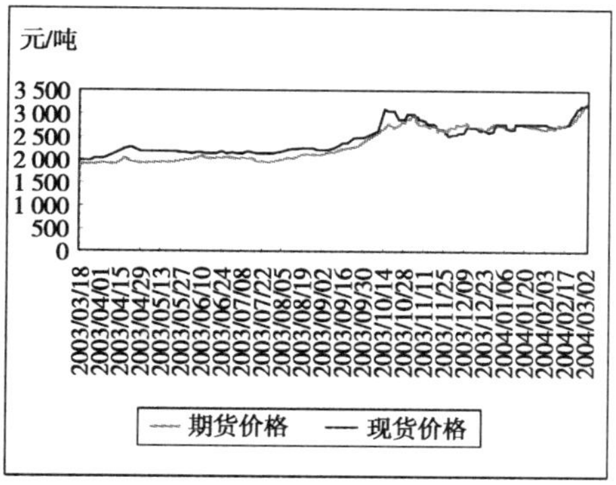

附图 2.169　豆粕 M0403 期、现货价格走势

附图 2.170　豆粕 M0403 基差与无套利区间

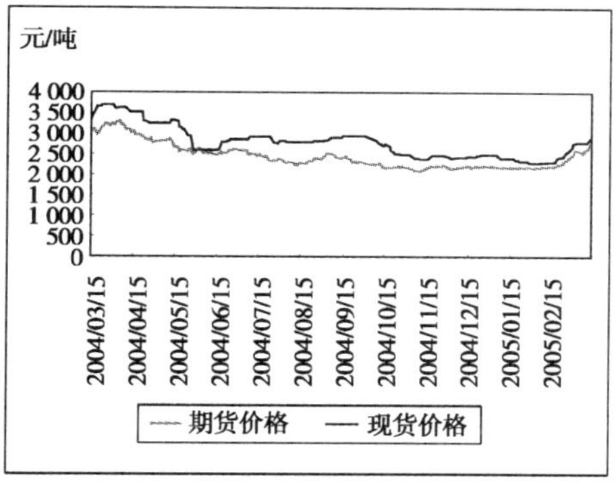

附图 2.171　豆粕 M0503 期、现货价格走势

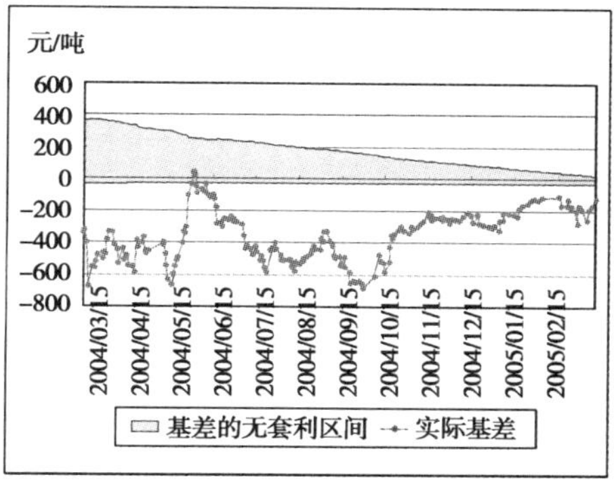

附图 2.172　豆粕 M0503 基差与无套利区间

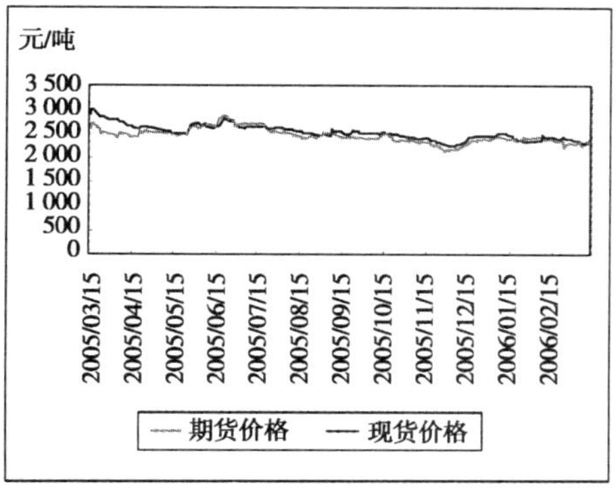

附图 2.173　豆粕 M0603 期、现货价格走势

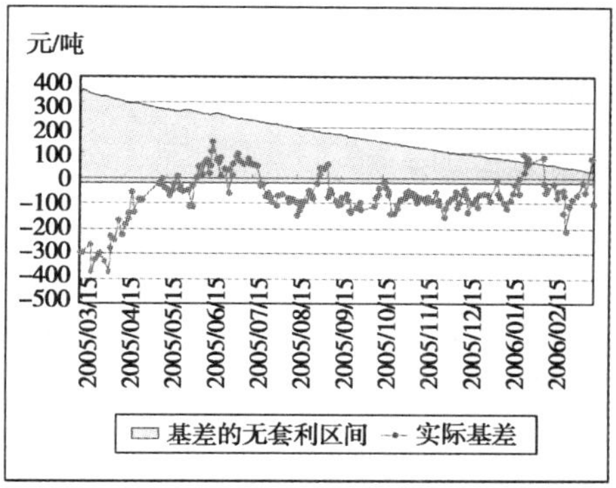

附图 2.174　豆粕 M0603 基差与无套利区间

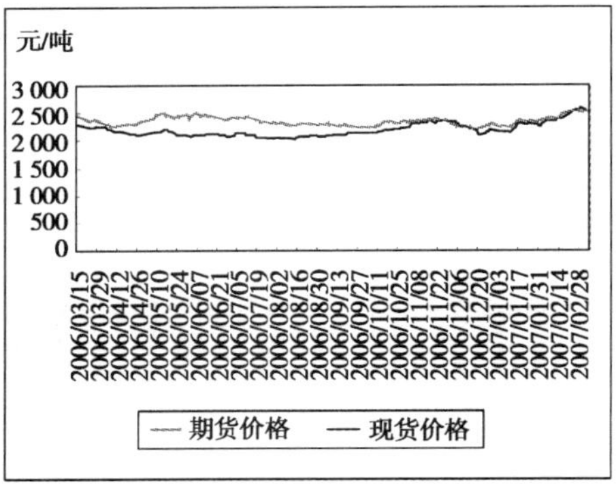

附图 2.175 豆粕 M0703 期、现货价格走势

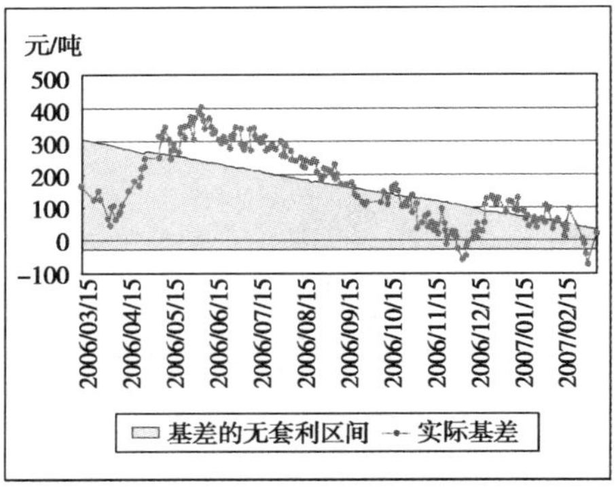

附图 2.176 豆粕 M0703 基差与无套利区间

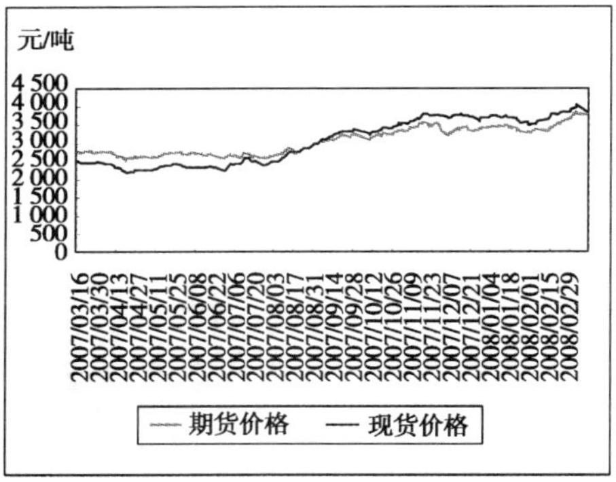

附图 2.177 豆粕 M0803 期、现货价格走势

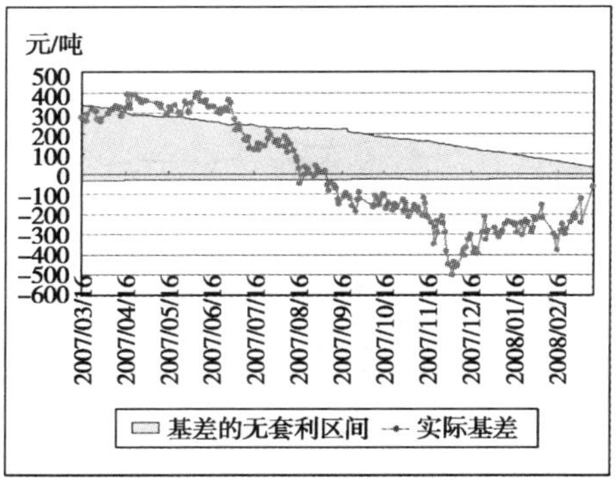

附图 2.178 豆粕 M0803 基差与无套利区间

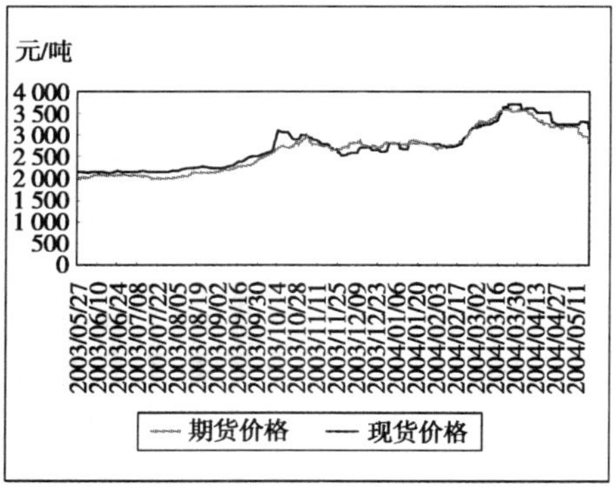

附图 2.178 豆粕 M0405 期、现货价格走势

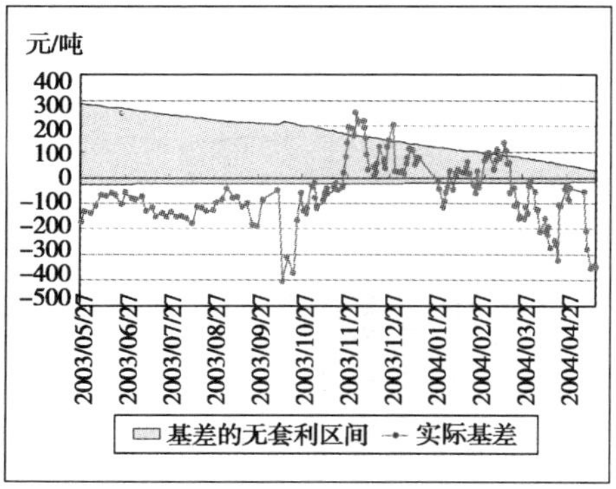

附图 2.180 豆粕 M0405 基差与无套利区间

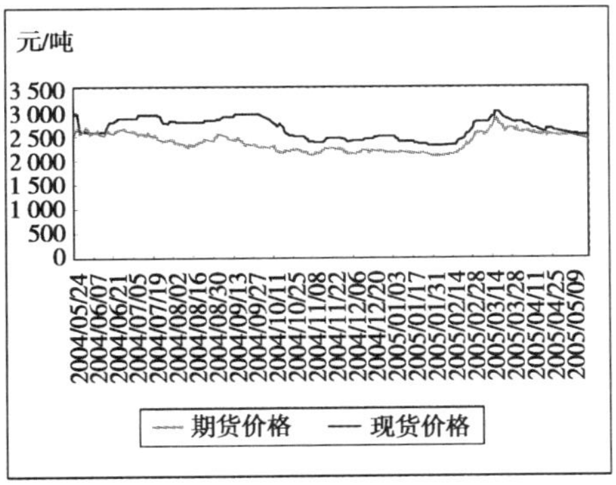

附图 2. 181　豆粕 M0505 期、现货价格走势

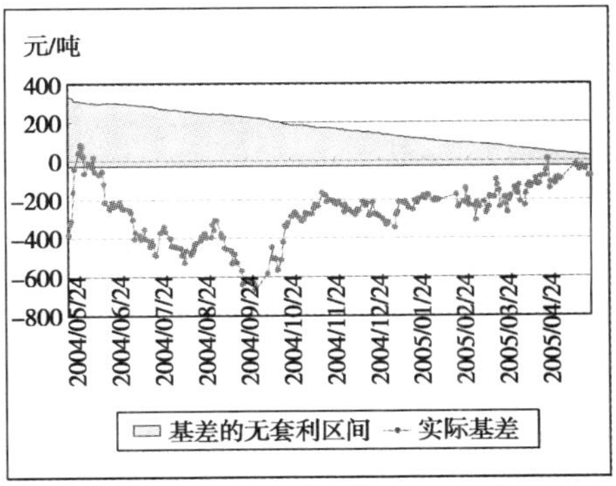

附图 2. 182　豆粕 M0505 基差与无套利区间

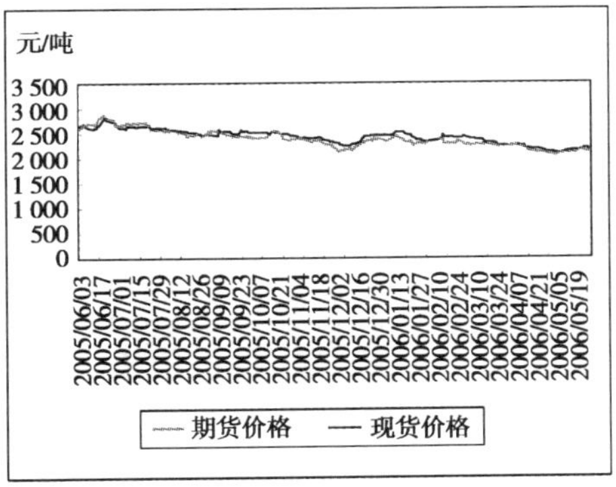

附图 2. 183　豆粕 M0605 期、现货价格走势

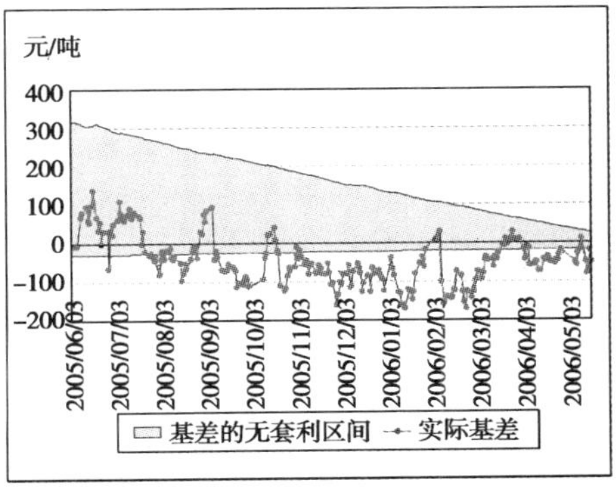

附图 2. 184　豆粕 M0605 基差与无套利区间

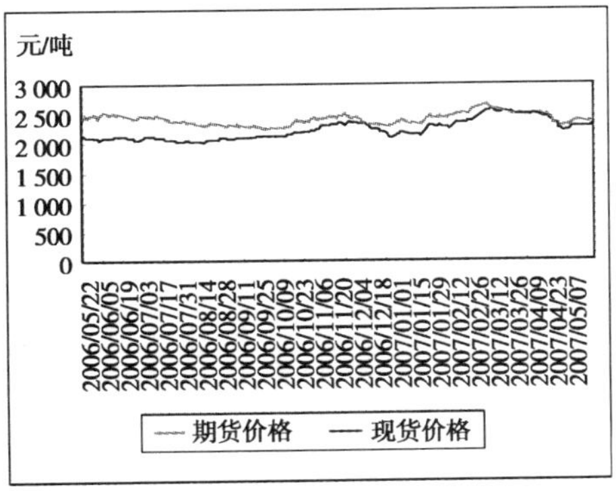

附图 2. 185　豆粕 M0705 期、现货价格走势

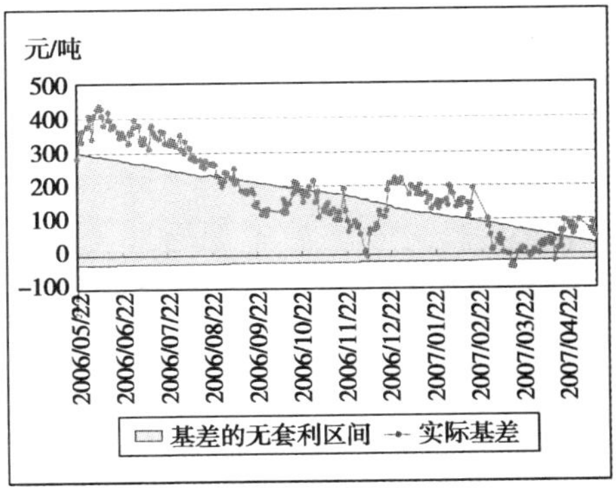

附图 2. 186　豆粕 M0705 基差与无套利区间

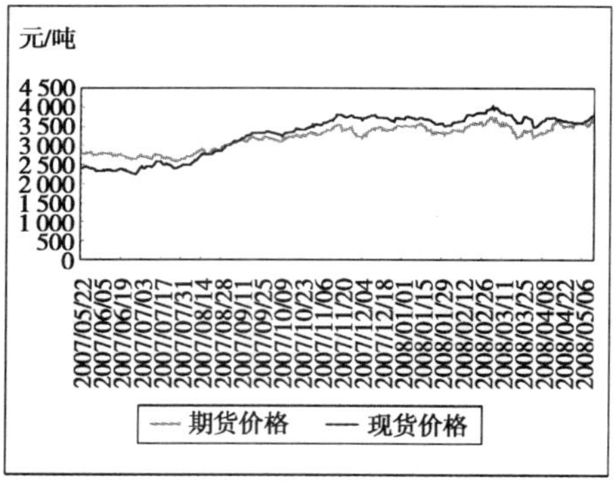

附图 2.187 豆粕 M0805 期、现货价格走势

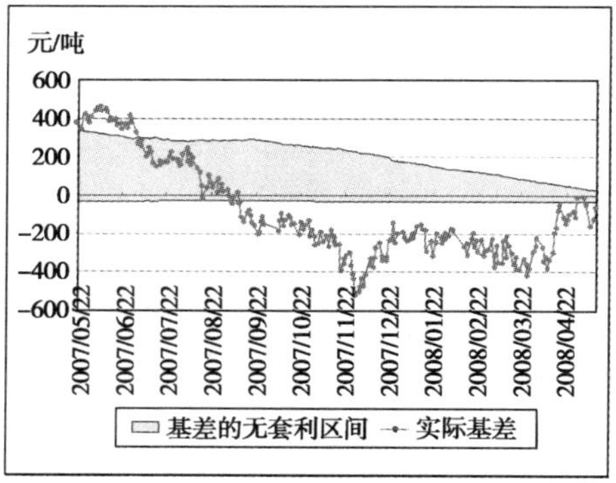

附图 2.188 豆粕 M0805 基差与无套利区间

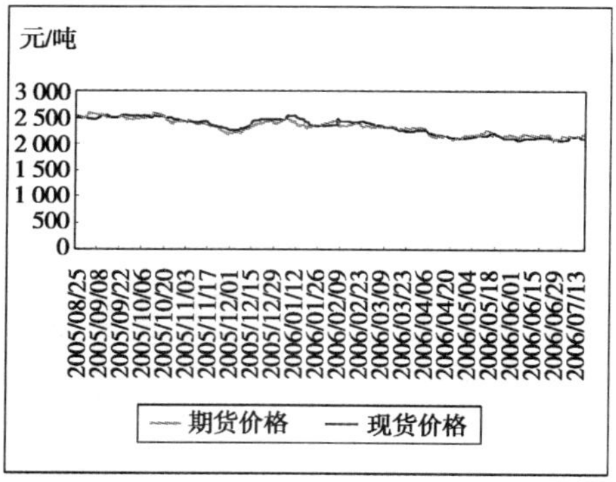

附图 2.189 豆粕 M0607 期、现货价格走势

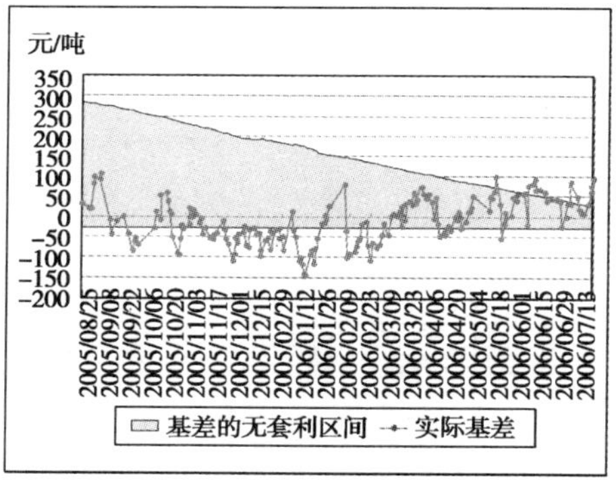

附图 2.190 豆粕 M0607 基差与无套利区间

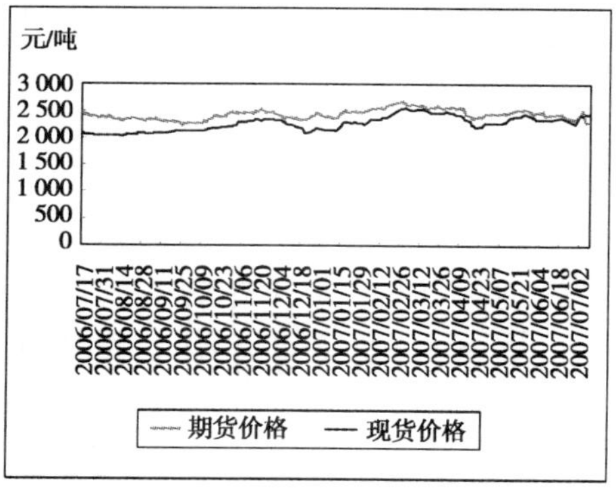

附图 2.191 豆粕 M0707 期、现货价格走势

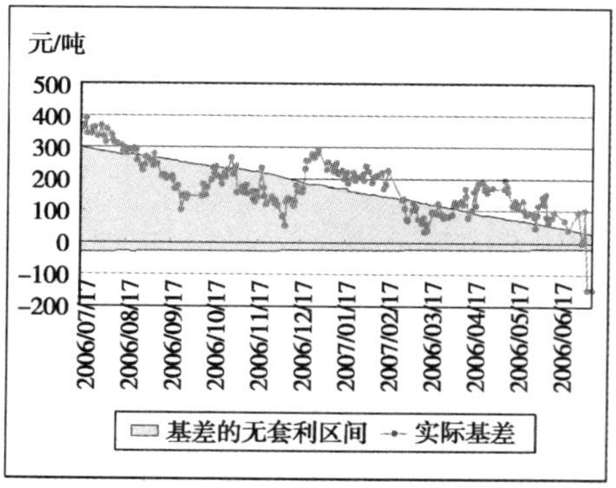

附图 2.192 豆粕 M0707 基差与无套利区间

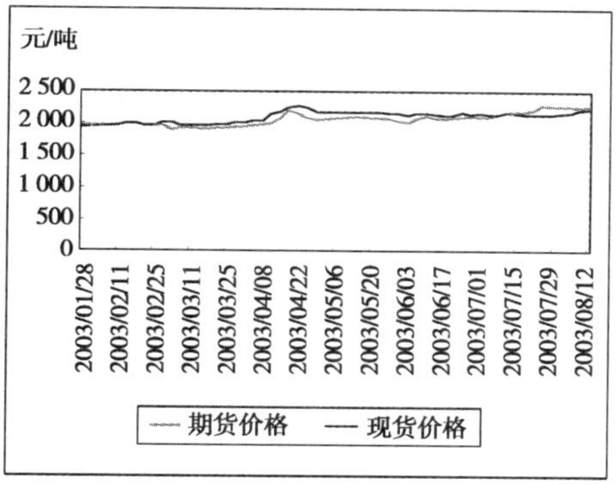

附图 2.193　豆粕 M0308 期、现货价格走势

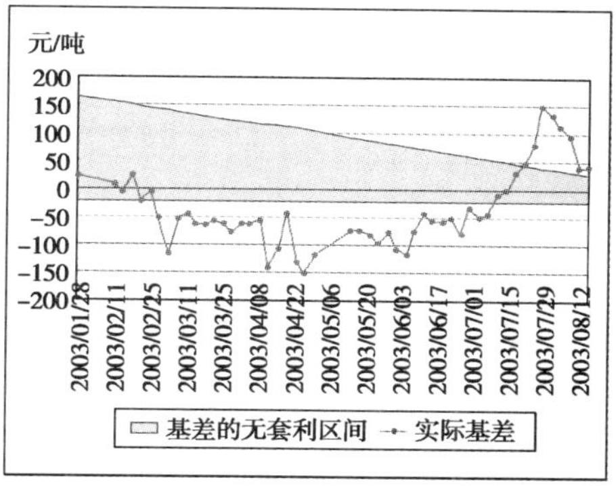

附图 2.194　豆粕 M0308 基差与无套利区间

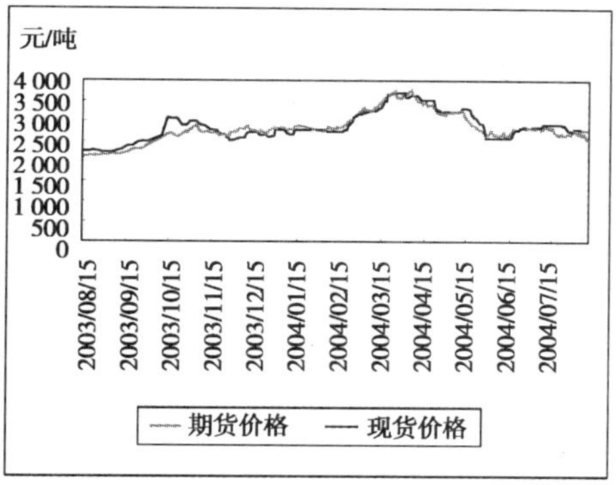

附图 2.195　豆粕 M0408 期、现货价格走势

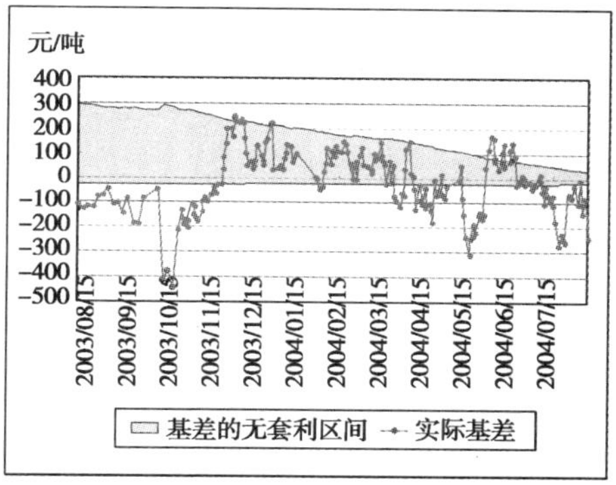

附图 2.196　豆粕 M0408 基差与无套利区间

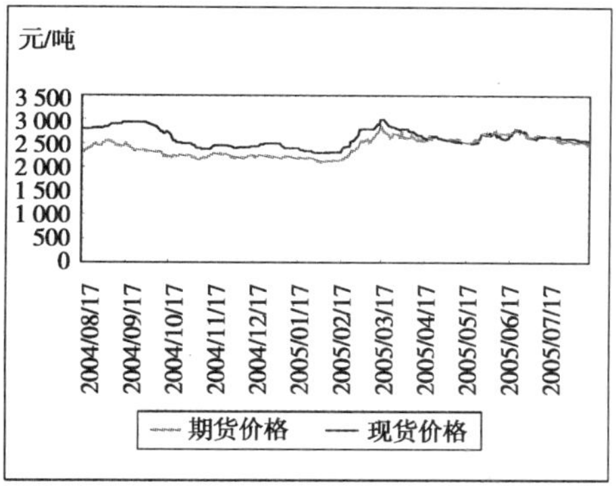

附图 2.197　豆粕 M0508 期、现货价格走势

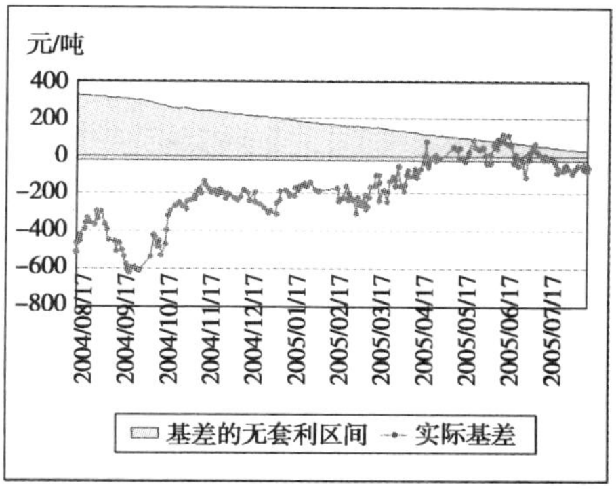

附图 2.198　豆粕 M0508 基差与无套利区间

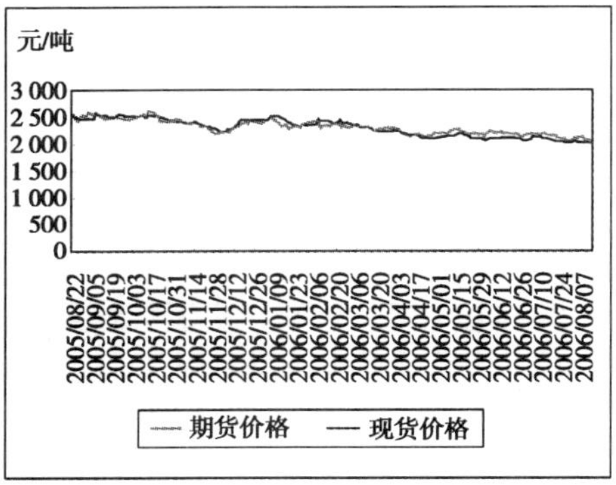

附图 2. 199　豆粕 M0608 期、现货价格走势

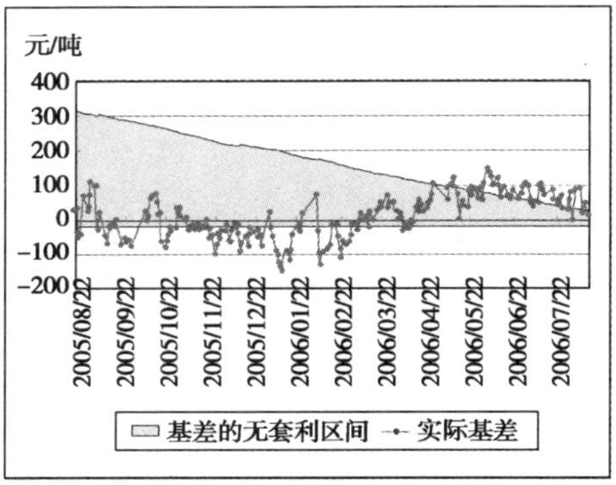

附图 2. 200　豆粕 M0608 基差与无套利区间

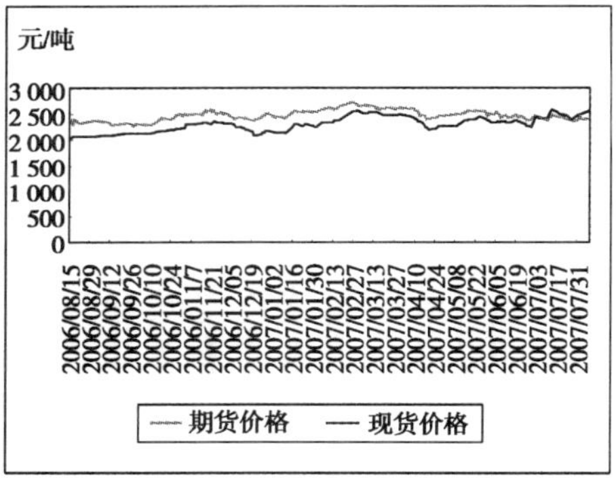

附图 2. 201　豆粕 M0708 期、现货价格走势

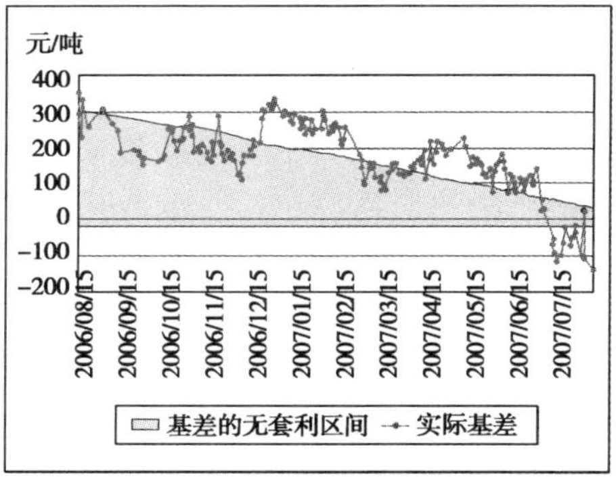

附图 2. 202　豆粕 M0708 基差与无套利区间

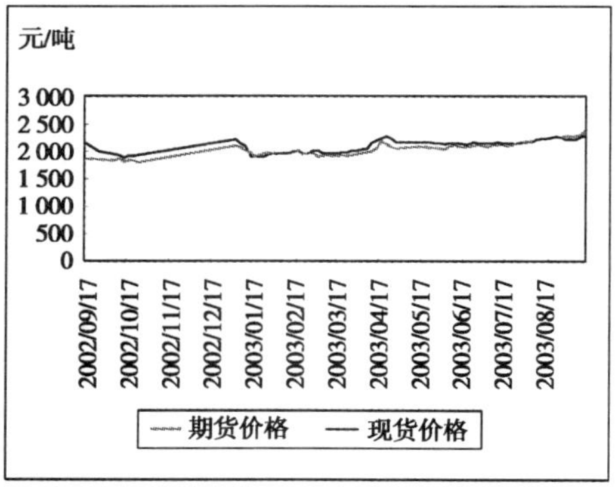

附图 2. 203　豆粕 M0309 期、现货价格走势

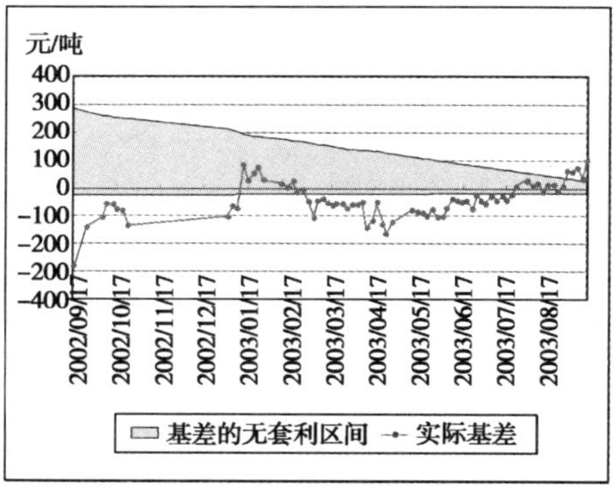

附图 2. 204　豆粕 M0309 基差与无套利区间

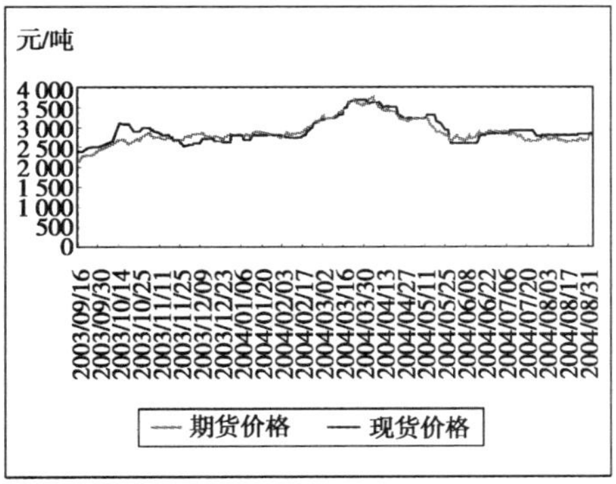

附图 2. 205　豆粕 M0409 期、现货价格走势

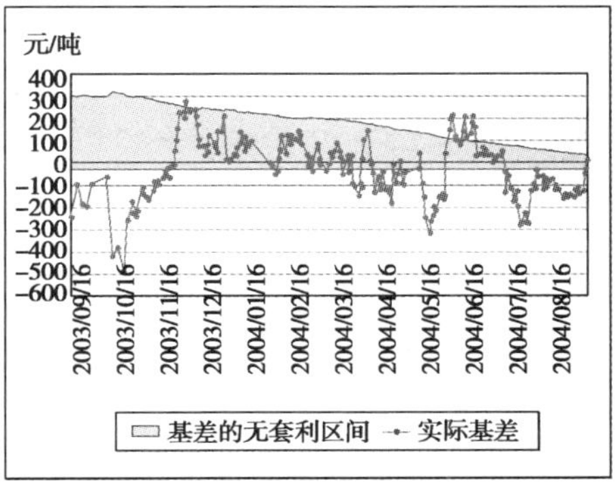

附图 2. 206　豆粕 M0409 基差与无套利区间

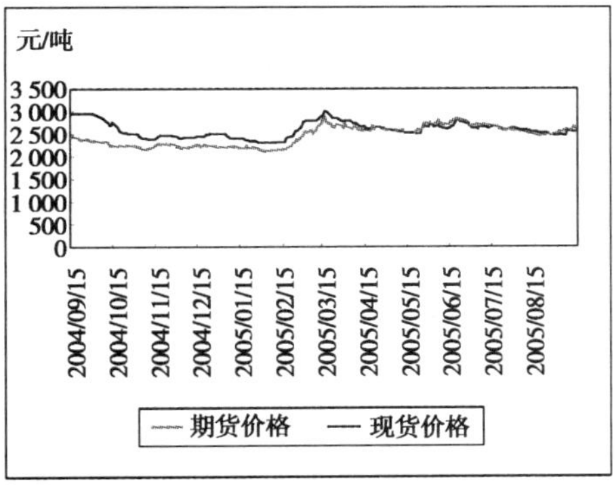

附图 2. 207　豆粕 M0509 期、现货价格走势

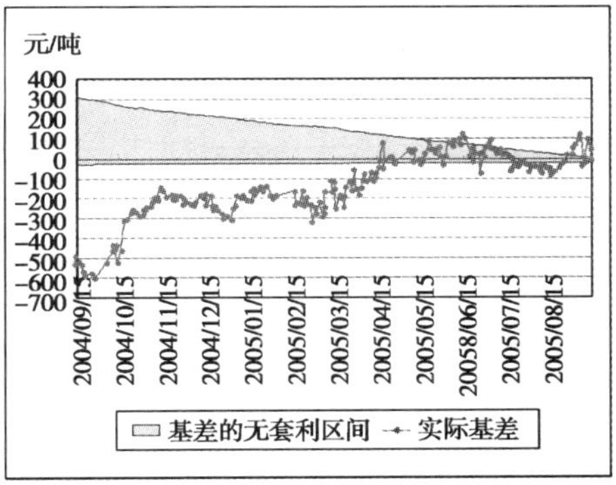

附图 2. 208　豆粕 M0509 基差与无套利区间

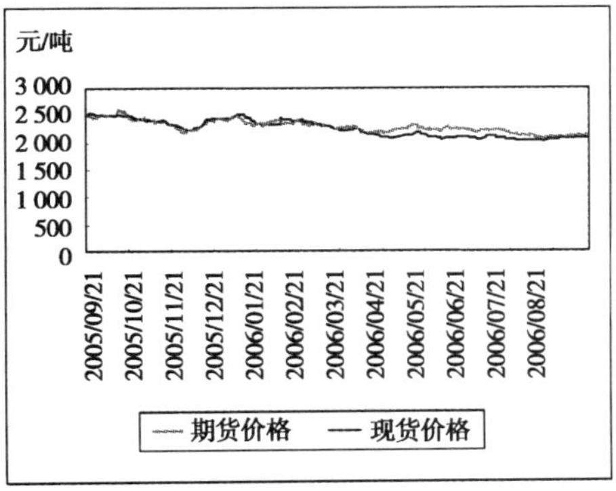

附图 2. 209　豆粕 M0609 期、现货价格走势

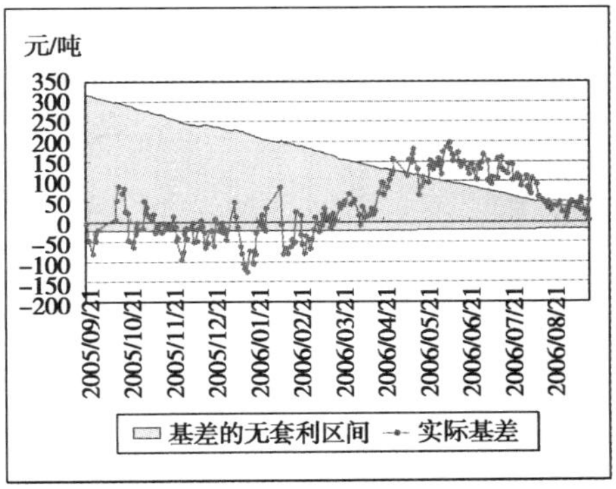

附图 2. 210　豆粕 M0609 基差与无套利区间

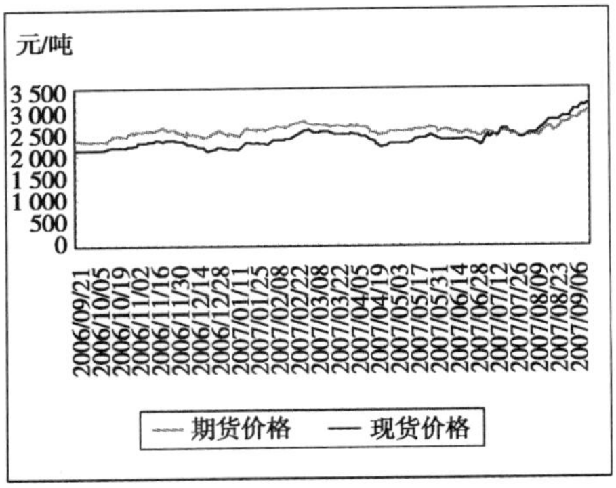

附图 2.211　豆粕 M0709 期、现货价格走势

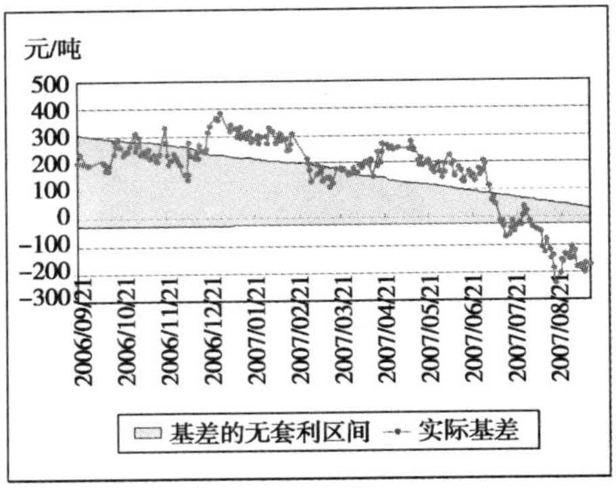

附图 2.212　豆粕 M0709 基差与无套利区间

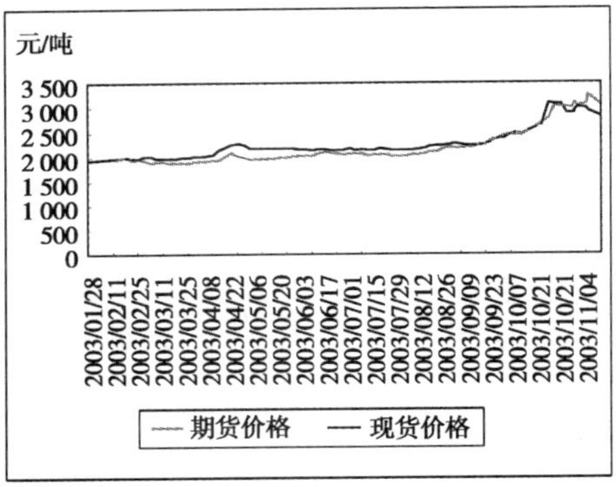

附图 2.213　豆粕 M0311 期、现货价格走势

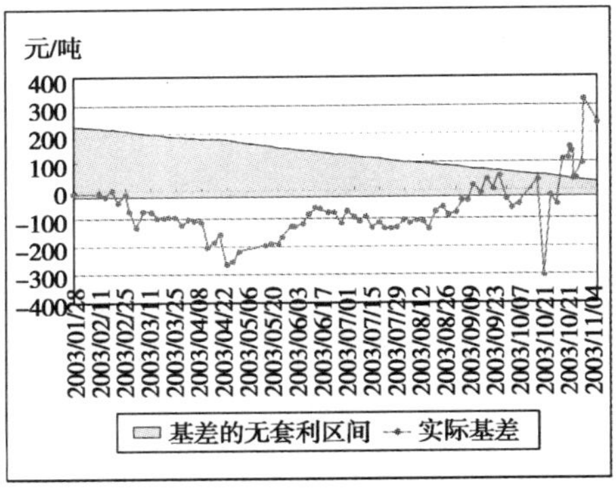

附图 2.214　豆粕 M0311 基差与无套利区间

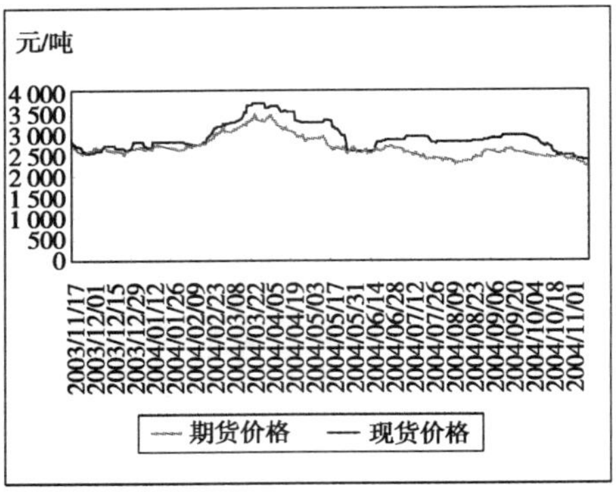

附图 2.215　豆粕 M0411 期、现货价格走势

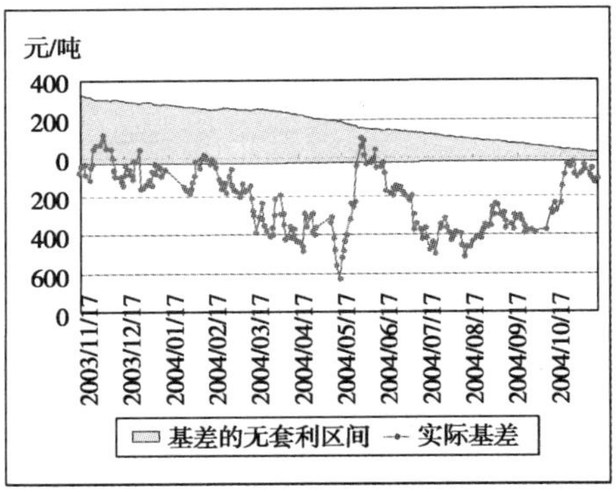

附图 2.216　豆粕 M0411 基差与无套利区间

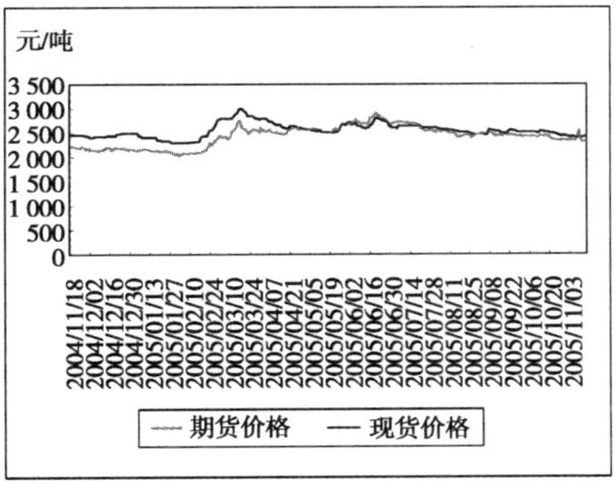

附图 2.217 豆粕 M0511 期、现货价格走势

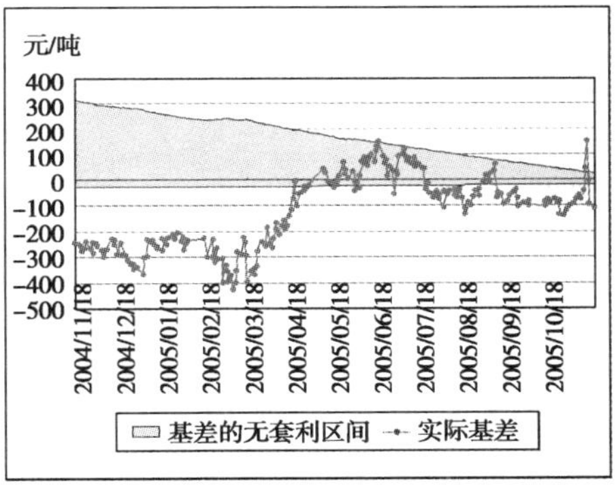

附图 2.218 豆粕 M0511 基差与无套利区间

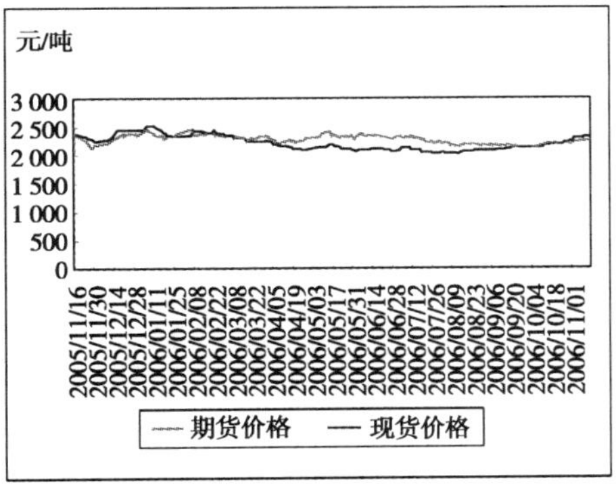

附图 2.219 豆粕 M0611 期、现货价格走势

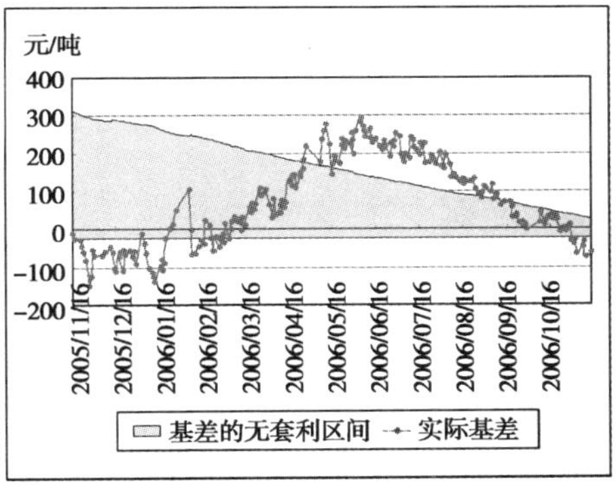

附图 2.220 豆粕 M0611 基差与无套利区间

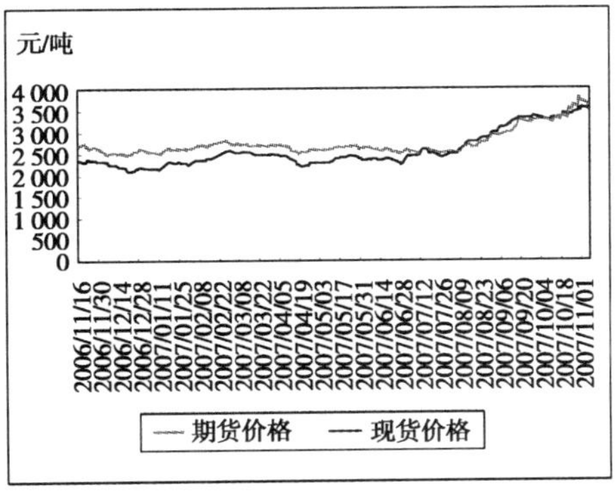

附图 2.221 豆粕 M0711 期、现货价格走势

附图 2.222 豆粕 M0711 基差与无套利区间

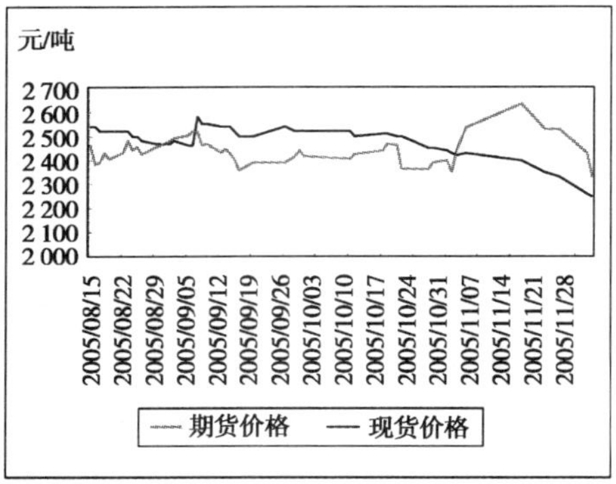

附图 2.223 豆粕 M0512 期、现货价格走势

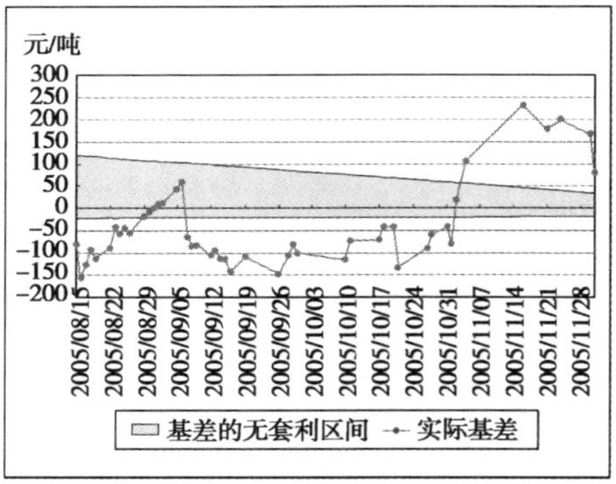

附图 2.224 豆粕 M0512 基差与无套利区间

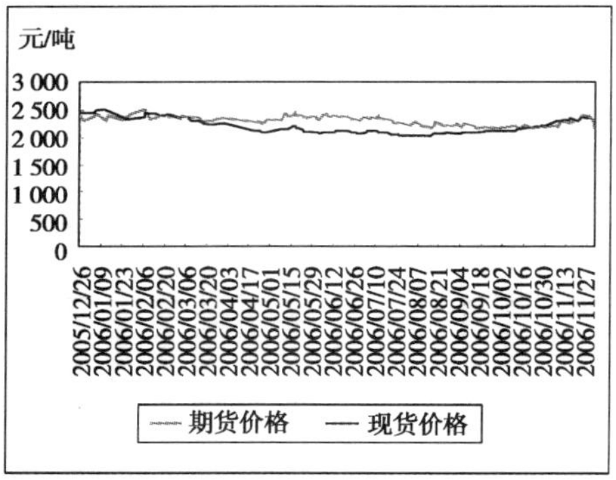

附图 2.225 豆粕 M0612 期、现货价格走势

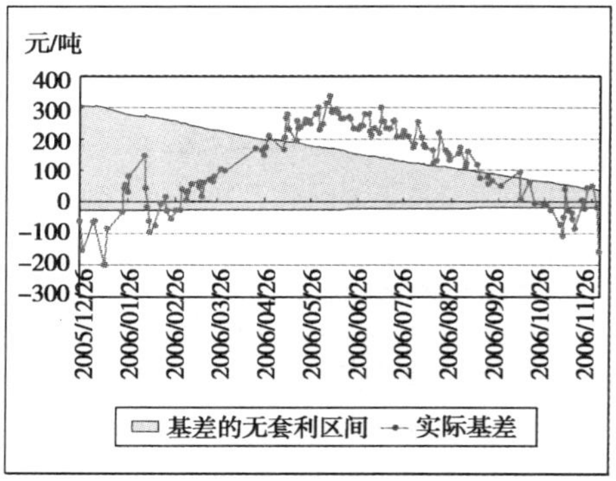

附图 2.226 豆粕 M0612 基差与无套利区间

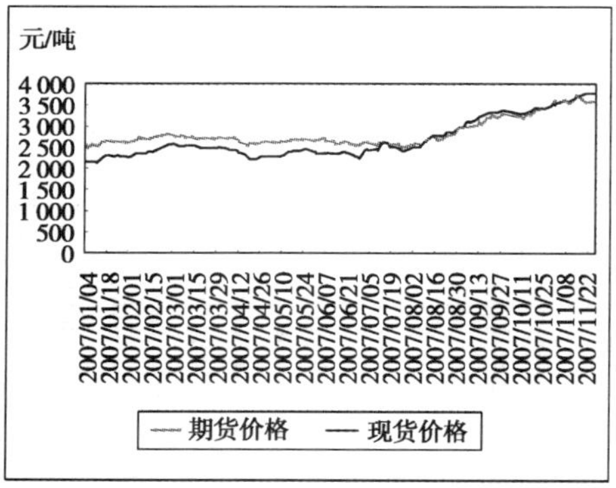

附图 2.227 豆粕 M0712 期、现货价格走势

附图 2.228 豆粕 M0712 基差与无套利区间

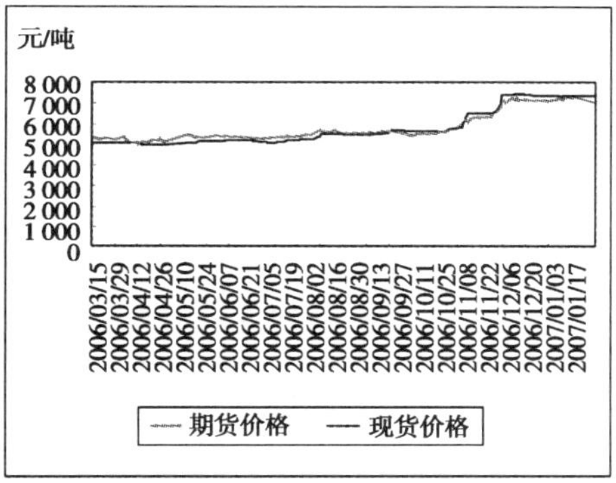

附图 2.229　豆油 Y0701 期、现货价格走势

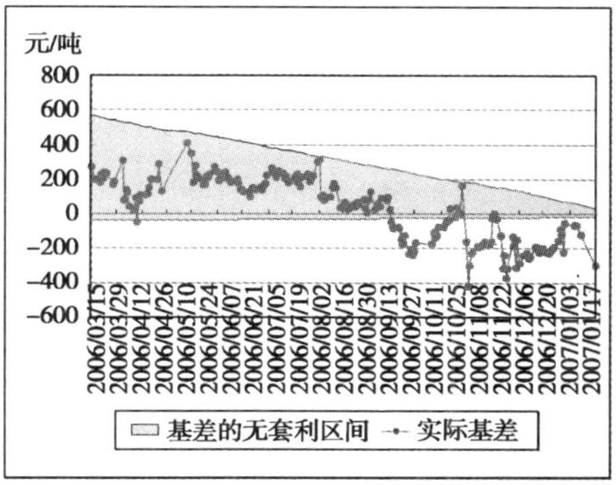

附图 2.230　豆油 Y0701 基差与无套利区间

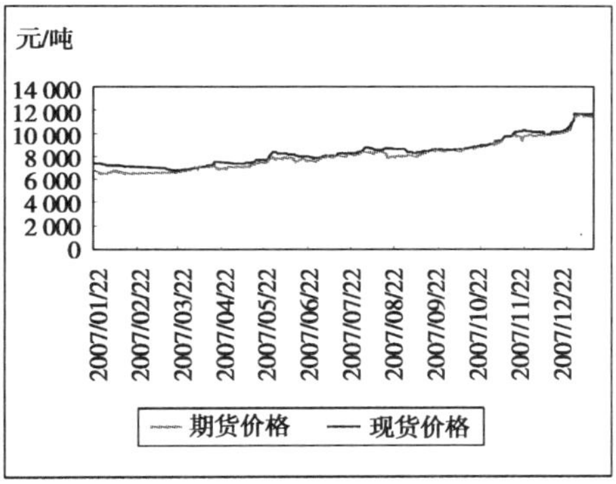

附图 2.231　豆油 Y0801 期、现货价格走势

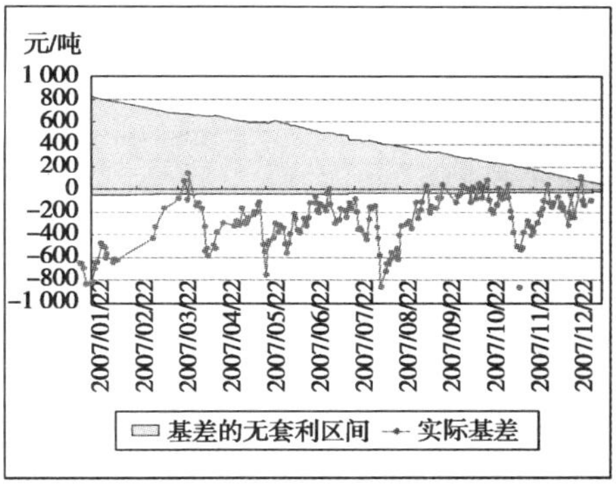

附图 2.232　豆油 Y0801 基差与无套利区间

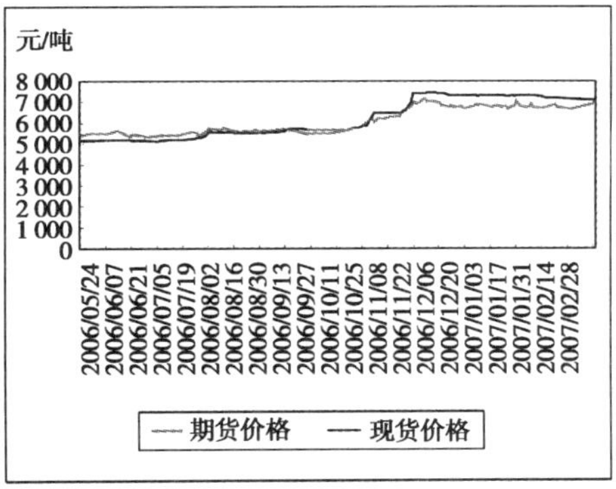

附图 2.233　豆油 Y0703 期、现货价格走势

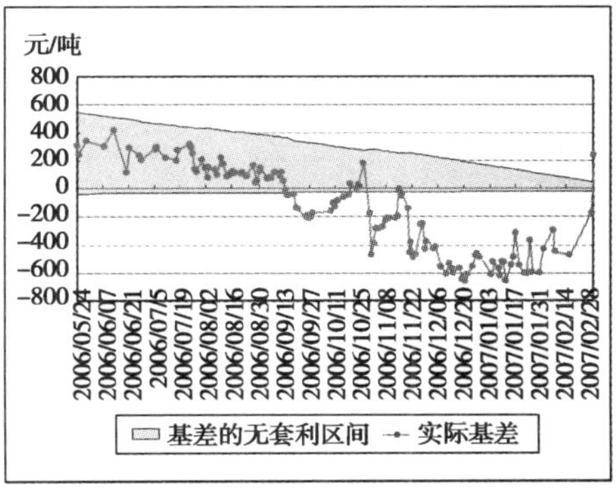

附图 2.234　豆油 Y0703 基差与无套利区间

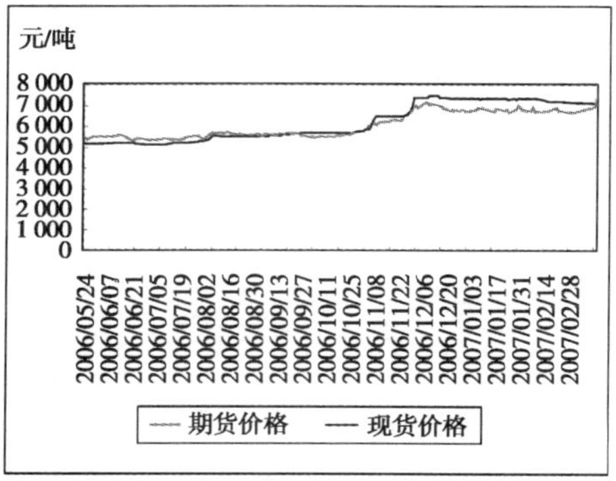

附图 2. 235　豆油 Y0803 期、现货价格走势

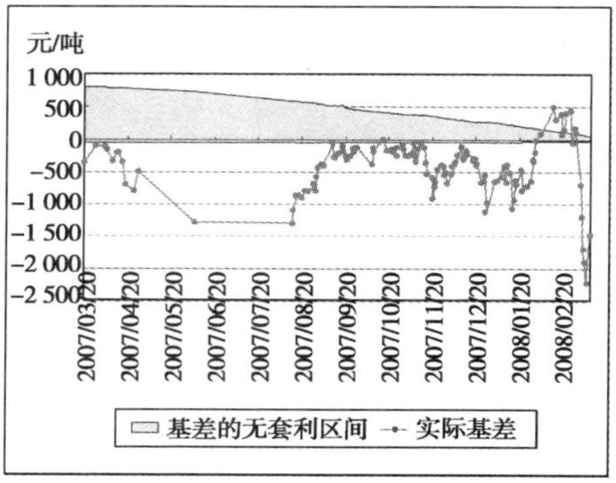

附图 2. 236　豆油 Y0803 基差与无套利区间

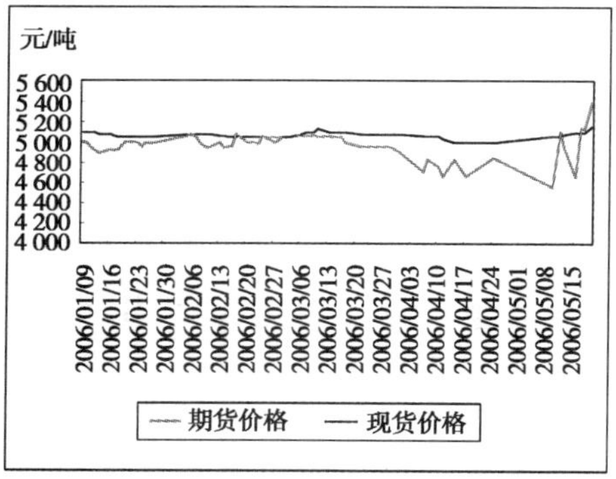

附图 2. 237　豆油 Y0605 期、现货价格走势

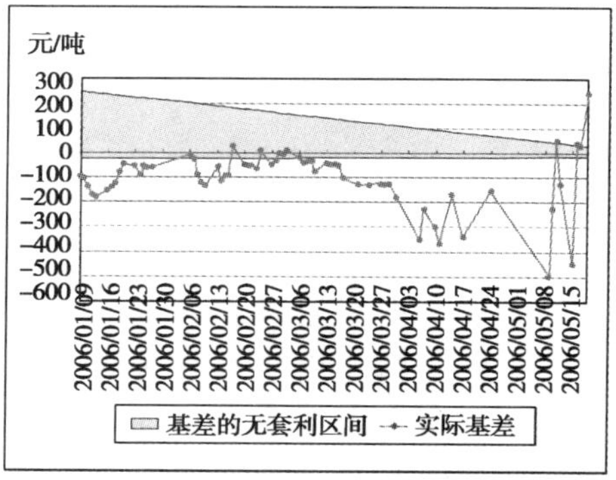

附图 2. 238　豆油 Y0605 基差与无套利区间

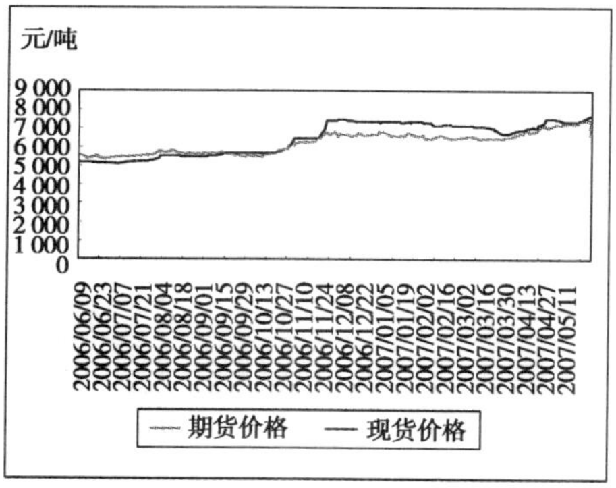

附图 2. 239　豆油 Y0705 期、现货价格走势

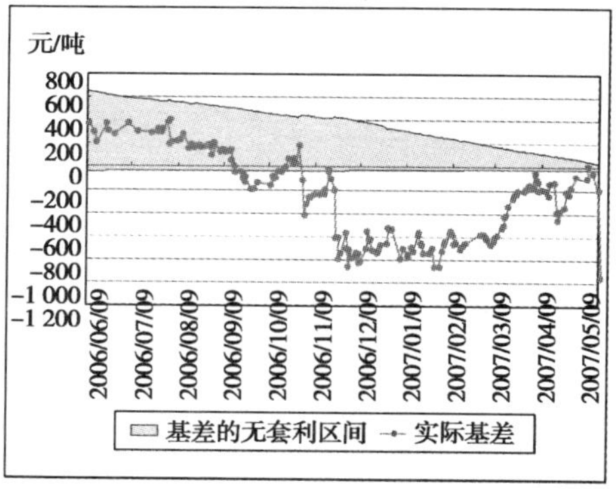

附图 2. 240　豆油 Y0705 基差与无套利区间

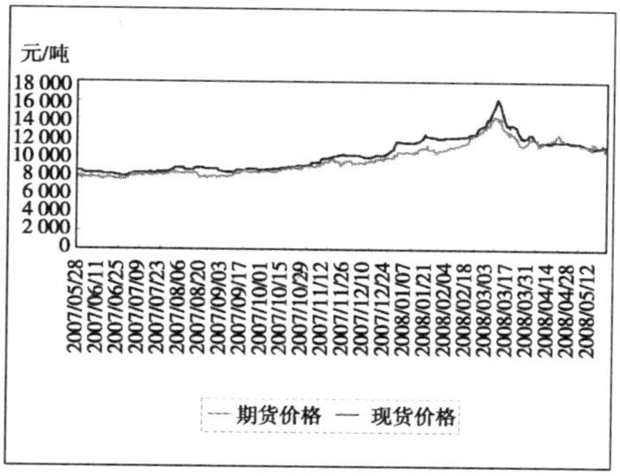

附图 2.241　豆油 Y0805 期、现货价格走势

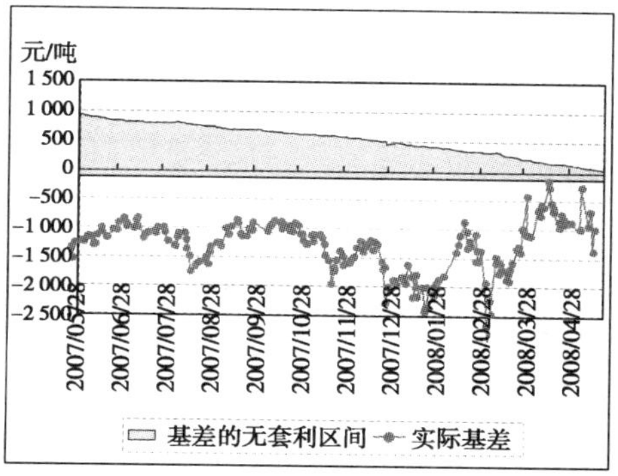

附图 2.242　豆油 Y0805 基差与无套利区间

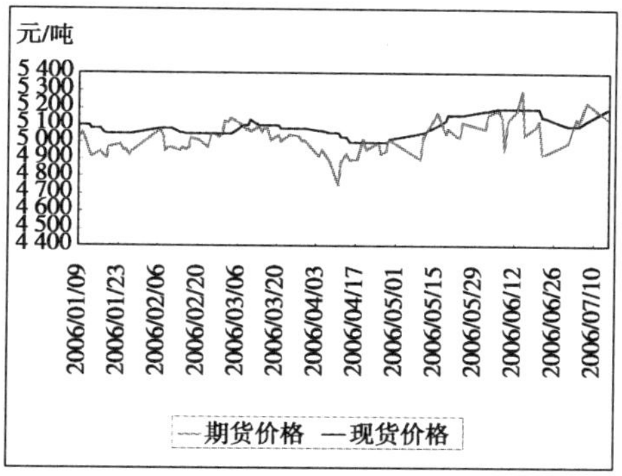

附图 2.243　豆油 Y0607 期、现货价格走势

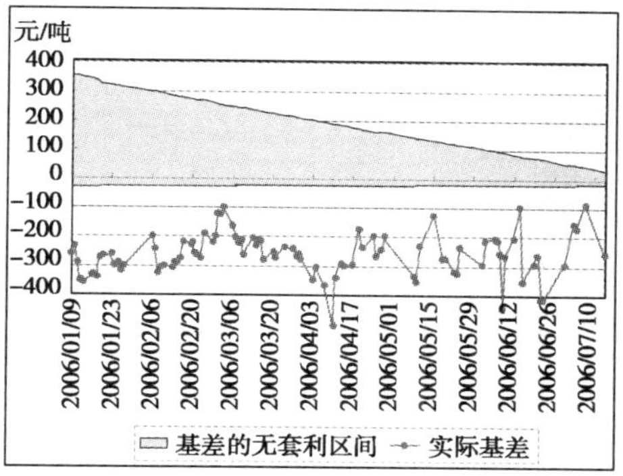

附图 2.244　豆油 Y0607 基差与无套利区间

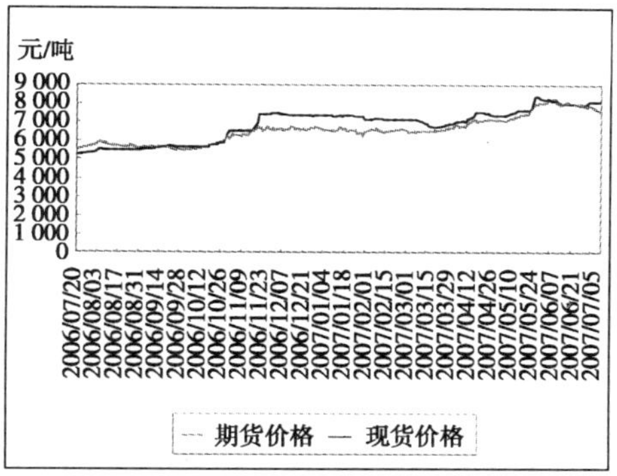

附图 2.245　豆油 Y0707 期、现货价格走势

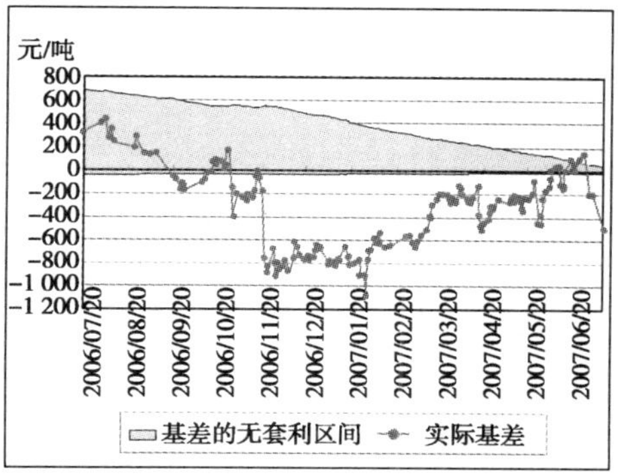

附图 2.246　豆油 Y0707 基差与无套利区间

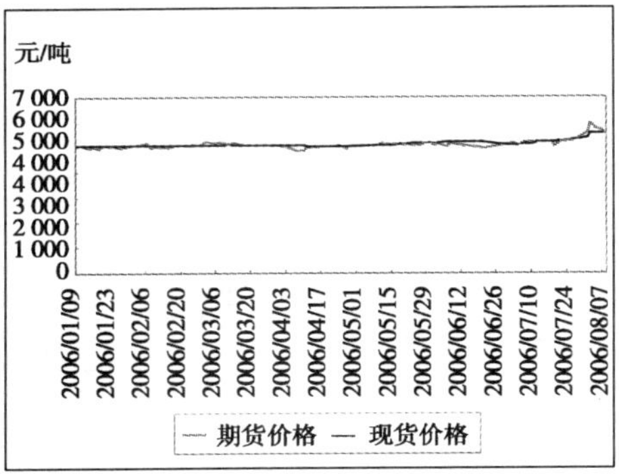

附图 2. 247　豆油 Y0608 期、现货价格走势

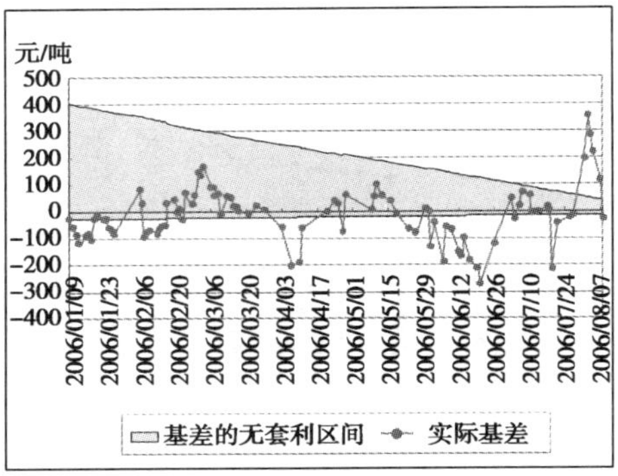

附图 2. 248　豆油 Y0608 基差与无套利区间

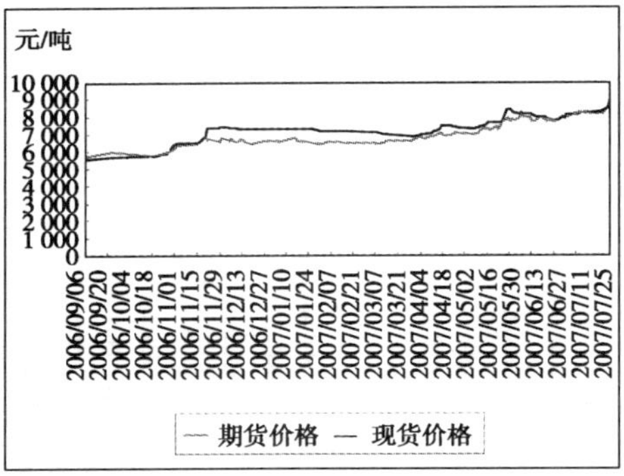

附图 2. 249　豆油 Y0708 期、现货价格走势

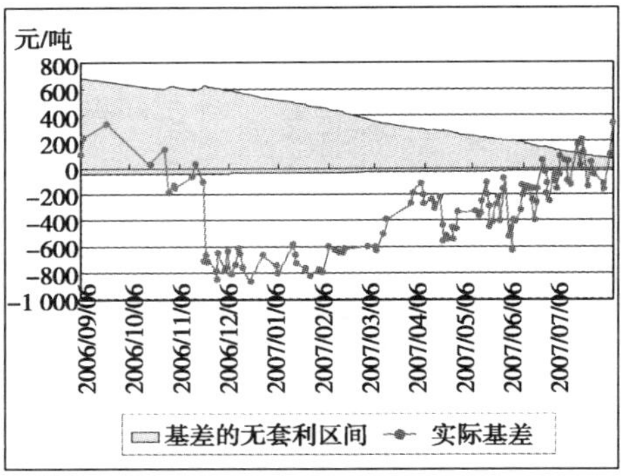

附图 2. 250　豆油 Y0708 基差与无套利区间

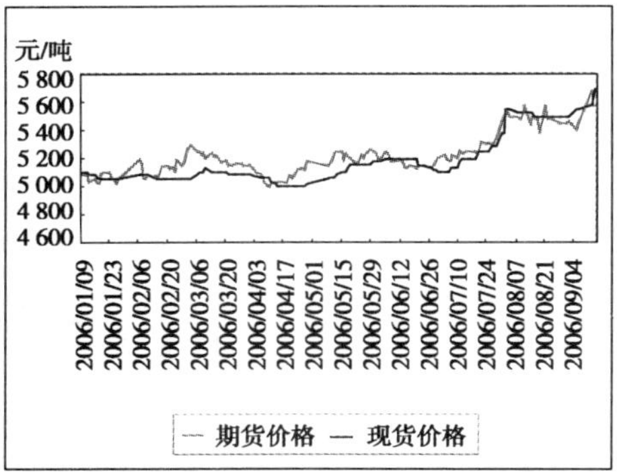

附图 2. 251　豆油 Y0609 期、现货价格走势

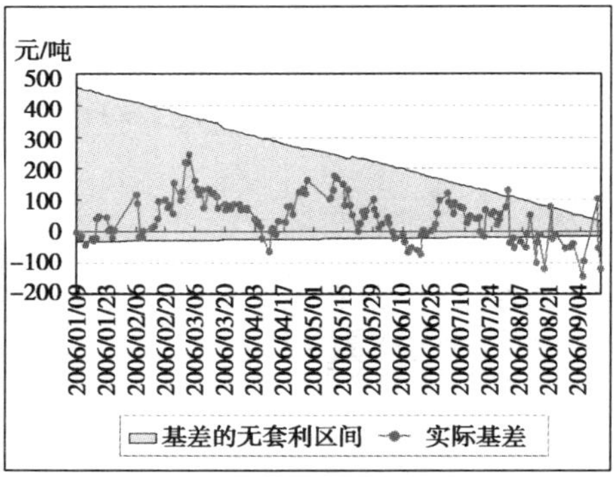

附图 2. 252　豆油 Y0609 基差与无套利区间

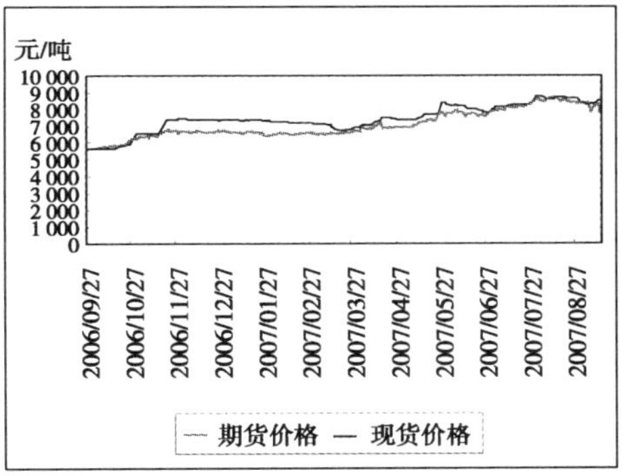

附图 2.253　豆油 Y0709 期、现货价格走势

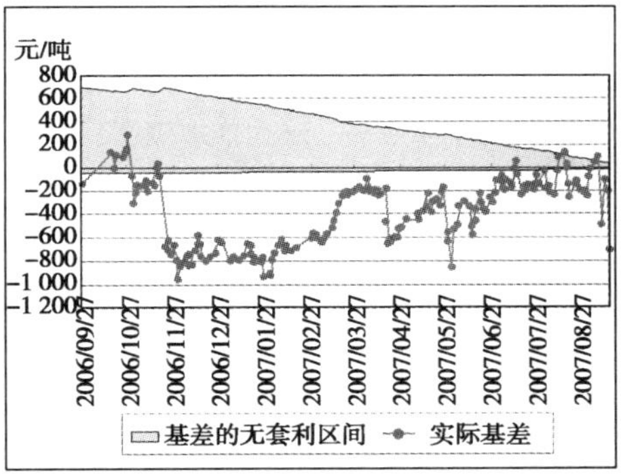

附图 2.254　豆油 Y0709 基差与无套利区间

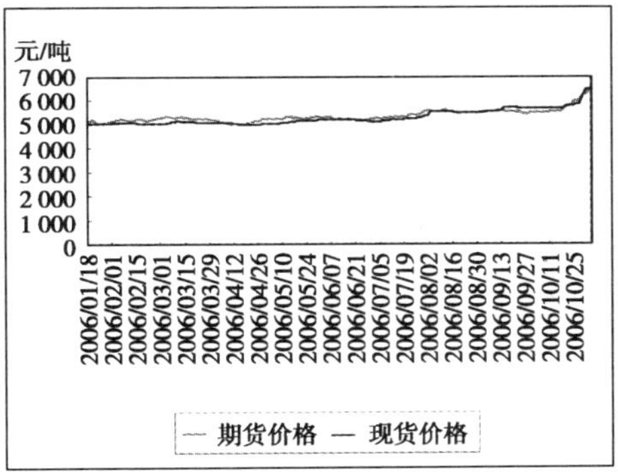

附图 2.255　豆油 Y0611 期、现货价格走势

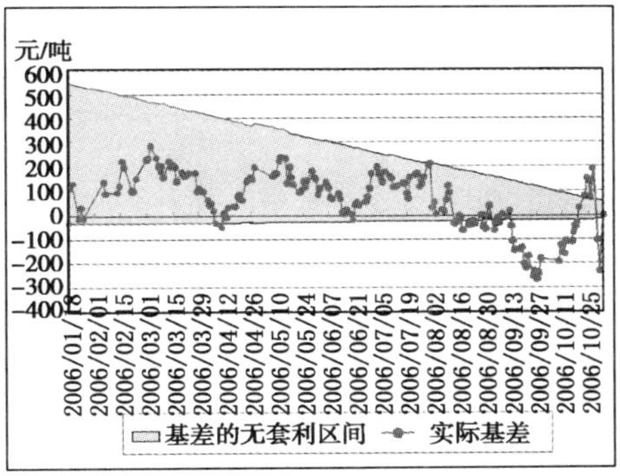

附图 2.256　豆油 Y0611 基差与无套利区间

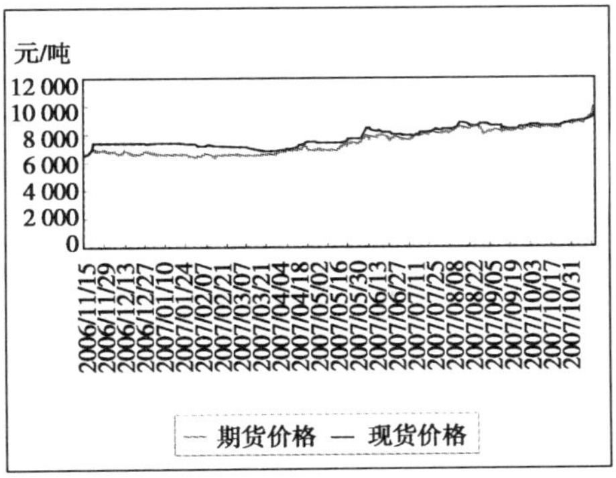

附图 2.257　豆油 Y0711 期、现货价格走势

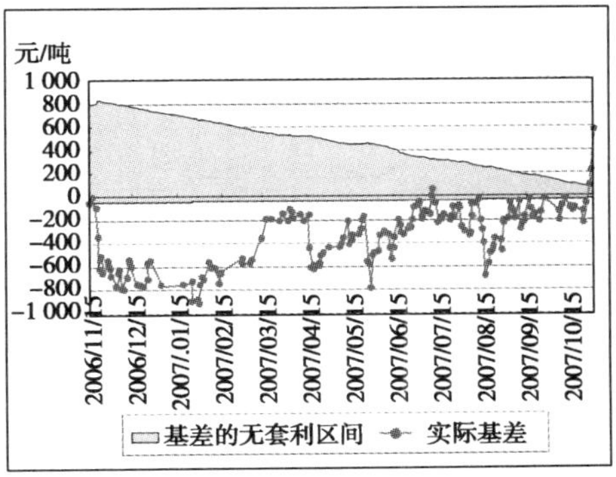

附图 2.258　豆油 Y0711 基差与无套利区间

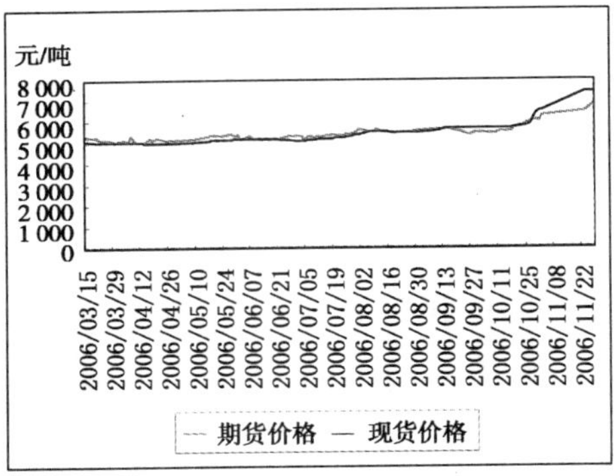

附图 2.259 豆油 Y0612 期、现货价格走势

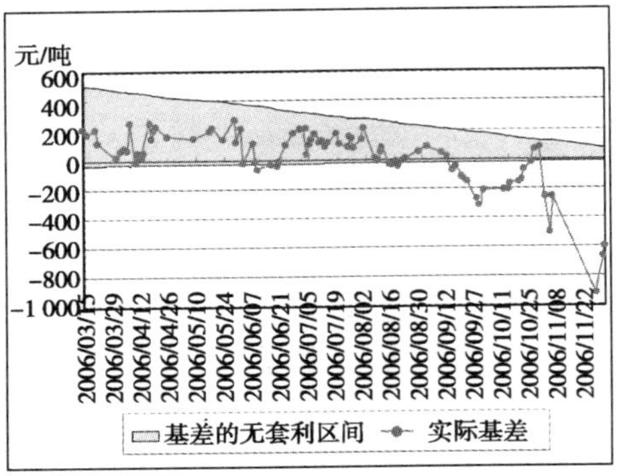

附图 2.260 豆油 Y0612 基差与无套利区间

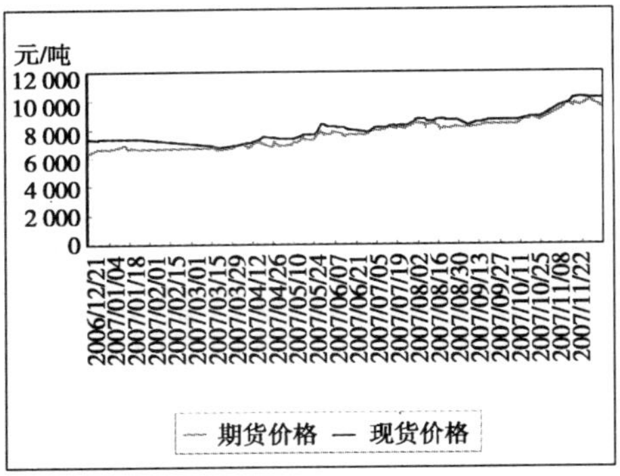

附图 2.261 豆油 Y0712 期、现货价格走势

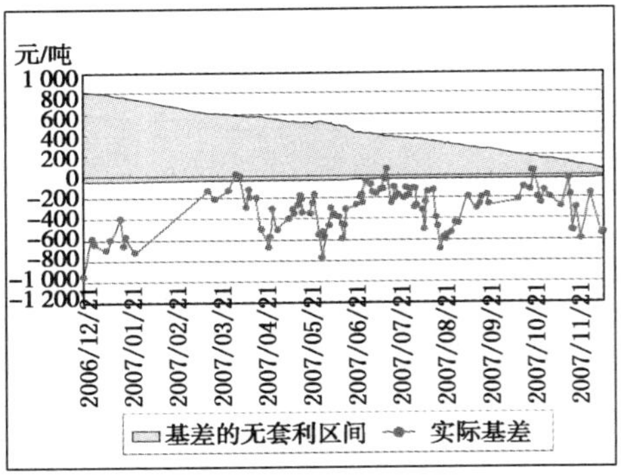

附图 2.262 豆油 Y0712 基差与无套利区间

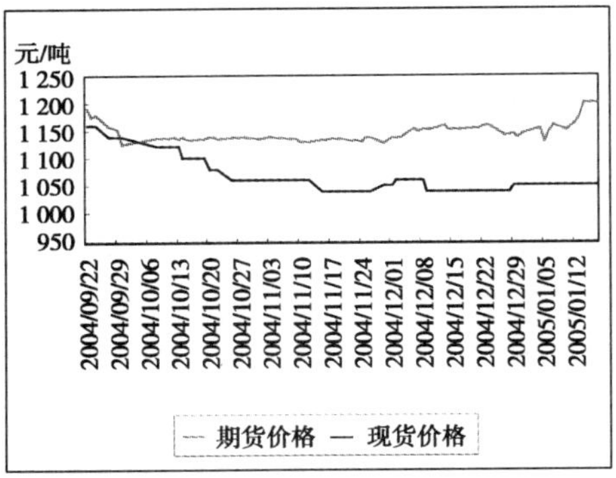

附图 2.263 玉米 C0501（吉林白城）期、现货价格走势

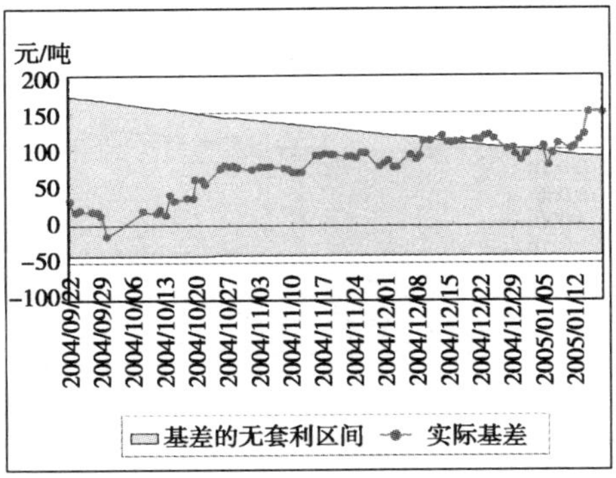

附图 2.264 玉米 C0501（吉林白城）基差与无套利区间

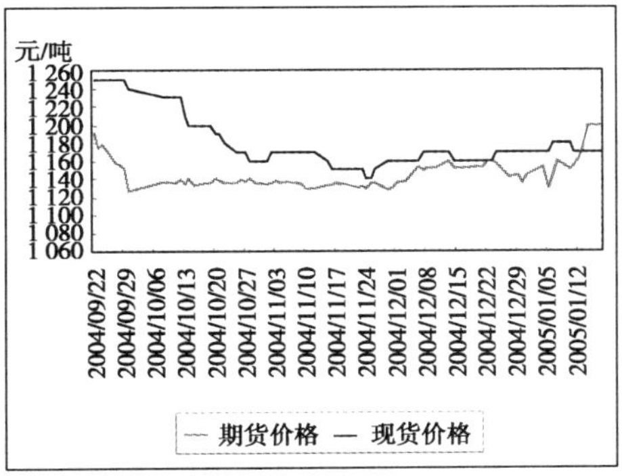

附图 2.265　玉米 C0501（辽宁大连）期、现货价格走势

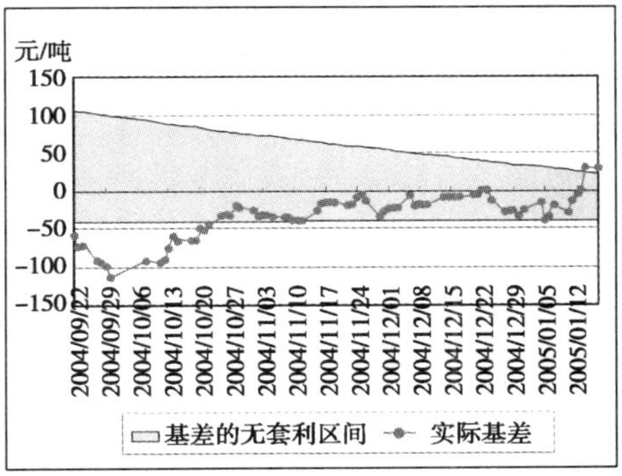

附图 2.266　玉米 C0501（辽宁大连）基差与无套利区间

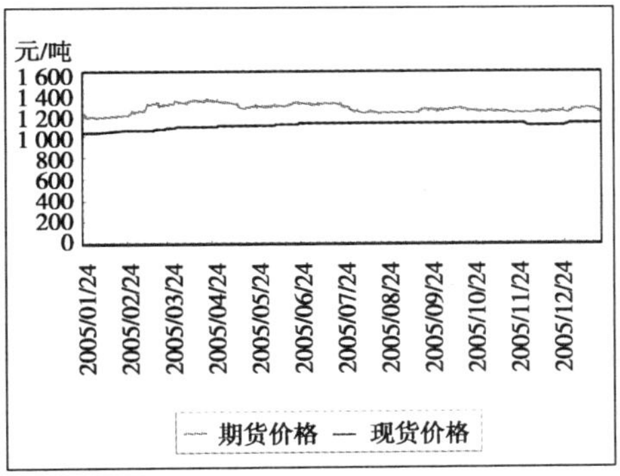

附图 2.267　玉米 C0601（吉林白城）期、现货价格走势

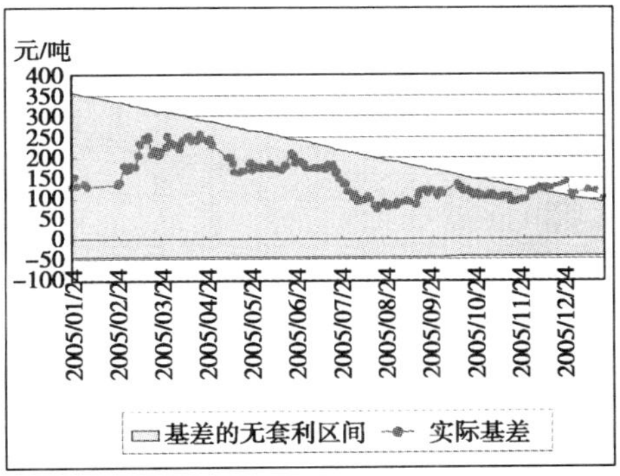

附图 2.268　玉米 C0601（吉林白城）基差与无套利区间

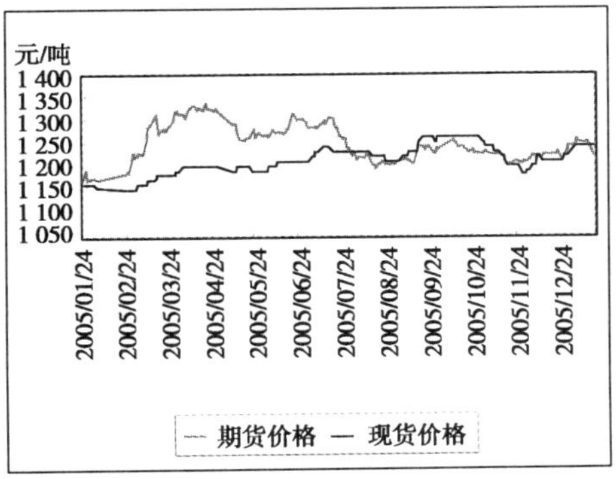

附图 2.269　玉米 C0601（辽宁大连）期、现货价格走势

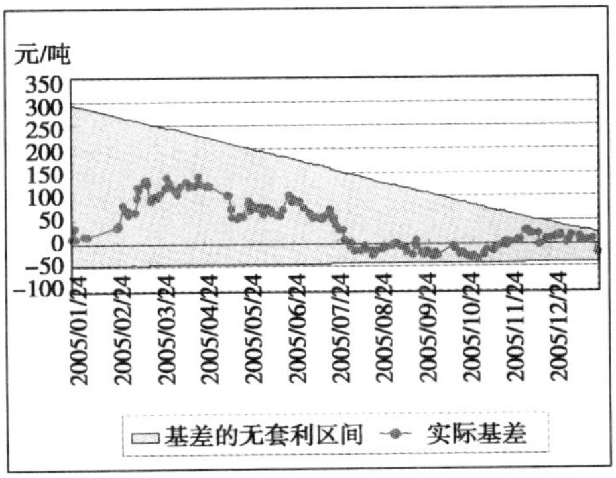

附图 2.270　玉米 C0601（辽宁大连）基差与无套利区间

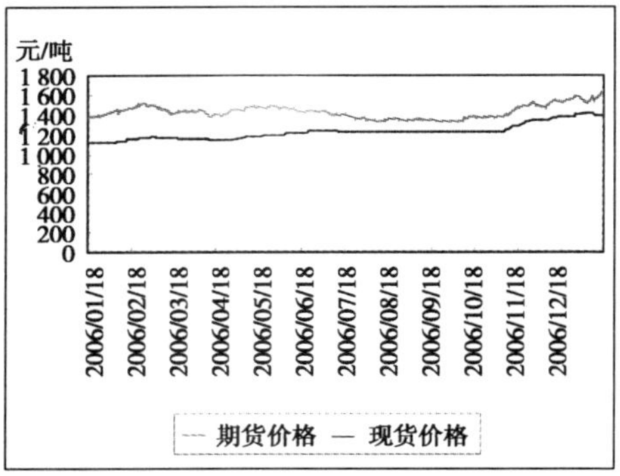

附图 2.271　玉米 C0701（吉林白城）期、现货价格走势

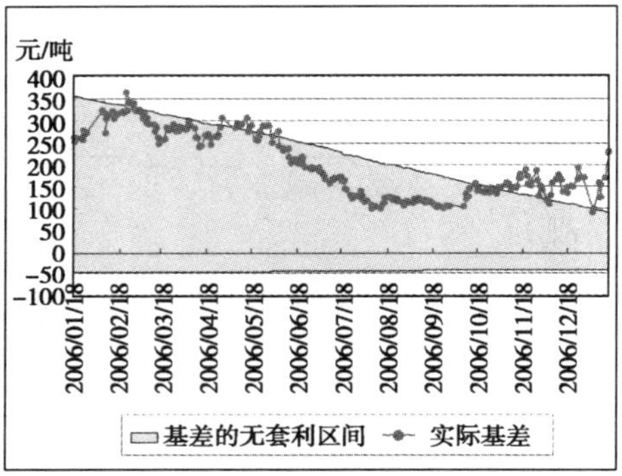

附图 2.272　玉米 C0701（吉林白城）基差与无套利区间

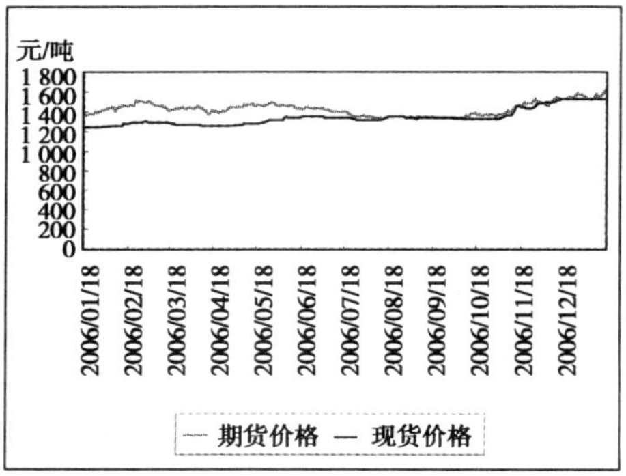

附图 2.273　玉米 C0701（辽宁大连）期、现货价格走势

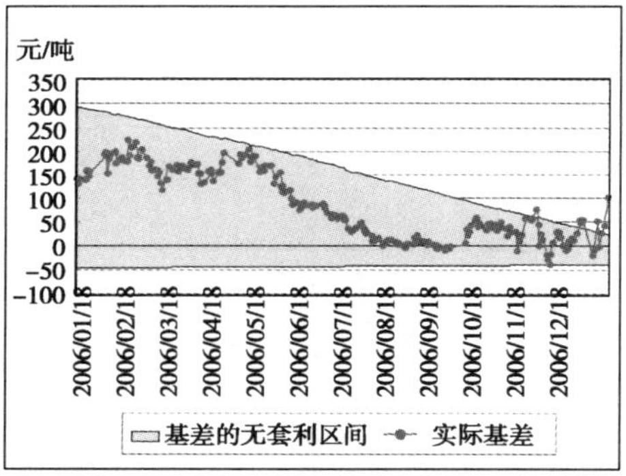

附图 2.274　玉米 C0701（辽宁大连）基差与无套利区间

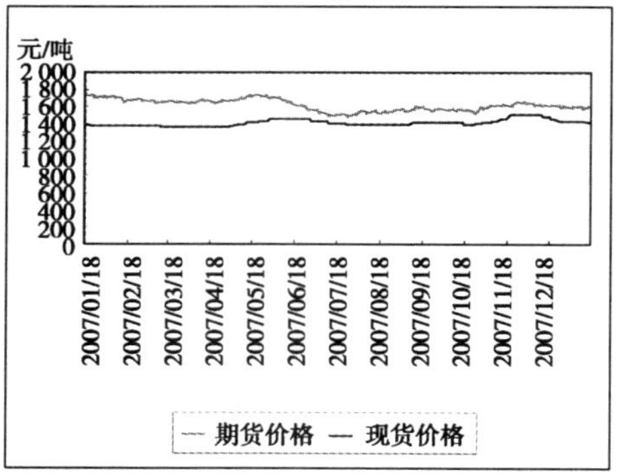

附图 2.275　玉米 C0801（吉林白城）期、现货价格走势

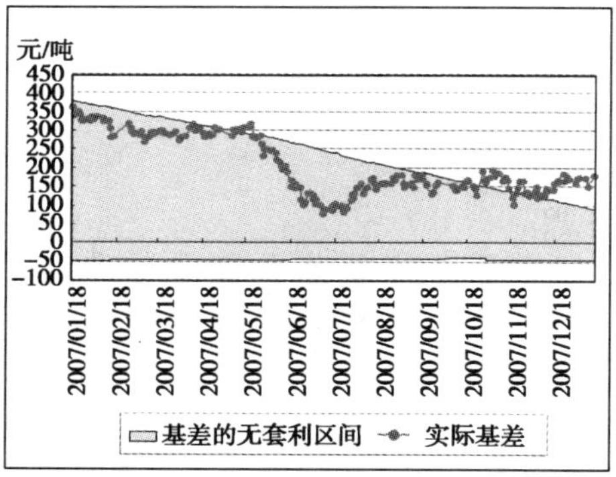

附图 2.276　玉米 C0801（吉林白城）基差与无套利区间

附图 2. 277　玉米 C0801（辽宁大连）期、现货价格走势

附图 2. 278　玉米 C0801（辽宁大连）基差与无套利区间

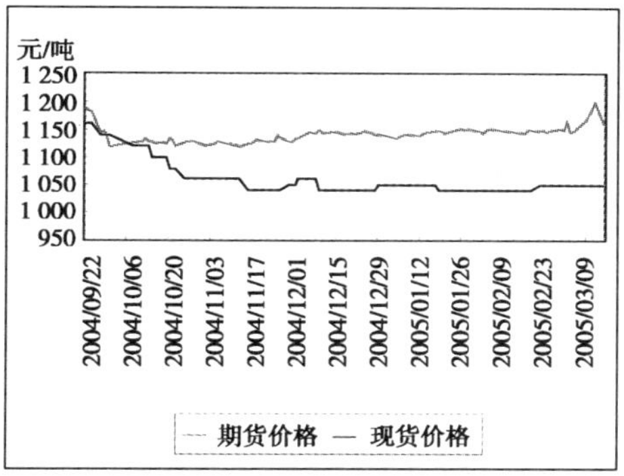

附图 2. 279　玉米 C0503（吉林白城）期、现货价格走势

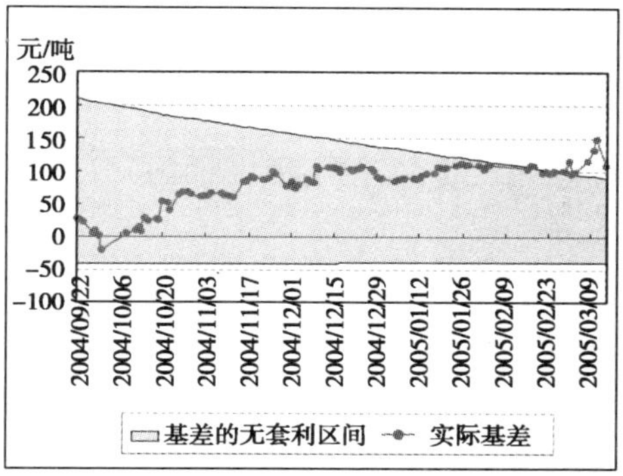

附图 2. 280　玉米 C0503（吉林白城）基差与无套利区间

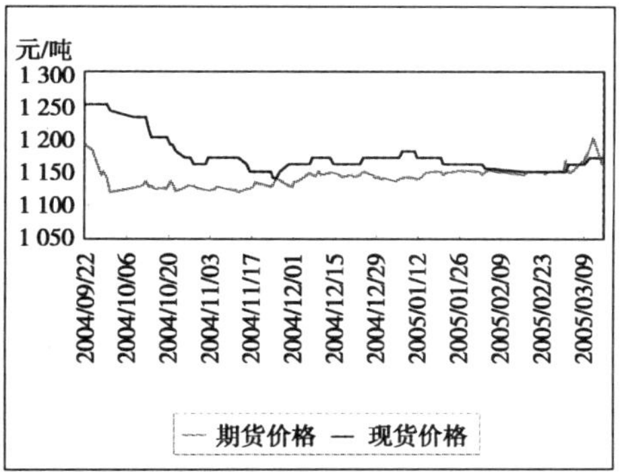

附图 2. 281　玉米 C0503（辽宁大连）期、现货价格走势

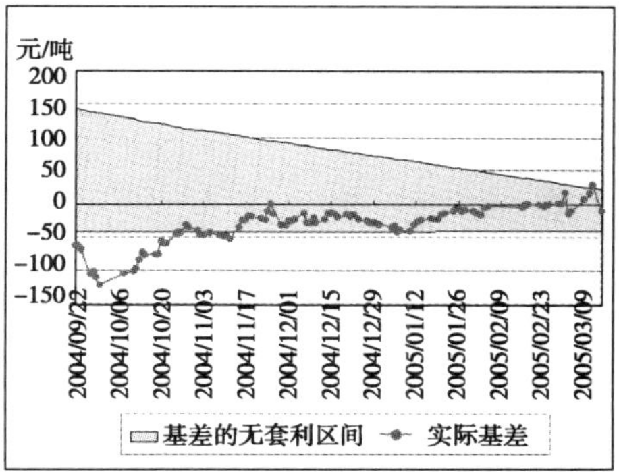

附图 2. 282　玉米 C0503（辽宁大连）基差与无套利区间

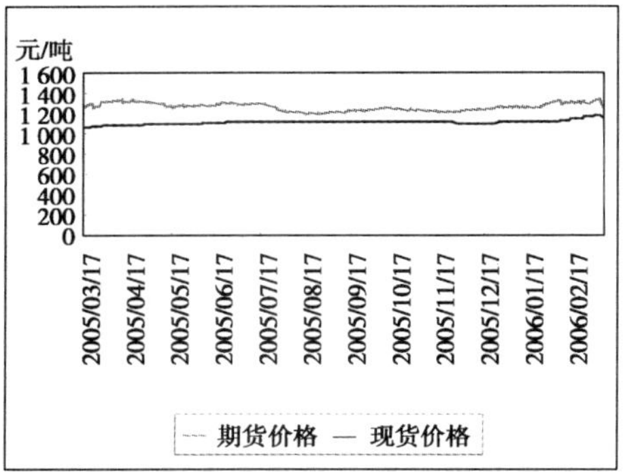

附图 2. 283　玉米 C0603（吉林白城）期、现货价格走势

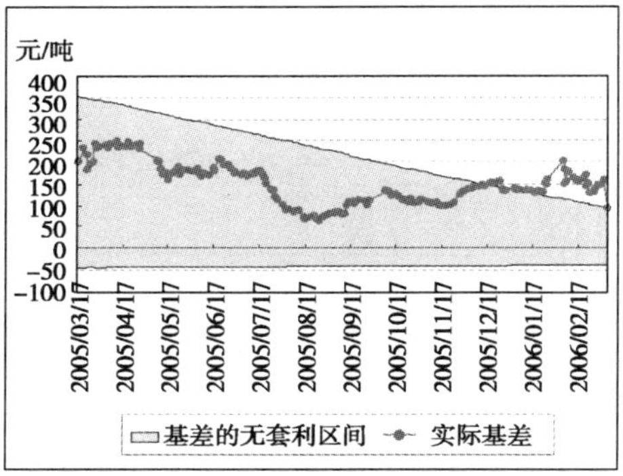

附图 2. 284　玉米 C0603（吉林白城）基差与无套利区间

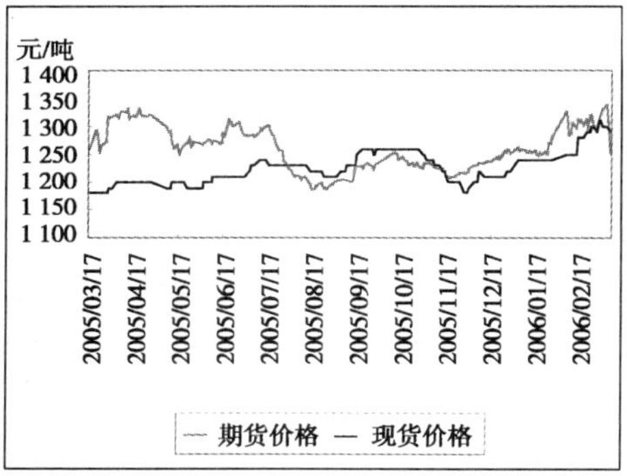

附图 2. 285　玉米 C0603（辽宁大连）期、现货价格走势

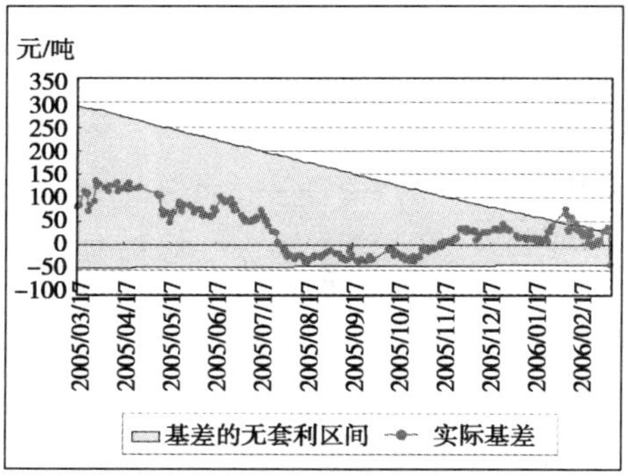

附图 2. 286　玉米 C0603（辽宁大连）基差与无套利区间

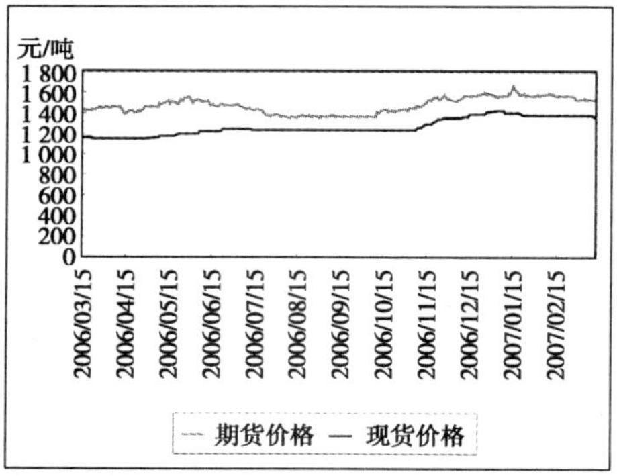

附图 2. 287　玉米 C0703（吉林白城）期、现货价格走势

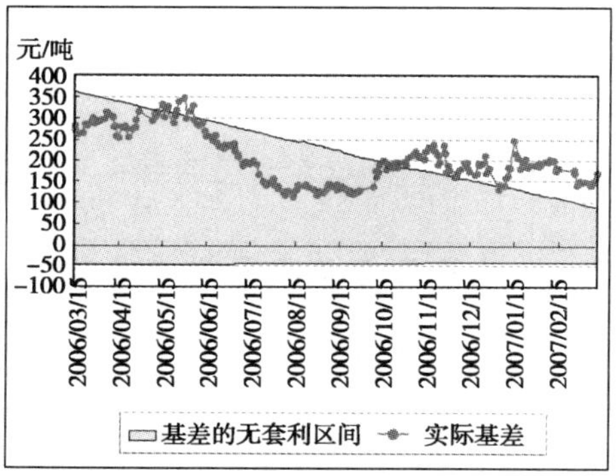

附图 2. 288　玉米 C0703（吉林白城）基差与无套利区间

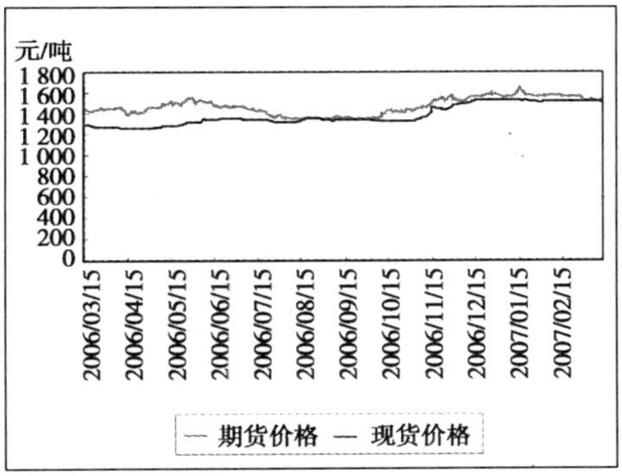

附图 2.289　玉米 C0703（辽宁大连）期、现货价格走势

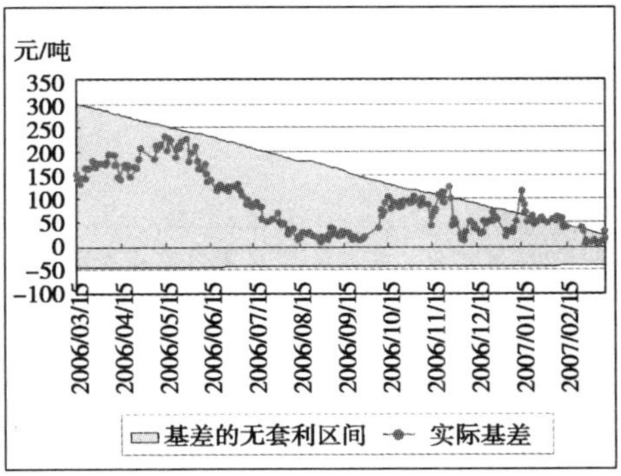

附图 2.290　玉米 C0703（辽宁大连）基差与无套利区间

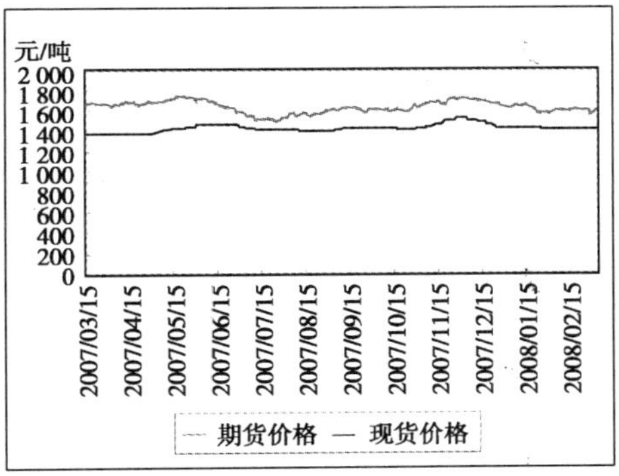

附图 2.291　玉米 C0803（吉林白城）期、现货价格走势

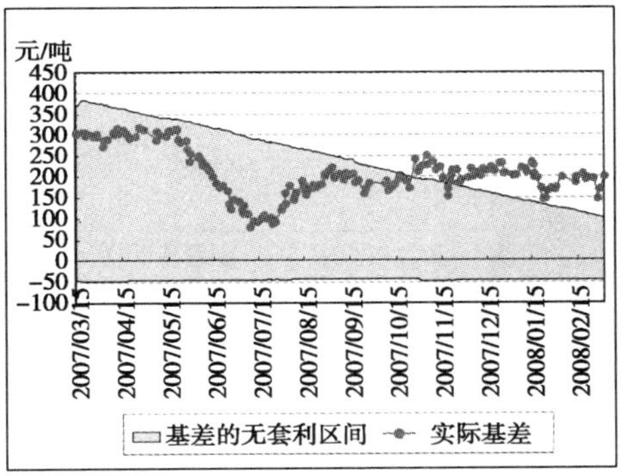

附图 2.292　玉米 C0803（吉林白城）基差与无套利区间

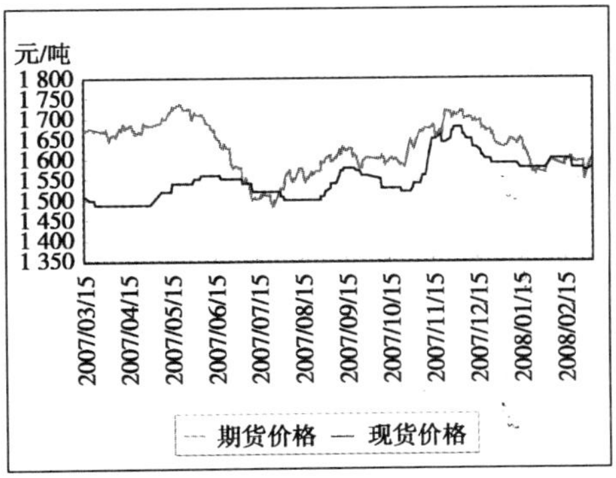

附图 2.293　玉米 C0803（辽宁大连）期、现货价格走势

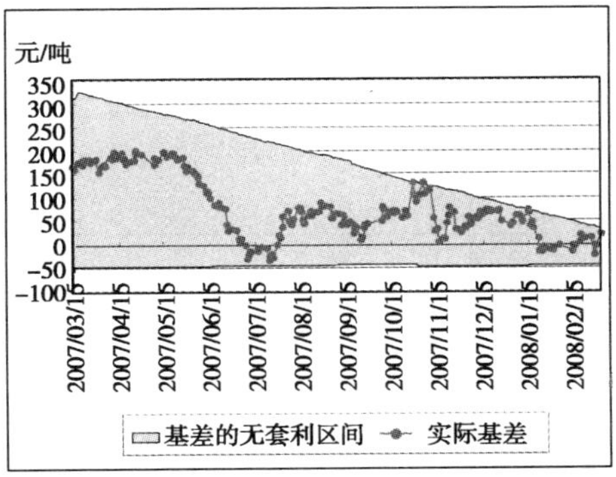

附图 2.294　玉米 C0803（辽宁大连）基差与无套利区间

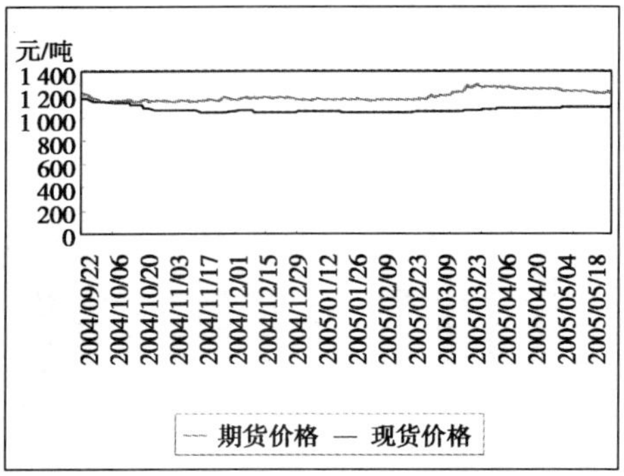

附图 2.295　玉米 C0505（吉林白城）期、现货价格走势

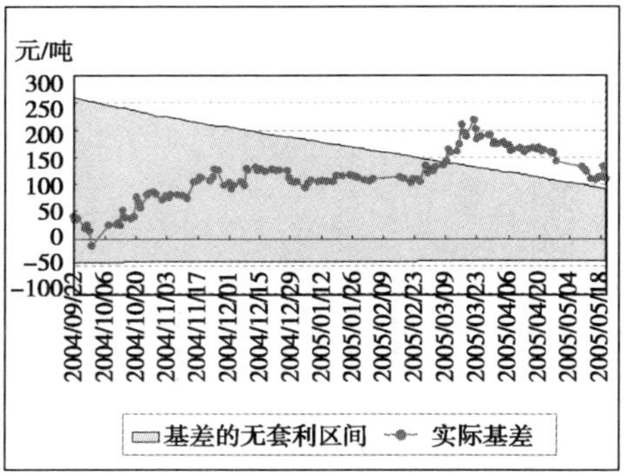

附图 2.296　玉米 C0505（吉林白城）基差与无套利区间

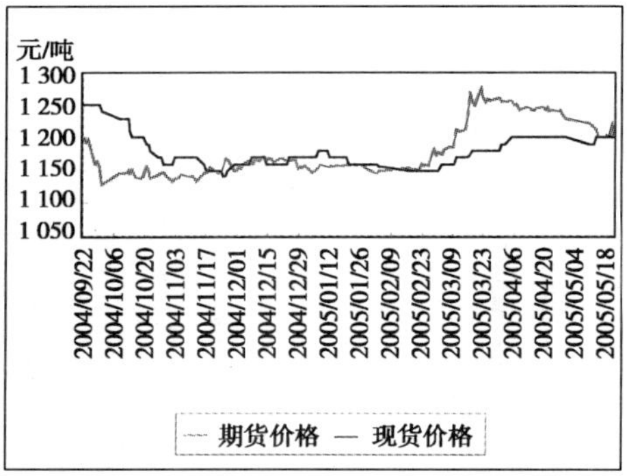

附图 2.297　玉米 C0505（辽宁大连）期、现货价格走势

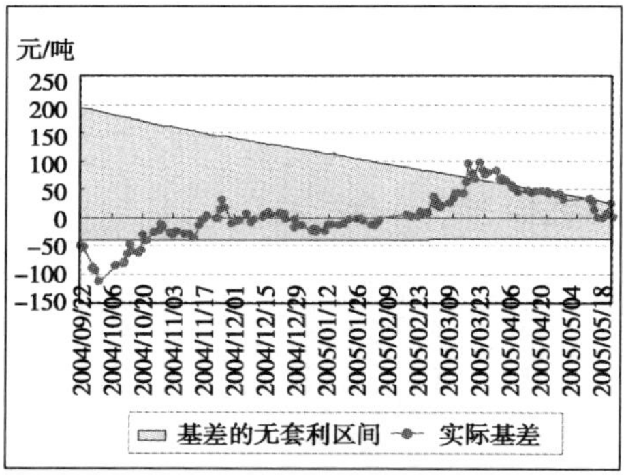

附图 2.298　玉米 C0505（辽宁大连）基差与无套利区间

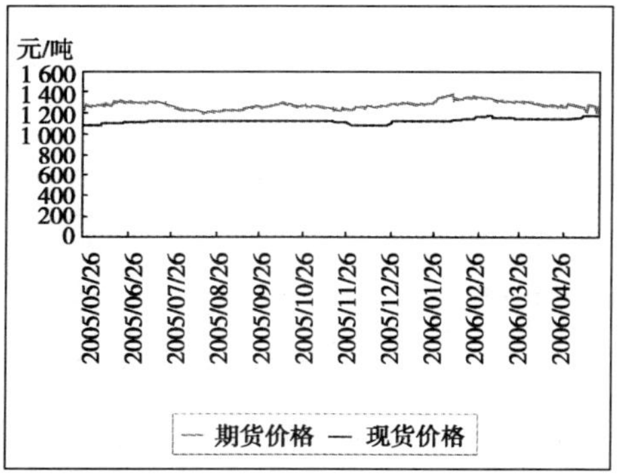

附图 2.299　玉米 C0605（吉林白城）期、现货价格走势

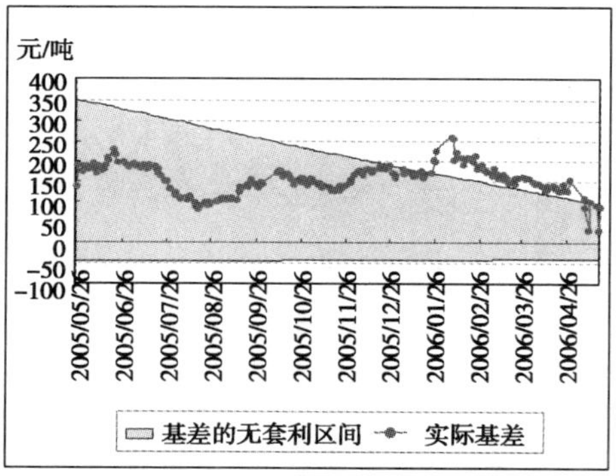

附图 2.300　玉米 C0605（吉林白城）基差与无套利区间

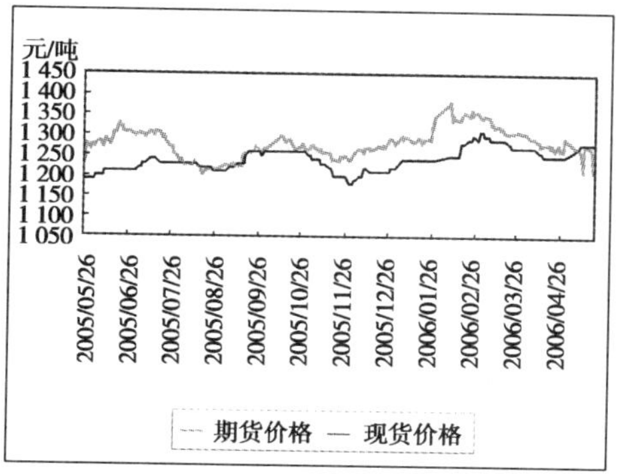

附图 2. 301 玉米 C0605（辽宁大连）期、现货价格走势

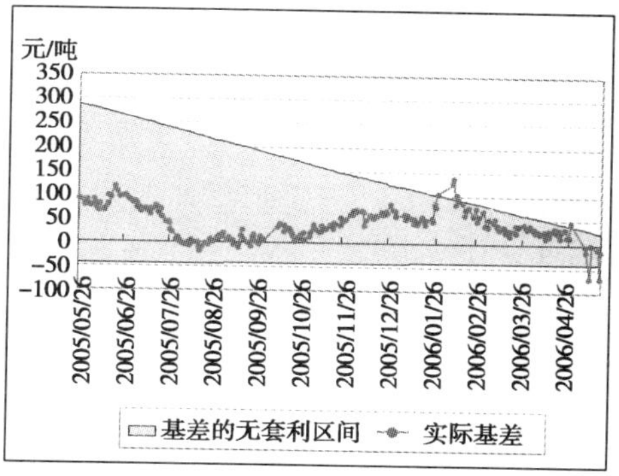

附图 2. 302 玉米 C0605（辽宁大连）基差与无套利区间

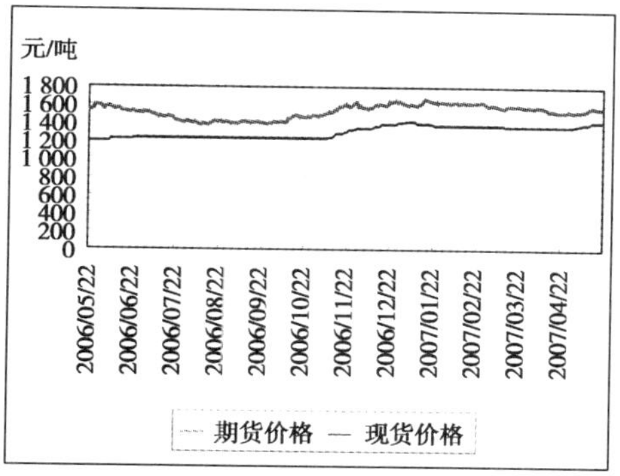

附图 2. 303 玉米 C0705（吉林白城）期、现货价格走势

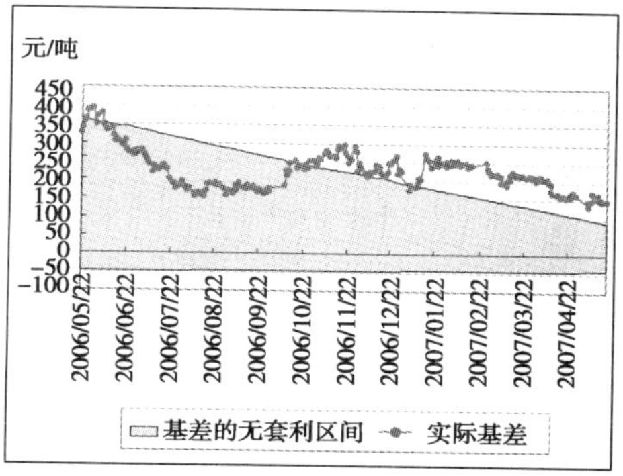

附图 2. 304 玉米 C0705（吉林白城）基差与无套利区间

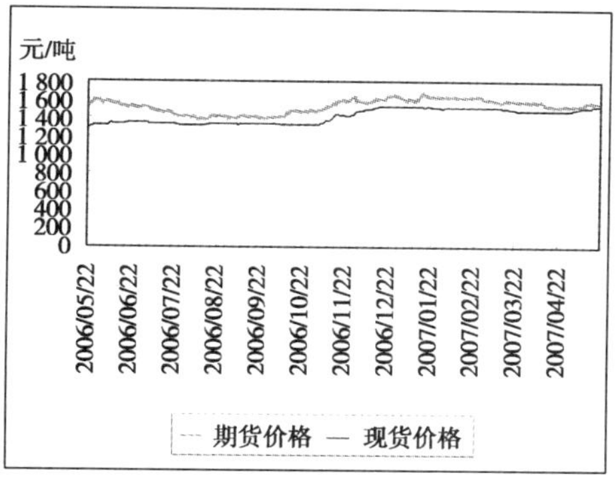

附图 2. 305 玉米 C0705（辽宁大连）期、现货价格走势

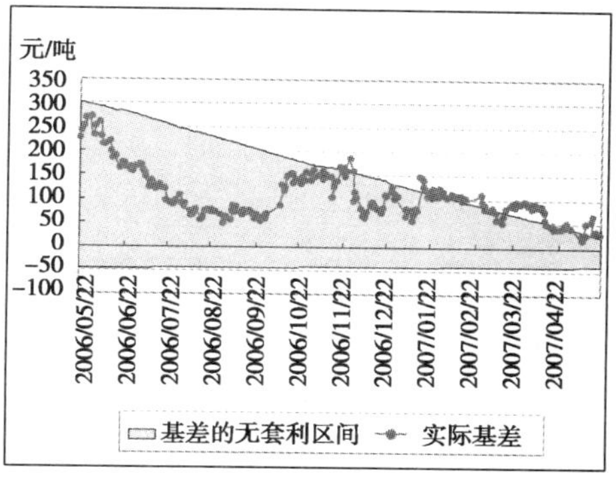

附图 2. 306 玉米 C0705（辽宁大连）基差与无套利区间

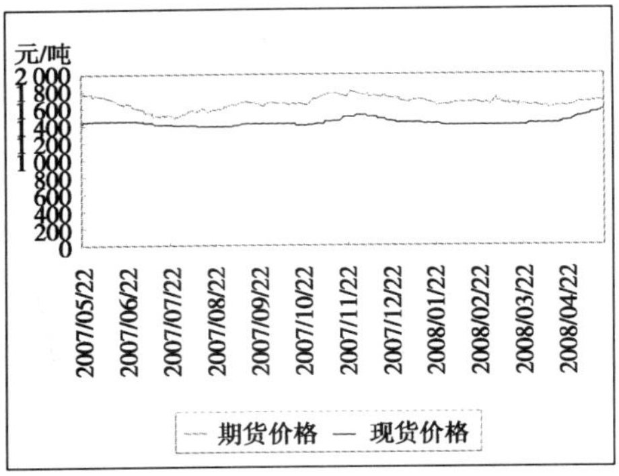

附图 2.307 玉米 C0805（吉林白城）期、现货价格走势

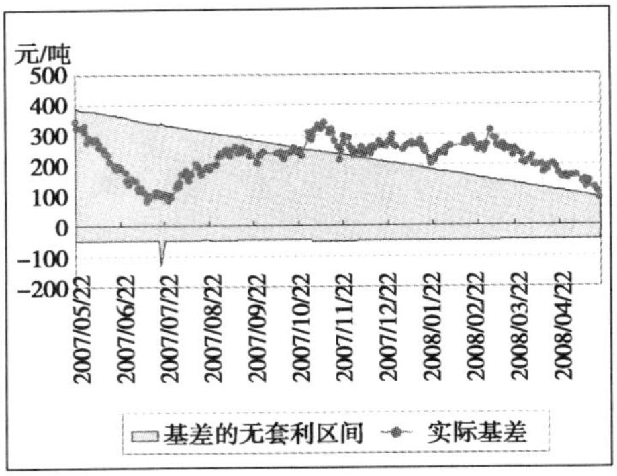

附图 2.308 玉米 C0805（吉林白城）基差与无套利区间

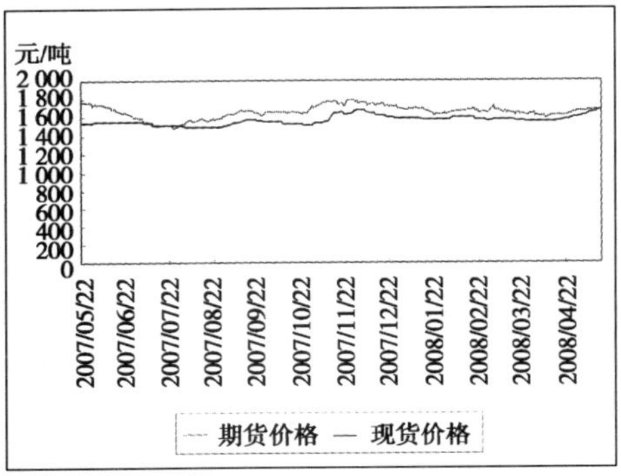

附图 2.309 玉米 C0805（辽宁大连）期、现货价格走势

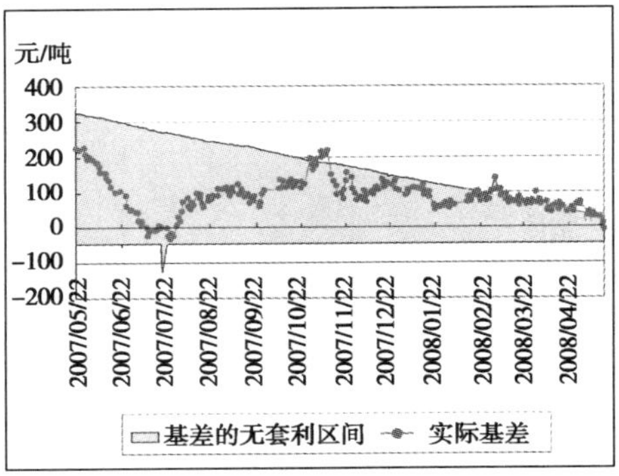

附图 2.310 玉米 C0805（辽宁大连）基差与无套利区间

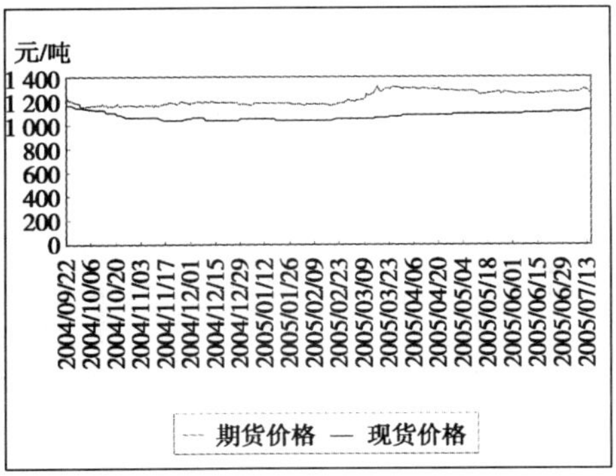

附图 2.311 玉米 C0507（吉林白城）期、现货价格走势

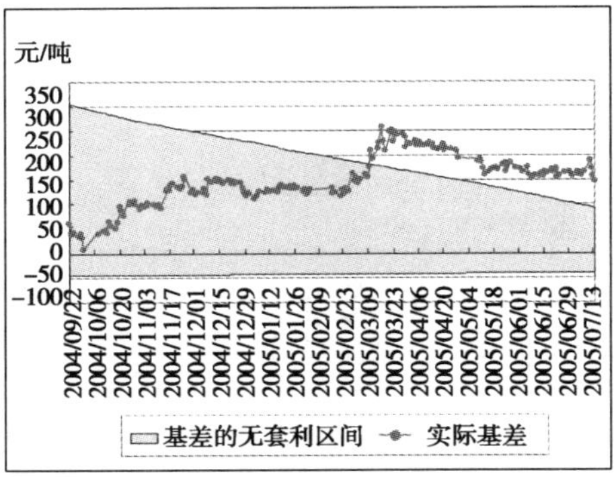

附图 2.312 玉米 C0507（吉林白城）基差与无套利区间

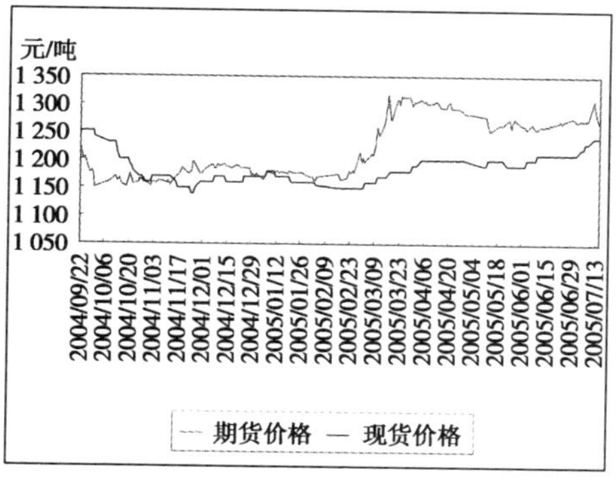

附图 2. 313　玉米 C0507（辽宁大连）期、现货价格走势

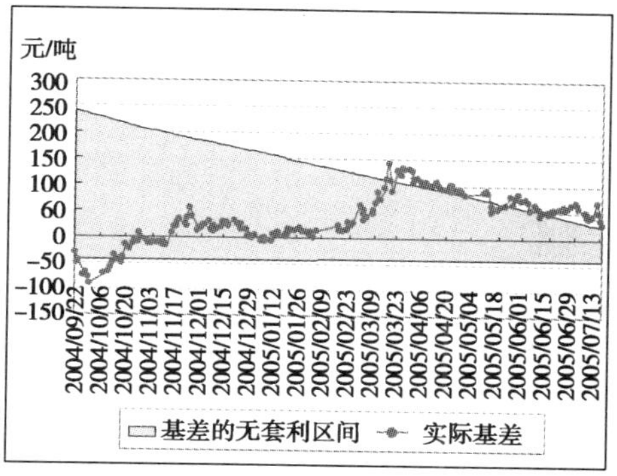

附图 2. 314　玉米 C0507（辽宁大连）基差与无套利区间

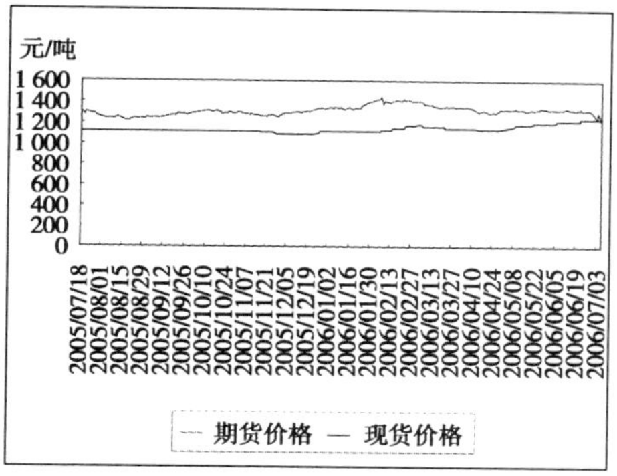

附图 2. 315　玉米 C0607（吉林白城）期、现货价格走势

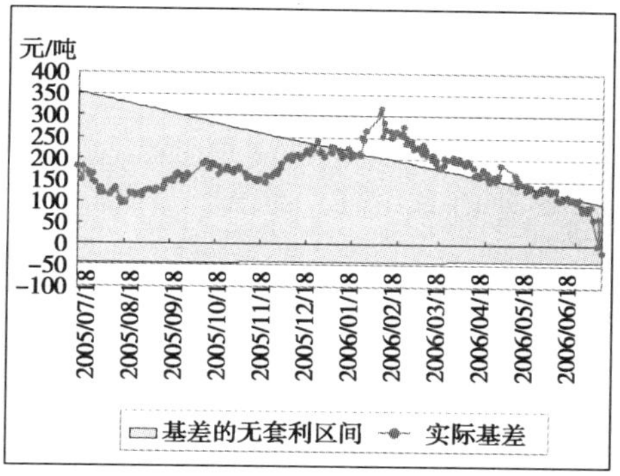

附图 2. 316　玉米 C0607（吉林白城）基差与无套利区间

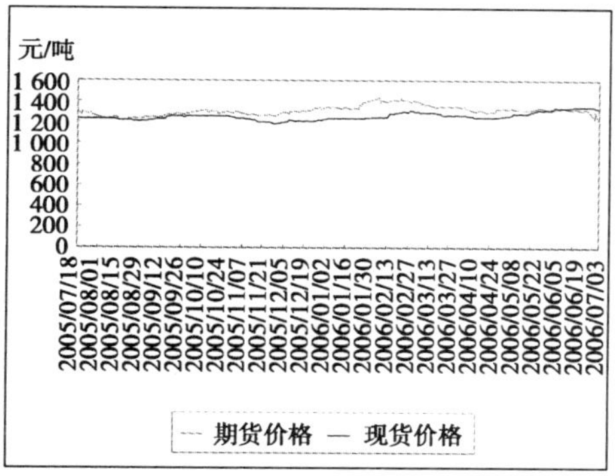

附图 2. 317　玉米 C0607（辽宁大连）期、现货价格走势

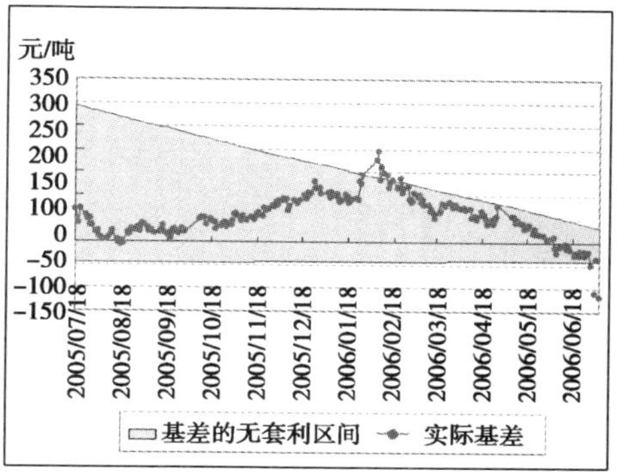

附图 2. 318　玉米 C0607（辽宁大连）基差与无套利区间

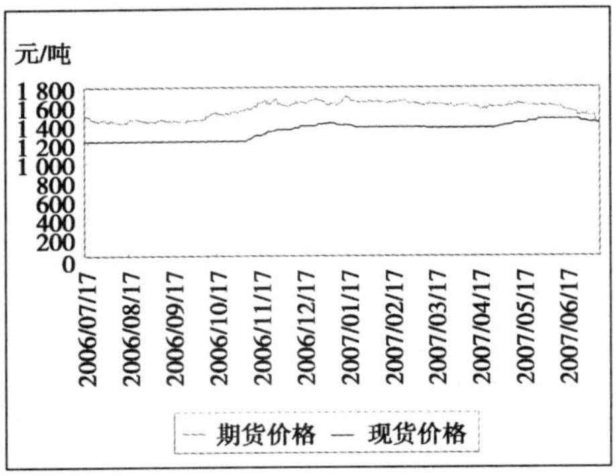

附图 2. 319　玉米 C0707（吉林白城）期、现货价格走势

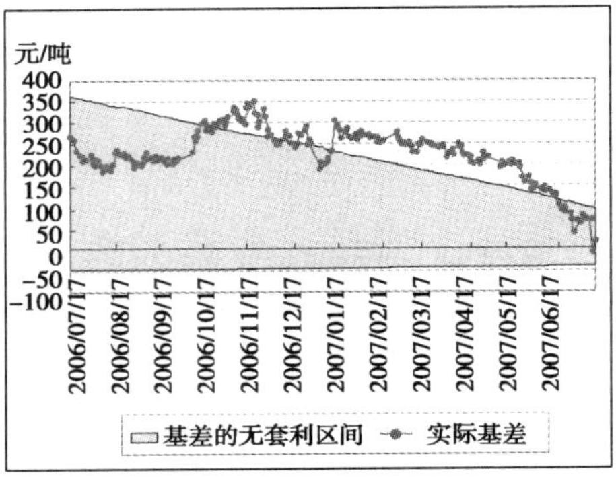

附图 2. 320　玉米 C0707（吉林白城）基差与无套利区间

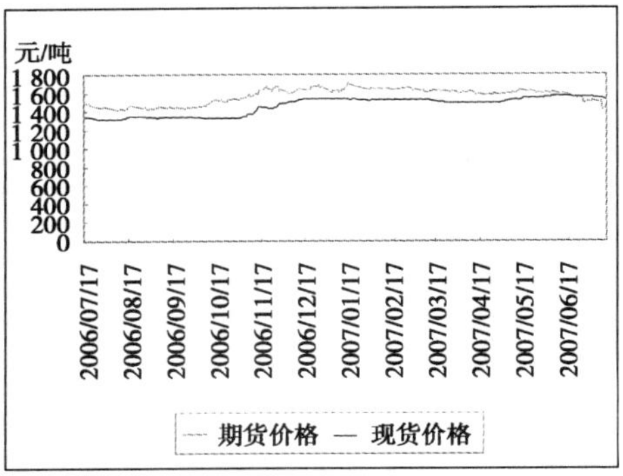

附图 2. 321　玉米 C0707（辽宁大连）期、现货价格走势

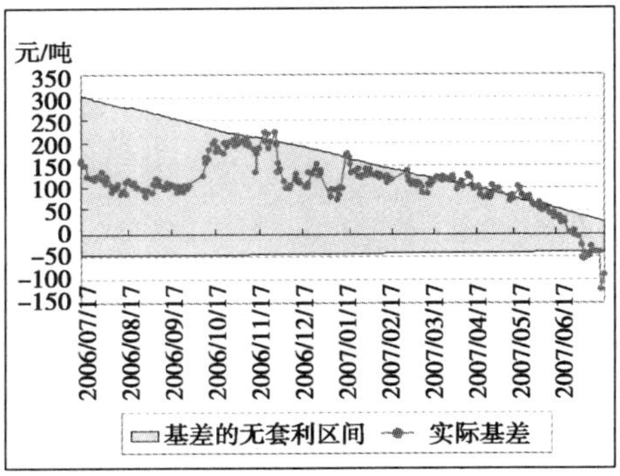

附图 2. 322　玉米 C0707（辽宁大连）基差与无套利区间

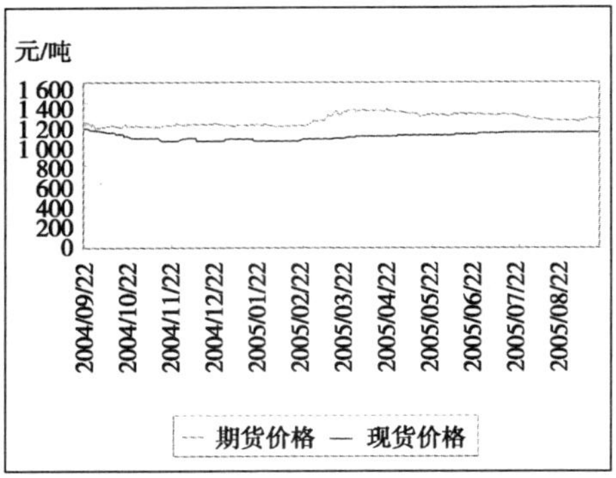

附图 2. 323　玉米 C0509（吉林白城）期、现货价格走势

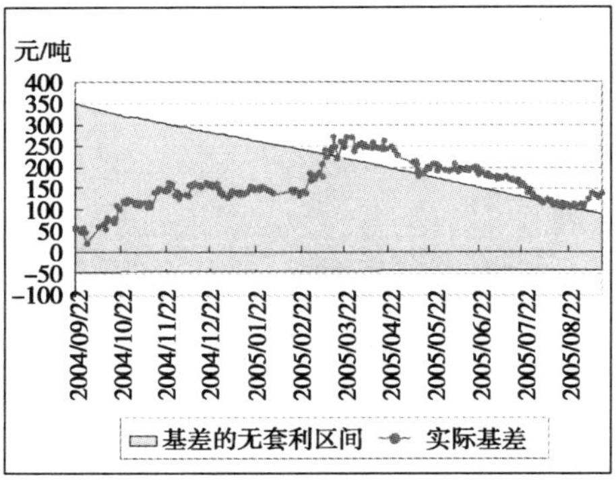

附图 2. 324　玉米 C0509（吉林白城）基差与无套利区间

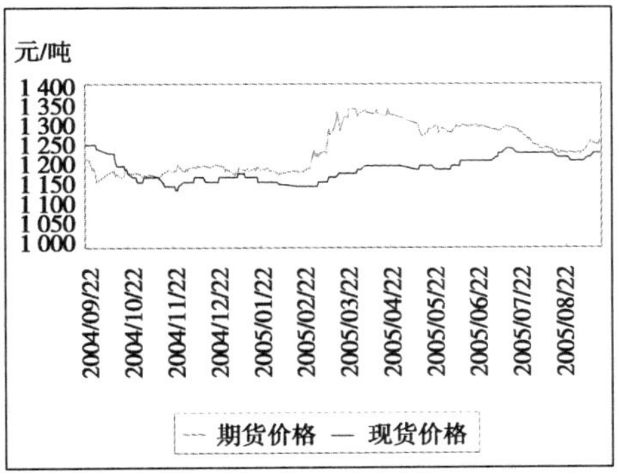

附图 2.325　玉米 C0509（辽宁大连）期、现货价格走势

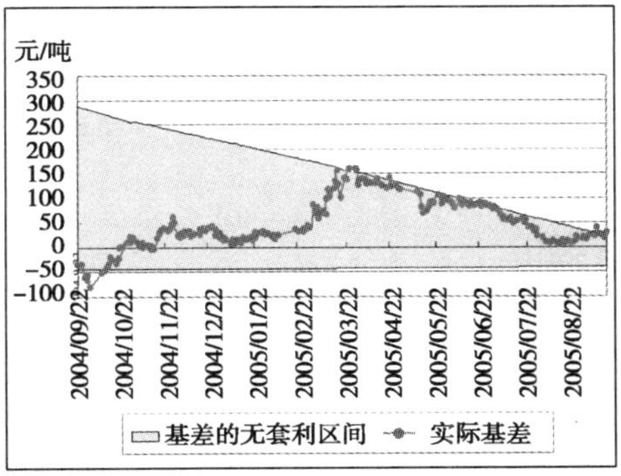

附图 2.326　玉米 C0509（辽宁大连）基差与无套利区间

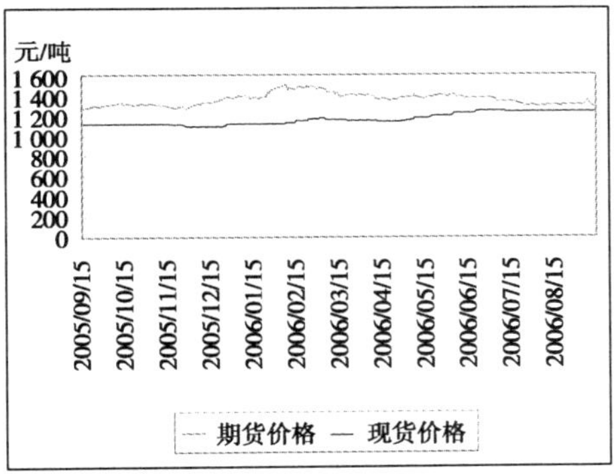

附图 2.327　玉米 C0609（吉林白城）期、现货价格走势

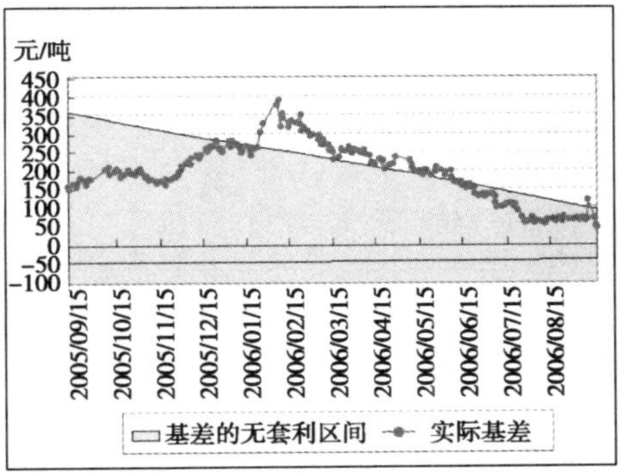

附图 2.328　玉米 C0609（吉林白城）基差与无套利区间

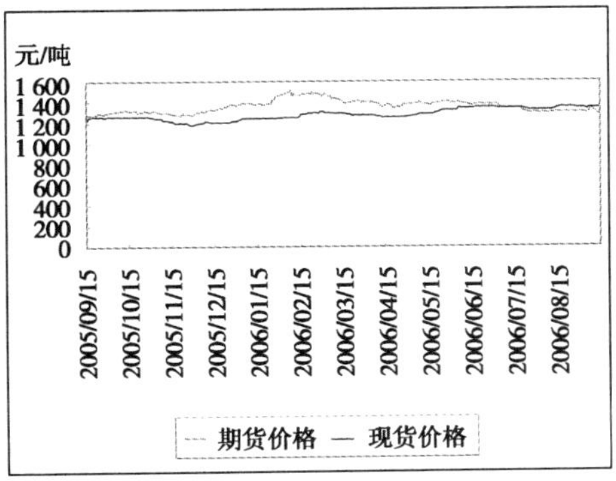

附图 2.329　玉米 C0609（辽宁大连）期、现货价格走势

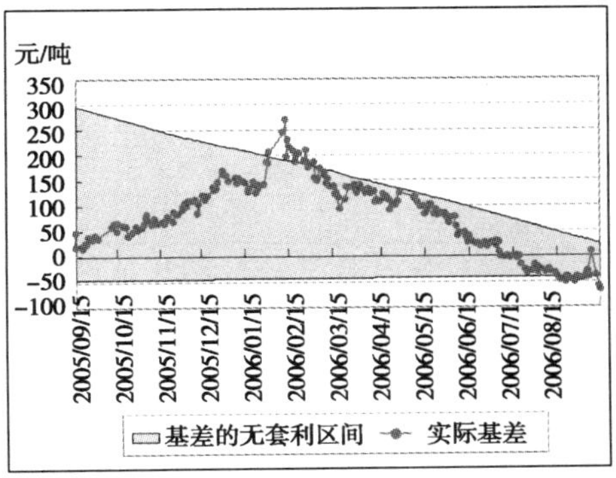

附图 2.330　玉米 C0609（辽宁大连）基差与无套利区间

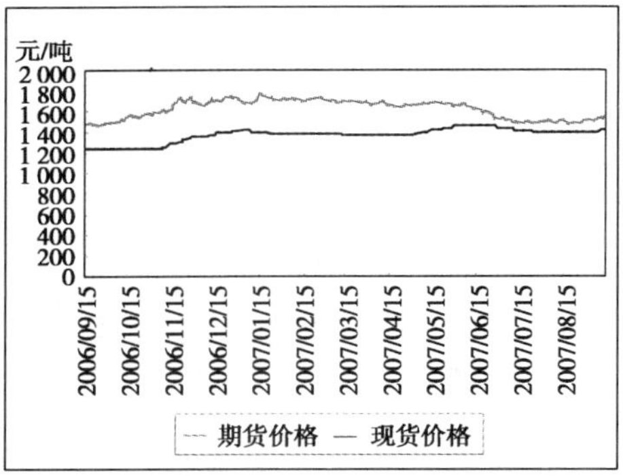

附图 2.331 玉米 C0709（吉林白城）期、现货价格走势

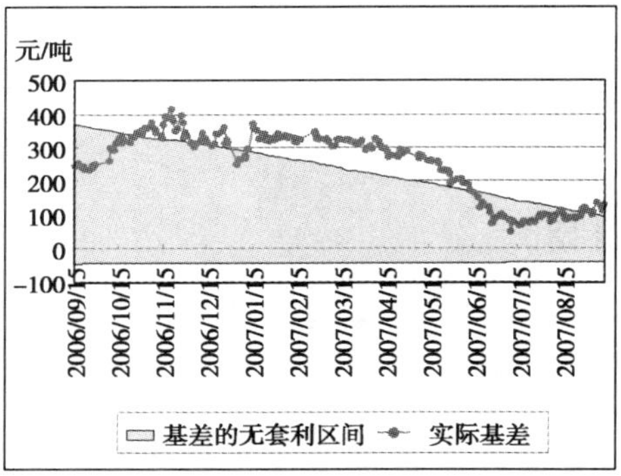

附图 2.332 玉米 C0709（吉林白城）基差与无套利区间

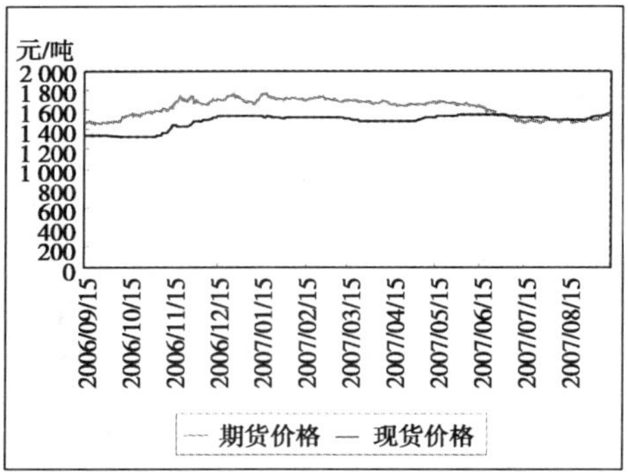

附图 2.333 玉米 C0709（辽宁大连）期、现货价格走势

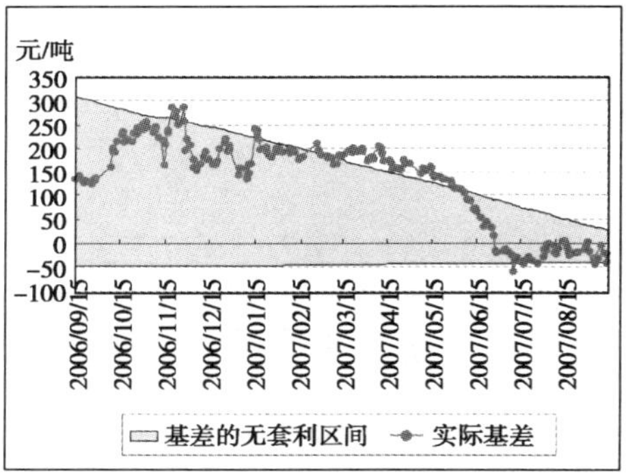

附图 2.334 玉米 C0709（辽宁大连）基差与无套利区间

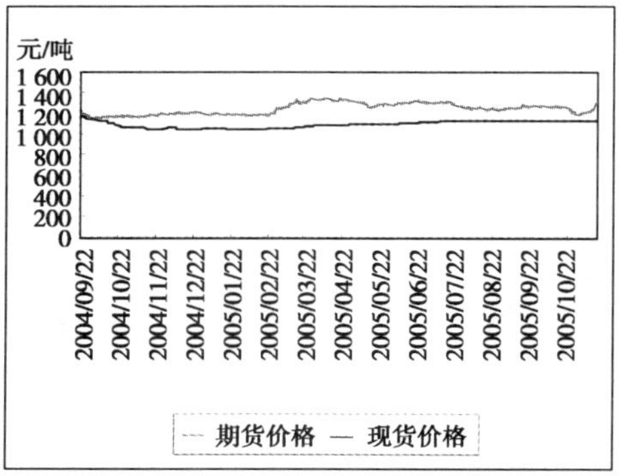

附图 2.335 玉米 C0511（吉林白城）期、现货价格走势

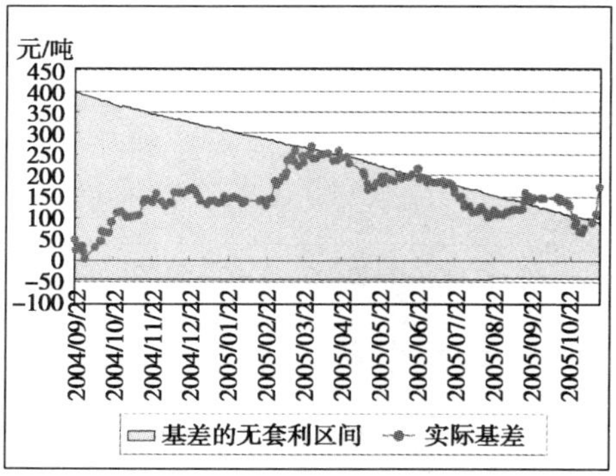

附图 2.336 玉米 C0511（吉林白城）基差与无套利区间

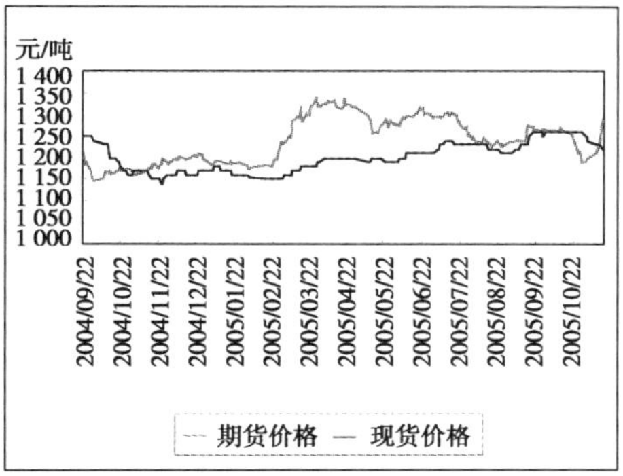

附图 2. 337　玉米 C0511（辽宁大连）期、现货价格走势

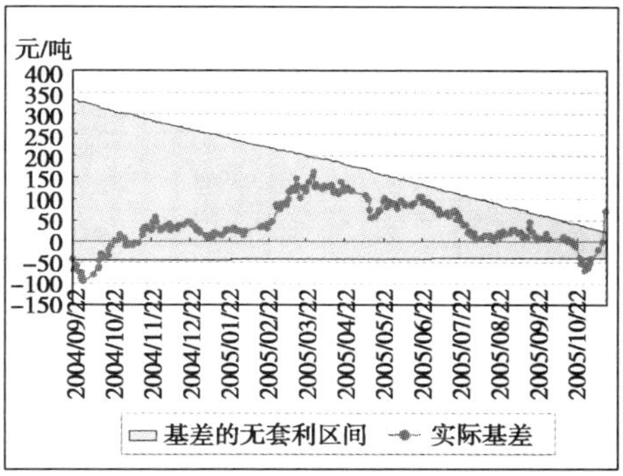

附图 2. 338　玉米 C0511（辽宁大连）基差与无套利区间

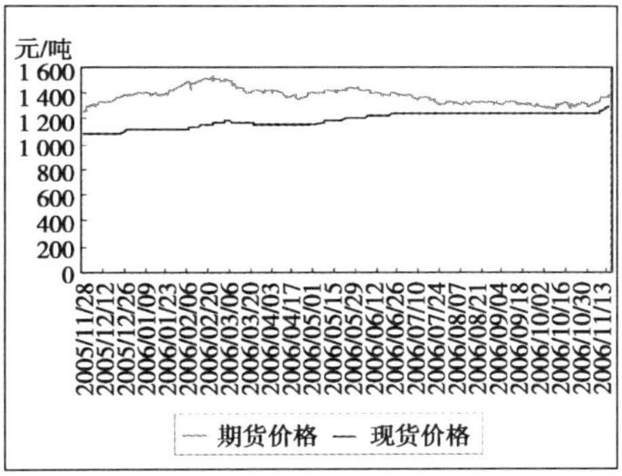

附图 2. 339　玉米 C0611（吉林白城）期、现货价格走势

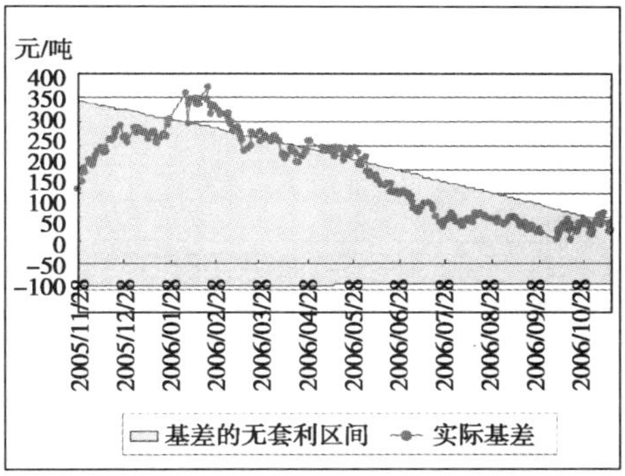

附图 2. 340　玉米 C0611（吉林白城）基差与无套利区间

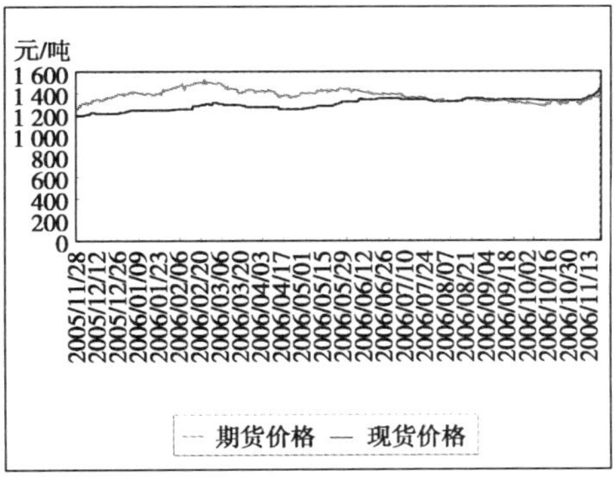

附图 2. 341　玉米 C0611（辽宁大连）期、现货价格走势

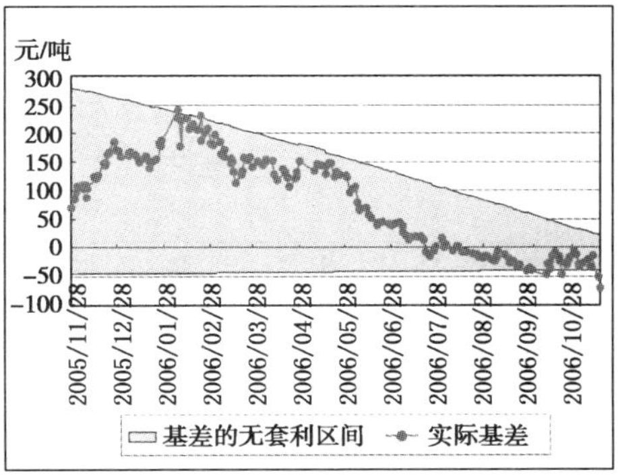

附图 2. 342　玉米 C0611（辽宁大连）基差与无套利区间

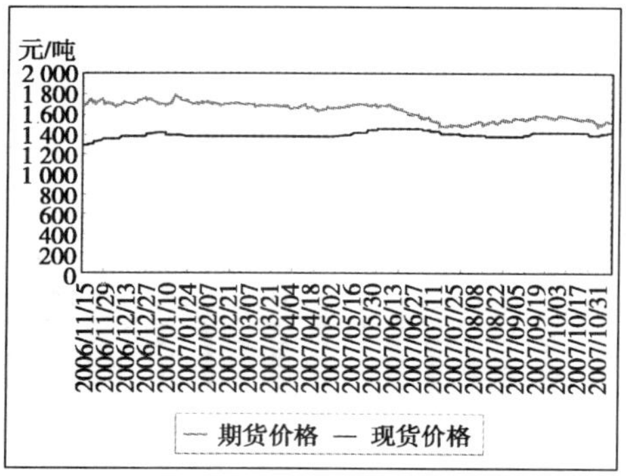

附图 2.343　玉米 C0711（吉林白城）期、现货价格走势

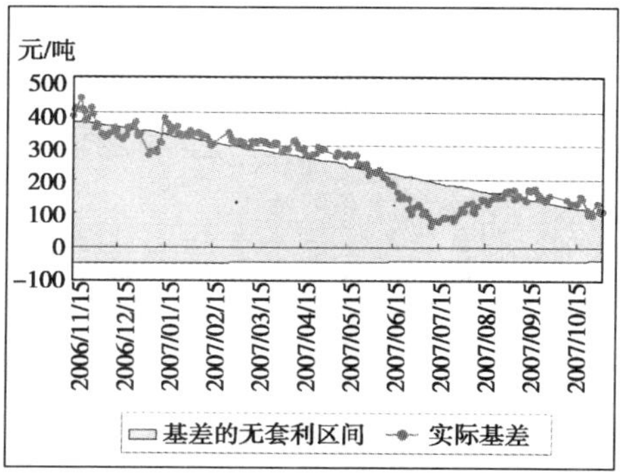

附图 2.344　玉米 C0711（吉林白城）基差与无套利区间

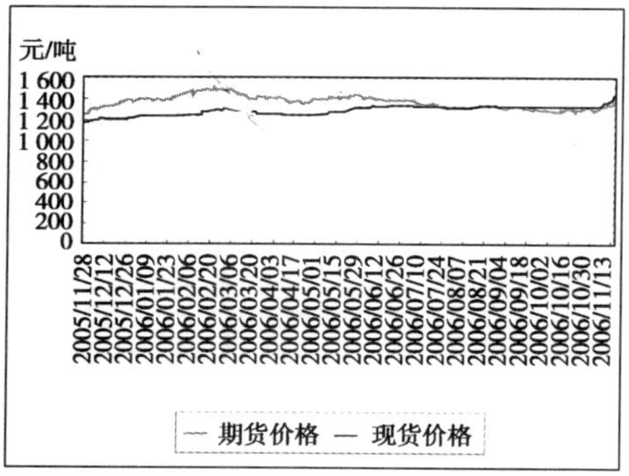

附图 2.345　玉米 C0711（辽宁大连）期、现货价格走势

附图 2.346　玉米 C0711（辽宁大连）基差与无套利区间

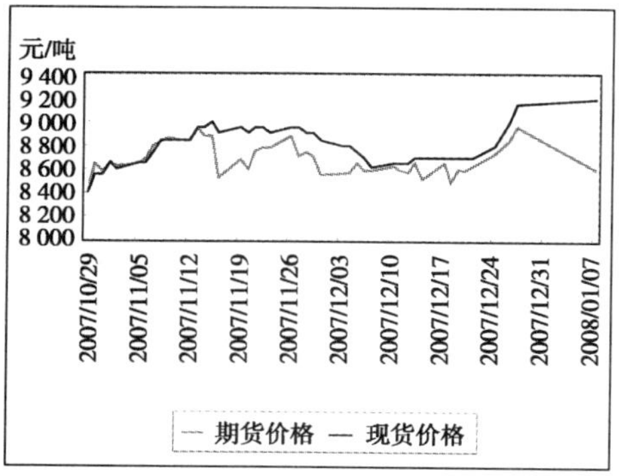

附图 2.347　棕榈油 P0801 期、现货价格走势

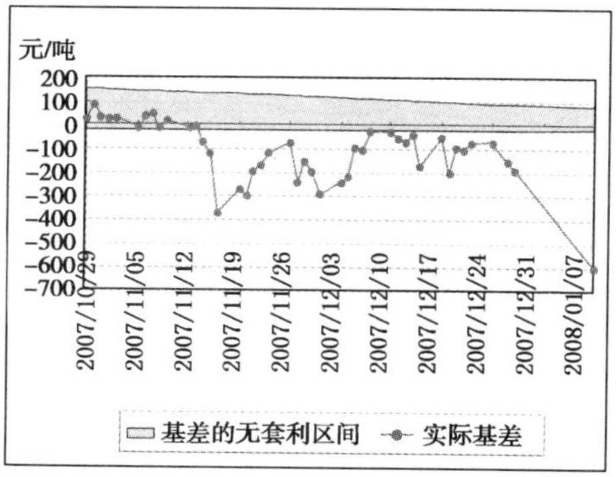

附图 2.348　棕榈油 P0801 基差与无套利区间

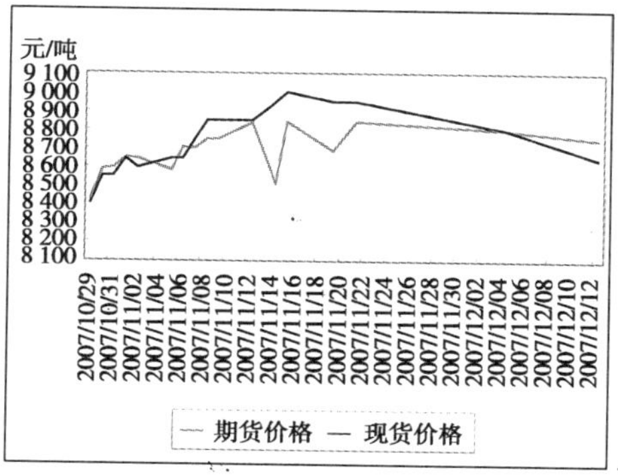

附图 2.349 棕榈油 P0802 期、现货价格走势

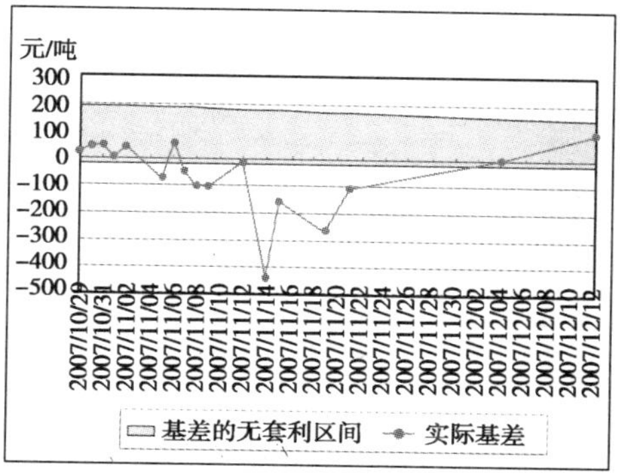

附图 2.350 棕榈油 P0802 基差与无套利区间

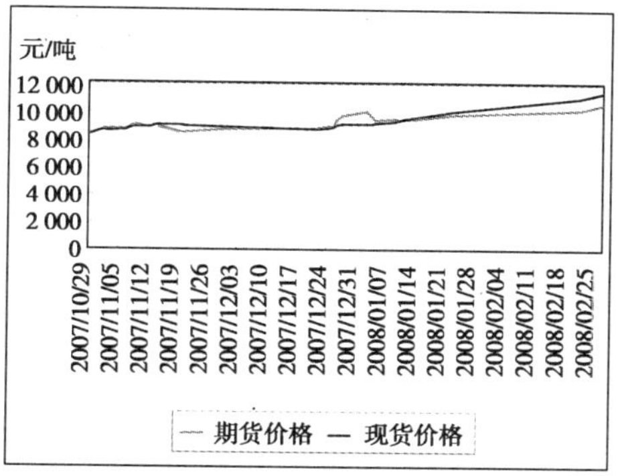

附图 2.351 棕榈油 P0803 期、现货价格走势

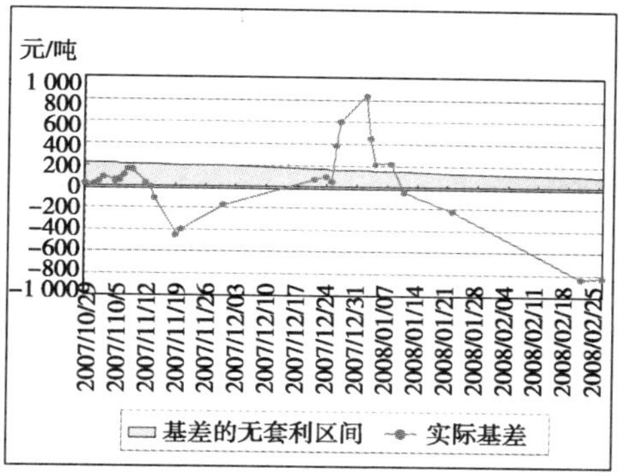

附图 2.352 棕榈油 P0803 基差与无套利区间

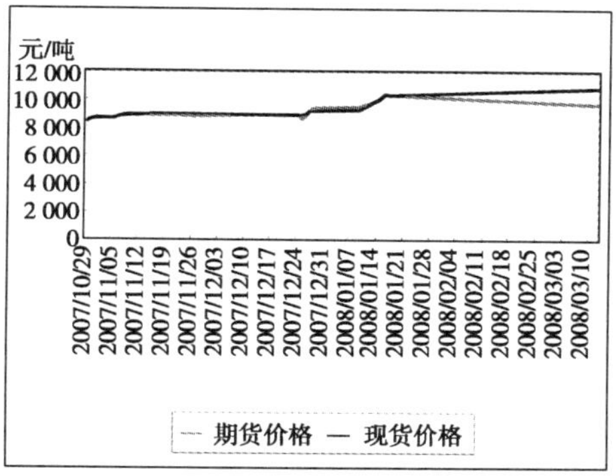

附图 2.353 棕榈油 P0804 期、现货价格走势

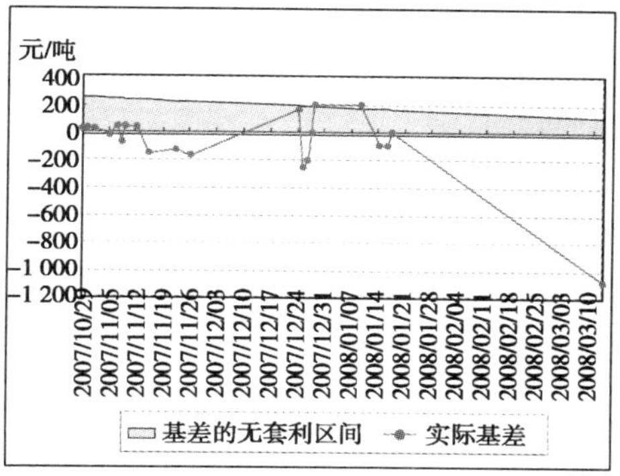

附图 2.354 棕榈油 P0804 基差与无套利区间

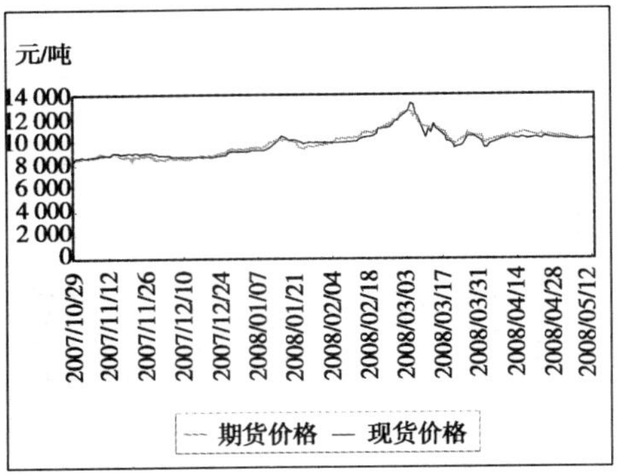

附图 2.355 棕榈油 P0805 期、现货价格走势

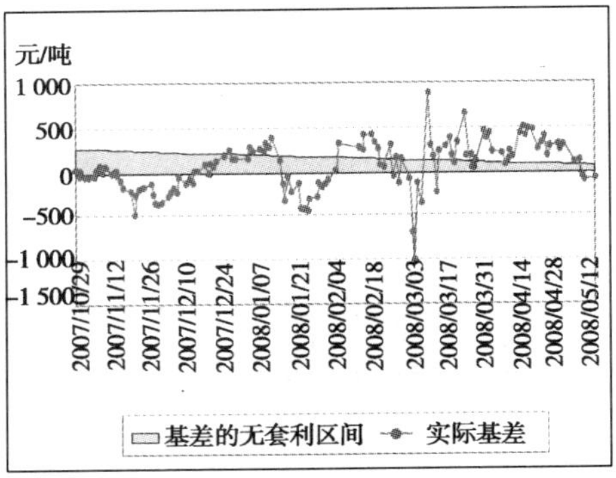

附图 2.356 棕榈油 P0805 基差与无套利区间

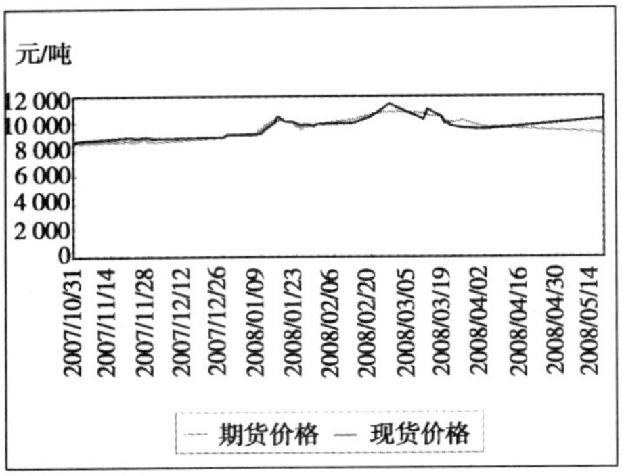

附图 2.357 棕榈油 P0806 期、现货价格走势

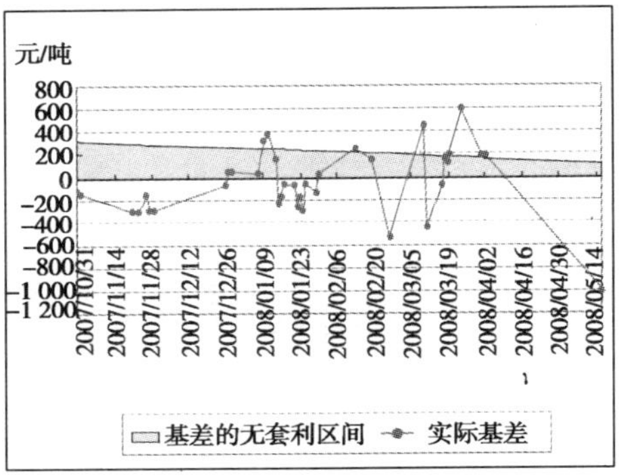

附图 2.358 棕榈油 P0806 基差与无套利区间

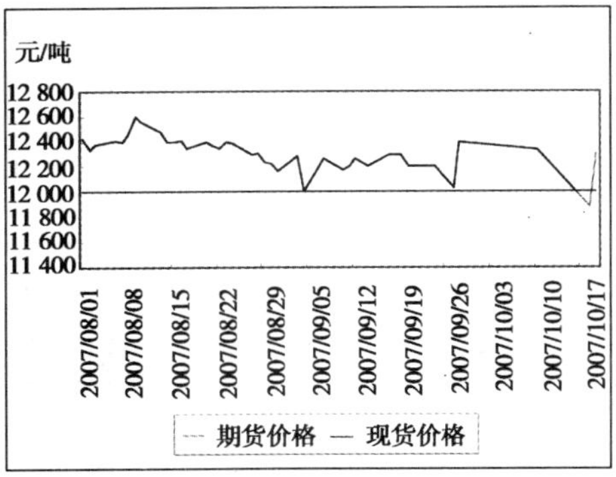

附图 2.359 LLDPE L0710 期、现货价格走势

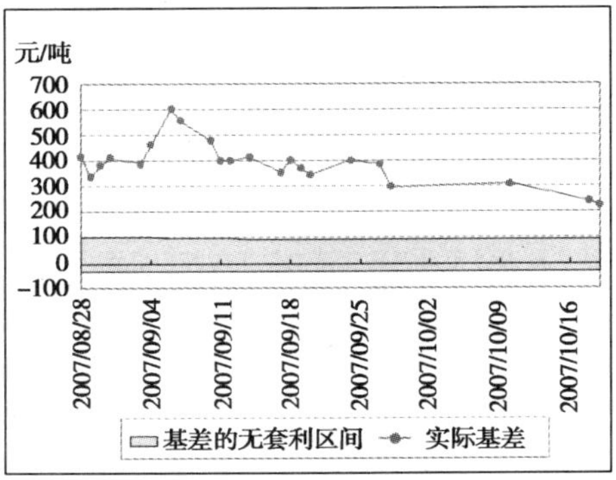

附图 2.360 LLDPE L0710 基差与无套利区间

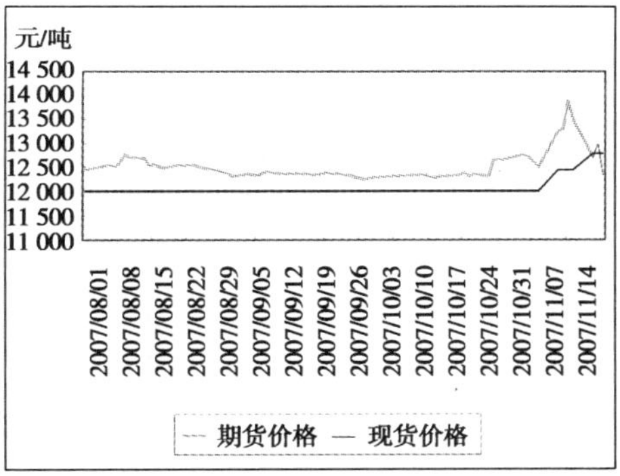

附图 2.361　LLDPE L0711 期、现货价格走势

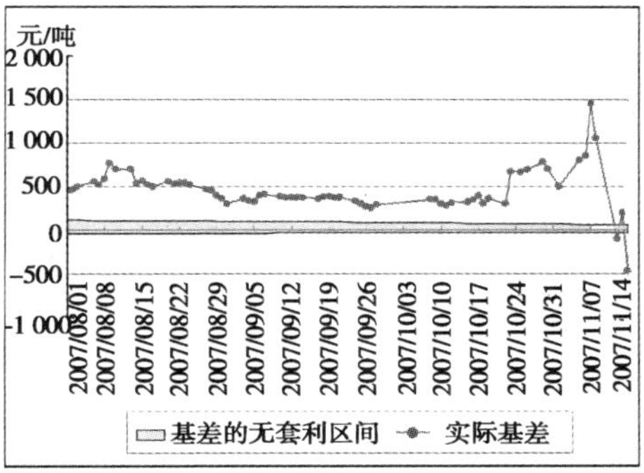

附图 2.362　LLDPE L0711 基差与无套利区间

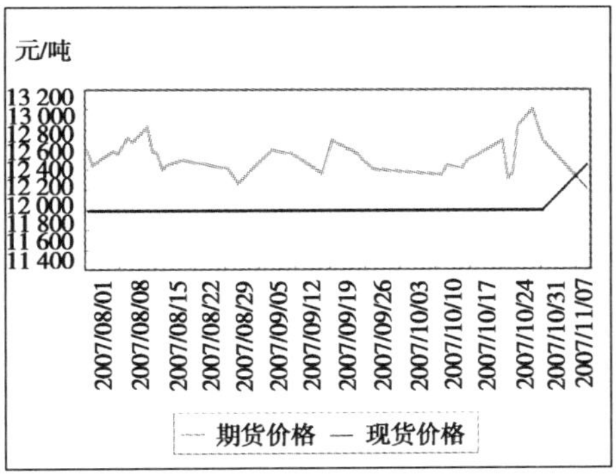

附图 2.363　LLDPE L0712 期、现货价格走势

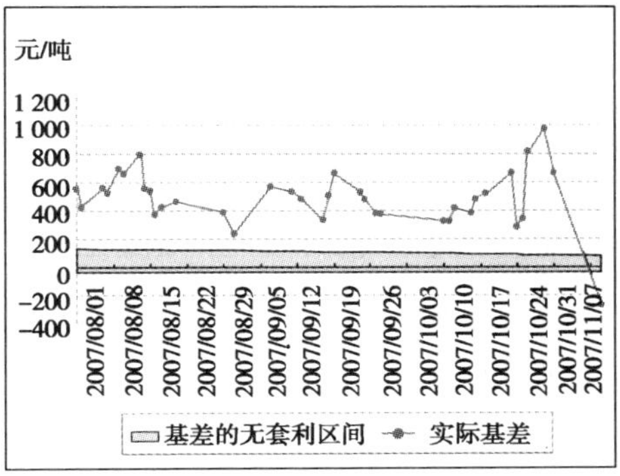

附图 2.364　LLDPE L0712 基差与无套利区间

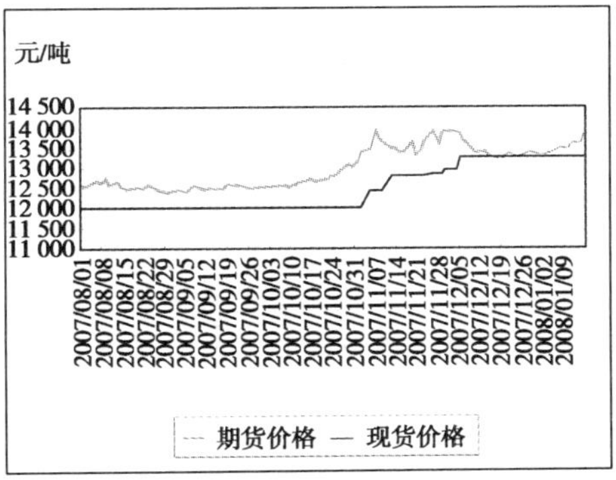

附图 2.365　LLDPE L0801 期、现货价格走势

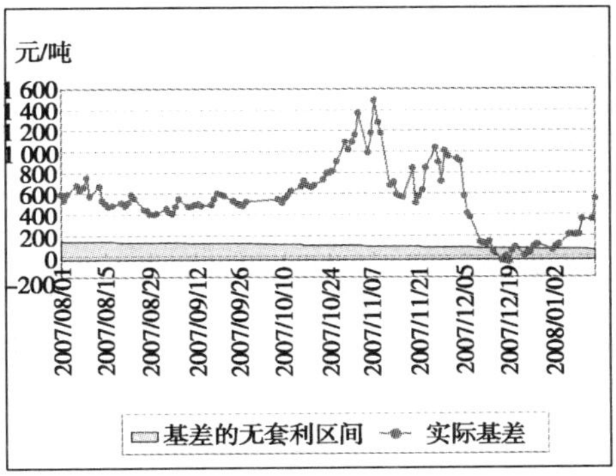

附图 2.366　LLDPE L0801 基差与无套利区间

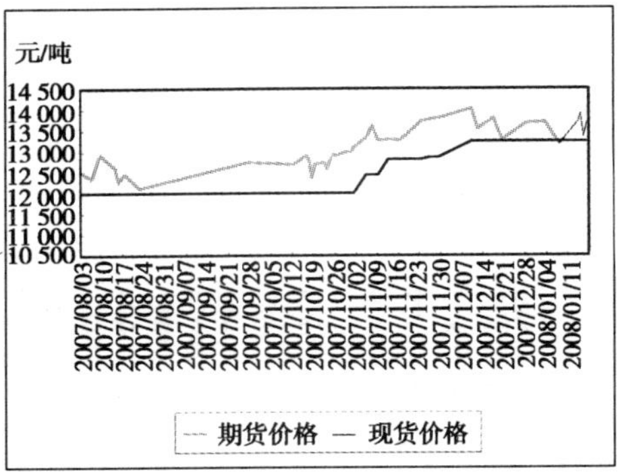

附图 2.367　LLDPE L0802 期、现货价格走势

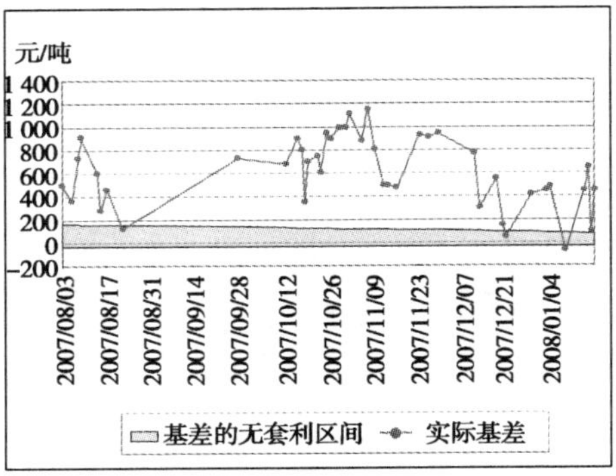

附图 2.368　LLDPE L0802 基差与无套利区间

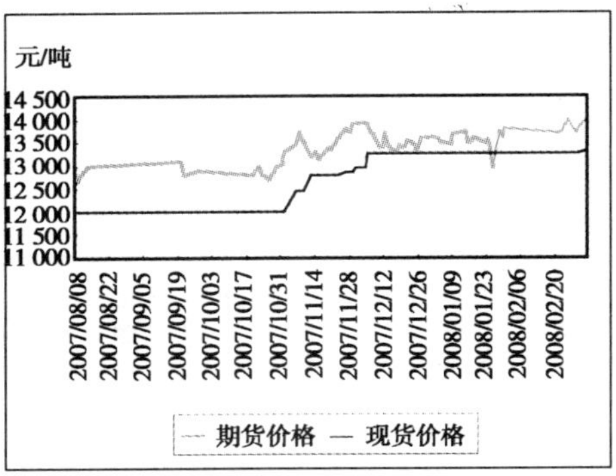

附图 2.369　LLDPE L0803 期、现货价格走势

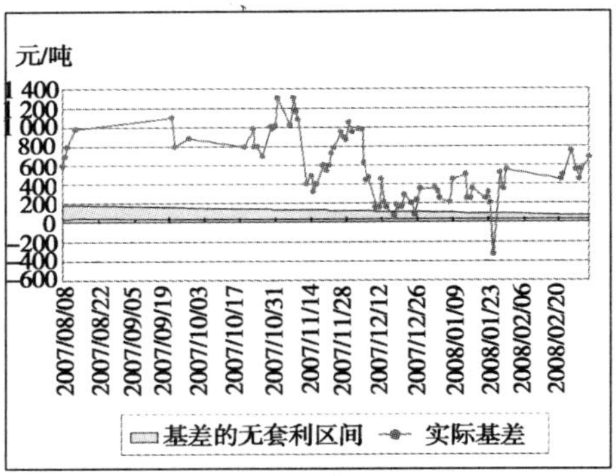

附图 2.370　LLDPE L0803 基差与无套利区间

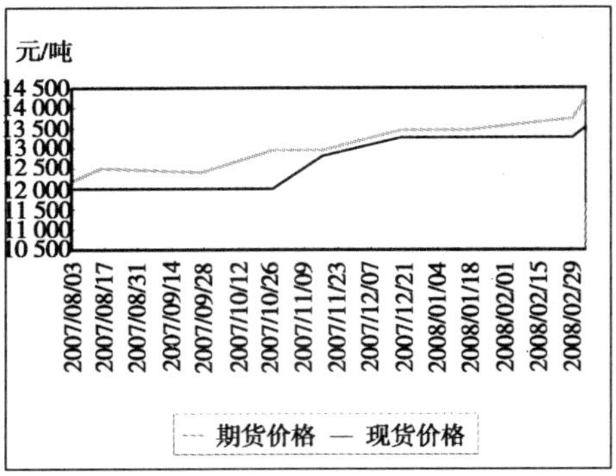

附图 2.371　LLDPE L0804 期、现货价格走势

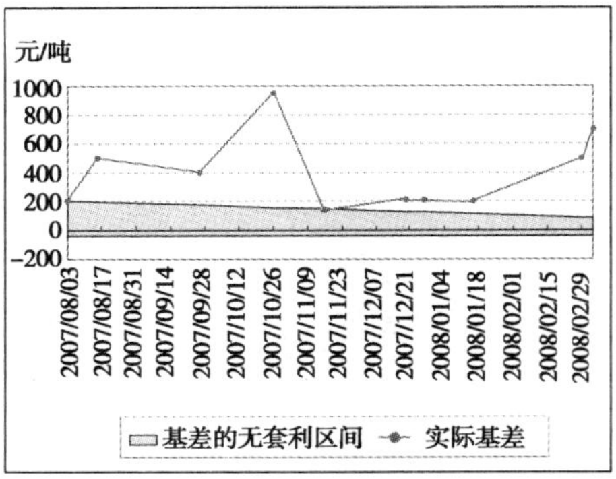

附图 2.372　LLDPE L0804 基差与无套利区间

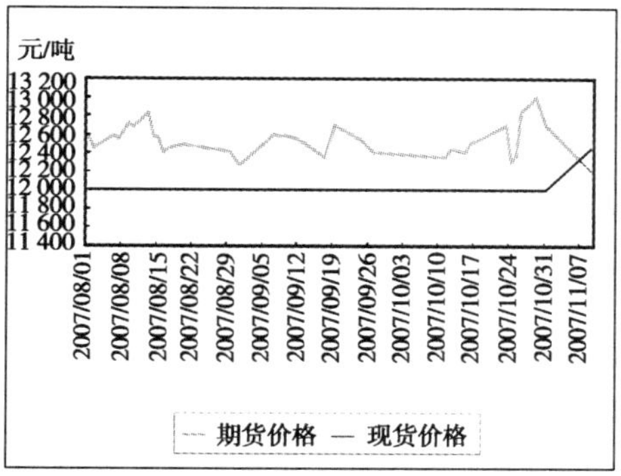

附图 2.373　LLDPE L0805 期、现货价格走势

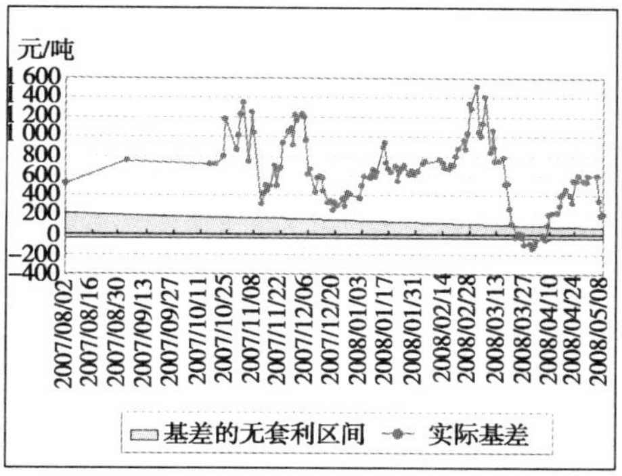

附图 2.374　LLDPE L0805 基差与无套利区间

附录三　各品种分合约套利机会与到期日收敛情况分析

附表 3.1　黄大豆一号（哈尔滨）套利机会与到期日收敛情况分析

合约名称	正向套利收益最高值（元/吨）	正向套利收益平均值（元/吨）	交易量（手）	正向套利收益率平均值	出现正向套利机会的点数占总点数比重（%）	到期日情况	
						落在的套利区间（正/反/无）	相应的收益（元/吨）
A0401	304.72	114.0483	17 140 070	0.787724	44.54	正	150.85
A0501	399.23	144.486	16 900 178	1.188925	34.58	正	365.24
A0601	276.6981	121.5255	20 504 534	0.945907	52.25	正	135.31
A0701	226.65	88.98	1 662 830	0.478432	72.15	正	29.94
A0801	252.59	91.86	11 970 600	0.392998	34.17	反	217.96
A0303	91.75	54.42	952 414	0.276685	11.11	无	—
A0403	400.11	155.26	890 114	1.071817	58.87	正	219.52
A0503	159.27	52.20	274 266	0.444755	17.65	正	100.05
A0603	227.85	109.57	66 014	0.767281	84.88	正	165.26
A0703	245.86	85.72	15 864	0.419006	86.21	无	—
A0803	217.80	94.80	24 070	0.348432	10.53	反	492.93
A0305	0	0	7 290 820	0	0	无	—
A0405	219.4025	57.22263	37 708 630	0.334127	25.25	反	362.16
A0505	203.0394	99.12201	22 581 042	0.749539	25.34	正	99.32
A0605	356.48	170.2082	19 296 432	1.15826	87.74	正	330.16
A0705	306.7299	107.1168	6 348 240	0.413012	32.22	正	56.88
A0805	0	0	34 177 580	0	0	反	495.94
A0307	30.6288	23.91048	13 933 204	0.148961	8.33	反	124.12
A0407	150.5146	61.78376	576 382	0.276955	12.36	反	373.15
A0507	292.0433	138.8491	391 142	0.900815	37.82	正	4.24
A0607	403.04	234.1183	20 752	1.621056	100	正	391.72
A0707	318.2251	107.1096	22 862	0.396139	20.43	无	—
A0309	51.90054	21.14428	23 935 616	0.100917	30.61	无	—

续表

合约名称	正向套利收益最高值（元/吨）	正向套利收益平均值（元/吨）	交易量（手）	正向套利收益率平均值	出现正向套利机会的点数占总点数比重（%）	到期日情况	
						落在的套利区间（正/反/无）	相应的收益（元/吨）
A0409	34.36598	34.36598	46 451 348	0.126516	0.01	正	312.19
A0509	330.2861	136.2578	26 699 270	0.657826	41.56	无	—
A0609	411.0654	342.6036	6 806 470	2.263606	100	正	354.68
A0709	362.486	126.094	13 021 676	0.446513	86.44	正	247.76
A0311	269.04	157.1684	19 815 170	1.358238	22.78	正	124.40
A0411	28.2152	18.83279	34 104 032	0.169197	0.04	无	—
A0511	333.961	82.50911	8 640 940	0.414444	60.91	正	61.27
A0611	507.41	347.42	252 080	2.142866	100	正	485.18
A0711	405.8375	112.2087	52 018	0.458117	87.01	无	—

表 3.2　　黄大豆一号（大连）套利机会与到期日收敛情况分析

合约名称	正向套利收益最高值（元/吨）	正向套利收益平均值（元/吨）	交易量（手）	正向套利收益率平均值	出现正向套利机会的点数占总点数比重（%）	到期日情况	
						落在的套利区间（正/反/无）	相应的收益（元/吨）
A0401	285.78	101.1335	17 140 070	1.406918	43.70	正	177.37
A0501	265.48	123.4475	16 900 178	2.834238	20.09	正	231.64
A0601	243.0371	90.97996	20 504 534	1.651492	38.74	正	91.79
A0701	161.40	46.74	1 662 830	0.407923	51.48	正	16.46
A0801	278.505	101.5392	11 970 600	0.612833	37.5	反	307.96
A0303	72.05	59.36	952 414	0.414952	6.67	反	105.21
A0403	446.66	160.44	890 114	2.374167	58.06	正	196.04
A0503	65.45	33.19	274 266	0.738507	4.52	正	26.50
A0603	193.36	89.00	66 014	1.310015	69.77	正	131.76
A0703	182.49	61.66	15 864	0.54351	49.75	无	—
A0803	243.29	125.81	24 070	0.612628	8.77	反	592.93
A0305	0	0	7 290 820	0	0	反	62.20
A0405	265.7589	79.34703	37 708 630	0.742834	32.32	反	362.16
A0505	148.404	57.18354	22 581 042	1.035128	19.00	正	65.82

续表

合约名称	正向套利收益最高值（元/吨）	正向套利收益平均值（元/吨）	交易量（手）	正向套利收益率平均值	出现正向套利机会的点数占总点数比重（%）	到期日情况	
						落在的套利区间（正/反/无）	相应的收益（元/吨）
A0605	312. 90	132. 1076	19 296 432	1. 886277	85. 85	正	286. 63
A0705	249. 4947	72. 05803	6 348 240	0. 407597	26. 36	正	23. 38
A0805	0	0	34 177 580	0	0	反	495. 94
A0307	0	0	13 933 204	0	0	反	184. 12
A0407	196. 7226	62. 89125	576 382	0. 396084	16. 85	反	463. 15
A0507	258. 1938	109. 7166	391 142	1. 396308	33. 61	正	0. 77
A0607	359. 03	195. 3018	20 752	2. 833961	98. 08	正	348. 19
A0707	259. 9291	84. 79686	22 862	0. 454267	24. 19	正	5. 11
A0309	23. 36972	20. 17815	23 935 616	0. 319999	18. 37	反	59. 20
A0409	39. 47918	39. 47918	46 451 348	0. 191163	0. 01	正	402. 19
A0509	295. 5666	104. 1192	26 699 270	0. 780979	41. 56	反	88. 18
A0609	366. 03	288. 8069	6 806 470	3. 638707	100	正	301. 15
A0709	302. 9456	93. 48001	13 021 676	0. 552494	75. 85	正	214. 25
A0311	256. 78	113. 0802	19 815 170	2. 277101	22. 78	正	106. 41
A0411	0	0	34 104 032	0	0	反	304. 20
A0511	298. 3715	77. 16046	8 640 940	0. 546854	30. 04	正	27. 77
A0611	443. 75	288. 64	252 080	3. 352476	100	正	411. 63
A0711	320. 7195	93. 64705	52 018	0. 691226	79. 22	无	—

表 3.3　　黄大豆二号套利机会与到期日收敛情况分析

合约名称	正向套利收益最高值（元/吨）	正向套利收益平均值（元/吨）	交易量（手）	正向套利收益率平均值	出现正向套利机会的点数占总点数比重（%）	到期日情况	
						落在的套利区间（正/反/无）	相应的收益（元/吨）
B0701	302	171. 91	2 378	5. 216795	18. 32	正	302
B0801	241. 54	86. 78	5 018	1. 41386	42. 45	正	235. 2
B0703	297. 72	99. 55	3 676	1. 864526	10. 67	正	59. 2
B0803	188. 63	66. 37	2 374	0. 991789	20	正	34. 8
B0605	219. 4	140. 45	109 916	8. 895878	2. 41	正	219. 4

续表

合约名称	正向套利收益最高值（元/吨）	正向套利收益平均值（元/吨）	交易量（手）	正向套利收益率平均值	出现正向套利机会的点数占总点数比重（%）	到期日情况	
						落在的套利区间（正/反/无）	相应的收益（元/吨）
B0705	235.74	126.12	4 446	1.034262	47.62	正	78.4
B0805	434.48	168.90	17 812	3.834985	9.66	正	340.3
B0607	0	0	7 212	0	0	无	
B0707	371.76	164.84	2 360	1.296123	48.78	正	193.9
B0609	84.98	52.97	3 894 632	1.338413	2.11	无	
B0709	340.55	79.48	3 988	0.471844	68.82	无	
B0611	57.29	19.53	344 408	0.210704	17.65	负	327.4
B0711	390.41	116.69	2 304	2.144326	36.47	正	51.8

表 3.4　豆粕套利机会与到期日收敛情况分析

合约名称	正向套利收益最高值（元/吨）	正向套利收益平均值（元/吨）	交易量（手）	正向套利收益率平均值	出现正向套利机会的点数占总点数比重（%）	到期日情况	
						落在的套利区间（正/反/无）	相应的收益（元/吨）
M0401	31.74815	10.61395	5 267 774	0.187414	0.122807	正	81.95568
M0501	0	0	7 924 706	0	0	反	54.39198
M0601	41.474	41.474	5 037 798	1.453902	0.004202	正	41.474
M0701	173.7443	74.94995	12 695 326	0.447307	0.415966	反	7.33074
M0801	153.5993	66.11869	24 630 254	0.287135	0.337553	反	48.18026
M0403	111.6046	50.73167	2 787 758	0.508324	0.084507	反	31.9708
M0503	0	0	314 834	0	0	反	102.371
M0603	49.16169	28.58625	31 212	0.749365	0.018018	反	87.34653
M0703	144.4368	57.17953627	80 002	0.316937	0.561086	无	0
M0803	129.8362	59.94532376	34 388	0.222824	0.233766	反	40.05756
M0405	61.46486	36.66878	5 123 174	0.265094	0.08046	反	332.2178
M0505	0	0	12 024 074	0	0	反	62.35964
M0605	0	0	33 055 270	0	0	反	32.34736
M0705	147.5858	62.30391219	11 252 996	0.398587	0.555085	—	—
M0805	138.1993	78.67391929	56 382 282	0.251013	0.118143	反	43.01185

续表

合约名称	正向套利收益最高值（元/吨）	正向套利收益平均值（元/吨）	交易量（手）	正向套利收益率平均值	出现正向套利机会的点数占总点数比重（%）	到期日情况	
						落在的套利区间（正/反/无）	相应的收益（元/吨）
M0607	68.3107	24.69312	36 480	0.690592	0.07732	正	68.3107
M0707	118.3801	50.46731	53 300	0.45377	0.529148	反	131.2009
M0807	448.3624	236.964715	48 490	5.371914	0.034632	正	448.3624
M0308	110.0395	50.94841105	5 956 894	1.433616	0.156863	正	13.49002
M0408	83.49162	37.69587545	6 364 408	0.471598	0.052133	反	230.2142
M0508	38.95015	17.83244453	24 151 984	0.247776	0.025	反	42.297
M0608	68.53926	27.37409	48 280	0.552455	0.191111	无	0
M0708	128.7871	59.56867516	18 068	0.464336	0.522613	反	122.1093
M0309	70.00706	30.17993	4 825 038	1.073724	0.067568	正	70.00706
M0409	111.1603	44.26611687	19 731 498	0.563426	0.078947	反	76.30808
M0509	121.3035	38.64799955	7 649 906	4.355691	0.09205	无	0
M0609	94.47834	40.53312154	15 442 718	0.530285	0.305085	无	0
M0709	152.2758	71.56398756	21 346 222	0.486338	0.515021	反	152.0888
M0311	288.778	102.4349678	4 056 686	3.043376	0.115385	正	209.8556
M0411	0	0	9 870 426	0	0	反	102.3427
M0511	122.5018	49.84505	5 368 846	1.734535	0.0125	反	91.39277
M0611	143.7424	65.55990937	15 164 786	0.543574	0.376068	反	50.33245
M0711	212.6242	79.39515458	37 090	0.543649	0.506494	反	81.80448
M0512	159.5529	118.6430068	882	2.841534	0.12766	正	45.18772
M0612	164.5293	78.60652118	7 360	0.547346	0.524823	反	139.9883
M0712	170.3512	73.69953919	11 006	0.350682	0.47027	反	159.2551

表 3.5　　　　豆油套利机会与到期日收敛情况分析

合约名称	正向套利收益最高值（元/吨）	正向套利收益平均值（元/吨）	交易量（手）	正向套利收益率平均值	出现正向套利机会的点数占总点数比重（%）	到期日情况	
						落在的套利区间（正/反/无）	相应的收益（元/吨）
y0701	0	0	2 061 072	0	0	反	282.76
y0801	38.19254	38.19254	4 982 286	0.531874	0.49	反	80.69
y0703	199.4153	199.4153	23 838	4.682797	0.7	正	199.42
y0803	360.8709	194.1716	6 148	1.618129	5.2	反	1 462.62
y0605	210.6458	73.81477	21 860	2.482957	4.5	正	210.65

续表

合约名称	正向套利收益最高值（元/吨）	正向套利收益平均值（元/吨）	交易量（手）	正向套利收益率平均值	出现正向套利机会的点数占总点数比重（%）	到期日情况	
						落在的套利区间（正/反/无）	相应的收益（元/吨）
y0705	0	0	3 944 636	0	0	反	959. 61
y0805	480. 2405	195. 6795	19 558 298	1. 895655	3. 8	反	181. 40
y0607	64. 41173	40. 29286	327 916	0. 835339	2. 1	反	43. 89
y0707	81. 6075	43. 96722	23 942	0. 618547	2. 2	正	482. 51
y0807	354. 7248	117. 2978	45 486	1. 109882	4. 5	正	69. 81
y0608	310. 1487	187. 9872	526 528	3. 916551	4. 95	反	12. 61
y0708	279. 3741	101. 959	4 228	1. 344422	4. 06	正	279. 37
y0609	67. 61327	29. 70872	10 177 740	0. 72435	1. 86	反	117. 81
y0709	42. 93301	31. 47053	11 931 992	0. 500772	1. 35	反	697. 55
y0611	129. 5336	52. 10313	4 592 634	0. 820445	2. 76	无	0
y0711	504. 1332	223. 0893	8 956	3. 080091	1. 60	正	504. 13
y0612	0	0	15 660	0	0	反	581. 43
y0712	0	0	3 210	0	0	反	521. 27

表 3.6　　玉米（白城）套利机会与到期日收敛情况分析

合约名称	正向套利收益最高值（元/吨）	正向套利收益平均值（元/吨）	交易量（手）	正向套利收益率平均值	出现正向套利机会的点数占总点数比重（%）	到期日情况	
						落在的套利区间（正/反/无）	相应的收益（元/吨）
c0501	60. 06366	15. 61333	923 648	0. 163775	21. 79	正	0. 03
c0601	37. 91843	19. 99126	6 484 624	0. 193026	12. 50	正	10. 04
c0701	138. 44715	31. 12895	15 336 384	0. 25869	27. 20	正	0. 08
c0801	89. 03647	30. 74429	17 943 638	0. 265382	26. 47	正	89. 04
c0503	58. 06515	17. 51780	853 666	0. 187496	9. 17	正	20. 06
c0603	91. 28474	29. 09029	361 278	0. 264877	18. 80	无	0
c0703	114. 41321	42. 26889	16 840 840	0. 32381	42. 98	正	79. 93
c0803	99. 7011	50. 65207	199 930	0. 367175	34. 48	正	99. 70
c0505	85. 77894	43. 88812	13 871 290	0. 369193	30. 52	正	19. 31
c0605	96. 30883	29. 58474	7 622 184	0. 211753	28. 27	无	0

续表

合约名称	正向套利收益最高值（元/吨）	正向套利收益平均值（元/吨）	交易量（手）	正向套利收益率平均值	出现正向套利机会的点数占总点数比重（%）	到期日情况	
						落在的套利区间（正/反/无）	相应的收益（元/吨）
c0705	97.01626	53.26428	50 908 648	0.35454	56.85	正	57.68
c0805	164.91147	67.48804	60 445 136	0.421628	54.17	无	0
c0507	93.95299	54.19599	6 026 468	0.413509	44.04	正	56.29
c0607	113.81187	28.31520	6 436 988	0.153094	34.65	正	0.18
c0707	81.50149	43.49084	5 020 058	0.231086	58.82	无	0
c0509	60.65959	28.24768	6 587 064	0.177039	50.21	正	49.84
c0609	135.42244	36.66262	21 009 646	0.161578	34.98	无	0
c0709	107.17801	51.07836	52 442 314	0.221389	64.17	正	35.19
c0511	82.04123	19.13142	5 597 640	0.161018	13.33	正	82.04
c0611	82.45558	22.55962	13 175 750	0.085027	26.29	无	0
c0711	70.33716	20.96955	1 108 124	0.092238	57.33	正	5.73

表 3.7　　玉米（大连）套利机会与到期日收敛情况分析

合约名称	正向套利收益最高值（元/吨）	正向套利收益平均值（元/吨）	交易量（手）	正向套利收益率平均值	出现正向套利机会的点数占总点数比重（%）	到期日情况	
						落在的套利区间（正/反/无）	相应的收益（元/吨）
c0501	8.13286	7.10751	923 648	0.313107	2.56	正	8.13286
c0601	0	0	6 484 624	0	0	无	0
c0701	76.47055	23.32474	15 336 384	0.79949	3.35	正	76.470552
c0801	0	0	17 943 638	0	0	无	0
c0503	6.08215	6.08215	853 666	0.254293	0.92	无	0
c0603	28.63474	12.28867	361 278	0.294459	2.56	反	0.384
c0703	51.28806	12.63917	16 840 840	0.217471	7.85	正	7.993708
c0803	3.43402	2.13236	199 930	0.020753	1.29	无	0
c0505	32.786746	11.61210	13 871 290	0.184988	11.04	正	0.0557264
c0605	41.08327	17.95115	7 622 184	0.20148	2.11	无	0
c0705	37.59210	14.47589	50 908 648	0.238007	25.31	正	5.758732
c0805	50.22082	12.91099	60 445 136	0.177845	15.83	无	0

续表

合约名称	正向套利收益最高值（元/吨）	正向套利收益平均值（元/吨）	交易量（手）	正向套利收益率平均值	出现正向套利机会的点数占总点数比重（%）	到期日情况	
						落在的套利区间（正/反/无）	相应的收益（元/吨）
c0507	41.93519	14.24599	6 026 468	0.283182	36.79	正	4.3219648
c0607	59.11447	22.01621	6 436 988	0.159811	3.07	反	77.323888
c0707	27.74639	9.54983	5 020 058	0.096138	15.55	反	50.38846
c0509	12.376356	4.46742	6 587 064	0.089506	5.53	正	7.914068
c0609	79.41584	22.32663	21 009 646	0.118828	6.17	反	25.4388
c0709	52.28891	19.45823	52 442 314	0.127064	27.08	无	0
c0511	50.11623	50.11623	5 597 640	2.290109	0.37	正	50.1162256
c0611	5.88203	5.35640	13 175 750	0.023088	0.86	反	32.4658256
c0711	0.57356	0.57356	1 108 124	0.001848	0.43	无	0

表 3.8　　　棕榈油套利机会与到期日收敛情况分析

合约名称	正向套利收益最高值（元/吨）	正向套利收益平均值（元/吨）	交易量（手）	正向套利收益率平均值	出现正向套利机会的点数占总点数比重（%）	到期日情况	
						落在的套利区间（正/反/无）	相应的收益（元/吨）
P0801	0	0	210 220	0	0	反	582.08
P0802	0	0	584	0	0	无	
P0803	681.9013	296.2551	222	1.953363	21.43	反	809.87
P0804	28.70427	22.85734	264	0.130265	10.53	反	1 059.71
P0805	772.1289	184.4258	2 471 078	1.872936	40.77	反	63.88
P0806	428.546	127.4405	780	0.703938	21.05	反	981.72

表 3.9　　　LLDPE 套利机会与到期日收敛情况分析

合约名称	正向套利收益最高值（元/吨）	正向套利收益平均值（元/吨）	交易量（手）	正向套利收益率平均值	出现正向套利机会的点数占总点数比重（%）	到期日情况	
						落在的套利区间（正/反/无）	相应的收益（元/吨）
L0710	501.3993	244.4642	10 920	2.744677	92.68	正	247.59
L0711	1 384.826	384.0299	113 196	4.496257	97.01	反	429.97
L0712	913.2214	421.1527	1 008	3.95796	97.30	反	209.36
L0801	1 386.631	488.8698	489 554	4.695358	92.04	正	488.60
L0802	1 041.714	548.7361	496	4.910897	93.18	正	376.01
L0803	1 165.078	479.1209	21 254	4.008286	96.05	正	610.73
L0804	788.2836	289.2168	234	2.421378	90	正	614.07
L0805	1 408.142	548.9227	918 342	4.421292	91.67	正	142.36

参 考 文 献

1. Booth, G. G. , Lee, T. H. , and Tse, Y. , 1996, "*International Linkages in the Nikkei Stock Index Futures Markets*", *PacificBasin Finance Journal*, No. 4. , 1996, pp. 59 –76.

2. Booth, G. G. , Brokman, P. , and Tse, Y. , 1998, "*The Relationship between US and Canadian Wheet Futures*", *Applied Financial Economics*, August 1998, pp. 73 –80.

3. Baillie, R. and Myers, R. J. , 1991, "BiVARiate GARCH Estimation of the Optimal Commodity Futures Hedge", *Journal of Applied Econometrics* 6: 109 – 124.

4. Cox, C. C. (1976), "*Futures Trading and Market Information*", *Journal of Political Economy*, 84, 1215 –1237.

5. Ederington, L. H. 1979, "The Hedging Performance of the New Futures Markets," *Journal of Finance*, 34, 157 - 170.

6. Fatimah Mohd. Arshad & Zainalabidin Mohame, "*Price Discovery through Crude Palm Oil Futures: An Economic Evaluation*", *Faculty of Economics and Management*, Universiti Putra Malaysia.

7. Ghosh, A, 1993, "Hedging with Stock Index Futures: Estimation and Forecasting with Error Correction Model", *The Journal of Futures Markets*, 13: 743 –752.

8. David A Bessler; Ted Covey , 1991, "*Cointegration: Some Results on U. S. Cattle Prices*", *The Journal of Futures Markets* (1986 - 1998); Aug 1991; 11, 4.

9. David Kenyon, Eluned Jones, Anya McGuirk, "*Forecasting Performance of Corn and Soybean Harvest Futures Contracts*", *American Journal of Agricultural Economics*, Vol. 75, No. 2 (May, 1993), pp. 399 - 407.

10. Donald Lien, 1996, "The Effect of the Cointegration Relationship on Futures Hedging: a Note," *Journal of Futures Markets*, 16: 773 - 780.

11. Donald Lien and Tse, Y. K. 1999, "*Fractional Cointegration and Futures Hedging*", *The Journal of Futures Markets*, 19: 457 - 474.

12. Donald Lien, Y. K. Tse, 2002, "*Some Recent Developments in Futures Hedging*", *Journal of Economic Surveys*, 16: 357 - 396.

13. Emerson Peter M. and William G. Tomek, "*Did Futures Trading Influence Potato Prices?*" *The American Journal of Agricultural Economics*, 51 (1969).

14. Fama. Efficient Capital Markets, "*A Review of Theory over Empirical Work*", *Journal of Finance*. 1970, 25.

15. Futures and Options Association, "*Agricultural Reforms and the Use of Market Mechanisms for Risk Management*", March 2005.

16. Hany A Shawky; Achla Marathe; Christopher L Barrett, 2003, "*A First Look at the Empirical Relation Between Spot and Futures Electricity Price in the United States*", *The Journal of Futures Markets*, Oct 2003, 23, 10.

17. Hector Zapata T. Randall Fortenbery Delroy Armstrong, 2005, "*Price Discovery in the World Sugar Futures and Cash Markets: Implications for the Dominican Republic*", March 2005 , *University of Wisconsin - Madison Department of Agricultural & Applied Economics Staff Paper* No. 469.

18. Hoffman, G. Wright, "*Future Trading Upon Organized Commod - itlv Markets in the United States*", *Philadelphia: Univer - sity of Pennsylvania*, 1932.

19. James E Newsome; George H K Wang; M E Boyd; Marty J Fuller, 2004, "*Contract Modifications And The Basis Behavior Of Live Cattle Futures*", *The Journal of Futures Markets*; Jun 2004; 24, 6.

20. Jian Yang David A. Bessler David J. Leatham, 2000, "*Asset Storability and Price Discovery in Commodity Futures Markets - A New Look*", *The Journal of*

Futures Markets, Vol. 21, No. 3, 279 – 300 (2001).

21. Jatinder Bir Singh, "*Futures Markets and Price Stabilization – Evidence from Indian Hessian Market.*"

22. Jane Black & Ian Tonks, 2000, "*Time Series Volatility of Commodity Futures Prices*", *The Journal of Futures Markets*; Feb 2000; 20, 2.

23. Jacob Frenkel, and Richard Levich, "*Covered Interest Arbitrage and Uexploited Profits?*" Reply. *The Journal of Political Economy*, 1979, 87.

24. J. B. DeLong, A. Shleifer, L. H. Summers, and R. J. Waldman, 1990, "*Noise Trader Risk in Financial Markets*", *Journal of Finance*, 2.

25. J. Hasbrouck, 1995, "*One Security, Many Markets: Determining the Contributions to Price Discovery*," *The Journal of Finance*, 1995.

26. Johnson, Leland L., "*The Theory of Hedging and Speculation in Commodity Futures*," Review of Economic Studies 27 (June 1960), 139 – 151.

27. Keng Yap Liew; Robert D Brooks, 1998, "*Returns And Volatility In The Kuala Lumpur Crude Palm Oil Futures Market*", *The Journal of Futures Markets* (1986 – 1998); Dec 1998; 18, 18.

28. Kolb, R. W., & Okunev, J. 1992, "*An Empirical Evaluation of the Extended Mean – Gini Coefficient for Futures Hedging*", *The Journal of Futures Markets*, 12, 177 – 186.

29. Kawai, M., "*Price Volatility of Storable Commodities under Rational Expectations in Spot and Futures Markets*", *International Economic Review*, 24June 1983.

30. Kaldor, N., "*A Note on the Theory of the Forward Market*", Symposium on the Theory of the Forward Market. In: *Review of Economic Studies*, 1940, 7 (3): 196 – 201.

31. Kenneth Garbade, and William Silber, "*Price Movements and Price Discovery in Futures and Cash Markets*", *The Review of Economics and Statistics*, 1982, 65.

32. Kenneth F. Kroner and Jahangir Sultan, 1993, "*Time – VARying Distributions and Dynamic Hedging with Foreign Currency Futures*", *The Journal of Financial and Quantitative Analysis*, Vol. 28, No. 4, (Dec., 1993), pp. 535 – 551.

33. Louis H. Ederington, 1979, "*The Hedging Performance of the New Fu-*

tures Markets", *The Journal of Finance*, Vol. 34, No. 1, (Mar., 1979), pp. 157 – 170.

34. Markowitz, H. (1952), "*Portfolio Selection* ", In : *Journal of Finance* 7 (1) : 77 –91 .

35. Newbery, David M. " *When Do Futures Destabilize Spot Prices?*" *International Economic Review*, Vol. 28, No. 2, June 1987.

36. Philip Garcia and Raymond M. Leuthold, 2004, "*A Selected Review of Agricultural Commodity Futures and Options Markets*", *European Review of Agricultural Economics*, Vol 31 (3), 2004.

37. Powers, M. ,"*Does Futures Trading Reduce Price Fluctuations in the Cash Markets?*" *American Economic Review*, 60: 3, June 1970.

38. Peck, A. E. ,"*Futures Markets, Supply Response and Price Stability*", *Quart. J. Econ.* (1976) 90: 407 –23.

39. Pennings, J . M. E . and B . WANSINK, "*Channel Contract Behavior : the Role of Risk Attitude, Risk Perceptions, and Channel Members' Market Structures*", *Journal of Business* . (2003) .

40. Powers, M. ,"*Does Futures Trading Reduce Price Fluctuations in the Cash Markets?*" *American Economic Review*, 60: 3, June 1970.

41. Qingfeng "Wilson" Liu, 2005, "*Price Relations Among Hog, Corn, And Soybean Meal Futures*", *The Journal of Futures Markets*, Vol. 25, No. 5, 491 –514 (2005) .

42. Ronald A. Babula, David A. Bessler, John Reeder, and Agapi Somwaru, 2004, "*Modeling U. S. Soy – Based Markets with Directed Acyclic Graphs and Bernanke Structural VAR Methods: The Impacts of High Soy Meal and Soybean Prices*", http: //hotdocs. usitc. gov/docs/pubs/research _ working _ papers/ID200409. pdf.

43. S. Johansen, 1988, "*Statistical analysis of cointegration vectors*", *Journal of Economic Dynamic and Control*, 1988.

44. Stein, J. , " *The Simultaneous Determination of Spot and Futures Prices*", *American Economic Review*, (1961) 51, 1012 –1025.

45. Sheng – Syan Chena, Cheng – few Lee, Keshab Shrestha, 2003, "*Futures hedge ratios: a review*", *The Quarterly Review of Economics and Finance*, 43 (2003) 433 –465.

46. T. Randall Fortenbery, Hector O Zapata, 1993, "*An Examination of Cointegration Relations between Futures and Local Grain Market*", *The Journal of Futures Markets* (1986 – 1998); Dec 1993; 13, 8.

47. Turvey, C. G. And T. G. Baker, "*A Farm – Level Financial Analysis of Farmers' Use of Futures and Options under Alternative Farm Programs*", *American Journal of Agricultural Economics*, (1990) 72 (4): 946 – 957.

48. Tse, Y. and Booth, G. G., 1995, "*The Relationship between US and Eurodollar Interest Rate: Evidence from the Futures Markets*", *Weltwirtschaftliches Archiv*, No. 131., pp. 28 – 46.

49. Telser, L. G., "*Why there are Organized Futures Markets?*" *Journal of Law & Economics*, (1981) 24 (1): 1 – 22.

50. Working, Holbrook, "*Theory of the Inverse Carrying Charge in Futures Markets*", *Journal of Farm Economics*, 1948, Feb, 3.

51. Working, H., "*Quotations on Commodity Futures as Price Forecasts*", *Econometrica* 1942, 10: 39 – 52.

52. Working, H., "*Futures Trading and Hedging*", *American Economic Review*, 1953, 314 – 343.

53. Working, "*New Concepts Concerning Futures Markets and Prices*", In: *American Economic Review* 1962, 52 (3): 431 – 459.

54. 易丹辉:《数据分析与EVIEWS应用》,中国统计出版社2002年版。

55. 刘迎秋:《现代期货大辞典》,人民出版社1996年版。

56. 童宛生、胡俞越、冯中越:《中国商品期货价格形成理论与实证分析》,中国财政经济出版社1997年版。

57. [美]格林著,费剑平译:《计量经济分析》(第五版),中国人民大学出版社2007年版。

58. 朱平芳:《现代计量经济学》,上海财经大学出版社2004年版。

59. [美]A. H. 施图德蒙德:《应用计量经济学》(原书第五版),机械工业出版社2007年版。

60. 梁朝晖:《期货套期保值理论及模型的研究进展》,《西安电子科技大学学报(社会科学版)》,2007年第5期。

61. 华仁海、仲伟俊:《期货市场套期保值理论评述》,《经济学动态》,2002年第11期。

62. 华仁海、陈百助:《国内国际期货市场期货价格之间的关联研究》,

《经济学》（季刊），2004 年第 4 期。

63. 彭红枫、叶永刚：《基于修正的 ECM—GARCH 模型的动态最优套期保值比率估计及比较研究》，《中国管理科学》，2007 年第 10 期。

64. 赵荣、乔娟、杨雪：《中美棉花期货市场功能比较分析》，《价格月刊》，2008 年第 4 期。

65. 赵荣、乔娟：《中美棉花期货与现货价格传导关系比较分析》，《中国农业大学学报》，2008 年第 13 卷。

66. 康敏、乔娟、李秉龙：《中国豆粕期货市场功能发挥的实证分析》，《中国畜牧杂志》，2005 年第 41 卷。

67. 刘庆富、王海明：《期货市场与现货市场之间的价格研究——中国农产品市场的经验》，《财经问题研究》，2006 年第 4 期。

68. 刘晓宇：《中国饲料工业期货的价格发现实证研究》，《中央财经大学学报》，2006 年第 11 期。

69. 田旭红：《中国玉米期货市场价格发现功能实证研究》，北京大学中国经济研究中心，2007 年 5 月。

70. 华仁海、仲伟俊：《对我国期货市场价格发现功能的实证分析》，《南开管理评论》，2002 年第 5 期。

71. 李慧茹：《中国棉花期货和现货市场的价格关系研究》，《经济经纬》，2006 年第 5 期。

72. 李天忠、丁涛：《我国农产品期货价格对现货价格先行性的实证研究》，《金融理论与实践》，2006 年第 10 期。

73. 刘庆富、张金清：《我国农产品期货市场的价格发现功能研究》，《产业经济研究》，2006 年第 1 期。

74. 王骏、张宗成：《基于 VAR 模型的中国农产品期货价格发现的研究》，2005 年第 11 期。

75. 王骏、张宗成、赵昌旭：《中国硬麦和大豆期货市场套期保值绩效的实证研究》，《中国农业大学学报》，2005 年第 10 期。

76. 王骏、张宗成：《SHFE 金属铜期货的套期保值比率与绩效》，《统计与决策》，2005 年第 5 期。

77. 王骏、刘亚清：《我国豆油期货与现货价格动态关系研究：基于日数据的实证分析》，《中国农业大学学报》，2007 年第 12 期。

78. 王健、黄祖辉：《我国大豆期货市场价格发现功能的实证研究》，《农业技术经济》，2006 年第 3 期。

79. 张光平：《上海期铜市场与国际期铜市场相关性分析》，《期货日报》，2003 年 12 月。

80. 高辉：《国内外玉米的关联性及动态走势的模型预测研究》，《期货日报》，2005 年 9 月。

81. 胡俞越、高扬：《金融市场噪声理论评述》，《经济学动态》，1998 年第 10 期。

82. 张建伟：《噪声交易、金融泡沫与金融市场多重均衡理论》，《当代经济科学》，1999 年第 4 期。

83. 邢莹莹：《期货交易对现货价格的稳定作用》，《宏观经济管理》，2005 年第 1 期。

后　记

期货市场具有发现价格、规避风险两大基本功能，其对于指导市场主体生产经营、推动产业稳健发展及增加经济弹性、服务宏观经济运行有着独特而重要的作用。同时，通过对期货市场功能发挥情况的分析，还可以透视期货市场发育程度及市场发展面临的制约因素。因此，在期货市场发展历程中，不管是市场管理者还是参与者及学术研究界，均重视对期货市场功能发挥情况的分析研究。

早在20世纪初，美国商品期货交易委员会（CFTC）的前身商品交易管理局（CEA）就曾大力倡导对期货市场功能作用进行全面和深入地研究，以更好地测评市场发展状况，并在更大范围和更深程度上推广市场、引导各类主体充分利用期货市场。自此以后，该领域的相关研究层出不穷，并在20世纪70、80年代达到高峰，风险转移与价格发现两大基本功能被提出并得到普遍认可，期货市场在各个方面所发挥的重要作用逐步得到了充分验证。

在国内，20世纪90年代初，证监会原期货部就曾组织国内专家学者对国内期货市场功能发挥进行了一次系统的分析研究，之后，各交易所针对自身市场发展和功能发挥情况也都进行过相关的研究。如大连商品交易（以下简称大商所）所曾于2003年组织业内专家学者以大连期货市场为例，对国内农产品期货市场功能发挥情况进行了分析，并编著出版了《中国农产品期货市场功能发挥与产业发展》一书。

2004年以来，国务院发布《国务院关于推进资本市场改革开放和稳定发展的若干意见》，提出“稳步发展期货市场”，开启了国内期货市场稳步发展新阶段，棉花、玉米、燃料油等期货品种上市交易，至2009年底恢复或新上市期货品种16个，使国内期货品种达到23个；市场规模持续扩大，2009年期货交易量和交易额分别达21.6亿手和130.5万亿元，交易额为同年GDP的3.8倍；在市场法规进一步完善、监管力度不断加强、风险防范能力不断提高、投资者参与渐趋理性的条件下，市场运行稳健，功能发挥程度也提升到新的水平，各类主体对期货市场的参与和利用范围不断扩大，程度不断加深。在此情况下，有必要对稳步健康发展新阶段下国内期货市场功能发挥情况进行总结与评价，一方面总结经验，推动和引导各类主体对期货市场功能的利用，另一方面考察新阶段制约市场功能发挥的相关因素，以便有针对性地采取措施，进一步完善和发展期货市场。

2008年，以中国期货业协会“期货市场功能发挥”情况调研为契机，我们专门成立了“大连期货市场功能研究”课题组，以大连期货市场为研究对象，借鉴国内外部分相关研究方法，对大商所所有上市品种功能发挥状况进行了全面考察。该项研究历时一年有余，在课题组成员的共同努力下，完成本书稿，奉献在读者面前。

参与本项课题研究的有北京工商大学、中粮、银河、广发、长城伟业、南华、金昌、新湖等期货公司以及大连商品交易所的相关研究人员。主要成员包括：王伟军、高扬、刘岩，参与调研和研究的人员（按姓氏笔画排序）包括：王玉飞、王沈南、王晨、王彩惠、冯洁、刘日、刘宇光、安波、闫琎、李丽、时岩、吴郑思、吴秋娟、何志良、张福龙、范适安、金花、高严嵩，谌琴等。大连商品交易所总经理刘兴强和郭晓利同志亲自领导了本书的编写工作，对调研和本书编写工作给予了直接的指导和支持。

期货市场的发展有一个发育、完善、成熟的过程，各类市场主体对期货市场的认识和利用也有一个从浅到深、从低到高的过程，并深受经济发展阶段、社会经济环境、国家政策的影响，不同期货品种在发挥功能服务产业和经济发展方面也有着各自的特殊性和差异性，书中对大连期货市场各期货品种功能发挥情况的考察亦体现出这一特点。同时，2008年10月17日国家出台了粮食临时收储政策，对农产品期货市场运行形成比较大的影响，大豆、玉米等品种期货市场功能发挥情况在政策出台前后也有明显变化。本项课题研究中所使用的相关数据截止时间为2008年8月，因此可以说本书是对国家粮食临时收储政策出台之前大连期货市场功能发挥情况的一次全面总结。

伴随大连及国内期货市场的不断完善和发展，大连及国内期货市场功能作用还将在更为广阔的领域及更深程度上体现出来。作为大连及国内期货市场十多年来发展成绩的浓缩和市场发展状况的一个横断面，我们希望本书能够为关注和了解大连及国内期货市场功能发挥情况的各界人士提供一个解剖样本，或为更多人士分析研究大连及中国期货市场发展和功能作用发挥情况提供基础的参考材料，并为进一步发展和完善国内期货市场提供参考借鉴。由于水平所限，疏漏之处在所难免，还请各方指正。

本书课题组
2009 年 12 月